해양
경찰학개론

고명석

an Introduction to Coast Guard Science

法 文 社

머리말

해양경찰의 역할 또는 기능은 오래전부터 있었다. 바다에서 도둑을 잡고, 물에 빠진 사람을 구하고, 해적을 물리치는 일은 언제나 있었다. 현대적 의미의 해양경찰 역사도 70년이 넘었다. 1953년 12월 23일 창설된 해양경찰은 변화와 굴곡 속에서도 성장과 발전을 거듭해 왔다. 시대를 불문하고 해양경찰은 바다에서 국민의 생명과 재산을 지키고 해양주권을 수호해 왔다.

저자는 평소 해양경찰에 대한 학문적 연구가 미흡하다는 것에 항상 아쉬움이 있었다. 25년간 해양경찰에 봉직하였지만, 그것이 어려운 작업처럼 보이지 않았다. 지금은 대학에서 해양경찰학을 연구하고 학생을 가르치는 입장이 되었다. 이제야 해양경찰학의 뼈대를 세우는 것이 얼마나 어려운 일인지 깨닫게 되었다.

이 책을 집필하게 된 이유는 단순하다. 학생에게 해양경찰학에 대한 큰 그림을 보여주고, 체계적인 접근을 돕고자 함이다. 학문적으로 미숙한 상태인 해양경찰학을 어려워하고 혼란스러워하는 학도에게 조금이나마 도움을 주고 싶었다. 나아가 일반 독자가 해양경찰을 이해하고 알아가는 데 지침이 된다면 더할 나위 없겠다.

이런 목적에서 이 책은 간결하면서 전체를 이해하기 쉽게 집필되었다. 이 책의 특징은 다음과 같다.

첫째, 해양경찰학의 체계를 세우고자 하였다. 미흡한 학문적 체계로 인하여 독자의 혼란이 가중되는 현실에서 해양경찰학의 체계를 세우는 것이 가장 중요하다고 생각하였다. 해양경찰은 '해양+경찰'이라는 정체성을 바탕으로 해양과 경찰 모두 중요시하였다.

둘째, 원론적인 수준에서 쉽게 기술하여 독자의 이해를 돕고자 하였다. 해양과 해양경찰을 수험생, 직원, 일반 국민에게 이해시키고자 하였다. 이를 위하여 최대한 쉽고 이해하기 편하게 구성하려 노력하였다.

셋째, 처음부터 끝까지 논리적 일관성을 유지하고자 노력하였다. 많은 정보를 싣기보다 논리적 연결을 중요시하였다. 이를 위해 각 편과 장의 도입부에 개요를 삽입하여 그 장의 내용에 대한 이해를 돕도록 하였다.

위와 같은 특징을 토대로 이 책은 다음과 같이 구성하였다.

제1편은 해양경찰을 이해하기 위한 전제로서 해양에 대한 기본적 측면을 기술하였다. 해양경찰을 이해하기 위해서는 해양에 대한 이해가 선행되어야 한다.

제2편은 해양경찰에 대한 기본적인 이해를 위한 내용이다. 해양경찰이 무엇이고 어떤 특수성이 있으며, 활동하는 관할과 법적 근거는 무엇이며, 역사적으로 어떻게 발전해 왔는지 기술하였다.

제3편은 해양경찰을 제도적인 시각에서 바라보았다. 제도로서 해양경찰은 해양경찰 조직, 조직을 작동시키는 해양경찰공무원, 업무 내용인 해양경찰 작용이 있다.

제4편은 해양경찰 행정관리에 관하여 기술하였다. 해양경찰 목표를 달성하기 위하여 필요한 사항을 기획・조직・동작화하고, 지도・조정・통제하는 활동을 서술하였다.

제5편은 해양경찰 기능에 대하여 상세하게 서술하였다. 기능은 해양경찰에서 하는 일이나 작용이라 볼 수 있다. 여기에 해양경비, 수색구조, 해양안전, 수사, 정보 외사, 해양오염 방제가 대표적이다.

제6편은 해양경찰 통제론에 대하여 기술하였다. 해양경찰 직무수행과 관련하여 발생할 수 있는 경찰부패와 이에 위한 경찰 통제에 관하여 살펴보았다.

제7편은 앞에서 살펴보았던 우리나라 해양경찰 제도를 바탕으로 세계 각국에서 운용하는 해양경찰 제도에 대해서 알아보았다.

개론서나 원론서로 명명된 책의 사명은 단순하다. 원론적인 수준에서 대상을 쉽게 설명하여 독자의 이해를 돕는 것이다. 그리하여 독자가 코끼리 다리나 코나 귀만을 부분적으로 인식하지 않고, 거칠더라도 전체 모습을 볼 수 있어야 한다. 이 책이 이런 과정에 조금이나마 도움이 된다면, 저자로서는 감사와 보람을 가질 수 있을 것이다.

이 책을 출간하도록 기회를 주신 법문사 사장님, 편집에 심혈을 기울여주신 김제원 이사님께 진심으로 감사드린다.

2024년 1월

부경대학교 대연캠퍼스 연구실에서

저 자 씀

차 례

제 1 편 해양과 해양경찰

제 1 장 해양을 바라보는 시각 …… 3

제 1 절 해양과 인간활동 …… 3

제 2 절 해양과 해양학 …… 4

제 3 절 해양을 바라보는 관점 …… 5

1. 물리적 측면 / 5
2. 역사적 측면 / 6
3. 국제정치적 측면 / 6

제 2 장 해양의 의미와 가치 …… 8

제 1 절 해양의 기원 …… 8

1. 지구와 해양의 생성 / 8
2. 해양을 이루는 원리 / 9

제 2 절 해저의 모양과 환경 …… 10

1. 대륙붕, 대륙사면 / 10
2. 대양저 / 11
3. 해저 환경 / 11

제 3 절 해양 현상과 기후 …… 12

1. 파도와 조석 / 12
2. 해 류 / 13
3. 대기 순환 / 13
4. 해양기후의 영향 / 14

제 4 절 해양과 생명 …… 15

1. 해수와 생명 / 15
2. 해양생태계 / 15
3. 해양생물 / 16

제 5 절 해양의 가치 …… 18

1. 생명으로 가득한 바다 / 18

2. 상상력과 휴식 공간으로서의 바다 / 18
3. 자원의 보고인 바다 / 19

제 3 장 해양과 인간 ······ 20

제 1 절 개 관 ······ 20

제 2 절 고대와 중세의 해양 이용 ······ 21
1. 초기의 해양 이용 / 21
2. 그리스와 로마의 해양 진출 / 22
3. 바이킹과 지중해 도시국가 / 23
4. 동양의 해양 진출 / 23

제 3 절 대항해 시대 ······ 24
1. 포르투갈과 스페인의 해양 진출 / 24
2. 대항해의 영향 / 25

제 4 절 해양국가의 전개 ······ 26
1. 유럽 각국의 해양 진출 / 26
2. 해가 지지 않는 나라, 영국 / 27
3. 미국의 해양 진출 / 28
4. 오늘날의 해양국가 / 29

제 5 절 우리나라의 해양 역사 ······ 30
1. 고대 시대 / 30
2. 고려시대 / 31
3. 조선시대 / 32

제 4 장 해양영토와 해양 제도 ······ 34

제 1 절 유엔해양법협약 ······ 34
1. 유엔해양법협약의 출현 / 34
2. 유엔해양법협약의 주요 내용 / 37
3. 유엔해양법협약의 의의 / 41
4. 유엔해양법협약의 국내 수용 / 42

제 2 절 우리나라의 해양영토 ······ 43
1. 영 해 / 43
2. 접속수역 / 43
3. 배타적 경제수역 / 44
4. 대륙붕 / 45
5. 공 해 / 46

제 3 절 동북아 해양영토 분쟁 46
1. 독도 분쟁 / 46
2. 쿠릴열도 분쟁 / 48
3. 센카쿠열도 분쟁 / 49
4. 남중국해 분쟁 / 49

제 5 장 해양경찰의 중요성 51
제 1 절 해양에서의 정부 작용 51
1. 의 의 / 51
2. 세계적인 추세 / 52
3. 우리나라 해양경찰의 위상 변화 / 52
제 2 절 해양경찰의 중요성 53
1. 해양 종합 집행기관 / 53
2. 대외적 중요성 / 54
3. 대내적 중요성 / 54
4. 안보적 중요성 / 55

제 2 편 해양경찰 개관

제 1 장 해양경찰의 의의 59
제 1 절 경찰의 개념 59
1. 경찰 개념의 변천 / 59
2. 우리나라 경찰 개념의 형성 / 62
3. 경찰 개념의 분류 / 64
제 2 절 해양경찰의 개념과 종류 65
1. 해양경찰의 개념 / 65
2. 해양경찰의 종류 / 68
제 3 절 해양경찰의 수단 70
1. 권력적 수단 / 70
2. 비권력적 수단 / 71
3. 범죄 수사를 위한 수단 / 71
제 4 절 해양경찰의 기본이념 71
1. 민주주의 / 72
2. 법치주의 / 72
3. 국제법 존중주의 / 73
4. 인권 존중주의 / 74
5. 정치적 중립주의 / 74

제 2 장 해양경찰의 특수성 ········· 75

제 1 절 유사 기관과 비교 ········· 75

1. 해양경찰과 경찰 / 75
2. 해양경찰과 해군 / 81
3. 해양경찰과 해양수산부 등 / 82

제 2 절 임무 수행상 특수성 ········· 83

1. 광역성 / 83
2. 통합성 / 84
3. 자연 제약성 / 85
4. 장비 의존성 / 86
5. 국제성 / 87

제 3 장 해양경찰의 관할 ········· 88

제 1 절 관할의 의의 ········· 88

1. 해양경찰의 사물 관할 / 88
2. 해양경찰의 인적 관할 / 89
3. 해양경찰의 토지관할 / 90

제 2 절 해양경찰의 해양 관할 ········· 90

1. 내수, 영해 및 접속수역 / 91
2. 배타적 경제수역 / 92
3. 대륙붕 / 93
4. 공해 기타 / 94

제 3 절 해양경찰의 육상 관할 ········· 94

1. 일반적인 경우 / 94
2. 수상레저안전 업무의 경우 / 95

제 4 장 해양경찰의 법적 근거 ········· 96

제 1 절 해양경찰의 법원과 법령체계 ········· 96

1. 해양경찰의 법원 / 96
2. 해양경찰 법령체계 / 97

제 2 절 해양경찰 기본법으로서의 해양경찰법 ········· 98

1. 해양경찰법의 연혁 / 98
2. 해양경찰법의 제정 과정 / 99
3. 해양경찰법 주요 내용 / 100

제 3 절 조직법적 근거 ········· 100

제 4 절 신분법적 근거 ········· 102

제 5 절 작용법적 근거 ········· 103

제 5 장 해양경찰의 역사 ············ 105
제 1 절 개항 이전 해양경찰 ············ 105
1. 고 대 / 105
2. 고려시대 / 107
3. 조선시대 / 108
제 2 절 개화기와 일제강점기 해양경찰 ············ 109
1. 개화기 / 109
2. 일제강점기 / 110
제 3 절 현대 해양경찰 탄생기 ············ 111
1. 맥아더 라인 / 111
2. 조선해안경비대 창설 / 112
3. 평화선 / 112
4. 클라크라인 / 113
제 4 절 현대 해양경찰기 ············ 113
1. 해양경찰 창설 / 113
2. 해무청 시기(1955.2.7.~1962.5.1.) / 114
3. 내무부로의 복귀(1962.5.1.~1991.7.23.) / 115
4. 경찰청 소속 해양경찰청(1991.7.23.~1996.8.8.) / 117
5. 해양수산부 외청(1996.8.8.~2014.11.19.) / 119
6. 국민안전처 해양경비안전본부 시기(2014.11.19.~2015.7.26.) / 121
7. 해양경찰청 복원(2017.7.26.~현재) / 122

제 3 편 해양경찰 제도론

제 1 장 해양경찰 제도 개관 ············ 127
제 1 절 해양경찰과 법치주의 ············ 127
1. 법치주의의 원리 / 127
2. 법치주의 원리의 적용 / 128
제 2 절 해양경찰의 구성요소 ············ 128
1. 해양경찰 조직 / 128
2. 해양경찰공무원 / 129
3. 해양경찰 작용 / 130

제 2 장 해양경찰 조직제도 ············ 131

제 1 절 조직제도 개관 ······ 131
1. 행정조직 법정주의 / 131 2. 해양경찰 조직 법령 / 132
3. 해양경찰법의 의의 / 133

제 2 절 해양경찰기관 ······ 134
1. 해양경찰기관의 의의 / 134 2. 해양경찰기관의 유형 / 135
3. 해양경찰관청의 권한 / 137 4. 해양경찰관청 상호 간 관계 / 139

제 3 절 각급 해양경찰 조직 ······ 142
1. 해양경찰청 / 142 2. 지방해양경찰청 / 150
3. 해양경찰서 / 153

제 3 장 해양경찰공무원 제도 ······ 155

제 1 절 공무원제도 개관 ······ 155
1. 공무원의 분류 / 155 2. 해양경찰공무원 제도 / 156
3. 해양경찰공무원의 법적 근거 / 157

제 2 절 공무원 관계의 발생 · 변경 · 소멸 ······ 158
1. 모 집 / 158 2. 공무원 관계의 발생 / 160
3. 공무원 관계의 변경 / 162 4. 공무원 관계의 소멸 / 167

제 3 절 공무원의 권리와 의무 ······ 169
1. 공무원의 권리 / 169 2. 공무원의 의무 / 171
3. 공무원의 책임 / 173

제 4 절 공무원 권익구제제도 ······ 177
1. 소청심사제도 / 177 2. 행정소송 / 178
3. 고충처리제도 / 178

제 4 장 해양경찰 작용(법 집행 제도) ······ 180

제 1 절 해양경찰 작용과 법치주의 ······ 180
1. 해양경찰 작용의 의의 / 180
2. 해양경찰 작용과 법치주의 / 181
3. 해양경찰 작용의 법적 근거 / 182

제 2 절 해양경찰 작용의 근거와 한계 ······ 184
1. 해양경찰권의 근거 / 184 2. 해양경찰권의 한계 / 185

제 3 절 해양경찰 작용의 유형 ······ 187
1. 해양경찰상 사실행위 / 187 2. 해양경찰상 행정행위 / 187
3. 실효성 확보 수단 / 189

제 4 절 경찰관직무집행법 ······ 193
1. 불심검문 / 194 2. 보호조치 / 196
3. 위험 발생의 방지 / 197 4. 범죄의 예방과 제지 / 198
5. 위험방지를 위한 출입 / 198 6. 사실확인 및 출석요구 / 199
7. 경찰장비의 사용 등 / 200

제 5 절 해양경찰 작용 관련 국제법규 ······ 202
1. 유엔해양법협약(UNCLOS) / 202
2. 해상인명안전협약(SOLAS 74) / 203
3. 국제해상충돌예방규칙(COLREG 72) / 203
4. 해상수색구조협약(SAR 79) / 204
5. 해양오염방지협약(MARPOL 73/78) / 204
6. 유류오염 대비, 대응 및 협력 조약(OPRC 90) / 204
7. 어업에 관한 양자 협약 / 205

제 4 편 해양경찰 행정관리론

제 1 장 행정관리 개관 ······ 209
제 1 절 행정관리의 의의 ······ 209
제 2 절 행정관리의 필요성과 분야 ······ 210

제 2 장 해양경찰 조직관리 ······ 211
제 1 절 조직관리 개관 ······ 211
1. 조직의 의의 / 211 2. 조직과 환경 / 212

제 2 절 조직편성의 원리 ······ 213
1. 조직의 원리 / 213 2. 조직편성의 원리 / 215
제 3 절 조직이론 ······ 217
1. 관료제 이론 / 217 2. 욕구계층이론 / 219
3. 동기부여이론 / 220

제 3 장 해양경찰 인사관리 ······ 222

제 1 절 인사관리 개관 ······ 222
1. 인사행정과 인사관리 / 222 2. 특 징 / 223
3. 중요성 / 223
제 2 절 인사관리이론 ······ 224
1. 공직 분류 / 224 2. 인사제도 / 226
제 3 절 사기관리이론 ······ 228
1. 의 의 / 228 2. 사기의 결정요인 / 228
3. 사기관리 방법 / 229

제 4 장 해양경찰 예산 및 법령관리 ······ 231

제 1 절 예산관리 ······ 231
1. 의 의 / 231 2. 예산의 분류 / 232
3. 예산제도 / 234 4. 예산절차 / 236
제 2 절 법령관리 ······ 238
1. 법령의 체계 / 238 2. 법령의 입법 절차 / 240

제 5 장 해양경찰 장비관리 ······ 243

제 1 절 장비관리 개관 ······ 243
1. 장비관리의 개념 / 243 2. 장비관리 부서 / 244
제 2 절 해양경찰 장비 ······ 244
1. 장비의 종류 / 244 2. 장비의 도입 및 관리 / 247

제 3 절 함정 정비 ········· 249
1. 개 념 / 249
2. 함정 정비의 종류 / 249
3. 함정 정비의 책임 / 250

제 4 절 무기 · 탄약 관리 ········· 251
1. 의 의 / 251
2. 무기 · 탄약 용어의 정의 / 251
3. 무기 · 탄약의 관리 / 252
4. 무기고 및 탄약고 설치 / 252

제 6 장 보안 및 문서관리 ········· 254

제 1 절 보안관리 개관 ········· 254
1. 보안의 의의 / 254
2. 보안업무의 법적 근거 / 254
3. 보안의 원칙 / 255

제 2 절 비밀관리 ········· 255
1. 국가기밀의 의의 / 255
2. 비밀의 구분 / 256
3. 비밀의 분류 / 256
4. 비밀의 표시 / 257
5. 비밀의 보관 등 / 257

제 3 절 문서관리 ········· 257
1. 공문서의 의의 / 257
2. 공문서의 종류 / 258

제 5 편 해양경찰 기능론

제 1 장 해양경찰 기능 개관 ········· 261

제 1 절 해양경찰 기능의 의의 ········· 261
1. 해양경찰 기능의 개념 / 261
2. 해양경찰 기능에 대한 논의 / 263
3. 해양경찰 역사와 해양경찰 기능 / 264

제 2 절 해양경찰 기능의 특수성 ········· 265
1. 광역성 / 265
2. 통합성 / 266

3. 자연 제약성 / 266　4. 장비 의존성 / 266
5. 국제성 / 267

제 3 절 해양경찰 기능의 분류 ········· 267
1. 대외적 기능과 대내적 기능 / 267
2. 정책결정 기능과 정책집행 기능 / 268
3. 행정기능과 사법기능 / 269
4. 강제 기능과 서비스 기능 / 269

제 2 장 해양경비론 ········· 270

제 1 절 해양경비 개관 ········· 270
1. 해양경비의 개념 / 270　2. 해양경비의 연혁 / 275
3. 해양경비의 범위 / 277

제 2 절 해양경비 인프라 ········· 277
1. 해양경비 조직체계 / 277　2. 경비 세력 / 279
3. 정보통신시스템 / 284

제 3 절 해양경비 수단 ········· 286
1. 일반적 수단 / 286　2. 해상 검문 검색 / 286
3. 해상항행 보호조치 등 / 288　4. 추적 · 나포 / 290
5. 무기와 장비의 사용 / 290

제 4 절 해역별 해양경비 활동 ········· 292
1. 의 의 / 292　2. 내수, 영해, 접속수역 / 294
3. 배타적 경제수역 / 299　4. 공 해 / 302
5. 외국 파견 / 303

제 5 절 기타 해양경비 활동 ········· 303
1. 해양경찰 작전 / 304　2. 해양 대테러 / 307
3. 해상경호 / 311

제 3 장 수색구조론 ········· 314

제 1 절 수색구조 개관 ········· 314
1. 수색구조의 의의 / 314　2. 수색구조의 연혁 / 315

3. 수색구조의 국제성 / 316

제 2 절 수색구조의 법적 근거 ···················· 317

1. 국제법 / 317 2. 국내법 / 319

제 3 절 수색구조 인프라 ···················· 322

1. 수색구조 조직 / 323 2. 현장 수색구조 세력 / 325
3. 정보통신시스템 / 328

제 4 절 수색구조 절차 ···················· 329

1. 인지 단계 / 329 2. 초동 조치 단계 / 330
3. 수색단계 / 332 4. 구조단계 / 335
5. 사후 처리 단계 / 336

제 5 절 수색구조와 협력 ···················· 338

1. 국제적 구조협력 / 338 2. 국내적 구조협력 / 338

제 4 장 해양안전관리론 ···················· 340

제 1 절 해양안전관리 개관 ···················· 340

1. 해양안전관리의 의의 / 340 2. 해양안전관리 조직 / 343
3. 해양안전관리의 법적 근거 / 344

제 2 절 파출장소 운영 ···················· 344

1. 의 의 / 344 2. 파출장소 조직 / 345
3. 주요 임무 / 346 4. 업무처리 / 347
5. 근 무 / 348

제 3 절 연안해역 안전관리 ···················· 350

1. 의 의 / 350 2. 연안사고 안전관리 체계 / 351
3. 연안 체험활동 안전관리 / 356

제 4 절 해양 교통 안전관리 ···················· 357

1. 해양 교통의 의의 / 357 2. 선박 입출항 관리 / 360
3. 선박교통관제 / 362 4. 음주 운항 단속 / 365

제 5 절 다중 이용 선박 안전관리 ···················· 367

1. 의 의 / 367
2. 유 · 도선 안전관리 / 368
3. 낚시어선 안전관리 / 371
4. 여객선 안전관리 / 373

제 6 절 수상레저 안전관리 ········· 375

1. 의 의 / 375
2. 동력수상레저기구 조종면허 / 377
3. 수상레저 안전관리 / 378

제 5 장 수 사 론 ········· 382

제 1 절 수사 개관 ········· 382

1. 범죄와 수사 / 382
2. 해양 범죄의 특징 / 383
3. 수사의 법적 근거 / 385

제 2 절 수사기관 ········· 386

1. 검 사 / 386
2. 사법경찰관리 / 387
3. 검사와 사법경찰관리의 관계 / 388
4. 해양경찰의 수사조직 / 390

제 3 절 수사의 단서 ········· 391

1. 범죄 첩보 / 392
2. 불심검문 / 393
3. 변사자 검시 / 393
4. 고 소 / 394
5. 고 발 / 395
6. 자 수 / 395
7. 피해 신고 / 395

제 4 절 수사의 원칙과 절차 ········· 396

1. 수사의 원칙 / 396
2. 수사의 절차 / 397

제 5 절 수사의 방법 ········· 403

1. 임의수사 / 403
2. 강제수사 / 406

제 6 절 해양경찰 수사 실무 ········· 409

1. 긴급 배치 / 409
2. 수 배 / 410
3. 피의자 유치 및 호송 / 413
4. 과학수사 / 416

제 6 장 정보 외사론 ········· 423

제 1 절 정보 외사 개관 ········ 423
1. 의 의 / 423
2. 정보 · 외사 · 국제협력 조직 / 424

제 2 절 해양경찰 정보 ········ 424
1. 의 의 / 424
2. 정보의 요건과 분류 / 426
3. 정보의 순환과정 / 429
4. 정보활동의 실제 / 432

제 3 절 해양경찰 보안 ········ 434
1. 의 의 / 434
2. 방첩 활동 / 434
3. 보안 수사 / 438
4. 대공 상황 분석 · 판단 / 440

제 4 절 해양경찰 외사 ········ 442
1. 의 의 / 442
2. 외사 활동의 대상 / 443
3. 외사 활동의 유형 / 446
4. 국제형사사법 공조 / 449

제 7 장 해양오염 방제론 ········ 457

제 1 절 해양오염 방제 개관 ········ 457
1. 해양오염 개념 / 457
2. 해양오염사고 현황 / 458
3. 해양오염 방제조직 / 458
4. 해양오염 방제 근거 법령 / 460

제 2 절 해양오염 원인과 오염물질 ········ 462
1. 해양오염 방제의 개념 / 462
2. 해양오염 발생원인 / 463
3. 해양오염 물질 / 465

제 3 절 해양오염 예방 ········ 469
1. 의 의 / 469
2. 일반적 예방 활동 / 470
3. 지도점검 / 471
4. 방제자재 · 약제 형식승인 / 473

제 4 절 해양오염 대비 ········ 474
1. 해양오염 방제체계 / 474
2. 해양오염 방제장비 / 478
3. 해양오염 대비사항 / 483

제 5 절 해양오염 대응 ········ 485
1. 의 의 / 485
2. 초동 조치 / 485
3. 방제전략 결정 및 시행 / 486
4. 해상방제 조치 / 487
5. 해안방제 조치 / 489
6. 방제 종료 / 490

제 6 편 해양경찰 통제론

제 1 장 통제론 개관 ······ 493

제 1 절 책임과 통제의 원리 ······ 493
제 2 절 부패, 윤리, 통제의 메커니즘 ······ 493
제 3 절 부패 방지를 위한 제도 ······ 494

제 2 장 부 패 론 ······ 495

제 1 절 부패의 의의 ······ 495
제 2 절 부패의 원인 ······ 496
1. 전체사회가설 / 496
2. 미끄러지기 쉬운 경사로 이론 / 496
3. 구조원인 가설 / 497
4. 썩은 사과 가설 / 497
제 3 절 부패의 유형 ······ 497
1. 개인부패와 조직부패 / 497
2. 일탈적 부패와 제도적 부패 / 498
3. 백색부패와 흑색부패 / 498
4. 생계형 부패와 권력형 부패 / 498
5. 거래형 부패와 일방형 부패 / 498
제 4 절 부패행위의 신고와 처리 ······ 499
1. 부패행위 신고 / 499
2. 신고사항의 처리 / 499

제 3 장 윤 리 론 ······ 500

제 1 절 윤리론 개관 ······ 500
1. 필요성 / 500
2. 해양경찰에 요구되는 윤리 / 500
제 2 절 해양경찰 헌장 ······ 501
1. 의 의 / 501
2. 내 용 / 502
제 3 절 공무원 윤리강령 ······ 502
1. 공무원 행동강령 / 502
2. 해양경찰공무원 행동강령 / 504

제 4 장 통 제 론 ······ 505

제 1 절 통제론 개관 ······ 505

1. 해양경찰 통제의 개념 / 505
2. 해양경찰 부패, 윤리강령과 통제와의 관계 / 506

제 2 절 통제의 필요성 ······ 506

1. 해양경찰의 민주적 운용 / 506
2. 정치적 중립성 확보 / 506
3. 법치주의 확립 / 507
4. 인권침해 방지 / 507
5. 조직의 건강성 / 507

제 3 절 통제의 유형 ······ 508

1. 민주적 통제와 사법적 통제 / 508
2. 사전적 통제와 사후적 통제 / 508
3. 내부 통제와 외부 통제 / 508

제 4 절 사전통제로서의 행정절차 ······ 510

1. 의 의 / 510
2. 행정절차 제도 / 510

제 7 편 비교해양경찰론

제 1 장 해양경찰 제도 구분 ······ 515

제 1 절 개 관 ······ 515

1. 의 의 / 515
2. 해양경찰 기능의 필요성 / 516
3. 해양경찰 제도의 유사점과 차이점 / 517

제 2 절 해양경찰 제도 분류 ······ 517

1. 군사조직형 / 518
2. 경찰조직형 / 518
3. 일반행정조직형 / 519

제 2 장 각국의 해양경찰 제도 ······ 520

제 1 절 미국 해안경비대 ······ 520

1. 연 혁 / 520 2. 조직 및 인력 / 521
3. 임 무 / 522 4. 장 비 / 524

제 2 절 일본 해상보안청 ······ 525
1. 연 혁 / 525 2. 조직 및 인력 / 525
3. 임 무 / 527 4. 장 비 / 528

제 3 절 캐나다 해안경비대 ······ 529
1. 연 혁 / 529 2. 조 직 / 529
3. 임 무 / 530

제 4 절 중국 해경 ······ 532
1. 연 혁 / 532 2. 조직 · 인력 / 533
3. 임 무 / 534

제 5 절 동남아시아 해양경찰 제도 ······ 535
1. 싱가포르 / 535 2. 말레이시아 / 536
3. 인도네시아 / 536 4. 베트남 / 537
5. 필리핀 / 537 6. 인 도 / 537

■ 참고문헌 ······ 539

■ 사항색인 ······ 541

제 1 편

해양과 해양경찰

제1장 해양을 바라보는 시각
제2장 해양의 의미와 가치
제3장 해양과 인간
제4장 해양영토와 해양 제도
제5장 해양경찰의 중요성

편을 시작하며

해양경찰은 바다에서 국민의 생명과 재산을 지키고 해양주권을 수호하기 위하여 다양한 업무를 수행한다. 바다 현장에서 다양한 업무를 수행하기 위해서 활동 수단으로서 선박과 항공기를 이용하여야 비로소 해양경찰 작용이 가능하다. 현장 세력인 파·출장소나 특공대, 구조대 등도 편의상 사무실이 육상에 위치할 뿐이며, 활동 장소는 기본적으로 바다이다. 그러므로 해양경찰이 활동하는 무대인 해양과 주요 수단인 선박을 이해하지 않고는 해양경찰을 올바르게 이해하기 어렵다. 이렇듯 해양경찰을 이해하기 위해서는 해양에 대한 이해가 우선되어야 한다. 이런 면에서 해양경찰에 대해 본격적으로 논하기에 앞서, 제1편에서는 해양경찰을 이해하는 데 도움을 주고자 해양에 대하여 기본적인 측면을 살펴보도록 하겠다.

제1장

해양을 바라보는 시각

해양은 인간활동 전체에 지대한 영향을 미친다. 해양을 무대로 하는 해양경찰 활동에는 더욱 깊은 관련이 있다. 해양을 어떻게 바라보며, 받아들이고, 해석하는가 하는 시각은 다양할 수 있다. 해양을 바라보는 시각에 따라 다양한 학문 분야가 형성되어 왔다. 제1장에서는 해양의 중요성과 해양을 대상으로 한 학문의 유형을 살펴보겠다. 그리고 해양경찰 작용과 관련하여 해양을 바라보는 세 가지 측면을 살펴보고자 한다. 해양에 관한 물리적 측면, 역사적 측면, 국제정치적 측면이 그것이다.

제1절 해양과 인간활동

바다는 인간이 나타나기 훨씬 오래전에 생성되었다. 시간이 지남에 따라 바다는 단순한 생명을 탄생시켰고, 그 생명은 복잡하고 다양한 생물체로 분화하였다. 바다에서 태어난 단세포 동물은 진화하여 복잡한 생명체로 변화하였다. 바다에서 육지로 올라온 동물 중에서 일부가 인간으로 진화하였다. 지구상의 모든 생명체의 고향은 바다이며, 생명체 몸은 해수와 비슷한 비율의 염분을 가진 물로 구성되어 있다.

바다는 지구 표면의 약 70% 이상을 덮고 있다. 오늘날 많은 사람이 사는 대도시는 대부분 해안에서 100㎞ 이내의 지역이거나 큰 강 가까이에 있다. 이렇게 인류는 예로부터 바다에 기대어 살아왔으며, 지금도 바다로 밀접한 관계를 맺고 살아가고 있다. 바다는 여러 면에서 인간의 생활과 밀접하게 연관되어 있다. 인간은 바다에서 먹을거리, 다양한 자원, 교통수단, 예술적 영감을 얻고 있다.[1] 인간은 배를 이용하여 바다를 항해하기 시작하면서 해류, 파도, 바람을 읽기 시작하였

1) Jennifer Hoffman, 김민정 옮김, (2010), 「해양학」, 도서출판 이지사이언스: 17.

다. 해와 별, 그리고 달을 이용해 항해하기도 하였다.

바다는 인간에게 생물, 무생물 자원을 제공하는 거대한 창고 역할을 해왔다. 생물자원은 바다에 서식하고 있는 동식물로서 김·미역·다시마 등의 해조류와 어류·조개류 등이 포함된다. 바다에는 지구 전체 동식물의 약 80%가 서식하고 있다. 바다의 동식물은 예로부터 인간에게 필요한 단백질 공급원이었으며, 중요한 식량자원이었다. 또 바다는 철, 구리, 망간, 니켈 등 풍부한 광물자원을 가지고 있으며, 인류는 이를 이용하고 있다. 생물 및 광물자원 외에도 바다의 자연적인 힘을 이용하여 에너지를 만들어 쓰고 있다. 조수 간만의 차나 파도의 힘 또는 해류를 이용한 발전을 하고 있다. 더구나 바다에서의 에너지 생산은 환경오염 피해가 없고 무한히 재생되기 때문에 환경 문제없이도 에너지를 이용할 수 있는 장점이 있다.

나아가 바다는 오래전부터 선박을 이용하여 문명과 문명을 연결하는 통로였다. 바다를 통하여 물건, 사람, 동식물, 문화, 의식이 이동하였다. 오늘날 대형 화물은 모두 선박을 통하여 세계 각지에 운반되고 산업의 기반이 된다. 바다 통로를 활용하여 인류의 삶이 풍요롭고 윤택해졌다. 바다를 통하여 서로 다른 문명 간에 충돌과 접촉하였고 발전하였다. 오늘날 산업, 물류, 환경, 안보 등 다양한 측면에서 바다의 중요성이 더해가고 있으며, 세계 각국은 자국의 해양영토를 확보하기 위하여 치열하게 경쟁하고 있다.

제2절 해양과 해양학

해양을 대상으로 한 학문은 전통적으로 해양학(Oceanography) 또는 해양과학(Marine Science)이라는 학문 분야를 형성하였다. 해양학은 일반적으로 지질학, 생물학, 화학, 물리학 등 여러 학문적 방법이 연계된다.[2)] 해양지질학은 지구 내부, 지각의 변동, 해저 퇴적물의 특성 등을 주제로 연구한다. 해양생물학은 해양생물의 분포와 특성, 해양과 대기의 생물에 대한 영향, 해양생물로부터의 유용한 물질의 추출 등에 관하여 연구한다. 해양화학은 바다에 존재하는 고체와 기체 그리고

2) Tom Garrison, 이상룡 외 5인 옮김, (2010), 「해양의 이해」, 센게이지러닝코리아(주): 3-5.

이들 성분이 지질이나 생물에게 미치는 영향을 연구하는 학문이다. 해양물리학은 파도, 해류, 해양대기 등 상호작용을 연구하는 학문이다. 이렇게 연구의 대상은 해양이라는 하나의 공간이지만, 연구의 대상과 방법에 따라서 여러 학문이 다양하게 분화되어 있다. 하지만 바다를 대상으로 한 학문은 개별학문 영역만의 접근으로서는 복잡한 연구 대상이 가진 성격과 속성을 충분히 해명할 수 없다. 따라서 여러 학문 분야 간 성과를 공유하고 협력하는 학제적 접근이 필요하다.

해양경찰학을 다루는 이 책에서는 해양학의 모든 분야를 다룰 수 없으며, 다룰 필요도 없다. 해양학에 대한 다양한 분야의 지식을 모두 알 수 있다면 해양경찰 활동에 큰 도움이 될 것이다. 하지만 양적으로 방대하고 질적으로 전문적인 해양학 분야를 골고루 공부한다는 것은 불가능하다. 해양경찰학에서 해양학을 논하는 이유는 해양경찰 작용이나 활동에 필수적인 해양의 특성이나 지식을 타 학문으로부터 참고할 수 있기 때문이다. 이를 통해 해양경찰 작용이나 활동을 이해하는 데 도움이 될 수 있을 것이다.

제3절 해양을 바라보는 관점

1. 물리적 측면

물리적 특성에 관심을 가지는 물리학은 물질과 그것의 시공간에서의 운동, 그리고 그것과 관련된 에너지나 힘 등에 관한 것을 연구하는 것이다. 그리하여 물체가 어떤 식으로 운동하는가를 논리적으로 이해하는 것, 즉 모든 물체의 운동 원리를 규명하는 것이다. 해양을 물리적 측면에서 본다는 것은 바다에 존재하는 물질을 연구하고 바다의 운동 원리를 들여다보는 것을 의미한다. 해양의 물리적 작용에는 바다의 파도, 조류를 포함하여 대기 순환, 기후 등이 해당한다. 또 해저 암석, 광물, 해저지형 등 지질적 특성도 포함된다. 이에 더하여 물리적 작용의 결과인 해양 환경에서 살아가는 해양생물의 분포와 특성도 살펴볼 필요가 있다. 해양에서 생활하는 생물을 총칭하여 해양생물이라 한다. 이처럼 바다를 물리적 측면에서 볼 때, 바다를 구성하는 물질, 바다의 운동 원리, 바다에서 살아가는 생물 등이 연구 대상이 된다.

해양의 물리적 특성은 선박을 운항하는 인간에게 다양한 영향을 미친다. 선박 운항은 해양의 물리적 특성과 이에 따른 선박의 움직임을 알아가는 것에서 출발한다. 한편 바다에서 발생한 거대한 태풍이나 해일로 인해 재난을 겪기도 하였다. 이처럼 인류가 바다에 나아가 활동하면서 바다 자체에 관한 관심이 높아졌다. 즉, 안전한 항해나 재난의 예방을 위해서 바다의 물 자체, 파도와 조류, 기후, 대기 순환과 같은 물리적 특성에 관심을 가져왔다.

2. 역사적 측면

인류는 바다에 나아가기 시작한 이래 해양을 탐험하고 개척해 왔으며, 해양 문명을 이루어 왔다. 그리하여 바닷가에 나가 통나무배를 띄웠던 원시시대부터 오늘날까지 인류는 바다와 함께 해왔다. 이것은 인류가 걸어온 항해의 역사이며, 해양 개척의 역사이며, 지역 간 소통의 역사이다. 인류문명의 4대 발상지는 바다와 접한 큰 강 유역에 있다. 바다는 오랫동안 문명을 싹틔우고 발전시키는 중요한 무대였다. 바다를 통해 사람과 물산이 이동하면서 교류가 확대되었고, 문명과 문명은 경쟁과 협력을 이루며 더욱 발달하였다.

바다를 역사적 측면에서 바라본다는 것은 인류가 탄생한 이래 바다에 나아갔던 발자취를 더듬어가는 것이다. 우연히 바다에 관심을 가지게 된 원시인의 호기심에서부터 대양을 누비는 오늘날까지 항해의 역사를 살펴보는 것이다. 때로는 모험심에서, 때로는 경제적 이유로 인류는 목숨 건 항해의 기록을 남겼다. 그 결과 오늘날처럼 지구가 하나의 네트워크로 연결되는 결과를 가져왔다. 인류가 남긴 항해와 모험의 발자취는 오늘날 우리의 일상과 삶의 방식을 지배하고 있다. 바다를 통한 문명과 문화의 교류와 충돌은 서로 다른 삶의 방식을 유사하게 변모시켰다. 오늘날 지구촌 사람들은 바다를 통하여 사고와 문화를 공유하고 있다.

3. 국제정치적 측면

오래전 바다는 누구나 자유롭게 이용할 수 있는 자유의 공간이었다. 바다는 물리적 공간이 넓고, 그 속의 자원은 무한하여 주인이 없는 것으로 생각되었다. 하지만 과학과 기술이 발달하고 인구가 증가하면서 바다도 자원이 유한하며 무한정적인 이용은 어렵다는 것을 알게 되었다. 이제 바다의 자원을 놓고 국가 간 경쟁하는 시대가 되었고, 바다도 육지의 영토처럼 생각하게 되었다.

바다는 자원과 산업이라는 측면에서 전통적으로 중요하게 생각되었다. 수산업은 오래전부터 여러 국가의 주요 산업이었고, 이를 둘러싸고 인접국 간 분쟁이 많았다. 석유를 비롯한 해저광물 자원이 개발되면서 경제적 해역을 확보하려는 각국의 경쟁도 치열해졌다. 바다 자원을 이용한 물질 개발이나 신약 개발도 활발하게 전개되고 있다. 바다는 군사 안보적인 측면에서도 중요한 역할을 하고 있다. 냉전 시대에 전개되었던 육지 중심의 패권 경쟁은 이제 안보, 경제를 둘러싸고 해양영토 분쟁으로 변해가고 있다. 특히, 양대 강국인 미국과 중국이 동아시아, 남중국해 등에서 빈번한 갈등을 일으키고 있다.

이렇게 경제, 자원, 안보적 측면에서 바다의 중요성이 드러나면서 국제정치적인 특성이 나타나게 되었다. 자국의 해양영토를 넓게 확보하기 위한 국가 간 분쟁과 충돌이 발생하였다. 세계적으로 바다의 규칙이 없는 상태에서 국제정치적 힘의 논리가 바다를 지배하였다. 이에 따라 세계 각국은 해양영토를 둘러싼 이해관계에 따라 자국의 이익을 확보하기 위하여 경쟁하였다. 특히, 영해, 배타적 경제수역, 대륙붕 등 바다의 경제적 자원을 더 많이 지배하려는 경쟁이 심화하였다. 이에 국제적 논쟁과 합의를 계속한 결과, 전 세계 바다에 적용할 수 있는 규칙을 만들었는데 이것이 「유엔해양법협약」이다.

제2장

해양의 의미와 가치

해양의 물리적 측면은 해양을 개발하고, 선박을 운항하며, 해양에서 활동하는 모든 측면에 영향을 미친다. 함정과 항공기를 운용하고 해양에서 활동하는 해양경찰 작용에도 해양의 물리적 측면은 큰 영향을 미친다. 따라서 해양경찰 활동을 이해하는데 해양의 물리적 측면에 대해 알아둘 필요가 있다. 제2장에서는 해양경찰에 대한 이해를 높이기 위하여 해양의 물리적 측면을 살펴보고자 한다. 해양의 기원, 해저의 환경, 해양 현상과 기후, 해양과 생명, 해양의 가치 등에 대해 알아보고자 한다.

제1절 해양의 기원

1. 지구와 해양의 생성

과학자들은 우주의 시작을 약 137억 년 전 빅뱅(Big Bang)으로 추정하고 있다. 팽창의 원인은 정확히 모르지만, 우주의 팽창은 지금도 계속되고 있다. 은하계도 그 팽창의 일부에 속한다. 은하계는 별, 먼지, 가스, 기타 파편이 중력을 중심으로 회전하는 우주 일부이다. 은하계에 속한 태양계도 빅뱅으로 인해 떨어져 나온 여러 별, 물질, 가스의 구름이다. 이들 작은 파편들이 덩어리로 응집하여 행성을 만들었고, 행성은 태양을 중심으로 회전하고 있다. 지구도 태양계 생성과 맥을 같이한다. 지구가 만들어진 것은 대략 45억 년 전으로 추정하고 있다.

지구는 우주에 회전하는 가스와 먼지구름이 응집하면서 생성되었다. 이 과정에서 외계로부터 떨어지는 미행성체들이 충돌하여 엄청난 열을 발생시켰다. 이 열로 인해 지구 전체가 마그마 상태로 녹아 있었다. 충돌이 끝나면서 죽처럼 녹아있던 지구가 식기 시작했다. 이때 중력에 따라 무거운 철은 가라앉아 핵이 되었고, 가벼운 물질은 맨틀과 지각이 되었다. 초기 지구 표면은 매우 뜨거워 물이 존재할 수 없었다. 충돌과 화산에서 방출된 탄산가스가 모여 구름층이 형성되었다. 태양빛은 가스와 구름층을 뚫지 못하였다. 지구의 온도가 점차 낮아지면서 대기의 수증기가 응결되어 비가 되었다. 비가 되어 내린 물은 뜨거운 온도로 인해 계속 증발하였고, 이 과정이 2천만 년 동안 반복되었다. 지구가 식으면서 증발하는 비의 양보다 내리는 양이 많아졌고, 점차 물이 모여지고 마침내 바다가 만들어졌다.[3]

초기에 바다와 육지가 구분이 없던 지구는 육지인 지각이 서서히 나타났다. 약 39억 년 전 최초로 대륙지각이 형성되었지만, 현재처럼 큰 대륙지각은 존재하지 않았다. 초기에 여러 섬만 있는 지구는 전체가 하나의 큰 해양이었다. 25억 년 전에서 5억 년 전쯤 지금의 대륙이 형성되었다. 최초의 대기에는 산소가 거의 없었고, 뜨거운 탄산가스가 대부분이었다. 이후 광합성을 할 수 있는 박테리아가 나타났고, 광합성 산물로 산소를 만들었다. 이에 따라 대기에는 산소가 축적되었으며, 산소를 이용하여 살 수 있는 최초의 다세포 생명이 탄생하였다. 이후 산소를 이용하는 생명체들이 번성하기 시작하였다.

2. 해양을 이루는 원리

바다를 굳이 정의하자면, '지구 표면에 함몰된 지역을 채우고 있는 소금기 있는 물 덩어리'라고 정의할 수 있다.[4] 바다는 지구 표면의 71%인 3억 6,100만㎢를 덮고 있고, 전체 부피는 1,370,000,000㎦다. 지구에 존재하는 물의 97%가 바닷물이고, 빙하, 호수, 지하수 등 담수가 차지하는 비율은 3% 미만이다. 평균 깊이는 3,796m이고, 가장 깊은 마리아나 해구는 11,034m이다. 바닷물에는 여러 무기물이 녹아 있다. 그중에서 염화나트륨이 85%를 차지하고, 염소, 황산, 마그네슘, 칼슘, 칼륨 등이 녹아 있다. 녹아 있는 염분의 농도에 따라 바닷물 비중이 달라진다. 염분이 높으면 비중이 커져 잘 가라앉는다. 반면 다른 물질을 상대적으로 잘 띄운다. 그래서 염도가 높은 물에 몸이 잘 뜬다. 바닷물에 녹아 있는 염분을 모두 추출하면 약 150m 높이로 지구를 덮을 수 있을 정도라 한다.

지구의 바다는 원천적으로 하나로 이루어져 있다. 인간이 편리에 따라 태평양,

---

3) Jennifer Hoffman, 김민정 옮김, (2010), 「해양학」. 도서출판 이지사이언스: 18-19.
4) Tom Garrison, 이상룡 외 5인 옮김, (2011), 「해양의 이해」. 센게이지러닝코리아(주): 2.

대서양 등 인위적으로 분류하고 있지만, 물리적으로 하나로 연결되어 있다. 또 바다와 육지, 바다와 대기, 자연환경과 인위적 환경 등 모든 것들이 연결되어 있으며, 상호 의존적인 관계를 이루고 있다. 지구적인 관점에서 보면 바다를 중심으로 지구 환경이 촘촘하게 연결된 순환계를 형성하고 있다. 따라서 바다를 비롯한 지구 환경을 순환적인 시스템으로 이해하려는 노력이 필요하다.

제2절 해저의 모양과 환경

바다의 밑의 지형을 해저(海底)라 한다. 바다는 육지와 이어진 곳부터 시작된다. 육지와 가까운 해저는 육지 지형의 연장이며, 육지에서 멀어짐에 따라 다른 지질과 지형으로 변화한다. 해저는 크게 볼 때 육지로부터 바다 쪽으로 대륙붕, 대륙사면, 대양저 등으로 나뉜다.

[그림 1-1] 해저의 모양

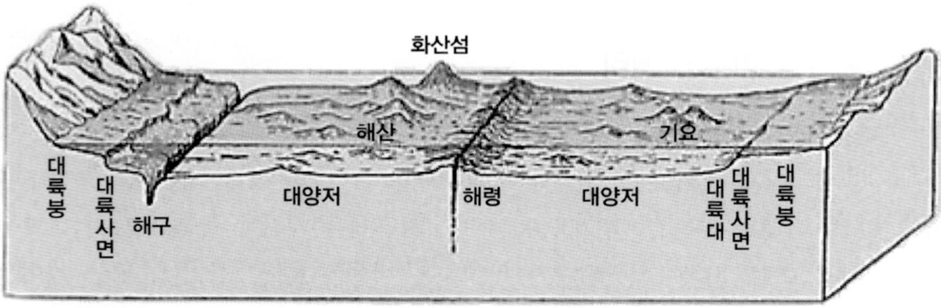

해저 지형

1. 대륙붕, 대륙사면

해안선에서 수심 200m 내외의 완만한 경사를 가진 해저지형을 대륙붕(Continental Shelf)이라고 한다. 대륙붕은 지하자원과 수산 자원의 보고로서 경제적 가치가 크다. 그리고 대륙붕 상의 바다 밑 언덕 지형인 뱅크(Bank)가 있는데, 이곳은 영양 염류와 플랑크톤이 풍부하여 좋은 어장을 형성한다. 우리나라 주변의 대륙붕 면적은 약 68만㎢로 전 국토 면적의 약 3배에 이른다. 동해안은 수심이 급격히 깊어져서 대륙붕 폭이 좁게 나타나지만, 서해는 전 바다가 대륙붕이다. 대륙붕이 끝나는 지점에서 대양저 사이의 급경사 지대를 대륙사면(Continental Slope)이라 한다. 대륙사면은 보통 수심 약 2,500m까지로서 상대적으로 폭이 좁고 경사를 이룬다. 급한 경사 때문에 퇴적물이 거의 퇴적되지 않는 지역이며, 진흙이 대부분이다.

2. 대양저

대양저(Ocean Floor)는 육지와 동떨어져 형성된 깊은 바다의 바닥을 말한다. 대양저는 수심 4,000~6,000m의 해저지형으로 비교적 평탄하며, 지구 표면의 절반을 덮고 있을 정도로 넓다. 대양저는 육지처럼 높은 산, 넓은 강, 깊은 계곡, 평평한 평원 등 다양한 지형이 있다. 대부분은 깊고 넓은 평원 모양의 해저 바닥 지형이 자리 잡고 있다. 평원이 펼쳐지다가 길고 좁은 산맥 모양의 솟아오른 부분을 해저산맥(Oceanic Ridge)이라 한다. 반대로 길고 깊게 움푹하게 패인 요지(凹地)를 해구(Trench)라 한다. 해저에서 가장 깊은 곳으로 에베레스트산보다 깊은 곳도 많다. 육지로 치면 해저산맥은 산맥에 해당하고, 해구는 계곡에 해당한다. 이러한 지형은 해저 지각판이 다른 지각판 아래로 밀려들어 가기도 하고 충돌하기도 하는 과정에서 형성되었다. 이후 수심 6,000m까지의 심해를 거쳐 이보다 깊은 초심해에 이른다.

대양저는 대부분 평원 모양이지만 이외에도 다양한 해저지형이 있다. 열수공은 해저 깊은 곳에 지구 속 뜨거운 물이 분출하는 바위 굴뚝을 말한다. 열수공 주변은 물이 따뜻하여 다양한 심해 생물이 서식하는 것으로 유명하다. 바닷속에도 화산이 많이 있다. 이렇게 물속에 돌출된 수많은 화산을 해산(Sea Mount)이라 한다.

3. 해저 환경

앞에서 바다의 밑의 지형을 중심으로 바다를 살펴보았지만, 한편으로 바다를 물속 환경을 기준으로도 살펴볼 수 있다. 물속 환경을 나누는 것은 각각의 환경 속에서 살아가는 해양생물을 분류하고 연구하는 데 필요하다. 환경을 나누는 기준은 빛, 온도, 염분, 깊이, 위치 등이다.[5] 물속 환경은 빛을 기준으로 나누어 볼 수 있다. 육지에 닿은 얕은 바다에서 대륙붕까지 물속에서는 광합성 작용이 일어날 수 있는 충분한 빛을 받는 곳이며, 이를 유광층(有光層)이라 한다. 유광층 아래는 빛은 있으나 희미하여 광합성을 하기에 부족한 곳이며, 이곳을 박광층(薄光層)이라 한다. 1,000m 아래 바다는 빛이 전혀 없는 어둠의 공간이며, 이곳을 무광층(無光層)이라 한다.

위치에 따라 물속 환경을 구분할 수도 있다. 바다의 밑바닥을 저서계라 한다. 저서계는 물때에 따라 바다에 잠겼다 드러났다 하는 연안해역부터 시작하여 바다의 가장 깊은 해구까지 이어진다. 한편 바다 밑바닥과 물 표면 사이 공간을 채우고 있는 곳을 표영계라 한다. 표영계는 대륙붕의 물속 공간인 연안역과 대륙붕 바깥쪽 깊은 공간인 외양역으로 나뉜다.

제3절 해양 현상과 기후

1. 파도와 조석

파도와 조류는 바다가 가지는 두 가지 큰 특징이다.[6] 파도(Wave)는 바람, 지진, 그리고 다른 작용에 따라 수면이 오르고 가라앉는 현상을 말한다. 파도는 해수면 위에서 일어날 때 관찰하기 쉽지만, 다양한 밀도의 층이 만나는 해수면 아래에서도 형성된다. 인간의 해양 활동에 영향을 미치는 파도의 기본적인 특징은 높이, 길이 그리고 주기를 갖는다는 것이다. 파도의 가장 높은 지점인 마루와 가장 낮은 지점인 골 사이의 수직 거리가 그 파도의 높이다. 파도의 두 마루 사이의 거리는 그 파도의 길이이며, 두 개의 연속적인 마루가 한 지점을 지나기까지 걸리는 시간을 주기라 한다. 수면 위에 파도가 지나가면 물 위에 떠 있는 물체는 파도가 다가오면 앞으로 이동하고, 파도가 지나가면 뒤로 이동한다. 물체는 파도가 지나감에 따라 위아래로 움직인다.

조석(Tide)은 태양과 달의 인력에 의해서 하루 단위로 솟아오르고 가라앉는

5) Tom Garrison, 이상룡 외 5인 옮김, (2011), 「해양의 이해」. 센게이지러닝코리아(주): 257-260.
6) Jennifer Hoffman, 김민정 옮김, (2010), 「해양학」. 이지사이언스: 108-109.

수면의 작용을 말한다. 조석은 태양과 달의 인력에 의해 생겨난다. 대양저의 깊이와 모양, 대륙과 섬의 상호작용, 그리고 다른 작용들에 영향을 받는다. 달과 태양이 있는 방향의 바다는 인력으로 인해 만조가 되고, 반대쪽은 간조가 된다. 달과 태양이 일직선상에 있을 때는 당기는 힘이 가장 강하게 일어나고 간만의 차가 크게 나타난다. 반대로 달과 태양이 직각을 이룰 때 서로 중력이 상쇄되어 간만의 차가 작아진다.

2. 해 류

해류(Current)란 일정한 방향으로 흘러가는 지속적인 바닷물의 운동을 말한다. 해류가 움직이는 원인은 여러 가지가 있다. 바람과 그의 마찰력에 의해 생기기도 하고, 온도와 염분 차에 의한 밀도 차이로 생기기도 한다. 또 해수면의 경사나 해수의 이동에 따른 비어있는 공간을 채우기 위해서도 움직임이 생긴다. 온도에 따라서 한류와 난류로 나누기도 하고, 작용 원인에 의해 표층 해류와 심층 해류로 나누기도 한다. 표층 해류는 지구 표면을 흐르는 조류를 말하는데, 주로 바람에 의해 발생한다. 표층 해류는 전 세계 해양의 최상층에 영향을 미친다. 표층 해류는 바람에 의해 발생하지만, 중력, 코리올리 효과, 태양열 등의 영향을 받아 북반구는 시계 방향으로, 남반구는 반시계 방향으로 흐른다.

바닷물은 온도가 낮아지거나 염분이 높아지면 밀도가 높아지게 된다. 심층 해류는 이렇게 밀도에 변화가 생길 때 외력이 없더라도 스스로 흐르는 해류를 말한다. 심층 해류는 바람과는 무관하게 흐르며, 물의 밀도에 영향을 받는다. 밀도가 다른 물 덩어리는 서로 섞이지 않으며, 서로의 위나 아래로 흐르고 오랜 기간 본질을 유지하며 움직인다. 우리가 표층수, 중층수, 심층수라 할 때 밀도가 차이 나는 물 덩어리를 말한다. 남극에서 만들어지는 저층수는 염분농도가 높고 차가워서 밀도가 높다. 이 물은 남극 심해저에 가라앉아 세계 심해저로 느리게 퍼져간다. 북극해에도 심층수가 만들어지지만, 지형상 큰 바다로 나오는 양은 적다.

3. 대기 순환

태양으로부터 오는 에너지는 적도와 극지방에 다르게 작용한다. 적도는 극지방보다 많은 에너지를 흡수하여 쉽게 더워지는 반면, 극지방은 에너지 흡수가 적어 추워진다. 대기와 해양의 순환은 열에너지를 골고루 이동시켜 이렇게 지역에 따라 지나치게 더워지거나 얼어붙는 것을 막는다. 따뜻해진 공기는 밀도가 작아져 상승한다. 상승한 공기가 냉각되면 밀도가 높아져 하강하게 된다. 이런 공기의 순환이 지구 표면에 발생하는데, 이를 대류성 흐름이라 한다. 대류성 흐름은 해양과 밀접히 관련이 있다. 적도 부근에서는 더워진 공기가 습기를 머금고 상승하며, 저기압 상태로 바람이 불지 않는다. 적도에서 상승한 공기는 각 반구 30도 부근에서 건조한 상태로 하강하며 고기압을 형성한다. 바다에서 이렇게 기압이 높고 바람이 거의 없는 지역을 아열대 무풍대라 한다. 적도와 30도 사이는 공기 이동이 규칙적으로 일어나는데, 이곳에서 부는 바람을 무역풍이라 한다. 각 반구 30도와 60도 사이에서도 공기의 순환고리가 만들어진다. 이 바람은 각 반구 45도 중심으로 서쪽으로 부는데, 편서풍이라 한다.

몬순(Monsoon)은 계절에 따라 바뀌는 바람의 순환이다. 몬순의 영향을 받는 곳은 여름에 덥고 습하며 겨울에 춥고 건조한 곳이다. 더운 계절에는 육지가 빨리 더워져 상승하게 되면 상대적으로 차가운 해양의 공기가 육지로 이동한다. 반대로 추운 계절에는 육지에서 바다로 바람이 불어간다. 몬순은 아시아 대륙과 인도양 사이에 뚜렷이 나타난다. 아랍 상인들은 이 바람을 이용하여 일찍이 무역활동하였다. 이외에도 극심한 바람과 강수를 동반하는 폭풍이 있다. 저기압 상태로 거대한 공기가 회전하면서 열과 수분을 흡수하며 움직이는 온대저기압(Cyclone)이나 열대저기압(Typhoon)이 있다. 반면 토네이도(Tornado)는 깔때기 모양으로 빠르게 부는 바람으로 국지적으로 일어난다.

4. 해양기후의 영향

해양과 대기는 긴밀하게 연결되어 지구의 기후에 영향을 미친다. 두 곳은 열을 흡수하고 전달하며 생명체가 살아갈 수 있는 균형을 이룬다. 지구의 자전으로 인한 힘은 대기와 해수의 흐름을 바꾸고 지구 환경에 영향을 미친다. 해양과 대기와 육지는 상호작용을 일으키며 기후에 영향을 미친다. 이렇게 형성되는 날씨와 기상은 전 지구적으로 인간의 삶에 절대적인 영향을 미친다.[7] 해양은 파도, 조석, 해류, 바람 등 다양한 경로를 통하여 지구 전체의 기후에 영향을 미친다. 바

7) Jennifer Hoffman, 김민정 옮김, (2010), 「해양학」, 이지사이언스: 59.

다에 연결된 기수 현상은 지구 전체의 기상에 미치는 영향이 크며, 인류의 문명과 삶에 지대한 영향을 미쳐 왔다.

제4절 해양과 생명

1. 해수와 생명

물은 산소와 수소가 결합한 분자이다. 물은 다양한 특성으로 인해 생명을 탄생시켰다. 물이 없는 곳에는 생명이 존재할 수 없다. 물은 열을 저장하고 온도를 조절한다. 화합물을 녹이며 영양물질을 함유할 수 있다. 이러한 특성들이 지구에서 생명이 탄생하는 화학반응을 일으키는 요인이 되었을 것이다. 모든 생명체의 세포 속에는 염분과 물을 갖고 있다. 물은 많은 물질을 녹일 수 있는 특수한 용매이다. 해수는 평균 3.5%가량의 용해된 무기질을 포함하고 있다. 해수에 포함된 무기질은 염화나트륨 외에도 황산염, 마그네슘, 칼슘, 칼륨 등이 있다. 염분은 화학물질을 녹이고 운반하는 데 역할을 하는 매체이다. 이 때문에 과학자들은 최초의 생명체가 바다에서 생성되었으리라 믿고 있다.

최초 대기층에는 아직 오존층이 형성되지 않았으므로 해수면은 생명에 치명적인 자외선으로 가득했을 것이다. 따라서 자외선을 피할 수 있는 심해에서 생명이 탄생했을 것으로 추측하고 있다. 과학자들은 초기 지구와 비슷한 상황을 실험실에 재현한 바 있다. 즉, 화합물 용액, 가스 혼합물을 자외선, 빛, 열, 전기 스파크에 노출하는 실험을 하였다. 그 결과 생명을 구성하는 기본적 단위인 아미노산이 생성되었다. 이런 방식으로 생명이 탄생하였는지는 정확히 알 수 없지만, 가장 오래된 생명의 흔적은 오스트레일리아에서 발견되었다. 35억 년 전 남조류에 의해 만들어진 스트로마톨라이트 화석이다. 바다에서 생명을 탄생시킨 장소이며, 현재도 가장 많은 생명을 품고 있는 장소이다.

2. 해양생태계

바다는 지구 생태계의 요람이자 중요한 거점으로 지구 전체 생물의 약 80%

이상이 바다에 서식하고 있다. 즉, 해양생물은 바다 표면에서 깊은 심해에 이르기까지, 그리고 해안선에서 대양의 복판에 이르기까지 복잡한 생태계를 이루고 있다. 이처럼 다양한 해양 환경 내에 서식하는 해양생물은 저마다의 다양한 생활방식을 가진다. 항상 물에 떠서 사는 부유생물은 스스로 이동할 수 있는 능력이 매우 제한된 생물로서 박테리아나 식물플랑크톤, 동물플랑크톤 등이 이에 포함된다. 이에 반하여 유영동물은 활발히 헤엄을 칠 수 있으며, 물고기, 해양포유류, 고래 등이 여기에 속한다. 해양 생물들은 상호 간 또는 주위 환경과 끊임없이 물질과 에너지를 교환한다. 이렇게 상호작용을 하는 생물과 주위의 환경을 포함하여 해양생태계(Marine Ecosystem)라 부른다. 지구의 생태계를 유지하기 위해서는 끊임없는 에너지의 공급이 필요하며, 심해의 일부 생물을 제외한 대부분 생물은 근본적으로 광합성이라고 불리는 과정을 통하여 태양으로부터 그 에너지를 공급받는다.

해양생태계 내에서 무엇이 무엇을 먹고 먹히는 관계를 흔히 먹이사슬(Food Chain)이라 부른다. 해양생물이 광합성으로 유기물을 직접 생산해내는 과정이 해양생태계의 먹이사슬을 유지할 수 있는 가장 기초가 되며, 해조류, 식물성 플랑크톤, 세균은 해양생태계의 밑바닥을 이루고 있다. 이들은 태양의 빛을 엽록소로 고정해 화학에너지로 바꾸는 광합성이나 주위의 무기물에서 에너지를 합성하는 화학합성을 하기도 한다. 이러한 단세포 조류나 미생물은 해양 먹이사슬의 중요한 1차 생산자이자 1차 소비자이다. 1차 소비자를 제외하고 자신의 에너지를 직접 만들 수 없으므로 2차 소비자는 1차 소비자를 먹이로 한다. 2차 소비자는 동물성 플랑크톤, 무척추동물, 크릴새우 등이다. 2차 소비자는 먹이사슬의 위 단계인 오징어, 작은 물고기, 고래 등에 의해 잡아먹힌다. 이렇게 여러 단계를 거치면 최종 소비자 단계에 이른다. 상어나 범고래 같은 육식 동물이 대표적인 최종 소비자의 예이다.

3. 해양생물

바다는 생명이 탄생한 곳이며, 대부분의 동물군도 바다에서 시작하였다. 모든 생물은 물 없이 살 수 없으며, 바다는 어떠한 서식지보다도 많은 생물이 사는 장소이다. 해양생물은 모든 동물 종류 33문(門) 중에서 32문이 속하며, 해양생물만 속해 있는 문은 14개나 된다. 이것도 지금까지 분류된 종류만 그렇다는 것이지,

발견되지 않은 종까지 고려하면 훨씬 많다.

플랑크톤(Plankton)은 스스로 운동능력이 전혀 없거나 아주 약해 물속에서 물결에 따라 떠다니는 작은 생물을 통틀어 이르는 말이다. 플랑크톤 단어는 '떠돈다'라는 의미의 고대 그리스어인 'Planktos'에서 유래한 용어이다. 이런 플랑크톤에는 수중에 서식하는 박테리아부터, 단세포 생물, 다세포 해조류, 크릴새우류, 대형 해파리 등 다양한 크기의 수서 동식물이 포함된다. 이들은 번식력이 좋고 양이 풍부하여 수중 생명체에 중요한 식량원이 된다. 연체동물문에 2종류가 있다. 두족류(頭足類)는 척추 구조가 없는 무척추동물이며, 뼈도 없는 연체동물의 한 강을 이루고 있는 무리를 이른다. 두족류라는 명칭은 '머리에 다리 달린 동물'이란 뜻으로 문어, 오징어, 낙지 등이 이에 속한다. 다른 종류는 조개류로서 뼈가 없는 연체동물이지만, 조가비가 있는 종류를 총칭한다. 어류는 물속에서 살며 아가미로 호흡하고 지느러미로 운동하는 척추동물을 일컫는다. 어류는 고등어, 갈치, 전갱이 등 경골어류, 상어 · 가오리 등 연골어류, 칠성장어 등의 원구류가 있다. 바다와 담수에 널리 분포하며 종류 수는 모든 척추동물의 약 43%를 차지한다.

해양파충류는 바다에서 서식하는 파충류를 총칭하는 말이다. 단순히 물속에 사는 파충류 자체는 많으나, 바다에 사는 파충류는 종류가 적은 편이다. 신체 일부분이 수생 생활에 걸맞게 진화되어 있으며, 해양포유류와 마찬가지로 아가미가 없기에 정기적으로 수면으로 올라와서 호흡한다. 현재는 바다거북과 바다뱀, 바다악어, 바다이구아나 등이 있다. 해양 조류(鳥類)는 바다에 의지하여 사는 새 종류를 통틀어 이르는 말이다. 해면이나 바다에서 먹이를 얻는 조류로 일반적으로 섬이나 연안에 모여 집단으로 번식한다. 여기에는 해면을 날아다니는 앨버트로스 · 슴새 · 갈매기 · 제비갈매기 · 군함새 및 사다새 등과 바다에 잠수하는 펭귄 · 바다오리 · 가마우지 · 아비 · 바다비오리 등이 있다. 해양포유류는 바다에 서식하는 포유류를 뜻한다. 육상 포유류와 같은 조상을 가지고 있으며, 해양포유류도 육상에서 진화했으나, 다시 바다로 되돌아갔다. 듀공, 매너티, 북극곰, 물범, 물개, 고래, 돌고래 등이 있다.

제5절 해양의 가치

1. 생명으로 가득한 바다

바다는 수많은 생물 종이 태어나고 살아가는 터전이다. 바다는 지구의 생명이 기원한 곳이며, 현재도 어느 곳보다 많은 생물 종이 서식하고 있다. 바다는 인류가 생존할 수 있도록 삶의 터전을 제공하고 동물성 단백질을 제공하고 있다. 바다는 이산화탄소와 태양에너지의 저장고이다. 매년 대기에 있는 엄청난 양의 이산화탄소를 흡수하여 기후를 조절하고, 태양에너지가 남아도는 저위도에서 부족한 고위도로 전달하여 지구의 온도를 조절한다. 바다는 지구 대기 산소의 3/4을 생성하고 지구 전체 물의 97%를 가지고 있다. 지구 표면의 3/4을 덮고 있는 거대한 바다는 지구의 기후와 날씨에 큰 영향을 미친다. 바다는 물로 되어 있어서 육지보다 천천히 더워지고 천천히 식는다. 그래서 여름에는 태양에서 나오는 열을 저장하기도 하고, 증발하여 수증기로 구름을 만들기도 한다. 반대로 겨울에는 여름에 저장한 열을 내보내 주변을 따뜻하게 하여 기온을 조절해준다. 이렇게 바다는 날씨를 조절하는 데 큰 역할을 한다.

2. 상상력과 휴식 공간으로서의 바다

인류는 바다에서 생계를 해결하고 무역을 하기도 하지만, 바다에서 휴식을 취하며 예술적인 영감을 얻는다. 바다는 인간에게 모험과 도전정신을 불러일으킨다. 인류는 먼바다를 향하여 끝없는 도전정신으로 항해했으며, 바다를 보면 신화와 상상력의 나래를 펼쳐왔다. 바다에서 펼쳐지는 모험과 모험을 담은 문학은 인류의 삶을 풍족하게 하였다. 바다는 인류에게 예술적 영감을 불러일으키는 예술의 소재이고 동경의 대상이다.

바다는 최대 교통로이며 휴식과 즐거움을 인류에게 제공한다. 바다는 인류에게 편안한 안식을 제공하는 휴식처이며, 생기와 즐거움을 가져다주는 레저활동의 공간이다. 바다는 도전과 모험의 공간이기도 하지만 편안한 쉼터이기도 하다. 현대문명이 복잡해질수록 인간에게 바다는 점점 중요한 휴식 공간이 되어가고 있다. 삶의 질이 향상되면서 바다는 여가 활동의 장소로 주목받기 시작하였다. 바쁜

현대인의 생활 속에서 오는 스트레스를 해소하고 휴식을 취하기 위해 많은 사람이 바다를 찾는다. 이에 따라 다양한 형태의 해양스포츠와 레저활동이 발달하고 있다. 또한 바다는 인간에게 예술적인 심미안과 영감을 가져다주기도 한다. 바다를 배경으로 영화, 문학, 그림이 창작되고 사람들에게 다양한 예술적 경험을 가져다주고 있다.

3. 자원의 보고인 바다

전 세계 대부분의 큰 도시들은 바다를 끼고 발달했으며, 인류 식량의 많은 부분을 바다로부터 얻는다. 육지에서 많은 광물자원을 캐서 사용하였지만, 바닷속에는 아직 사람들이 손대지 않은 광물자원이 풍부하다. 해양자원은 바다의 방대한 크기만큼이나 다양하고 풍부하여 식량과 자원 위기를 맞고 있는 인류는 이 해양자원에 큰 기대를 걸고 있다. 광물은 철, 구리, 망간 등 육지에서 흔히 발견되는 것뿐 아니라 코발트, 금, 니켈 등 쉽게 구하지 못하는 것도 있다. 석유와 천연가스 공급량의 1/3을 바다에서 생산한다.

바다는 해상 운송로를 통하여 인류의 산업발달에 크게 이바지하여 왔으며, 지금도 사람이나 물자 수송의 대부분은 바다를 통하여 이루어지고 있다. 그리고 물자 수송이 이루어지는 주요 해상교통로 유지는 산업적으로나 국가 안보적으로 중요한 논쟁거리가 되었다. 각 국가는 자원의 보고인 바다 영토를 확보하려고 치열한 다툼을 펼치고 있다. 바다는 인간이 경제생활을 영위하고 무역과 교류를 하는 통로이며 무대이다. 오늘날 생존에 필요한 석유, 식량, 원자재 등과 원료뿐만 아니라 상품 대부분은 해상교통로를 통하여 이동한다. 세계가 하나의 지구촌으로 변모하면서 지구 곳곳을 거미줄처럼 이어주는 해상교통로는 점점 중요해지고 있다. 이에 따라 해상교통로를 둘러싸고 인접국 간 해상영토 분쟁이 치열하게 전개되기도 한다.

제3장

해양과 인간

해양 선진국은 오랫동안 바다를 가까이하고 바다를 지배하면서 이를 바탕으로 국가의 부를 이루어왔다. 이와 같은 해양 이용과 국가발전의 역사는 현재에도 계속되고 있다. 해양경찰을 공부함에 있어, 해양 역사를 살펴보는 것은 그 속에 녹아있는 해양의 의미를 들여다보고 그 정신을 계승하고자 하는 목적이 있다. 제3장에서는 해양을 바라보는 시각 중에서 역사적 측면을 보고자 한다. 고대와 중세의 해양 탐험, 대항해 시대의 해양 탐험을 거쳐 오늘날까지 해양 이용의 역사를 살펴보겠다.

제1절 개 관

인류가 탄생하여 전 지구적으로 퍼지면서 해양 활동이 시작되었다. 처음에는 바다에 들어가 먹을 것을 채취하거나 가까운 거리를 이동하는 단순한 활동이었다. 시간이 흐르면서 통나무배나 갈대배를 이용하여 항해를 시작하였고, 해양 활동의 목적도 복잡해지기 시작하였다. 최초로 해양을 이용한 흔적을 남긴 사람들은 이집트인(Egyptians)과 폴리네시아인(Polynesian)이었다. 이집트인은 파피루스를 묶어 만든 배를 운항하다가 돛을 갖춘 배를 건조하였다. 폴리네시아인은 별다른 항해 도구 없이 바다의 흐름을 읽으며 카누만으로 태평양 광대한 해역의 섬들에 정착했다.

유럽의 내해인 지중해에서도 기원전부터 배를 이용하여 바다를 왕래하였고, 교역과 정복 활동을 수행하였다. 상선과 군함을 최초로 구분하여 사용한 페니키아인(Phoenicians)이나 그리스의 도시국가인 아테네(Athens)의 해상활동은 유럽 문명의 시초이며 근간이었다. 로마인(Romans)은 지중해 연안을 중심으로 여러 식민도시를 만들어 세계적인 대제국을 건설하였다. 바이킹(Viking)은 활동 범위를 유럽 전체로 넓히며 침략과 교역 활동을 활발히 펼쳤다. 바이킹은 아메리카까지 진출하며 한 시대를 풍미하였다. 그들의 흔적은 오늘날까지 해양 언어, 문화, 상업 등에 많이 남아있다.

동양의 바다 활동도 활발하였다. 서아시아의 아랍인은 일찍이 인도양을 중심으로 해상 실크로드를 개척하여 아시아의 동・서 양 끝단을 잇는 해양 교류하였다. 유럽인이 아프리카를 돌아 인도로 항해하는 데 뱃길을 안내하는 등 큰 역할을 하였다. 중국인은 여러 차례의 해상원정을 감행하여 동남아시아는 물론 인도와 아프리카까지 해상왕래를 하여 화교의 기반을 마련하기도 하였다. 그런데도, 동양 세계는 주로 대륙으로 진출하려는 경향을 보임에 따라 전반적으로 해양을 이용하는 데 소홀하였다. 이에 따라 근대 이후 현대에 이르기까지 서양에 비하여 상대적으로 세계적인 경쟁에서 뒤처지게 되었다.

분절되어 있던 지구는 대항해 이후 바다를 통해 하나의 세계로 연결되었다. 유럽 각국은 경쟁적으로 식민지 개척에 뛰어들었으며, 지구 곳곳을 항해하였다. 포르투갈과 스페인에 의해 시작된 대항해는 네덜란드, 영국을 거치면서 자본주의 체제 확립과 치열한 식민 제국주의로 나아갔다. 미국은 대서양과 태평양을 양쪽으로 끼고 해양 국가로 변모하였고, 일본과 중국도 유럽의 식민지를 겪으면서 해양의 중요성을 깨닫게 되었다.

제2절 고대와 중세의 해양 이용

1. 초기의 해양 이용

폴리네시아(Polynesia)는 뉴질랜드, 하와이 제도, 그리고 이스터섬을 잇는 이른바 '폴리네시아 삼각형(Polynesian Triangle)' 안의 섬 집단을 말한다. 이 섬들에 거주하는 폴리네시아인은 동아시아 계통의 인종으로서 기원전부터 수백 년에 걸쳐 아시아에서 수천 킬로미터를 이동하면서 이곳에 정착하였다. 이들 폴리네시아인은 먼 섬의 방위와 거리를 계산하는 법을 알고 있었다고 한다. 폴리네시아인은 대양을 가로지르는 항해가 가능했던 배였던 아웃리거 카누(Outrigger Canoe)[8]를

8) 아웃리거(Outrigger)는 배의 전복을 방지하기 위하여 주 선체의 측면에 연결해 사용하는 얇고

사용하였고, 상당한 수준의 항해술을 알고 있었다. 이들의 항해술은 매우 뛰어나 바다에 손을 담그는 것만으로도 수평선 너머에 있는 섬의 방위와 거리를 계산할 수 있었다고 한다.

이집트(Egypt)에서도 오래전부터 항해가 발달하였다. 처음에 파피루스를 묶어 배를 만들어 나일강을 운항하다가, 기원전 4,000년경부터 돛을 갖춘 배를 건조하였다. 기원전 2,000년경부터는 목재를 이용한 배를 건조하여 이집트와 레바논 간 연안 항해에 사용되었다. 이즈음 지중해뿐만 아니라 홍해 근해와도 활발히 교역하였다.

지중해는 내해로 불릴 수 있을 만큼 비교적 잔잔하고 사방 끝단의 거리가 멀지 않으며 섬이 많다. 이 때문에 해역을 접하고 있는 사람들은 일찍부터 배를 이용하여 지중해를 왕래하였다. 지중해를 중심으로 유럽을 역사의 무대에 등장시킨 것은 '바다 사람'으로 불리던 페니키아인(Phoenicians)이었다. 그들은 최초로 상선과 군선을 구분하였으며, 지중해 동쪽으로부터 서쪽으로 멀리까지 항해하며 무역을 하였다. 기원전 1,200년에 지브롤터 해협과 북아프리카까지 해상왕래를 하였고, 기원전 600년 전후에는 아프리카 대륙을 일주하는 항해를 하기도 하였다.

2. 그리스와 로마의 해양 진출

유럽의 고대는 지중해에 대한 제해권 쟁패전이라는 양상을 보여준다. 그리스의 도시국가인 아테네(Athens)는 놀라운 해상활동으로 기원전 500년경 페르시아 전쟁에서 승리한 후 이탈리아반도에서 흑해 연안에 이르기까지 활동 무대를 확장하였다. 그리스가 세웠던 수많은 해안가의 식민도시들은 그 지역의 중심도시로 발전하였고, 교역의 중심지를 이루었다. 이렇게 그리스를 중심으로 한 지중해 동부 해역과 에게해, 그 연안 지역은 서구 문명의 근원이 되었다.

로마(Rome)는 작은 도시국가로 출발하였으나, 이탈리아반도를 통일하고 3차에 걸친 포에니 전쟁에서 카르타고를 물리쳤다. 이후 지중해 해상권을 장악한 로마는 지중해, 흑해 연안을 중심으로 대제국을 만들었다. 로마도 그리스처럼 북아프리카, 이베리아반도, 흑해, 소아시아 등 해양을 끼고 있는 곳을 중심으로 식민지를 미로처럼 연결하며 제국을 발전시켰다. 로마 시대에는 지중해를 중심으로 하

긴 구조물을 말한다. 이 중 아웃리거와 싱글 아웃리거의 두 형태가 있다.

나로 통합된 거대 경제권을 형성하면서 많은 교역이 발생하였으며, 곳곳에 도로와 항구가 발달하였다. 마침내 역사상 인류가 가장 행복했던 시기라고 평가하는 '팍스 로마나(Pax Roana)'를 실현하기도 했다.

3. 바이킹과 지중해 도시국가

유럽 역사의 무대가 문자 그대로 유럽대륙 전체로 확대된 것은 바이킹(Viking) 덕분이었다. 바이킹은 스칸디나비아반도에 살던 노르만인으로서 8세기부터 유럽 곳곳으로 진출하기 시작하였다. 그들은 잉글랜드 지방은 물론, 북해를 횡단하여 프랑스를 침략했으며, 나아가 이베리아반도를 돌아 지중해의 이탈리아반도까지 진출하였다. 일부는 대서양을 서쪽으로 항해하여 아메리카 대륙의 뉴펀들랜드까지 진출하였다. 한편 동쪽으로 진출한 바이킹 일족은 지금의 러시아 땅인 대륙과 강을 통해 흑해까지 진출하였다. 그들은 습격과 약탈 혹은 정복 활동했으며, 다른 한편으로 문화교류와 해상무역 활동을 활발하게 전개하였다. 그들이 이와 같은 이주 활동을 본격적으로 전개한 800년경부터 1070년까지 약 300년간은 서구의 역사에서 '바이킹 시대(Viking Age)'로 불리며, 그들의 흔적은 현재까지 해양 언어, 문화, 상업 등에 많이 남아있다. 이후 바이킹의 활동은 북유럽에서 발생하여 많은 도시가 참여했던 한자동맹으로 이어졌다.

한편 중세 말 이탈리아의 도시들이 활발한 해상활동으로 많은 부를 축적하여 독립된 도시국가가 되었다. 베네치아, 제노바, 피렌체, 나폴리를 중심으로 한 도시국가들은 지중해에서 동양과 서양의 중개무역을 하여 많은 부를 축적하였다. 나아가 대서양 연안을 따라 항해하여 프랑스 연안과 영국 남부 연안에서까지 무역 활동하였다. 또한 도시국가들은 제3차 십자군 전쟁부터 십자군을 해상으로 수송하는 데 중요한 역할을 하기도 하였다. 근대 유럽의 여명을 열었던 르네상스가 이 도시국가들에서 처음 시작된 것은 이러한 해양 활동 덕분이었다고 할 수 있다.

4. 동양의 해양 진출

사실상 인류문명의 4대 발생지를 모두 보유하고 있는 동양은 고대에 찬란한 문명을 영위하고 발전시켰다. 하지만, 주로 대륙으로 진출하려는 경향을 보이며 해양의 이용을 소홀히 함으로써 근대 이후 현대에 이르기까지 서양에 비해 상대적으로 세계 경쟁에서 뒤처지게 되었다. 동양에서 해양을 성공적으로 이용한 시기가 없었던 것은 아니었다. 서아시아 아랍인은 해상 실크로드를 개척하여 아시아의 동・서 양 끝단을 잇는 교류 활동했으며, 심지어 서양인이 아프리카를 돌아 인도로 항해하는 데 뱃길을 안내하는 도선사 역할까지 하였다. 중국인은 송・원 시대에 해양 활동을 증가시켰으며, 명 시대 이르러 대규모 해상원정을 감행하여 동남아시아는 물론 인도와 아프리카까지 해상왕래를 하여 화교의 기반을 마련하기도 하였다. 동남아시아에는 여러 해상왕조가 생기면서, 인도네시아, 베트남, 말라카 등을 중심으로 동아시아와 인도양을 연결하는 활발한 해상교역을 하였다.9)

아랍인은 삼각형 돛을 가진 다우선(Dhow)10)을 이용하여 8세기 이전에 페르시아만, 아프리카 동해안, 인도, 동남아시아, 중국을 연결하였다. 이후 중국의 정크선(Junk)11)이 동남아시아, 인도, 페르시아만까지 항해하여 다우 교역권과 정크 교역권이 공존하게 되었다.12) 그러나 동양의 해양 활동은 오래 지속되지 못하였으며, 대부분의 시기에는 해양의 이용을 금지하거나 무시해 버렸으며, 이에 따라 근현대의 세계적인 추세에 제대로 부응할 수 없었다.

제3절 대항해 시대

1. 포르투갈과 스페인의 해양 진출

베네치아와 제노바 등의 해상 중개무역으로 동양의 산물에 익숙해 있던 유럽인은 동양 산물의 가격 상승, 이슬람 세력의 팽창에 따른 중개무역 방해, 도시국가의 쇠퇴, 지리 지식과 항해술의 발달 등으로 동양으로 가는 새로운 통상로를

9) 주경철, (2022),「바다 인류」, 휴머니스트 출판그룹: 227-240.
10) 다우 선(Dhow)은 고대 인도양에서 사용하던 선박으로, 큰 삼각돛을 단 목조선을 총칭하는 말이다. 다우 선은 일반적인 목조 배들과 달리 배를 구성하는 각 부품을 연결할 때 못을 쓰지 않는다. 다우 선의 각 선체 부품은 일정하게 구멍을 뚫은 뒤 각 부품을 야자나무 섬유로 만든 끈으로 엮어 조립한다.
11) 정크 선(Junk Ship)은 전통적으로 중국에서 사용되었던 목조 선박을 말하며, 동남아시아, 동아시아 각지에 널리 사용되었다. 정크 선에 사용하는 돛을 정크 돛이라 하며, 우리나라 배도 사용하였다.
12) 미야자키 마사카츠, (2017),「바다의 세계사」, 선인문화사: 96-107.

모색하였다. 유럽에서 대항해와 대탐험과 같은 해상활동을 처음으로 시작하고 주도한 것은 포르투갈과 스페인이었다. 디아스는 인도로 가는 아시아 항로를 발견하였고, 바스구 다 가마는 1497년 아프리카를 돌아 인도항로를 개척하였다. 포르투갈 선단은 앞다투어 아시아에 진출하여 상관을 설치하는 등 16세기에 절정기를 맞았다.

한편 제노바 출신 콜럼버스는 스페인 이사벨 여왕을 설득하여 산타페 협약을 체결하고 서쪽으로 항해하여 아메리카 대륙을 발견하였다. 15세기 초부터 아프리카 동해안부터 모험적으로 항해하기 시작한 이 두 국가는 아프리카, 아시아, 아메리카 대륙으로 항해 목표지를 확대해 나갔다. 도착하는 곳마다 원주민을 무시한 채 자국의 영토라는 표시로 국기를 꽂았던 대항해 덕분에 이들 국가는 많은 식민지를 가질 수 있었으며, 그 식민지로부터 막대한 부를 얻을 수 있었다. 이처럼 포르투갈과 스페인은 대항해 초기에 토르데시야스 조약(Treaty of Tordesillas)[13)]을 체결하여 세계를 반분할 정도로 강성했었다.

그러나 스페인과 포르투갈은 무역과 식민지에서 얻은 부를 국내 산업의 발전에 투자하지 않았고, 그것들을 보호할 수 있는 제도를 발전시키고 해군력을 강화하지 못했다. 그리고 시대적 상황에 적응할 수 있는 자체의 변화를 거부한 지배층의 한계 때문에 후발주자에게 추월당해 버렸다. 스페인과 포르투갈의 식민지 정책을 주시하던 네덜란드, 영국, 프랑스, 독일 등 유럽 국가는 본격적으로 식민지 쟁탈전에 뛰어들었고, 이후 세계 각지로 경쟁적으로 진출하였다.

2. 대항해의 영향

대항해 시대는 인류의 역사에 많은 결과를 초래하였다. 첫째, 유럽 세계를 번영하게 하는 중심 지역이 지중해에서 대양으로, 그리고 중심 국가도 지중해 연안국에서 대서양 연안국으로 바뀌었다. 둘째, 광대한 해외시장과 다량의 저가 원료의 공급으로 상업혁명이 발생했으며, 그로 인해 자본주의가 발달하였다. 셋째, 동양과 서양의 문화와 문명이 서로 영향을 주었으며, 인적, 물적 교류가 전 세계적

---

13) 토르데시야스 조약(Treaty of Tordesillas)은 탐험 지역들에 대한 소유권 분쟁을 해결할 목적으로 1494년 에스파냐와 포르투갈이 에스파냐의 북서부 토르데시야스에서 맺은 협정을 말한다. 이것은 포르투갈과 에스파냐의 세력 확장 범위, 즉 바다의 국경선을 정한 조약이다. 이 조약에 따르면 포르투갈은 대서양을 통하여 아시아 및 동인도 제도로 진출할 수 있었고, 에스파냐는 아메리카 대륙 쪽(서쪽)으로 진출해야만 했다.

으로 이루어짐으로써 인류의 역사가 지역사에서 세계사로 확대되었다. 넷째, 상업과 식민지를 위한 열강들의 제국주의적 팽창 경쟁이 시작될 수 있는 기반이 마련되었다. 다섯째, 유럽의 서세동점으로 유럽 이외 지역의 주민들이 노예로의 전락, 몰살, 굴욕스러운 조건 강요 등 많은 어려움을 겪기 시작하였다. 다섯째, 유럽 중심의 사고와 생활양식 혹은 서구우월주의가 세계 각 국민에게 널리 퍼졌다.

이처럼 아시아의 역사와 유럽의 역사가 만나 본격적으로 서로 영향을 준 것은 대항해 시대 이후였다. 인도양과 태평양에 온 유럽인은 신대륙과 아시아의 문화를 자신들의 문화에 동화시키려고 노력하였다. 식민지 쟁탈, 제국주의, 팽창주의, 문화적 우월주의, 인종주의 등과 같은 여러 가지 사상이 급속하게 전개되었다. 그리고 그에 따른 경제적 이익 추구와 일방적인 전쟁 수행은 유럽 중심주의의 과도한 전개 욕구에서 비롯되었다. 반면에 신대륙과 아시아는 이질적인 서구 문화의 수용을 거부하면서 독자적으로 발전시켜온 문화를 고수하려고 하였다. 그러나 아시아는 근대에 이르러 바다를 통해 밀려오는 유럽인의 압력과 무력을 견디지 못하는 경우가 많았다. 아프리카와 아메리카 대륙은 자신들만의 문화와 생활방식을 구가해 오다가 유럽인의 팽창 야욕 때문에 순식간에 몰락하였다. 이 지역의 고유문명은 대항해 시대부터 송두리째 사라지거나 변질하였고, 그곳은 유럽인의 거주지가 되었으며, 유럽 문화가 이식되었다.

제4절 해양국가의 전개

1. 유럽 각국의 해양 진출

대항해 이후 1579년에 스페인의 지배로부터 독립한 네덜란드는 17세기 전반기에 해운업과 해상무역으로 황금시대를 맞이하였다. 네덜란드는 크롬웰의 영국혁명 등으로 이완된 틈을 이용하여 다른 유럽 각국의 보유 상선을 합한 것과 거의 같은 규모의 상선을 가지고 해상무역 활동을 활발하게 전개했다. 그러나 네덜란드는 자국 내 7개 주가 각각 함대와 해군을 보유하고 있었는데, 서로 시기하고 경쟁하는 것을 일삼았다. 또한 네덜란드인에게 애국심과 자유로운 사상을 바탕으로 한 상업 정신이 있었지만, 상업적 귀족 정치가는 전쟁을 준비하고 치를 비용을 지출하는 것에 반대하였다. 영국은 뒤늦게 해운과 무역에 대한 강력한 보호정책으로 네덜란드에 도전했으며, 그 결과 영란전쟁이 발발하였다. 여기서 네덜란드가 패배함으로써 식민지 경쟁에서 영국이 앞서가기 시작하였다.

프랑스도 식민지를 둘러싸고 영국과의 해양 경쟁에 등장하였다. 프랑스는 전통적인 농업국가로서 1660년대까지만 해도 농업을 중시하고, 상업과 해외 진출에 매력을 느끼지 못했었다. 이후 제3차 영란전쟁부터 트라팔가르 해전까지 영국의 해양 활동을 견제하기 위해 노력하였다. 프랑스에서 바다의 중요성을 인식하고 바다를 통해 강력해지는 정책을 추진한 것은 재상 콜베르였다. 그는 유럽 해양 강국이 경제적 번영을 누리게 된 원인을 분석한 후 보호무역과 중상주의를 국가정책으로 추진했으며, 해상무역을 보호하기 위해 해군을 증강했다. 그 결과 프랑스는 1683년에 대양에서 어떤 해양 강국과도 견줄 수 있는 세계 최강의 해군을 보유할 수 있게 되었다.

유럽에서 전통적으로 대륙 지향성이 강했던 독일은 빌헬름 2세 때 바다에 관심을 가지기 시작했다. 그는 마한의 「해양력이 역사에 미친 영향」을 탐독하고 “우리의 미래는 바다에 있다.”라고 선언하였다. 독일은 1893년부터 상선 보유 수를 증가시켜 영국 다음으로 많은 척수를 보유하게 되었으며, 대외 교역량도 프랑스와 미국을 능가하여 영국 다음의 위치를 차지하였다.

러시아의 해양지향 정책은 표트르 대제에 의해 시작되었으며, 이후 강력한 함대와 부동항의 확보에 대한 열정은 러시아의 가장 중요한 정책 가운데 하나가 되었다. 그는 북방전쟁에서 승리하여 발트해 동남해안을 영유한 후, 그곳을 서방으로 진출하는 근거지로 삼았다. 뒤를 이은 예카테리나 2세는 튀르크와의 전쟁 끝에 흑해와 지중해로 진출할 수 있는 길을 열었다. 그러나 러시아가 미국과 견줄 수 있을 만큼 해양 강국으로 성장하기 시작한 것은 20세기 후반이다.

2. 해가 지지 않는 나라, 영국

영국은 16세기 헨리 8세 치세부터 바다에 주목하기 시작하였다. 하지만 대항해 초기 대양으로 진출했던 스페인과 포르투갈이 이미 세계를 다 차지해버리고 남아있는 곳이 거의 없었다. 그래서 영국은 스페인의 식민지나 무역선을 약탈하는 사략 활동(Privateering)[14)]을 통해 부를 축적하기 시작했는데, 이 사략 활동은 엘리자베스 여왕 치세기에 가장 활발하였다. 사략선 선장은 정부로부터 재정과 인력을 비밀리에 지원받아 중남미 스페인 식민지 해안을 약탈하였다. 또한 카리브해 섬 사이에 잠복한 사략선이 스페인 무역선을 습격하여 무역상품을 강탈하였다.

1588년 영국－스페인 전쟁이 발발했다. 영국이 가톨릭을 배척하였고, 스페인의 영지였던 신교 국가 네덜란드 반군을 지원하였을 뿐 아니라, 드레이크 등의 사략 행위를 더 두고 볼 수 없었다. 이에 스페인 국왕 펠리페 2세는 1588년 영국의 불법행위를 응징하기 위해 무적함대를 출동시켰다. 하지만 영국은 혁신적인 전투방식을 시도하였다. 결국 스페인의 무적함대는 무너졌고 스페인은 급격히 쇠퇴하였다. 이후 청교도혁명을 성공한 크롬웰은 항해조례(Navigation Act)[15]를 발표하여 영국 해운업을 보호하였다. 프랑스는 제3차 영란전쟁부터 트라팔가르 해전까지 영국의 해양 활동을 견제하기 위해 노력하였다. 하지만 나폴레옹도 트라팔가르 해전의 패배 이후 바다에 대해 완전히 등을 돌리고 말았다.

이처럼 스페인, 네덜란드, 프랑스를 차례로 극복한 영국은 19세기에 전성기를 맞이하였다. 영국은 바다를 중시하고 해양 강국이 되기 위해 약 3세기 동안 부단히 노력한 결과 세계의 중심이 되었으며, 영어와 영국식 제도를 전 세계에 전파하여 문자 그대로 명실상부한 대영제국이 되었다.

3. 미국의 해양 진출

미국은 독립전쟁(1775-83) 이후 신생국으로서 내부 문제와 광대한 서부 개척에 여념이 없어 바다에 눈을 돌리지 못했다. 미국이 바다에 관하여 관심을 가지게 된 것은 서부와 남부로의 팽창 활동이 거의 마무리되었던 19세기에 마한(Alfred T. Mahan)의 저서 덕분에 일어났다. 마한은 대영제국의 사례를 들어 카리브해, 태평양, 대서양이 미국의 국익과 안보에 결정적인 역할을 할 것이며, 강국으로 성장하기 위해 해외로 눈을 돌려야 하며, 그러기 위해서는 바다로 눈을 돌려야 하며 한다고 주장하였다. 그의 주장은 특히 파나마 운하의 개통을 앞둔 시

14) 사략 행위(私掠, privateering)는 국가로부터 특허장을 받은 개인이 선박을 무장시켜 적성국가의 상선을 노략질하는 것을 뜻한다. 사략에 동원되는 선박을 사략선(私掠船, privateer ship)이라고 한다.

15) 14세기부터 19세기까지 영국이 해외무역에서 외국선박을 배격하기 위하여 발표한 조례를 말한다. 영국으로 수입하는 상품은 영국 선박 또는 산출국의 선박에만 실을 것을 규정하였다.

기였기 때문에 폭발적으로 여론의 주목을 받았다.

그러나 미국이 실제로 해양 강국이 된 것은 양차 세계대전을 수행한 이후였다. 미국은 1945년 이후 전통적인 강대국들이 퇴진하면서 남긴 공백을 착실하게 메워나갔다. 일단 세계 제일의 국가가 된 이상 미국은 이제 더 이상 자국의 영토나 서반구에만 머물러 있을 수 없게 되었다. 과거의 영국처럼 이제는 미국이 원하기만 하면 언제든지 새로운 프런티어를 설정할 수 있는 자리로 올라서게 되었다. 이제 '미국의 평화시대(Pax Americana)'가 무르익었다. 오늘날에는 미국이 세계 최대이자 최강의 해군력을 보유한 유일한 초대형 해양 강국이 되었고, 세계의 해양경찰 역할까지 하고 있다.

4. 오늘날의 해양국가

사람들은 이제 바다가 장벽이 아니며, 전·평시를 막론하고 대륙이나 국가 간의 거대한 교통로가 된다는 점을 인식할 수 있게 되었다. 19세기 말부터 양차 세계대전을 거쳐 오늘에 이르기까지 해양 강국으로 등장한 나라는 독일, 러시아, 일본, 그리고 미국이다. 물론 중국과 인도 등 해양 강국으로 부상하기 위해 몸부림치는 나라들도 있지만, 앞의 4개국에 비하면 해양 강국으로 불리기에는 시기상조인 것처럼 보인다.

일본은 메이지유신(1867-1868) 이후에야 해양 강국의 길을 걷기 시작했다. 그 이전에 일본은 조선통신사 일행뿐 아니라 그들이 타고 온 선박을 보고 놀라 경외심을 가질 정도로 보잘것없는 문화와 허약한 국가체제를 가지고 있었다. 일본의 해양 활동은 흔히 '왜구'로 불리는 해적 활동에 국한되어 있었다. 그러나 메이지유신 이후 일본은 청·조선·일본 등 동아시아 3국 중에서 서양 문화를 가장 신속하게 그리고 거의 절대적으로 받아들이기 시작했다. 또한 일본은 극동지방에서 러시아를 견제할 대리국으로 일본을 택한 영국으로부터 많은 도움을 받기도 했다. 그 결과 20세기가 시작될 무렵 서구식 경제와 군사제도를 완성한 일본은 청일전쟁과 러일전쟁에서 연거푸 승리했으며, 나아가 영국과 동맹을 체결하여 명실상부한 극동의 패권국이 되었다. 특히 일본의 연합함대에 의한 러시아 발트함대의 격파는 일본을 해양 강국으로 만드는 기폭제가 되었으며, 국제사회에서 열강으로 대접받는 계기가 되었다. 실제로 태평양전쟁(1941-45)을 일으키기 직전, 일본 해군은 일본 열도의 주변에서 동남아에 이르는 해역의 제해권을 완벽히 장악하고 있었다.

중국 정부가 공식적으로 경제와 안보 분야에서 해양에 관한 관심과 정책을 구체적으로 표명하기 시작한 것은 1990년 초반부터였다. 1991년 전국 해양 업무 회의가 처음으로 개최되었으며, 이 회의에서 중국의 해양 진출 계획인 「90년대 중국 해양 정책과 업무 요강」이 공개되었다. 이어 1992년 10월에는 중국공산당 제14차 전국 대표대회를 통해 당 대회에서는 최초로 해양 권익이 당 대회 보고서의 내용에 포함되었다. 2,000년대 초반 중국 정부는 해양 정책을 구체화 시키면서 해양 강국의 목표를 추구하기 시작하였다. 이러한 해양 정책을 다룬 대표적인 정부 공식 문건이 2001년부터 발표되기 시작하였으며, 특히 2003년 발표된 「전국 해양 경제발전 규획 요강」에서는 정부 공식문서에서 중국이 최초로 해양 강국을 전략적 목표로 거론하였다. 중국 정부는 2008년 「국가 해양 사업 발전규획 요강」을 발표하였는데, 여기에서 "중국은 해양 대국이며 해양 문제는 국가 근본 이익과 관련된다."라는 내용을 담고 있다. 해양 강국의 목표를 이루기 위해 전 국민의 해양 인식 증강, 해양 법규 체제, 해양산업과 기술, 해양 권익과 안보, 해양 생태 등 다양한 분야에서의 능력 제고를 강조하였다.[16)]

제 5 절 우리나라의 해양 역사

1. 고대 시대

고구려는 원교근공의 정책에 의해 국경을 접하고 있는 나라들과 치열하게 투쟁하면서 바다를 통하여 남조(南朝)와 교섭하였다. 고구려가 양쯔강 하구의 남조와 교섭한 것은 중국 남조의 여러 나라와 해상교섭을 할 수 있는 항해술 여건을 보유하였음을 가리키기 때문에 해양사적 의의가 크다. 백제는 건국 초기부터 해상활동을 활발하게 하여 성장한 것으로 보인다. 그러나 역사 기록에는 백제가 4세기 후반부터 해상을 통한 해외 교섭 활동을 한 것으로 나타난다. 476년에는 탐라를 예속국으로 만들었고, 남중국의 동진(東晋), 양(梁), 진(陳), 수, 당과 교류했

16) 김한권, (2017), "중국의 해양전략 I : 해양전략의 제도적 변화 과정", 「IFANS 주요 국제문제분석 2017-21」, 국립외교원 외교안보연구소: 3-8.

으며, 북중국의 북위와도 교류하였다. 백제는 372년부터 왜국과 교류하기 시작하였다. 이후 유교 경전과 한문, 역법과 불교, 직조와 의약 기술 등 백제에서 유입된 문물과 기술은 왜국의 고대문화를 발전시키는 데 크게 이바지하였다.

신라는 건국 초기부터 해양을 통해 왜국 그리고 중국과 밀접한 관계를 맺어왔으며, 국가발전도 해양 진출과 밀접하게 연관되어 있다. 지리적인 위치 때문에 고구려와 백제의 견제를 받아 중국과 교류하기 어려웠던 신라는 6세기 중반 처음으로 해상을 통해 중국에 사신을 보낼 수 있었다. 이에 비해 신라와 왜국과의 해상교류는 일찍부터 있었다. 신라는 장기간에 걸쳐 계속된 왜인의 침입 때문에 3세기부터 수군을 보유하게 되었으며, 수군진의 설치와 수군 조직과 제도를 정비하려고 노력하였다. 신라는 678년에 선부(船府)를 독립행정기구로 설치하였다. 선부는 당시 해양국이었던 일본에도 없었던 것으로서, 신라만 보유하였던 제도였다. 선부는 선박의 건조와 관리, 수병과 선원의 관리와 양성, 항해업무 등을 총괄하는 부서로서 오늘날 해양수산부와 해군을 합친 기구와 유사하였다.

동북아 삼국의 사무역이 전성기를 맞이한 것은 장보고 시대이다. 장보고는 9세기 초에 당에 건너가 입대했으며, 군공을 세워 군의 고위 직위에 올랐다. 이후 그는 귀국하여 청해진이라는 수군진을 설치하고 청해진 대사가 되었다. 그는 서남해는 물론 신라 연안의 해적을 소탕하여 신라인이 당에서 거래되는 현상을 근절시켰으며, 제해권 확보와 청해진을 근거로 해상무역을 전개하였다. 장보고 활약은 단기간이었지만, 동아시아에서 처음으로 해상질서를 확립하였고, 삼국 중개무역을 활발하게 전개하였다. 유럽에서 아랍을 거쳐 남중국을 종착지로 한 해상 실크로드를 북중국과 한반도 및 일본 열도까지 연결하였다. 그는 우리나라 해양사에서 가장 빛나는 시대를 만들었다.

2. 고려시대

고려는 건국 과정에서 해상세력이 큰 전공을 세웠기 때문에 수군을 상당히 강력한 규모로 유지했던 것 같다. 해군의 임무는 해안경비를 강화하여 동여진 족의 침략을 막거나 격퇴하기 위한 것이었다. 고려는 조세수입을 증대시켜 국가 재정을 견고히 하기 위해 조운제도를 발전시켰다. 국초에 12개의 조창을 설치하였는데, 2곳을 제외한 대부분의 조창은 남해 3도의 해안가였다.

몽골군의 침입 기간(1231-1273)은 고려 수군의 전성기였다. 당시 최씨 일가의 무인 정권 시대였던 고려는 몽골군의 횡포가 극에 달하자 수전에 대한 몽골군의 취약성을 확신하고서 1232년에 강화로 천도하였다. 다시 침략해 온 몽골군은 강화에 침입하지 못하고 고려인에게 육지로 나오기를 요구했으나, 고려는 이에 응하지 않았다. 삼별초 군은 함선을 이끌고 강화도에서 진도로 근거지를 옮기고, 그곳에서 전라도 · 경상도 · 탐라를 잇는 남해안 일대의 제해권을 장악하고 통치영역을 확대하였다. 고려가 이 정도로 저항한 것은 몽골군의 세계적 정복 활동에서 유례가 없는 항전이었다. 이후 몽골은 고려의 수군과 항몽 활동을 높이 평가하여 다른 피정복국에 비해 상대적으로 고려를 특별히 예우하였다.

왜의 침입이 본격적으로 시작된 것은 1350년부터였는데, 왜구는 200척 이상의 선박을 타고 남해안은 물론 서해안의 강화도까지 북상하였다. 고려는 12세기 후반에서 13세기 후반까지 왜구침입을 중단시키기 위한 고려의 외교적 대응책으로서 일본이 진봉선을 고려에 보내는 것을 허용하였다. 국내적으로는 왜구의 근거지가 될 만한 섬들에 대해 공도정책을 펼쳤다. 이외에도 고려는 수군력을 강화하여 왜구를 퇴치하고자 하였다.

3. 조선시대

조선은 건국 초기 고려의 해양 관련 제도를 그대로 물려받았다. 조선의 해양정책은 주로 왜구를 대상으로 한 것이었는데, 근본적으로 왜구의 침입 활동이 변하지 않았기 때문이었다. 조선도 해금정책을 실시하고 또한 해안방어 수단과 제도를 발전시켰다. 건국 초에 왜구를 방어하기 위해 삼남과 경기 좌 · 우도에 수군도절제사를 두어 도별로 지휘하도록 하였다. 1592년에 임진왜란이 일어나자, 이듬해에 전라도 · 경상도 · 충청도 수군을 통괄하는 삼도수군통제사를 설치하고, 통제영을 두어 삼남 수군의 지휘 계통을 일원화하였다. 병자호란 이후 강화도를 중심으로 한 경기 수군 방어체제가 강화되었다. 그 대표적인 사례가 통어영의 설치이다.

조선은 기본적으로 중국의 성리학 체제를 그대로 받아들여 시행하였고, 해양정책도 중국의 대륙지향정책을 그대로 답습하였다. 이에 따라 왜구를 방어하거나 외부로부터 적을 침입을 막기 위한 수군 체제를 유지하는 정책 외에는 해양을 지양하는 정책으로 일관하였다. 바다를 통한 대외활동이나 정책보다는 외부 세력을 막기 위한 수단으로 바다를 이용하였을 뿐이다. 해금정책[17)]이나 공도정책[18)]은 바다를 멀리하고 천시했던 대표적인 정책이었다.

17) 해금정책(海禁政策)은 동아시아 지역에서 나타난 해상교통·무역 등에 대한 제한정책으로서 왜구침입을 방지하기 위해 사적으로 바다에 나가거나 외국과 교역을 금지했던 정책을 말한다.

18) 공도정책(空島政策)은 섬 거주민들을 본토로 이주시키고 섬을 비우는 정책이다. 이러한 정책으로 인해 울릉 지역이나 남도의 도서 지역의 거주민들은 한반도 본토로 대량 이주하게 되는 경우가 있었다. 1417년 조선 태종 때 울릉도와 독도 지역에 공도책을 시행하였다.

제4장

해양영토와 해양 제도

바다는 본래 넓어 누구나 자유롭게 항해하고 자원을 이용할 수 있다고 믿었다. 하지만 급격한 과학기술 발달과 인구 증가로 바다 자원을 둘러싸고 국제정치적인 갈등과 분쟁이 격화되었다. 이에 해양에 대한 각국의 이해대립과 갈등을 조정하려는 노력의 결과물이 「유엔해양법협약」이다. 동 협약은 세계 각국 간 바다의 관할을 나누는 근거가 되며, 해양경찰 활동의 국제적인 근거법이기도 하다. 제4장에서는 해양 이용을 둘러싸고 전개되는 국제정치적 측면을 「유엔해양법협약」을 통하여 살펴보겠다. 그 내용은 무엇이며, 해양을 둘러싸고 현실에서 전개되는 국제정치적 갈등은 어떤 양상으로 나타나는지 동아시아를 중심으로 살펴보겠다.

제1절 유엔해양법협약

1. 유엔해양법협약의 출현

가. 해양법 규율 대상으로서의 바다

해양법(Law of the Sea)은 바다와 관련된 국제법으로서 여러 해양 수역의 법적 지위를 확정하여 국제사회 구성원들이 합리적으로 이용하도록 하고 분쟁을 해결하도록 규율하는 법이다.[19] 해양법[20]이 규율하는 일차적인 객체는 해양이다. 해양법의 규율 대상으로서의 해양은 수직적, 수평적, 기능적 측면으로 구분할 수 있다. 바다를 수직 공간적 기준에 의하여 구분하면, 물리적 성질에 따라 바다 위의 대기, 해수면, 수괴, 해저, 하층토로 구분된다. 대기는 상공 비행, 해양 기상, 해양

19) 김현수, (2010), 「해양법 총론」, 청목출판사: 19.
20) 해양법 개념은 해양 그 자체에 관한 법으로서 해사법(Maritime Law)과 구별되는데, 해사법은 선박에 의해 이루어지는 해상활동에 관한 법규범을 말한다.

오염 등의 측면에서 해양과 긴밀한 관계를 갖는다. 해수면은 주로 선박의 항해에 이용되는데, 이것은 어업, 통상, 교통, 군사 활동 측면에서 필수적인 요소이다. 수괴(Water Mass)는 바다의 물 자체로서 엄청난 양의 해양생물자원이 서식하고 있는 공간이다. 해저는 정착성 생물자원의 서식지가 되며, 해저 광물자원은 해양법의 주요 규율 대상으로 주목받았다. 하층토에는 석유나 천연가스 등의 광물자원이 대량으로 부존되어 있어서 중요성이 날로 커지고 있다.

수평 공간적 기준에 의한 구분은 해양의 영역 관할권에 따른 것으로서, 국제해양법은 관할 영역별로 각기 다른 제도와 규범을 두고 있다. 여기에는 영해, 군도수역, 접속수역, 배타적 경제수역(EEZ), 대륙붕, 공해, 심해저가 있다. 이 중에서 연안국의 완전한 영역 관할권이 미치는 곳은 영해와 군도수역이고, 제한적 영역 관할권이 미치는 곳은 접속수역, 배타적 경제수역, 대륙붕이다. 공해와 심해저는 연안에서 먼바다로서 원칙적으로 연안국의 영역 관할권이 미치지 못한다.

기능적 측면에서 해양법의 규율 대상을 보면, 항해, 어업, 해협 통항, 해양 환경 보전, 해저자원 개발, 해양과학조사, 해양 분쟁 해결 등으로 구분할 수 있다. 해양법은 해양을 국제사회 구성원이 질서 있게 합리적으로 이용하도록 규율함과 동시에, 그와 관련한 국제분쟁을 평화적으로 해결하도록 하는 국제 규칙이다.

나. 해양 관할권의 전개

해양을 이용하는 질서 유지 방식에는 이용 주체에 의한 규율방식과 영역 주체에 의한 규제방식이 있을 수 있다. 해양을 적극적으로 이용하는 해양 선진국은 이용 주체에 의한 규율방식을 선호하게 되고, 연안에서 주권을 행사하는 연안국의 입장에서는 영역 주체에 의한 규제방식을 선호할 것이다. 전통적으로 볼 때 해양법은 그로티우스(Grotius)[21]적 전통에 따라 특정 국가의 전속적 이용을 부정하고, 모든 국가가 자유롭게 이용할 수 있다는 전제에 서 있었다. 과거 해양 이용의 초기에 이용 주체에 의한 규율방식이 우위에 있었다.

그런데 해양 국가에 유리하게 전개되던 공동자산의 전통은 연안국가의 관할권 확대로 인하여 근본이 동요되었다. 1945년 9월 미국 대통령 트루먼(Truman)은

21) 네덜란드의 법학자로서 국제법의 아버지라 불린다. 법과 국가는 지상적인 것이지 천상적인 기원에 의하지 않으며, 사람들 사이 의견의 일치로 국가가 성립한다는 것을 주장했다. 중세의 신학 및 스콜라학으로부터 국가 및 법을 해방시키는 데 공헌하였으며, 그의 저작 『전쟁과 평화의 법』 3권에서 자연법적 국제법을 체계화한 것으로 특히 유명하다.

'트루먼 선언'[22]이라는 해양 관할권에 관한 확장 선언하였다. 이 선언은 미국이 영해에 인접한 대륙붕을 배타적으로 개발할 권리를 행사하겠다는 것과 자국 연안에 인접한 일정한 공해상 수역을 보존수역으로 설정하겠다는 것의 2가지 내용을 포함하고 있다. 투르먼 선언에 자극받아 해양 관할권과 관련된 다양한 주장이 전개되었다. 1952년 대륙붕이 발달하지 못한 중남미 국가들은 대륙붕 대신에 200해리의 영해를 주장하였다. 1970년대 중남미 국가들은 몬테비데오 선언과 리마선언을 통하여 200해리까지 관할권을 주장하였다. 1972년 카리브해 연안국들은 해양자원에 대한 공동관리 및 배분을 내용으로 하는 세습 수역을 주장하였다. 이후 아시아・아프리카 국가들도 영해를 넘는 넓은 해역에 대한 관할권을 잇달아 주장하였다.[23] 우리나라가 1952년 발표한 「인접 해양의 주권에 관한 선언(일명, 평화선)」도 이런 국제적인 움직임에 자극받은 것이다.

다. 유엔해양법 회의

각국의 해양 관할권 확장으로 인한 다툼이 발생하자, 유엔(UN)은 이를 해결하고자 유엔해양법 회의를 소집하였다. 1958년 제1차 해양법회의에서 국제법위원회(ILC)가 검토한 초안에 따라 4개의 제네바협약이 채택되었다. 그것은 ① 영해 및 접속수역 협약, ② 공해 협약, ③ 대륙붕협약, ④ 공해어업 및 생물자원의 보존 협약이었다. 이로써 당시 문제가 되었던 바다에 관한 이슈를 대부분 법제화하였다. 하지만 급속한 과학기술 혁신과 해양 환경 보존, 해저 광물자원 개발처럼 새로이 등장한 해양법 문제는 기존 제네바 협약체제로 해결할 수 없는 상황이 되었다. 또 다수 개발도상국이 등장함에 따라 해양 선진국 위주의 해양 자원개발에 반대하는 움직임이 일어났다. 영해의 폭과 어업수역의 폭에 대해서 국제사회는 여전히 합의를 이루지 못하였다. 이처럼 해양법에 관한 제네바협약 발효 이후에도 곳곳에 해양 관할권을 둘러싼 다툼과 분쟁이 발생하였다.

제1차 해양법회의에서 여전히 합의점을 찾지 못한 분야가 영해와 어업수역이

---

22) 1945년 9월 28일에 미국 대통령 트루먼(Harry Shippe Truman, 1884~1972)이 실행한 '대륙붕의 지하 및 해저의 천연자원에 관한 미합중국의 정책'과 '공해 수역에서의 연안어업에 관한 미합중국의 정책'의 2가지 선언의 총칭이다. 전자는 자국 연안에 인접한 수심 183M까지 대륙붕의 자원이 자국의 관할하에 있다는 것을, 후자는 자국 연안에 인접한 공해상에 '보존수역'(Conservation Zones)을 설정하여 어족자원의 보존에 해당한다는 것을 선언하였다(네이버 지식백과).

23) 박찬호 외 4, (2009), 「유엔해양법 해설서 I」, 지인북스: 208-209.

었다. 영해의 폭에 대해서 확립된 국제적 기준은 없었으나, 강대국을 포함한 많은 국가가 3해리를 채택하고 있었다. 그러나 과학기술이 발전하면서 12해리 또는 그 이상으로 일방적으로 확대하는 경향이 점차 두드러지게 나타났다. 한편, 어업수역은 본래 영해의 폭과 일치하는 것이었으나, 영해와는 별도로 하나의 독립적 제도로서 형성되어 갔다. 이러한 변화에 따라 12해리 영해를 채택한 국가도 어업수역만은 200해리 해역을 주장하기도 하였다. 이런 분쟁을 해결하고자 1960년 88개국이 참여한 제2차 유엔해양법 회의가 개최되었으나, 6해리 영해와 6해리 어업수역을 인정하는데 합의안을 채택하지 못하였다.

이러한 상황 속에서 제3차 해양법회의가 1973년부터 시작되어 1982년 12월 발효될 때까지 장기간 논의되었다. 제3차 유엔해양법 회의는 기존의 관습법을 법전화하는 과정이었고, 의제 자체가 광범위하고 진보적인 것이 포함되었다. 심해저개발, 배타적 경제수역, 통과 통항, 군도수역, 해양 환경 보전 등 주요 핵심의제는 이제까지 논의되었던 이슈가 아니라 새롭게 제기된 분야였다.

2. 유엔해양법협약의 주요 내용

가. 유엔해양법협약의 탄생

제3차 유엔해양법 회의 결과로서 1982년 성립된 국제 협약이 바로 「유엔해양법협약」이며, 이른바 '바다의 헌법'으로 불리고 있다. 「유엔해양법협약」의 정식명칭은 「해양법에 관한 국제연합 협약(United Nations Convention on the Law of the Sea)」이다. 「유엔해양법협약」은 전문과 320개 조문의 본문, 그리고 9개의 부속서 및 4개의 결의안으로 구성된다. 「유엔해양법협약」은 1993년 11월 16일 60개국이 비준서를 기탁하였고, 1994년 11월 16일에 국제적으로 발효되었다. 우리나라는 1996년 1월 협약비준서를 유엔에 기탁하였고, 1996년 2월 28일부터 정식으로 발효하게 되었다.

나. 유엔해양법협약의 내용

「유엔해양법협약」의 내용은 전 세계 바다에 적용되는 중요한 제도가 많이 포함되어 있다. 오늘날 협약은 거의 모든 나라가 지켜야 하는 해양 규범이 되었으며, 우리나라도 예외가 아니다. 여기서는 우리나라와 직접 관련되는 몇 가지 중요한 제도를 중심으로 살펴보겠다.

〈표 1-1〉 유엔해양법협약의 내용

구 분	주요 내용
Ⅰ. 협약 본문	Part 1: 총칙 (제1조) Part 2: 영해 및 접속수역 (제2조~제33조) Part 3: 국제해협 (제34조~제45조) Part 4: 군도 국가 (제46조~제54조) Part 5: 배타적 경제수역 (제55조~제75조) Part 6: 대륙붕 (제76조~제85조) Part 7: 공해 (제86조~제120조) Part 8: 도서 제도 (제121조) Part 9: 폐쇄해 및 반 폐쇄해 (제122조~제123조) Part 10: 내륙국가의 해양 이용권 (제124조~제132조) Part 11: 심해저 지역 (제133조~제191조) Part 12: 해양 환경의 보호・보전 (제192조~제237조) Part 13: 해양과학조사 (제238조~제265조) Part 14: 해양기술의 발전 및 이전 (제266조~제278조) Part 15: 분쟁의 해결 (제279조~제299조) Part 16: 일반규정 (제300조~제304조) Part 17: 종결 규정 (제305조~제327조)
Ⅱ. 부 속 서	제1부속서: 고도 회유성 어종 제2부속서: 대륙붕한계위원회 제3부속서: 탐사와 개발의 기본조건 제4부속서: 개발청 정관 제5부속서: 조정 제6부속서: 국재해양재판소 규약 제7부속서: 중재 제8부속서: 특별 중재 제9부속서: 국제기구의 참여

1) 영 해

협약 Part 2에 영해 및 접속수역(제2조~제33조)에 관해 규정하고 있다. 영해(Territorial Sea)는 영토에 접속하고 있는 일정 범위의 해역으로서 연안국의 주권이 미치는 바다를 말한다. 영해의 폭을 결정하는 것은 연안국에게 중요한 문제이다. 협약은 영해의 폭을 영해기선으로부터 12해리로 정하고 있다.

영해기선이란 영해의 폭을 측정하는 육지 쪽 기준점의 궤적을 말하며, 접속수역, 배타적 경제수역, 대륙붕 등 모든 해양 수역 경계선의 기준이 되는 선이다. 즉, 영해기선을 기준으로 그 육지 쪽 수역은 내수이고, 바다 쪽으로 12해리까지를 영해, 24해리까지를 접속수역, 200해리까지를 경제수역으로 한다. 영해기선을 정하는 방식에는 통상기선(Normal Baseline) 방식과 직선기선(Straight Baseline) 방식의 두 종류가 있다. 통상기선은 해안과 저조가 만나는 부분으로 지도에 선으로 표시된다. 반면, 해안선 굴곡이 심하거나 많은 섬이 산재해 있는 경우 최외곽 적당한 지점을 연결하는 직선을 그어 영해의 기준으로 삼는 것을 말한다. 영해에서 연안국은 경찰권, 어업 및 자원개발권, 연안 무역권, 독점적 상공 이용권, 해양 환경 보전권, 해양과학 조사권 등 주권을 행사하며, 공간적으로 영공, 해저, 하층토에도 미친다. 다만, 영해 주권은 타국의 무해통항권을 인정해야 하는 등의 해양법과 기타 국제법 규칙에 따라 행사되어야 하므로 영토주권과 같은 절대성을 갖지 못한다는 차이가 있다.

접속수역(Contiguous Zone)이란 국가가 영해 범위 밖의 일정한 수역에서 관세, 재정, 위생, 출입국관리에 관한 국내법을 적용할 수 있는 한정적 관할권을 행사하는 수역을 말한다. 이는 영해만으로 특정 위반사항에 대하여 연안국이 효과적으로 대응하기 어려워 영해 외곽의 일정한 수역에 대해 관할권을 인정한 것이다. 접속수역은 18세기 영국의 Hovering Act에서 기원하였다. 이 법은 영해를 침범하지 않으면서도 영해 밖을 배회하며 밀수 및 노예무역을 하는 선박을 단속하기 위하여 제정하였다. 19세기 이후 각국은 접속수역을 설정하였고, 1958년 유엔 해양법 회의에서 「영해 및 접속수역 협약」 제24조에 성문화되었다.

2) 배타적 경제수역과 대륙붕

협약 Part 5는 배타적 경제수역(제55조~제75조)에 관해 규정하고 있다. 배타적 경제수역(Exclusive Economic Zone)은 연안국의 영해기선으로부터 200해리 범위까지의 수역으로서, 해양법에 따라 당해 연안국에게 해양자원에 대한 배타적인 경제적 이용권을 부여하는 수역이다. 배타적 경제수역의 폭은 영해기선으로부터 수평 방향 200해리까지의 범위 중에서 영해를 제외한 188해리를 말한다. 이 범위 내 수면과 수역은 물론이고, 해저와 하층토까지 미친다. 즉, 경제수역 연안국은 그 수역 내의 생물자원 및 비생물 자원에 대한 주권적 권리를 행사하며, 인공 섬 및 시설물의 설치·이용, 해양과학조사, 해양 환경의 보전 등에 관한 관할권을 행사할 수 있다. 반면, 타국에 의한 항해의 자유 및 해저 전선과 도관의 부설에 관한 자유는 허용된다. 이와 같은 점에서 배타적 경제수역 제도는 연안국의 경제적 이익과 국제사회의 공동이익을 기능적으로 결합한 제도라 할 수 있다.

협약 Part 6은 대륙붕(제76조~제85조)에 관해 규정하고 있다. 연안에 연접해 있는 수심 200미터까지 해저를 대륙붕(Continental Shelf)이라 하며, 원래 지질학적 개념으로서의 대륙붕은 이 부분을 말한다. 협약은 대륙붕의 정의에 관하여 매우 상세한 규정을 두고 있다. 연안국의 대륙붕은 영해 이원으로 육지영토의 자연적 연장을 통하여 대륙 변계의 외연까지, 또는 대륙 변계의 외연이 200해리 미만이면 영해기선으로부터 200해리까지의 해저 및 하층토로 한다(협약 제76조 제1항). 다시 말해, 국제법상 대륙붕의 개념은 과거의 200m 수심 기준 대륙붕으로부터 수평거리 기준 최대 350해리까지의 지질학적 대륙 변계까지 확장되었다. 대륙붕은 원래 공해의 해저이기 때문에 처음부터 연안국의 권리는 해저 및 하층토와 그 자연 자원에 대하여 제한적으로 작용하였다.

대륙붕에 대한 연안국의 권리는 대륙붕의 상부 수역과 그 상공의 법적 지위에는 영향을 미치지 않는다. 즉, 대륙붕의 상부 수역은 수산자원에 대한 연안국의 주권적 권리가 행사된다는 점에서 경제수역과 같지만, 타국 선박의 항행권과 항공기의 상공 비행권이 보장된다는 점에서는 공해와 같다(협약 제78조). 그리고 모든 국가는 대륙붕에서 해저 전선 및 도관의 부설권을 가진다는 점에서도 공해와 유사하다(협약 제79조).

3) 공해 제도

협약 Part 7은 공해(제86조~제120조)에 관하여 규정하고 있다. 공해(High Seas)란 어느 나라의 주권에도 속하지 않는 해양의 전부로서 국제법상 모든 국가에 개방되어있는 해역을 말한다. 하지만 해저·해상(海床) 및 그 하층토는 자유 영역에 포함되지 않으며, 수면과 상부 수역만 공해 규정의 적용을 받는다. 1609년 네덜란드의 그로티우스(Grotius)는 해양은 광대하여 점유의 대상이 되지 않을 뿐만 아니라, 해양의 자원은 무궁무진하므로 소유권의 대상이 되지 않고 그 사용이 자유임을 주장하였다. 그러다가 내수와 영해와 같은 연안국의 주권 영역이 생겨남으로써 영해와 공해라는 2원적 구조가 정착되었다. 그러나 제3차 유엔해양법 회의

결과 군도수역과 배타적 경제수역이 새로운 해양법 제도로 창설되었기 때문에 연안국의 관할 영역이 확대되고, 그만큼 공해의 범위는 축소되는 효과를 가져왔다. 그와 더불어 기본적인 해양법 체계는 영해-경제수역-공해라는 3원적 구조로 전환되었다.

공해의 법적 의의는 이용의 자유에 있다. 모든 국가는 공해에서 항행의 자유, 상공 비행의 자유, 해저 전선 및 관선 부설의 자유, 인공 섬 및 기타 시설물 건설의 자유, 어업의 자유, 해양과학조사의 자유 등 권리를 갖는다. 공해에서 항행의 자유가 있지만, 해적이나 인신매매 등 인류 공동의 범죄행위에 대해서는 모든 국가가 이를 제지하기 위해 임검권을 갖는다.

3. 유엔해양법협약의 의의

오늘날 대부분 국가는 「유엔해양법협약」의 이념을 따르고 해양 질서를 지키려 노력하고 있다. 해양을 둘러싼 분쟁과 다툼을 해결하는 국제조약으로서 「유엔해양법협약」은 다음과 같은 의미를 지니고 있다.[24)]

첫째, 인류 역사상 최초로 영해의 범위를 최대 12해리까지 확정하고, 연안국의 영해에 대한 법률관계를 명확히 하는 한편, 영해 확장에 따른 선박 통항권을 보장하기 위한 반대 급부적 조치로서 무해통항권보다도 강력한 국제해협 통과통항권을 신설하였다.

둘째, 인도네시아, 필리핀과 같은 도서로만 형성된 섬 국가의 이익을 보호하기 위하여 그 법적 지위가 내수와 유사한 군도수역 제도를 신설하였다.

셋째, 200해리까지의 경제수역 제도를 창설하고, 이 수역 내에서의 연안국의 법률관계를 규정하였으며, 이전에는 공해였던 바다 면적의 36% 정도가 이 수역에 편입되게 되었다.

넷째, 200m까지의 수심 기준으로 하던 대륙붕의 범위를 수평 방향으로 200해리까지로 전환하였고, 최대 350해리까지 인정하게 되었다.

다섯째, 해양생물자원의 보존·관리방식을 포괄적 접근방식에서 어종별 접근방식으로 전환하는 한편, 해양 환경의 보호와 보전 규정을 신설하였다.

여섯째, 심해저 제도를 신설하고, 국제해저기구의 설립을 의도하였으며, 심해

24) 음진경 외 2, (2019), 「해양의 이해」, 해양경찰교육원: 9-10.

저 자원은 인류의 공동유산임을 규정함과 동시에 주로 심해저 개발에 관련되는 해양 분쟁의 평화적인 해결을 위하여 국제해양법재판소(ITLOS)를 설립할 것을 규정하였다.

4. 유엔해양법협약의 국내 수용

「대한민국 헌법」 제6조 제1항은 국제법과 국내법의 관계에 관하여 "헌법에 따라 체결·공포된 조약과 일반적으로 승인된 국제법규는 국내법과 같은 효력을 가진다."라고 규정하여 조약 등의 법규성을 인정하고 있다. 일반조약으로서 입법조약인 「유엔해양법협약」은 헌법이 정한 비준 절차를 거친 조약으로서 국내법과 동일한 효력을 가진다. 「유엔해양법협약」은 우리나라가 비준 절차를 거친 국제조약으로서 국내법률과 동일한 효력을 지니지만, 동 협약에 규정된 주요한 내용은 국내법으로 수용하였다. 「유엔해양법협약」 내용을 수용한 국내법은 다음과 같다.

〈표 1-2〉 유엔해양법협약을 수용한 국내법

법 률 명 칭	적용 대상 분야	주 요 내 용
① 영해 및 접속수역법	영해 및 접속수역	수역의 범위, 영해기선, 외국 선박의 통항 제도
② 해양과학조사법	해양과학조사 활동	내·외국인에 의한 해양과학 조사의 실행 절차
③ 해양환경관리법	관할수역 해양 환경	해양 환경의 종합적 관리를 위한 기본체제
④ 해저광물자원개발법	대륙붕 광물자원	한반도 주변의 7개 대륙붕 개발광구 설정
⑤ 어업자원보호법	관할수역 어업 활동	관할수역 내의 수산 자원 보호
⑥ 배타적 경제수역 및 대륙붕에 관한 법률	배타적 경제수역	경제수역 설정과 그 범위 및 수역의 법적 지위
⑦ 배타적 경제수역에서의 외국인 어업 등에 대한 주권적 권리의 행사에 관한 법률	배타적 경제수역 내에서의 외국인 어업 활동	경제수역에서 외국인의 어업 활동 규제·허가·단속에 관한 사항

출처: 음진경 외 2, (2019), 「해양의 이해」, 해양경찰교육원.

제2절 우리나라의 해양영토

1. 영 해

우리나라의 영해는 「유엔해양법협약」을 수용하여 12해리로 하고 있다. 「영해 및 접속수역법」은 제1조에서 "대한민국의 영해는 기선(基線)으로부터 측정하여 그 바깥쪽 12해리의 선까지에 이르는 수역으로 한다."라고 하면서, 제2조 제1항에 "영해의 폭을 측정하기 위한 통상의 기선은 대한민국이 공식적으로 인정한 대축척 해도에 표시된 해안의 저조선으로 한다."라고 규정하고 있다. 동해안에서의 영해는 해안으로부터 12해리로 결정되어 있다. 반면, 남해와 서해에서는 섬이 많아서 모든 섬으로부터 기선을 긋기가 힘들다. 이에 가장 바깥쪽에 있는 섬을 연결한 직선기선을 기준으로 영해가 그어져 있다. 직선기선의 기준이 되는 영해의 기점은 포항 달갑만에서 인천 옹진군 소령도에 이르는 23개 기점이 있다. 그러나 육지로부터 멀리 떨어져 있는 제주도, 울릉도, 독도의 경우는 각 섬의 해안으로부터 12해리로 하고 있다.

우리나라 영해 폭이 가장 좁은 곳은 대한해협이다. 한일 양국은 상호 협의를 통해 대한해협에서는 기선으로부터 3해리까지만 각 나라의 영해로 설정하고, 그 사이의 바다는 공해로 남겨 놓았다. 두 나라 사이에 공해를 남겨놓은 것은 주인이 없는 바다인 공해가 있어야 다른 나라의 배들이 자유롭게 지나갈 수 있기 때문이다.

2. 접속수역

우리나라는 「영해 및 접속수역법」에 접속수역에 관하여 규정하고 있다. 같은 법 제3조의2는 "대한민국의 접속수역은 기선으로부터 측정하여 그 바깥쪽 24해리의 선까지에 이르는 수역에서 대한민국의 영해를 제외한 수역으로 한다."라고 하고 있다. 또 접속수역에서의 관계 당국의 권한과 관련하여, 같은 법 제6조의 2는 "1. 대한민국의 영토 또는 영해에서 관세 · 재정 · 출입국관리 또는 보건 · 위생에 관한 대한민국의 법규를 위반하는 행위의 방지, 2. 대한민국의 영토 또는 영해에서 관세 · 재정 · 출입국관리 또는 보건 · 위생에 관한 대한민국의 법규를 위반한 행위의 제재"를 규정하고 있다.

3. 배타적 경제수역

배타적 경제수역(EEZ)은 연안국의 경제적 목적을 위하여 생물자원 및 비생물자원에 대한 주권적 권리와 관할권이 인정되는 수역을 말한다. 연안국의 경제적 관할권이 인정되는 반면에, 타국에 의한 항해의 자유 및 해저 전선과 도관의 부설에 관한 자유는 허용된다. 이와 같은 점에서 경제수역 제도는 연안국의 경제적 이익과 국제사회의 공동이익을 기능적으로 결합한 법 제도이다. 배타적 경제수역의 법적 지위를 요약하면, 첫째, 경제수역은 자원의 이용이나 보존·관리에 있어서 연안국의 배타적 지배권에 종속되기는 하지만, 국가영역은 아니다. 둘째, 자원이용에 대한 연안국의 주권적 권리와 제한적 관할권이 행사되기 때문에 완전한 공해로서의 성질을 갖지 않는다. 따라서 현대 해양법 체제는 영해-경제수역-공해의 3원적 법질서로 구성된다고 할 수 있다.

이 제도의 기원은 배타적 어업수역과 대륙붕의 개념을 결합시키면서 발달하였다. 트루먼 선언 이후 대륙붕을 갖지 못한 중남미 국가들은 주로 어업수역과 관련하여 200해리 영해를 주장하였다. 또 1970년대 유엔해양법 회의 논의가 진행되는 가운데 미국과 유럽 선진국은 배타적 경제수역 중에서 어업과 관련된 200해리를 관할권을 선포하였다. 이렇게 어업을 중심으로 200해리 관할 경쟁이 촉발되었고, 유엔해양법 회의에서 영해도, 공해도 아닌 중간적 성격의 수역이 인정되었다.

우리나라 「배타적 경제수역 및 대륙붕에 관한 법률」 제2조에 "대한민국의 배타적 경제수역은 협약에 따라 「영해 및 접속수역법」 제2조에 따른 기선으로부터 그 바깥쪽 200해리의 선까지에 이르는 수역 중 대한민국의 영해를 제외한 수역으로 한다."라고 규정하고 있다. 우리나라는 인접국인 중국이나 일본과 거리가 각각 400해리가 되지 않는다. 이렇게 연안국 배타적 경제수역이 200해리씩 설정하지 못하는 경우, 대향국 간에 대륙붕 및 배타적 경제수역의 경계에 관하여 「유엔해양법협약」에 각국이 합의로 정하도록 하고 있다(협약 제74조).

하지만 우리나라는 인접하고 있는 중국 및 일본과 아직 배타적 경제수역 경계협정을 맺지 못하고 있다. 우리나라는 서해에서 중간선 원칙을 주장하고 있지만, 중국은 형평의 원칙을 주장하고 있어 배타적 경제수역 경계에 대한 합의에 이르지 못하고 있다.[25] 동해에서 우리나라는 역시 중간선 원칙을 주장하고 있으며, 일본도 중간선 원칙을 주장하고 있지만, 독도를 각각 자국 영토라고 주장함에 따라 여기서도 배타적 경제수역 경계에 대한 합의에 이르고 있지 못하다. 현재는 1998년 맺은 한·일 어업협정 및 한·중 어업협정을 근거로 잠정적으로 어업 문제를 해결하고 있다. 뚜렷한 견해 차이로 인하여 인접국과의 경계 협정은 합의에 도달하기가 쉽지 않아 보이며, 매년 협상을 이어가고 있다.

4. 대륙붕

대륙붕(Continental Shelf)이 국제법 문제로 주목받은 이유는 거기에 보존되는 풍부한 생물자원 및 비생물 자연 자원에 대하여 연안국들이 권원을 주장하기 시작하였기 때문이다. 그리고 대륙붕이 국제사회에서 처음으로 국가에 의한 권리 주장의 대상이 되었던 것은 1945년 미국의 트루먼 대통령에 의한 이른바 대륙붕 선언이다. 이 일방적인 선언에서 미국은 처음으로 자국 연안에 인접한 대륙붕 해저와 하층토의 자연 자원을 미국에 귀속시키며, 미국의 관할권과 통제에 속한다는 것을 주장하였는데, 이것은 대륙붕이 연안국에 귀속된다는 개념을 명백하게 한 최초의 주장이었다.

이 선언에 자극받아 다수 연안국은 유사한 선언을 하게 되면서 대륙붕에 관한 관습법 형성을 촉진하였다. 연안국마다 다른 내용을 주장하던 대륙붕 제도는 1958년 제1차 유엔해양법 회의에서 「대륙붕에 관한 제네바협약(대륙붕협약)」을 통하여 최초로 성문화되었다. 이처럼 제1차 유엔해양법 회의를 계기로 대륙붕이 국제법적 제도로 자리를 잡게 되었는데, 그 주요 내용은 연안국이 영해 바깥쪽 수심 200m까지의 지점이나 천연자원의 개발이 가능한 곳까지를 자국의 대륙붕으로 한다는 것이었다. 하지만 연안국의 개발가능성 기준의 모호함과 불확정성으로 인해 지속해서 논란이 되고 있으며, 이에 국제사법재판소 등은 대륙붕 정의에 육지의 '자연적 연장'이라는 요소를 포함하는 등 아직도 논란이 계속되고 있다.

각국은 복수의 국가가 동일한 공유대륙붕을 사이에 두고 대향국 관계이거나 인접국 관계에 있는 경우, 그들 국가 사이의 대륙붕 경계를 획정하는 문제는 심각한 분쟁의 대상이 되어왔다. 당사국 간 원만한 합의에 도달하지 못하는 경우 중재재판이나 국제사법재판에 청구하기도 한다. 우리나라 「배타적 경제수역법」

25) 양희철·박성욱·권문상, (2004), "해양경계획정 제도에 대한 중국의 입장과 통킹만 사례 고찰", Ocean and Polar Research 제26권 제4호: 671-673.

제2조에 "대한민국의 대륙붕은 협약에 따라 영해 밖으로 영토의 자연적 연장에 따른 대륙 변계의 바깥 끝까지 또는 대륙 변계의 바깥 끝이 200해리에 미치지 아니할 때는 기선으로부터 200해리까지의 해저 지역의 해저와 그 하층토로 이루어진다."라고 규정하고 있다.

5. 공 해

공해(High Seas)는 공공(公共)의 바다라는 의미로, 특정한 국가에 속하지 않아 세계 어느 국가에도 개방이 되어있는 바다의 영역을 말한다. 한 국가의 일반적인 해안에서 공해는 배타적 경제수역의 외곽에 있는 바다 영역이 된다. 공해가 어느 나라의 주권하에도 들어가지 않는 것을 '공해의 자유(Freedom of the Seas)'라고 하고, 이것은 어느 나라의 국민도 자유로이 이용할 수 있다는 것을 의미한다. 공해 사용의 자유는 선박 항행・어업・해저 전선 부설・상공 비행・군사 연습의 자유 등을 포함하며, 사용 목적이 한정되어 있지 않으나, 다른 나라의 이익을 합리적으로 고려해야 한다는 조건이 전제되고 있다. 공해의 질서는 기국주의에 따라 각국의 자국선에 대한 관할권 행사에 기초하고 있다. 공해에서 해양경찰은 우리나라 선박에 대한 경찰권을 행사할 수 있지만, 다른 나라 선박에 대한 관할권은 없다. 반면 해적진압・국기심사・노예매매금지 등 관습법과 조약에 따라 외국선에 대한 관할권행사는 허용된다.

제3절 동북아 해양영토 분쟁

1. 독도 분쟁

독도는 용암분출로 형성된 화산섬으로 울릉도에서 동남쪽으로 87.4km 떨어진 해상에 있으며 동도・서도 및 그 주변에 흩어져 있는 89개의 바위섬으로 이루어져 있다. 독도는 역사적으로 신라시대부터 우리나라에 편입되어 실효적으로 지배하고 있는 대한민국 영토이다. 현재 행정구역상 대한민국의 경상북도 울릉군 울릉읍에 속해 있다. 독도는 울릉도에서 87.4㎞ 떨어져 있지만, 일본에서는 독도와 가장 가까운 오키섬이 157.5㎞나 떨어져 있어 지리적 근접성에서도 차이가 분명하다.

일본은 원래부터 우리나라의 영토였던 독도를 1905년 다케시마(竹島)로 개칭하고 국제법의 선점 원칙을 내세워 합법적 영토 취득이라고 주장하였다. 1952년 우리나라는 독도를 포함한 「인접 해양주권에 관한 대통령 선언」을 발표하고 독도를 평화선 안에 포함했다. 이로써 한국 영토임을 선포한 데 이어 평화선 안으로 출어한 외국 어선에 대한 나포를 지시하였다. 이에 대하여 일본 정부가 곧바로 한국의 영유권을 부정하는 외교문서를 보냄으로써 국제사회에서 독도가 분쟁지역의 양상을 보이기 시작하였다. 1954년 9월 일본 정부가 국제사법재판소에 제소하여 독도의 영유권 분쟁을 해결하자고 제안하였으나, 한국 정부는 이를 일축하였다.

일본은 행정부 수반인 총리를 비롯한 고위 관료들이 여러 차례에 걸쳐 독도가 일본의 영토임을 공식 주장하면서 외교적 공론화를 부추겨 분쟁지역으로 만들려는 전략을 취하고 있다. 2005년에는 시마네현 의회에서 독도의 일본 편입을 고시하였던 1905년 2월 22일을 '다케시마의 날'로 정하는 조례안이 통과되었다. 일본 정부는 2008년 독도 영유권을 주장하는 책자를 발간하였고, 중학교 사회과 교과서의 학습지도요령 해설서에 독도를 자국의 영토로 표기하였다. 2010년 이후 독도에 대한 영유권 주장을 강화한 초·중·고등학교 교과서들이 검정에서 통과되는 사례가 늘고 있다.

일본은 해상보안청 소속 순시선을 약 주 2회의 간격으로 독도 주변 해상에 보내 지속해서 감시하고 있으며, 국제분쟁 지역화를 기도하고 있다.[26] 이에 해양경찰은 독도 주변 해역에 헬기 탑재가 가능한 대형함정 1척을 상시 배치하고, 항공순찰을 강화하는 등 입체적 경비 활동을 하고 있으며, 독도 인근 울릉해역에도 대형함정을 추가 배치하여 우발사태 발생에 대비하여 신속한 지원 태세를 유지하고 있다. 또한, 독도와 동해 경계 미획정 해역에서 해양영토와 주권 수호, 관할권 강화를 위해 울릉도 전진기지 확보를 추진하고 있으며, 해군이나 경찰 독도경비대 등 유관기관과도 긴밀한 상호협력체계를 구축하여 독도와 동해의 영토 수호

26) 독도 주변 타 국가 세력 출현 현황(2021 해양경찰백서)

2016년	2017년	2018년	2019년	2020년
93회	80회	84회	100회	83회

역량을 강화해 나가고 있다.[27)]

2. 쿠릴열도 분쟁

쿠릴열도(Kuril Islands)는 일본 홋카이도와 러시아의 캄차카반도 사이에 있는 약 1,300km의 도서 군으로 약 56개의 섬으로 이루어져 있다. 이 중 쿠릴열도 남단 홋카이도와 가장 근접한 3개 섬과 1개 군도를 둘러싸고 러시아와 일본 간의 영유권 분쟁이 진행 중이다.[28)] 동 지역은 1945년 이후 러시아가 실효적으로 지배하고 있다.

동 지역을 둘러싼 러일 간의 최초 합의는 1855년 러-일 통상우호조약 체결 당시의 일이다. 양측은 당시 양국의 국경이 현재의 에토로후섬과 이루프 섬 사이에 있음을 확인했으며, 사할린과 관련해서는 국경을 설정하지 않고 공동 관리하기로 합의했다. 이후 1875년 일-러 간의 상트페테르부르크 조약으로 당시 양국이 공동 관리하던 사할린이 러시아에 양도되고, 그 대신 일본은 에토로후 북단의 쿠릴열도 전체를 차지하게 되었다. 일본은 1904~1905년간의 러 · 일 전쟁에서 승리하면서 사할린까지 양도받았으나, 다시 러시아가 1945년 제2차 세계대전에 승전하여 사할린과 북방 4도를 비롯한 쿠릴열도 전체를 점유하게 되었다.

현재 분쟁의 핵심은 북방 4도에 대한 일본의 태도이다. 일본 주장은 1951년 샌프란시스코 조약에 따라 쿠릴열도와 사할린에 대한 권리를 포기했지만, 북방 4도에 대해서는 쿠릴열도와 구분되는 것으로서 샌프란시스코 조약에 의해 일본이 포기한 영토가 아니라는 것이다. 러시아는 이를 받아들이지 않고 있다. 일본과 러시아는 영토 문제에 대해 지속적인 협의를 해왔다. 그동안 러시아는 시코탄과 하보마이의 2도 반환에 대한 긍정적 태도를 보인 적도 많았고, 이에 대한 양국 간 합의에 근접했던 때도 있었다. 그러나 일본의 영토 문제에 대한 기본적인 태도는 4도의 일괄 반환을 주장하는 것이었고, 이에 따라 북방 4도 문제는 아직도 해결되지 않고 있다.

---

27) 해양경찰청, (2022),「2021 해양경찰백서」: 99.

28) 3개의 섬은 에토로후 섬, 쿠나시리 섬, 시코탄섬이며, 하보마이 군도는 여러 개 작은 섬으로 형성되어 있다.

3. 센카쿠열도 분쟁

센카쿠열도(중국명: 댜오위다오)는 일본 오키나와 서남쪽 약 410km, 대만의 북동쪽 약 170km 떨어진 동중국해 상에 있는 8개 무인도로 구성되어 있으며, 면적은 6.32㎢이다. 현재 일본이 실효적으로 지배하고 있으며, 일본, 중국, 대만이 각각 영유권을 주장하고 있다. 그리고 배타적 경제수역 및 대륙붕 경계획정 문제, 일대에 매장된 해양자원 경쟁, 해상교통로와 군사 요충지 등의 문제가 결부되어 있어 중국, 일본, 미국 등 다수 국가 간 갈등이 계속되고 있다.

이 열도를 두고 직접 대립하고 있는 국가는 일본과 중국이다. 일본은 무주지 선점 논리를 들어 영유권을 주장한다. 일본은 1879년 류큐 왕국을 오키나와현에 편입시켰는데, 이어서 인근의 센카쿠열도가 무인도임을 확인하고 오키나와현으로 편입시켰다고 주장한다. 즉, 청일전쟁과 무관하게 일본이 발견하고 개척한 영토라는 것이다. 반면 중국은 1403년 명나라 영락제 시기의 문헌을 근거로 중국이 섬을 가장 먼저 발견했다고 주장한다. 섬에 '댜오위다오'라는 이름을 붙이고 이용해 오다가, 1895년 청일전쟁에 패한 이후 시모노세키조약에 따라 일본에 일시 할양하였다는 것이다. 그 후 중국이 제2차 세계대전에 승리했기 때문에 일본으로부터 돌려받아야 하는데, 일본이 아직도 불법으로 점거하고 있다는 태도다.

4. 남중국해 분쟁

남중국해 분쟁은 남중국해 상의 해양 지형물에 대한 영유권 및 해양 관할권을 둘러싸고 중국, 대만, 베트남, 필리핀, 말레이시아, 브루나이 등 6개국이 관련된 해양영토 분쟁이다. 남중국해 섬과 지형물은 대부분이 암초 또는 산호초이며, 경제활동도 미미하여 그 자체로서의 가치는 크지 않다. 그러나 남중국해가 갖는 경제적, 안보·군사적 가치는 대단히 크게 평가된다. 남중국해에는 세계에서 가장 많은 해양 생물이 서식하고 있으며, 다량의 원유와 천연가스가 매장되어 있는 것으로 추정된다. 또한, 전 세계 해양 물류의 약 25%와 원유수송량의 70% 이상이 남중국해를 지나고 있다.

분쟁의 범위는 남중국해 전체를 포괄하며, 스프래틀리 군도(Spratlys), 파라셀 군도(Paracels), 맥클스필드(Macclesfield Bank), 프라타스(Pratas)를 중심으로 전개됐다. 현재 스프래틀리를 제외한 세 개 군도는 각각 중국과 대만의 실효적 지배하에 있으며, 스프래틀리 군도를 둘러싼 갈등이 가장 첨예하게 진행되고 있다.

2013년 11월 이래 중국이 파라셀 군도와 스프래틀리 군도의 암초를 매립하고 인공섬을 건설하면서부터 사안의 복잡성이 더해졌다. 중국은 이것이 국가 주권과 영토를 수호하기 위한 정상적인 활동이며, 중국의 핵심 이익 수호를 위해서는 무력 사용도 불사하겠다는 단호한 태도다. 반면, 동남아 분쟁 당사국과 미국 등 이해관련국은 법에 기초한 기존 질서를 흔드는 불법 군사 활동이라고 비난하고 있다. 그동안 제3국으로서 불개입 태도를 유지해 왔던 미국이 2010년부터 남중국해에서 항행의 자유의 중요성을 역설하면서부터 목소리를 내고 있다. 이리하여 남중국해 분쟁은 인근 6개국 영토 분쟁뿐만 아니라 배타적 경제수역에서 타국의 군사 활동을 어디까지 허용할 것인가 하는 해양 질서의 문제로 확대되었다.

전통적인 해양 강국인 미국은 항행의 자유를 중시하며, 국제관습법 및 「유엔해양법협약」에 따라 타국의 배타적 경제수역에서도 공해에서와 마찬가지로 항행의 자유, 상공 비행의 자유를 가질 수 있다는 입장이다. 반면, 중국은 자국 배타적 경제수역 내 타국의 군사 활동이 연안국의 안보 이익과 권리를 침해하므로 자국의 배타적 경제수역을 통과하는 상선과 군함은 무해통항을 위한 사전 허가받아야 하며, 군사 활동은 허용하지 않겠다고 주장한다. 이와 관련하여 중국은 해양에서의 주권 강화를 강조하며 해양영토를 체계적으로 관리하고 해양 세력을 강화하고 있다. 2013년에 해양에서의 관할권 강화를 위해 해감총대, 어정국, 변방관리국, 해관총서 등 해양 관련 4개 기능을 통합하여 중국 해경국을 출범하였으며, 2021년에는 향후 동북아 해역에서의 법 집행 권한을 더욱 강화하기 위해 무기사용 권한 등을 포함한 「중국해경법」을 시행하였다.[29]

29) 해양경찰청, (2021), 「2021 해양경찰백서」: 99.

제5장

해양경찰의 중요성

오늘날 세계 각국은 바다에서 해양영토를 확보하려는 치열한 경쟁을 펼치고 있다. 해양을 둘러싸고 국가 간 벌어지는 현실적인 갈등과 분쟁에 대응하고 질서를 유지하는 역할은 매우 중요하다. 각국은 이를 위하여 해양 종합 집행기관인 해양경찰의 위상과 역할을 강화하고 자원을 투입하고 있다. 제5장에서는 해양에 대한 인식이 변함에 따라 점점 역할이 커지고 있는 해양경찰의 중요성에 대하여 살펴보겠다.

제1절 해양에서의 정부 작용

1. 의 의

바다는 한동안 주인이 없던 공간이었다. 인류는 오랫동안 먼바다에 나가지 못하였고 가까운 바다를 항해할 뿐이었다. 15세기 대항해 이후 비로소 태평양, 대서양 같은 넓은 바다에 나가기 시작하였다. 하지만 이때도 바다는 누구나 항해하고 누구나 누릴 수 있는 공간이었으며, 주인이 별도로 있는 것은 아니었다. 따라서 바다에서 규칙이나 법이 없었으며, 바다에서 규칙을 적용하는 국가 활동 자체가 존재하지 않았다.

이후 인류는 바다로 점점 멀리 나아갔고, 바다에서 경쟁이 치열해지면서 경제적 이익을 가져다주는 바다 영역에 대하여 주인이라고 주장하는 나라가 생겨나기 시작하였다. 바다의 소유권을 주장하는 나라 사이에 경쟁이 점점 심화하였다. 17세기 이후 유럽 대부분 국가가 바다를 통한 식민지 경쟁에 뛰어들면서 각국은 충돌을 피할 수 없었고, 때로는 전쟁을 불사하면서까지 해양에 대한 소유권을 지키려 하였다. 중세 시대에 육지를 관리하고 조세를 거두기 위하여 정부 작용이 필요했지만, 이제 바다의 소유권을 지키기 위하여 정부 작용도 필요하였다. 17세기 네덜란드 그로티우스(Grotius)가 쓴 「전쟁과 평화의 법」 이후 근대적 의미의 해양법 질서가 시작되었고, 이후 해양법회의를 거쳐 1994년 「유엔해양법협약」이 발효되었다. 국제사회는 각국이 영유할 수 있는 해양의 범위를 정하였고 그곳에서의 정부 활동 권한이나 형태를 공통으로 정하였다. 이제 각국은 국제사회가 합의에 기초하여 정한 규칙에 따라 바다에서 정부 활동하게 되었다.

2. 세계적인 추세

바다에서 하나의 정부 기관에 다양한 기능을 종합적으로 수행할 수 있는 권한을 부여하고 선박이라는 수단을 이용하여 정부 활동을 하는 것은 세계적으로 공통적인 현상이다. '해양경찰'이라는 명칭은 세계적으로 'Coast Guard'로 불리며 유사한 조직과 기능을 수행하고 있다. 예컨대, 미국은 1776년 건국 초기 관세징수 및 밀수감시 등 세법을 집행하기 위하여 원시적인 형태의 해양경찰을 창설하였다. 1915년 초기에 창설된 세관 감시기구(The Revenue Cutter Service)와 인명구조 기구(The U.S. Life Service)를 통합하여 해안경비대(USCG)가 창설되었다. 일본은 1945년 제2차 세계대전 패전 후 미군정 하에서 종전 일본의 해상안전과 치안유지를 담당했던 일본 해군이 해체되면서 일본 주변 해상에서는 해난사고, 밀수・밀항, 해적까지 출몰하였다. 분산되어 있던 해양 분야 행정기관을 통합하고 행정 체제 일원화하여 미국의 해안경비대와 같은 조직의 필요성이 제기되었다. 이에 미군정 주도하에 1948년 5월 미국 해안경비대를 모델로 일본 해상보안청이 설립되었다.

이처럼 명칭과 형태는 조금씩 상이하지만, 해양 치안 질서를 유지하고 해양에서 법 집행을 담당하는 해양경찰 기관을 운영하는 것은 세계 각국의 공통적인 추세이다. 특히 1994년 「유엔해양법협약」이 발효되어 연안국의 영해와 배타적 경제수역 범위가 명확해지면서 자국의 해양영토를 수호하고 자원을 보호하기 위하여 각국은 해양경찰의 역할을 강화하는 추세다.

3. 우리나라 해양경찰의 위상 변화

우리나라 해양경찰은 1953년 12월 평화선을 침범하는 외국 어선을 단속하고 어업자원을 보호하는 목적으로 창설되었다. 이처럼 초기에는 해양 경비 위주의 단순한 임무를 수행하다가 점차 업무를 확대하였다. 1969년 이후 동·서해 어로 보호본부를 설치하고 접적 해역에서 우리 어선의 피랍방지 등의 업무가 추가되었다. 이후 정보·수사업무가 추가되었고, 산업발전으로 해양오염이 심각해짐에 따라 1977년부터 해양오염 방제업무를 신설하였다. 1986년부터 어선 안전 조업지도, 월선 방지 등을 위한 선박출입항신고 업무를 인수하였다. 1994년에 유·도선 안전관리 업무를 인수하였고, 이어 해양에서 수난구호 업무를 총괄하게 되었다. 1995년 낚시어선 안전관리 업무, 1996년 여객선 안전관리 업무를 이관받았다.

이렇듯 해양경찰은 해양에서 유일한 종합적인 법집행기관으로서 중요성이 증가하였고, 꾸준하게 위상이 향상되었다. 오늘날 대한민국 해양경찰은 해양 치안을 유지하고, 해양안전을 확보하며, 해양 안보에 기여하고, 해양 환경을 보호하는 세계적인 해양 치안 기관으로 발돋움하고 있다.

제 2 절 해양경찰의 중요성

1. 해양 종합 집행기관

바다에서도 국방, 경찰, 환경, 위생, 조세, 출입국 등 다양한 정부 기능이 필요하다. 그러므로 바다에서 정부 활동은 육지에서 정부 활동과 유사하게 다양한 기능을 수행하고 있다. 하지만 바다에서는 육지에서 정부 활동과 다른 측면이 있다. 바다에서 활동은 육상에 비하여 활동이 상대적으로 많지 않고, 선박이라는 수단을 이용해야만 한다. 하지만 국가적 측면에서 볼 때, 적은 행정수요에 대응하더라도 광활한 바다에서 선박을 이용해야 하므로 비용이 기하급수적으로 증가하는 특성이 있다. 이런 특성으로 인해 해양에서 정부 활동을 기능별로 여러 정부 기관으로 세분화하여 운용하기는 현실적으로 어렵다. 이에 따라 하나의 정부 기관에 여러 가지 기능을 맡겨 종합적으로 수행하도록 하는 경향이 있다. 즉, 해양경찰이 선박이라는 수단을 활용하여 다양하고 이질적인 업무를 종합적이고 동시적으로 수행한다.

이처럼 해양경찰 작용은 다양한 기능을 수행한다는 의미에서 '복합적'이고, 여러 가지 기능이 유사하지 않다는 면에서 '이질적'인 특징이 있다. 해양 집행업무에 소요되는 예산, 인력, 수요 대 공급의 경제성 등을 고려할 때 현실적으로 여러 업무를 하나의 부처에 전담시키는 것이 세계적인 경향이다. 이런 경향은 우리나라도 마찬가지여서 해양경찰은 바다에서 국방, 환경, 소방, 국경관리, 경비, 구조, 안보 등 다양한 기능을 단독으로 수행하거나 타 부처와 공동으로 수행하고 있다. 그러므로 해양경찰은 바다에서 여러 가지 정부 기능을 종합적으로 수행하는 거의 유일한 해양 종합 집행기관이라 할 수 있다.

2. 대외적 중요성

1994년 「유엔해양법협약」이 시행되고 각국이 해양 관할권을 둘러싸고 치열한 경쟁을 하고 있다. 영해와 배타적 경제수역 및 대륙붕에서 자국의 관할권을 지키고 인접국과 해양 경쟁에서 우위를 확보하기 위하여 국가적인 노력을 기울이고 있다. 바다를 통하여 자원과 물자를 안전하게 수송하고 군사적 안보를 확보하는 것도 중요한 이슈로 되었다. 또 인류 공동의 자산인 바다 환경을 보호하고 지속가능한 바다를 유지하는 것도 관심사다. 특히 우리나라는 삼면이 바다로 둘러싸인 반도 국가로서 산업과 자원, 안전과 안보, 환경 등 다양한 측면에서 바다가 중요한 역할을 한다.

해양경찰은 여러 국가기관과 달리 국내적인 문제보다 해양과 관련된 국가 간의 대외적 역할이 많다. 특히, 배타적 경제수역 경계가 획정되지 않은 상황에서 독도 등 영해 수호, 외국 어선 불법조업 단속, 해양과학 조사 대응, 밀수·밀입국 방지 등 인접국과 관련된 민감한 사안을 다루어야 한다. 이를 고려할 때, 인접국과의 국제관계를 원활하게 하면서도 우리 해양주권을 철저히 수호해야 하는 해양경찰의 역할은 어느 때보다 중요해지고 있다.

3. 대내적 중요성

오늘날 해양 이용 인구가 점점 증가하면서 해양안전에 대한 수요가 증대하고 있다. 경제적 측면에서 전통적인 수산업과 해운 물류업을 비롯하여 해상풍력, 조력 등 바다를 이용한 에너지 산업이 발달하고 있다. 바다를 레저의 공간으로 이용하는 인구도 폭발적으로 증가하고 있다. 섬과 바닷가를 찾는 사람이 늘어나면서 여객선, 유도선, 낚시어선 등 해양 관련 레저활동이 큰 폭으로 증가하고 있다. 온난화의 영향으로 바다는 위험성이 높은 공간으로 변화하고 있다. 태풍, 지진해일, 쓰나미 등 과거보다 빈번한 해양 재난이 발생하고 있다.

이처럼 국민의 해양 활동이 여러 측면에서 증가하면서 안전하게 해양 활동을 할 수 있도록 뒷받침하는 해양안전에 대한 수요가 대폭 증가하였다. 해양경찰은 이에 대응하여 다양한 안전 관련 활동을 하는 기관으로 자리매김하고 있다. 바다에서 발생하는 조난과 재난에 대비 · 대응하는 수요는 점점 증가추세에 있고, 해양경찰의 역할도 막중해졌다.

4. 안보적 중요성

어느 나라를 막론하고 해양경찰은 해상종합법집행 기관으로서 다양한 임무를 수행하는 것이 일반적이다. 그중에서도 많은 나라에서 중요시하는 해양경찰의 역할이 국방이나 안보 관련 임무이다. 미국의 경우 해안경비대는 평소 국토안보부 소속이지만, 직원은 군인 신분이며 무기를 소지한다. 전시에 해군으로 소속되어 전쟁에 참전한다. 인도, 베트남 등 일부 동남아 해양경찰은 국방부에 소속된 군인이며, 해상치안과 국방업무를 수행한다.

우리나라는 세계 유일한 분단국가로서 해양경찰이 안보적 측면에 이바지하는 바는 막중하다. 평시 군사적 임무를 수행하지는 않지만, 바다에서 제2 해군으로서 안보적 역할을 담당하고 있다. 평시 동 · 서해 접적 해역에서 어민을 보호하고, NLL 부근 탈북 선박이나 탈북민 처리하며, 군과 함께 해 · 육상 합동 경계 작전을 한다. 통합방위 사태나 전시에는 해군에 편입되어 해상방위의 중요한 작전 요소로 활약하게 된다. 그뿐만 아니라 인접국의 해양 위협이나 영토 분쟁에 대응하여 해양주권을 수호하는 등 국가안보의 일역을 담당한다. 오늘날 해양 안보의 수호자로서, 제2 해군으로서, 안보의 후원자로서 해양경찰의 중요성은 점점 증가하고 있다.

제 2 편

해양경찰 개관

제1장　해양경찰의 의의
제2장　해양경찰의 특수성
제3장　해양경찰의 관할
제4장　해양경찰의 법적 근거
제5장　해양경찰의 역사

▌편을 시작하며

해양경찰은 해양에서 경찰업무와 해양오염 방제업무를 수행한다. 해양경찰은 경찰로서의 특성을 가지는 한편, 해양에서 업무를 수행하기 때문에 육상경찰과는 다른 특성도 있다. 해양경찰을 이해하기 위해서는 바다에 대해서 이해하여야 하며, 경찰에 대해서도 이해하여야 한다. 제2편에서는 해양경찰에 대한 기본적인 이해도를 넓히고 해양경찰이 무엇이고 어떤 특성을 가지며, 어디에서 일하며, 역사적으로 어떻게 발전해왔는지를 알아보겠다.

제1장

해양경찰의 의의

오늘날 이루어지는 해양경찰 작용은 역사적으로 오래전부터 있었다. 국가 공공의 안녕과 질서를 유지하기 위한 강제작용은 어디에나 필요했기 때문이다. 해양경찰을 이해하기 위해서 경찰의 개념과 해양에서 경찰작용인 해양경찰 개념을 이해할 필요가 있다. 제1장에서는 경찰이나 해양경찰 개념이 형성되고 변천해 온 과정을 살펴보겠다. 경찰의 업무 수행 과정에서 사용하는 여러 수단도 살펴보겠다. 또 국가조직으로서 해양경찰이 추구하는 기본이념은 무엇인지 알아보겠다.

제1절 경찰의 개념

1. 경찰 개념의 변천

사람이 집단을 이루어 살아가는 사회에는 개인 또는 집단 간 물리적 충돌을 방지하고 질서를 유지하는 활동이 필수적이다. 어느 시대나 어느 정부를 막론하고 아주 오랜 옛날부터 이렇게 질서 유지를 내용으로 하는 경찰 기능이 필요하였다. 그러므로 고대의 작은 부족국가부터 현대의 거대한 민주국가에 이르기까지 어느 사회나 질서 유지를 본질로 하는 경찰 활동이 존재해 왔다. 하지만 경찰 활동은 시대에 따라, 역사적 배경에 따라 다양한 형태로 전개되었다. 경찰이라는 용어 자체는 물론 경찰 활동의 내용도 시대에 따라 다양한 의미로 사용되었다.

원시시대 무정부 상태에서는 개인의 생명과 재산은 개인이 또는 가족 단위에서 지켜야 했다. 씨족 사회나 부족 사회에서는 개인도 이러한 자위 활동하였으나, 씨족이나 부족 단위의 활동체를 만들어 외부로부터 생명과 재산을 지켰을 것이다. 사회가 발전하고 국가가 생겨나면서 경찰 기능은 국가가 운영하는 전문적인 조직체에서 수행하는 것이 효과적이었다. 질서 유지기능이 사적 영역에서 공적 영역으로 옮겨가기 시작했다. 이에 따라 행정조직이나 군사 조직 등 국가의 질서 유지 기능을 담당하는 조직체가 발전하였다. 이후 행정, 사법, 군, 경찰 등 일원화되었던 기능이 분화되기 시작하였고, 오늘날과 같은 경찰 개념까지 발전하였다.

이처럼 오늘날 사용하는 경찰의 개념은 오랜 시간 동안 가변적이고 역사적으로 형성되어 온 상대적인 개념이다. 일반적으로 받아들여지고 있는 경찰 개념인 '국민의 생명과 재산을 보호하고 공공의 안녕과 질서를 유지하기 위한 활동'은 자유주의와 인권 개념이 확립된 근대 이후에 확립되었다. 그 이전까지는 경찰 개념이 다양한 개념으로 사용되었는데, 이에 대해 살펴보겠다.

가. 고대 및 중세

경찰(警察)의 사전적 의미는 '경계(警)하고 살핀다(察)'라는 뜻이다. 고대에는 경찰이라는 용어가 이보다 더 넓은 의미로 사용되었다. 경찰을 뜻하는 단어인 police나 polizei는 그리스어 politeia에서 유래하였다. 그리스 · 로마 등 고대에서 politeia는 국가의 전체 구성원의 생명 · 재산 · 건강을 보전하고 법의 집행을 담보하기 위해 형성된 사법 및 행정체계를 총칭하였다.[1] 이처럼 고대에서 politeia의 의미는 시민의 생존과 복지를 위한 총체적인 국가 활동을 의미하였다. 이 시대에 아직 정치(politics), 정책(policy), 경찰(police)의 개념이 구분되지 않았다.

이후 15세기 독일에서 봉건 영주의 강력한 통치권을 근거로 하여 공공의 질서와 복리를 위한 특별한 통치권으로서 경찰권이라는 용어가 사용되었다. 이 시기까지도 국가 활동을 세분하여 경찰 활동을 별도로 생각하지 않았다. 16세기 독일에서 제국경찰법이 제정되어 교회 행정권을 제외한 모든 국가행정을 경찰 개념으로 규정하였다. 중세의 경찰 개념은 봉건 영주의 강력한 통치권을 뒷받침하는 수단이 되었다. 이때부터 경찰의 개념이 국가 활동 전체를 의미하는 것에서 탈피하여 세속적인 사회질서를 유지하기 위한 공권력으로 구분되기 시작하였다.

나. 경찰국가 시대

근대 법치국가가 성립되기 이전인 17~18세기에 절대 군주의 시대가 있었다. 이 시기에는 국가의 행정 활동이 점차 분업화 · 전문화되기 시작하여 내무, 외교,

---

1) 이황우, (2014), 「경찰행정학(제5판)」, 법문사: 2.

군사, 재정, 사법 등으로 분화되었다. 경찰 활동은 다양한 국가 활동 중에서 사회 공공의 안녕과 복리를 다루는 내무행정을 의미하였다. 절대 군주는 내무행정에 관한 국가 활동을 무한대로 확장하면서 소극적 질서 유지뿐만 아니라, 적극적 복리행정을 위하여도 자의적으로 강제권을 행사하거나 시민의 권리를 침해할 수 있었다.

이렇게 절대 군주가 국가 활동 전반에 걸쳐 경찰권을 자의적으로 사용하던 국가를 '경찰국가'라 말한다. 경찰국가에서 경찰권은 내무행정의 하나로 소극적인 질서 유지뿐만 아니라, 적극적인 복리증진을 위한 활동도 포함하는 개념이었다. 18세기 후반에 이르러 경찰의 활동이 질서 유지와 현저한 위험에 대한 방지이며, 복지증진을 위한 활동은 경찰의 고유한 임무가 아니고 경찰권 발동은 소극적인 위험방지 분야에 한정하게 되었다.[2] 1794년 「프로이센 일반란트법」 제10조에 "공공의 평온, 안전 및 질서 유지를 위해, 그리고 공중이나 개인에 대한 위험의 방지를 위해 필요한 작용은 경찰의 임무이다."라고 규정하였다. 또 1882년 프로이센 법원은 크로이츠베르크(Kreuzberg) 판결에서 경찰의 임무가 소극적인 위험방지에 한정된다는 법 해석을 확립하였다. 동 판결에서 크로이츠 언덕 전승 기념비에 대한 조망을 위하여 주변의 건축물의 높이를 제한하는 것을 내용으로 하는 베를린 경찰청장의 경찰명령이 위험방지가 아니라 복지적인 결정이므로 「프로이센 일반란트법」을 위반한다는 판결이었다.

다. 법치국가 시대

부르주아 혁명으로 촉발된 자연법사상과 천부인권 사상은 인간이 자유와 이성을 가진 판단의 주체이며, 이에 기초하여 자유롭고 평등할 기본적 권리는 태어나면서부터 가진다는 사상이다. 이러한 사상적 토대 위에 법치국가 원칙이 발전하였다. 법치국가 원칙은 국가의 권력으로부터 개인의 기본권을 보장하기 위해 국가의 모든 행정이 미리 정해진 법령에 의해서만 집행되어야 한다는 원칙이다. 이에 따라 경찰권의 발동은 소극적 질서 유지에 국한하고 기본권을 침해할 수 있는 복리 분야에 대해서는 엄격히 금지하게 되었다.

하지만, 20세기 나치 정권에서 보듯이 소극적 질서 유지 차원의 경찰이라 할지라도 고도의 집중화된 국가경찰화는 독재의 수단이 될 수 있다는 교훈을 남겼

2) 전국 9개 대학 해양경찰학과 교수, 해양경비안전교육원, (2016), 「해양경찰학개론」, 문두사: 10.

다. 또 1차, 2차 세계대전을 거치면서 전제주의 국가의 경찰 동원체제가 인권을 쉽게 짓밟을 수 있다는 사실을 알려주었다. 이에 따라 건축, 소방, 영업, 도로, 위생 등 협의의 행정경찰을 경찰 사무에서 분리하여, 일반 행정기관에 이관시켰는데, 이를 '비경찰화(非警察化)'라 한다. 이후 경찰의 기능은 보안경찰 기능만 남게 되었는데, 독일연방과 각주의 통일경찰법 모범초안에 규정한 것처럼 경찰은 공공의 안녕 또는 질서에 대한 위험방지를 임무로 하게 되었다.

한편, 대륙법계 국가와 달리 영미법계[3]에서는 경찰의 개념을 달리 보고 있다. 경찰과 시민과의 관계를 기본권을 지키기 위한 대립 관계로 보는 대륙법계와 달리 주민자치를 토대로 지방자치제도가 발전해 온 영미법계는 갈등의 개념으로 보지 않는다. 영미법계 시각에서 보면 시민이 자발적으로 만든 주민자치단체의 안녕과 질서를 유지하기 위하여 스스로 결성하고 운영하는 조직이 경찰이다. 그러므로 주권자인 시민으로부터 권한을 위임받은 조직으로서 경찰은 시민의 기본권을 제한하거나 억압하는 존재가 아니다. 경찰은 주권자인 시민을 위해 서비스를 제공하는 역할을 강조하고, 권한을 위탁받은 경찰과 시민과의 관계는 협력적이고 보완적이다.

2. 우리나라 경찰 개념의 형성

가. 근대 이전의 경찰

공공의 안녕과 질서 유지를 본질로 하는 경찰 활동은 우리나라 역사에서 오랫동안 있었다. 하지만 오랫동안 경찰 기능은 별도로 존재한 것이 아니라, 행정·군사·사법 활동에 통합되어 미분화된 상태로 존재했다. 그리하여 고대로부터 고려시대, 조선시대를 거치면서 다른 국가 활동에 포함된 형태로 경찰 활동이 수행되어왔다. 사회 안녕과 질서 유지를 위한 경찰 기능 및 해양경찰 기능은 일반적으로 군사적 기능에 포함되어 종합적으로 수행되었다. 그리하여 군사 조직과 별개로 질서를 유지하는 조직이 나타나지 않았다. 다만, 조선시대에 이르면서 포도청 등 경찰 고유의 활동이 분화되기 시작하였으나, 오늘날과 같이 고도로 분화된 기

3) 법계란 법계(法系)는 인종·민족·문명권에 기초를 둔 법질서의 계통을 말한다. 대륙법계는 독일과 프랑스를 중심으로 유럽대륙 제국에 형성·발전한 성문법(典) 형식의 법계이다. 대륙법계는 한국·일본에 다시 계수되었다. 반면, 영미법계는 영국과 그 연방 제국 및 미국에서 시행되고 있는 법계이다. 성문법주의의 대륙법에 반해 영미법은 판례법주의를 특색으로 한다.

능은 아니었다.

나. 근대적 경찰 개념의 등장

근대적 의미의 우리나라 경찰 개념은 대륙법계의 영향을 강하게 받은 일본 경찰의 직접적인 영향을 받았다. 1876년 강화도 조약 이후 여러 면에서 일본의 영향을 받았으며, 1894년 갑오개혁 때 근대적 의미의 경찰제도가 확립되기 시작하였다.[4] 하지만 오늘날과 같은 '경찰관'이라는 명칭을 사용한 것은 갑오개혁보다 이전이었으며, 개항장이었던 인천, 부산, 원산에서부터 비롯되었다. 갑오개혁 이전에 '경찰관'이라는 명칭이 사용된 사례는 고종실록이나 일성록 등에 자주 보인다. 일성록에는 "1884년 4월 김굉신을 인천항 경찰관에 차하하다."라든가 "1886년 10월 박기종을 부산항 경찰관에, 김병철을 동 서기관에 차하하다." 등 기록이 있다. 또 고종실록에 1885년 10월 통리교섭통상사무아문에서 "인천항에 이미 경찰관을 두었으니, 부산과 원산 두 항구에도 똑같이 설치하는 것이 어떻겠습니까?"라고 아뢰는 기록이나 1890년 12월 "해당 세관 사무에 대해 경계하고 살피지 않을 수 없습니다. 유학 박희양을 경찰관으로 차하하는 것이 어떻겠습니까?"라는 기록이 있다.[5]

다. 갑오개혁에 의한 경찰 제도화

우리나라는 갑오개혁 이후 일본의 영향을 받아 근대적 의미의 경찰제도를 도입하였다. 1894년 갑오개혁 때 조선의 6조 체제를 개편하였는데, 중앙관제를 왕실 사무를 관장하는 궁내부와 국정 사무를 관장하는 의정부로 구분하였다. 의정부 직속 기구를 8아문(내무 · 외무 · 탁지 · 군무 · 법무 · 학무 · 공무 · 농상)으로 개편하였으며, 내무아문 아래에 7국 1청을 두었다. 경찰 사무는 내무아문에 속하는 1청인 경무청에서 맡게 되었다.

고종실록 기록에 의하면, 1894년 8월 조선 말기 갑오개혁을 추진하였던 최고정책 결정기관인 군국기무처 의안에 "각 항구의 경찰관을 경무관으로 고쳐 부르고 경무청에 소속시키며, 그 승진과 강등 등의 사무는 경무청에서 내무대신에게 신청하여 시해토록 하겠습니다."라고 적고 있다. 요약하면, 근대 경찰은 갑오개혁

4) 전국 9개 대학 해양경찰학과 교수, 해양경비안전교육원, (2016), 「해양경찰학개론」, 문두사: 11-14.
5) 노호래, (2022), 「해양경찰학개론」, 박영사: 89-90.

이전에 일본의 영향을 받아 인천, 부산, 원산 등 개항장 경찰업무를 담당하는 관리에 경찰관 명칭을 사용하였다. 갑오개혁 때 조선의 포도청이 폐지되고 경무청이 신설되어, 경찰 사무를 본격적으로 담당하였다. 이때 경찰관이라는 명칭이 '경무관'으로 바뀌어 사용되었다.

라. 국권 상실 이후 경찰제도

국권 상실기(1910-1945) 이후는 일제 식민 경찰이 우리나라 경찰제도를 대체하였다. 이후 대한민국 정부가 수립되고, 경찰 기능은 1948년부터 1974년까지 내무부 치안국에서 담당하였다. 1953년에는 「경찰관직무집행법」이 제정되어 경찰관의 기본직무에 대한 법적 근거를 명확히 하였다. 내무부 소속의 치안국은 1975년 이후 1990년까지 치안본부로 확대 개편되어 발전하였다. 1991년 경찰 기능이 경찰청으로 독립하였고, 1996년에는 해양경찰청이 해양수산부 외청으로 독립하여 오늘에 이르고 있다. 좀 더 자세한 것은 제5장 해양경찰의 역사에서 심도 있게 다루기로 한다.

3. 경찰 개념의 분류

가. 형식적 의미의 경찰

현대 국가에 있어 경찰 개념은 보통 형식적 의미와 실질적 의미로 구별하여 파악되고 있다. 형식적 의미의 경찰은 제도상의 경찰을 뜻하는 것으로, 실정법상 보통 경찰행정기관이 소관하고 있는 모든 행정작용을 의미한다. 예컨대, 「해양경찰법」 제14조나 「해양경찰청과 그 소속기관의 직제」 등 법령에 해양경찰의 직무로 되어 있는 모든 작용은 형식적 의미의 해양경찰이다. 즉, 수색구조 · 연안 안전관리, 선박교통관제, 경호 · 경비 · 대테러작전, 범죄의 예방 · 진압 · 수사, 치안 정보의 수집 · 작성 · 배포를 포함하여 해양오염 방제 및 예방 활동도 포함된다. 또한 해양경찰이 사인(私人)의 지위에서 행하는 계약도 경찰 개념에 포함된다. 이러한 형식적 의미의 경찰 가운데는 성질상 경찰이라고 볼 수 없는 것이 있는가 하면, 일반 행정기관의 소관에 속하는 행정작용 중에도 실질적 의미의 경찰작용이 적지 않다. 그러므로 형식적 의미의 경찰의 범위를 어디까지로 할 것인가 하는 문제는 오로지 그 나라의 입법정책에 속하는 것이라 하겠다.

나. 실질적 의미의 경찰

한편, 실질적 의미의 경찰은 특정한 국가의 실정법 질서나 일정한 행정기관의 소관 사항보다는 학문적인 면에서 고찰된 경찰의 개념이다. 이는 행정작용 전체 중에서 경찰작용이 일반적으로 지니는 공통적인 법적 성격을 추출한 것이다. 실질적 의미의 경찰은 직접 사회 공공질서를 유지하기 위하여 국가의 일반통치권에 따라 개인에게 명령, 강제하는 작용을 가리킨다. 이 경우는 경찰 관련 부처가 아니더라도 일반통치권에 따라 명령 · 강제하는 작용은 모두 여기에 해당한다. 철도 경찰, 식품위생 경찰, 산림 경찰, 건축 경찰, 도로 경찰, 교도 경찰 등 다양한 형태가 있다.

제2절 해양경찰의 개념과 종류

1. 해양경찰의 개념

가. 해양경찰 개념의 모호성

해양경찰에 대한 개념을 어떻게 정의할 것이냐의 문제는 학문적으로나 실무적으로 매우 중요한 사안이다. 왜냐하면, 해양경찰의 개념을 정립한 후, 이에 적합하게 해양경찰학 또는 해양경찰론 이라는 학문의 연구 범위와 성격을 정하고 학문의 카테고리를 정할 수 있기 때문이다. 그런데도, 짧은 학문의 역사로 인하여 기존에 이루어놓은 학계의 해양경찰학 연구나 실무 차원에서의 성과는 미미한 정도이며, 지속적인 연구가 필요한 실정이다.

해양경찰에 대한 개념을 정의한다는 것은 해양경찰을 어떤 측면에서 바라볼 것인가의 문제와 직결된다. 예컨대, 해양경찰을 해양경찰청이라는 중앙행정기관 중의 하나의 조직 측면에서 바라볼 것인가, 또는 해양경찰청이 행하는 다양한 기능이나 임무를 중심으로 바라볼 것인가, 아니면 공공의 안녕과 질서 유지라는 학문적 경찰 개념을 해양이라는 공간에 그대로 적용할 것인가에 따라 개념이 달라지기 때문이다.

더구나 육상에서 환경, 교통, 산업, 문화 체육, 소방, 조달, 특허, 사법 등 전문화된 정부 기능과 달리 해양경찰 기능은 바다에서 이루어지는 종합적 성격을 가진다. 즉, 해양경찰은 바다에서 경찰, 군, 소방, 사법, 환경, 산업 분야 정부 기능을 수행하고 있다. 그로 인하여 일정한 기능의 범위에 대해서 정밀하고 일관된 해양경찰 개념을 정립한다는 것이 난해하지 않을 수 없다. 「정부조직법」이나 「해양경찰법」에서도 해양경찰 개념에 대하여 명확하게 정의하는 조항이 없는 것은 이런 현실을 반영한 것이라 하겠다.

현재의 해양경찰 제도나 기능은 시대적 필요에 따라서 오랫동안 하나씩 생겨난 결과이지 어느 날 한꺼번에 만들어진 것이 아니다. 외국 해양경찰 제도에서 볼 수 있는 것이나 우리나라 실정법에 규정하고 있는 해양경찰 개념은 직무, 임무, 기능, 일 등을 특징짓는 태양을 중심으로 살펴볼 수 있다. 이렇게 볼 때 해양경찰의 개념을 정립하는 데 있어 어려움을 겪고 있는 학계나 실무의 고충을 이해할 만하다.

나. 외국에서 해양경찰의 개념

세계 대부분의 해양경찰 기관은 설립 당시 시대적 필요 때문에 임무나 기능이 부여되었으며, 시간이 지남에 따라 확대되고 발전되어 왔다. 미국 해양경찰 기관인 해안경비대(U.S. Coast Guard)는 최초에 밀수 단속기관으로 출발하였다가, 1915년 인명구조 기관과 통합되면서 오늘날의 모습을 갖추었다. 그 후 필요에 따라 해양법 집행, 항행시설 관리, 선박 안전 검사 및 선박직원 면허장 관리 등 다양한 임무가 추가되었다. 일본 해양경찰 기관인 해상보안청(Japan Coast Guard)도 제2차 세계대전 이후 무질서한 밀항과 밀수 방지를 위해 미국 해안경비대를 벤치마킹하여 설립되었으며, 시간이 지남에 따라 다양한 임무가 추가되었다. 동남아 해양경찰 기관은 군 조직에 속하여 해양 치안 임무를 수행하거나 경찰청 내부 조직으로 해양 치안을 담당하거나 별도로 독립하여 여러 형태로 발전하였다. 그러므로 해양경찰을 하나의 개념으로 정의하기는 어려우며, 각국의 역사와 문화에 따라 해양경찰 개념이 상이하게 발전하였다.

다. 법령에 규정된 해양경찰의 개념

우리나라 해양경찰은 1953년 평화선 수호를 통한 어업자원 보호를 위해 창설되었다. 이후 해양경찰은 다양한 임무가 추가되면서 발전하여 오늘날의 해양 종합행정기관으로 탈바꿈하였다. 「정부조직법」 제43조 제2항에 "해양에서의 경찰 및 오염방제에 관한 사무를 관장하기 위하여 해양수산부장관 소속으로 해양경찰청을 둔다."라고 규정하고 있다. 「해양경찰법」 제14조에 해양경찰이 수행하는 직무에 관하여 규정하고 있다. 법령에 규정된 해양경찰 개념은 해양경찰청이 수행하는 모든 직무에 관하여 규정하고 있으며, 형식적 의미의 해양경찰에 해당한다. 여기에는 직접 사회공공질서를 유지하기 위하여 국가의 일반통치권에 따라 개인에게 명령, 강제하는 작용뿐만 아니라 수색구조나 선박교통관제와 같은 서비스 기능도 포함되고 국가가 일반 사인과 동일한 지위에서 행하는 계약행위도 포함된다.

라. 해양경찰 개념의 검토

해양경찰의 개념적 요소를 더 쉽게 이해하는 방법은 '해양에서 경찰업무를 수행하는 국가기관'으로 이해하는 것이다.[6] 다시 말해 해양경찰의 개념을 '해양'이라는 공간적 요소에서 '경찰'이라는 특정한 임무를 수행하는 기능 또는 기관으로 이해하는 것이다. 여기서 해양에 대한 이해와 경찰에 대한 이해가 필요하다. 육상경찰은 사물 관할이 육상으로 국한되며 육상에서 사회공공의 안녕과 질서를 유지한다. 해양경찰은 바다라는 특수한 공간에서 함정이나 항공기 등 장비를 이용하여 동일한 기능을 수행한다.

다만, 해양에서 경찰 활동은 육상에서 경찰과 동일한 개념으로 해석하기보다는 좀 더 광범위하고 포괄적인 개념으로 해석할 필요가 있다. 육상에서 경찰 활동은 공공의 안녕과 질서 유지라는 기능에 초점이 맞추어져 있다. 즉, 협의의 보안경찰 활동이 대부분이다. 「국가경찰과 자치경찰의 조직 및 운영에 관한 법률(약칭: 경찰법)」 제3조에 경찰의 임무를 " 1. 국민의 생명·신체 및 재산의 보호, 2. 범죄의 예방·진압 및 수사, 3. 범죄피해자 보호, 4. 경비·요인경호 및 대간첩·대테러작전 수행, 5. 공공안녕에 대한 위험의 예방과 대응을 위한 정보의 수집·작성 및 배포, 6. 교통의 단속과 위해의 방지, 7. 외국 정부 기관 및 국제기구와의 국제협력, 8. 그 밖에 공공의 안녕과 질서 유지"로 규정하고 있다.

하지만 해양에서 경찰 활동은 이보다 폭넓은 활동이 포함된다. 「정부조직법」에 명시된 해양오염 기능을 제외하더라도 해양에서의 경찰 활동은 육상에서 경찰

6) 김석균, (2022), 「신해양경찰학개론」, 박영사: 33.

활동 이외에 경비, 구조, 소방, 안보 개념까지 포함한다고 할 수 있다. 따라서 「정부조직법」이나 「해양경찰법」에 규정된 '경찰'이라는 기능은 동일한 단어를 사용하고 있다고 할지라도, 육상경찰의 '경찰' 개념보다는 폭넓게 해석해야 함을 유의할 필요가 있다. 해양경찰의 개념에는 국민에게 명령 · 강제하는 권력적 작용뿐만 아니라 국민에게 서비스를 제공하는 기능이 더욱 광범위하게 포함되어 있다고 해석할 수 있다.

이런 점을 고려할 때, 해양경찰의 개념을 정의하면, "국민의 생명과 재산을 보호하기 위하여 해양에서 공공의 안녕과 질서를 유지하고 서비스를 제공하는 국가활동"이라 정의할 수 있다.

2. 해양경찰의 종류

가. 형식적 의미와 실질적 의미의 해양경찰

형식적 의미와 실질적 의미의 해양경찰을 구분하는 것은 업무의 성질에 따른 분류이다. 형식적 의미의 해양경찰이라 함은 우리나라 실정법상 해양경찰 기관이 담당하는 업무이면 그 특성이나 성질 여하를 불문하고 모두 해양경찰로 보는 것이다. 이러한 의미의 해양경찰은 해양경찰 직무의 법적인 근거인 「정부조직법」 제43조 제2항과 「해양경찰법」 제14조, 「해양경찰청과 그 소속기관 직제」를 비롯한 「해양경비법」, 「경찰관직무집행법」, 「수상레저안전법」 등 다양한 법령에서 규정한 모든 해양경찰 활동을 포함한다. 즉, 해양 경비, 해양 안전, 수색 · 구조, 범죄 수사, 정보활동, 해양오염 방제, 대국민 서비스 활동 및 사인과의 계약 등 해양경찰청이 행하는 모든 활동을 말한다.

이에 반하여 실질적 의미의 해양경찰이라 함은 국가의 일반통치권에 따라 해양에서 사회공공의 안전과 질서를 유지하기 위해 국민에게 명령, 강제하는 권력적 작용을 말한다. 이는 해양경찰청이 아닌 다른 국가기관에서 행하는 작용이라도 해양에서 권력적 수단에 의해 위험을 방지하기 위한 작용이라면 이를 실질적 의미의 해양경찰에 속한다고 보는 것이다. 따라서 해양경찰청이 행하는 작용이라 할지라도 일반통치권에 따라 국민에게 명령 혹은 강제하는 것이 아니면 실질적 해양경찰의 개념에서 배제된다. 예컨대, 해양경찰의 주요활동 중에서 서비스 제공, 대민봉사, 선박교통관제, 계약행위 및 사법경찰 활동 등은 실질적 의미의 해양경찰 개념에 포함되지 않는다.

나. 행정해양경찰과 사법해양경찰

행정해양경찰과 사법해양경찰은 업무를 수행하는 목적에 따른 구분이다. 행정해양경찰이란 공공의 안녕과 질서 유지라는 일반법 질서를 유지하기 위한 해양경찰 작용을 말한다. 이에 비하여 사법해양경찰은 범죄를 수사하여 처벌하는 권력적 작용을 말한다. 우리나라는 행정해양경찰과 사법해양경찰을 이론상 구분하고 조직상으로는 구분하지 않았으나, 검경 수사권 조정 이후 행정경찰은 경찰청에서, 사법경찰은 국가수사본부에서 각각 분리하여 담당하고 있으며, 해양경찰도 사법경찰 업무에 관하여는 해양경찰청장의 직접적인 지휘를 받지 않는 수사국장이 독립적으로 업무를 처리하고 있다(해양경찰법 제11조 제5항).

사법해양경찰은 다시 일반사법해양경찰과 특별사법해양경찰로 구분할 수 있다. 일반사법해양경찰은 해양에서 모든 범죄에 대한 수사할 수 있는 권한을 가진 경우를 말하며, 특별사법해양경찰은 해양에서 특별히 정해진 범죄에 대해서만 수사할 수 있는 권한을 가진 경우를 말한다. 세관공무원, 어업감독공무원, 선장, 선원근로감독관 등이 특별사법해양경찰권을 가진 공무원이라 하겠다. 「사법경찰관리의 직무를 수행할 자와 그 직무범위에 관한 법률」에 특별사법경찰권의 범위를 구체적으로 정하고 있다.

다. 예방해양경찰과 진압해양경찰

예방해양경찰과 진압해양경찰은 경찰권 발동의 시점에 따른 구분이다. 예방해양경찰은 위험을 사전에 방지하기 위하여 발동될 경우를 말하고, 진압해양경찰은 이미 발생한 경찰상 위해를 제거하기 위하여 발동되는 경우를 말한다.

라. 평시해양경찰과 비상해양경찰

평시해양경찰과 비상해양경찰은 발생하는 위해의 정도와 급박성을 기준으로 분류한 것이다. 평시해양경찰은 일상적인 상태에서 일반법규에 따라 평시에 행하는 경찰직용을 말한다. 이에 반해 비상해양경찰은 전시, 계엄 선포, 통합방위 사태 등 비상시에 군대가 병력으로 공공의 안녕과 질서를 유지하기 위하여 행하는 경찰작용을 말한다. 해양에서 비상해양경찰 활동인 통합방위 작전은 「통합방위법」에 따라 함대사령관이 수행하는 것이 그 예이다.

마. 보안해양경찰과 협의의 해양경찰

보안해양경찰과 협의의 해양경찰은 수행기관의 차이에 의한 구분이다. 보안해양경찰은 다른 유형의 행정작용에 부수되지 않고 오직 해양경찰 작용만을 독립하여 수행하는 경찰 활동을 말한다. 이에 비해 협의의 해양경찰은 기타 국가행정기관이 다른 행정작용에 부수하여 그 행정작용에서 생길 수 있는 위해를 제거하는 질서 유지 활동을 말한다.

제3절 해양경찰의 수단

1. 권력적 수단

해양경찰은 해양에서 공공의 안녕과 질서 유지를 위하여 명령·강제하거나 금지하는 등 권력적 수단을 쓴다. 경찰 활동의 목적을 달성하기 위해서는 권력적 수단이 우선되는 것이 경찰 활동의 특징적인 측면이다. 경찰하명은 상대방에게 작위, 부작위, 수인, 급부의 의무를 발생시킨다. 예컨대, 해양경찰관은 경비 수역에서 선박 등의 선장에 대하여 경고, 이동·해산 명령 등 해상항행 보호조치를 할 수 있고(해양경비법 제14조), 누구든지 동력수상레저기구를 조종면허를 받지 아니하고 조종하여서는 아니 된다(수상레저안전법 제20조).

해양경찰은 경찰강제를 수단으로 경찰상 목적을 달성할 수 있다. 경찰관은 거동이 수상한 사람을 정지시켜 질문할 수 있고(경찰관직무집행법 제3조), 해양경비 활동 중인 해양경찰관은 일정한 사안에 해당할 때는 선박 등에 대하여 추적·나포할 수 있으며(해양경비법 제13조), 일정한 사안에 해당할 때는 무기를 사용할 수 있다(해양경비법 제17조). 이처럼 국민의 권리를 침해하거나 의무를 부과할 수 있는 권력적 수단을 사용하는 경찰관의 직무수행에 필요한 사항은 「경찰관직무집행법」에 일반적인 규정이 있다. 이 외에도 개별적인 권력적 작용에 대하여 개별 작용법에 구체적으로 정하고 있다.

2. 비권력적 수단

해양경찰이 권력적 수단만으로 해양경찰 작용을 하는 것은 아니다. 오히려 바다의 특수성으로 인하여 권력적 수단보다 비권력적·서비스적 수단을 사용하는 경우가 빈번하다. 해양경찰 업무는 특성상 바다에서 구조, 안전, 해양오염 방제 등 비권력적 업무가 비중이 큰 편이다. 바다에서 위험에 처하거나 사고가 발생하면 해양경찰이 거의 유일한 집행 세력이기 때문에 해양경찰의 도움이 필요하기 때문이다. 해상에서 수색 활동 및 인명구조, 함정·항공기에 의한 예방 순찰 활동, 다중이용선박에 대한 해상교통 관리, 해상정보의 제공, 수상레저·낚시 등 바다 활동에 대한 안내 및 권고, 도서민 응급환자 후송, 해양오염 방제 등 다양한 서비스 활동이 있다.

3. 범죄 수사를 위한 수단

범죄 수사는 일반적인 경찰 활동과 구분되는 엄격한 법적 절차에 따라 수행된다. 범죄 수사는 실체적 진실을 밝히는 면과 인권침해를 방지하기 위한 노력이 병행되어야 한다. 그리하여 수사에 관하여 강제처분은 법률에 특별한 규정이 있는 경우에 한하며, 필요한 최소한도의 범위 안에서만 하여야 하며(형사소송법 제199조), 피의자에 대한 수사는 불구속 상태에서 함을 원칙으로 한다(형사소송법 제198조). 이처럼 범죄 수사는 임의수사를 원칙으로 하고, 강제수사는 예외적으로 허용하고 있다. 체포·구속·압수·수색 등 강제수사를 허용할 때도 엄격한 절차에 따라 행하여야 한다(헌법 제12조).

제4절 해양경찰의 기본이념

해양경찰의 기본이념이란 해양경찰에서 추구해야 할 기본가치·방향·규범·정신 등을 말한다. 기본이념은 해양경찰 조직과 조직구성원이 이상적으로 생각하는 지향점이자 정신적인 가치라 할 수 있다. 해양경찰공무원이 업무를 수행할 때 기준으로 삼으며 실천해야 하는 근본적인 규범이기도 하다. 이러한 해양경찰 기본이념은 민주주의, 법치주의, 국제법 존중주의, 인권 존중주의, 정치적 중립주의가 있다.

1. 민주주의

민주주의 원리는 국민이 권력을 가지고 그 권력을 스스로 행사하는 제도 또는 그런 정치를 지향하는 사상을 말한다. 대한민국의 주권은 국민에게 있고, 모든 권력은 국민으로부터 나온다(헌법 제1조). 국가의 모든 권력은 주인인 국민으로부터 위임받은 것에 불과하며, 해양경찰이 수행하는 권한도 국민으로부터 위임받은 것이다. 따라서 공무원은 국민 전체에 대한 봉사자이며, 국민에 대하여 책임을 진다(헌법 제7조). 해양경찰은 해양경찰의 정책에 대한 국민의 의견을 존중하고, 민주적이고 투명한 조직 운영을 위하여 노력하여야 한다(해양경찰법 제2조 제3항).

이렇게 주권자인 국민의 뜻을 이해하고 국민에게 봉사하기 위해서는 여러 가지 민주성 확보방안이 필요하다. 해양경찰이 민주성을 확보하게 하기 위해서는 외부로부터의 민주적인 통제장치가 마련되어 있어야 한다. 외부통제 방법으로 국민의 대표기관인 국회가 직접적으로 통제할 수 있다. 또 행정부 차원에서 대통령, 국민권익위원회 등에 의한 통제가 가능하다. 감사원은 예산상 세입 및 세출의 결산권을 가지고 있고, 경찰공무원의 직무에 대한 감찰권을 가지고 통제가 가능하다. 해양경찰 내부적으로도 민주적인 의사결정시스템이 갖추어지고 적절한 권한의 분배가 이루어져 내부적 민주화가 이루어져야 한다.

한편, 해양경찰 활동은 국민이 위임한 권한에 의하므로 해양경찰 활동에 대한 공개제도가 확립되어야 한다. 주권자인 국민이 이를 살피고 평가할 수 있도록 해야한다. 「행정절차법」이나 「공공기관의 정보공개에 관한 법률」에 이를 제도적으로 보장하도록 하고 있다.

2. 법치주의

모든 해양경찰 작용은 법치주의에 근거하여 법률에 근거하여야 하며, 법률에 따라 이루어져야 한다. 법치주의란 국회에서 제정한 법률에 따라 행정이 이루어져야 한다는 원리를 말한다. 모든 권력은 국민에게 있지만, 현실에서 개개 국민이 권력을 행사하기 어렵기 때문에 국회가 국민을 대표하는 간접 민주주의제도를 운영하고 있다. 이에 국회에서 제정한 법률은 곧 국민의 의사로 간주한다. 해양경찰 조직, 해양경찰공무원, 해양경찰 작용에 관해서 법률에 근거를 두고 있다. 해양경찰 조직에 대해서 「정부조직법」, 「해양경찰법」 등에 근거를 두고 있다. 해양경찰 공무원의 임용에 대해서는 「경찰공무원법」, 「해양경찰청 소속 경찰공무원 임용에 관한 규정」 등에서 규정하고 있다. 그리고 해양경찰 작용에 대해서 「해양경찰법」, 「경찰관직무집행법」 등 여러 법률에 근거하고 있다. 특히, 해양경찰 작용에 있어 국민의 권리를 침해하거나 의무를 부과하는 해양경찰 작용은 법률로써만 가능하다. 오늘날 모든 행정작용은 법치주의에 근거하여 법률에 근거하여 발동되는 것이 일반적이다. 하지만 입법기술상 모든 권리·의무사항을 법률에 규정하기 어렵기 때문에 행정부가 제정하는 행정명령에 이를 규정하는 경우가 많아지고 있는 것이 현실이다.

3. 국제법 존중주의

해양경찰이 수행하는 임무는 우리나라에만 적용되는 형태가 아니라, 여러 나라에 공통으로 적용되는 형태인 국제성을 띠고 있다. 해양 관할에 관하여 합의로 제정된 「유엔해양법협약」을 각국이 채택함에 따라, 해양 업무는 세계적으로 표준화되고 공통적인 성질을 가지게 되었다. 국제해사기구(IMO)는 공통적인 법규인 협약을 각국인 잘 적용하는지를 감독하고 있고, 해사안전 및 해양 환경에 관련된 다양한 협약을 채택하고 회원국의 제도화를 이끌고 있다. 따라서 대부분 우리나라 해사법규는 국제 협약의 내용을 국내에 수용한 형태이며, 세계적으로 통용되는 공통적인 내용이다.

우리나라는 「헌법」에 의하여 체결·공포된 조약과 일반적으로 승인된 국제법규를 국내법과 같은 효력을 인정하고 있다(헌법 제6조). 그리고 우리나라도 「유엔해양법협약」에 가입하고 있다. 따라서 해양경찰이 임무를 수행하는 과정에서 국제해양법 정신을 존중하고 국제해양법 규정을 준수해야 한다. 이러한 국제법 존중주의는 해양경찰 작용과 관련된 법령 곳곳에 나타나 있다. 「해양경비법」 제12조 해상검문 검색과 제13조 추적·나포에 관한 규정에 국제법규에 따라 실시하도록 하고 있으며, 「배타적 경제수역 및 대륙붕에 관한 법률」 제1조나 「배타적 경제수역에서의 외국인어업 등에 대한 주권적 권리의 행사에 관한 법률」 제1조에 국제법규를 존중하도록 하고 있다.

4. 인권 존중주의

국가는 개인이 가지는 불가침의 기본적 인권을 확인하고 이를 보장할 의무를 진다(헌법 제10조). 이에 따라 해양경찰은 국민 인권의 불가침성을 존중하고 보호해야 하며 모든 해양경찰 작용에 있어 인권을 최고의 가치로 두고 활동해야 한다. 모든 국민은 인간으로서의 존엄과 가치를 가지며, 행복을 추구할 권리를 가진다. 특히, 피의자에 대한 범죄 수사나 해양에서 단속 활동 과정에서 인권침해가 없도록 유의하고 법적 절차에 엄격히 따라야 한다.

인권 존중주의를 규정한 규정은 여러 군데서 볼 수 있다. 해양경찰은 해양에서 사람의 생명·신체 및 재산을 보호하고, 해양 사고에 효율적으로 대응하기 위한 시책을 추진하여야 한다(해양경찰법 제3조). 해양경찰관은 이 법에 따른 직무를 수행할 때 권한을 남용하여 개인의 권리 및 자유를 침해하여서는 아니 된다(해양경비법 제8조). 경찰관의 직권은 그 직무수행에 필요한 최소한도에서 행사되어야 하며 남용되어서는 아니 된다(경찰관직무집행법 제1조 제2항).

5. 정치적 중립주의

해양경찰공무원은 국가공무원으로서 전체 국민을 위해 봉사해야 하며, 정치적 중립을 유지해야 한다. 공무원은 국민 전체에 대한 봉사자이며, 국민에 대하여 책임을 진다. 공무원의 신분과 정치적 중립성은 법률이 정하는 바에 의하여 보장된다(헌법 제7조). 해양경찰은 그 직무를 수행할 때 국민 전체에 대한 봉사자로서 공정·중립을 지켜야 하고, 헌법과 법률에 따라 국민의 자유와 권리를 존중하며, 부여된 권한을 남용하여서는 아니 된다(해양경찰법 제3조). 공무원은 정당이나 그 밖의 정치단체 결성에 관여하거나 이에 관여할 수 없다. 공무원은 선거에서 특정 정당 또는 특정인을 지지 또는 반대하기 위한 행위를 하여서는 안 된다(국가공무원법 제65조).

제2장

해양경찰의 특수성

해양경찰은 해양에서 경찰과 해양오염 방제업무를 수행하는 정부기관이다. 여러 정부기관 중에서 해양경찰은 동일한 경찰관 신분을 가지는 육상경찰과 구분되는 특수성이 있고, 바다를 업무 단위로 하는 해양수산부나 해군과도 구분되는 특수성이 있다. 한편, 해양경찰은 바다라는 장소에서 함정과 항공기를 이용하여 임무를 수행할 수밖에 없다. 이처럼 바다라는 자연환경의 제약을 안고 임무 수행해야 하는 해양경찰 임무의 특수성도 있다. 제2장에서는 타 기관을 비교할 때 해양경찰이 가지는 특수성 및 바다에서 수행하는 임무에서 나타나는 특수성에 대해서 살펴보겠다.

제1절 유사 기관과 비교

1. 해양경찰과 경찰

가. 연 혁

경찰은 육상에서 경찰 임무를 수행하고, 해양경찰은 해상에서 경찰 임무를 수행한다는 점에서 양자는 쉽게 구별된다. 그런데 해양경찰은 1953년 창설부터 경찰기관과 밀접한 관계가 있었기 때문에 소속 직원의 신분, 임무 특성, 조직구조, 조직문화 등이 육상경찰과 유사하다. 해양경찰은 1996년 해양수산부 외청으로 독립하기 이전에는 경찰청 소속의 지방청 개념이었으며, 「경찰법」, 「경찰공무원법」, 「경찰관직무집행법」 등 동일한 법령의 적용을 받아왔다. 따라서 바다에서 임무수행의 특성을 제외하고, 경찰과 동일한 조직, 특성, 문화를 공유하였었다.

한편, 1996년 8월 경찰청에서 분리하여 해양수산부 외청으로 독립하면서 조직법인 「경찰법」 적용이 배제되었고, 경찰과는 다른 해양경찰만의 특성을 키워온 것도 사실이다. 특히, 2020년 2월 21일 해양경찰의 임무와 조직을 명시적으로 담은 「해양경찰법」이 시행되면서 조직 특성이나 임무에 있어서 특수성이 더욱 확대될 전망이다. 다만, 현재도 경찰청은 행정안전부의 외청으로, 해양경찰청은 해양수산부의 외청으로 각각 별개로 조직되어 있으면서도 「경찰공무원법」, 「경찰관직무집행법」 등 신분법과 작용법을 공유하고 있다. 하지만, 육상과 바다라는 임무수행상 공간 특성이 현저히 달라 바다의 특성을 살린 「해양경찰법」, 「해양경비법」 등을 제정하여 시행하고 있다.

나. 유사한 점

해양경찰과 경찰의 유사한 점은 여러 가지 있는데, 대부분 동일한 뿌리의 조직으로 출발한 데서 기인한 것이다. 다른 교재[7]에서는 ① 조직구조의 유사성, ② 신분의 동일성, ③ 「경찰관직무집행법」의 적용, ④ 일반사법경찰권 수행, ⑤ 제복의 착용과 무기의 휴대, ⑥ 관할구역의 획정 등을 열거하고 있다. 이를 참조하여 해양경찰과 경찰의 유사한 점을 일반화하여 기술하면 다음과 같다.

1) 유사한 조직구조

정부 조직 편제상 해양경찰은 해양수산부 소속이고 경찰청은 행정안전부 소속이지만, 조직편제 중에서 육상과 해상이라는 공간적 특성과 해양오염 방제업무를 제외하면 기능이 유사하다. 해양경찰청장과 경찰청장 모두 직급은 치안총감으로서 경찰공무원이고, 양 기관의 차장급도 치안정감으로서 직급이 같다.

2023년 현재, 해양경찰청 부서편성을 보면 1차장 2관 5국 25과(담당관 포함)로 구성되어 있으며 소속기관으로 5개 지방해양경찰청, 20개 해양경찰서, 해양경찰교육원, 중앙해양특수구조단, 해양경찰정비창을 두고 있다. 경찰청의 부서편성을 보면 1차장 6관 5국 39과(담당관)로 구성되어 있으며 소속기관으로 18개 지방경찰청, 그리고 경찰대학, 경찰교육원, 중앙경찰학교, 경찰수사연수원, 경찰병원이 있다. 이처럼 대체로 양 기관은 조직편제가 유사하게 운영하고 있다. 해양경찰과 경찰청은 중앙의 사무를 지방단위에서 분장하기 위하여 지방경찰청을 두고 그 아래 경찰서를 두며, 경찰서 업무를 분담하기 위하여 파출소를 두는 조직구조도 유

---

7) 박주상 · 윤성현 · 김경락, (2021), 「해양경찰학개론」, 박영사; 순길태, (2017), 「해양경찰학개론」, 도서출판 대영문화사; 전국 9개 대학 해양경찰학과 교수 · 해양경비안전교육원, (2016), 「해양경찰학개론」, 문두사.

사하다.

2) 동일한 신분

해양경찰과 경찰의 구성원은 동일한 경찰공무원 신분을 갖는다. 해양경찰청 소속이든 경찰청 소속이든 특정직공무원 신분인 모든 경찰공무원은 「경찰공무원법」의 적용받는다. 따라서 그 하위법령인 「경찰공무원임용령」과 「해양경찰청 소속 경찰공무원 임용에 관한 규정」은 유사한 내용으로 이루어져 있다. 경찰공무원의 신규 채용과 교육훈련, 승진, 포상, 징계 등에 관한 내용도 거의 유사하게 운영되고 있다. 경찰공무원은 누구나 「경찰공제회법」에 규정된 공제회원의 권리와 혜택을 받을 수 있으며, 「경찰공무원 보건안전 및 복지 기본법」에 규정된 다양한 복지제도의 수혜자이다. 이 외에도 경찰공무원은 국가를 위하여 희생하거나 공헌하다 부상하였을 때 「국가유공자 등 예우 및 지원에 관한 법률」에 규정된 혜택과 예우를 받을 수 있다. 또한, 경찰공무원은 퇴직 이후 「대한민국재향경우회법」에 의하여 경우회 회원으로서 활동할 수 있다.

3) 동일한 경찰작용법 적용

「경찰관직무집행법」은 해양경찰과 육상경찰에 동일하게 적용된다. 해양경찰과 육상경찰은 「경찰관직무집행법」에서 규정하고 있는 직무 범위와 개별적 수권조항, 일반적 수권조항에 따라 업무를 수행하고 있다. 즉, 모든 경찰관은 「경찰관직무집행법」에 의한 불심검문, 보호조치, 위험 발생 방지 조치, 범죄의 예방과 조치, 사실의 확인, 경찰장비의 사용, 무기의 사용 등에 있어 경찰기관이 같게 적용된다. 다만, 「경찰관직무집행법」이 육상의 경찰관 직무집행을 중심으로 구성되어 있어 해양의 특수성을 반영하지 못한 점이 있다. 이에 따라 해양에서 직무집행 사항에 관하여 「해양경비법」이 제정되어 2012년 8월 23일부터 시행되고 있다. 같은 법에는 선박을 대상으로 한 해상검문 검색, 추적·나포, 해상항행 보호조치 등이 규정되어 있을 뿐 아니라, 해상에서 무기의 사용이나 장구의 사용에 관해서도 규정하고 있다. 다만, 「해양경비법」의 내용을 전체 해양경찰 직무집행에 적용하는데는 한계가 있다.

4) 일반사법경찰권 수행

해양경찰과 육상경찰은 「형사소송법」에 의하여 일반사법경찰권을 갖는다. 사법경찰권이란 법률에 근거하여 범죄를 수사할 수 있는 권한을 말하는데, 여기에는 일반사법경찰권과 특별사법경찰권의 두 종류가 있다. 일반사법경찰권은 모든 범죄를 수사할 수 있는 권한을 말하며, 이것이 인정되는 국가기관은 검사와 사법경찰관리가 있다. 특별사법경찰권은 특정한 범죄에 대해서만 수사할 수 있는 권한을 말하며, 삼림, 해사, 세무, 전매, 철도, 기타 사항에 관하여 「사법경찰관리의 직무를 행할 자와 그 직무범위에 관한 법률」에 특별사법경찰관리의 유형을 정하고 있다

「형사소송법」 제197조(사법경찰관리)는 "경무관, 총경, 경정, 경감, 경위는 사법경찰관으로서 범죄의 혐의가 있다고 사료하는 때에는 범인, 범죄사실과 증거를 수사한다."라고 명시하였다. 검사의 권한이었던 수사개시권과 종료권을 경찰에 이관하였다. 반면, 「검찰청법」 제4조(검사의 직무)는 일정한 범죄에 대해서만 검사가 수사를 개시할 수 있도록 하였다. 이에 따라 해양경찰과 경찰의 수사 권한은 검사의 지휘를 받던 과거와 비교하여 대폭 확대되었으며, 확대된 경찰의 수사 권한에 대한 민주적 통제가 과제로 떠오르고 있다.

5) 제복 착용과 무기 휴대

해양경찰관과 육상경찰관은 모두 제복을 착용하고 무기를 휴대할 수 있다. 경찰관은 범죄 심리를 사전에 억누르고 가시적인 위력을 표현하여 범죄를 예방하기 위하여 제복을 착용한다. 「경찰공무원법」 제20조는 경찰공무원이 제복을 착용할 의무를 규정하고 있다. 또 경찰공무원은 직무수행을 위하여 필요하면 무기를 휴대할 수 있다. 무기나 장비의 사용에 대해서는 「경찰관직무집행법」에 규정되어 있고, 구체적인 기준은 「위해성 경찰장비의 사용기준 등에 관한 규정」에 있다. 복제에 대해서는 행정안전부령과 해양수산부령인 「경찰 복제에 관한 규칙」과 「해양경찰청 소속 경찰공무원 복제에 관한 규칙」에 자세한 내용이 규정되어 있다.

6) 문화적 · 정서적 동질성

양 기관은 정서적 · 문화적 동질성이 있다. 해양경찰은 1953년 내무부 치안국 소속으로 창설되었으며, 상공부 해무청 소속으로 있던 7년간을 제외하고 대부분 기간을 경찰기관에 속해 있었다. 1996년 해양경찰청이 해양수산부 외청으로 독립된 이후에도 정서나 문화는 오랫동안 동질성을 유지해 왔으며, 오늘날도 일부 남아있다. 다만, 2020년 2월 21일부터 독자적인 「해양경찰법」이 시행되면서 해양경

찰만의 독특한 제도나 문화가 뿌리내려 가고 있다.

다. 다른 점

1) 관할지역의 차별성

육상경찰의 업무는 대다수 국민의 삶의 공간인 육지 안에서 이루어진다. 그러므로 육상경찰은 국민의 생명과 재산을 보호하고 질서를 유지하는 일을 중심으로 업무가 이루어진다. 반면, 해양경찰은 해상에서 국민의 생명과 재산을 보호하고 질서를 유지하는 업무를 수행하지만, 이외에도 다양한 업무를 종합적으로 수행한다. 인명구조, 해상 교통관리, 해양오염 방제 등 서비스를 제공하는 업무는 물론, 해군과 공조하여 국가안보나 외국인의 해양영토 침탈행위를 저지한다.

해양경찰 활동의 무대로서 해상은 육상과 달리 변화무쌍하고 항상 위험에 노출되어있는 공간이다. 이에 따라 해양의 물리적 작용인 바다의 물 자체, 파도와 조류, 기후, 대기 순환과 같은 물리적 특성에 대하여 지식과 경험이 없이 업무를 수행하기는 불가능하다. 또한 선박 운항은 해양의 물리적 특성과 이에 따른 선박의 움직임을 알아가는 것에서 출발한다. 나아가 물리적 특성이나 선박 운항에 대한 이해는 바다에서 발생하는 거대한 태풍이나 해일로 발생하는 해양 재난에 대비하는데 필수적인 지식이기도 하다.

한편, 해상은 선박과 항공기라는 대형장비를 활용하여야만 접근할 수 있으며, 해상에서 소수의 경찰공무원으로 법 집행이 어려우며 집단적인 협력을 전제로만 법 집행이 가능한 특수한 장소이다. 따라서 기술성과 전문성이 특히 요구된다. 다만 바다와 인접한 연안 지역과 바다 가운데 육지 공간인 섬에 대한 관할은 육경과 해경의 업무협력이 필요하다.

2) 집권적 국가경찰성과 분권적 자치경찰성

해양경찰은 탄생 초기부터 집권적인 국가기관으로 출발하였고, 현재 논의가 진행되고 있는 자치경찰로 변모할 가능성은 거의 없다. 육상경찰은 업무 특성상 주민밀착형 업무가 많고 지역적 치안 특성을 살리는 것이 합리적일 경우가 많다. 하지만 해양경찰은 해양영토의 수호나 주권 수호 기능이 강하고 안보나 국방기능이 포함되어 있어 분권화를 지향하는 자치경찰화는 어렵다. 미국도 육상경찰은 자치경찰을 기본으로 하여 다양한 경찰 유형이 존재하고 군대도 주별 방위군도 있지만, 해안경비대(U.S. Coast Guard)는 군대로서 집권화되어 있다. 일본도 육상 경찰은 자치경찰화되어 분권화하였지만, 해상보안청(Japan Coast Guard)은 국가기관으로 존속하고 있다.

만약 해양경찰이 소규모 단위의 지방자치단체 단위를 관할로 하는 자치경찰형으로 변모할 경우, 국가 전체적으로 통일성을 기하고 국가 위기 시 강력한 집권력이 필요한 안보, 국방, 대형 재난에 대처하기 어려울 것이다. 따라서 세계적으로 해양경찰은 지방자치형으로 운영하는 국가는 없으며, 오히려 점점 집권화를 강화하고 있다.

3) 집행수단의 단순성과 기술성

해양경찰은 업무 집행에 있어서 장비 의존성이 높다. 육상과 달리 해수면에서 선박이라는 교통수단이 없으면 업무 집행이 곤란하다. 이외에 과학적인 장비가 필요함은 물론이고 이를 운용하고 관리할 수 있는 전문가가 필요하다. 따라서 해양경찰 대부분은 선박 운용에 대하여 해박한 지식을 갖추어야 하고 경찰관으로서 업무를 수행할 수 있는 법적 지식도 함께 갖추어야 하는 이중부담이 있다. 함정을 활용하여 법 집행을 하므로 자연적 조건에 제약받는다. 해상의 일기변화는 과학적인 첨단장비를 무용지물로 만들 수 있으며, 위험한 상황에서 근무해야 하는 부담이 있다. 해양에서 사고는 육상과 달리 소수의 인명이 희생되는 것에 국한되지 않고 함정에 승선한 다수의 직원이 한꺼번에 희생될 가능성이 있다.

4) 업무 내용의 국제성과 국내성

해양경찰이 수행하는 해양 집행 임무는 우리나라에만 적용되는 형태가 아니라, 여러 나라에 공통으로 적용되는 특성을 가진다. 1994년 이후 「유엔해양법협약」을 각국이 채택함에 따라 해양 업무는 세계적으로 표준화되고 공통적인 성질, 즉 국제적인 특성을 가진 법규가 되었다. 이 결과 해양경찰은 세계적으로 공통으로 적용되는 국제 해사법규를 집행하는 업무가 많다. 한편 인접국과 해양 관할에 대한 합의가 완전히 이루어지지 않은 상태에서 해양 관할권을 놓고 치열한 경쟁이 진행되고 있다. 그러므로 해양경찰의 법 집행과정에서 분쟁이 발생하면 인접국과 갈등이 발생하고 외교 문제로 비화할 가능성도 있다. 특히, 외국 어선 단속과정에서 일어나는 폭력적인 저항은 외국과의 관계에서 갈등의 불씨를 안고 있다. 섬의 영유권을 놓고 갈등하는 사례도 많이 볼 수 있다. 독도 문제나 센카쿠열도 문제 등이 있다.

이에 비하여 육상경찰은 영토 안에서만 경찰작용을 수행하고 외국과 영토에 대한 분쟁이 없으므로 외국과의 관계에서 경찰작용으로 인하여 직접적인 갈등이나 분쟁이 발생하기는 쉽지 않다. 오히려 국제적인 수사 공조나 범죄인인도를 원활하게 하도록 상호 협력할 경우가 많을 것이다.

5) 해양오염 방제의 업무수행

해양경찰은 육상경찰과 다르게 해양에서의 오염방제업무를 수행한다. 해양경찰은 오염물질이 해양에 배출될 우려가 있거나 배출되는 경우를 대비하여 해양오염의 사전 예방 또는 방제에 관한 국가긴급방제계획을 수립하여 시행하여야 한다. 그리고 해양오염사고 인하여 긴급방제 그 밖의 필요한 조치를 수행하기 위하여 방제대책본부 및 지역방제대책본부를 각각 설치할 수 있다. 선박의 선장 또는 해양시설의 관리자, 오염물질의 배출원인이 되는 행위를 한 자, 배출된 오염물질을 발견한 자는 배출기준을 초과하는 오염물질이 해양에 배출되거나 배출될 우려가 있다고 예상되는 경우 지체없이 해양경찰관서에 신고해야 한다.

2. 해양경찰과 해군

군대와 경찰은 서로 다른 임무를 수행하지만, 때로는 중복되기도 한다. 군대는 대외적인 국가의 적을 대상으로 하여 그들과 맞서 싸우거나 대립하여 전쟁을 억지함으로써 국토와 국민을 지키고 보호하는 일을 가장 중요한 임무로 삼는다. 반면 경찰은 국토 안에서 국민의 생명과 신체와 재산을 보호하고, 범죄를 예방 · 진압 · 수사하며 교통 · 소방, 기타 공공의 안녕과 질서를 유지하기 위한 모든 임무를 수행한다.

바다를 임무 수행의 무대로 삼고 있는 해양경찰과 해군은 토지관할이 유사하며, 일부 임무에 관하여 중복되게 수행하고 있다. 바다에서 해군은 국토를 방위하고 국민의 생명과 재산을 보호하는 임무를 수행한다. 즉, 강력한 해군력을 보유함으로써 적의 전쟁 도발을 억제하고, 필요한 시간과 해역에 대해 적의 사용을 거부하고 아군의 사용을 보장하며, 우리나라 상선이 안전하게 이동할 수 있도록 해상교통로(SLOC)를 보호한다. 「국군조직법」 제3조 제2항에 "해군은 상륙작전을 포함한 해상작전을, 해병대는 상륙작전을 주 임무로 하고 이를 위하여 편성되고 장비를 갖추며 필요한 교육 · 훈련을 한다."라고 규정하고 있다. 이처럼 해군은 외부에서 들어오는 국가의 적을 대상으로 맞서 싸우거나 작전을 수행하여 영해와 국민을 보호하는 일이 주요 임무이다.

바다에서 임무를 수행하는 것은 유사하다 하더라도 해양경찰 임무는 해군과 차이가 있다. 「해양경찰법」 제2조에 해양경찰의 책무로 "해양에서 사람의 생명 · 신체 및 재산을 보호하고, 해양 사고에 효율적으로 대응"하고, "대한민국의 국익을 보호하고 해양영토를 수호하며 해양 치안 질서 유지"하는 것을 명시하고 있다. 다시 말해 해양경찰은 국가 내부 차원에서 해양영토 내에서 치안 질서의 유지와 공공복리의 증진을 위한 제반 행정작용을 하는 것이 주요 임무이다.

그러나 해양영토는 국토에 비하여 비교적 개방적이고 침투가 쉬우므로 해군과 해양경찰은 육군과 육상경찰에 비하여 긴밀하게 합동작전을 수행하는 경우가 빈번할 수밖에 없다. 또 바다의 특성으로 인해 인명구조 등에 신속성이 필요하여 주요 임무와 관계없이 근접한 국가기관이 대응하여야 한다. 그만큼 임무에 있어 해군과 해양경찰의 중복성은 두드러진다고 할 수 있다. 특히, 전시에는 법령[8]에 의하여 해양경찰이 해군 조직으로 편입되고 일체화되어 대외적 군사 작전 수행에도 투입되도록 하고 있다.

3. 해양경찰과 해양수산부 등

바다를 업무 관할로 하는 정부 기관은 그리 많지 않다. 해양에서 안보와 국토 방위를 담당하는 해군, 해양에서 치안과 안전을 담당하는 해양경찰, 그리고 해양 · 수산과 관련하여 복리행정을 담당하는 해양수산부 등이 있다.[9] 해양수산부는 ① 해양자원 개발 및 해양 과학기술 진흥, ② 해운업 육성 및 항만의 건설, 운영, ③ 수산 자원 관리, 수산업 진흥 및 어촌개발, ④ 선박, 선원의 관리, ⑤ 해양 환경 보전 및 연안 관리 등의 업무를 담당하고 있다.[10] 해양수산부는 해양 관련 정책업무뿐만 아니라 현장 집행업무도 수행하고 있다. 해양수산부 본부에서 만들어진 해양수산 정책은 지방해양수산청, 어업관리단, 해양조사원 등 소속기관과 항만

8) 「통합방위법」 제15조 등 참조.
9) 「정부조직법」제43조(해양수산부) ① 해양수산부장관은 해양정책, 수산, 어촌개발 및 수산물 유통, 해운 · 항만, 해양 환경, 해양조사, 해양수산자원개발, 해양과학기술연구 · 개발 및 해양안전심판에 관한 사무를 관장한다.
10) 해양수산부 홈페이지(2023.7. 조회).

공사, 해양교통안전공단 등 산하기관에서 집행하고 있다.

해양경찰과 해양수산부는 바다를 관할로 하여 업무를 수행한다는 점, 바다와 관련된 종합적인 행정을 추구한다는 점, 선박이라는 수단이 중요시한다는 점 등이 유사하다고 하겠다. 하지만 행정의 성격이라는 면에서 구분되는데, 해양수산부 행정은 사회 공공의 복리증진을 위하여 직접 공기업을 경영하고, 공기업을 다른 사람에게 특허해 주고, 개인의 사업을 보호·조성하며, 공공의 물건을 유지·관리하는 복리행정이 대부분이다. 반면 해양경찰 행정은 법령에 근거하여 국민의 행위, 그 밖의 생활 관계에 관해 그 권리나 자유를 제한하는 규제적 성격이 강하게 나타난다. 예컨대, 해양레저와 관련된 행정을 보면, 해양수산부는 해양레저가 널리 보급될 수 있도록 장려하고 육성하는 정책에 중점을 두지만, 해양경찰은 레저활동자의 안전과 구조에 초점을 맞추게 된다. 이러한 면에서 볼 때 해양경찰 행정과 해양수산부 행정은 복리와 규제라는 면에서 명확히 구분된다고 하겠다.

제2절 임무 수행상 특수성

1. 광역성

해양경찰 기능의 광역성(廣域性)이란 해양경찰 임무 수행의 무대가 되는 바다가 광활하여 1인 또는 1척의 함정이 담당하는 관할구역이 매우 넓어지는 특성을 말한다. 우리나라 영해의 범위는 저조선으로부터 12해리로서 면적은 약 71,000㎢에 이른다. 배타적 경제수역(EEZ)은 「유엔해양법협약」에 근거하여 저조선으로부터 200해리이지만, 일본, 중국 등 인접국과 중첩되어 있다. 인접국과 중첩되는 부분에 대하여 아직 경계 협정을 체결하지 못한 상태인데, 우리나라가 주장하는 배타적 경제수역의 면적은 약 447,000㎢ 정도이다. 이에 근거할 때, 해양경찰이 업무를 수행하는 우리나라 영해 및 배타적 경제수역(EEZ) 면적은 남한 면적의 4.5배에 해당하는 넓이다.

해양경찰의 업무 관할은 우리나라 영해와 배타적 경제수역(EEZ) 전체에 해당한다. 배타적 경제수역 안에서 안보 및 경비 활동, 해양 안전 및 해상교통, 인명구조 활동, 불법행위 단속 등 해양 치안 활동, 해양오염 방제 활동을 하고 있다.

인명구조 등 일부 업무는 국제적 표준화에 따라 배타적 경제수역 밖에서 수행해야 하는 경우도 발생한다. 또한, 국제법에 근거하여 개발이나 활동이 가능한 대륙붕이나 공해에서 합법적으로 활동하는 우리나라 국민을 보호해야 하는 때도 있다.

육상에서는 도시화로 인해 서비스 대상인 국민이 밀집되어 분포하는 것이 일반적이다. 자연의 제약이 없으므로 국민이 행정기관에 즉시 접근하거나 행정기관이 서비스가 필요한 국민에게 접근하기가 쉽다. 또 행정이 기능별로 세분되어 있을 뿐만 아니라, 서비스를 제공하는 행정기관도 촘촘하게 갖추어져 있다. 반면, 바다에서 활동하는 국민의 수가 희박하고 서비스를 세분화하여 제공하기가 쉽지 않다. 바다에서는 행정기관의 서비스가 필요한 장소까지 접근하는 것이 쉽지 않다.

예컨대, 2020년 해양경찰 함정은 총 353척이며, 이 중 특수함정을 제외한 경비함정은 187척이다. 여기서 연안 경비를 주 임무로 하는 소형정(110척)을 제외하면 배타적 경제수역을 담당하는 함정은 74척에 불과하다. 이 중 교대근무를 고려하면 1일 30척 이하의 함정이 해상경비에 임하고 있다. 대형함정을 기준으로 하면 1일 함정 1척이 담당하는 관할해역의 넓이는 경기도 면적에 해당하는 10,000㎢이다.[11] 전국의 해안선과 섬 주변의 치안을 담당하고 있는 해양경찰 파출소 경우도 사정은 비슷하다.

2. 통합성

해양경찰 기능의 통합성(統合性)이란 해양경찰 업무수행에 있어 함정이라는 수단을 이용하여 여러 가지 기능을 통합적으로 수행하게 되는 특성을 말한다. 이를 달리 표현하면, 다기능성(多技能性)이라 할 수 있다. 이처럼 한 척의 함정이 한 가지 기능만을 수행하는 것이 아니라 여러 기능을 통합적으로 수행하는 것을 흔히 '1정다역(1艇多役)'으로 표현하기도 한다.

바다에서 집행하는 해양경찰의 기능은 범위가 넓고 업무 특성도 다양하다. 육상에서는 치안, 소방, 안보, 국경관리, 구조 안전, 환경 등의 업무를 여러 정부 부처에서 나누어 집행되는 것이 일반적이다. 예컨대, 안전 및 재난에 관한 정책의 수립·총괄·조정은 행정안전부에서, 자연환경, 생활환경의 보전, 환경오염방지는

11) 오정동, (2017), 「해양경찰학 개론」, 서울고시각: 56.

환경부에서, 치안에 관한 사무는 경찰청에서, 소방 및 구조에 관한 사무는 소방청에서 담당하고 있다.

그러나 바다에서 유사한 방식으로 운영하려면, 해양 집행업무가 함정이라는 수단을 매개로 행정이 이루어지는 특성상 기능별·업무별 특성에 맞추어 부처별로 함정을 운영해야 한다. 하지만, 이렇게 하면 막대한 예산과 인력이 소요되어 비효율적이다. 따라서 다양한 업무를 해양경찰로 일원화하여 함정이라는 집행수단을 이용하여 다양한 기능을 통합적으로 수행하고 있다. 그러므로 해양경찰 함정은 경찰, 소방, 안보, 구조, 환경 등 다양한 업무를 통합적으로 수행하는 종합행정기관이다. 더구나 바다에서 거대한 함정을 운항하고 정비하는 데는 예산과 인력이 많이 소요된다. 즉, 특정한 업무를 실행하기까지 함정을 운영하기 위한 다양한 인프라가 전제되어야 한다. 이런 특성으로 인하여 함정 운영에 대한 전문성을 기를 수 있지만, 다양한 업무영역에 대한 전문성을 확보하는 것은 오히려 어려운 것이 현실이다.

3. 자연 제약성

해양경찰 기능의 자연제약성(自然制約性)이란 해양경찰이 기능을 수행할 때, 바다라는 자연 속성에 의해 많은 변수가 발생하고 예측 가능성이 저하되는 특성을 말한다. 해양경찰이 업무를 수행하는 바다는 넓고 거친 공간이다. 지표면의 거대한 오목분지 내에 들어 있는 대규모의 염수인 바다는 지구 표면의 71%인 3억 6,100만㎢나 차지하고 있다. 바닷물 총량은 지구상 전체 물의 98% 이상을 차지한다. 이러한 바다에서 활동은 기상이나 자연적 조건에 의하여 많은 제약을 받는다.

함정이나 항공기를 이용한 해양경찰의 업무는 해상 또는 공중 기상에 의해 많은 영향을 받는다. 이에 따라 국민의 생명과 재산이 위급한 상황에서 자연적 제약으로 인해 접근하지 못하는 경우도 발생한다. 바다에서 일어나는 태풍, 해일, 쓰나미, 돌풍 등으로 업무수행에 있어 예측이 떨어지기도 한다. 또 육상과 달리 접근성이나 시간적 제약으로 24시간 근접 서비스 제공이 어려운 경우가 대부분이다.

이처럼 해양경찰 기능을 수행하는 것은 자연과의 싸움인 동시에 자연에 순응하는 과정이기도 하다. 이러한 이유로 기상이 불량한 시기에 발생하는 대형사고의 수색 구조과정에서 국민적인 비난을 받는 경우가 빈번하다. 최근 들어 드론, 무인선박, 무인항공기, 인공위성, 통신 등의 발달로 바다에서 임무를 수행하는 데 있어, 자연 제약성을 극복해 나가는 데 도움이 되고 있다.

4. 장비 의존성

해양경찰 기능의 장비의존성(裝備依存性)이란 해양경찰 활동이 바다라는 공간에서 이루어지기 때문에 이를 수행하기 위한 수단으로서 함정이나 항공기와 같은 장비가 꼭 필요한 특성을 말한다. 국민에게 필요한 서비스를 제공하거나 법을 집행하며 해양주권을 지키기 위해서 바다라는 물리적 공간을 이동하고 머물러야 한다. 이를 위해서는 해양경찰 직원이 다수 승선할 수 있는 함정과 항공기가 있어야 한다.

함정을 움직이기 위한 기본적인 기능으로서 항해, 기관, 통신 등으로 크게 구분되며, 각 기능이 어우러져야 함정 운항이 가능하다. 반면, 기능 간에 대체성이 없어 각각의 전문인력이 필요하다. 항공기는 전문능력과 자격을 갖춘 조종사와 전탐사가 있어야 바다 현장에서 활동할 수 있다.

함정과 항공기 운용을 위한 분야별 전문성을 확보하기 위해서는 특수한 지식과 오랜 경험이 필요하며, 단기간의 교육훈련이나 경험으로 익히기는 쉽지 않다. 또한, 대형장비를 운용하기 위하여 다수의 운용자가 참여하므로 바다 환경에서 임무를 수행하거나 위험 상황에 대처했을 때, 함장의 지시에 따라 계급이나 임무별로 일사불란하게 움직여야 하는 특성이 있다. 이처럼 장비 의존성과 관련하여 해양경찰 업무의 특징이 나타나는데, ① 바다라는 업무공간의 특성상 바다 환경에 대한 이해가 선행되어야 한다는 점, ② 함정이라는 대규모 장비를 이용하기 때문에 기술적 성격이 강하다는 점, ③ 이질적이고 다양한 업무가 통합되어 있어 각 업무에 대한 전문성을 키우기가 어렵다는 점 등이다. 그래서 대형장비에 대한 지식과 경험이 없는 신임자의 업무수행 능력을 일정한 수준까지 향상하려면 현장 경험과 교육훈련이 있어야 한다. 따라서 바다 현장에서 다양한 임무를 수행할 수 있기까지는 오랜 시간이 걸린다.

나아가 육상업무에 비하면 장비 운용과 기본임무 수행이라는 이중적인 지식과 전문성을 가져야 하는 어려움이 있다. 예를 들면, 육상경찰에서 순찰차를 운용하는 데 별도의 운전 교육이 필요 없으며, 운전면허 자격을 가지고 있으면 된다. 이 경우 순찰차를 운용하기 위한 운전 교육을 받는 대신에, 본래의 목적인 순찰과 범죄예방에 집중할 수 있다.

한편, 장비의 성능에 따라 임무 수행의 성과가 좌우되는 경우가 많다. 파도, 조류, 바람 등 자연적 제약 속에서 활동하는 해양경찰은 그만큼 장비의 중요성이 크다고 하겠다. 이처럼 임무 수행을 위해서 장비가 차지하는 비중이 크기 때문에 해양경찰에 장비를 획득하고 유지 · 관리를 하기 위한 별도의 조직을 두는 것이 일반적인 추세이다. 즉, 해양경찰청은 국 단위 장비관리부서인 장비기술국을 두고 있다. 그 아래 장비기획과, 장비관리과, 항공과, 정보통신과 등 장비 관련 부서를 두고 있다. 그리고 부속기관으로 함정 수리를 전담하는 해양경찰정비창이라는 책임운영기관도 두고 있다.

5. 국제성

해양경찰 기능의 국제성(國際性)이란 해양경찰이 수행하는 임무가 우리나라에만 적용되는 형태가 아니라, 여러 나라에 공통으로 적용되는 형태를 띠는 특성을 말한다. 이와 같은 특성은 근대 이후 국제해양법의 발전에 따라 해양 업무가 각국에 공통으로 확산하면서 적용된 데서 비롯된다. 전통적으로 해양법은 그로티우스적 전통에 따라 특정 국가의 전속적 이용을 부정하고, 모든 국가가 자유롭게 이용할 수 있다는 전제에 서 있었다. 그런데 1945년 9월 미국의 트루먼 선언 이후, 각국은 해저지형과 대륙붕에 대하여 자국의 관할을 주장하는 다양한 선언을 발표하였다. 유엔은 각국의 해양 관할권 다툼을 해결하기 위하여 1958년부터 해양법회의를 소집하여 1982년 12월까지 이에 대하여 장기간 논의하였다. 1994년 제3차 유엔해양법 회의의 결과로서 '바다의 헌법'이라고 불리는 「유엔해양법협약」이 국제적으로 발효되었다.

「유엔해양법협약」을 각국이 채택함에 따라 해양 업무는 세계적으로 표준화되고 공통적인 성질, 즉 국제적인 특성을 가진 법규가 되었다. 유엔은 국제해사기구(IMO)를 통하여 공통적인 법규인 「유엔해양법협약」이 각국에서 잘 적용되는지를 감독하고 있다. 이뿐만 아니라 해사 안전 및 해양 환경과 관련된 다양한 협약을 채택하고 회원국의 제도화를 이끌고 있다. 따라서 우리나라 해사법규는 대부분 국제 협약의 내용을 국내에 수용한 형태이며, 세계적으로 공통으로 적용되는 법규이다.

제3장

해양경찰의 관할

해양경찰은 타 행정기관과 마찬가지로 관할권을 갖는다. 행정기관의 관할이란 일정한 권한을 가지고 통제하거나 지배가 미치는 범위를 말한다. 행정기관의 관할권은 사물 관할, 인적 관할, 토지관할로 나누어 설명할 수 있다. 제3장에서 해양경찰이 가지는 사물 관할, 인적 관할, 토지관할에 대해서 알아보겠다. 해양경찰의 바다에 대한 관할은 「유엔해양법협약」에서 규정하고 있다. 동 협약에 따라 육지로부터 영해, 접속수역, 배타적 경제수역, 대륙붕, 공해에서 각각 해양경찰의 관할권이 어떻게 행사되는지 알아보겠다.

제1절 관할의 의의

행정기관의 관할이란 일정한 권한을 가지고 통제하거나 지배가 미치는 범위를 말한다. 국가 행정 사무를 담당하기 위하여 설치된 중앙행정기관은 그 관할권이 전국에 미친다는 점에서 관할권이 일정한 지역에만 미치는 지방행정기관과 구분된다. 해양경찰은 중앙행정기관으로서 관할권이 전국에 미친다. 행정기관의 관할권은 사물 관할, 인적 관할, 토지관할로 나누어 설명할 수 있다.

1. 해양경찰의 사물 관할

해양경찰의 사물 관할은 해양경찰이 처리할 수 있는 사무 내용의 범위를 말한다. 사물 관할에 의하여 해양경찰이 처리할 권한 및 책임이 있는 업무 범위와 그렇지 못한 업무 범위를 법적으로 구분하게 된다. 사물 관할에 속하는 업무는 해양경찰이 처리할 법적 의무를 지며, 반대로 사물 관할에 속하지 않는 업무는 해양경찰이 처리할 권한이 없으므로 개입할 수 없다. 해양경찰의 사물 관할은 법령에서 정하고 있다. 「정부조직법」 제43조 제2항에 "해양에서의 경찰 및 오염방제에 관한 사무를 관장하기 위하여 해양수산부장관 소속으로 해양경찰청을 둔다."라고 규정하고 있고, 「해양경찰법」 제14조와 「해양경찰청과 그 소속기관 직제」, 「해양경찰청과 그 소속기관 직제 시행규칙」 등에서 해양경찰 사물 관할, 즉 업무범위에 대하여 상세하게 정하고 있다.

해양경찰 사법경찰 업무에 대해서는 「형사소송법」, 「검사와 사법경찰관의 상호협력과 일반적 수사 준칙에 관한 규정」 등에서 정하고 있다. 해양경찰은 사법경찰관 업무와 관련된 사물 관할에서 일반사법경찰관리에 해당하기 때문에 아무 제한을 받지 않는다. 다시 말해, 어떠한 범죄행위에 대해서든 제한 없이 수사할 권한을 가진다. 하지만 특별한 사항에 한정하여 수사권을 갖는 특별사법경찰관리는 제한 없는 수사권을 갖는 일반사법경찰관리와 다르다. 특별사법경찰관리는 「사법경찰관리의 직무를 행할 자와 그 직무범위에 관한 법률」, 「특별사법경찰관리에 대한 검사의 수사 지휘 및 특별사법경찰관리의 수사 준칙에 관한 규칙」에 정해진 사항에 대해서만 수사권을 가진다.

2. 해양경찰의 인적 관할

해양경찰의 인적 관할은 해양경찰권이 어떤 사람에게 적용되는지에 관한 문제이다. 해양경찰권은 원칙적으로 국내에 거주하는 모든 사람에 적용되며, 내국인인지 외국인인지를 가리지 않는다. 이를 속지주의(屬地主義)라 하는데, 법의 적용 범위에 대한 입법주의 가운데 지역을 관할권의 기준으로 하는 태도다. 쉽게 말하면, "A국의 영토 안에 있는 대상은 A국의 법령을 적용받는다."라는 개념이다. 속지주의는 국가가 영역주권을 가진다는 것을 근거로 국제법상 널리 인정된다.

다만, 이러한 속지주의 원칙을 적용하는 데 일정한 제한이 따른다. 대통령은 내란 또는 외환의 죄를 범한 경우를 제외하고는 재직 중 형사상의 소추를 받지 아니한다(헌법 제84조). 국회의원은 현행범인인 경우를 제외하고는 회기 중 국회의 동의 없이 체포 또는 구금되지 아니한다(헌법 제44조). 외교관은 경찰권에 복종하지 않으며, 신체나 주거, 통신, 재산 등에 경찰권을 행사할 수 없는 특권을 누린다(외교관계에 관한 비엔나 협약 제29조).

3. 해양경찰의 토지관할

해양경찰의 토지관할은 해양경찰권이 물리적인 측면에서 어느 곳까지 적용되는지에 관한 문제이다. 해양경찰은 중앙행정기관이기 때문에 해양경찰권이 전국 단위에 미치는 것은 의심의 여지가 없다. 다만 해양경찰 활동이 기본적으로 바다에서 이루어지고 바다와 관련 있는 업무를 중심으로 이루어지기 때문에 해양경찰의 토지관할은 바다에 한정된다고 할 수 있다.

해양경찰 토지관할과 관련하여 육상경찰과 해양경찰 간 관할이 중첩되거나 경합하는 경우가 종종 발생한다. 즉, 제도적으로나 물리적으로 육지와 바다를 구분하는 경계가 뚜렷하지 않은 상태에서 어디까지를 육지로 보고 어디부터를 바다로 볼 것인지가 불분명한 경우가 많다. 또 바다라는 물리적인 공간에서 이루어지지 않는 업무라 할지라도 그 내용 면에서 바다나 선박을 고려하지 않고 업무를 할 수 없는 경우가 많이 발생한다. 범죄행위에서 예를 찾아볼 수 있다. 범죄 실행의 착수가 바다에서 시작되어 육지에서 결과가 발생하거나 그 반대의 경우도 있을 수 있다. 범죄행위가 육상에서 이루어졌더라도 선박이나 선원과 직접 연관된 경우, 해양경찰이 이 분야에 전문성을 가진다. 이처럼 해양경찰과 육상경찰이 토지관할을 일률적으로 규정하기 어려운 점이 많으며, 이를 고려하여 「해양경찰청과 경찰청의 수사관할 양해각서」를 통하여 해결하고 있다.

제2절 해양경찰의 해양 관할

전통적으로 바다는 선박의 이동 통로, 어업 활동의 기반, 휴식의 공간 등 물을 기반으로 제한적인 경제활동을 수행하는 장소로 인식됐으며, 국방의 차원에서 영해를 설정하여 외부로부터의 해양 침입 등을 방지하여 왔다. 해양경찰의 관할권은 오래전부터 영해를 중심으로 한 가까운 바다를 중심으로 수행되었다. 그런데 1982년 「유엔해양법협약」 발효로 배타적 경제수역 제도가 신설되면서 각국은 배타적 경제수역 및 대륙붕까지 관할권을 행사하게 되었고, 사안에 따라서는 공해나 극지방까지 관할권을 확대하기도 한다. 나아가 해표면뿐만 아니라 해저 및 하층토까지 해양영토로서 인식되면서 해양영토를 둘러싼 주변국 간의 분쟁과 갈등이 심화하고 있다.

1. 내수, 영해 및 접속수역

가. 내 수

국제법상 내수는 영해기선[12]의 안쪽에 있는 모든 수역을 말한다. 영해의 폭을 측정하기 위해 그은 영해기선 안쪽에 있는 만, 운하, 강, 호수 등이 그 예이다. 내수는 영해와 달리 외국선박에 대한 무해통항권이 인정되지 않으며, 온전히 연안국의 주권에 속하는 영역으로서 법적으로 육지와 같이 취급된다. 한 국가의 내수에 대한 토지관할권을 육상경찰에 부여할 것인지, 해양경찰에 부여할 것인지는 입법 정책상으로 결정할 사항이다. 우리나라는 내수에 대한 관할권이 해양경찰이 아니라 육상경찰에 있는 것으로 이해되고 있다. 그러므로 해양경찰권이 미치는 범위는 육지 쪽으로부터 볼 때, 내수 바깥쪽 바다로부터 시작된다고 보겠다.

나. 영 해

영해의 범위는「유엔해양법협약」제3조에서 영해기선으로부터 12해리까지 영해의 폭을 정할 수 있는 권리를 각 연안국에 부여하고 있다. 영해기선을 설정하는 방식은 연안국이 공인한 대축척 해도에 표시된 해안의 저조선에 의한 통상기선 방식[13]과, 해안선이 깊게 굴곡이 지거나 잘려 들어간 지역, 해안을 따라 아주 가까이 섬이 흩어져 있는 지역에서는 적절한 지점을 연결하는 직선기선 방식[14]을 혼합하여 사용할 수 있다. 우리나라는「영해 및 접속수역법」제1조에서 대한민국의 영해를 기선으로부터 측정하여 그 바깥쪽 12해리의 선까지에 이르는 수역으로 정하고 있다.

영해에서 연안국의 주권은 그 상공과 해상 및 하층토까지 미친다. 연안국은 영해에서 국내법을 제정할 수 있는 권리를 지니며, 제정된 법을 집행할 수 있는 권한도 갖는다. 이는 입법관할권과 집행관할권을 연안국이 행사할 수 있다는 의미이고, 집행관할권에는 체포관할권과 사법관할권이 포함된다. 이에 따라 해양경

12) 영해의 폭을 측정하기 위한 기준이 되는 선을 기선이라 하며, 기선을 긋는 방식은 해안선의 형태에 따라 통상기선 방식과 직선기선 방식의 두 가지가 있다.
13) 유엔해양법협약 제5조.
14) 유엔해양법협약 제7조.

찰은 영해에서 모든 국내법 및 일반적으로 승인된 국제법을 집행하고 위반사항을 제재하거나 처벌할 권한을 갖는다.

하지만 영해는 영토와 달리, 연안국의 관할권 행사가 무제한으로 가능한 것은 아니며 상당 부분 제한된다. 영해 내 외국선박의 통항에 대한 자유, 영해를 통항 중인 외국선박 내 형사 관할권 면제, 외국선박의 민사 집행관할권 면제 등이 그 예이다. 이러한 범위 내에서 연안국의 해양경찰권이 제한됨은 물론이다.

다. 접속수역

접속수역이란 연안국 영해기선으로부터 24해리 이내 수역으로서, 연안국이 관세, 재정, 출입국, 보건위생에 관한 법규위반을 예방하거나 처벌할 목적으로 제한적인 국가 관할권을 행사하는 수역을 말한다.[15] 우리나라는 「영해 및 접속수역법」 제3조의2에서 접속수역의 범위를 기선으로부터 측정하여 그 바깥쪽 24해리의 선까지에 이르는 수역에서 대한민국의 영해를 제외한 수역으로 정하고 있다. 접속수역에서 연안국은 영토나 영해에서의 관세, 재정, 출입국, 위생에 관한 법령의 위반 방지 또는 법령위반에 대한 처벌을 위하여 필요한 통제를 할 수 있다. 이에 따라 해양경찰은 관세, 재정, 출입국, 위생에 관하여 해양경찰권을 행사할 수 있다.

2. 배타적 경제수역

배타적 경제수역이란 영해 기준선으로부터 200해리까지 영해 외곽지역으로서 자원의 탐사, 개발, 보전 및 관리에 관해 연안국의 주권적 권리가 인정되는 수역을 말한다. 배타적 경제수역은 전 세계 해양 면적의 약 30%를 차지하고 있으며, 수산물과 석유 등 해양자원이 풍부하여 연안국의 핵심 전략 대상으로 부상하고 있다.

배타적 경제수역에서 연안국이 행사할 수 있는 관할권, 즉 주권적 권리는 경제적 자원, 구조물, 과학조사, 해양 환경 분야 등 일정한 분야에 한정된다. 그 내용을 보면 연안국은 배타적 경제수역에서 해저의 상부 수역, 해저 및 그 하층토의 생물이나 무생물 등 천연자원의 탐사, 개발, 보존 및 관리를 목적으로 하는 주

---

15) 이창위 외 4인, (2010), 「유엔해양법협약 해설서 I」, 지인북스: 112.

권적 권리와, 해수·해류 및 해풍을 이용한 에너지 생산과 같은 이 수역의 경제적 개발과 탐사를 위한 그 밖의 활동에 관한 주권적 권리를 갖는다(유엔해양법협약 제56조). 연안국은 배타적 경제수역에서 인공섬, 시설 및 구조물의 설치와 사용, 해양과학조사, 해양 환경의 보호와 보전에 관한 관할권도 가진다(유엔해양법협약 제56조).

우리나라는 「배타적 경제수역법」 제2조에서 영해기선으로부터 그 바깥쪽 200해리의 선까지에 이르는 수역 중 대한민국의 영해를 제외한 수역을 배타적 경제수역으로 정하고 있고, 같은 법 제3조에서 배타적 경제수역에서 권리를 정하고 있어 해양경찰은 그 범위 내에서 관할권을 가진다. 이외에도 배타적 경제수역에서 해양경찰 관할권에 대해 근거를 두고 있는 법률은 「해양경비법」, 「경제수역어업주권법」, 「해양과학조사법」, 「해양환경관리법」 등이 있다.

3. 대륙붕

해양경찰의 해양 관할권이 미치는 범위는 영해와 배타적 경제수역에 집중되어 있다. 하지만 해양자원 개발 기술이 발달하고 원해 개발이 빈번해지면서 먼바다에 대한 관할권도 점점 문제가 되고 있다. 각국의 해양 관할권 범위는 대륙붕이나 극지방까지 미치고 있고, 공해에도 사안에 따라 관할권에 대한 논의가 필요한 경우가 생겨나고 있다. 특히, 대륙붕에 대한 관할권은 배타적 경제수역 개념이 생기기 이전부터 논의됐다.

대륙붕이란 대륙에 인접한 완만한 경사의 해저지단으로서 수심이 200미터 이내 바다를 말한다. 대륙붕의 바깥쪽 한계에 대해서는 350해리까지 인정하고 있다. 대륙붕에 대한 연안국의 관할권은 배타적 경제수역과 유사하게 인정되고 있다. 즉, 연안국에 대륙붕의 해저 및 그 지하에 있는 모든 생물이나 무생물 등 천연자원의 탐사·개발·이용권과 인공섬, 해양과학조사, 해양 환경에 대한 관할권이 인정된다. 연안국의 자원관할권은 해저 및 그 지하에만 미치기 때문에 상부 수역, 바다 위, 상공에는 공해의 법적 체제가 적용된다. 따라서 해양경찰 관할권은 「배타적 경제수역법」에 근거하여 우리나라 대륙붕 해역에도 미친다고 보겠다.

4. 공해 기타

공해는 특정 국가의 관할에 속하지 않는 바다로서 어느 국가나 자유롭게 이용할 수 있다. 공해는 연안국이거나 내륙국이거나 관계없이 모든 국가에 개방된다(유엔해양법협약 제87조). 공해의 자유는 항행의 자유, 상공 비행의 자유, 해저 전선과 관선 부설의 자유, 인공섬과 그 밖의 시설 건설의 자유, 어로의 자유, 과학 조사의 자유를 포함한다.

공해는 특정 국가관할에 속하지 않기 때문에 해양경찰권 행사가 불가능하지만, 일정한 경우 관할권 행사가 가능한 예도 있다. 첫째, 공해상 선박에 대한 사법권, 경찰권, 행정권 등은 선박의 선적국이 관할권을 행사하는 것이 오래전부터 확립된 원칙으로 자리 잡았다(유엔해양법협약 제92조). 그러므로 공해상을 운항 중인 대한민국 선박에 대하여 해양경찰 관할권이 미친다. 둘째, 공해상에서 이루어지는 해적행위, 노예거래, 마약 등 불법 거래, 무허가방송 등에 대해서는 국적에 상관없이 관할권을 행사할 수 있다.

제3절 해양경찰의 육상 관할

1. 일반적인 경우

해양경찰은 해양이라는 공간에서 경찰 활동을 하거나 최소한 해양과 직접적으로 연관된 경찰 활동을 하는 조직이다. 해양경찰이 육상에 대한 관할권을 행사하지 못한다. 이에 대해서 「정부조직법」 제43조 제2항에 "해양에서의 경찰 및 오염방제에 관한 사무를 관장하기 위하여 해양수산부장관 소속으로 해양경찰청을 둔다."라고 규정하고 있고, 「해양경찰법」 제14조와 「해양경찰청과 그 소속기관 직제」에도 해양경찰이 해양에서 관할권을 가진다는 것을 명확히 하고 있다. 다만, 공간적으로 어디까지를 해양으로 보고 어디까지를 육상으로 볼 것인지에 대해서 명확한 규정이 있는 것은 아니다. 이렇게 볼 때 해양경찰이 해양이 아닌 육상에 대한 관할권을 가지지 않는다는 것은 명확하다. 이에 따라 내수, 강, 호수, 댐, 저수지 등 바다가 아닌 내수면에 대해서 관할권이 해양경찰이 아닌 육상경찰에 있다.

2. 수상레저안전 업무의 경우

해양경찰이 육상에 대한 관할권이 없더라도 제한적인 업무에 대해서는 관할권을 가지고 있고, 법령으로 관할 범위를 정하고 있는 예도 있다. 동력수상레저기구 조종면허증을 발급받고자 할 때는 「수상레저안전법」 제11조에 따라 관할 해양경찰서에서 받아야 한다. 이에 따라 관할 해양경찰서별로 조종면허증을 발급받게 하려면 「해양경찰청과 그 소속기관 직제 시행규칙(별표 2)」에 전국의 시·군을 지방해양경찰관서별로 구분하여 육상 관할을 정하고 있다. 결국, 수상레저안전 업무를 수행하는 범위 내에서 해양경찰은 육상 관할이 있다. 이 경우 해양으로 한정되는 해양경찰의 사물 관할과 수상레저안전 업무 필요상 육상을 관할하게 되는 해양경찰의 토지관할이 일치하지 않는 상황이 발생한다.

제4장

해양경찰의 법적 근거

해양경찰 작용은 국민주권의 원리와 법치주의 원칙상 법률에 근거하여야 한다. 해양경찰은 중앙행정기관으로서 그 작용뿐만 아니라 조직과 소속 공무원에 대하여도 법적 근거를 갖추어야 한다. 제4장에서는 해양경찰의 법적 근거에 대해서 알아보겠다. 해양경찰의 조직과 소속공무원 및 작용에 대한 기본법으로서 「해양경찰법」에 대해서 알아보겠다. 또 해양경찰 조직에 관한 법령, 해양경찰 공무원에 관한 법령, 해양경찰 작용에 관한 법령을 알아보겠다.

제1절 해양경찰의 법원과 법령체계

1. 해양경찰의 법원

법원(法源)이란 법의 존재 형식을 말한다. 즉, 법이 어떤 형태로 존재하고, 어떻게 작용하는지를 보여주는 형식을 말한다. 법원은 법을 적용하는 법관이 재판할 때 있어서 적용하여야 할 기준이 된다. 우리가 인식할 수 있는 법원의 종류는 성문법(成文法)과 불문법(不文法)이 있다. 성문법은 의회나 기타 법률의 제정 주체에 의하여 일정한 형식과 절차에 따라 제정되어 조문의 형식으로 존재하게 된다. 여기에는 헌법, 법률, 명령, 규칙, 조약 등이 있다. 이에 반해 불문법이란 형식적으로 성문의 법전으로 존재 하지는 않지만, 국민의 생활에 법적 효력을 가지고 규율하는 형태를 말한다. 불문법에는 다양한 법원이 존재하는데, 관습법, 판례, 조리 등이 있다. 법원 간에는 효력 면에서 서로 상위법과 하위법의 종속관계의 법질서를 이루는데 헌법을 상위법으로 하는 위계질서를 이룬다.[16] 그러므로 법률은

16) 홍성찬, (2016), 「법학원론」, 박영사: 33.

상위법인 헌법을 위반할 수 없으며, 명령이나 규칙은 상위법인 헌법이나 법률을 위반할 수 없다.

그렇다면 해양경찰 법원(法源)은 무엇인가? 다시 말해 해양경찰과 관련하여 법이 어떤 형태로 존재하고, 또 어떻게 작용하는지를 알 수 있을까? 해양경찰이 중앙행정기관으로서 공적 업무를 집행하는 기관이므로 관습법, 판례, 조리 등과 같은 불문법에 근거할 수는 없다. 해양경찰 조직이나 해양경찰 작용, 그리고 해양경찰공무원에 관한 법령의 존재 형식 또는 인식근거는 성문법이 되어야 할 것이다. 성문법은 법적 질서를 안정화하고, 법의 의미와 내용을 명확히 하여 구체적으로 시행하기에 적합하다. 국민 측면에서 볼 때 해양경찰의 법원은 예측할 수 있고 명확한 성문법으로 이루어져 있어야 하는 것은 국민주권주의 원칙상 당연하다고 하겠다. 그러므로 헌법・법률・명령・규칙 등 성문법을 해양경찰의 법원으로 인식할 수 있다.

성문법 중에서도 특히 입법기관인 국회에서 일정한 절차에 따라 제정한 실정법인 법률이 중요하다. 해양경찰이 집행하는 모든 성문의 법률은 국회에서 제출・심의・의결・공포의 4단계를 거쳐 시행된다. 국회에서 의결된 법안은 정부에 이송되어 대통령이 공포한다. 해양경찰에서 국민을 대상으로 하여 집행하는 법령은 공법의 성격을 갖는다. 이와 관련하여 국가작용 일반에 관하여 적용되는 원리인 법치주의 또는 법치행정의 원리가 해양경찰 작용에도 지배하고 있다.

2. 해양경찰 법령체계

해양경찰의 법원은 현실적으로 법령체계를 통해서 알 수 있다. 해양경찰 법령체계는 법제처에서 관리하는 국가법령정보센터에 분류된 부처별 소관 법령 현황에 따라 분류하면 해양경찰청 소관 법령은 다음과 같다.

〈표 2-1〉 해양경찰청 소관 법령 현황

단독 소관 법률	타 부처 공동소관 법률	공동소관 부처
선박교통관제에 관한 법률	경범죄처벌법	* 경찰청 공동
수상레저기구의 등록 및 검사에 관한 법률	경찰공무원법	* 경찰청 공동

수상레저안전법	경찰공무원 보건안전 및 복지기본법	* 경찰청 공동
수상에서의 수색·구조 등에 관한 법률	밀항단속법	* 법무부 공동
연안사고 예방에 관한 법률	자동차 등 특정동산 저당법	* 국토부, 법무부, 해수부 공동
해양경비법	재난 및 안전관리 기본법	* 행안부, 소방청 공동
해양경찰법		
해양경찰 장비 도입 및 관리에 관한 법률		

제2절 해양경찰 기본법으로서의 해양경찰법

1. 해양경찰법의 연혁

해양경찰 조직, 임무, 작용 등에 관하여 전반적으로 정하고 있는 기본법으로서 법률은 1962년 4월 제정한 「해양경찰대설치법」이 있었다. 같은 법은 제1조에 "어업자원보호법에 따른 관할수역 내에서의 범죄 수사와 기타 해상에서의 경찰에 관한 사무를 관장하게 하기 위하여 내무부장관 소속하에 해양경찰대를 둔다."라고 규정하였다. 같은 법이 제정되기 전까지는 어업자원 보호 등에 한정하여 사법경찰권이 부여되었으나, 같은 법에 따라 간첩의 해상침투 방지, 밀수 및 밀항자 단속, 경비 활동, 조난선 구조 등 전반적인 업무에서 사법경찰권이 부여되었다.

이후 경찰청이 외청으로 독립되면서 1991년 5월 「경찰법」이 제정되어 해양경찰에 관한 내용은 같은 법에 규정되었다.[17] 그러다가 1996년 8월 8일 정부가 「정

17) 경찰법에 규정된 해양경찰 관련 조항
제2조(경찰의 조직) ③ 해양경찰에 관한 사무를 관장하게 하기 위하여 경찰청장 소속하에 해양경찰청을 두고 해양경찰청장 소속 하에 해양경찰서를 둔다.
제19조(해양경찰청장) ① 해양경찰청에 해양경찰청장을 두되, 해양경찰청장은 치안정감으로 보한다.
② 해양경찰청장은 경찰청장의 지휘·감독을 받아 소관 사무를 관장하고 소속 공무원 및 소속 경찰기관의 장을 지휘·감독한다.

부조직법」을 개정하여 해양수산부를 신설하고, 해양경찰청을 해양수산부 외청으로 독립시켰다. 이에 따라 「경찰법」에 규정된 해양경찰청의 설치·조직에 관한 법적 근거가 삭제되었다. 독립 외청으로 지위가 격상되면서 별도의 기본법이 제정되었어야 했으나, 조직에 관한 사항만 대통령령으로 제정하였다. 이후 해양경찰의 법적 근거를 명확히 하고 책임행정을 실현하기 위하여 해양경찰 조직과 작용에 관한 기본법을 제정하기 위한 시도가 있었다.[18] 2007년 17대 국회에서 이상배 의원 대표 발의로 「해양경찰청법」이 발의되었었다. 이후 2011년 18대 국회에서도 김을동 의원 대표 발의로 유사한 내용의 「해양경찰청법」이 발의되었고, 그 내용은 이상배 의원 안과 유사하였다. 이렇듯 두 번에 걸쳐 해양경찰법을 만들 수 있는 기회가 있었지만, 관계기관의 이견 등 부처협의가 이루어지지 못해 제정에 실패하고 말았다.

2. 해양경찰법의 제정 과정

2017년 5월 문재인 정부는 해체되었던 해양경찰청을 복원시키고, 해양경찰 기능 강화와 사기 진작을 위한 여러 가지 방안을 논의하게 되었고, 이에 따라 해양경찰법 제정 논의도 본격화되었다. 이후 2018년 3월 과거 관계기관의 이견으로 법 제정이 좌초되었던 경험을 고려하여 신중히 관계부처 사전 협의를 시행하였다. 관계부처는 입법 필요성에 대해서 적극적으로 공감하였다. 다만, 조직법 성격이 강한 법률을 제정하는 것은 과잉 입법 우려가 있으므로, 조직법 성격의 규정을 최소화하도록 하고 해양경찰의 특색을 반영하도록 입법 방향을 제시하였다.

2018년 5월에 법제처 등의 부처 의견을 대폭 수용하여, 법의 제명을 「해양경찰청법」에서 「해양경찰법」으로 변경하고 세월호 이후 구조·안전 강화를 위해 법안 全 분야에 안전 임무를 강조하였다. 또한, 해양경찰청장 후보군을 치안감까지 넓히고, 해양경찰위원회를 신설하는 등 민주적 통제를 강화하는 방향으로 내용을

제20조(차장) ① 해양경찰청에 차장을 둘 수 있다.
② 차장은 해양경찰청장을 보좌하여 소관 사무를 처리하고 해양경찰청장이 사고가 있을 때는 그 직무를 대행한다.
제21조(해양경찰서장) ① 해양경찰서에 해양경찰서장을 두되, 해양경찰서장은 총경으로 보한다.
② 해양경찰서장은 해양경찰청장의 지휘·감독을 받아 소관 사무를 관장하고 소속 공무원을 지휘·감독한다.
③ 해양경찰서장 소속하에 해양경찰지서를 둘 수 있다.

18) 고명석. (2019). “해양경찰법 제정 필요성과 주요 쟁점”, 해양경찰학회보(21): 1-28.

보완하였다.

이후 2019년 1월 제20대 국회 농림축산식품해양수산위원회 오영훈 의원을 대표로 하여 해양경찰법(안)이 발의되었다. 발의된 「해양경찰법」은 같은 해 4월 5일 농림축산식품해양수산위원회에서 수정의결되었으며, 7월 31일 법제사법위원회를 통과하였다. 같은 해 8월 2일 「해양경찰법」은 제370회 임시국회 본회의에서 208명의 국회의원 중 194명이 찬성함으로써 국회를 통과하게 되었다. 이후 2019년 8월 20일 법률 제16515호로 공포되었다.

3. 해양경찰법 주요 내용

「해양경찰법」은 본문 5개의 장과 21개 조문, 그리고 부칙으로 이루어졌다. 내용을 보면, 먼저 안전 확보와 구조 책임을 의무화하는 등 국민의 해양경찰로 거듭나기 위해 총칙 부분에 해양경찰의 책무 규정을 명시하였다(법 제2조). 또한, 민주적인 외부통제와 효율적인 조직 운영을 위한 제도적 장치로서 해양경찰위원회를 신설하였다(법 제2장). 본문에서 조직법적 요소를 줄이고 해양경찰청장 및 소속 공무원에 관한 규정 등 최소한의 조직만을 규정하였고, 지방해양경찰청 등 소속기관에 관한 규정은 삭제하였다(법 제3장). 이에 더하여 해양 안전 확보를 위한 체계적인 노력 및 국민 소통 확대 노력을 명시하고(법 제4장), 업무 전문성을 확보하기 위한 전문가 채용, 장비와 시설관리 및 연구 기반을 마련토록 하였다(법 제5장).

제3절 조직법적 근거

조직법(組織法)이란 인간이 사회생활을 영위해 나가는 여러 가지 사회조직에 관하여 제도를 정하는 법을 말한다. 사회조직이나 제도를 정하는 것이 조직법이지만, 공법적 측면에서 볼 때 조직법은 국가의 정치적 기구나 조직, 행정기관의 조직에 대하여 규율하는 법을 의미한다. 예컨대, 「헌법」은 국가의 통치 조직과 통치 작용의 기본원리 및 국가기관에 관해 규정하고 있다. 또 「정부조직법」은 국가행정 사무의 통일적이고 체계적인 수행을 위하여 국가행정기관의 설치, 조직과 직무 범위의 대강을 정하고 있다. 국가행정기관의 조직에 관해 「정부조직법」이 정하고 있지만, 각 부처 조직의 구체적인 사항에 대해서는 대통령령이나 부령에 정하고 있다.

다만, 국민의 기본권 및 신체의 자유를 제한하고 작위 또는 부작위를 강제하는 업무를 가진 부처에서는 법률유보의 원칙이 엄격하게 적용된다. 이러한 예로 국가정보원, 경찰청, 검찰청, 감사원 등 일부 부처가 조직과 임무에 대해서 명확히 규정하기 위해 「국가정보원법」, 「경찰법」, 「검찰청법」, 「감사원법」 등 독자적 법률을 가지고 있다.

국가행정기관의 조직에 관해 통일적으로 정하고 있는 「정부조직법」 외에 일부 부처에 대하여만 독자적인 조직법을 인정해야 할 것인가에 대해서는 의견을 달리할 수 있다. 먼저, 정부 조직의 통일성 및 일관성 측면을 강조하는 측면이 있을 수 있다. 이 견해에서는 일부 부처의 독자성을 인정하는 것보다, 정부 조직의 조직원리 및 조직구성에 관한 일반법인 「정부조직법」에 모든 부처의 조직을 통일적으로 규정하는 것이 타당하다고 보는 견해이다. 해양경찰도 「정부조직법」에 조직구성의 대강을 정하고 구체적인 사항에 대해서는 대통령령에 정하는 것이 바람직하다는 것이다.

반면, 여러 측면에서 볼 때 독자적인 조직법이 필요하다는 견해도 있다. 해양경찰의 소속감과 자긍심을 심어주고 강압적 공권력 집행기관의 자의적인 권한 행사를 예방하기 위해서 독자적인 조직법을 인정할 필요가 있다거나, 해양경찰이 경찰과 마찬가지로 「경찰공무원법」을 적용받으며 동일한 신분과 역사를 가진 점, 「형사소송법」에 따라 사법경찰관리의 임무를 수행하는 점 등에 비추어 볼 때 「경찰법」과 같은 독자적인 조직법을 가져야 한다는 주장이 그것이다.

그렇다면 해양경찰 사무를 체계적이고 통일적으로 수행하고 법률유보의 원칙을 엄격히 적용하기 위하여 해양경찰의 조직과 직무 범위를 정하고 있는 근거법은 무엇인가? 먼저 「정부조직법」 제43조 제2항에 "해양에서의 경찰 및 오염방제에 관한 사무를 관장하기 위하여 소속으로 해양경찰청을 둔다."라고 규정하고 있다. 또한 제3항에 "해양경찰청에 청장 1명과 차장 1명을 두되, 청장 및 차장은 경찰공무원으로 보한다."라고 규정하고 있다. 이에 근거하여 대통령령인 「해양경찰청과 그 소속기관 직제」와 해양수산부령인 「해양경찰청과 그 소속기관 직제 시행규칙」에 해양경찰 조직에 관해 자세한 규정을 두고 있다.

둘째, 해양경찰 조직법적 근거로서 「해양경찰법」이 있다. 같은 법은 2019년 8월 20일 법률 제16515호로 제정되었고, 2020년 2월 21일부터 시행되고 있다. 제1조에서 "해양주권을 수호하고 해양 안전과 치안 확립을 위하여 해양경찰의 직무와 민주적이고 효율적인 운영에 필요한 사항을 규정함을 목적으로 한다."라고 규정하고 있다.

해양경찰 조직에 관하여는 제2장과 제3장에 규정하고 있다. 제2장(해양경찰위원회)에서는 해양경찰위원회에 관하여 규정하고 있다. 해양경찰의 주요 정책과 제도개선 등을 심의·의결하기 위한 해양경찰위원회 설치하고(제5조), 위원회는 위원장 1명을 포함한 7명의 위원으로 구성하도록 하고 있다(제6조). 또한 위원의 임기는 3년으로 하며, 연임할 수 없도록 하고 있다(제7조).

제3장(해양경찰청)에서는 해양경찰청장 및 소속 공무원에 관해 규정하고 있다. 해양경찰청장은 치안총감으로 보하고, 해양경찰위원회의 동의를 받아 해수부 장관의 제청으로 국무총리를 거쳐 대통령이 임명하도록 하였다(제12조). 또 해양경찰청장 임명 자격은 해양경찰에서 15년 이상 재직한 치안감 이상 국가경찰공무원으로 재직 중이거나 재직했던 사람이다(제13조).

제4절 신분법적 근거

해양경찰청 소속 공무원 신분법적 근거에 관하여는, 모든 국가공무원의 신분사항을 규정하고 있는 「국가공무원법」이 있다. 같은 법은 각급 기관에서 근무하는 모든 국가공무원에게 적용할 인사행정의 근본 기준을 확립하여 그 공정하게 함과 아울러 국가공무원에게 국민 전체의 봉사자로서 행정의 민주적이며 능률적인 운영을 기하게 하는 것을 목적으로 하는 법률이다. 국가공무원은 경력직 공무원과 특수경력직 공무원으로 구분한다. 경력직 공무원은 실적과 자격에 의하여 임용되고 그 신분이 보장되며 평생토록 공무원으로 근무할 것이 예정되는 공무원으로서 일반직·특정직으로 하고, 특수 경력직 공무원은 경력직 공무원 외의 공무원으로서 정무직·별정직으로 한다.

「국가공무원법」의 특별법적인 성격으로서 경찰공무원 신분에 관해 규정한 「경찰공무원법」이 있다. 같은 법은 국가경찰공무원의 임용, 교육훈련, 복무, 신분보장 등에 관하여 「국가공무원법」에 대한 특례를 규정함을 목적으로 한다. 경찰공무원에 대한 보건 안전 및 복지 정책의 수립·시행 등에 필요한 사항을 규정함으로써 경찰공무원의 근무여건 개선과 삶의 질 향상을 도모하고 경찰공무원의 위상과 사기를 높이기 위해 「경찰공무원 보건 안전 및 복지 기본법」이 제정되어 있다. 「경찰공무원법」 및 「경찰공무원 보건 안전 및 복지 기본법」은 해양경찰청과 경찰청의 공동소관으로 되어 있다. 해양경찰청 소속 공무원에게만 적용되는 신분법적 근거로서 「해양경찰법」이 있다. 위에서 살펴보았듯이 같은 법은 해양경찰청장에 관해 규정하고 있다. 해양경찰청 소속 공무원은 국가경찰공무원과 일반직공무원으로 구성하고 있다(제13조). 해양경찰청 소속 공무원의 임용·교육훈련·복무·신분보장 등에 관하여 「국가공무원법」과 「경찰공무원법」을 준용하도록 하고 있다(제13조).

신분과 관련하여 특이한 점은 해당 하위법령이 다소 복잡하고 기형적인 형태로 규정되어 있다는 것이다. 「경찰공무원법」을 경찰청과 공동으로 사용하고 있지만, 구체적인 제도나 운용에 있어 해양경찰청은 경찰청과는 다른 특수성이 있다. 이러한 현실을 반영하여 「경찰공무원법」의 하위법령 일부는 경찰청과 공동으로, 일부는 단독으로 운영되는 복잡한 형태를 보인다. 즉, 「경찰공무원 승진임용 규정」, 「경찰공무원 복무규정」, 「경찰공무원 징계령」, 「경찰공무원 임용령」은 경찰청과 공동으로 사용하지만, 해양경찰 특수성을 반영한 「해양경찰청 소속 경찰공무원 임용에 관한 규정」, 「해양경찰청 소속 경찰공무원 임용령 시행규칙」, 「해양경찰청 소속 경찰공무원 승진임용 규정 시행규칙」을 단독으로 제정하여 사용하고 있다.

제5절 작용법적 근거

해양경찰 작용에 대한 일반적인 근거는 「정부조직법」 제43조 제2항에 "해양에서의 경찰 및 오염방제에 관한 사무를 관장한다."라고 되어 있다. 해양경찰의 작용법적 근거는 작용에 관한 일반법으로서 「경찰관직무집행법」에서도 찾을 수 있다. 같은 법은 경찰권의 수단, 한계, 절차에 관하여 규정한 법률로서 경찰권 발동의 일반적 근거라 할 수 있다.

해양경찰 작용 중에서 큰 비중을 차지하는 해상경비 활동은 「해양경비법」에 근거를 두고 있다. 같은 법은 경비 수역에서 해양 안보 확보, 치안 질서 유지, 해양수산자원 및 해양시설 보호를 위하여 해양경비에 관한 사항을 규정하고 있다. 그동안 법적 근거가 다소 부족한 상태에서 수행하던 권력적 경비 활동, 즉 제12조(해상검문 검색), 제13조(추적·나포), 제14조(해상항행 보호조치) 등에 대해서 명백한 법적 근거를 마련하였다. 2019년 8월 21일 「해양경찰법」이 제정되면서 해양경찰 작용에 대한 일반적 근거를 마련하였다. 「해양경찰법」 제14조(직무)에 해양경찰 작용 전반에 관해 규정하고 있다.

기타 해양경찰 작용과 관련한 법률을 살펴보면 해양경찰청 단독 소관 법률은 「수상에서의 수색·구조 등에 관한 법률」, 「수상레저안전법」, 「수상레저기구의 등록 및 검사에 관한 법률」, 「연안사고 예방에 관한 법률」, 「선박교통관제에 관한 법률」 등이 있다. 타 부처와 공동소관으로 「재난 및 안전관리 기본법」(행정안전부·소방청 공동소관), 「밀항단속법」(법무부 공동소관), 「경범죄 처벌법」(경찰청 공동소관) 등이 있다.

타 부처 소관으로 해양경찰청이 직접 집행하는 작용법으로, 해사안전 분야에 「해사안전법」, 「선박안전법」, 「선박의 입항 및 출항 등에 관한 법률」, 「유선 및 도선 사업법」 등이 있다. 어업 활동에 관련하여 「수산업법」, 「낚시 관리 및 육성법」, 「배타적 경제수역에서의 외국인 어업 등에 대한 주권적 권리의 행사에 관한 법률」 등이 있다. 경비 분야에 「영해 및 접속수역법」, 「배타적 경제수역 및 대륙붕에 관한 법률」, 「해양과학조사법」 등이 있으며, 환경 분야에 「해양환경관리법」이 있다.

제5장

해양경찰의 역사

경찰의 개념은 근현대에 들어 성립되었고, 현대적인 의미의 해양경찰도 1953년에 탄생하였지만, 기능으로서의 해양경찰 역사는 고대 시대로 거슬러 올라간다. 미분화된 형태였지만, 해양에서 경비, 치안, 안보, 구조 안전 등 해양경찰의 기능을 수행했던 역사는 있었다. 제5장에서 해양경찰의 역사에 대하여 알아보겠다. 일반적 방법에 따라 시대를 구분하고, 고대 시대부터 개항기 이전, 현대 해양경찰 탄생기의 해양경찰 역사를 살펴보겠다. 그리고 현대 해양경찰의 탄생 이후 오늘날까지 거쳐 온 해양경찰 역사의 발자취를 더듬어 살펴보고자 한다.

제1절 개항 이전 해양경찰

1. 고 대

가. 주(州)

삼국시대 해양경찰 기능을 수행한 조직으로 신라의 주(州)가 있다. 주는 사방의 최전방에 중앙군단이 주둔하여 방어의 임무를 수행한 군사기지이자 행정구역이었다. 특히 동해안 방면에 설치한 실직주(지금의 삼척), 하슬라주(지금의 강릉), 비열홀주(지금의 안변), 달홀주(지금의 고성) 등이 있었다. 505년에 강원도 삼척에 실직주를 설치하였는데, 이사부가 실직주의 군주로 파견되었다. 이후 실직주를 강릉의 하슬라주로 전진 배치하였고, 우산국을 정벌함으로써 동해의 제해권을 장악하였다. 신라의 우산국 정벌은 울릉도와 독도 해역을 우리의 영해로 편입시킨 최초의 역사적인 사건이었다. 삼국시대에 동해안 방면에 설치한 신라의 주는 동해안의 제해권을 장악하고 사수하는 임무를 수행하였으니, 오늘날 해군과 해양경찰

의 효시로 간주할 수 있겠다.[19)]

나. 진(鎭)

신라의 진(鎭)은 육상 방어와 해상 방어를 위해 설치한 군사기지였다. 신라는 9세기 전반에 이르러 진을 집중적으로 설치하였다. 청해진(828년)과 당성진(829년), 혈구진(844년) 등이 그것이다. 이들은 섬이나 바닷가에 설치된 수군진에 해당한다. 청해진은 828년 장보고가 해적 소탕을 위하여 완도에 설치한 수군 기지로서, 서남해 광범한 연안과 다도해를 관장하였다. 장보고가 활동했던 9세기 전반은 동아시아 3국 왕권이 무너지고 사회적 혼란이 가중되는 시기였다. 공무역은 쇠퇴하고 개인이 주도하는 사무역이 활기를 띠었고, 개인 능력이 그만큼 발휘될 수 있는 시대였다.

동아시아의 바닷길이 다각화되었고, 인도-서아시아를 거쳐 유럽으로 통하는 해양 실크로드가 활성화되었다. 이때 장보고는 개방적인 시대적 환경과 개인적 능력 발휘를 할 수 있는 사회적 여건 속에서 동아시아 해상무역을 주도할 수 있었다.[20)] 하지만, 851년에 장보고가 암살당한 후 청해진은 폐지되어 역사의 무대에서 사라졌다. 이처럼 해상 방어를 위해 설치했던 수군진은 해상 방어와 해상치안을 관장했던 국가기관으로 오늘날 해양경찰의 뿌리에 해당한다.

다. 선부(船府)

선부는 나당전쟁이 종식된 지 2년 후인 678년에 장관급 최고 관부로 설치되었다. 이는 단기적으로 전후 국가 긴장이 해소되지 않은 상황에서 해양경비를 위한 위력적인 전함의 건조가 필요했고, 장기적으로 도래할 평화의 시대에 국제 무역에 투입한 우수한 무역선을 건조할 필요성에 대비한 것으로 판단된다. 9세기에 신라선은 동아시아 최고의 배로 인정받았고, 장보고가 동아시아 해양 무역을 석권했던 것도 선부 설치가 그 배경이 되었다고 할 수 있다. 함선, 사신선, 무역선 등을 제작 운용하여 신라를 해양 강국으로 이끈 원동력이 되었다는 점에서, 선부는 오늘날 해양경찰은 물론 해군과 해양수산부 등의 공통 뿌리에 해당한다고 할

---

19) 강봉룡 외 4, (2019), 「해양경찰 뿌리 찾기」, 목포대학교 도서 문화 연구원, 해양경찰 뿌리 찾기 학술 연구용역 보고서: 17-8.
20) 강봉룡 외 4, (2019), 「해양경찰 뿌리 찾기」, 목포대학교 도서 문화 연구원, 해양경찰 뿌리 찾기 학술 연구용역 보고서: 147.

수 있다.

2. 고려시대

가. 도부서(都部署)

해군이 없었던 고려시대에 군사 지휘체계가 육군 중심이었기 때문에 도부서는 해역별로 해상 방어를 위해 설치한 사령부 성격이 강하였다. 현재까지 함경도, 경상도, 평안도 등 도부서 다섯 곳이 확인되었다. 해상방위를 담당한 도부서는 지방 주현 군을 독려하여 해적을 방어하거나 소탕하고, 해적선을 나포하는 것 등을 기본임무로 삼았다. 이와 함께 입출항 관련 업무, 표류한 고려인이나 외국인의 자국 송환 업무, 도서·연해 지역에 대한 죄수 순찰과 단속업무 등 여타의 임무도 수행하였다. 군사기구였던 도부서는 불법으로 영해에 출입하는 선박의 단속하고 밀입국 및 밀수와 같은 국제성 범죄 단속하는 등 오늘날 해양경찰과 유사한 기능을 수행하였다.

나. 연안 주현군(州縣軍)과 수소(戍所)

도서와 연근해 해상을 순찰·경비했던 군조직이 연안 주현군이다. 고려시대에 수군 조직과 제도가 잘 갖추어지지 않았더라도, 서해5도의 연해와 섬에서 해상경비 및 치안 질서 유지와 같은 임무를 수행하는 수군 조직이 구축되었을 가능성이 있다. 이러한 주현군이 주둔한 연해의 요충지에 수소(戍所)가 자리하였다. 11세기경 동여진의 동해안 약탈로 인해, 해안 경계와 해양주권 수호 활동을 위해 동해안을 따라 다수의 수소를 배치하였다. 전국 연해에 50여 개소가 설치된 것으로 추정된다. 고려시대 해안 경계를 비롯하여 해양주권 수호 활동을 펼친 연해의 수소는 오늘날의 해양경찰 파출소의 성격을 지니는 것으로 이해된다.

다. 왜적 추포사

고려 말 공민왕 대 해상에서 큰 피해를 줬던 왜구(倭寇)를 잡기 위해 긴급하게 추포사를 파견하였다. 추포사는 왜적 방어에 신속하게 대처하여 체포하기 위해 포구에 정박하거나 해안을 순시 중인 함선 위에서 근무하였다. 오늘날 해양경찰이 함정 생활을 통해 해상 경계의 신속성을 중시하는 것과 유사하였다. 고려

말엽에는 왜적 추포사 이외에도 왜구 방어와 격퇴를 위해 지방에 임시 외관들이 파견되었다.

3. 조선시대

가. 수군(水軍)

조선 건국 초에 왜구를 방어하기 위해 삼남과 경기 좌·우도에 수군도절제사를 두어 도별로 지휘하도록 하였다. 1592년 임진왜란 이후, 전라도·경상도·충청도 수군을 통괄하는 삼도수군통제사를 설치하고, 통제영을 두어 삼남 수군의 지휘 계통을 일원화하였다. 병자호란 이후 강화도를 중심으로 한 경기 수군 방어체제가 강화되었다. 그 대표적인 사례가 통어영의 설치이다. 1627년 경기도·황해도·충청도 수군을 통할하는 삼도 수군 통어영을 설치함으로써 수군 지휘체계에 변화가 일어났다. 이러한 수군은 군사 활동 위주의 방어 태세를 갖추었지만, 그 해역의 해상치안 활동이나 순찰 활동을 병행하는 등 해양경찰 활동도 포함하고 있었다.

한편 개항 이후 1884년에 기연해방영(畿沿海防營)이 설치되었다. 기연해방영은 경기·황해·충청도의 연해 방어의 임무를 맡았던 군영이다. 이렇게 조선시대의 수군의 임무는 해안방어, 도서 지역 주민에 대한 행정업무, 그리고 치안 유지였다. 이런 점에서 오늘날 해양경찰의 임무가 수군의 임무에 포함되어 있었다.

나. 포도청(捕盜廳)

포도청은 1474년(성종 5)에 도적을 잡기 위해 설치되었다. 포도청은 도둑을 잡고, 야간 순찰을 담당하였다. 또 왜적이 조선 해역에 출몰하면 도추포사(都追捕使)로 하여금 왜적을 추포하도록 하였다. 1894년 갑오경장 때 포도청은 경무청으로 개편되어 내무아문에 편제되었다. 이러한 포도청은 육지의 도적을 잡아 치안을 유지하는 것이 주된 임무였으며, 만일 도적이 섬으로 도망갈 경우, 수군절도사와 수군만호가 포도청의 지휘를 받아 출동하였다.

다. 추포무사(追捕武士)

추포무사는 도적을 잡기 위해 파견된 관리였다. 추포사란 여말선초에 왜구를 막기 위하여 설치된 관직으로 권설직이었다. 추포무사의 역할은 조선의 배가 아닌 이양선이었던 황당선 출몰이 빈번해지면서 더욱 커졌다. 추포무사는 서해에 황당선이 침입하여 약탈해 가는 것을 염려하여 창설하였다. 이처럼 추포무사는 군관급에 해당하였으며, 연안 접근 자체를 봉쇄하기 위해 추포선을 타고 황당선을 추격해 잡는 임무를 지닌 조직이었다. 따라서 추포무사는 오늘날 해경의 연안 수호 임무와 매우 흡사하다. 특히 추포무사는 오늘날 불법조업 중국어선을 전담하는 조직인 해양경찰의 서해5도 특별경비단과 유사한 기능을 수행하였다. 황당선의 출현은 황해도, 서해5도 등에 빈번했으며 추포무사는 이 해역을 중심으로 활동하였다. 조선시대에 해상의 도적을 잡기 위해 파견된 추포무사의 활동을 상기하면 해양경찰의 기원이라는 측면에서 의미 부여가 가능할 것이다.

라. 수토제(捜討制)의 확립과 수토군(捜討軍)

수토제란 국가에서 관리를 도서 지역에 파견하여 그 형편을 조사하기 위한 제도이다. 특히 관리의 눈을 피해 섬에 몰래 들어가 사는 백성, 왜구 또는 황당선 등을 수색하여 토벌하는 것이다. 수토의 목적은 크게 3가지였다. 첫째, 도서 지역에 무단으로 침입하는 외국선박을 쫓아내는 일, 둘째, 조선 후기에 도서 지역으로 이주하는 백성들에 대한 정보를 파악하는 일, 셋째, 범죄자나 유망인이 도서 지역에 모여 정부에 저항하는 세력을 만들고 그 조직의 근거지로 삼을 수 있는 행위를 감시하는 일이었다. 수토군은 정규 수군의 임무였다. 이러한 수토군과 해양경찰의 관련성은 조선 해역에 침입한 이국인과 도서 지역으로 이주한 도서민에 대한 치안 유지를 담당하였다는 점이다.

제2절 개화기와 일제강점기 해양경찰

1. 개화기

가. 경무서(警務署)

1880년 통리기무아문 소속으로 전함을 제조하고 총괄하는 선함사, 해안과 항구를 내왕하는 배를 검색·감시하는 기연사가 설치되었으나, 얼마 지나지 않아 폐지되었다. 1894년 갑오개혁 때 좌·우 포도청을 폐지하고 경무청이 신설되었다. 그 산하에 경무지서가 설치되었는데, 이것이 근대적 의미의 경찰조직이다. 1895년 경무서로 이름을 변경하고, 각 개항장에 경무서를 설치하여 개항장을 관리하였다. 해양경찰의 역할과 기능 면에서 유사한 밀수 단속, 해양경비 등 업무를 수행하였다.

나. 감리서(監理署)

1876년 강화도 조약 이후 개항장에 거주하는 외국인의 증가와 무역량이 늘어남에 따라 거류지 관계 사무, 통상사무, 치안 관련 전담 기구로 감리서가 설치되었다. 특히, 대한제국기에는 개항장의 외교 및 통상사무를 원활하게 처리하기 위한 성격이 강했다. 실질적으로 항구의 모든 업무를 총괄하는 권한과 기능이 감리서의 책임자인 감리에게 있었다. 여기에 표류선 보호, 해적 피해 방지 등의 현재의 해양경찰 업무도 포함되어 있었다.

다. 해관(海關)

조선 말기 개항 후에 창설된 관세 행정기구로서 오늘날의 세관에 해당한다. 개항장 항구를 입출항하는 외국선박에 대해 관세를 부과하는 업무를 주로 담당하는 곳이다. 해관은 관세를 전담 관청이었는데, 대한제국 기에는 훨씬 다양한 업무를 수행하였다. 금지된 물건을 조사하여 잡기도 하고, 백성의 재물을 탈취하는 도적을 잡는 업무도 수행했다. 방곡령과 관련하여 선박 조사를 진행했고, 표류 선박 조사의 기능도 담당했다. 이러한 기능들이 오늘날의 해양경찰 업무와 유사한 측면이 있다. 특히 자체 선박을 가지고 있었기 때문에 당시 경찰에 해당하는 경무서의 업무협조 요청에 따라 해안경비 관련된 기능도 수행하는 양상이었다.

2. 일제강점기

일제강점기에 목포와 여수에 수상경비소를 두었다. 목포경비소는 1910년 9월 여수경비소와 함께 설치되었다. 경비선을 배치하여 연안과 도서의 단속에 임하고 필요에 따라서는 멀리 압록강까지 파견되었다.

항구지역에 수상경찰서(水上警察署)가 일반 경찰서에서 분리되어 발전해 왔는

데, 조직 면에서 해양경찰과 유사성이 있다. 부산 수상경찰서는 부산경찰서 수상 파출소에서 분리되어 1920년 1월에 신설된 기관으로 해상 관련 업무를 관할하였다. 인천 수상경찰서는 1949년 5월 인천경찰서에서 분리되었고, 1961년 7월에 인천경찰서로 다시 통합되었다. 해상 관리와 밀수 단속 등 오늘날 해양경찰의 업무와 유사한 기능을 하였다.

제3절 현대 해양경찰 탄생기

1. 맥아더 라인

제2차 세계 대전 종결되면서 우리나라는 1945년 해방이 되었지만, 남한과 북한에는 미국과 소련이 각각 신탁통치를 실시하였다. 다양한 정치적 이념이 대립하면서 혼란이 계속되었다. 이러한 혼란을 틈타 일본어선이 우리 영해를 침범하여 불법 어로를 일삼고 밀수 등 해상범죄가 기승을 부리는 등 해상질서가 혼란스러웠다.[21] 이에 따라 해상질서를 확립하고 해양주권을 확립하는 것이 중요한 과제로 대두되었다. 이 시기에 연합군 최고 사령관 총사령부는 1945년 9월 일본에 맥아더 라인(MacArthur Line)을 선포하였다.[22] 맥아더 라인은 연합군이 패전국이었던 일본에 대하여 어업상의 통제를 위해 일본 주변에 선포한 해역제한선이다. 일본은 맥아더 라인 바깥 해역에 나와서 어업 행위를 할 수 없었다. 그로 인하여 타격을 받게 된 일본 어업계는 크게 반발하여 맥아더 라인 철회를 요구하였다. 그뿐만 아니라 맥아더 라인을 월선하여 우리나라 해역에 침범하여 어자원을 무차별적으로 남획하였다. 하지만 우리나라는 일본어선의 불법어로 행위에 대응할 만한 능력이 없었기 때문에 이를 적극적으로 나포하거나 제압하지 못하고, 소극적으로 퇴거하는 정도에 그쳤다. 이런 상황은 1948년 정부 수립 이후에도 당분간 지속되었다.

---

21) 해양경찰 60년사 편찬위원회, (2013), 「해양경찰 60년사」, 해양경찰청: 45.

22) 맥아더 라인을 선포한 문서의 정식명칭은 '일본의 어업 및 포경업에 인가된 구역에 관한 각서'이다. 맥아더 라인은 1946년 6월과 1949년 9월 두 차례에 걸쳐 확대되었다. 1946년 8월 남빙양 포경(南氷洋捕鯨)이, 1950년 5월 남양의 모선식 참치어업이 이 선을 넘어 조업할 수 있도록 특별히 허가되었다. 맥아더라인은 1952년 4월 샌프란시스코 조약 발효와 더불어 소멸하였다.

2. 조선해안경비대 창설

해방 직후인 1945년 9월에 손원일을 중심으로 하여 해군 창설을 목표로 하는 해사협회(海事協會)를 결성하였다. 해사협회는 처음에 해군 창설을 미군정에 요청하였으나, 미군정은 연안 경비, 밀수 방지, 조난선 구조 등을 주요 임무로 하는 해안경비대 조직을 만들 것을 제언하였다. 이후 해사협회를 근간으로 미군정의 인가를 받아 조직된 해사 관계 군사단체인 해방병단(海防兵團)을 창설하였다. 1945년 11월 해사협회 회원을 중심으로 결단식이 있었고, 초대 단장에 손원일이 취임했다. 해방병단은 이후 조선해안경비대 창설로 이어졌다.

해방병단에서는 1946년 5월 미군정청에 해양경비대 창설을 요청하였고, 이에 따라 1946년 6월 15일 대한민국 해군의 전신이자 해양경찰의 뿌리인 조선해안경비대(Korea Coast Guard)가 창설되었다. 조선 해양경비대의 임무는 미군정법령 제189호에 '조선 영해의 해상 및 도서 순찰과 치안 유지, 사고조사를 담당하고, 선박검사에 관한 모든 임무와 선원의 면허 · 증명 등 선원 관리를 담당한다.'라고 명기되어 있었다. 이는 당시 오랜 역사를 가진 미국 해양경찰 임무를 그대로 모방한 것으로서 국방 임무를 수행하는 군사 조직이라기보다 해양경찰 기능을 가진 치안 조직으로서 성격이 강하다고 할 수 있다.

3. 평화선

1946년 창설된 조선해안경비대가 1948년 정부 수립과 함께 해군으로 변모하였지만, 초기 해군의 전력은 미약하였다. 해군의 미약한 전력으로는 맥아더 라인을 월선하여 우수한 장비를 가지고 우리 해역에 침범하여 불법어로를 일삼은 일본어선을 막기에는 역부족이었다. 더구나 1950년 한국전쟁이 발발하여 해군은 해상 전투에 전념하게 되었고, 1951년 샌프란시스코 조약으로 조만간 맥아더 라인이 철폐될 것이라는 전망이 나왔다. 그러자 우리 바다에서 일본어선의 불법행위가 더욱 횡행하였고, 우리 바다의 자원을 지키는 문제가 시급한 현안으로 떠올랐다.

한편, 1945년 미국 대통령 투르먼은 미국 인접 해역의 대륙붕 자원에 대한 배타적 권리와 미국 영해 밖 공해에서 어업규제를 선언하였다. 이 트루먼 선언에 자극받은 각국은 경쟁적으로 해양 관할권을 선포하게 되었다. 이에 대한민국 정부도 1952년 1월 국무원 고시 제14호로 「대한민국 인접 해양에 관한 대통령 선언」을 선포하였다. 동 선언은 연안으로부터 평균 60마일 해역을 대한민국 주권선으로 설정하였는데, 이것이 일명 평화선이다. 평화선은 대한민국 정부가 일방적으로 설정한 제한선이었으며, 일본은 평화선을 인정하려 하지 않았다. 하지만 이승만 정부는 평화선을 국내법적으로 뒷받침하기 위해 1953년 「어업자원보호법」을 제정하고, 이 수역 내에서 외국선박의 불법어로 행위를 엄격히 단속하였다.

4. 클라크라인

평화선이 설정된 후인 1952년 4월 25일 맥아더 라인이 철폐되었고, 그 후 1952년 9월 27일 당시 연합군 총사령관 클라크가 불순분자의 해상침투를 봉쇄하기 위하여 한반도 주변에 해상 방위수역을 설정하였는데, 이것이 클라크라인(Clark Line)이다. 이에 따라 클라크라인 및 평화선을 침범하는 일본어선을 모두 나포하여 관계 법령을 적용하여 처벌하게 되었다. 1953년 7월 27일 한국전쟁이 휴전되면서 클라크라인도 철폐되자, 일본어선이 끊임없이 평화선을 침범하였다. 이에 일본어선 나포, 적색 불순분자 침입 색출 및 경제 교란 방지 등 해양경비의 필요성이 절실히 요구되었다.

제4절 현대 해양경찰기

1. 해양경찰 창설

가. 창설 배경

휴전 이후 클라크라인이 철폐되자, 일본어선이 빈번하게 평화선을 침범하였으나, 해군이 이를 막는 것은 본연의 군작전과 해양주권선 수호라는 이중의 부담으로서 군작전 수행에 많은 지장을 초래하였다. 더구나 군이 본래의 업무를 벗어나 민간어선을 나포한다는 것은 국제법상의 질서에 어긋난다는 문제가 있었다. 이에 이승만 대통령은 해양주권선 경비 임무를 경찰에서 수행하라는 지시를 내렸다.

이에 정부는 1953년 10월 5일 해양경찰대 설치계획을 수립하였다. 1953년 12월 12일 평화선을 침범하는 외국 어선을 단속하고 어업자원을 보호하기 위하여 「어업자원보호법」을 제정하였다. 1953년 12월 14일 해양주권선 내의 해양경비를 위하여 대통령령 제844호로 「해양경찰대편성령」이 공포되었고, 동년 12월 16일 내무부 내훈 제11호로 「해양경찰대편성령 시행규칙」이 제정되었다. 이에 따라 내무부 치안국 경비과장 산하에 해양경찰대가 편성되었다. 1953년 12월 23일 해군으로부터 180톤급 경비정 6척을 인수하여 해양경찰대 기지(부산시 중구 중앙로 4가 17-9번지)에서 해양경찰대를 창설하였다.

나. 조 직

최초 해양경찰대는 대장, 참모장, 4 참모실, 12계, 7기지대로 편성되었다. 해양경찰대장은 경무관으로 보하고, 해양경찰대의 업무를 분장하기 위하여 참모장, 행정 참모, 작전참모, 정비 참모, 보급 참모를 두었으며, 참모장과 각 참모는 총경으로 보하였다. 전국의 해양경찰대 업무수행을 위하여 부산, 인천, 군산, 목포, 제주, 포항, 묵호 등 7개 기지대를 두었으며, 기지대장은 경감으로 보하였다. 창설 당시 정원은 시도 경찰국에서 차출된 경찰관 60명과 해군에서 경찰관으로 이직한 79명을 포함하여 658명으로 구성하였다. 함정은 해군에서 사용하던 181톤급 소해정 6척을 해양경찰대로 이관하여 사용하였다.

2. 해무청 시기(1955.2.7.~1962.5.1.)

가. 개편 배경

삼면이 바다로 둘러싸인 우리나라 지정학적 특성상 해양경비 외에도 수산 자원과 항만, 해운 관련 사항 등 수많은 해양 관련 업무가 산적해 있었다. 정부는 이러한 해양 업무가 여러 부처에 흩어져 있어 효과적인 관리가 어렵다고 판단하였고, 유사 기능 통폐합 방침에 맞춰 해양 관련 업무를 통합하여 일원화하였다. 이에 따라 1955년 2월 7일 「정부조직법」을 개정하여 해양 관련 업무를 담당할 전담 조직으로 상공부 산하에 해무청(海務廳)을 신설하였다.

1955년 2월 17일에 공포된 대통령령 제1010호에서는 해무청 수산국 내에 해양경비과를 신설하고, 해양경비과에 해양경비원을 두고 「어업자원보호법」에 관련

3) 낚시어선법 제정

1995년 12월 29일 낚시어선을 이용하는 승객의 안전을 도모하고 낚시어선법의 건전한 발전과 어가의 소득증대를 위해 법률 제5078호로 「낚시어선법」을 제정하였다. 일반 국민의 레저욕구를 만족시키고 어가 소득증대를 도모하기 위해 고안된 제도로서 「유선 및 도선 사업법」의 적용이 배제되는 것이 특징이다.

4) 정비창 준공

해양경찰은 함정의 정비·수리 조직도 대폭 쇄신하여 해양 전문기관으로서 전문성을 제고하였다. 1984년 1월 1일 기존의 수리소를 확대 개편하여 수리창을 신설하였으며, 1994년 5월 12일에 부산 다대포에 20,041평 규모의 해양경찰 정비창을 준공하였다.

5. 해양수산부 외청(1996.8.8.~2014.11.19.)

가. 개편 배경

1994년 11월 16일 「유엔해양법협약」이 세계적으로 발효되었다. 우리나라는 1995년 12월 국회의 비준을 거쳐 1996년 1월 29일 유엔에 비준서를 맡김으로써 1996년 2월 28일부터 발효하게 되었다. 「유엔해양법협약」이 국내적으로 발효하게 됨에 따라 정부는 우리나라의 권리를 확보하고 국제 해양 질서에 동참하기 위해 「배타적 경제수역법」 등 9가지 국내 법령을 재개정하여 1996년 8월 8일부터 시행하였다. 이로써 해양경찰 관할해역은 기존의 영해에서 배타적 경제수역으로 약 5.2배 넓어짐에 따라 광역해역의 경비 및 해양자원 확보가 최우선 과제로 대두되었다.

이에 정부는 여러 부처에 산재해 있던 해양 행정 체제를 일원화함으로써 해양관리의 효율성을 높이기 위해 1996년 8월 8일 「정부조직법」을 개정하여 해양수산부를 신설하고, 해양경찰청을 해양수산부 소속의 외청으로 독립시켰다. 이로써 경찰청 소속기관에서 해양수산부 외청으로 독립된 해양경찰청 시대를 열게 되었다. 동시에 「정부조직법」 제41조 제3항에 의거 '해양에서의 경찰 및 오염방제에 관한 사무'가 신설되었으며, 해양경찰청은 종전의 4부, 1담당관, 11과에서 4국, 1관, 3담당관, 12과로 확대 개편하는 등 조직발전의 전기가 되었다. 해양경찰청의 정원은 의무경찰 인력을 제외하고도 1997년 3월 4,465명에서 2001년 7월 5,082명으로 꾸준히 증가하였다.

나. 기능 변화

1) 수상레저 안전관리 업무 신설

해양경찰청은 2000년 2월 「수상레저안전법」이 시행됨에 따라 수상레저 안전관리 업무를 맡아 수상레저활동의 건전한 발전을 지원하면서 각종 안전사고에 대비한 예방 및 구호 활동을 전개하였다. 「수상레저안전법」은 수상레저기구 조종자에 대한 면허제도, 수상레저 활동자의 안전 준수 의무, 수상레저 사업자 등록제도 등을 도입함으로써 수상레저활동의 안전과 질서를 확보하고 수상레저산업의 건전한 발전을 도모하기 위하여 제정되었다.

2) 차관급 승격 및 지방해양경찰청 설립

2005년 7월 22일 「해양경찰청과 그 소속기관 직제」 개정안이 공포·시행됨에 따라 해양경찰청장 직급이 차관급인 치안총감으로 격상되고 해양경찰청이 차관급 기관으로 승격되었다. 해양경찰청은 경찰청, 소방방재청 등 국내 안전관리 기관과 대등한 위치에서 바다 안전을 위한 협력이 가능하게 되었다. 2006년 4월 해역별 특성에 맞는 치안 서비스를 제공하고 국내외 관계기관과 대등한 협력을 위하여 인천·목포·부산·동해 등 4개 지역에 지방해양경찰본부를 신설하였다. 동년 12월 1일 이를 동·서·남해지방해양경찰청으로 개편하였고, 2012년 6월 1일에는 제주해역의 해양주권 및 해상안전을 강화하고자 제주지방해양경찰청을 개청하였다.

3) 해양경비법 제정

기존의 「경찰관직무집행법」만으로는 해양에서 경찰업무 집행에 한계가 있고 해양경찰 작용에 대한 법적 근거가 부족하였다. 이에 해양경찰의 업무 특성을 반영한 「해양경비법」이 2012년 2월 22일 공포되었다. 이를 통해 해양경찰 활동에 필요한 권한을 명문화하고, 해상 검문 검색, 선박 추적·나포, 해상항행 보호조치 등의 내용을 신설하였다.

4) 해양경찰교육원 개원

해양경찰 전문 교육기관인 해양경찰교육원이 국가균형발전을 위한 공공기관 지방 이전 정책에 따라 여수로 이전하였다. 해양경찰교육원은 실습 위주의 훈련 시설과 4,200톤급 훈련함을 보유한 교육기관으로서 신임 경찰관 및 안전, 환경, 수사 등 다양한 분야의 해양 전문가를 양성하고 있다.

6. 국민안전처 해양경비안전본부 시기(2014.11.19.~2015.7.26.)

가. 개편 배경

2014년 4월 진도 앞바다에서 발생한 세월호 참사를 계기로 안전관리 총괄부처인 국민안전처가 신설되었다. 각 부처에 분산된 안전 관련 조직을 통합하고 지휘체계를 일원화하여 육상과 해상에서 일어나는 모든 유형의 재난에 현장 중심으로 대응할 수 있도록 하였다. 이에 따라 해양경찰청은 국민안전처 소속 해양경비안전본부로 개편되었으며, 해양에서의 경비·안전·오염방제와 해상에서 발생한 사건의 수사와 정보에 관한 사무를 담당하게 되었다. 외청장으로서의 해양경찰청장 직제는 없어지고 해경 최고 고위직은 해양경비안전본부장으로 되었다. 외청이 아닌 본부라도 본부장을 차관급으로 임명하여 조직의 독립을 최대한 보장해주기로 하였으며, 이를 법적으로 보장하기 위해 해양경비안전본부는 국민안전처 장관의 지휘 아래 인사와 예산의 독자성을 유지할 수 있는 조직구조로 갖추었다.

나. 기능 변화

1) 수사·정보업무 일부 경찰청 이관

해양경찰 조직체계는 외형적으로 본부의 국, 과의 감소로 축소되었고, 특히 정보와 수사의 경찰청 이관으로 정보수사국이 과 단위로 축소되어 관련 인력 감소(505명)를 가져왔다.

2) 선박교통관제센터(VTS) 인수

기존 해양수산부와 해양경찰청에서 이원화 체제로 담당했던 선박교통관제센터(VTS)가 국민안전처 해양경비안전본부로 소속이 일괄 변경되었다. 선박교통관제센터는 1993년 포항항에서 선박교통관제시스템 최초 도입한 이후, 전국의 주요 항만과 연안에 20개소가 설치되어 운영되고 있다.

3) 중앙해양특수구조단 신설

세월호 참사 이후, 2004년 12월에 해양경찰의 구조·방재 전문인력 62명을 선발하여 중앙해양특수구조단을 신설하였다. 주요 임무로는 대형·특수 해양 사고의 구조 및 수중수색과 현장 지휘, 대형 해양오염사고 발생 시 응급 방제 조치 등이 있다.

7. 해양경찰청 복원(2017.7.26.~현재)

가. 개편 배경

문재인 정부가 들어서면서 해양에서 경찰업무와 해양오염 방제업무를 강화하고 해양경찰의 기능을 회복시켜야 한다는 목소리가 컸다. 논의 끝에 2017년 7월 26일 해양경찰 기능을 세월호 참사 이전으로 회복시키는 내용의 「정부조직법」 개정안이 통과되었다. 이에 따라 행정자치부와 국민안전처가 통합되어 행정안전부가 신설되었다. 또한 해양경비안전본부 체제로 국민안전처 아래에 있던 해양경찰은 해양에서의 경찰 및 오염방제에 관한 사무를 관장하기 위하여 해양수산부 산하의 독립 외청으로 부활하였다. 이로써 세월호 사고 이후 국민안전처 해양경비안전본부에서 2년 8개월 만에 다시 해양경찰청이 출범하게 되었다.

나. 기능 변화

1) 수사·정보 기능 회복

해양경찰청 조직 해체 이후 정보수사국은 해양경비안전국 내 해상수사정보과로 축소되었다가, 2017년 7월 26일 해양경찰청이 재출범하면서 수사정보국으로 복원되었다. 이 과정에서 경찰청으로 이관되었던 수사·정보기능의 정원 505명과 수사·정보 담당 해양경찰공무원 200명을 재이관받았다.

2) 해양경찰법 제정

해양경찰은 창설 이래 외부적 환경변화로 인한 잦은 소속 변경과 정체성의 혼란을 겪었다. 조직의 정체성을 확보하고 해양경찰 특수성을 살릴 수 있는 독자적인 기본법이 필요하였다. 때마침 수사권 조정 협의가 마무리되면서 일반사법경찰권을 행사하는 기관으로서 조직과 직무에 대한 법적 근거도 필요하였다. 이에 해양경찰청에서는 「해양경찰법」 제정을 추진하였으며, 2020년 2월 21일부터 시행되고 있다. 같은 법의 주요 내용으로는 해양경찰위원회 신설, 자체 청장 임명 규정 마련, 해양경찰 고유의 직무 정립, 해양 안전 확보 및 연구개발의 지원 등이다.

3) 기타 법률의 제정

2019년 12월 3일 그간 여러 법령에 분산되어 있던 선박교통관제(VTS)에 관한 규정을 전문화된 법률로 통합하여 법체계를 간소화하여 국민의 편의성과 이해도 증대하고자 「선박교통관제에 관한 법률」을 제정하였다. 같은 법률은 국내 입출항 외국선박 및 관제 대상 선박의 관제 절차 준수 의무 및 법적 책임을 명확히 하고, 해양사고 예방 기능을 수행하고 있다. 2022년 4월 14일 해양경찰 장비의 도입 및 관리에 관한 기본적인 사항을 정함으로써 해양에서의 주권 수호와 치안 및 안전 확보 등에 이바지하기 위하여 「해양경찰 장비 도입 및 관리에 관한 법률」을 제정하였다.

제 3 편

해양경찰 제도론

제1장 해양경찰 제도 개관
제2장 해양경찰 조직제도
제3장 해양경찰공무원 제도
제4장 해양경찰 작용(법 집행 제도)

편을 시작하며

해양경찰의 다양한 활동과 작용은 제도적으로 짜인 틀에 의하여 이루어진다. 제도란 규범의 복합체이다. 제도가 존재함으로써 개인의 행동은 얼마간 틀에 박히고 방향이 부여되며, 시행착오나 실수 없이 어느 정도 자동으로 업무가 이루어질 수 있다. 해양경찰이 존재하는 궁극적인 이유는 해양에서 공공의 안녕과 질서를 유지하고 국민에 대한 서비스를 제공하기 위해서다. 이를 위해서 해양경찰청이라는 구조적인 틀인 조직을 만들고, 그 조직을 운영할 국가공무원을 선발·채용하는 것이다. 만들어진 조직과 국가공무원이 법령에 따라 실제로 국민에 대해 활동하고 서비스를 제공하는 것이 해양경찰 작용이다.

제3편에서는 해양경찰을 제도적인 시각에서 바라보고자 한다. 해양경찰을 제도적인 측면에서 바라볼 때 세 가지로 살펴볼 수 있다. 첫째, 해양경찰을 구성하는 기본적 틀 또는 골격이라 볼 수 있는 해양경찰 조직(組織)이 있고, 둘째, 구성된 조직을 작동시키는 인적 요소인 해양경찰 공무원(公務員)이 있으며, 셋째, 해양경찰공무원이 실제로 행하는 업무 내용으로 볼 수 있는 해양경찰 작용(作用)이 있다.

제1장

해양경찰 제도 개관

해양경찰은 국민의 생명과 재산을 보호하고 공공의 안녕과 질서를 유지하기 위하여 존재한다. 이 목적을 달성하기 위하여 기본적 틀인 조직을 만들고, 해양경찰공무원을 충원하며, 국민을 위하여 구체적인 작용을 수행한다. 제1장에서는 해양경찰 제도에 대하여 살펴보겠다. 해양경찰 제도는 어떤 것이 있으며, 그 제도가 만들어지고 작동되는 원리가 무엇인지 알아보겠다. 해양경찰 제도를 구성하는 원리는 법치주의 원리이다. 법치주의 원리는 국민의 기본권을 보장하는 수단이며 동시에 국가를 구성하는 원리로서 해양경찰 전반적인 분야에 적용된다.

제1절 해양경찰과 법치주의

1. 법치주의의 원리

법치주의(法治主義) 또는 법치행정(法治行政)의 원리란 국회에서 제정하는 법률을 근거로 하여 행정을 하게 함으로써 국회가 행정에 대하여 우월적 지위를 갖게 하여 행정의 자의(恣意)를 방지하고 국민의 자유와 권리를 보장하려는 제도이다. 모든 국가행정은 헌법과 법률에 근거를 두어야 하며, 헌법과 법률이 정하는 범위 내에서 법률에 따라서 행해져야 한다. 왜냐하면 모든 국가기관이 행하는 국가권력은 국민으로부터 위임받은 권력이며, 국민의 의사를 대표하는 국회에서 제정한 법률에 종속되어야 하기 때문이다.

국가가 합법적이고 독점적으로 행사하는 권력 중에서 가장 대표적이고 일상적으로 행사하는 물리력이 경찰력이다. 경찰력 행사로 국민의 자유와 권리를 침해당할 가능성을 항상 존재하며, 따라서 국가행정 중에서도 특히 경찰력의 행사는 법치행정 원리에 엄격히 기속되어야 한다. 마찬가지로 해양경찰 분야에 있어서 법치행정의 원리가 작동하므로 해양경찰권 발동에 있어 법적 근거와 유보가 필요하다.

법치주의의 원리는 내용 면에서 세 가지 측면이 있다, 첫째, 법률의 법규창조력(法規創造力)은 국민의 권리와 의무에 관계되는 법규는 국회에서 제정한 법률로만 가능하다는 원리이다. 둘째, 법률우위(法律優位)의 원칙은 법률은 행정보다 우월하므로 행정은 법률을 위반하여서는 안 된다는 것이다. 셋째, 법률유보(法律留保)의 원칙은 행정권을 발동하기 위해서는 법률에 유보된 근거가 있어야 한다는 원칙을 말한다.

2. 법치주의 원리의 적용

해양경찰 분야에서 법치주의의 원리가 구체적으로 어떻게 작동되는지 살펴볼 필요가 있다. 후술하겠지만 해양경찰이 전체적으로 작동하는 원리는 세 가지 요소에 의해서이다. 첫째, 해양경찰의 기본적 골격 또는 구조라 볼 수 있는 조직을 구성하고, 둘째, 만들어진 조직을 작동시키는 인적 요소인 해양경찰공무원이 있으며, 셋째, 해양경찰공무원이 실제로 행하는 업무 내용으로 볼 수 있는 작용 분야가 있다. 이에 대한 상세한 것은 후술하겠다. 법치주의의 원리는 세 가지 분야 모두에서 적용되어야 한다. 그리하여 해양경찰 조직을 구성하거나 변경・소멸시키는데 법적 근거에 의하고, 해양경찰공무원 관계를 생성・변경・소멸시키는 임용행위도 법적 근거에 의해 이루어진다. 특히 국민과 직접적으로 접촉하면서 국민의 권리와 의무를 침해하거나 영향을 미칠 수 있는 해양경찰 작용 분야에 법치주의의 원리가 엄격히 적용되어야 한다.

제2절 해양경찰의 구성요소

1. 해양경찰 조직

다른 모든 국가기관과 마찬가지로 해양경찰이 국가행정기관으로서 존립하기 위해서는 조직이 필요하다. 조직 구성은 마치 일하기 위해서 먼저 공간적 조건인

건물을 짓는 것과 마찬가지이다. 국가행정기관의 설치・조직과 직무 범위의 대강에 대하여 정하고 있는 법률이 「정부조직법」이다. 같은 법 제2조 제1항에 "중앙행정기관의 설치와 직무 범위는 법률로 정한다."라고 되어있으며, "중앙행정기관은 부・처・청과 다음 각호의 행정기관으로 하되, 중앙행정기관은 이 법 및 다음 각호의 법률에 따르지 아니하고는 설치할 수 없다."라고 하고 있다. 같은 법 제2조 제2항에 "중앙행정기관의 보조기관은 이 법과 다른 법률에 특별한 규정이 있는 경우를 제외하고는 차관・차장・실장・국장 및 과장으로 한다."라고 규정하고 있다.

해양경찰청은 국가행정기관이면서 중앙행정기관으로서 「정부조직법」에 따라 외청으로 설치되었으며, 보조기관으로서 청장 아래 차장, 국장, 과장을 두고 있다. 즉, 「정부조직법」 제43조 제2항에 "해양에서의 경찰 및 오염방제에 관한 사무를 관장하기 위하여 해양수산부장관 소속으로 해양경찰청을 둔다."라고 되어있고, 동조 제3항에 "해양경찰청에 청장 1명과 차장 1명을 두되, 청장 및 차장은 경찰공무원으로 보한다."라고 규정하고 있다. 「해양경찰법」과 「해양경찰청과 그 소속기관 직제」에 청장 및 보조기관에 대한 상세한 규정을 두고 있다.

2. 해양경찰공무원

조직이 존립 목적을 달성하기 위해서 실제로 작동하고 운영되기 위해서는 조직을 움직이는 구성원인 공무원이 필요하다. 공무원은 어느 기관에서 공무원에 대한 경비를 부담하느냐에 따라 국가가 경비를 부담하는 국가공무원과 지방자치단체가 경비를 부담하는 지방공무원으로 분류된다. 이에 따라 각각 법적 근거가 달라지는데, 각급 기관에서 근무하는 모든 국가공무원에게 적용할 인사행정의 근본 기준을 확립하기 위한 「국가공무원법」과 지방자치단체의 공무원에게 적용할 인사행정의 근본 기준을 확립 「지방공무원법」이 있다. 해양경찰에 근무하는 해양경찰공무원은 국가공무원으로서 채용, 임용, 승진, 보수, 복무, 신분보장, 권익 보장 등에 대하여 「국가공무원법」의 적용받는다. 다만, 해양경찰공무원 중에서 경찰공무원으로 임용된 자에 대해서는 「경찰공무원법」이 우선 적용된다. 즉, 해양경찰청 및 경찰청 소속 경찰공무원은 일반직공무원이 아니고 특정직공무원으로서 채용, 임용, 승진, 복무, 신분보장, 권익 보장 등에 대하여 에 대해서 「경찰공무원법」을 우선 적용하고 같은 법에 없는 사항에 대해서 「국가공무원법」의 적용을 받는다.

3. 해양경찰 작용

국가행정기관이 존립하고 기능을 수행하기 위해서 조직구성과 국가공무원이 있어야 하지만, 국가행정기관의 궁극적인 목적을 달성하기 위해서는 그 기관의 하는 일, 기능 또는 행정작용이 있어야 한다. 조직이라는 건물을 짓고 조직을 움직이는 공무원을 배치했다면, 이제 구체적으로 어떤 일을 어떻게 할지 결정하고 그 일을 해나가야 한다. 이렇게 실제적인 행정 목적을 달성하기 위한 것이 행정작용이다.

해양경찰이 궁극적인 미션을 달성하기 위하여 국민과의 관계에서 실제로 행해지는 작용에 대해서 법치주의의 원리가 더욱 엄격히 적용되기 때문에 많은 법률에 근거하여 이루어진다. 해양경찰의 다양한 임무를 수행하기 위한 많은 근거법이 이에 해당한다. 그중에 해양경찰 소관 법률로 「경찰관직무집행법」, 「해양경찰법」, 「해양경비법」, 「수상레저안전법」, 「연안사고 예방에 관한 법률」, 「선박교통관제에 관한 법률」도 있다. 이외에도 타 부처 소관이지만 해양경찰에서 빈번하게 집행하는 법률인 「낚시 관리 및 육성법」, 「유선 및 도선 사업법」, 「해사안전법」, 「해양환경관리법」 등 수많은 법률이 있다.

제2장

해양경찰 조직제도

해양경찰 제도 중에서 가장 선행되는 것이 조직이다. 국민을 위한 작용을 하기 위해서는 우선 조직이 필요하다. 우리나라 정부 조직의 원리를 규정하고 있는 근거로 「정부조직법」이 있다. 해양경찰 조직에 관해서는 「해양경찰법」에 기본골격이 담겨 있다. 제2장에서는 해양경찰 조직은 어떤 원리에 의하여 구성되는지, 해양경찰에는 어떤 조직제도가 있는지를 살펴보겠다. 현실에서 구체적으로 사무를 처리하는 주체로 해양경찰기관에 대해서 알아보고, 각급 해양경찰 조직에 대해서도 알아보겠다.

제1절 조직제도 개관

1. 행정조직 법정주의

조직법(組織法)이란 인간이 사회생활을 영위해 나가는 여러 가지 사회조직에 관하여 제도를 정하는 법을 말한다. 사회조직이나 제도를 정하는 것이 조직법이지만, 공법적 측면에서 볼 때 조직법은 국가의 정치적 기구나 조직, 행정기관의 조직에 대하여 규율하는 법을 의미한다. 예컨대, 「헌법」은 국가의 통치 조직과 통치 작용의 기본원리 및 국가기관에 관해 규정하고 있다. 또 「정부조직법」은 국가행정 사무의 통일적이고 체계적인 수행을 위하여 국가행정기관의 설치, 조직과 직무 범위의 대강을 정하고 있다. 국가행정기관의 조직에 관해 「정부조직법」이 대강을 정하고 있지만, 각 부처 조직의 구체적인 사항에 대해서는 대통령령(직제 시행령)이나 부령(직제 시행규칙)에 정하고 있다. 다만, 국민의 기본권 및 신체의 자유를 제한하고 작위 또는 부작위를 강제하는 업무를 수행하는 부처에서는 법률 유보의 원칙이 엄격하게 적용되는 점을 고려하여 별도의 조직법을 가질 수도 있다. 이러한 예로 국가정보원, 해양경찰청, 경찰청, 검찰청, 감사원 등 일부 부처의 조직과 임무에 대해서 명확히 규정하기 위해 「국가정보원법」, 「해양경찰법」, 「경찰법」, 「검찰청법」, 「감사원법」 등 독자적 조직법이 있다.

이처럼 국가행정기관의 조직에 관해 통일적으로 정하고 있는 「정부조직법」 외에 일부 부처에 대하여만 독자적인 조직법을 인정해야 할 것인가에 대해서 의견을 달리할 수 있다. 먼저, 정부 조직의 통일성 및 일관성 측면을 강조하는 측면이 있을 수 있다. 이 견해에서는 일부 부처의 독자성을 인정하는 것보다, 정부 조직의 원리 및 구성에 관한 일반법인 「정부조직법」에 모든 부처의 조직을 통일적으로 규정하는 것이 타당하다고 보는 견해이다. 이러한 견해에서 볼 때 「정부조직법」에 조직구성의 대강을 정하고 구체적인 사항에 대해서는 각 부처 직제에 정하는 것이 바람직하며 부처별로 조직법을 가지는 것은 바람직하지 않다는 것이다. 반면, 여러 측면에서 볼 때 독자적인 조직법이 필요하다는 견해도 있다. 해양경찰의 소속감과 자긍심을 심어주고 강압적 공권력 집행기관의 자의적인 권한 행사를 예방하기 위해서 독자적인 조직법을 인정할 필요가 있다거나, 해양경찰이 경찰과 마찬가지로 「경찰공무원법」을 적용받으며 동일한 신분과 역사를 가진 점, 「형사소송법」에 따라 사법경찰관리의 임무를 수행하는 점 등에 비추어 볼 때 「경찰법」과 같은 독자적인 조직법을 가져야 한다는 주장이 그것이다.

2. 해양경찰 조직 법령

그렇다면 해양경찰 사무를 체계적이고 통일적으로 수행하고 법률유보의 원칙을 엄격히 적용하기 위하여 해양경찰의 조직과 직무 범위를 정하고 있는 근거법은 무엇인가? 먼저 「정부조직법」 제43조 제2항에 "해양에서의 경찰 및 오염방제에 관한 사무를 관장하기 위하여 소속으로 해양경찰청을 둔다."라고 규정하고 있다. 또한 제3항에 "해양경찰청에 청장 1명과 차장 1명을 두되, 청장 및 차장은 경찰공무원으로 보한다."라고 규정하고 있다. 이에 근거하여 대통령령인 「해양경찰청과 그 소속기관 직제」와 해양수산부령인 「해양경찰청과 그 소속기관 직제 시행규칙」에 해양경찰 조직에 관해 자세한 규정을 두고 있다.

둘째, 해양경찰 조직법적 근거로서 「해양경찰법」이 있다. 같은 법은 2019년 8월 20일 법률 제16515호로 제정되었고, 2020년 2월 21일부터 시행되고 있다. 제1조에서 "해양주권을 수호하고 해양 안전과 치안 확립을 위하여 해양경찰의 직무와 민주적이고 효율적인 운영에 필요한 사항을 규정함을 목적으로 한다."라고 규정하고 있다.

해양경찰 조직에 관하여는 제2장과 제3장에 규정하고 있다. 제2장(해양경찰위원회)에서는 해양경찰위원회에 관하여 규정하고 있다. 해양경찰의 주요 정책과 제도개선 등을 심의・의결하기 위한 해양경찰위원회 설치하고(제5조), 위원회는 위원장 1명을 포함한 7명의 위원으로 구성하도록 하고 있다(제6조). 또한 위원의 임기는 3년으로 하며, 연임할 수 없도록 하고 있다(제7조).

제3장(해양경찰청)에서는 해양경찰청장 및 소속 공무원에 관해 규정하고 있다. 해양경찰청장은 치안총감으로 보하고, 해양경찰위원회의 동의를 받아 해수부 장관의 제청으로 국무총리를 거쳐 대통령이 임명하도록 하였다(제12조). 또 해양경찰청장 임명 자격은 해양경찰에서 15년 이상 재직한 치안감 이상 국가경찰공무원으로 재직 중이거나 재직했던 사람이다(제13조).

3. 해양경찰법의 의의

해양경찰 조직, 임무, 작용 등에 관하여 전반적으로 정하는 기본법률은 1962년 4월 제정한 「해양경찰대설치법(법률 제1048호)」이 있었다. 같은 법은 제1조에 "어업자원보호법에 의한 관할수역 내에 있어서의 범죄 수사와 기타 해상에 있어서의 경찰에 관한 사무를 관장하게 하기 위하여 내무부장관 소속하에 해양경찰대를 둔다."라고 규정하였다. 1973년 1월 박정희 정권이 들어서면서 「정부조직법」을 개정하여 「해양경찰대설치법」을 폐지하였고, 해양경찰 조직에 관하여는 대통령령에 규정하였다.

이후 경찰청이 외청으로 독립되면서 1991년 5월 「경찰법(법률 제4369호)」이 제정되어 해양경찰에 관한 조직사항은 같은 법에 규정되었다.[1)] 그러다가 1996년

1) 경찰법에 규정된 해양경찰 관련 조항
제2조 (경찰의 조직) ③ 해양경찰에 관한 사무를 관장하게 하기 위하여 경찰청장 소속하에 해양경찰청을 두고 해양경찰청장 소속 하에 해양경찰서를 둔다.
제19조 (해양경찰청장) ① 해양경찰청에 해양경찰청장을 두되, 해양경찰청장은 치안정감으로 보한다.
② 해양경찰청장은 경찰청장의 지휘・감독을 받아 소관 사무를 관장하고 소속 공무원 및 소속 경찰기관의 장을 지휘・감독한다.
제20조 (차장) ① 해양경찰청에 차장을 둘 수 있다.
② 차장은 해양경찰청장을 보좌하여 소관 사무를 처리하고 해양경찰청장이 사고가 있을 때에는 그 직무를 대행한다.

8월 8일 정부가 해양수산부를 신설하고, 해양경찰청을 해양수산부 외청으로 독립시켰다. 이에 따라 해양경찰청은 독립적 지위를 가진 중앙행정기관으로 그 지위가 격상되었지만, 「경찰법」에 규정된 해양경찰청의 설치 · 조직에 관한 법적 근거는 삭제되었으며, 대통령령인 직제에 규정하였다.

2014년 세월호 사고에 대한 깊이 있는 반성과 검토를 통하여 해양경찰의 근본적인 조직 개선과 해양 재난 대응 체계를 확립하기 위한 법적 기반의 필요성이 제기되었다. 2017년 11월부터 기본법 제정 노력이 시작되었고, 2019년 8월 2일 「해양경찰법」은 제370회 임시국회 본회의를 통과하게 되었다. 이후 8월 9일 정부로 이송되어 국무회의와 대통령 재가를 거쳐, 2019년 8월 20일 법률 제16515호로 공포되었다.

제2절 해양경찰기관

1. 해양경찰기관의 의의

국가나 지방자치단체는 행정주체로서 국가나 지방자치단체의 사무를 처리한다. 그런데 현실적으로 국가나 지방자치단체가 모든 사무를 직접 처리할 수 없다. 이에 행정주체는 사무를 처리하기 위한 다양한 행정기관을 설치하여 운영하게 된다. 행정조직을 법적 시각에서 바라볼 때 행정기관이라 할 수 있다. 행정기관이 행하는 행위의 효과는 그 행정기관이 아니라 국가에 귀속된다. 해양경찰도 해양경찰 사무를 처리하기 위하여 행정기관을 설치 · 운영하는데, 이를 해양경찰기관이라 한다. 해양경찰기관에는 해양경찰 관청, 해양경찰 보조기관 및 보좌기관, 해양경찰 의결기관, 해양경찰 집행기관 등이 있다.

해양경찰기관은 국가가 설치한 조직으로서 개별 구성원인 해양경찰공무원과는 구별된다. 해양경찰기관은 개개의 구성원인 해양경찰공무원의 변경 여부와 관계없이 존속한다. 반면 해양경찰공무원은 국가에 대하여 개별적으로 일정한 권리 ·

제21조 (해양경찰서장) ① 해양경찰서에 해양경찰서장을 두되, 해양경찰서장은 총경으로 보한다.
② 해양경찰서장은 해양경찰청장의 지휘 · 감독을 받아 소관 사무를 관장하고 소속 공무원을 지휘 · 감독한다.
③ 해양경찰서장 소속하에 해양경찰지서를 둘 수 있다.

구성하는 자연인의 교체 또는 관청의 폐지 등으로 인해 영향을 받지 않는다. 권한의 범위에서 벗어난 권한의 행사는 위법한 행위로서 원칙적으로 국가의 행위로서 효력을 갖지 못하며, 무효 사유에 해당한다.

2) 권한의 대리

해양경찰관청은 권한을 스스로 행사하는 것이 원칙이다. 그러나 권한을 가진 관청의 사고나 업무의 효율성을 고려하여 다른 해양경찰기관이 대신하여 행사하게 할 수 있다. 권한의 대리는 관청이 권한 전부나 일부를 보조기관 또는 다른 관청이 대신하게 하고, 피 대리관청인 자신의 행위로서 효력을 발생하게 하는 것을 말한다. 예컨대, 해양경찰청장이 유고 시 해양경찰청 차장이 청장을 대리하여 문서에 결재하고 시행하는 경우가 그 예에 해당한다. 한편 권한의 대리는 관청의 보조기관이 권한을 가진 관청의 이름으로 사실상 그 관청의 권한을 대리 행사하는 위임전결이나, 관청의 권한 그 자체를 다른 기관에 이양하는 권한의 위임과 구별된다.

3) 권한의 위임

권한의 위임이란 법령상 권한의 일부를 하급 관청 등 다른 기관이나 자연인으로 위임하는 것을 말한다. 해양경찰관청이 권한을 스스로 행사하지 않고 다른 해양경찰기관이 대신하여 행사하게 하는 경우에 해당한다. 권한이 위임되면 위임기관은 수임(受任)기관의 행위에 대하여 책임을 지지 않는다. 권한의 위임은 권한 자체가 다른 관청으로 이양되므로 법적 근거를 요한다. 권한의 위임은 법령에 따라 권한이 수임 관청으로 이전된다는 점에서, 단지 권한을 대신하게 하고 권한의 이전이 발생하지 않는 권한의 대리와는 구별된다.

4. 해양경찰관청 상호 간 관계

해양경찰관청 상호 간에 기본적으로 두 가지 형태의 관계가 있다. 해양경찰청-지방해양경찰청-해양경찰서로 이어지는 수직적인 상하 관계가 있고, 지방해양경찰청 간 또는 해양경찰서 상호 간 대등한 관계가 그것이다. 해양경찰관청 상호 간에는 여러 가지 법률적 관계가 있을 수 있는데, 이에 대해 알아보겠다.

가. 상하급 관청 간의 관계

1) 감시권

상급관청은 하급 관청이 수행하는 사무처리 상황을 파악하기 위하여 사무처리 내용에 대하여 보고를 요구하거나, 서류 또는 장부를 검사하고 사무를 감사할 수 있다. 이를 감시권이라 한다. 예컨대, 해양경찰청은 지방해양경찰청이나 해양경찰서의 사무처리 상황을 파악하기 위하여 일정한 사항에 대하여 보고를 요구하거나 사무를 감사할 수 있다. 감시권은 조직법적 근거에 의하여 주어지는 것으로서 별도의 법적 근거를 필요로 하지 않는다.

2) 훈령권

훈령이란 상급관청이 상급 행정기관이 하급 행정기관 또는 보조기관 포함의 권한 행사를 지휘하기 위하여 발하는 명령을 말한다. 훈령을 발할 수 있는 권한을 훈령권이라 한다. 훈령권은 법령에 규정이 있는 예도 있으나[3], 규정이 없는 경우에도 상급 행정기관은 필요에 따라 훈령을 발할 수 있다. 훈령은 직무의 집행방침을 정하고, 법령의 해석과 운용방침을 통일하기 위하여, 또는 어떤 사무에 관하여 상급 행정기관의 승인을 받게 하기 위하여 발한다. 훈령의 종류에는 ① 협의의 훈령, ② 지시, ③ 예규, ④ 일일명령 등이 있다.[4]

훈령은 법규의 성질을 가지지 않지만, 집무기준 또는 법령해석 기준을 제시하여 행정조직 내부에서 하급 행정기관을 구속한다. 그러므로 일반적·추상적 내용을 가진 훈령은 하급 행정기관 행정작용의 기준이 되는 점에서 사실상 법규와 같은 기능을 하는 경우가 있다. 그러나 행정조직 외부의 일반 사인(私人)은 구속하지 않는다. 따라서 훈령은 법규가 아니므로 일반 국민이 이를 위반하여도 위법은 성립되지 않는다.

---

3) 「정부조직법」 제11조 제1항에 "대통령은 정부의 수반으로서 법령에 따라 모든 중앙행정기관의 장을 지휘·감독한다."하거나, 같은 법 제26조 제3항에 "장관은 소관 사무에 관하여 지방행정의 장을 지휘·감독한다."라고 규정되어 있다.

4) 협의의 훈령은 상급관청이 하급 관청에 대하여 장기간에 걸쳐 그 권한 행사를 일반적으로 지시하기 위하여 발하는 명령을, 지시란 상급관청이 하급 관청의 문의에 의하여 개별적 구체적으로 발하는 명령을, 예규는 행정사무의 통일을 기하기 위하여 반복적 사무에 대한 처리기준을 제시한 것을, 일일명령은 당직·출장·휴가 등 일일 업무에 대하여 발하는 명령을 각각 말한다.

3) 승인권

하급 관청이 특정한 사안에 대하여 권한을 행사하는 때, 미리 상급관청의 허가를 받아야 하는 경우가 있는데, 이를 상급관청의 하급 관청에 대한 승인권이라 한다. 모든 사항에 대하여 승인권을 행사하는 것은 아니다. 법령에 특별히 상급관청의 승인을 받도록 규정되어 있는 경우에, 승인받지 않은 하급 관청의 행위는 무효가 되기 때문에 반드시 승인받아야 한다.

4) 주관쟁의결정권

하급 관청 간에 상호 권한의 다툼이 있는 경우, 상급관청이 하급 관청 간의 권한 유무를 결정하는 권한을 말한다. 이와 관련하여 「행정절차법」 제6조 제2항에 "행정청의 관할이 분명하지 아니한 경우에는 해당 행정청을 공통으로 감독하는 상급 행정청이 그 관할을 결정하며, 공통으로 감독하는 상급 행정청이 없는 경우에는 각 상급 행정청이 협의하여 그 관할을 결정한다."라고 규정하고 있다.

5) 취소 · 정지권

상급관청은 하급 관청이 행한 위법 · 부당한 행정처분에 대하여 이를 취소하거나 정지할 수 있다. 취소 · 정지권은 상급관청이 스스로 판단하여 직권으로 행사할 수도 있고, 행정처분 상대방의 불복신청을 접수하여 이에 근거하여 행사할 수도 있다.

나. 대등한 관청 간의 관계

1) 협 의

대등한 행정관청 사이에 사무나 권한에 대하여 상호 협의하여 결정하거나 처리하는 것을 말한다.

2) 사무의 위탁

대등한 행정관청 사이에 하나의 행정관청에 직무상 필요한 사무가 다른 행정관청에 속하는 경우, 그 사무처리를 다른 행정관청에 위탁하는 것을 말한다. 일종의 위임이라 할 수 있다.

3) 직무응원

대등한 행정관청 상호 간에 일방이 직무 집행상 필요한 특정 행위 또는 일반적 협력을 상대방의 요청에 따라 또는 자발적으로 상대방 관청의 권한 행사에 협력하는 것을 말한다. 직무응원에 관하여 규정하고 있는 법률로 「행정절차법」, 「경찰직무응원법」 등이 있다.

제3절 각급 해양경찰 조직

해양경찰을 조직적인 측면에서 바라볼 때 중앙행정관청인 해양경찰청장을 정점으로 하여 지방해양경찰청장과 해양경찰서장이 피라미드형 위계 체계를 이루고 있다. 해양경찰 조직은 해양경찰관청인 5개 지방해양경찰청, 20개 해양경찰서를 중심으로 업무가 이루어지고 있다. 동일한 위계의 해양경찰관청은 해양경찰 사무에 대하여 동일한 사무를 처리할 수 있도록 통일적으로 정하고 있다. 이외에도 해양경찰청장이 직접 관장하는 부속기관으로서 해양경찰교육원과 중앙해양특수구조단, 해양경찰정비창이 있다. 각급 해양경찰 조직에 대해서 「해양경찰법」 제11조에 해양경찰청장에 관한 사항을 정하고 있고, 지방해양경찰청 및 해양경찰서 등 지방조직과 사무에 관해서는 「해양경찰청과 그 소속기관 직제」, 「해양경찰청과 그 소속기관 직제 시행규칙」에 자세하게 정하고 있다.

1. 해양경찰청

가. 해양경찰청장

1) 의 의

해양경찰청에 해양경찰청장을 두며, 해양경찰청장은 치안총감으로 보한다. 해양경찰청장은 중앙 해양경찰관청으로서 해양경찰 사무에 대한 국가의사를 결정하고 대외적으로 이를 표시한다. 해양경찰청장은 해양경찰에 관한 사무를 총괄하고 소속 공무원 및 각급 해양경찰기관의 장을 지휘·감독한다(해양경찰법 제11조).

2) 임 명

해양경찰청장은 해양경찰위원회의 동의를 받아 해양수산부장관의 제청으로 국무총리를 거쳐 대통령이 임명한다(해양경찰법 제11조). 해양경찰청장의 임기는 2년으로 하고, 중임할 수 없다. 해양경찰청장은 해양경찰에서 15년 이상 경찰공무원으로 재직한 자로서 치안감 이상 경찰공무원으로 재직 중이거나 재직했던 사람 중에서 임명한다(해양경찰법 제12조). 모든 경찰공무원은 바로 아래 하위계급에 있는 경찰공무원 중에서 승진임용하지만, 해양경찰청장을 보하는 경우 치안감을 치안총감으로 승진임용할 수 있다(경찰공무원법」 제15조). 따라서 해양경찰청장은 치안정감 또는 치안감 중에서 임용할 수 있도록 하고 있다.

3) 직무상 특징

해양경찰청장은 모든 해양경찰 소관 업무에 대하여 국가의 의사를 결정하고 대외적으로 표시할 수 있는 권한이 있다. 이에 대해서 「정부조직법」 제43조 제2항에 "해양에서의 경찰 및 오염방제에 관한 사무를 관장하기 위하여 해양수산부장관 소속으로 해양경찰청을 둔다."라고 명시하고 있고, 「해양경찰법」 제11조 제2항에도 "해양경찰청장은 해양경찰에 관한 사무를 총괄하고 소속 공무원 및 각급 해양경찰기관의 장을 지휘・감독한다."라고 되어 있다. 그러나, 해양경찰청장은 해양경찰의 수사에 관한 사무의 경우에는 개별사건의 수사에 대하여 구체적으로 지휘・감독할 수 없다. 다만, 해양주권을 침해하거나 대형 재난의 발생 등 국민의 생명・신체・재산 또는 공공의 안전에 중대한 위험을 초래하는 긴급하고 중요한 사건의 수사에 있어서 해양경찰의 자원을 대규모로 동원하는 등 통합적으로 현장대응할 필요가 있다고 판단할 만한 상당한 이유가 있는 때에는 해양경찰청 수사업무를 총괄 지휘・감독하는 부서의 장을 통하여 개별사건의 수사에 대하여 구체적으로 지휘・감독할 수 있다(해양경찰법 제11조 제5항).

나. 보조기관

보조기관은 행정관청에 소속되어 행정관청의 권한 행사를 보조하는 것을 임무로 하는 내부적 기관을 말한다. 행정관청인 해양경찰청장의 보조기관으로 설치된 하위기관은 다음과 같다.

1) 차 장

해양경찰청에 차장 1명을 두되, 차장은 경찰공무원으로 보한다(정부조직법 제43조 제3항). 해양경찰청 차장은 치안정감으로 보한다(해양경찰청과 그 소속기관 직제 제5조). 차장은 해양경찰 소관 사무에 대하여 청장을 보조하고 청장 부재 시 청장을 대행하여 업무를 수행한다. 차장 밑에 기획조정관 및 감사담당관 각 1명을 둔다.

2) 경비국

경비국에 국장 1명을 둔다. 국장은 치안감 또는 경무관으로 보한다. 국장은 다음 사항을 분장한다(해양경찰청과 그 소속기관 직제 제11조).

1. 해양경비에 관한 계획의 수립 · 조정 및 지도
2. 경비함정 · 항공기 등의 운용 및 지도 · 감독
3. 동 · 서해 특정해역에서의 어로 경비
4. 해양에서의 경호, 대테러 예방 · 진압
5. 통합방위 및 비상 대비 업무의 기획 및 지도 · 감독
6. 해양 상황의 처리와 관련된 주요 업무계획의 수립 · 조정 및 지도
7. 해양 상황의 접수 · 처리 · 전파 및 보고
8. 선박교통관제(VTS) 정책 수립 및 기술개발
9. 선박교통관제센터의 설치 · 운영
10. 선박교통관제센터의 항만 운영 정보제공
11. 선박교통관제 관련 국제교류 · 협력

3) 구조안전국

구조안전국에 국장 1명을 둔다. 국장은 치안감 또는 경무관으로 보한다. 국장은 다음 사항을 분장한다(해양경찰청과 그 소속기관 직제 제12조).

1. 연안해역 안전관리에 관한 정책의 수립 · 조정 및 지도
2. 연안해역 안전 관련 법령 · 제도의 연구 · 개선
3. 파출소 및 출장소 운영
4. 해수면 유선 및 도선 사업 관련 제도 운영

5. 해수면 유선 및 도선 사업의 면허 · 신고 및 안전관리
6. 해수욕장 안전관리
7. 어선 출입항 신고업무
8. 해양사고 재난 대비 · 대응
9. 해양에서의 구조 · 구급 업무
10. 중앙해양특수구조단 운영 지원 및 해양경찰 구조대 등 해양구조대 운영 관련 업무
11. 해양안전 관련 민 · 관 · 군 구조협력 및 합동 구조 훈련
12. 해양 수색구조 관련 국제협력 및 협약 이행
13. 수상레저 안전관리에 관한 정책의 수립 · 조정 및 지도
14. 수상레저 안전 관련 법령 · 제도의 연구 · 개선
15. 수상레저 안전문화의 조성 및 진흥
16. 수상레저 관련 조종면허 및 기구 안전 검사 · 등록 등에 관한 업무
17. 수상레저 사업의 등록 및 안전관리의 감독 · 지도
18. 수상레저 안전 관련 단체 관리 및 민관 협업체계 구성

4) 수사국

수사국에 국장 1명을 둔다. 국장은 치안감 또는 경무관으로 보한다. 국장은 다음 사항을 분장한다(해양경찰청과 그 소속기관 직제 제13조).

1. 수사업무 및 범죄 첩보에 관한 기획 · 지도 및 조정
2. 범죄통계 및 수사자료의 분석
3. 해양 과학수사 업무에 관한 기획 · 지도 및 조정

5) 국제정보국

국제정보국에 국장 1명을 둔다. 국장은 치안감 또는 경무관으로 보한다. 국장은 다음 사항을 분장한다(해양경찰청과 그 소속기관 직제 제13조의2).

1. 정보업무의 기획 · 지도 및 조정
2. 정보의 수집 · 분석 및 배포
3. 보안경찰 업무의 기획 · 지도 및 조정
4. 외사경찰 업무의 기획 · 지도 및 조정

5. 국제사법공조 관련 업무
6. 해양경찰 직무와 관련된 국제협력업무의 기획 · 지도 및 조정

6) 해양오염방제국

해양오염방제국에 국장 1명을 둔다. 국장은 고위공무원단에 속하는 일반직공무원으로 보한다. 국장은 다음 사항을 분장한다(해양경찰청과 그 소속기관 직제 제14조).

1. 해양오염 방제 조치
2. 국가 긴급방제계획의 수립 및 시행
3. 해양오염 방제자원 확보 및 운영
4. 해양오염 방제를 위한 관계기관 협조
5. 국제기구 및 국가 간 방제 지원 협력
6. 해양오염 방제 관련 조사 · 연구 및 기술개발
7. 방제대책본부의 구성 · 운영 및 긴급방제 총괄 지휘
8. 해양오염 방제매뉴얼 수립 및 조정
9. 방제 훈련 계획의 수립 및 조정
10. 기름 및 유해화학물질 사고 대비 · 대응
11. 오염물질 해양배출 신고 처리
12. 방제 비용 부담 등에 관한 업무
13. 방제 조치에 필요한 전산시스템 구축 · 운용
14. 지방자치단체의 해안 방제 조치 지원에 관한 업무
15. 해양오염 방지를 위한 예방 활동 및 지도 · 점검
16. 선박 해양오염 · 해양시설오염비상계획서 검인 등에 관한 업무
17. 방제자재 · 약제 형식승인
18. 오염물질 해양배출 행위 조사 및 오염물질의 감식 · 분석 등에 관한 업무
19. 해양환경공단의 방제사업 중 긴급방제 조치에 대한 지도 · 감독
20. 해양오염 방지를 위한 구난 조치

7) 장비기술국

장비기술국에 국장 1명을 둔다. 국장은 치안감 또는 경무관으로 보한다. 국장

은 다음 사항을 분장한다(해양경찰청과 그 소속기관 직제 제15조).

1. 해양경찰 장비(함정, 항공기, 차량, 무기 등)의 개선 및 획득
2. 해양경찰 장비의 정비 및 유지 관리
3. 해양경찰정비창에 대한 지도·감독
4. 물품·무기·탄약·화학 장비 수급 관리 및 출납·통제
5. 경찰 복제 및 피복의 보급·개선
6. 해양 항공 업무 관련 계획의 수립·조정 등에 관한 업무
7. 해양에서의 항공기 사고조사 및 원인분석
8. 정보통신 업무계획의 수립·조정 등에 관한 업무
9. 정보통신 보안업무

다. 보좌기관

보좌기관은 해양경찰관청 또는 그 보조기관을 보좌하는 참모기관을 말한다. 해양경찰 보좌기관으로서 해양경찰청에 청장 보좌기관인 대변인, 차장 보좌기관인 기획조정관·감사담당관 등이 있고, 기획조정관을 보좌하는 기획재정담당관·혁신행정법무담당관·인사담당관·교육훈련담당관이 있다.

1) 기획조정관

기획조정관은 치안감으로 보한다. 기획조정관은 다음 사항에 관하여 차장을 보좌한다(해양경찰청과 그 소속기관 직제 제8조).

1. 주요 정책과 업무계획의 수립 및 종합·조정
2. 각종 지시사항 및 국정과제의 점검·관리
3. 청 내 정부혁신 관련 과제 발굴·선정, 추진상황 확인·점검 및 관리
4. 예산 편성·집행 조정 및 재정성과 관리
5. 국유재산관리계획 수립 및 집행
6. 국회 관련 업무의 총괄·조정

6의2. 해양경찰위원회의 간사 업무에 관한 사항

7. 행정관리 업무의 총괄·조정
8. 조직진단 및 평가를 통한 조직과 정원의 관리

9. 소관 법제 업무 총괄
10. 소관 행정심판 및 소송 업무, 규제개혁업무 총괄
11. 성과관리 및 행정개선의 총괄 · 지원
12. 소속 공무원의 임용 · 상훈 및 그 밖의 인사
13. 소속 공무원의 교육 · 훈련
14. 청 내 공공데이터의 제공 및 이용 활성화에 관한 사항
15. 청 내 데이터 기반 행정 활성화에 관한 사항

2) 운영지원과

운영지원과장은 총경으로 보한다. 운영지원과장은 다음 사항을 분장한다.

1. 보안 · 당직 · 청내 안전 및 관인의 관리
2. 소속 공무원의 복무 · 연금 · 급여 및 복리후생에 관한 사무
3. 문서의 분류 · 접수 · 발송 · 보존 및 관리, 기록관의 운영 · 관리
4. 물품의 구매 및 조달
5. 자금의 운용 및 회계
6. 의무경찰의 운영 및 관리
7. 민원의 접수 · 관리 및 정보공개제도 업무
8. 그 밖에 다른 국 및 담당관의 주관에 속하지 아니하는 업무

3) 대변인

대변인은 4급 또는 총경으로 보한다. 대변인은 다음 사항에 관하여 청장을 보좌한다.

1. 주요 정책에 관한 대언론 홍보 계획의 수립 · 조정 및 소속기관의 대언론 정책홍보 지원 · 조정
2. 보도 계획의 수립, 보도자료 작성 · 배포
3. 인터뷰 등 언론과 관련된 업무
4. 온라인대변인 지정 · 운영 등 소셜 미디어 정책 소통 총괄 · 점검 및 평가

4) 감사담당관

감사담당관은 4급 또는 총경으로 보한다. 감사담당관은 다음 사항에 관하여

차장을 보좌한다.

1. 행정감사제도의 운영 및 행정감사계획・부패방지종합대책의 수립・조정
2. 해양경찰청 및 그 소속기관에 대한 감사
3. 해양경찰청 및 그 소속기관에 대한 다른 기관의 감사 결과 처리
4. 소속 공무원의 재산등록・선물 신고 및 취업제한에 관한 업무
5. 사정업무 및 징계위원회의 운영
6. 진정・민원 및 비위 사실의 조사・처리
7. 해양 수색구조 안전성 등에 대한 감사

라. 한시적 보좌기관

해양경찰청에 「행정기관의 조직과 정원에 관한 통칙」에 의하여 임시조직으로 설치된 보좌기관이 있다. 「행정기관의 조직과 정원에 관한 통칙」 제29조 제3항 및 제5항에 따라 차장 밑에 스마트해양경찰추진단, 선박교통관제기술개발단 및 해양경비기획단을 둔다.

마. 부속기관

부속기관이란 행정기관에 부속하여 이를 지원하는 기관을 말한다. 해양경찰 부속기관으로 해양경찰청장 관장사무를 지원하기 위하여 해양경찰교육원, 중앙해양특수구조단 및 책임운영기관인 해양경찰정비창을 두고 있다.

1) 해양경찰교육원

해양경찰교육원에 원장 1명을 두며, 원장은 경무관으로 보한다. 원장은 해양경찰청장의 명을 받아 소관 사무를 총괄하고, 소속 공무원을 지휘・감독한다. 해양경찰교육원은 다음 사무를 관장한다(해양경찰청과 그 소속기관 직제 제18조).

1. 소속 공무원의 교육 및 훈련
2. 해양에서의 경찰 및 오염방제 업무와 관련된 기관・단체가 위탁하는 교육 및 훈련
3. 해양에서의 경찰 및 오염방제 업무에 관한 연구・분석 및 장비・기술 개발

2) 중앙해양특수구조단

중앙해양특수구조단에 단장 1명을 두며, 단장은 총경으로 보한다. 단장은 해양경찰청장의 명을 받아 소관 사무를 총괄하고, 소속 공무원을 지휘·감독한다. 중앙해양특수구조단은 다음 사무를 관장한다(해양경찰청과 그 소속기관 직제 제21조).

1. 대형·특수 해양 사고의 구조·수중수색 및 현장 지휘
2. 잠수·구조 기법개발·교육·훈련 및 장비 관리 등에 관한 업무
3. 인명구조 등 관련 국내외 기관과의 교류 협력
4. 중·대형 해양오염사고 발생 시 현장 출동·상황 파악 및 응급방제 조치
5. 오염물질에 대한 방제 기술 습득 및 훈련

3) 해양경찰정비창

해양경찰정비창에 창장 1인을 두되, 창장은 임기제 공무원으로 보한다. 창장은 해양경찰정비창의 사무를 총괄하고, 소속 공무원을 지휘 감독한다(해양경찰청과 그 소속기관 직제 시행규칙 제33조).

2. 지방해양경찰청

가. 지방해양경찰청장

해양경찰청장의 관장사무를 분장하기 위하여 해양경찰청장 소속으로 지방해양경찰청을 두고, 지방해양경찰청장 소속으로 해양경찰서를 둔다. 지방해양경찰청장은 해양경찰청 사무를 지역적으로 분담하여 수행하는 행정관청이다. 전국에 중부, 서해, 남해, 동해, 제주의 5개 지방해양경찰청을 두고 있다. 지방해양경찰청에 청장 1명을 둔다. 중부지방해양경찰청장은 치안정감으로, 서해지방해양경찰청장·남해지방해양경찰청장 및 동해지방해양경찰청장은 치안감으로, 제주지방해양경찰청장은 경무관으로 보한다. 지방해양경찰청장은 해양경찰청장의 명을 받아 소관사무를 총괄하고, 소속 공무원을 지휘·감독한다(해양경찰청과 그 소속기관 직제 제26조).

나. 보조기관

1) 안전총괄부

중부지방해양경찰청 안전총괄부, 서해지방해양경찰청 안전총괄부 및 남해지방해양경찰청 안전총괄부에 부장 각 1명을 둔다. 부장은 경무관으로 보한다. 부장은 다음 사항을 분장한다(해양경찰청과 그 소속기관 직제 제28조).

1. 해상경비에 관한 계획의 수립 및 지도
2. 해양에서의 수색・구조업무
3. 파출소・출장소 운영 및 외근업무의 기획・지도
4. 선박교통관제센터 운영 및 관제업무의 지도・감독
5. 수상레저 안전관리
6. 항만 운영 정보제공 및 연안해역 안전관리
7. 수사업무와 그 지도 및 조정
8. 정보업무에 관한 지도 및 조정
9. 국제적 범죄 또는 외국인 관련 범죄의 수사지도
10. 해양오염 방제 조치 관련 업무
11. 해양오염 예방을 위한 지도・점검 및 감시・단속
12. 오염물질 감식 및 분석
13. 해양 상황의 접수・처리・전파 및 보고

2) 지방청별 상이한 보조기관

지방해양경찰청에 두는 보조기관은 지방해양경찰청 규모에 따라 형태가 상이하다(해양경찰청과 그 소속기관 직제 제20조). 중부・서해 및 남해지방해양경찰청은 안전총괄부 및 기획운영과를 두고, 이 경우 안전총괄부에 경비과・구조안전과・수사과・정보외사과 및 해양오염방제과를 둔다. 동해 및 제주지방해양경찰청은 안전총괄부 없이 기획운영과・경비안전과・수사과・정보외사과 및 해양오염방제과를 둔다. 기획운영과장・경비과장・구조안전과장・경비안전과장 및 수사과장은 총경으로, 정보외사과장은 총경 또는 경정으로, 해양오염방제과장은 기술서기관・공업사무관・보건사무관・환경사무관・해양수산사무관 또는 방재안전사무관으로, 청문감사담당관은 총경 또는 경정으로, 종합상황실장은 경정으로 보한다.

다. 보좌기관

1) 청문감사담당관

청문감사담당관은 다음 사항에 관하여 지방해양경찰청장을 보좌한다(해양경찰청과 그 소속기관 직제 시행규칙 제21조).

1. 지방해양경찰청과 그 소속기관에 대한 감사
2. 지방해양경찰청과 그 소속기관에 대한 다른 기관의 감사 결과의 처리
3. 진정 및 비위 사항의 조사·처리 등 사정업무에 관한 사항
4. 징계위원회 운영에 관한 사항
5. 청렴도 향상, 부패방지시책, 공무원 행동강령 운영에 관한 사항
6. 소속 공무원의 재산등록 및 심사에 관한 업무
7. 민원실 운영에 관한 사항
8. 그 밖에 지방해양경찰청장이 감사에 관하여 지시한 사항의 처리

2) 종합상황실장

종합상황실장은 다음 사항에 관하여 지방해양경찰청장을 보좌한다. 다만, 중부·서해 및 남해지방해양경찰청 종합상황실장은 안전총괄부장을 보좌한다(해양경찰청과 그 소속기관 직제 시행 규칙 제22조).

1. 해양 경비·재난·치안·오염 상황 등에 대한 접수·처리·전파 및 보고 등 초동 조치에 관한 사항
2. 해양 상황 등의 피해, 구조 및 대응 현황 등에 대한 파악·기록·통계관리 및 정보분석에 관한 사항
3. 상황관리시스템 구축·운영 및 보안관리에 관한 사항
4. 함정, 항공기 출동상황 관리 및 안전 정보제공에 관한 사항
5. 소속 해양경찰서의 상황 관련 업무조정 등에 관한 사항

3) 선박교통관제센터

선박교통관제센터장은 기술서기관·방송통신사무관·해양수산사무관 또는 경정으로 보한다. 선박교통관제센터장은 다음 사항을 분장한다(해양경찰청과 그 소속

기관 직제 제32조).

1. 선박교통관제센터의 설치·운영에 관한 사항
2. 선박교통관제 시설 설치 및 관리·운영에 관한 사항
3. 선박교통관제 절차 위반사항의 처리에 관한 사항
4. 항만 운영에 관한 정보제공에 관한 사항
5. 선박교통관제센터 직원 복무에 관한 사항
6. 선박교통관제 업무 절차 홍보·안전교육 및 지도·점검에 관한 사항
7. 선박교통관제센터의 대내외 협력에 관한 사항

4) 서해5도 특별경비단

서해5도 특별경비단장은 다음 사항에 관하여 중부지방해양경찰청장을 보좌한다(해양경찰청과 그 소속기관 직제 시행규칙 제23조).

1. 불법 외국 어선 단속, 수사 및 사후 처리에 관한 사항
2. 서해5도 해역에서의 경비 및 작전 업무에 관한 사항
3. 서해5도 해역에서의 경비·작전 관련 위기관리 업무에 관한 사항
4. 서해5도 해역에서의 수색 및 구조업무에 관한 사항

5) 직할단, 직할대

지방해양경찰청장 밑에 항공단을 직할단으로 두고, 특공대를 직할대로 둔다. 다만, 중부지방해양경찰청장 밑에는 서해5도 특별경비단 및 항공단을 직할단으로 두고, 특공대를 직할대로 둔다.

3. 해양경찰서

가. 해양경찰서장

해양경찰관청으로서 해양경찰서에 서장 1명을 둔다. 서장은 총경으로 보한다. 서장은 지방해양경찰청장의 명을 받아 소관 사무를 총괄하고, 소속 공무원을 지휘·감독한다. 지방해양경찰청별 해양경찰서의 위치와 관할은 다음과 같다(해양경찰청과 그 소속기관 직제 시행규칙 제19조).

1. 중부지방해양경찰청: 인천, 평택, 태안, 보령
2. 서해지방해양경찰청: 군산, 부안, 목포, 완도, 여수
3. 남해지방해양경찰청: 사천, 통영, 창원, 부산, 울산
4. 동해지방해양경찰청: 울진, 포항, 동해, 속초
5. 제주지방 해양경찰청: 제주, 서귀포

나. 보조기관

해양경찰서에 기획운영과 · 경비구조과 · 해양안전과 · 수사과 · 정보외사과 · 해양오염방제과 및 장비관리과를 둔다. 다만, 인천해양경찰서 및 동해해양경찰서에는 기획운영과 · 경비구조과 · 해양안전과 · 수사과 · 정보외사과 · 해양오염방제과 · 장비관리과 및 보안팀을 두고, 태안해양경찰서 · 완도해양경찰서 · 울산해양경찰서 · 포항해양경찰서 · 속초해양경찰서 · 보령해양경찰서 · 부안해양경찰서 · 울진해양경찰서 및 사천해양경찰서에는 기획운영과 · 경비구조과 · 해양안전과 · 수사과 · 정보외사과 · 해양오염방제과 및 장비관리운영팀을 둔다(해양경찰청과 그 소속기관 직제 시행규칙 제30조).

해양경찰서장의 소관 사무를 분장하기 위하여 해양경찰서장 소속으로 파출소를 두되, 필요한 경우에는 출장소를 둘 수 있다. 파출소 및 출장소의 명칭 · 위치와 관할구역, 그 밖에 필요한 사항은 지방해양경찰청장이 정한다(해양경찰청과 그 소속기관 직제 시행규칙 제31조).

제3장

해양경찰공무원 제도

조직이 갖추어지면 실제 그 속에서 업무를 수행하는 것은 공무원이다. 직업공무원으로서 경력직 공무원은 국가공무원과 지방공무원으로 나누어지는데, 해양경찰청 소속 공무원은 모두 국가공무원에 속한다. 해양경찰 소속 공무원은 다시 두 가지로 분류된다. 「국가공무원법」을 적용받는 일반직공무원과 국가공무원에 속하지만 「경찰공무원법」을 우선 적용받는 특정직공무원인 경찰공무원이다. 제3장에서는 국가공무원이면서 경찰공무원인 해양경찰공무원 관계의 발생 · 변경 · 소멸에 대해 알아보고, 권리와 의무에 대해서도 살펴보도록 하겠다. 또 불이익을 받는 경우 권익구제제도에 대해서도 알아보겠다.

제1절 공무원제도 개관

1. 공무원의 분류

가. 경력직 공무원과 특수경력직공무원[5)]

공무원은 국가 사무를 처리하는 국가공무원과 지방사무를 처리하는 지방공무원으로 분류된다. 「국가공무원법」을 적용받는 국가공무원은 다시 경력직 공무원과 특수경력직공무원으로 나누어진다. 경력직 공무원이란 실적과 자격에 따라 임용되고 그 신분이 보장되며 평생 동안 공무원으로 근무할 것이 예정되는 공무원을 말하며, 그 종류는 다음과 같다.

1. 일반직공무원: 기술 · 연구 또는 행정 일반에 대한 업무를 담당하는 공무원
2. 특정직공무원: 법관, 검사, 외무공무원, 경찰공무원, 소방공무원, 교육공무

5) 「국가공무원법」 제2조.

원, 군인, 군무원, 헌법재판소 헌법연구관, 국가정보원의 직원, 경호공무원과 특수 분야의 업무를 담당하는 공무원으로서 다른 법률에서 특정직공무원으로 지정하는 공무원

특수경력직공무원이란 경력직공무원 외의 공무원을 말하며, 그 종류는 다음과 같다.

1. 정무직공무원
   가. 선거로 취임하거나 임명할 때 국회의 동의가 필요한 공무원
   나. 고도의 정책 결정 업무를 담당하거나 이러한 업무를 보조하는 공무원으로서 법률이나 대통령령(대통령비서실 및 국가안보실의 조직에 관한 대통령령만 해당한다)에서 정무직으로 지정하는 공무원
2. 별정직공무원: 비서관·비서 등 보좌업무 등을 수행하거나 특정한 업무수행을 위하여 법령에서 별정직으로 지정하는 공무원

나. 해양경찰공무원의 분류

해양경찰청 소속 공무원은 경찰공무원과 일반직공무원으로 구성한다(해양경찰법 제13조). 해양오염방제국, 선박교통관제센터, 해양경찰정비창, 해양경찰연구센터에 근무하는 공무원 중에서 전부 또는 일부는 일반직공무원에 속한다. 이외의 모든 해양경찰청 소속 공무원은 경찰공무원이다.

2. 해양경찰공무원 제도

가. 해양경찰공무원의 의의

해양경찰공무원은 해양에서 경찰 및 오염방제에 관한 사무에 종사하는 공무원을 말한다고 하겠다. 해양경찰청 소속 공무원은 두 형태가 있지만, 일반직공무원에 대한 것은 논외로 하고, 여기서는 경찰공무원 위주로 논하기로 한다.

나. 해양경찰공무원의 계급 등

해양경찰청 소속 경찰공무원의 계급은 치안총감·치안정감·치안감·경무관·총경·경정·경감·경위·경사·경장·순경으로 한다(해양경찰법 제13조). 경

찰공무원은 그 직무의 종류에 따라 경과(警科)에 따라 구분할 수 있다. 총경 이하 경찰공무원에게 부여하는 경과는 다음 각호와 같다. 다만, 제2호부터 제5호까지의 경과는 경정 이하 경찰공무원에게만 부여한다(해양경찰청 소속 경찰공무원 임용에 관한 규정 제3조).

1. 해양경과
2. 수사경과
3. 항공경과
4. 정보통신경과
5. 특임경과

3. 해양경찰공무원의 법적 근거

해양경찰청 소속 공무원에 대한 법적 근거는 국가공무원의 신분 사항을 규정하고 있는 「국가공무원법」이 있다. 같은 법은 각급 기관에서 근무하는 모든 국가공무원에게 적용할 인사행정의 근본 기준을 확립하여 공정하게 함과 아울러 국가공무원에게 국민 전체의 봉사자로서 행정의 민주적이며 능률적인 운영을 기하게 하는 것을 목적으로 하는 법률이다. 「국가공무원법」의 특별법적인 성격으로서 경찰공무원 신분에 관해 규정한 「경찰공무원법」이 있다. 같은 법은 국가경찰공무원의 임용, 교육훈련, 복무, 신분보장 등에 관하여 「국가공무원법」에 대한 특례를 규정함을 목적으로 한다.

법적 근거와 관련하여 특이한 점은 해당 하위법령이 다소 복잡하고 기형적인 형태로 규정되어 있다는 것이다. 경찰공무원에 적용되는 「경찰공무원법」을 경찰청과 공동으로 사용하고 있지만, 구체적인 제도 운용에 있어 해양경찰청은 경찰청과 다른 특수성이 있다. 이러한 현실을 반영하여 「경찰공무원법」의 하위법령 일부는 경찰청과 공동으로, 일부는 단독으로 운영되는 다소 복잡한 형태로 되어 있다. 즉, 「경찰공무원 복무규정」, 「경찰공무원 징계령」 등 일부 하위법령은 경찰청과 공동으로 사용하고 있지만, 「해양경찰청 소속 경찰공무원 임용에 관한 규정」, 「해양경찰청 소속 경찰공무원 임용에 관한 규정 시행규칙」, 「해양경찰청 소속 경찰공무원 교육훈련규정」, 「해양경찰청 소속 경찰공무원 복제에 관한 규칙」 등은 해양경찰 특수성을 반영하여 별도의 규정을 제정하여 사용하고 있다.

제2절 공무원 관계의 발생 · 변경 · 소멸

1. 모 집

가. 의 의

해양경찰공무원 관계가 성립하려면 해양경찰청에서 채용시험을 거쳐 공무원으로 임용하는 과정이 필요하다. 모집은 해양경찰에 필요한 인력을 확보하여 활용하기 위하여 인재를 유치하고 교육하는 활동이라 할 수 있다. 모집 과정은 공무원 임용을 위한 사전적 절차에 해당하는데, 채용시험, 신임 교육훈련, 시보임용의 순서로 진행된다.

나. 채용시험

1) 채용 구분

경찰공무원 채용 방법은 공개경쟁 채용시험, 경력경쟁 채용시험, 경찰대학 졸업생 및 경찰간부후보생 공개경쟁 선발시험이 있다. 이 중에서 경정 및 순경의 신규 채용은 공개경쟁시험으로 한다. 경력경쟁 채용은 경력 등 응시요건을 정하여 같은 사유에 해당하는 다수인을 대상으로 경쟁의 방법으로 채용하는 시험방법이며, 다양한 방법이 있다(경찰공무원법 제10조 제3항). 경위의 신규 채용은 경찰대학을 졸업한 사람 및 대통령령으로 정하는 자격을 갖추고 공개경쟁시험으로 선발된 사람(경찰간부후보생)으로서 교육훈련을 마치고 정하여진 시험에 합격한 사람 중에서 한다.

2) 채용시험 응시연령

경찰공무원 채용시험에 응시하려는 사람은 최종시험 예정일이 속한 연도에 이하의 응시연령에 해당해야 한다. 순경 공개경쟁 채용시험은 18세 이상 40세 이하, 경정 이상 공개경쟁 채용시험은 25세 이상 40세 이하, 경정 이상 경력경쟁 채용시험은 27세 이상 40세 이하, 경감 · 경위 경력경쟁 채용시험은 23세 이상 40세 이하, 경사 · 경장 경력경쟁 채용시험은 20세 이상 40세 이하, 순경 경력경쟁 채용시험은 18세 이상 40세 이하이다.[6] 경찰간부후보생 공개경쟁 선발시험에 응시하려는 사람은 최종시험 예정일이 속한 연도에 21세 이상 40세 이하의 연령에 해당해야 한다.

3) 채용시험 절차

경찰공무원 채용시험은 다음의 방법에 따라 실시한다. 채용 구분에 따라 일부 시험은 면제하거나 실시하지 않을 수 있다.

1. 신체검사: 직무수행에 필요한 신체조건 및 건강 상태를 검정(檢定)
2. 체력검사: 직무수행에 필요한 민첩성·지구력 등 체력을 검정
3. 필기시험: 교양 부문과 전문 부문으로 구분하되, 교양 부문은 일반교양 정도를, 전문 부문은 직무수행에 필요한 지식과 그 응용 능력을 검정
4. 실기시험: 직무수행에 필요한 지식 및 기술을 실습 또는 실기의 방법으로 검정
5. 종합적성검사: 직무수행에 필요한 적성과 자질을 종합검정
6. 서류전형: 직무수행에 관련되는 자격 및 경력 등을 서면으로 심사
7. 면접시험: 직무수행에 필요한 능력, 발전성 및 적격성을 검정

4) 채용시험 과목

경찰공무원 공개경쟁 채용시험의 필기시험 과목은 「해양경찰청 소속 경찰공무원 임용에 관한 규정」 제31조 별표 4~6에서 정하고 있다.

다. 신임 교육훈련

채용시험에 합격한 합격생이 해양경찰공무원으로 임용받기 위해서는 해양경찰교육원에서 실시하는 교육훈련을 받아야 한다. 경찰공무원으로 임용될 사람에게 임용 전에 받는 교육을 신임 교육훈련이라 한다. 신임 교육훈련을 위한 교육원 교육훈련 과정과 과정별 교육훈련 대상 및 기간은 해양경찰청장이 정한다. 신임 교육훈련 기간은 간부후보생 및 경사 이하 신임 교육훈련이 52주이며, 경정·경감·경위로 임용될 자는 12주이다.[7] 다만, 신임 교육훈련 기간은 정책환경이나 조직 목표 변화에 따라 변동될 수 있다.

---

6) 「해양경찰청 소속 경찰공무원 임용에 관한 규정」 제29조 관련 별표 3 참조.
7) 「해양경찰청 소속 경찰공무원 교육훈련규칙」 별표.

2. 공무원 관계의 발생

해양경찰 채용시험에 합격하고 해양경찰교육원에서 실시하는 신임 교육훈련을 받았다고 해서 곧바로 해양경찰공무원이 되는 것은 아니다. 신임 교육훈련을 마친 교육생이 경찰공무원으로 임용받기 전까지는 국가공무원 자격을 가지는 것이 아니며, 임용 절차를 거쳐야 국가와의 관계에서 비로소 공무원 관계가 발생한다.

가. 시보임용

시보임용(試補任用)이란 정규 공무원으로 임용하기 전 임시로 임용하고 공무원으로서 적합한가 평가하는 기간을 말한다. 경정 이하의 경찰공무원을 신규 채용할 때는 1년간 시보로 임용하고, 그 기간이 만료된 다음 날에 정규 경찰공무원으로 임용한다. 시보임용기간 중에 있는 경찰공무원이 근무성적 또는 교육훈련 성적이 불량할 때는 면직시키거나 면직을 제청할 수 있게 하고 있다. 다만, 다음 각 호의 어느 하나에 해당할 때는 시보임용을 거치지 아니한다(경찰공무원법 제13조).

1. 경찰대학을 졸업한 사람 또는 경찰간부후보생으로서 정하여진 교육을 마친 사람을 경위로 임용하는 경우
2. 경찰공무원으로서 대통령령으로 정하는 상위계급으로의 승진에 필요한 자격 요건을 갖추고 임용 예정 계급에 상응하는 공개경쟁 채용시험에 합격한 사람을 해당 계급의 경찰공무원으로 임용하는 경우
3. 퇴직한 경찰공무원으로서 퇴직 시에 재직하였던 계급의 채용시험에 합격한 사람을 재임용하는 경우
4. 자치 경찰공무원을 그 계급에 상응하는 경찰공무원으로 임용하는 경우

나. 임 용

임용(任用)이란 어떤 특정인에게 공무원의 신분을 부여하거나 박탈 또는 승진임용하는 등 공무원 신분을 발생(신규 채용), 변경(승진·파견·전보·휴직·정직·직위해제·복직), 소멸(면직·파면·해임)하게 하는 공법행위를 말한다. 그러므로 임용은 한 번만 발생하는 것이 아니라 해양경찰 입직에서부터 퇴직 시까지 전 기간에 걸쳐 여러 번 발생한다. 경찰공무원은 신체 및 사상이 건전하고 품행이 방

정한 사람 중에서 임용한다. 다음의 어느 하나에 해당하는 사람은 경찰공무원으로 임용될 수 없다(경찰공무원법 제8조).

1. 대한민국 국적을 가지지 아니한 사람
2. 「국적법」 제11조의2 제1항에 따른 복수국적자
3. 피성년후견인 또는 피한정후견인
4. 파산선고를 받고 복권되지 아니한 사람
5. 자격정지 이상의 형(刑)을 선고받은 사람
6. 자격정지 이상의 형의 선고유예를 선고받고 그 유예 기간에 있는 사람
7. 공무원으로 재직기간 중 직무와 관련하여 「형법」 제355조 및 제356조에 규정된 죄를 범한 자로서 300만 원 이상의 벌금형을 선고받고 그 형이 확정된 후 2년이 지나지 아니한 사람
8. 「성폭력범죄의 처벌 등에 관한 특례법」 제2조에 규정된 죄를 범한 사람으로서 100만 원 이상의 벌금형을 선고받고 그 형이 확정된 후 3년이 지나지 아니한 사람
9. 미성년자에 대한 다음 각 목의 어느 하나에 해당하는 죄를 저질러 형 또는 치료감호가 확정된 사람
   가. 「성폭력범죄의 처벌 등에 관한 특례법」 제2조에 따른 성폭력 범죄
   나. 「아동·청소년의 성 보호에 관한 법률」 제2조 제2호에 따른 아동·청소년 대상 성범죄
10. 징계에 의하여 파면 또는 해임처분을 받은 사람

총경 이상 경찰공무원은 경찰청장 또는 해양경찰청장의 추천을 받아 행정안전부장관 또는 해양수산부장관의 제청으로 국무총리를 거쳐 대통령이 임용한다. 다만, 총경의 전보, 휴직, 직위해제, 강등, 정직 및 복직은 경찰청장 또는 해양경찰청장이 한다. 경정 이하의 경찰공무원은 경찰청장 또는 해양경찰청장이 임용한다. 다만, 경정으로의 신규 채용, 승진임용 및 면직은 경찰청장 또는 해양경찰청장의 제청으로 국무총리를 거쳐 대통령이 한다(경찰공무원법 제7조).

3. 공무원 관계의 변경

임용을 통해 공무원 관계가 발생하면 국가와의 관계에서 직업공무원으로서 안정적 근무가 보장된다. 공무원은 형의 선고, 징계처분 또는 이 법에서 정하는 사유에 따르지 아니하고는 본인의 의사에 반하여 휴직·강임 또는 면직당하지 아니한다. 시간이 지나면서 공무원 관계는 변경되는데, 공무원으로서 자격에 변화가 없으면서 계급, 직무, 복무에 변동이 있게 된다.

가. 승 진

1) 의 의

승진은 하위계급 또는 직급에서 차상위 직급 또는 계급으로 수직 이동하여 임용되는 것을 말한다. 경찰공무원은 바로 아래 하위계급에 있는 경찰공무원 중에서 근무성적평정, 경력평정, 그 밖의 능력을 실증하여 승진임용한다. 다만, 해양경찰청장을 보하는 경우 치안감을 치안총감으로 승진임용할 수 있다(경찰공무원법 제15조). 승진에 필요한 계급별 최저근무연수는 이에 따라 경찰공무원이 승진하려면 다음 각호의 구분에 따른 기간 동안 해당 계급에 재직하여야 한다.

1. 총경: 3년 이상
2. 경정 및 경감: 2년 이상
3. 경위, 경사, 경장 및 순경: 1년 이상

2) 승진의 종류

(1) 심사승진

경무관 이하 계급으로의 승진은 승진심사에 의한다. 다만, 경정 이하 계급으로의 승진은 대통령령으로 정하는 비율에 따라 승진시험과 승진심사를 병행할 수 있다. 계급별로 전체 승진임용 예정 인원에서 특별승진임용 예정 인원을 뺀 인원의 60퍼센트를 심사승진임용 예정 인원으로 하고, 나머지 40퍼센트를 시험승진임용 예정 인원으로 한다. 승진심사를 위하여 해양경찰청에 중앙승진심사위원회를 두고, 해양경찰청·지방 해양경찰관서에 보통승진심사위원회를 둔다. 이에 대하여 상세한 규정은 「해양경찰청 소속 경찰공무원 임용에 관한 규정」 제51조 이하에서 규정하고 있다.

(2) 시험승진

경찰공무원의 승진시험은 계급별로 실시하되, 해양경찰청장이 필요하다고 인정할 때에는 경과별 또는 특수분야별로 구분하여 실시할 수 있다[8], 승진시험은 매년 1회 실시한다. 승진시험에 응시하려는 경찰공무원은 다음 각호의 요건을 갖춰야 한다.

1. 승진시험을 실시하는 해의 1월 1일을 기준으로 승진 소요 최저근무연수 이상 해당 계급에서 재직했을 것
2. 「해양경찰청 소속 경찰공무원교육훈련규정」 제8조 제2항・제3항 또는 제5항에 따른 교육을 받은 사람으로서 그 교육성적이 만점의 60퍼센트 이상일 것
3. 승진임용 제한 사유에 해당하지 않을 것

(3) 특별승진

경찰공무원으로서 다음 각호의 어느 하나에 해당하는 사람에 대하여는 1계급 특별승진시킬 수 있다. 다만, 경위 이하의 경찰공무원으로서 모든 경찰공무원의 귀감이 되는 공을 세우고 전사하거나 순직한 사람에 대하여는 2계급 특별승진시킬 수 있다(경찰공무원법 제19조).

1. 국가공무원법 제40조의4 제1항 제1호부터 제4호까지의 규정 중 어느 하나에 해당되는 사람
2. 전사하거나 순직한 사람
3. 직무수행 중 현저한 공적을 세운 사람

(4) 근속 승진

경찰공무원은 심사나 시험 없이도 일정 기간 근속하고 일정한 조건을 갖춘 경우 승진할 수 있는데, 이를 근속 승진이라 한다. 해양경찰청장은 「경찰공무원법」 제15조 제2항에도 불구하고 해당 계급에서 다음 각호의 기간 동안 재직한 사람을 경장, 경사, 경위, 경감으로 각각 근속 승진임용할 수 있다(경찰공무원법 제16조).

---

8) 「해양경찰청 소속 경찰공무원 임용에 관한 규정」 제74조 이하.

다만, 인사교류 경력이 있거나 주요 업무의 추진 실적이 우수한 공무원 등 경찰행정 발전에 기여한 공이 크다고 인정될 때는 대통령령으로 정하는 바에 따라 그 기간을 단축할 수 있다.

1. 순경을 경장으로 근속 승진임용하려는 경우: 해당 계급에서 4년 이상 근속자
2. 경장을 경사로 근속 승진임용하려는 경우: 해당 계급에서 5년 이상 근속자
3. 경사를 경위로 근속 승진임용하려는 경우: 해당 계급에서 6년 6개월 이상 근속자
4. 경위를 경감으로 근속 승진임용하려는 경우: 해당 계급에서 8년 이상 근속자

나. 전과 · 전보 · 휴직 등

1) 전 과

신규 임용되는 경찰공무원은 임용예정 직위에 따라 경과를 부여받게 되는데, 이렇게 부여받은 경과를 변경하는 것을 전과(轉科)라 한다. 전과는 해양경과에서 수사경과, 항공경과, 정보통신경과 또는 특임경과로의 전과만 인정한다. 다만, 정원 감축 등 해양경찰청장이 정하는 사유가 있는 경우 수사경과, 항공경과, 정보통신경과 또는 특임경과에서 해양경과로의 전과를 인정할 수 있다(해양경찰청 소속 경찰공무원 임용에 관한 규정 시행규칙 제4조, 제5조). 전과는 다음 각호의 어느 하나에 해당하는 사람에 대해서만 인정한다.

1. 현재 경과보다 다른 경과에서 더욱 발전할 수 있다고 인정되는 사람
2. 정원 감축, 직제 개편 등 부득이한 사유로 기존 경과를 유지하기 어려워진 사람
3. 전과하려는 경과와 관련된 자격증을 소지한 사람
4. 전과하려는 경과와 관련된 분야의 시험(국가에서 시행하는 시험만 해당한다)에 합격하거나 교육을 이수한 사람

제1항에도 불구하고 다음 각호의 어느 하나에 해당하는 사람은 전과를 할 수 없다.

1. 경과를 받고 1년이 지나지 않은 사람
2. 특정 직무 분야에 근무할 것을 조건으로 채용된 경찰공무원으로서 채용 후 5년이 지나지 않은 사람

2) 전 보

전보란 같은 계급 또는 직급을 유지하면서 업무의 성질이나 난이도가 다른 보직으로 변경하는 것을 말한다. 임용권자 또는 임용제청권자는 장기 근무 또는 잦은 전보로 인한 업무 능률 저하를 방지하기 위해 특별한 사정이 없으면 정기적으로 전보를 실시해야 한다. 임용권자 또는 임용제청권자는 소속 경찰공무원이 해당 직위에 임용된 날부터 1년 이내에 다른 직위에 전보할 수 없다. 다만, 직제상 최하단위인 보조기관 또는 보좌기관 내에서 전보하는 경우 등 특별한 사정이 있는 경우에는 제한 기간 내에도 전보할 수 있다(해양경찰청 소속 경찰공무원 임용에 관한 규정 제43조). 임용권자 또는 임용제청권자는 「공무원임용령」 제43조의 3에 따른 전문직위에 임용된 경찰공무원을 해당 직위에 임용된 날부터 3년의 범위에서 해양경찰청장이 정하는 기간이 지나야 다른 직위에 전보할 수 있다.

3) 휴직 · 복직

휴직(休職)이란 공무원이 병이나 사고 따위로 인하여 그 신분과 자격을 유지하면서 쉬는 것을 말한다. 휴직에는 공무원 본인의 의사와 상관없이 임용권자가 행하는 직권휴직과 본인이 원하는 경우에 임용권자가 행하는 의원휴직이 있다(국가공무원법 제71조). 공무원이 다음 각호의 어느 하나에 해당하면 임용권자는 본인의 의사에도 불구하고 휴직을 명하여야 한다.

1. 신체 · 정신상의 장애로 장기 요양이 필요할 때
2. 「병역법」에 따른 병역 복무를 마치기 위하여 징집 또는 소집된 때
3. 천재지변이나 전시 · 사변, 그 밖의 사유로 생사 또는 소재가 불명확하게 된 때
4. 그 밖에 법률의 규정에 따른 의무를 수행하기 위하여 직무를 이탈하게 된 때
5. 노동조합 전임자로 종사하게 된 때

임용권자는 공무원이 다음 각호의 어느 하나에 해당하는 사유로 휴직을 원하

면 휴직을 명할 수 있다.

1. 국제기구, 외국기관, 국내외의 대학·연구기관, 다른 국가기관 또는 대통령령으로 정하는 민간기업, 그 밖의 기관에 임시로 채용될 때
2. 국외 유학을 하게 된 때
3. 중앙인사관장기관의 장이 지정하는 연구기관이나 교육기관 등에서 연수하게 된 때
4. 만 8세 이하 또는 초등학교 2학년 이하의 자녀를 양육하기 위하여 필요하거나 여성공무원이 임신 또는 출산하게 된 때
5. 조부모, 부모, 배우자, 자녀 또는 손자녀를 부양하거나 돌보기 위하여 필요한 경우
6. 외국에서 근무·유학 또는 연수하게 되는 배우자를 동반하게 된 때
7. 직무 관련 연구과제 수행 또는 자기 계발을 위하여 학습·연구 등을 하게 된 때

복직이란 휴직·직위해제 또는 정직 중인 공무원을 원래의 직위에 복귀시키는 임용행위를 말한다.

4) 직위해제

직위해제란 해양경찰 공무원 본인에게 자신의 직위를 계속 유지할 수 없는 귀책 사유가 발생하였을 때 경찰공무원의 신분은 그대로 유지하면서 그 직위만을 잠정적으로 박탈하는 행위를 말한다. 임용권자는 다음 각호의 어느 하나에 해당하는 자에게는 직위를 부여하지 아니할 수 있다(국가공무원법 제73조의3).

1. 직무수행 능력이 부족하거나 근무성적이 극히 나쁜 자
2. 파면·해임·강등 또는 정직에 해당하는 징계 의결이 요구 중인 자
3. 형사사건으로 기소된 자(약식명령이 청구된 자는 제외한다)
4. 고위공무원단에 속하는 일반직공무원으로서 적격심사를 요구받은 자
5. 금품 비위, 성범죄 등 비위행위로 인하여 감사원 및 검찰·경찰 등 수사기관에서 조사나 수사 중인 자로서 비위의 정도가 중대하고 이로 인하여 정상적인 업무수행을 기대하기 현저히 어려운 자

임용권자는 직위를 부여하지 아니한 경우에 그 사유가 소멸되면 임용권자는 지체 없이 직위를 부여하여야 한다. 임용권자는 직위해제된 자에게 3개월의 범위에서 대기를 명한다.

4. 공무원 관계의 소멸

국가와의 공무원 관계는 임용 절차를 거쳐 발생한다. 기발생한 공무원 관계가 여러 가지 사유에 의하여 종료될 수 있는데, 이를 공무원 관계의 소멸이라 한다. 국가와 공무원 관계는 공무원 자신이 원하여 소멸하는 때도 있지만, 일정한 사유에 의해 당연히 소멸하거나 강제로 소멸하는 예도 있다.

가. 퇴 직

1) 당연퇴직

당연퇴직(當然退職)이란 임용권자의 처분 없이 법이 정한 일정한 사유의 발생에 따라 당연히 공무원 관계가 소멸하는 것을 말한다. 「경찰공무원법」 제8조 제2항의 결격사유에 해당하게 되면 경찰공무원은 당연퇴직하게 된다.

2) 정년퇴직

경찰공무원의 정년에는 연령 정년과 계급정년이 있다. 해당 정년에 도달하게 되면 경찰공무원은 법 규정에 따라 퇴직하게 된다. 연령 정년은 60세이며, 계급정년은 계급별로 다음과 같다(경찰공무원법 제30조).

1. 치안감: 4년
2. 경무관: 6년
3. 총경: 11년
4. 경정: 14년

징계로 인하여 강등된 경찰공무원의 계급정년은 다음 각호에 따른다.

1. 강등된 계급의 계급정년은 강등되기 전 계급 중 가장 높은 계급의 계급정년으로 한다.
2. 계급정년을 산정할 때에는 강등되기 전 계급의 근무연수와 강등 이후의 근

무연수를 합산한다.

나. 면 직

면직(免職)이란 임용권자의 처분에 의해 해양경찰공무원의 신분을 상실시키는 것을 말한다. 면직에는 해양경찰공무원 본인의 원에 의한 의원면직과 본인 의사와 관계없이 행해지는 직권면직이 있다. 의원면직은 해양경찰공무원의 본인의 사의 표시에 의하여 임용권자가 해양경찰공무원 관계를 소멸시키는 처분을 말한다. 사의 표시를 한 후 임용권자가 면직처분을 할 때까지는 해양경찰공무원의 신분은 여전히 존속된다. 명예퇴직은 의원면직에 속한다. 공무원으로 20년 이상 근속한 자가 정년 전에 스스로 퇴직하면 예산의 범위에서 명예퇴직 수당을 지급할 수 있다(국가공무원법 제74조의2).

직권면직은 해양경찰공무원 본인의 의사와 관계없이 임용권자의 일방적 의사에 의하여 해양경찰공무원 관계를 소멸시키는 처분을 말한다. 임용권자는 경찰공무원이 다음 각호의 어느 하나에 해당될 때에는 직권으로 면직시킬 수 있다.

1. 「국가공무원법」 제70조 제1항 제3호부터 제5호까지의 규정 중 어느 하나에 해당될 때
2. 경찰공무원으로는 부적합할 정도로 직무수행 능력이나 성실성이 현저하게 결여된 사람으로서 대통령령으로 정하는 사유에 해당된다고 인정될 때
3. 직무를 수행하는 데에 위험을 일으킬 우려가 있을 정도의 성격적 또는 도덕적 결함이 있는 사람으로서 대통령령으로 정하는 사유에 해당된다고 인정될 때
4. 해당 경과에서 직무를 수행하는 데 필요한 자격증의 효력이 상실되거나 면허가 취소되어 담당 직무를 수행할 수 없게 되었을 때

다. 징계로 인한 소멸

해양경찰공무원이 공무원법상 요구되는 의무를 위반하였을 때 징계를 받게 되는데, 징계에는 중징계(파면 · 해임 · 강등 · 정직)와 경징계(감봉 · 견책)가 있다. 이 중에서 파면과 해임을 공무원 신분을 박탈하는 배제징계 처분으로서 국가와의 공무원 관계가 종료하게 된다. 파면과 해임은 징계위원회의 의결을 거쳐 징계위원회가 설치된 소속기관의 장이 행한다.

제3절 공무원의 권리와 의무

공무원은 국민 전체에 대한 봉사자이며, 국민에 대하여 책임을 진다. 공무원의 신분과 정치적 중립성은 법률이 정하는 바에 의하여 보장된다(대한민국 헌법 제7조). 해양경찰공무원은 그 직무를 수행할 때 국민 전체에 대한 봉사자로서 공정·중립을 지켜야 하고, 헌법과 법률에 따라 국민의 자유와 권리를 존중하며, 부여된 권한을 남용하여서는 아니 된다(해양경찰법 제3조). 해양경찰공무원은 국가공무원으로서 권리를 가지는 동시에 특수한 의무와 책임을 지게 된다.

1. 공무원의 권리

가. 신분상 권리

1) 직무집행권

해양경찰공무원은 법령에 정해진 직무를 집행할 권리를 갖는다. 정당한 집무 집행을 방해하였을 경우에 공무집행방해죄로 처벌받을 수 있다.

2) 신분 및 직위보유권

공무원은 형의 선고, 징계처분 또는 이 법에서 정하는 사유에 따르지 아니하고는 본인의 의사에 반하여 휴직·강임 또는 면직을 당하지 아니한다. 다만 치안총감과 치안정감에 대해서, 그리고 시보임용기간 중에 있는 경찰공무원이 근무성적 또는 교육훈련 성적이 불량할 때는 면직시키거나 면직을 제청할 수 있다.

3) 소청제기권·행정소송권

공무원의 징계처분, 그 밖에 그 의사에 반하는 불리한 처분이나 부작위에 대하여 불복을 신청할 수 있다. 소청을 청구하였으나 원하는 결과가 나오지 않은 경우, 법원에 행정소송을 청구할 수 있다. 즉, 소청 징계처분, 휴직처분, 면직처분, 그 밖에 의사에 반하는 불리한 처분에 대한 행정소송은 경찰청장 또는 해양경찰청장을 피고로 한다.

4) 무기 휴대 및 경찰장비 사용권

경찰공무원은 직무를 수행하기 위하여 필요하다고 인정되는 때 무기를 휴대할 수 있고, 경찰장비를 사용할 수 있다(경찰관직무집행법 제10조, 해양경비법 제17조).

5) 제복 착용권

경찰공무원은 제복을 착용하여야 한다. 제복 착용권은 권리이면서 동시에 의무에 해당한다. 해양경찰청 및 그 소속기관 경찰공무원의 복제와 그 착용에 관하여는 「해양경찰청 소속 경찰공무원 복제에 관한 규칙」에서 정하고 있다.

나. 재산상 권리

1) 보수 청구권

보수란 봉급과 그 밖의 각종 수당을 합산한 금액을 말한다. 경찰공무원은 국가에 대한 근로를 제공하고 국가에 대하여 보수를 청구할 권리를 가진다. 경찰공무원의 보수에 대하여 별도의 규정은 없으며, 모든 국가공무원에게 적용되는 「공무원보수규정」을 적용받는다. 보수를 청구할 수 있는 권리는 소멸시효가 3년이며 포기나 양도가 금지된다.

2) 연금청구권

공무원의 퇴직, 장해 또는 사망에 대하여 적절한 급여를 지급받을 권리가 있다. 연금은 인사혁신처장의 권한 및 업무에 속하지만, 공무원연금공단에서 위탁받아 운영하고 있다(공무원연금법 제4조).

3) 실비변상청구권

공무원은 보수 외에 직무수행에 필요한 실비 변상을 받을 수 있다. 식비, 휴가비, 연가보상비, 직급보조비, 이사비, 급여품비 등을 포함한다. 이에 대해서는 「공무원 수당 등에 관한 규정」에 규정하고 있다.

4) 보상청구권

공무원의 공무로 인한 부상·질병·장해·사망에 대하여 적합한 보상을 받을 권리가 있다(공무원재해보상법).

2. 공무원의 의무

가. 의 의

해양경찰공무원은 국민 전체에 대한 봉사자로서 공정·중립을 지켜야 하고, 국가와의 특별권력관계에서 발생하는 특수한 의무를 지게 된다. 경찰공무원의 의무는 국가공무원 자격에서 부담하는 의무가 있고, 경찰공무원 자격에서 추가로 부담하는 의무가 있다. 전자에 대해서는 「국가공무원법」에서, 후자에 대해서는 「경찰공무원법」에서 각각 규정하고 있다(국가공무원법 제55조 이하, 경찰공무원법 제23조 이하).

나. 국가공무원법상 의무

1) 선서의무

공무원은 취임할 때 소속 기관장 앞에서 선서하여야 한다. 다만, 불가피한 사유가 있으면 취임 후에 선서하게 할 수 있다. 그 내용은 "나는 대한민국 공무원으로서 헌법과 법령을 준수하고, 국가를 수호하며, 국민에 대한 봉사자로서의 임무를 성실히 수행할 것을 엄숙히 선서합니다."이다.[9]

2) 성실의무

모든 공무원은 법령을 준수하며 성실히 직무를 수행하여야 한다.

3) 복종의무

공무원은 직무를 수행할 때 소속 상관의 직무상 명령에 복종하여야 한다. 공무원은 소속 상관이 법령에 위배되는 직무상 명령을 한 경우에는 이에 따르지 아니할 수 있다.

4) 직장이탈금지 의무

공무원은 소속 상관의 허가 또는 정당한 사유가 없으면 직장을 이탈하지 못한다. 수사기관이 공무원을 구속하려면 그 소속기관의 장에게 미리 통보하여야 한다.

---

9) 「국가공무원복무규정」 제2조 제2항 관련 별표 1.

5) 친절 · 공정의 의무

공무원은 국민 전체의 봉사자로서 친절하고 공정하게 직무를 수행하여야 한다.

6) 종교 중립의 의무

공무원은 종교에 따른 차별 없이 직무를 수행하여야 한다.

7) 비밀엄수 의무

공무원은 재직 중은 물론 퇴직 후에도 직무상 알게 된 비밀을 엄수하여야 한다.

8) 청렴의무

공무원은 직무와 관련하여 직접적이든 간접적이든 사례 · 증여 또는 향응을 주거나 받을 수 없다. 공무원은 직무상의 관계가 있든 없든 그 소속 상관에게 증여하거나 소속 공무원으로부터 증여받아서는 아니 된다.

9) 품위유지 의무

공무원은 직무의 내외를 불문하고 그 품위가 손상되는 행위를 하여서는 아니 된다.

10) 영리업무 및 겸직 금지 의무

공무원은 공무 외에 영리를 목적으로 하는 업무에 종사하지 못하며 소속 기관장의 허가 없이 다른 직무를 겸할 수 없다.

11) 정치운동의 금지 의무

공무원은 정당이나 그 밖의 정치단체 결성에 관여하거나 이에 가입할 수 없다. 공무원은 선거에서 특정 정당 또는 특정인을 지지 또는 반대하기 위한 행위를 하여서는 아니 된다.

12) 집단행위 금지 의무

공무원은 노동운동이나 그 밖에 공무 외의 일을 위한 집단행위를 하여서는 아니 된다. 다만, 사실상 노무에 종사하는 공무원은 예외로 한다. 공무원으로서 노동조합에 가입된 자가 조합 업무에 전임하려면 소속 장관의 허가를 받아야 한다.

다. 경찰공무원법상 의무

1) 정치 관여 금지 의무

경찰공무원은 정당이나 정치단체에 가입하거나 정치활동에 관여하는 행위를 하여서는 아니 된다.

2) 거짓 보고 등의 금지 의무

경찰공무원은 직무에 관하여 거짓으로 보고나 통보하여서는 아니 된다. 경찰공무원은 직무를 게을리하거나 유기(遺棄)해서는 아니 된다.

3) 지휘권 남용 금지 의무

전시·사변, 그 밖에 이에 준하는 비상사태이거나 작전 수행 중인 경우 또는 많은 인명 손상이나 국가재산 손실의 우려가 있는 위급한 사태가 발생한 경우, 경찰공무원을 지휘·감독하는 사람은 정당한 사유 없이 그 직무수행을 거부 또는 유기하거나 경찰공무원을 지정된 근무지에서 진출·퇴각 또는 이탈하게 하여서는 아니 된다.

4) 제복 착용 의무

경찰공무원은 제복을 착용하여야 한다.

3. 공무원의 책임

가. 징계의 의의

경찰공무원은 법령상 규정된 의무를 지켜야 할 책임이 있는데, 책임을 다하지 못하고 의무를 위반하는 경우 내부 관계에서 벌을 받아야 하는데 이를 징계책임이라 한다. 징계(懲戒)란 경찰공무원이 국가공무원으로서 부담하는 의무를 위반하였을 때 공무원 내부 관계 질서 유지를 위하여 해당 공무원에게 가하는 제재를 의미한다. 의무 위반이 동시에 형법을 위반한 경우는 형사책임을 지며, 일반 국민에게 손해를 끼쳤을 때 민사책임을 진다.

나. 징계 사유

공무원이 다음 각호의 어느 하나에 해당하면 징계 의결을 요구하여야 하고 그 징계 의결의 결과에 따라 징계처분하여야 한다(국가공무원법 제78조). 징계 사유는 원칙적으로 임용 후 재직 중에 발생한 것이어야 한다. 그러나 예외적으로 임용 전의 행위를 징계 사유로 하는 경우도 있다.

1. 「국가공무원법」 및 이 법에 따른 명령을 위반한 경우
2. 직무상의 의무를 위반하거나 직무를 태만이 한 때
3. 직무의 내외를 불문하고 그 체면 또는 위신을 손상하는 행위를 한 때

공무원으로서 징계처분을 받은 자에 대하여는 그 처분을 받은 날 또는 그 집행이 끝난 날부터 일정기간 동안 승진임용 또는 승급할 수 없다.

다. 징계의 종류

1) 중징계

징계는 파면 · 해임 · 강등 · 정직 · 감봉 · 견책(譴責)으로 구분한다. 이 중에서 파면 · 해임 · 강등 · 정직이 중징계에 해당한다. 파면(罷免)과 해임(解任)은 공무원 신분을 박탈하는 배제징계라는 점에서 같지만, 파면은 처분받은 때부터 5년이 지나지 아니한 때, 해임은 처분받은 때부터 3년이 지나지 아니한 때이면 공무원으로 재임용될 수 없다. 파면된 경우 연금 및 퇴직급여에 감액이 따르지만, 해임은 금품 및 향응 수수, 공금의 횡령 · 유용으로 해임된 경우를 제외하고 감액이 따르지 않는다.

강등(降等)은 1계급 아래로 직급을 내리고 공무원 신분은 보유하나 3개월간 직무에 종사하지 못하며, 그 기간 중 보수는 전액을 감한다. 정직(停職)은 정직은 1개월 이상 3개월 이하의 기간으로 하고, 정직 처분을 받은 자는 그 기간 중 공무원의 신분은 보유하나 직무에 종사하지 못하며 보수는 전액을 감한다.

2) 경징계

감봉(減俸)은 1개월 이상 3개월 이하의 기간 동안 보수의 3분의 1을 감한다. 견책(譴責)은 전과(前過)에 대하여 훈계하고 회개하게 한다.

라. 징계권자

경찰공무원의 징계는 징계위원회의 의결을 거쳐 징계위원회가 설치된 소속기관의 장이 하되, 「국가공무원법」에 따라 국무총리 소속으로 설치된 징계위원회에서 의결한 징계는 경찰청장 또는 해양경찰청장이 한다. 다만, 파면·해임·강등 및 정직은 징계위원회의 의결을 거쳐 해당 경찰공무원의 임용권자가 하되, 경무관 이상의 강등 및 정직과 경정 이상의 파면 및 해임은 경찰청장 또는 해양경찰청장의 제청으로 행정안전부장관 또는 해양수산부장관과 국무총리를 거쳐 대통령이 하고, 총경 및 경정의 강등 및 정직은 경찰청장 또는 해양경찰청장이 한다(경찰공무원법 제33조).

마. 징계의 절차

1) 징계 의결의 요구

경찰기관의 장은 소속 경찰공무원이 다음 각호의 어느 하나에 해당할 때는 지체없이 관할 징계위원회를 구성하여 징계 등 의결을 요구하여야 한다(경찰공무원 징계령 제9조).

1. 「국가공무원법」 제78조 제1항 제1호부터 제3호까지의 어느 하나에 해당하는 사유가 있다고 인정할 때
2. 징계 등 의결 요구 신청을 받았을 때

공무원의 징계 의결을 요구하는 경우 그 징계 사유가 다음 각호의 어느 하나에 해당할 때는 해당 징계 외에 그 행위로 취득하거나 제공한 금전 또는 재산상 이득의 5배 내의 징계부가금 부과 의결을 징계위원회에 요구하여야 한다(국가공무원법 제78조의2).

1. 금전, 물품, 부동산, 향응 또는 그 밖에 재산상 이익을 취득하거나 제공한 경우
2. 횡령(橫領), 배임(背任), 절도, 사기 또는 유용(流用)한 경우

2) 징계위원회 의결

경무관 이상의 경찰공무원에 대한 징계 의결은 「국가공무원법」에 따라 국무총리 소속으로 설치된 징계위원회에서 한다(경찰공무원법 제32조 제1항). 총경 및 경정에 대한 징계를 심의·의결하는 중앙징계위원회는 경찰청 및 해양경찰청에 두고, 해당 징계위원회가 설치된 경찰기관 소속 경감 이하 경찰공무원에 대한 징계 등 사건을 심의·의결하는 보통징계위원회는 경찰청, 해양경찰청 각 소속기관 및 경찰청장 또는 해양경찰청장이 지정하는 경감 이상의 경찰공무원을 장으로 하는 기관에 둔다(경찰공무원 징계령 제3조, 제4조). 징계 등 의결 요구를 받은 징계위원회는 그 요구서를 받은 날부터 30일 이내에 징계 등에 관한 의결을 하여야 한다.

징계위원회가 징계 등 심의 대상자의 출석을 요구할 때에는 징계위원회 개최일 5일 전까지 그 징계 등 심의 대상자에게 도달되도록 해야한다. 징계위원회는 징계 등 심의 대상자에게 진술할 수 있는 기회를 충분히 주어야 하며, 징계 등 심의 대상자는 의견서 또는 말로 자기에게 이익이 되는 사실을 진술하거나 증거를 제출할 수 있다. 징계위원회는 징계 등 의결하였을 때는 지체 없이 징계 등 의결을 요구한 자에게 의결서 정본을 보내어 통지하여야 한다.

감사원에서 조사 중인 사건에 대하여는 조사개시 통보를 받은 날부터 징계 의결의 요구나 그 밖의 징계 절차를 진행하지 못한다. 검찰·경찰, 그 밖의 수사기관에서 수사 중인 사건에 대하여는 수사개시 통보를 받은 날부터 징계 의결의 요구나 그 밖의 징계 절차를 진행하지 아니할 수 있다.

3) 징계 집행

징계 등 의결을 요구한 자는 경징계의 징계 등 의결을 통지받았을 때는 통지받은 날부터 15일 이내에 징계 등을 집행하여야 한다. 징계 등 의결을 요구한 자는 중징계의 징계 등 의결을 통지받았을 때는 지체 없이 징계 등 처분 대상자의 임용권자에게 의결서 정본을 보내어 해당 징계 등 처분을 제청하여야 한다. 다만, 경무관 이상의 강등 및 정직, 경정 이상의 파면 및 해임처분의 제청, 총경 및 경정의 강등 및 정직의 집행은 경찰청장 또는 해양경찰청장이 한다.

제4절 공무원 권익구제제도

1. 소청심사제도

가. 의 의

소청이란 공무원이 징계처분, 그 밖에 그 의사에 반하는 불리한 처분이나 부작위에 대하여 소청심사위원회에 제기하는 불복신청을 말한다(국가공무원법 제9조). 소청심사는 행정부 안에서 공무원에 대한 불이익 처분을 행정부 스스로 심사한다는 점에서 독립된 사법부에서 판단하는 행정소송과는 다르다.

나. 소청심사위원회

행정기관 소속 공무원의 징계처분, 그 밖에 그 의사에 반하는 불리한 처분이나 부작위에 대한 소청을 심사·결정하게 하기 위하여 인사혁신처에 소청심사위원회를 둔다. 소청심사위원회는 위원장 1명을 포함한 5명 이상 7명 이하의 상임위원과 상임위원 수의 2분의 1 이상인 비상임위원으로 구성한다. 소청심사위원회 위원장은 정무직으로 하고, 상임위원은 고위공무원단에 속하는 임기제 공무원으로 보한다.

다. 소청 절차

공무원이 그 처분에 불복할 때는 그 설명서를 받은 날부터, 처분 외에 본인의 의사에 반한 불리한 처분을 받았을 때는 그 처분이 있은 것을 안 날부터 각각 30일 이내에 소청심사위원회에 이에 대한 심사를 청구할 수 있다. 소청심사위원회는 이 법에 따른 소청을 접수하면 지체없이 심사하여야 한다. 소청심사위원회가 소청 사건을 심사할 때는 소청인 또는 대리인에게 진술 기회를 주어야 한다. 소청심사위원회는 출석한 소청당사자의 진술을 청취하여야 하며, 필요하다고 인정할 때는 구술로 심문할 수 있다.

소청 사건의 결정은 재적 위원 3분의 2 이상의 출석과 출석 위원 과반수의 합의에 따르되, 의견이 나뉘어 출석 위원 과반수의 합의에 이르지 못하였을 때는 과반수에 이를 때까지 소청인에게 가장 불리한 의견에 차례로 유리한 의견을 더하여 그중 가장 유리한 의견을 합의된 의견으로 본다.

라. 결 정

소청심사위원회의 결정은 그 이유를 구체적으로 밝힌 결정서로 하여야 한다. 소청심사위원회의 결정은 다음과 같이 구분한다(국가공무원법 제14조 제6항).

1. 심사 청구가 이 법이나 다른 법률에 적합하지 아니한 것이면 그 청구를 각하(却下)한다.
2. 심사 청구가 이유 없다고 인정되면 그 청구를 기각(棄却)한다.
3. 처분의 취소 또는 변경을 구하는 심사 청구가 이유 있다고 인정되면 처분을 취소 또는 변경하거나 처분 행정청에 취소 또는 변경할 것을 명한다.
4. 처분의 효력 유무 또는 존재 여부에 대한 확인을 구하는 심사 청구가 이유 있다고 인정되면 처분의 효력 유무 또는 존재 여부를 확인한다.
5. 위법 또는 부당한 거부처분이나 부작위에 대하여 의무 이행을 구하는 심사 청구가 이유 있다고 인정되면 지체 없이 청구에 따른 처분을 하거나 이를 할 것을 명한다.

2. 행정소송

소청심사위원회의 결정에 불복이 있는 경우 법원에 행정소송을 제기할 수 있다. 다만, 처분, 그 밖에 본인의 의사에 반한 불리한 처분이나 부작위(不作爲)에 관한 행정소송은 소청심사위원회의 심사·결정을 거치지 아니하면 제기할 수 없다. 행정소송을 제기할 때는 소청심사위원회의 결정이 아닌 원처분을 대상으로 소송을 제기하여야 한다.

3. 고충처리제도

공무원은 인사·조직·처우 등 각종 직무 조건과 그 밖에 신상 문제와 관련한 고충에 대하여 상담을 신청하거나 심사를 청구할 수 있으며, 누구나 기관 내 성폭력 범죄 또는 성희롱 발생 사실을 알게 된 경우 이를 신고할 수 있다. 이 경우 상담 신청이나 심사 청구 또는 신고를 이유로 불이익한 처분이나 대우를 받지 아니한다(국가공무원법 제76조의2). 경찰공무원의 인사 상담 및 고충을 심사하기 위하여 해양경찰청 및 지방 해양경찰관서에 경찰공무원 고충심사위원회를 둔다. 경찰공무원 고충심사위원회의 심사를 거친 재심청구와 경정 이상 경찰공무원의 인사 상담 및 고충 심사는 「국가공무원법」에 따라 설치된 중앙고충심사위원회에서 한다(경찰공무원법 제31조). 경찰공무원 고충심사위원회는 위원장 1명을 포함하여 7명 이상 15명 이내의 공무원 위원과 민간위원으로 구성한다. 이 경우 민간위원의 수는 위원장을 제외한 위원 수의 2분의 1 이상이어야 한다(공무원고충처리규정 제3조의2).

제4장

해양경찰 작용(법 집행 제도)

해양경찰이 궁극적인 목적을 달성하기 위해서는 해양경찰 조직제도와 공무원제도를 토대로 하여 국민을 상대로 활동하고 서비스를 제공하여야만 한다. 해양경찰 작용은 공공의 안녕과 질서 유지를 위하여 국민에게 명령하고 강제하는 법 집행 활동이다. 해양경찰 작용에 대해서 법치주의 원리를 엄격히 적용하고 요건과 한계를 명확히 하여야 한다. 제4장에서는 해양경찰 작용의 원리, 작용의 요건과 한계, 작용의 유형을 알아보겠다. 경찰관의 표준적인 작용에 관하여 규정하고 있는 「경찰관직무집행법」 내용도 살펴보도록 하겠다.

제1절 해양경찰 작용과 법치주의

1. 해양경찰 작용의 의의

해양경찰 조직을 구성하고 그에 속한 해양경찰공무원이 법령에 따라 실제로 국민을 위하여 활동하고 서비스를 제공하는 것이 해양경찰 작용이다. 해양경찰 작용은 다양한 형태로 나타나지만, 일반행정을 제외하고 경찰작용만을 볼 때 성질상 행정경찰 작용과 사법경찰 작용으로 나눌 수 있다.[10] 행정경찰 작용은 공공의 안녕과 질서 유지를 위한 다양한 작용이 이에 속하고, 사법경찰 작용은 범죄를 저지른 범인을 수사하고 범인을 잡는 역할을 한다. 예컨대, 해양경비 활동, 해상안전 활동, 해상교통 유지, 해양오염 예방 활동 등은 행정경찰 작용에 속하고, 해양 범죄 수사, 외사 수사, 보안 범죄 수사 등은 사법경찰 작용에 속한다.

행정경찰 작용은 공공의 안녕과 질서를 유지하기 위하여 범죄를 저지르기 전

10) 김석균, (2022), 「신해양경찰학개론」, 박영사: 397.

에 억제와 예방조치를 취하는 것을 목적으로 한다. 행정경찰 활동에 대하여는 행정법 원리가 적용되고 이에 대한 불복은 행정소송의 대상이 된다. 사법경찰 작용은 국가형벌권을 실현하는 형사사법기관의 하나로서 사법경찰권을 가지고 이미 발생한 범죄를 수사하는 작용이다. 사법경찰 작용은 「형사소송법」에 의해 엄격한 절차로 규율되고 사법경찰에 대한 불복은 소송법상 특별한 절차의 대상이 된다. 이러한 행정경찰 작용과 사법경찰 작용이 개념적으로 구분된다고 하더라도, 실무에서 혼재한 상태로 해양경찰 작용이 이루어지는 경우가 많다.

2. 해양경찰 작용과 법치주의

모든 국가의 행정작용이 그렇듯이 해양경찰 작용도 법치주의의 원리에 따라 이루어져야 한다. 해양경찰은 자체 조직을 구성하고, 임무를 수행하며, 구성원인 해양경찰공무원에 대해서 규율하는 법적 근거를 필요로 한다. 바다에서 이루어지는 해양경찰 활동은 국민의 대표기관인 국회에서 제정한 법률로만 가능하다(법률의 법규창조력). 또 해양경찰권의 발동은 국회에서 제정한 법률에 근거를 두고 이루어져야 한다(법률유보의 원칙). 나아가 해양경찰의 모든 활동은 법률의 테두리 내에서 이루어져야 하고 법률에 위반되어서는 안 된다(법률우위의 원칙). 특히, 국민의 권리를 제한하거나 의무를 부과하는 모든 해양경찰 작용은 법치행정의 원리가 엄격히 적용되어야 한다.

법치주의의 원리와 관련하여 그동안 해양경찰청의 변화를 살펴볼 필요가 있다. 1996년 8월 「정부조직법」 개정으로 해양경찰이 해양수산부 소속 외청으로 독립하기 이전에 舊 「경찰법」은 경찰청과 해양경찰청 모두에게 적용되었다. 여기에 해양경찰청의 설치 근거와 직무에 관하여 규정하고 있었다.[11] 그런데 1996년 8월

11) 舊 「경찰법」에 규정된 해양경찰 근거 규정은 제5장 해양경찰로서 4개 조였다.
제19조(해양경찰청장) ① 해양경찰청에 해양경찰청장을 두되, 해양경찰청장은 치안정감으로 보한다.
② 해양경찰청장은 경찰청장의 지휘·감독을 받아 소관 사무를 관장하고 소속 공무원 및 소속 경찰기관의 장을 지휘·감독한다.
제20조(차장) ① 해양경찰청에 차장을 둘 수 있다.
② 차장은 해양경찰청장을 보좌하여 소관 사무를 처리하고 해양경찰청장이 사고가 있을 때는 그 직무를 대행한다.
제21조(해양경찰서장) ① 해양경찰서에 해양경찰서장을 두되, 해양경찰서장은 총경으로 보한다.
② 해양경찰서장은 해양경찰청장의 지휘·감독을 받아 소관 사무를 관장하고 소속 공무원을 지휘·감독한다.

해양경찰을 해양수산부 외청으로 독립시키는 「정부조직법」이 개정되면서 「경찰법」도 개정되었다. 이에 따라 「경찰법」에서 해양경찰에 관한 모든 조항이 삭제되었다.

이후 「해양경찰법」이 제정되기까지 법치주의의 원리에 위배되지 않았다 하더라도, 해양경찰의 조직과 작용에 대해 명확히 규정하는 법적 근거가 미약했던 것은 사실이다. 「정부조직법」 제43조 제2항에 "해양에서의 경찰 및 오염방제에 관한 사무를 관장하기 위하여 해양수산부장관 소속으로 해양경찰청을 둔다"라고 규정하고 있다. 하지만 해양경찰 작용에 대한 법적 근거로서 "해양에서의 경찰"이라는 규정만으로는 지나치게 추상적이어서 법률적 근거로는 부족한 실정이었다. 그런데 2019년 8월 20일 법률 제16515호로 「해양경찰법」이 공포됨으로써 해양경찰 작용에 대한 명확한 근거가 마련되었다.

3. 해양경찰 작용의 법적 근거

작용법 측면에서 볼 때 해양경찰 직무에 대한 일반적인 근거는 「정부조직법」 제43조 제2항에 "해양에서의 경찰 및 오염방제에 관한 사무를 관장하기 위하여 해양수산부장관 소속으로 해양경찰청을 둔다."라고 되어 있는 조항이다. 하지만 동 조항은 지나치게 추상적이고 다양한 해석의 여지가 있다. 해양경찰의 작용법적 근거를 육상에서 경찰작용을 위해 제정된 「경찰관직무집행법」에서도 찾을 수 있다. 같은 법은 경찰권의 수단, 한계, 절차에 관하여 규정한 법률로서 경찰권 발동의 일반적 근거라 할 수 있다. 하지만 같은 법은 육상에서 경찰직용을 전제로 만들어진 조항이 대부분이어서 이를 해상에서의 경찰작용에 그대로 적용하기 곤란한 경우도 많다.

한편, 2012년 「해양경비법」을 제정하여 해양에서 이루어지는 해양경찰 활동에 대하여 작용법적 근거를 마련하였다. 같은 법은 경비 수역에서의 해양 안보 확보, 치안 질서 유지, 해양수산자원 및 해양시설 보호를 위하여 해양경비에 관한 사항을 규정하려는 목적으로 만들어졌다. 하지만 「해양경비법」을 모든 해양경찰 작용에 적용되는 일반법으로 확대하여 해석하는 것은 바람직하지 않다. 왜냐하면 해양

---

③ 해양경찰서장 소속하에 해양경찰지서를 둘 수 있다.
제22조(직제) 해양경찰청 및 해양경찰서의 명칭·위치·관할구역·하부조직·공무원의 정원 기타 필요한 사항은 대통령령으로 정한다.

경비는 해양경찰 작용 일부분에 불과하고, 「해양경비법」에 규정된 해양경찰 작용을 전체 해양경찰 작용으로 보는 것은 비합리적이며 지나치게 확대된 해석이다.

이렇게 해양경찰 작용에 대한 법적 근거가 미흡했던 것은 2019년 8월 21일 「해양경찰법」이 제정되면서 전기를 마련하였다. 「해양경찰법」 제14조(직무)에 다음과 같이 해양경찰 작용 전반에 관해 규정하고 있다. ① 해양경찰은 해양에서의 수색·구조·연안 안전관리 및 선박교통관제와 경호·경비·대테러작전에 관한 직무를 수행한다. ② 해양경찰은 해양에서 공공의 안녕과 질서 유지를 위하여 해양 관련 범죄의 예방·진압·수사와 치안 정보의 수집·작성·배포에 관한 직무를 수행한다. ③ 해양경찰은 해양오염 방제 및 예방 활동에 관한 직무를 수행한다. ④ 해양경찰은 직무와 관련된 외국 정부 기관 및 국제기구와 협력하여야 한다. 이에 따라 해양경찰 작용과 관련하여 일반적 근거를 명확히 마련하였다.

이외에 해양경찰 작용과 관련한 법률은 다수이다. 해양경찰청 단독 소관 법률은 「수상에서의 수색·구조 등에 관한 법률」, 「수상레저안전법」, 「수상레저기구의 등록 및 검사에 관한 법률」, 「연안사고 예방에 관한 법률」, 「선박교통관제에 관한 법률」, 「해양경찰장비 도입 및 관리에 관한 법률」 등이 있다. 타 부처와 공동소관으로 「재난 및 안전관리 기본법」(행정안전부·소방청 공동소관), 「밀항단속법」(법무부 공동소관), 「경범죄 처벌법」(경찰청 공동소관) 등이 있다.

해양경찰청 소관은 아니지만, 해양경찰 작용에 직접 관련된 법률로 해사안전 분야에 「해사안전법」, 「선박안전법」, 「선박의 입항 및 출항 등에 관한 법률」, 「유선 및 도선사업법」 등이 있다. 어업 활동에 관련하여 「수산업법」, 「낚시관리 및 육성법」, 「경제수역어업주권법」 등이 있다. 경비 분야 법률로 「영해 및 접속수역법」, 「배타적 경제수역법」, 「해양과학조사법」 등이 있으며, 해양 환경 분야에 「해양환경관리법」이 있다. 이외에도 해양경찰이 해양에서 집행하는 법률은 수없이 많다. 해양경찰 주요 작용과 작용법의 근거에 관해서 제5편(해양경찰 기능론)에서 상세하게 살펴보겠다.

제2절 해양경찰 작용의 근거와 한계

1. 해양경찰권의 근거

가. 의 의

모든 행정작용은 법률로 근거가 주어지고, 헌법과 법률에 기속될 것이 요청된다. 특히, 국민의 권리를 제한하고 의무를 부과할 수 있는 경찰작용에 있어서는 법치행정의 원리가 엄격히 적용되어야 한다. 이에 따라 해양경찰 작용의 권원인 해양경찰권은 법치행정의 원리에 따라 국회가 제정한 법률에 근거하여 법률에 따른 내용과 절차대로 발동될 수 있다. 바다에서 행해지는 해양경찰 작용도 마찬가지로 법률에 따른 수권이 필요하다. 세부적으로는 해양경찰 조직구성·운영과 관련하여 조직법(예: 정부조직법)에 따른 수권이 필요하다. 해양경찰 작용의 내용과 절차와 관련하여 작용법(예: 경찰관직무집행법, 해양경비법 등)에 따른 수권이 필요하다.

다만, 법률에 명시적 근거에 의한 위임입법, 즉 행정부의 명령(대통령령, 부령)에 따라 해양경찰권을 발동할 수 있다. 법률에서 해양경찰권 발동을 명령에 위임할 때는 포괄적 위임을 할 수 없으며, 구체적으로 범위를 정하여 위임하여야 한다.

나. 일반조항의 인정 여부

경찰작용에 있어 법치행정의 원리가 엄격히 적용되어야 하는 것은 당연하지만, 해양경찰권을 발동할 수 있는 모든 상황을 법률이나 명령에 규정할 수는 없다. 이에 따라 현실적으로 일반조항의 인정 여부가 문제 될 수 있다. 일반조항이란 해양경찰권 발동의 근거가 되는 개별적인 작용법적 근거가 없을 때, 해양경찰권 발동의 일반적 근거가 될 수 있도록 포괄적으로 수권 되어 있는 조항을 말한다. 즉, 경찰작용과 관련하여 「경찰관직무집행법」 제2조 '기타 공공의 안녕과 질서 유지'나 「해양경비법」 제7조 제6호 '그 밖에 경비 수역에서 해양경비를 위한 공공의 안녕과 질서 유지' 같은 표현이 그것이다.

「해양경비법」 제7조에 규정된 내용은 해양경찰권을 발동할 수 있는 개별적 수권 조항이다. 즉, '1. 해양 관련 범죄에 대한 예방, 2. 해양오염 방제 및 해양수산자원 보호에 관한 조치, 3. 해상경호, 대(對)테러 및 대간첩작전 수행, 4. 해양시설의 보호에 관한 조치, 5. 해상항행 보호에 관한 조치' 등을 위해서 해양경찰권을 정당하게 발동할 수 있는 것이다. 그렇지만 위의 개별적이고 구체적인 사항 외에도 해양경찰권을 발동해야 하는 상황은 다양할 수 있다. 이때 제6호 '해양경비를 위한 공공의 안녕과 질서 유지'를 개괄조항으로 보아 해양경찰권을 발동할 수 있을 것인지 아닌지에 대하여 다툼이 있다. 학설은 '공공의 안녕과 질서 유지'에 관한 규정을 일반적 수권 조항으로 볼 수 있다는 설과 이를 부정하는 설로 나뉜다. 다만, 판례는 확립된 것은 아니나, 다른 적용 법규가 없는 경우 '공공의 안녕과 질서 유지'를 근거로 경찰권을 발동할 수 있는 것으로 보아 일반조항을 인정하고 있는 듯한 태도다.[12]

2. 해양경찰권의 한계

가. 개 념

해양경찰권은 권력적인 명령 또는 강제 작용이기 때문에 법령에 근거를 두고 법령이 허용하는 한도 내에서 발동되어야 한다. 이러한 법규상의 제약은 경찰권 발동의 일차적인 한계로 작용하지만, 입법기술상 모든 상황을 규정하는 것은 불가능하다. 따라서 법규상의 제약만으로 해양경찰권을 효과적으로 통제하기는 곤란하다. 해양경찰권 발동을 규정하는 법규에는 개괄적이고 다의적 불확정적 개념을 사용하여 경찰기관의 재량적 판단을 허용하는 경우가 많다. 이렇게 법규에서 재량을 허용할 때도 해양경찰권의 합리적 통제를 위해서는 내재적인 한계가 있어야 한다. 그러한 한계로 인정되는 일반적인 원칙은 경찰비례의 원칙, 경찰 소극목적의 원칙, 경찰 공공의 원칙, 경찰책임의 원칙 등이 있다.

나. 법규상의 한계

법규상의 한계는 법치주의 원리에서 나온다. 즉, 국민의 자유와 권리를 제한하고 의무를 부과하는 경찰직용은 반드시 개별법령의 근거가 있어야 한다. 그 법령에서 정하는 내용에 따라 경찰권이 작동되어야 하므로 내용 자체가 법규상의 한

12) 대판 1986. 1. 28. 85도2448.

계가 된다. 다른 하나는 경찰작용은 법률에서 정한 적법한 절차에 따라야 하는데, 이를 적법절차(Due Process)라 한다. 경찰작용에 대한 일반적인 절차를 규정하고 있는 법률은 「행정절차법」과 「형사소송법」 등이 대표적인데, 행정경찰 작용과 사법경찰 작용은 이 법에 정해진 절차에 반드시 따라야 한다.

다. 조리상의 한계

1) 경찰비례의 원칙

경찰비례(警察比例)의 원칙이란 경찰행정이 달성하고자 하는 공익과 그 공익을 실현하는 수단과의 관계에서 합리적인 비례를 이루어야 한다는 원칙이다. 즉, 공익을 달성하는 수단은 그 목적을 실현하는데 적합하고 최소한도로 개인의 자유와 권리를 침해하는 수단이어야 한다는 것이다. 과잉 금지의 원칙이라고도 한다. 경찰비례의 원칙은 세부적으로 볼 때, 목적에 대한 수단이 적합해야 한다는 적합성의 원칙, 목적 달성을 위해 최소 필요 한도의 침해 수단을 선택해야 한다는 필요성의 원칙, 침해되는 사익보다 달성하는 공익이 커야 한다는 상당성의 원칙을 그 내용으로 한다.

2) 경찰 소극 목적의 원칙

경찰권은 해양과 관련된 사회공공의 안녕과 질서를 유지하기 위하여 이에 위해가 되는 행위나 상태를 예방하고 제거하는 데 사용하여야 한다. 이러한 소극적 목적을 넘어 사회공공의 복리증진을 위해 사용하거나 사회 경제질서를 관리하는데 사용할 수 없다. 이러한 목적으로 사용하는 해양경찰권의 발동은 그 한계를 일탈한 위법한 경찰작용이다. 이를 소극 목적의 원칙이라 한다.

3) 경찰 공공의 원칙

경찰공공(警察公共)의 원칙이란 경찰권은 공공의 안녕과 질서 유지에 직접 관계가 없는 사적 관계에 발동할 수 없다는 원칙이다. 경찰공공의 원칙은 사생활 불가침의 원칙, 사주소 불가침의 원칙, 민사관계 불가침의 원칙을 포함한다.

4) 경찰책임의 원칙

경찰책임(警察責任)의 원칙은 경찰권은 경찰 위반 상태 또는 위험에 대하여 직접적인 책임을 발생시킨 자에 대해서만 발동할 수 있다는 원칙이다. 예외적으로 경찰 긴급사태에 대하여는 비책임자에 대해서도 경찰권이 발동될 수 있다. 경찰책임은 행위자의 고의・과실 여부, 행위능력・책임능력 여부, 자연인・법인 여부를 가리지 않고, 국적이나 위법 여부, 행위책임과 상태책임을 가리지 않고 적용된다.

제3절 해양경찰 작용의 유형

1. 해양경찰상 사실행위

사실행위(事實行爲)는 법률효과 발생을 목적으로 하는 게 아니라 직접적으로 사실상의 효과 발생만을 목적으로 하는 해양경찰기관의 행위형식을 말한다. 일정한 법률적 효과 발생을 목적으로 하는 경찰상 행정행위와 구분된다.

2. 해양경찰상 행정행위

행정행위(行政行爲)란 행정청이 행하는 구체적 사실에 관한 법 집행으로서의 공권력의 행사 또는 그 거부와 그 밖에 이에 준하는 행정작용을 말한다. 행정행위는 학문상 정립된 개념으로서 실정법상으로는 인가, 허가, 면허, 결정, 특허 등 다양한 용어로 사용되며, 행정소송의 대상으로서는 '처분'으로 규정되어 있다.[13] 행정행위는 그 행위의 요소인 정신작용이 효과의사 인지의 여부에 따라 법률 행위적 행정행위와 준법률행위적 행정행위로 분류되며, 법률 행위적 행정행위에는 명령적 행위와 형성적 행위가 있고 준법률행위적 행정행위에는 확인행위, 공증행위, 통지행위 및 수리행위가 있다. 여기서는 법률 행위적 행정행위를 중심으로 논하도록 한다.

가. 경찰하명

1) 의 의

경찰하명(警察下命)이란 경찰상의 목적 달성을 위하여 개인에 대하여 공익상

13) 「행정소송법」 제2조.

해로운 행위를 금지하거나 필요한 행위를 명하는 처분으로서 내용에 따라 작위·부작위·급부·수인하명이 있다. 작위하명은 일정한 행위를 적극적으로 명하는 것이다. 경찰관의 이동명령이 그 예이다. 부작위하명은 일정한 행위를 금지하는 것을 내용으로 한다. 음주 운항 금지, 수상레저활동 금지 등이 이에 해당한다. 급부하명은 경찰상의 목적을 위해 금전 또는 물품의 납부를 명하는 것이다. 예컨대, 각종 과태료의 납부, 경찰상의 대집행 비용징수 등을 들 수 있다. 수인하명은 경찰상의 강제에 반항하여서는 안 된다는 것을 명하는 것이다. 예컨대 경찰관의 위험방지를 위한 출입을 할 때 이를 감수하고 허용해야 하는 것이 그 예이다.

2) 하명의 효과

경찰하명을 받은 상대방은 그 내용에 따라 작위·부작위·급무·수인의 의무를 진다. 하명을 불이행한 행위에 대해서는 경찰상 강제집행과 경찰벌의 대상이 된다. 경찰하명에 위반한 행위는 그 행위의 사법상의 효력에는 영향을 미치지 못한다. 예컨대, 영업정지 명령을 위반하여 수상레저 사업을 하더라도 수상레저 사업자와 활동자 간 거래행위는 유효한 거래행위로 성립된다.

나. 경찰허가

1) 의 의

경찰 행정상의 목적을 위한 일반적 금지를 특정한 경우에 해제하여, 적법하게 특정한 행위를 할 수 있도록 하는 처분을 말한다. 경찰허가는 일반적 경찰금지를 전제로 한다. 경찰허가는 허가권 있는 경찰행정기관이 특정한 국민의 신청에 대하여 사회적 장애를 일으킬 염려가 없다고 인정하는 경우, 일반적 금지를 해제하고 적법하게 이를 행할 수 있는 자유를 회복시켜주는 행위이다. 다양한 영업허가나 수상레저 사업 허가 등이 이에 속한다. 경찰허가를 함에 있어 어느 시기에 누구에게 허가하느냐 등이 경찰관청의 공익적인 판단에 맡겨져 있다.

2) 종 류

(1) 대인적 허가

경찰허가 여부가 개인의 자격이나 능력 등 일신전속적인 성격을 가지는 경우 그 개인을 판단하여 허가 여부를 결정하게 된다. 수상레저 조종면허 등이 그 예이다.

(2) 대물적 허가

경찰허가 여부가 허가하려는 물건의 상태나 현황에 달렸을 때 그 물건을 판단하여 허가 여부를 결정하게 된다. 선박검사 합격 처분 등이 그 예이다.

(3) 혼합적 허가

경찰허가 여부가 인적 요소와 물적 요소 모두를 고려하여 허가 여부를 결정하게 된다. 수상레저 사업 허가나 조종면허 대행 기관 허가 등이 그 예이다.

3) 효 과

경찰허가는 일반적 · 상대적 금지를 특정한 경우에 해제하여, 적법하게 특정한 행위를 할 수 있도록 자유를 회복시켜주는 효과가 있다. 다만, 허가한 개인에게 새로운 권리나 능력을 설정해주는 것이 아니다. 허가를 위반한 행위는 무효가 되지 않고, 사법상의 행위는 유효하다.

다. 경찰면제

긴급 목적을 위해 명해진 작위 · 급부 등의 경찰의무를 특정인에 대해 해제해 주는 행정처분을 말한다. 예방접종 의무의 면제가 그 예에 속한다. 경찰면제는 작위 · 급부의 해제인 점에서, 경찰금지에 따르는 의무를 해제하는 경찰허가와 다르다.

3. 실효성 확보 수단

가. 경찰강제

경찰의 목적을 위하여 개인의 신체 또는 재산에 실력을 행사하여 경찰상 필요한 상태를 실현하는 작용을 말한다. 실력에 의한 사실 작용이라는 점에서 경찰하명이나 경찰허가와 같은 법률 행위적 작용과 구별된다. 경찰강제에는 경찰상 강제집행, 경찰상 즉시강제, 경찰조사가 있다.

1) 경찰상 강제집행

(1) 의 의

경찰상의 강제집행(强制執行)이란 경찰하명에 따른 경찰의무의 불이행이 있는 경우에 상대방의 신체 및 재산의 주거 등에 실력을 행사하여 경찰상 필요한 상태를 실현하게 하는 작용을 말한다. 경찰상 강제집행은 의무의 존재와 그 불이행을 전제로 한다는 점에서 이를 전제로 하지 않고, 급박한 경우 행해지는 경찰상 즉시강제와 구분된다. 강제집행은 전형적인 권력작용이므로 반드시 법률의 근거를 요한다. 이에 관한 일반법으로 「행정기본법」, 「행정대집행법」, 「국제징수법」이 있다.

(2) 대집행

대집행(代執行)이란 경찰관청으로부터 명령받은 행위를 그 의무자가 이행하지 않을 때, 경찰관청이 직접 또는 제3자가 권리자를 대행하게 하고 그 비용을 의무자에게 징수하는 제도를 말한다. 대집행의 절차는 「행정대집행법」에서 정한 절차에 따른다. 즉, 상당한 이행기한을 정하여 그 기한까지 이행되지 아니할 때는 대집행을 한다는 뜻을 미리 문서로써 계고하여야 한다(대집행의 계고). 의무자가 전항의 계고를 받고 지정기한까지 그 의무를 이행하지 아니할 때는 당해 행정청은 대집행영장으로서 대집행을 할 시기, 대집행시키기 위하여 파견하는 집행책임자의 성명과 대집행에 필요로 하는 비용의 개산에 의한 견적액을 의무자에게 통지하여야 한다(대집행영장의 통지). 이후 대집행영장대로 대집행을 실행하고(대집행의 실행), 대집행에 요한 비용은 국세징수법의 예에 의하여 징수할 수 있다(비용징수).[14)]

(3) 강제징수

강제징수(强制徵收)란 경찰상 의무자가 금전 급부 의무를 이행하지 아니하는 경우 행정청이 의무자의 재산에 실력을 행사하여 그 행정상 의무가 실현된 것과 같은 상태를 실현하는 것을 말한다. 「국세징수법」에는 강제징수의 절차로 독촉, 체납처분, 청산 순으로 정하고 있다.

---

14) 「행정대집행법」 제3조 내지 제6조.

(4) 집행벌

집행벌 또는 이행강제금이란 의무자가 비대체적 작위의무를 이행하지 아니하는 경우 경찰관청이 적절한 이행 기간을 부여하고, 그 기한까지 경찰상 의무를 이행하지 아니하면 금전 급부 의무를 부과하는 것을 말한다. 비대체적 작위의무의 예로 의사의 진료 의무나 예방접종을 받을 의무와 같이 타인이 대신할 수 없는 의무가 있다. 과거의 의무 위반에 대해 과하는 행정형벌이나 질서벌과 구별되는, 행정상의 강제집행 수단의 하나이다. 일정한 기한 내에 의무를 이행하지 않으면 일정한 과태료를 과한다는 뜻을 미리 계고해 심리적 압박을 가함으로써 의무이행을 간접 강제하는 것을 목적으로 한다.

(5) 직접강제

직접강제(直接强制)란 의무자가 경찰상 의무를 이행하지 아니하는 경우 경찰관청이 의무자의 신체나 재산에 실력을 행사하여 그 경찰상 의무의 이행이 있었던 것과 같은 상태를 실현하는 것을 말한다. 「유선 및 도선사업법」상 도선사업의 폐쇄, 「낚시관리 및 육성법」상 낚시어선 영업의 폐쇄가 그 예이다.

2) 경찰상 즉시강제

(1) 의 의

경찰상 즉시강제(卽時强制)란 경찰상 위험이 존재하거나 목전의 장해를 제거해야 하는 경우, 미리 그 의무를 명령할 시간적인 여유가 없을 때 직접 개인의 신체나 재산에 실력을 가하여 경찰상 필요한 상태를 실현하는 경찰작용을 의미한다. 행정상 의무의 존재와 그 불이행을 전제로 하지 아니하는 긴급수단이라는 점에서 행정상의 의무가 존재하고 그것이 이행되지 않을 때 그 이행을 강제하기 위한 행정상의 강제집행과 구별된다.

(2) 종 류

대인적 즉시강제로 「경찰관직무집행법」상 보호조치, 위험 발생의 방지 조치, 범죄예방·제지 조치, 경찰 장구 사용, 무기사용 등을 규정하고 있고, 「전염병예방법」상 감염병 환자의 강제격리나 「출입국관리법」상 강제퇴거가 있다. 대물적 즉시강제는 「경찰관직무집행법」상 임시영치를 규정하고 있고, 「식품위생법」상 식품 검사를 위한 수거, 「민방위기본법」상 토지 사용, 「총포도검화약류 등의 안전관리에 관한 법률」상 임시영치 등이 있다. 대가택 즉시강제로 「경찰관직무집행법」상 위험방지를 위한 가택출입, 「식품위생법」상 가택수색 등이 대가택 강제의 수단을 규정하고 있다.

(3) 한 계

경찰상 즉시강제는 개인의 자유와 권리를 침해할 수 있는 소지가 크므로 엄격한 법규의 근거가 필요하다. 조리상 한계인 급박성, 소극성, 비례성, 보충성을 충족하여야 한다. 절차상으로 즉시강제에 영장주의가 적용되어야 하는지에 관해 견해가 대립하고 있다. 영장 필요설, 영장 불요설, 절충설이 있는데 절충설이 통설과 판례의 입장이다.

3) 경찰조사

경찰조사(警察調査)란 경찰기관이 정책을 결정하거나 직무를 수행하는 데 필요한 정보나 자료를 수집하기 위하여 현장 조사·문서 열람·시료 채취 등을 하거나 조사대상자에게 보고 요구·자료 제출 요구 및 출석·진술 요구하는 활동을 말한다.[15] 불심검문, 어업감독공무원의 조사, 세관공무원의 조사 등이 그 예이다. 경찰조사를 하는 경우 경찰공무원은 그 권한을 표시하는 증표를 제시하고, 목적과 이유를 설명하여야 하여야 한다.[16]

나. 경찰벌

경찰벌(警察罰)이란 경찰작용의 상대방이 법령상 의무를 위반한 경우, 의무 위반에 대한 제재로서 상대방에 과하는 벌을 말한다. 경찰벌은 일반통치권에 따라 경찰의무 위반자에게 과하는 제재인 점에서, 특별권력관계에서 그 내부 질서를 유지하기 위하여 과하는 제재인 징계벌과 구별된다. 경찰벌과 집행벌(執行罰)은 행정법상의 의무 이행을 확보함을 목적으로 하는 점에서 같으나, 경찰벌은 경찰법상의 과거의 의무 위반에 대하여 과하는 제재인 데 대하여, 집행벌은 장래의 이행을 강제하기 위한 행정상의 강제집행의 일종이라는 점에서 구별된다.

---

15) 「행정조사기본법」 제2조.
16) 「경찰관직무집행법」 제3조, 제7조.

1) 경찰형벌

경찰벌에는 형법에 형명(刑名)이 있는 형벌인 경찰형벌과 형벌이 아닌 과태료를 과하는 경찰질서벌의 두 가지가 있다. 경찰형벌은 경찰법상의 의무 위반에 대해 사형·징역·금고 등 형법상 법정형의 형벌을 가하는 경찰벌을 말한다. 경찰형벌은 죄형법정주의(罪刑法定主義)가 적용되므로 반드시 법률의 근거가 있어야 하고, 과형절차에서도 형사벌과 동일하게 형사소송 절차에 따라 법원에서 재판하여 형법에 규정된 형벌을 과한다. 다만, 예외적인 특별과형절차로 「경범죄처벌법」에 의한 통고처분이나 「즉결심판에 관한 절차법」에 의한 즉결심판에 처한다.

2) 경찰질서벌

경찰질서벌(警察秩序罰)이란 경찰상 의무 위반인 경미한 행위에 대한 제재로서 과태료를 과하는 것을 말한다. 과태료는 형벌이 아니므로 형법총칙의 적용이 없고, 「질서위반행위규제법」, 「비송사건절차법」에 의하여 비행자의 주소지를 관할하는 지방법원에서 과한다. 그 집행은 검사의 명령으로써 하되, 원칙적으로 「민사소송법」에 의한다.

제4절 경찰관직무집행법

해양경찰의 작용에 대한 법적 근거는 여러 법률에서 찾을 수 있다. 그중에서도 경찰관의 경찰권 행사와 관련된 일반법으로서 해양경찰과 육상경찰이 공동 사용하는 「경찰관직무집행법」은 경찰관의 직무수행에 필요한 사항을 규정하고 있다. 같은 법은 경찰관의 일반적 직무 범위를 정하고 있고,[17] 경찰관 직무 수단으

---

17) 「경찰관직무집행법」제2조 경찰관은 다음 각호의 직무를 수행한다.
1. 국민의 생명·신체 및 재산의 보호
2. 범죄의 예방·진압 및 수사
2의2. 범죄피해자 보호
3. 경비, 주요 인사(人士) 경호 및 대간첩·대테러작전 수행
4. 공공안녕에 대한 위험의 예방과 대응을 위한 정보의 수집·작성 및 배포
5. 교통 단속과 교통 위해(危害)의 방지
6. 외국 정부 기관 및 국제기구와의 국제협력
7. 그 밖에 공공의 안녕과 질서 유지

로서 불심검문, 보호조치, 위험 발생의 방지, 범죄의 예방과 제지, 위험방지를 위한 출입, 사실의 확인 등에 대해 규정하고 있다. 경찰장비의 사용에 대해서도 정하고 있다. 같은 법은 육상에서 경찰직용을 전제로 만들어졌기 때문에 해상에서의 경찰작용에 그대로 적용하기 곤란한 예도 있지만,[18] 해양경찰관 직무수행에 광범위하게 적용하고 있다.

1. 불심검문

가. 의 의

불심검문(不審檢問)이란 수상한 행동이나 그 밖의 주위 사정을 합리적으로 판단하여 볼 때 어떠한 죄를 범하였거나 범하려 하고 있다고 의심할 만한 상당한 이유가 있는 자 또는 이미 행하여진 범죄나 행하여지려고 하는 범죄행위에 관한 사실을 안다고 인정되는 자에 대하여 정지와 질문, 흉기 소지 여부의 검사 및 임의동행을 할 수 있는 경찰관의 직무 활동을 말한다. 불심검문은 경찰실무에서 광범위하게 활용하고 있다. 예컨대, 대규모 집회가 예정된 경우, 경찰은 집회의 불법 여부를 판단할 수 있는 재량이 있는데, 불법으로 규정된 집회가 강행되면 그 집회 장소가 봉쇄되고 집회 현장 주변에서 불심검문이 이루어지는 것이 일반적이다. 함정 순찰 중 불법행위가 의심되는 선박에 대하여 검문 검색하거나 우리나라 배타적 경제수역(EEZ)에서 조업하는 외국 어선에 대하여 불법 여부를 조사하기 위하여 수시로 검문 검색하고 있다.

불심검문은 정지와 질문, 소지품 검사, 임의동행 요구 등을 모두 포함한다. 불심검문은 경찰권 발동의 표준조치로서 범죄예방을 위하여 가장 효율적이면서 중요한 수단의 하나로서 기능하고 있고, 범죄의 조기 발견 및 확산 저지를 위해 경찰 실무상 중요한 지위를 차지하고 있다. 반면, 과거 권위주의 정권에서 불심검문을 남발하여 강압적으로 행사함으로써 신체의 자유와 프라이버시권을 자주 침해해온 것도 사실이다.[19]

18) 고명석 · 박주상, (2022), "해상에서 경찰관직무집행법 적용의 한계에 관한 고찰", 한국치안행정논집 19(4): 10-16.
19) 고명석 · 박주상, (2022), "해상에서 경찰관직무집행법 적용의 한계에 관한 고찰", 한국치안행정논집 19(4): 6.

나. 대 상

불심검문은 수상한 행동이나 어떠한 죄를 범하였거나 범하려 하고 있다고 의심할 만한 상당한 이유가 있는 사람 또는 이미 행하여진 범죄나 행하여지려고 하는 범죄행위에 관한 사실을 안다고 인정되는 사람을 대상으로 한다. 불심검문의 객체는 거동이 수상한 불특정 개인이며, 불특정 물건이나 대상물만을 객체로 할 수는 없다.

다. 수 단

1) 정지 및 질문

경찰관은 수상한 행동이나 그 밖의 주위 사정을 합리적으로 판단하여 볼 때 어떠한 죄를 범하였거나 범하려 하고 있다고 의심할 만한 상당한 이유가 있는 사람 또는 이미 행하여진 범죄나 행하여지려고 하는 범죄행위에 관한 사실을 안다고 인정되는 사람을 정지시켜 질문하는 것을 말한다(경찰관직무집행법 제3조 제1항).

2) 동행요구

경찰관은 대상자를 정지시킨 장소에서 질문을 하는 것이 그 사람에게 불리하거나 교통에 방해가 된다고 인정될 때는 질문을 하기 위하여 가까운 경찰서·지구대·파출소 또는 출장소로 동행할 것을 요구할 수 있다. 이 경우 동행을 요구받은 사람은 그 요구를 거절할 수 있다(경찰관직무집행법 제3조 제2항).

3) 흉기 소지 여부 조사

경찰관은 대상자에게 질문을 할 때 그 사람이 흉기를 가졌는지를 조사할 수 있다(경찰관직무집행법 제3조 제3항).

라. 준수사항

경찰관은 대상자에게 질문을 하거나 동행을 요구할 경우, 자신의 신분을 표시하는 증표를 제시하면서 소속과 성명을 밝히고 질문이나 동행의 목적과 이유를 설명하여야 하며, 동행을 요구할 때는 동행 장소를 밝혀야 한다(경찰관직무집행법

제3조 제4항). 경찰관은 제2항에 따라 동행한 사람의 가족이나 친지 등에게 동행한 경찰관의 신분, 동행 장소, 동행 목적과 이유를 알리거나 본인이 즉시 연락할 수 있는 기회를 주어야 하며, 변호인의 도움을 받을 권리가 있음을 알려야 한다(경찰관직무집행법 제3조 제5항). 경찰관은 제2항에 따라 동행한 사람을 6시간을 초과하여 경찰관서에 머물게 할 수 없다(경찰관직무집행법 제3조 제6항).

2. 보호조치

가. 의 의

수상한 행동이나 그 밖의 주위 사정을 합리적으로 판단해 볼 때 응급구호가 필요하다고 믿을 만한 상당한 이유가 있는 사람을 발견하였을 때 보건의료기관이나 공공 구호 기관에 긴급구호를 요청하거나 경찰관서에 보호하는 조치를 말한다. 보호조치는 임의적인 경우와 강제적인 경우가 모두 포함되며, 강제적일 때 대인적 즉시강제에 해당하므로 제한적으로 이루어져야 한다.

나. 대 상

보호조치의 대상인 구호대상자는 다음 각호의 해당하는 사람이다(경찰관직무집행법 제4조 제1항).

1. 정신착란을 일으키거나 술에 취하여 자신 또는 다른 사람의 생명·신체·재산에 위해를 끼칠 우려가 있는 사람
2. 자살을 시도하는 사람
3. 미아, 병자, 부상자 등으로서 적당한 보호자가 없으며 응급구호가 필요하다고 인정되는 사람. 다만, 본인이 구호를 거절하는 경우는 제외한다.

다. 방 법

경찰관은 보건의료기관이나 공공 구호 기관에 긴급구호를 요청하거나 경찰관서에 보호하는 등 적절한 조치를 할 수 있다. 긴급구호를 요청받은 보건의료기관이나 공공 구호 기관은 정당한 이유 없이 긴급구호를 거절할 수 없다. 경찰관은 조치할 때 구호대상자가 휴대하고 있는 무기·흉기 등 위험을 일으킬 수 있는 것으로 인정되는 물건을 경찰관서에 임시로 영치하여 놓을 수 있다. 경찰관은 보호

조치를 하였을 때는 지체 없이 구호대상자의 가족, 친지 또는 그 밖의 연고자에게 그 사실을 알려야 한다.

라. 준수사항

보호 대상자를 경찰관서에서 보호하는 기간은 24시간을 초과할 수 없고, 물건을 경찰관서에 임시로 영치하는 기간은 10일을 초과할 수 없다(경찰관직무집행법 제4조 제7항).

3. 위험 발생의 방지

가. 의 의

경찰관은 사람의 생명 또는 신체에 위해를 끼치거나 재산에 중대한 손해를 끼칠 우려가 있는 천재(天災), 사변(事變), 인공구조물의 파손이나 붕괴, 교통사고, 위험물의 폭발, 위험한 동물 등의 출현, 극도의 혼잡, 그 밖의 위험한 사태가 있을 때는 다음 각호의 조치를 할 수 있다. 이 조치는 대인적·대물적·대가택적 즉시강제에 해당한다.

1. 그 장소에 모인 사람, 사물의 관리자, 그 밖의 관계인에게 필요한 경고를 하는 것
2. 매우 긴급한 경우에는 위해를 입을 우려가 있는 사람을 필요한 한도에서 억류하거나 피난시키는 것
3. 그 장소에 있는 사람, 사물의 관리자, 그 밖의 관계인에게 위해를 방지하기 위하여 필요하다고 인정되는 조치를 하게 하거나 직접 그 조치를 하는 것

나. 요 건

위험 발생의 방지 조치를 할 수 있는 요건은 첫째, 사람의 생명 또는 신체에 위해를 끼칠 때나, 둘째, 재산에 중대한 손해를 끼칠 우려가 있는 천재, 사변, 인공구조물의 파손이나 붕괴, 교통사고, 위험물의 폭발, 위험한 동물 등의 출현, 극도의 혼잡, 그 밖의 위험한 사태가 있을 때이다.

다. 방 법

1) 경 고

그 장소에 모인 사람, 사물의 관리자, 그 밖의 관계인에게 필요한 경고를 할 수 있다.

2) 억류 · 피난

매우 긴급한 경우에는 위해를 입을 우려가 있는 사람을 필요한 한도에서 억류하거나 피난시킬 수 있다.

3) 위해방지조치

그 장소에 있는 사람, 사물의 관리자, 그 밖의 관계인에게 위해를 방지하기 위하여 필요하다고 인정되는 조치를 하게 하거나 직접 그 조치를 할 수 있다.

4) 접근 · 통행금지

대간첩작전의 수행이나 소요 사태의 진압을 위하여 필요하다고 인정되는 상당한 이유가 있을 때에는 대간첩 작전지역이나 경찰관서 · 무기고 등 국가중요시설에 대한 접근 또는 통행을 제한하거나 금지할 수 있다

4. 범죄의 예방과 제지

경찰관은 범죄행위가 목전에 행하여지려고 하고 있다고 인정될 때는 이를 예방하기 위하여 관계인에게 필요한 경고를 하고, 그 행위로 인하여 사람의 생명 · 신체에 위해를 끼치거나 재산에 중대한 손해를 끼칠 우려가 있는 긴급한 경우에는 그 행위를 제지할 수 있다. 대인적 즉시강제에 해당한다.

5. 위험방지를 위한 출입

가. 의 의

위험한 사태가 발생하여 사람의 생명 · 신체 또는 재산에 대한 위해가 임박한 때에 그 위해를 방지하거나 피해자를 구조하기 위하여 부득이하다고 인정하면 합

리적으로 판단하여 필요한 한도에서 다른 사람의 토지 · 건물 · 배 또는 차에 출입할 수 있다.

나. 유 형

1) 긴급출입

경찰관은 위험한 사태가 발생하여 사람의 생명 · 신체 또는 재산에 대한 위해가 임박한 때에 그 위해를 방지하거나 피해자를 구조하기 위하여 부득이하다고 인정하면 합리적으로 판단하여 필요한 한도에서 다른 사람의 토지 · 건물 · 배 또는 차에 출입할 수 있다(경찰관직무집행법 제7조 제1항).

2) 예방 출입

흥행장, 여관, 음식점, 역, 그 밖에 많은 사람이 출입하는 장소의 관리자나 그에 준하는 관계인은 경찰관이 범죄나 사람의 생명 · 신체 · 재산에 대한 위해를 예방하기 위하여 해당 장소의 영업시간이나 해당 장소가 일반인에게 공개된 시간에 그 장소에 출입하겠다고 요구하면 정당한 이유 없이 그 요구를 거절할 수 없다(경찰관직무집행법 제7조 제2항).

3) 대간첩작전을 위한 검색

경찰관은 대간첩작전 수행에 필요할 때는 작전지역에서 제2항에 따른 장소를 검색할 수 있다(경찰관직무집행법 제7조 제3항).

6. 사실확인 및 출석요구

가. 사실의 확인

경찰관서의 장은 직무수행에 필요하다고 인정되는 상당한 이유가 있을 때는 국가기관이나 공사 단체 등에 직무수행에 관련된 사실을 조회할 수 있다. 다만, 긴급한 경우에는 소속 경찰관에게 현장에 나가 해당 기관 또는 단체의 장의 협조를 받아 그 사실을 확인하게 할 수 있다(경찰관직무집행법 제8조 제1항). 비권력적 사실행위에 해당한다.

나. 출석요구

경찰관은 다음 각호의 직무를 수행하는 데 필요하면 관계인에게 출석하여야 하는 사유·일시 및 장소를 명확히 적은 출석요구서를 보내 경찰관서에 출석할 것을 요구할 수 있다(경찰관직무집행법 제8조 제2항).

1. 미아를 인수할 보호자 확인
2. 유실물을 인수할 권리자 확인
3. 사고로 인한 사상자(死傷者) 확인
4. 행정처분을 위한 교통사고 조사에 필요한 사실 확인

7. 경찰장비의 사용 등

가. 경찰장비의 사용

경찰관은 직무수행 중 경찰장비를 사용할 수 있다. 다만, 사람의 생명이나 신체에 위해를 끼칠 수 있는 경찰장비를 사용할 때는 필요한 안전교육과 안전검사를 받은 후 사용하여야 한다(경찰관직무집행법 제10조 제1항). 경찰장비의 종류는 무기, 경찰 장구, 최루제와 그 발사 장치, 살수차, 감식기구, 해안 감시기구, 통신기기, 차량·선박·항공기 등 경찰이 직무를 수행할 때 필요한 장치와 기구를 말한다(경찰관직무집행법 제10조 제2항). 경찰장비 중에서 사람의 생명이나 신체에 위해를 끼칠 수 있는 위해성 경찰장비의 종류는 대통령령으로 정하고 있다.[20] 경찰관은 경찰장비를 함부로 개조하거나 경찰장비에 임의의 장비를 부착하여 일반적인 사용법과 달리 사용함으로써 다른 사람의 생명·신체에 위해를 끼쳐서는 아니 된다(경찰관직무집행법 제10조 제3항).

---

20) 「위해성 경찰장비의 사용기준 등에 관한 규정」제2조 사람의 생명이나 신체에 위해를 끼칠 수 있는 경찰장비의 종류는 다음 각호와 같다.

1. 경찰 장구: 수갑·포승(捕繩)·호송용 포승·경찰봉·호신용 경찰봉·전자충격기·방패 및 전자 방패
2. 무기: 권총·소총·기관총(기관단총을 포함한다. 이하 같다)·산탄총·유탄발사기·박격포·3인치포·함포·크레모아·수류탄·폭약류 및 도검
3. 분사기·최루탄 등: 근접분사기·가스분사기·가스발사총(고무탄 발사겸용을 포함한다. 이하 같다) 및 최루탄(그 발사 장치를 포함한다. 이하 같다)
4. 기타 장비: 가스차·살수차·특수진압차·물포·석궁·다목적발사기 및 도주차량 차단 장비

나. 경찰 장구의 사용

경찰 장구는 경찰관이 휴대하여 범인 검거와 범죄 진압 등의 직무수행에 사용하는 수갑, 포승, 경찰봉, 방패 등을 말한다(경찰관직무집행법 제10조의2 제2항). 경찰관은 다음 각호의 직무를 수행하는 데 필요하다고 인정되는 상당한 이유가 있을 때는 그 사태를 합리적으로 판단하여 필요한 한도에서 경찰 장구를 사용할 수 있다.

1. 현행범이나 사형·무기 또는 장기 3년 이상의 징역이나 금고에 해당하는 죄를 범한 범인의 체포 또는 도주 방지
2. 자신이나 다른 사람의 생명·신체의 방어 및 보호
3. 공무집행에 대한 항거 제지

다. 분사기 또는 최루탄의 사용

경찰관은 다음 각호의 직무를 수행하기 위하여 필요하다고 인정되는 부득이한 경우에는 현장 책임자가 판단하여 필요한 최소한의 범위에서 분사기 또는 최루탄을 사용할 수 있다(경찰관직무집행법 제10조의3).

1. 범인의 체포 또는 범인의 도주 방지
2. 불법집회·시위로 인한 자신이나 다른 사람의 생명·신체와 재산 및 공공시설 안전에 대한 현저한 위해의 발생 억제

라. 무기의 사용

경찰관은 범인의 체포, 범인의 도주 방지, 자신이나 다른 사람의 생명·신체의 방어 및 보호, 공무집행에 대한 항거의 제지를 위하여 필요하다고 인정되는 상당한 이유가 있을 때는 그 사태를 합리적으로 판단하여 필요한 한도에서 무기를 사용할 수 있다. 다만, 다음 각호의 어느 하나에 해당할 때를 제외하고는 사람에게 위해를 끼쳐서는 아니 된다.

1. 「형법」에 규정된 정당방위와 긴급피난에 해당할 때
2. 다음 각 목의 어느 하나에 해당하는 때에 그 행위를 방지하거나 그 행위자를 체포하기 위하여 무기를 사용하지 아니하고는 다른 수단이 없다고 인정

되는 상당한 이유가 있을 때

가. 사형 · 무기 또는 장기 3년 이상의 징역이나 금고에 해당하는 죄를 범하거나 범하였다고 의심할 만한 충분한 이유가 있는 사람이 경찰관의 직무집행에 항거하거나 도주하려고 할 때

나. 체포 · 구속영장과 압수 · 수색영장을 집행하는 과정에서 경찰관의 직무집행에 항거하거나 도주하려고 할 때

다. 제3자가 가목 또는 나목에 해당하는 사람을 도주시키려고 경찰관에게 항거할 때

라. 범인이나 소요를 일으킨 사람이 무기 · 흉기 등 위험한 물건을 지니고 경찰관으로부터 3회 이상 물건을 버리라는 명령이나 항복하라는 명령을 받고도 따르지 아니하면서 계속 항거할 때

3. 대간첩작전 수행 과정에서 무장 간첩이 항복하라는 경찰관의 명령을 받고도 따르지 아니할 때

제5절 해양경찰 작용 관련 국제법규

해양경찰 임무와 작용은 국제성(國際性)을 가진다. 이는 해양경찰이 수행하는 임무가 세계적으로 공통으로 적용되는 특성을 말한다. 대부분 우리나라 해사법규는 국제 협약의 내용을 국내에 수용한 형태이며, 세계적으로 통용되는 공통적인 내용이다. 이런 특성 때문에 해양경찰 작용과 관련하여 국제법규를 직접 적용하거나 국내에 입법화된 국제법규를 적용하게 된다. 여기서는 해양경찰이 임무수행을 하는 데 있어 빈번하게 적용하는 국제법규에 대하여 알아보겠다.

1. 유엔해양법협약(UNCLOS)

「유엔해양법협약」은 해양의 수평적 공간을 기준으로 연안국의 주권적 권리와 공해의 자유로운 이용권을 어떻게 배분할 것인가에 관한 협약이다. 즉, 협약 내용은 영해의 폭을 정하고, 배타적 경제수역 및 대륙붕에 대한 연안국의 자원관할권에 관해 규정하고 있다. 또 국제해협이나 군도수역을 항해하는 선박의 통항권을

보장해줌으로써 연안국가와 해양국가의 이익이 균형을 이루도록 조정하고 있다. 특히 새로운 제도로서 심해저 제도를 설립하여 깊은 바다의 자원을 개발에 대해 정하고 있다. 이외에도 해양 환경 보호, 해양과학조사, 분쟁 해결 등 해양 관련 문제를 망라해서 다루는 한편, 해양법재판소를 설립하여 국가 간 이해관계의 대립에 대비하고 있다.

「유엔해양법협약」의 본문은 17개 장, 320개의 조문으로 이루어져 있다. 협약의 원명은 'United Nations Convention on the Law of the Sea'이다. 1982년 12월 10일 채택되었고, 1994년 11월 16일에 발효되었다. 협약은 해양경찰 작용 중에서 경비 분야에 빈번하게 적용되는 대표적인 협약이다.

2. 해상인명안전협약(SOLAS 74)

「해상인명안전협약(SOLAS 74, 해상에서의 인명 안전을 위한 국제 협약)」은 해상 안전과 해양 환경 보호를 위한 예방적 규제 규범의 대표적인 사례이다. 「해상인명안전협약(SOLAS 74)」은 선박의 설계 · 건조, 구획 · 복원성 등 선박의 구조, 선박의 설비 및 선박의 인적 요소를 규제함으로써 해상안전과 해양 환경 보호를 확보하는 데 목적이 있다. 협약의 원명은 'The International Convention for the Safety of Life At Sea, 1974'이다. 1974년 11월 1일 채택되었고, 1980년 5월 25일 발효되었다. 본문 3개 조와 8개의 부속서로 출발하였다. 해상의 안전을 다루는 국제 협약 중에 가장 중요도가 높은 협약이라 할 것이다.

3. 국제해상충돌예방규칙(COLREG 72)

「국제해상충돌예방규칙(COLREG 72)」은 해상에서 선박 운항 중 충돌 위험을 예방하기 위한 항법과 회피 동작 및 설비에 관하여 규정하고 있다. 협약 내용은 안전한 속력, 충돌을 회피하기 위한 동작 등 항법 규정, 선박 간 충돌 회피 동작, 등화와 형상물 설비 규정, 거대선, 흘수 제약선, 조종 능력 제한선 등의 항행 방법, 음향신호와 발광신호 규정 등이 있다. 협약의 원명은 'Convention on the International Regulations for Preventing Collisions at Sea, 1972'이다. 1972년 10월 20일 채택되었고, 1977년 7월 15일 발효되었다. 협약은 내용본문 38개 조문과 3개의 부속서로 이루어져 있다.

4. 해상수색구조협약(SAR 79)

「해상수색구조협약(SAR 79)」은 국제적인 수색 및 구조체제를 확립함으로써 수중 및 수상에서의 안전 관련 조정 활동을 개발 촉진하고, 수색구조 작업에 참여하는 전 세계 수색 및 구조 기관과 참여자 간의 협력을 촉진함을 목적으로 한다. 구성과 주요 내용은 본문 8개 조문과 6개 장으로 구성된 부속서 및 10개의 결의서가 있다. 협약의 원명은 'The International Convention on Maritime Search and Rescue, 1979'이다. 1979년 4월 27일 채택되었고, 1985년 6월 22일 발효되었다.

5. 해양오염방지협약(MARPOL 73/78)

「해양오염방지협약(MARPOL 73/78, 선박으로부터의 해양오염 방지에 관한 국제협약)」은 선박으로부터 배출될 수 있는 기름에 의한 해양오염을 규제하기 위한 협약이다. 선박으로부터 기름 배출에 대한 규제 조치로서는 1954년 5월 12일에 채택된 1954년 「유류에 의한 해양오염 방지 협약(OILPOL)」이 있었으나, 1973년 10월 8일부터 개최된 해양오염에 관한 국제회의에서 기름 이외의 선박으로부터 배출될 수 있는 각종 오염물질의 배출도 규제하기 위하여 1973년 「해양오염방지협약(MARPOL)」이 채택되었다.

이 협약은 1978년 2월 17일 1978년 의정서에 의하여 수정되었고, 1980년 11월 4일 그 명칭을 「이 협약에 관한 1978년 의정서에 의하여 수정된 1973년 선박으로부터의 오염방지를 위한 국제 협약(The International Convention for the Prevention of Pollution from Ships 1973, as Modified by The Protocol of 1978 relating thereto)」으로 통일하였다. 1978년 2월 17일 채택되었고, 1983년 10월 2일 발효되었다.

6. 유류오염 대비, 대응 및 협력 조약(OPRC 90)

협약의 목적은 대형 유류 오염사고에 대비하고 대응하기 위한 국제협력과 상호원조 체제를 구축하고, 각국으로 하여금 유류오염 긴급상황에 대처할 수 있는 능력을 확보하고 유지하게 하는 데 있다. 협약에는 각 당사국이 유류오염 사고에 즉각적이고 효과적으로 대처할 수 있도록 국가적인 방제체제를 구축하도록 요구하고 있다. 그리고 각국은 유류오염의 대비 및 대응을 위한 국가긴급계획(National Contingency Plan)을 준비해야 하며, 중대한 오염사고가 발생했을 경우 이를 처리하기 위해 국제기구나 주변국에 지원을 요청할 수 있게 된다. 협약 원명은 'International Convention on Oil Pollution Preparedness, Response and Co-operation, 1990'이며 1990년 11월 국제해사기구(IMO) 총회에서 협약문이 채택되었고, 1995년 5월 13일 국제적으로 발효되었다.

7. 어업에 관한 양자 협약

가. 한 · 일 어업협정

이 협정은 1965년 6월 22일 체결해 12월부터 발효된 「한 · 일어업협정」과 이를 파기하고 1998년 11월 28일 다시 체결해 1999년 1월 22일부터 발효된 「신한 · 일어업협정」 모두를 말한다. 협정의 주요 내용은 ① 배타적 경제수역(EEZ)의 설정, ② 동해 중간수역 설정, ③ 제주도 남부 수역 설정, ④ 전통적 어업실적 보장 및 불법조업 단속, ⑤ 어업공동위원회 설치 등이다.

나. 한 · 중 어업협정

이 협정은 1994년 해양법협약이 발효된 뒤 1996년 한 · 중 · 일 3국이 비준함으로써 새로운 어업 질서 구축이 필요하였는데, 이에 따라 협상 끝에 타결된 조약이다. 한국과 중국 정부 간 어업협정 체결을 위한 실무회담을 시작해 2000년 8월 3일 정식으로 서명하고, 2001년 4월 5일 중국 북경에서 열린 한 · 중 수산 당국 간 고위급 회담에서 최종 합의함으로써 2001년 6월 30일부터 발효한 한국과 중국 사이의 어업협정이다. 1998년 11월 가조인 후, 2000년 8월 정식 서명을 거쳐 2001년 최종 합의에 이른 것이다. 협정 내용은 ① 잠정조치수역 설정, ② 발효 후 4년 경과 시 자동으로 양국의 배타적 경제수역으로 편입되는 과도수역 설정, ③ 구조 및 긴급피난 시 상호협조, ④ 어업공동위원회 설치 등이 포함되었다. 이 협정으로 한중 양국 모두에게 자국 쪽 바다라는 개념이 확실해짐으로써 「유엔해양법협약」에 따른 새로운 어업 질서를 형성하게 되었다.

제 4 편

해양경찰 행정관리론

제1장 행정관리 개관
제2장 해양경찰 조직관리
제3장 해양경찰 인사관리
제4장 해양경찰 예산 및 법령관리
제5장 해양경찰 장비관리
제6장 보안 및 문서관리

편을 시작하며

조직은 종류와 관계없이 반드시 공동의 목표가 있기 마련이다. 조직이 목표를 달성하기 위해서는 주어진 자원을 효율적으로 활용하여야 하며, 이를 위해서 하는 활동이 관리이다. 관리(Management)란 일정한 목적을 효과적으로 실현하기 위하여 인적 · 물적 여러 요소를 적절히 결합하여 그 운영을 지도 · 조정하는 기능 또는 그 작용을 말한다.* 행정관리(Public Administration Management)란 행정기관이 행정 목표를 설정하고 그것을 효과적으로 달성하는 데 필요한 사항을 기획·조직·동작화하고 지도·조정·통제하는 것을 말한다.

제4편에서는 해양경찰 행정관리에 관하여 기술하겠다. 해양경찰 행정관리 분야는 기획, 홍보, 감사·감찰, 조직, 인사, 예산, 법령, 장비, 보안 분야 등 다양한 관리 활동이 있다. 제3편 제도론이 해양경찰 조직과 공무원을 제도적 시각에서 바라본 것이라면, 제4편 행정관리론은 같은 대상을 현실적으로 이루어지는 원리나 이론을 중심으로 살펴보는 것이다. 또 제4편 행정관리가 조직 목표를 달성하기 위하여 해양경찰 내부적인 자원을 관리하는 것에 중점을 둔다면, 제5편 기능론은 조직 목표를 달성하기 위하여 대외적으로 해양경찰이 행하는 임무, 일, 기능에 초점을 두고 있다. 행정관리가 해양경찰 임무나 기능을 위한 간접적 지원활동이라면, 기능론은 국민에 대한 직접적인 작용이나 서비스 제공 활동이다.

---

* 두산백과 두피디아.

제 1 장

행정관리 개관

행정관리는 해양경찰의 미션을 달성하기 위하여 조직 내부 자원을 활용하고 기획 · 조직 · 동작화하고, 조정 · 통제하는 작용을 말한다. 행정관리가 해양경찰 내부적인 작용이지만, 대외적인 기능을 수행하기 위해서도 반드시 필요하다. 제1장에서는 해양경찰 행정관리란 무엇이며, 행정관리의 필요성에 대하여 알아보겠다. 해양경찰 행정관리의 중요한 분야는 조직관리, 인사관리, 예산 · 법령 관리, 장비관리, 보안 · 문서관리 등이 있다.

제 1 절 행정관리의 의의

해양경찰 행정관리(Korea Coast Guard Management)는 해양경찰의 조직 목표를 달성하기 위하여 제한된 인적 자원과 물적 자원을 효율적으로 조직화 · 동작화하고 조정 · 통제하는 것을 의미한다. 다시 말해, 해양경찰이 추구하는 최종적인 미션인 “안전하고 깨끗한 희망의 바다”를 만들기 위해 조직 내부 자원을 활용하고 기획 · 조직 · 동작화하고 조정 · 통제하는 작용을 말한다. 그러므로 해양경찰 행정관리는 국민을 직접적으로 접하거나 대하는 외부적 작용이 아니라 해양경찰 조직 내부적인 작용을 의미한다. 행정관리 과정에서 사기업과 계약 등 외부와의 작용이 없는 것은 아니지만, 이는 행정관리의 본질적인 작용이 아니라 절차적이고 부수적으로 이루어지는 작용이다. 해양경찰이 해양 경비, 수색구조, 해양 안전, 수사, 해양오염 방제 활동 등 국민을 대상으로 수행하는 외부적인 활동을 해양경찰 기능 · 작용 또는 임무라 한다. 이와 달리 행정관리는 해양경찰 조직 목표를 달성하기 위하여 해양경찰 내부 자원을 활용하고 관리하는 내부 활동이라는 특징이 있다.

제2절 행정관리의 필요성과 분야

사기업의 궁극적인 목표는 이익의 추구이지만 행정기관의 목표는 공익을 추구하는 것이다. 해양경찰의 존립 목적도 국민을 위하여 “안전하고 깨끗한 희망의 바다”를 만들고, “국민과 함께, 더 나은 바다로!” 나아가는 것이다.[1] 이를 위해 해양경찰의 모든 자원을 적절히 결합하고 조직화하며 효율적으로 활용하여야 한다. 행정관리는 다음과 같은 몇 가지 이유로 필요하다. 첫째, 행정관리는 효율적인 자원 관리를 위해서 필요하다. 행정관리는 예산, 시간, 인력, 재고 등의 자원을 효율적으로 조직하고 할당함으로써 비용 절감과 생산성 향상을 이룬다. 둘째, 행정관리는 업무 프로세스의 효율성을 향상하는 데 도움을 준다. 업무의 흐름을 체계적으로 조직화하고 표준화함으로써 일관성과 일정성을 유지할 수 있다. 셋째, 행정관리는 조직 내부와 외부에서 발생하는 다양한 정보를 수집, 분석하고 이를 기반으로 의사결정을 지원한다. 또한, 행정관리는 정책 수립과 실행에 필요한 정보를 제공하여 조직의 목표 달성을 돕는다. 넷째, 행정관리는 조직의 법적 규제와 윤리적 기준을 준수하는데 필요한 절차와 시스템을 구축하고 관리함으로써 조직의 합법성과 윤리성을 보장한다. 다섯째, 행정관리는 공공서비스를 효율적으로 제공하고, 국민의 요구와 기대를 충족시키기 위한 체계를 구축한다. 이를 통해 공공서비스의 품질과 효과성을 향상할 수 있다. 해양경찰 행정관리에 분야는 기획관리, 홍보 관리, 감사 · 감찰 활동, 조직관리, 인사관리, 예산관리, 법령관리, 장비관리, 보안관리 등 조직의 전 부분에 걸쳐 있다. 본 장에서는 이 중에서 중요한 몇 분야를 중심으로 내용을 살펴보도록 하겠다.

1) 해양경찰청 미션은 “안전하고 깨끗한 희망의 바다”이며, 하위개념인 비전은 “국민과 함께, 더 나은 바다로!”이다(해양경찰청 홈페이지 참조).

제2장

해양경찰 조직관리

해양경찰 행정관리 중에서 중요한 부분이 조직관리 분야이다. 해양경찰도 일반적인 조직의 특성을 가진 조직이므로 해양경찰 조직을 이해하기 위해서는 일반 조직에 대한 이해가 필요하다. 모든 조직은 내부적 구조를 갖추고 조직구성원과 상호작용하면서 정치·경제·문화와 같은 외부환경과 상호작용하는 개방적인 시스템이다. 제2장에서는 조직을 어떻게 편성하고 관리할 것인가를 중심으로 일반적인 조직에 적용되는 원리나 이론적 접근을 해보겠다. 이를 토대로 해양경찰 조직관리에 대해서 살펴보겠다.

제1절 조직관리 개관

1. 조직의 의의

현대인은 대부분 시간을 조직에 속해서 생활하고 조직의 영향을 받으며 살아가고 있다. 조직과 개인은 수시로 상호 작용하며 살아 움직이고 있다. 조직은 조직 자체의 구조나 형태에 의해서 특성이 결정되지만, 내부적인 요인만으로 움직이는 폐쇄적인 시스템이 아니며, 정치 · 경제 · 문화와 같은 외부환경과 상호작용하는 개방적인 시스템이다. 이런 이유로 조직의 3대 변수로 인간, 구조 및 환경을 든다. 해양경찰도 일반적인 조직의 일반적 특성을 가진 조직이기 때문에 해양경찰 조직을 이해하기 위해서는 일반 조직에 대한 이해가 선행될 필요가 있다.

조직은 살아 움직이는 현상이고 환경과 영향을 주고받는 변화체이므로 한마디로 정의하기는 쉽지 않다. 조직을 몇 단어로 정의하기보다는 모든 조직에서 나타나는 특징을 살펴봄으로써 좀 더 쉽게 알 수 있다. 이러한 조직의 특징을 정리하면 다음과 같다.[2] 첫째, 조직은 목표지향적이다. 조직은 목표를 달성하기 위해 개인들로 구성된 집합체이다. 둘째, 조직은 의도적으로 구조화된 활동 체계이다. 조직은 목표를 달성하기 위해 의도적으로 만들어지기 때문에 자연발생적인 관계가 아니다. 셋째, 조직은 그 구성원인 개인들의 사회적인 관계이다. 넷째, 조직은 내부적 요소와 외부적 요소를 식별하게 해주는 경계를 지닌다. 조직의 경계를 어떻게 설정하느냐에 따라 조직의 범위가 바뀔 수 있다. 예컨대, 정부에 개별 부처가 있는 것이 그 예이다. 조직을 폐쇄적인 것으로 볼 것인가, 환경과 수시로 교류하는 개방체제로 볼 것인가에 따라 경계도 달라진다.

2. 조직과 환경

조직은 내부적인 변수만을 가지고 있는 폐쇄적인 시스템이 아니다. 조직의 3대 변수인 인간, 구조 및 환경 중에서 인간과 구조는 조직 내부적인 요인이지만, 환경은 조직이 통제하지 못하는 외부적인 요인이다.[3] 조직과 환경과 관계를 보는 시각도 크게 두 가지가 존재한다. 하나는 개인이나 조직이 환경의 제약으로 결정되고, 수동적으로 반응한다는 것이다. 다른 하나는 조직이나 개인이 단순히 환경에 수동적으로 반응하는 것이 아니라 자율적으로 행동함으로써 적극적으로 환경을 형성해 간다는 것이다. 해양경찰 조직도 정치, 경제, 사회 여론, 이익집단 등 다양한 외부 환경에 의해 영향을 받으며, 이에 대응하여 환경에 능동적 영향을 끼치고 있다. 특히, 국회나 정부 등 정치적 환경이 업무 특성상 많은 영향을 끼치며, 해양 관련 이익집단, 언론 등과도 다양한 상호작용을 하고 있다. 해양경찰을 둘러싼 환경은 해양경찰이 능동적으로 통제할 수 없는 변수로 볼 수 있지만, 단순히 환경으로부터 수동적인 영향을 받는 것만이 아니라, 해양경찰이 환경을 우호적으로 변화시킬 가능성은 언제나 있다.

---

2) 박경호, (2016), 「재미있는 행정학(제3판)」, ㈜윌비스: 430.
3) 성영태, (2018), 「행정학개론」, 박영사: 91-92.

제2절 조직편성의 원리

1. 조직의 원리

조직이 목표를 달성하기 위하여 어떻게 조직구조를 설계할 것인가는 조직이론의 가장 기본적이고 전통적인 주제 중의 하나이다. 조직이 효율적으로 운영되고 성과를 내기 위해서는 일반적으로 따라야 하는 기본원리가 있다. 조직구조를 이루는 조직의 원리는 다음 세 가지 특성에 의해 이루어진다.

가. 공식화

공식화(Formalization)란 조직이 어떠한 일을, 누가, 어떻게 수행해야 하는가에 대한 공식적 규정의 정도를 말하며, 공식화의 정도는 구체적으로 문서로 만들어진 규칙, 절차, 지시, 명령에 따라 나타난다. 즉 공식화는 조직 내 직무에 대한 규칙 설정의 표준화 정도와 이에 대한 문서화를 의미한다. 행정조직에서의 공식화 수단으로는 헌법 · 법률 · 행정명령 등이 있으며, 하위 수준에서는 절차 · 내규 · 규정 등이 있다.

공식화는 조직구성원들의 직무만족과 조직몰입에 긍정적, 부정적 영향을 모두 미친다. 공식화는 명확한 규정과 절차를 중요시하기 때문에 해당 업무에 대한 역할모호성과 불확실성을 감소시키고, 승진이나 보상 등에 대한 객관적인 지표를 제시하여 직무만족과 조직몰입에 긍정적인 영향을 미친다. 반면, 개인이 담당하고 있는 업무에 대한 자율성과 재량을 감소시키고 통제 중심의 관리방식이 이루어지게 하므로 직무만족과 조직 만족에 부정적인 영향을 미친다. 해양경찰 조직은 각종 규칙이나 지시에 얽매여 국민을 위한 행정적 재량이나 자율성을 발휘하지 못한다는 측면에서 공식화의 정도가 높은 편이다.

나. 집권과 분권

집권(Centralization)이란 조직 내에서의 권력 배분에 관한 것으로 그 권력의 소재가 관료제 계층 상의 상층부에 있는 것을 말한다. 즉, 의사결정의 권한이 어느 지점에 집중된 정도를 의미한다. 집권화란 상급 계층에서 대부분의 결정 권한을 가진 상태를 말하며 의사결정자의 지위가 높을수록, 의사결정에 대한 참여가 적을수록 집권화 수준이 높은 것이다. 반면 분권(Decentralization)이란 의사결정이 하급 계층으로 미루어져, 하급 관리자나 일반 직급에서 결정하게 되어 있는 것을 말한다. 집권화는 신속한 업무처리, 효율적인 업무 통합 및 업무의 통일성을 기할 수 있다. 반면 행정의 권위주의화, 형식화, 획일화를 초래하기 쉽고, 조직구성원의 창의성과 자발성을 방해하여 직무만족이나 조직몰입에 부정적인 영향을 줄 수 있다.

해양경찰 조직은 계급조직으로서 해양경찰청장으로부터 순경에 이르는 엄격한 계층제를 이루고 있다. 국민의 생명과 재산을 위험으로부터 지키는 업무의 특성상 신속성과 통일성이 요구되어 집권화가 필요하다. 특히, 계급장을 부착하고 제복을 착용하는 제복부서의 특성상 상명하복의 위계질서가 중요시된다. 따라서 집권과 분권의 측면에서 볼 때 해양경찰은 의사결정 구조가 고도로 집권화되어 있으며, 하위계급의 결정 권한은 극히 적은 특성이 있다.

다. 복잡성

복잡성(Complexity)은 조직 목표를 달성하기 위한 활동이 분화된 정도를 말한다. 복잡성의 정도는 수평적 분화, 수직적 분화, 공간적 분산으로 나타난다. 수평적 분화는 조직이 수행하는 업무를 조직의 구성원들이 분할, 세분하여 수행하는 것을 의미한다. 수직적 분화는 계층에 따라 구분되는 분화로서 조직의 계층 수를 의미한다. 수직적 분화가 증가할수록 조직의 계층이 증가하여 조직의 복잡성이 높아지게 된다. 수평적 분화와 수직적 분화는 비례관계에 있어서 수평적, 수직적으로 분화가 증가할수록 두 분화 간의 조정과 조화가 중요해지게 된다. 수평적, 수직적으로 분화가 이루어지고도 부처 이기주의나 부서 간 반목 등 조정이 이루어지지 않으면 많은 폐해를 가져올 수 있다. 공간적 분산은 지역적으로 분산된 사무실의 수를 뜻한다.

해양경찰 조직은 비교적 수평적, 수직적 분화가 세밀하게 이루어져 있다. 해양경찰청-지방해양경찰청-해양경찰서 간 수직적 분화가 그리고 여러 부서 간 수평적 분화가 잘 이루어져 있다. 또 사무실도 전국 해안 도시를 중심으로 5개 지방해양경찰청과 20개 해양경찰서에 분산되어 공간적 분산도 잘 이루어져 있다. 하지만 부서는 수평적으로 잘 분화되어 있지만, 부서 간 업무 구분이 불명확하거나 중복되어 내용적 분화가 미흡한 면도 있다. 함정을 수단으로 다양한 업무가 중복되어 처리되는 경우가 많으며, 실제 업무처리에 있어 조정이 쉽지 않다. 이에 따라 부서 간 업무가 중복되어 업무를 떠넘기거나 문제가 발생했을 경우 책임을 회피하는 일일 종종 발생한다.

2. 조직편성의 원리

조직은 인간이 사회목적을 달성하기 위한 수단적 성격을 지닌다. 따라서 수단적인 성격을 가지는 조직의 성패 여부는 조직이 얼마나 합리적으로 편제되고 능률적으로 관리되는가에 달려 있다고 하여도 과언이 아니다. 고전적 조직론자는 조직의 편성과 관리에 있어서 보편적으로 적용할 수 있는 과학적이고 보편적인 조직의 원리를 탐구하였다. 이러한 고전적 조직원리를 적용하면 해양경찰 조직의 편성원리로 계층제의 원리, 통솔범위의 원리, 분업(전문화)의 원리, 명령 통일의 원리, 조정의 원리 등을 들 수 있다.

가. 계층제의 원리

계층제(Hierarchy)란 조직에 있어서 직무를 권한과 책임의 정도에 따라 등급화하고 상하 조직 단위 간에 지휘·명령과 복종 관계를 확립하는 것을 말한다. 즉, 계층제는 권한과 책임의 종적 분업 관계를 의미한다. 이러한 계층제는 조직의 정점으로부터 저변에 이르는 피라미드형의 구조를 이루게 된다. 오늘날 공사 조직을 막론하고 대규모 조직은 관료제조직이며, 이러한 관료제조직은 피라미드형의 수직적인 계층제를 확립시키고 있다.

계층제의 정도에 따라 조직은 변화하게 된다. 첫째, 조직의 규모와 전문화가 확대되고 업무의 다양성과 구성원의 수가 증가함에 따라 조직의 계층도 증가한다. 둘째, 계층제는 통솔범위와 상반관계에 있다. 통솔범위가 넓어지면 계층의 수는 적어지고 통솔범위가 좁아지면 계층의 수는 많아진다. 셋째, 계층제는 계선조직을 중심으로 형성된다. 일반적으로 참모조직은 계층제의 원리를 따르지 않는다.

나. 통솔범위의 원리

통솔범위(Span of Control)란 한 명의 상관 또는 감독자가 효과적으로 직접 통솔할 수 있는 부하의 수를 말한다. 통솔범위가 너무 넓어서 부하의 수가 지나치게 많게 되면 통솔력이 약화하게 된다. 왜냐하면 인간은 정신적 · 육체적 능력과 시간에 있어서 일정한 한계가 있을 뿐만 아니라, 개인마다 업무수행 능력에 차이가 있기 때문이다. 따라서 통솔범위에 영향을 미치는 여러 가지 요인들을 고려하여 적정한 통솔범위를 정하여야 할 것이다.

다. 분업의 원리

분업(Division of Labour) 또는 전문화(Specialization)란 업무를 그 종류와 성질별로 구분하여 조직구성원에게 가능한 한 한 가지의 주된 업무를 분담시킴으로써 조직관리 상의 능률을 향상시키려는 것을 말한다. 이러한 분업은 조직의 상층부만이 아니라 모든 계층에 다 적용되는 것으로서 현대행정의 주요한 질적 특징으로 볼 수 있다. 분업이 가지는 장점은 여러 가지가 있다. 첫째, 사람은 성격 · 능력 · 기술 · 적성에 차이가 있으므로 전문화에 의하여 사무를 능률적으로 수행할 수 있고 전문가가 될 수 있다. 둘째, 한 사람이 습득할 수 있는 지식과 기술의 횡적 범위에는 한계가 있으므로 특정 분야에 관한 전문가가 필요하고 세분화가 필요하다. 셋째, 업무를 세분할수록 업무를 습득하는 데 걸리는 시간을 단축하게 해 행정의 능률화에 이바지할 수 있고 직업의 질도 높일 수 있게 된다.

라. 명령통일의 원리

명령통일(Unity of Command)의 원리란 조직의 어떠한 구성원도 오직 한 사람의 상관으로부터 명령받아야 하며 두 사람 이상의 상관을 섬겨서는 안 된다는 것을 의미한다. 즉 어떠한 조직에서도 계층제의 각 단계에 있어서 결정을 내리는 최종권위는 명백히 위치되어야 하고 이해되어야 한다는 것을 의미한다. 여러 상관으로부터 명령받는 부하는 혼란을 일으키고, 비능률적이며 무책임하지만, 한 사람의 상관으로부터 명령받는 부하는 조직적 · 능률적이며 책임 있게 일을 할 수 있다.

마. 조정의 원리

조정(Coordination)이란 조직의 공동 목표를 달성하기 위해 하위 체계 사이의 노력을 통합하고 조정하는 원리를 말한다. 조직에서는 수평적 · 수직적 구조분화를 통해 분업화·전문화된 각 구성원의 개별적 노력을, 조직의 공동 목적을 달성하기 위한 공동 노력이 되도록 통합해 주는 것이 필요하다. 분업의 원리, 계층제, 명령통일, 통솔범위의 원리 등은 조직목적을 효율적으로 달성하는 데에 있다. 그러나 조직에는 계층 간의 갈등이나 부서 간의 갈등, 또 구성원 간의 갈등 등 내부의 갈등이 존재하는 것이다. 바로 이러한 갈등을 조정하여야 한다는 원리가 조정과 통합의 원리이다. 즉 조직의 공동 목적을 달성하기 위하여 구성원의 행동통일을 기하도록 집단적 노력을 질서 있게 배열하는 과정을 조정의 원리라 한다.

제3절 조직이론

조직이론은 조직 현상을 연구 대상으로 하여 전개되는 논리적인 체계, 즉 조직의 구조를 비롯한 조직의 요소를 연구하여 조직을 더 바람직하게 유지·발전시키는데 도움을 주고자 체계화한 이론을 조직이론이라 한다. 조직이론에는 폐쇄시스템을 전제로 하는 고전적 조직이론과 개방시스템을 전제로 하는 현대적 이론이 있는데, 여기서는 해양경찰 조직 운영에 참고할 만한 몇 가지만 살펴보겠다. 조직이론을 통하여 조직으로서 해양경찰을 이해하고 목표를 달성하기 위하여 효율적인 운용 방법에 대하여 고민해 볼 필요가 있다.

1. 관료제 이론

가. 개 념

대규모화된 조직의 업무를 안정적으로 처리하는 데 탁월한 효율을 발휘하는 산업 사회의 피라미드식 조직 형태를 관료제(Bureaucracy)라 한다. 관료제는 사회적 업무를 수행하기 위하여 수많은 사람의 활동을 체계적으로 조직할 수 있는 가장 효율적인 제도이다. 산업화한 사회에서 대부분 조직은 관료제의 특징을 갖추었고, 특히 대규모의 조직일수록 관료제화의 정도는 심하다. 기업이나 학교, 군대, 병원은 물론이고, 정권 획득을 조직의 목표로 설정한 정당 조직도 관료제적 특징을 가지고 있다. 독일의 막스 베버(Max Weber)는 근대적 조직을 연구하여 효율성을 추구하는 이념형(Ideal Type)으로서 관료제 모형을 제시하였고, 권위의 정당성

을 기준으로 전통적 지배, 카리스마적 지배, 합법적 지배의 세 가지 지배유형을 제시하였다.[4)]

나. 관료제의 특징

1) 규칙과 절차

관료제는 공식적인 규칙과 절차를 중시한다. 정해진 규칙과 절차에 따라 업무를 처리하고 결정을 내리며, 이를 통해 일관성과 예측 가능성을 유지하고 조직의 안정성을 확보한다. 사람에 의한 지배가 아닌 근대적인 규칙과 절차에 의한 지배가 이루어진다.

2) 계층제

관료제 구조는 계층제 구조를 이룬다. 상위 관리자와 하위 직원 간에 명확한 계급과 권한 구조가 형성되며, 업무의 분담과 의사결정은 계층 구조에 따라 이루어진다. 그로 인해 관리통제가 편리할 뿐 아니라 분쟁 시 책임소재가 분명해진다.

3) 전문화

관료제는 복잡한 작업을 효율적으로 처리하기 위해서 구성원 간에 업무를 체계적으로 구분하고, 각 분야의 구성원에게 분담된 일만을 전문적으로 처리하게 한다. 개인은 자신의 전문 분야에서 지식과 능력을 발휘하며, 이를 통해 업무의 효율성을 극대화한다.

4) 권한과 책임의 명확화

관료제는 모든 직위에 관한 직무 범위와 직무 책임이 법규에 명확히 규정되어 있어 구성원의 권한과 책임소재가 명확하다.

5) 관료의 직무상 전념화

구성원의 업무수행 경험과 훈련을 중시하고 신분을 보장해준다. 관료제는 채용과 승진 과정을 체계화하여 신뢰성과 공정성을 확보한다. 정해진 자격 조건과 시험을 통해 관료들을 채용하고, 성과나 경력에 따라 승진 기회를 부여한다.

---

4) 오석홍・손태원・이창길, (2019), 「조직학의 주요 이론」, 법문사: 6-8.

6) 직무상의 공사 분리

직무수행에 있어 비인간적・비인격적 합리성을 추구하며, 비합리성이 지배하는 전근대적 관계는 배제된다.

2. 욕구계층이론

가. 의 의

조직에 있는 조직원의 욕구는 얼마나 다양하고 또 욕구 간에는 어떤 순차적인 단계가 있는 것일까에 대한 연구가 매슬로(Maslow)의 인간 욕구 5단계 이론이다. 이 이론에 의하면 사람은 누구나 다섯 가지 욕구를 가지고 태어나는데, 이들 다섯 가지 욕구에는 우선순위가 있어서 단계가 구분된다는 것이다. 사람은 5가지 욕구를 만족하려 하되 우선순위에 있어서 가장 기초적인 욕구부터 차례로 만족하려 한다는 것이다.[5] 따라서 조직관리를 할 때 욕구 단계에서 하위단계부터 충족시켜야 한다는 이론이다.

나. 욕구의 단계

1) 생리적 욕구(Physiological Needs)

첫 번째 단계는 생리적 욕구이다. 숨 쉬고, 먹고, 자고, 입는 등 우리 생활에 있어서 가장 기본적인 요소들이 포함된 단계이다. 사람이 하루 세끼 밥을 먹는 것, 때마다 화장실에 가는 것, 그리고 종족 번식 본능 등이 이 단계에 해당한다.

2) 안전해지려는 욕구(Safety Needs)

두 번째 단계는 안전 욕구이다. 생리적 욕구가 충족되고 나면 위험으로부터 안전하게 살아가려는 욕구를 충족시켜야 한다. 신체적, 감정적, 경제적 위험으로부터 자신을 보호하고자 하는 욕구이다.

3) 사회적 욕구(Social Needs)

세 번째 단계는 소속과 애정의 욕구이다. 누군가를 사랑하고 싶은 욕구, 어느

---

5) 오석홍・손태원・이창길, (2019), 「조직학의 주요 이론」, 법문사: 285-286.

한 곳에 소속되고 싶은 욕구, 친구들과 교제하고 싶은 욕구, 가족을 이루고 싶은 욕구 등이 여기에 해당한다.

4) 존경 욕구(Esteem Needs)

네 번째 단계는 존경 욕구이다. 우리가 흔히들 말하는 명예욕, 권력욕 등이 이 단계에 해당한다. 누군가로부터 높임을 받고 싶고, 주목과 인정을 받으려 하는 욕구이다. 그런데 존경 욕구 중에서 더 높은 욕구는 역량, 통달, 자신감, 독립심, 자유 같은 자존감이다.

5) 자아실현 욕구(Self-actualization Needs)

다섯 번째 단계는 자아실현 욕구다. 매슬로는 최고 수준의 욕구로 이것을 강조했다. 모든 단계가 기본적으로 충족돼야만 이뤄질 수 있는 마지막 단계로 자기 발전을 이루고 자기 잠재력을 끌어내어 극대화할 수 있는 단계라 주장했다.

3. 동기부여이론

가. 의 의

동기부여란 조직구성원이 개인의 욕구 충족 능력을 갖추면서 조직 목표의 달성을 위하여 높은 수준의 자발적 노력을 기울이는 것이다. 동기부여이론은 인간 행동의 요인에 동기에 있으며 이를 유발하기 위해서는 동기의 유발이 필요하다는 이론이다. 이러한 동기부여에 관한 이론은 동기부여 내용이론(motivation content theory)과 과정이론(motivation process theory)으로 나눌 수 있다.

나. 내용이론

동기부여 내용이론은 인간 행동을 동기화시키는 원동력이 무엇인가, 무엇이 행동을 일으키는가 하는 것에 관한 연구이다. 동기 유발의 주요 내용이론으로는 매슬로의 욕구 5단계론, 맥그리거의 X · Y 이론, 허즈버그의 욕구 충족 요인 이원론, 맥클레랜드의 성취동기이론 등이 있다.

다. 과정이론

과정이론은 행동이 어떻게 유지되고 어떤 단계를 밟아 진행되는가의 과정을 연구한 이론들로 욕구 상태에서 행동이 어떻게 유도되고 어떤 단계를 밟아 드디어 행동이 촉발되는지에 초점을 두고 연구한다. 이러한 과정이론에는 브룸의 기대이론, 포터와 로울러의 기대이론, 아담스의 공정성이론 등이 있다.

제3장

해양경찰 인사관리

해양경찰 조직이 추구하는 목표를 실현하기 위하여 인적 자원을 효율적으로 활용하는 방법이 인사관리이다. 해양경찰 작용은 결국 구성원에 의하여 이루어지므로 구성원의 자질과 행동 방식에 따라 행정의 수준이 결정된다. 그러므로 일선에서 국민이 느끼는 해양경찰 업무 수준을 높이려면 해양경찰공무원 인사행정에 대한 관심이 필요하다. 제3장에서는 해양경찰공무원의 관심 분야이면서 행정관리의 중요한 분야인 인사관리에 대하여 살펴보겠다. 인사관리이론, 사기관리이론 등 해양경찰 인사관리를 위한 여러 이론을 살펴보겠다.

제1절 인사관리 개관

1. 인사행정과 인사관리

인사행정(Public Personnel Administration)이란 정부 조직 내의 인적 자원을 확충하고 관리하는 일련의 활동을 의미한다. 인사행정에서 다루는 사항은 채용, 업무의 배분, 직위 분류, 승진, 배치전환, 훈련, 직무수행 평가, 보상, 보수와 편익관리, 사기 진작, 행위규범 정립, 퇴직 등이 있다. 인사행정과 구분되는 개념으로서 인사관리(Personnel Management)가 있다. 인사관리는 민간기업 조직에서 주로 사용되며, 능률성을 강조한다. 반면에 인사행정은 정부 조직에서 사용되며, 민주성을 더 강조한다. 최근에는 정부 조직에서도 인적 자원의 능률성과 민주성을 동시에 고려하는 상황이다. 여기서는 인사행정과 인사관리를 행정 목표를 효율적으로 달성하기 위하여 행정 활동에 필요한 인적 자원(Human Resource)을 동원하고 관리하는 활동 또는 그 과정이라 보아 구분하지 않고 사용하기로 한다.

2. 특 징

인사행정은 정부가 추구하는 목표를 실현하기 위하여 인적 자원을 효율적으로 활용하여 성과를 얻는 기능을 한다. 정부 조직에서 활용되는 인사행정은 몇 가지 특징을 갖는다. 먼저, 정부에서 운영되며, 공공(公共)의 감시와 통제를 받게 된다. 그리고 법률이나 제도에 의해 인사행정이 규정되어 있으며, 경직적으로 운영되는 경향이 있다. 또한 정부의 공공성으로 인하여 인사정책의 평가에서 비경제적 요소가 더 많이 고려된다. 마지막으로 평등성, 공공서비스 정신 등이 요구되어 임용이나 노동조합 결성에서 특수성을 갖는다.

3. 중요성

행정은 정부 조직을 구성하고 있는 사람들에 의하여 이루어지므로 그 구성원들의 자질과 행동 방식에 따라 행정의 수준이 좌우된다. 정부 조직에서 일하는 공무원이 어떻게 일하고 행동하느냐에 따라서 정부에 대한 평가가 달라진다. 따라서 인사행정은 오늘날 행정관리의 핵심적 부문으로 가장 중요시되고 있다.[6] 행정부의 인사행정은 급격히 변동하는 국내외 환경에 적절히 대응해 가면서, 정부의 모든 부서에 걸쳐 유효적절하게 인적 자원을 관리함으로써 행정 목표를 효율적으로 달성하는 것을 기대하고 있다.

해양경찰은 현장에서 다양한 해양 집행 서비스를 제공하고 국민의 권리와 의무에 관련된 작용을 수행한다. 이에 따라 현장에서 국민과 직접 접촉하는 해양경찰공무원의 업무 태도와 자세는 그 자체가 해양경찰의 상징이고 수준이 된다. 그러므로 국민이 느끼는 해양경찰 행정의 수준을 만들어가는 것은 해양경찰공무원의 업무 배분, 승진, 훈련, 보상, 사기 진작, 행위규범 정립 등을 하는 인사행정이 많은 부분을 차지한다고 하겠다. 현실 조직에서 해양경찰공무원이 많은 관심이 있고 동기부여가 되는 분야는 승진, 전보, 보상 등 인사행정 분야라 하겠다.

---

6) 이종수, (2009), 「행정학 사전」.

제 2 절 인사관리이론

1. 공직 분류

공직 분류란 행정조직 속의 사람과 일을 일정한 기준에 따라 질서 있게 배열하는 것을 말한다. 이러한 분류 때문에 공직 구조가 형성되고 인사행정의 기준과 방향이 제시된다. 정부의 인적 자원을 합리적으로 관리하기 위해서 공직 분류가 합리적으로 이루어져야 한다. 공직을 분류하는 방식으로 사람 중심의 수직적인 체계를 기반으로 분류하는 계급제와 일 중심의 수평적 체계를 기반으로 하는 직위분류제가 있다. 두 모형은 배타적이거나 대립적으로만 볼 것이 아니라 상호 보완적으로 활용될 수 있으며, 현실에서 양 요소를 모두 가지고 있는 것이 일반적이다.

가. 계급제

계급제(Rank Classification)란 공무원이 차지하는 지위, 신분, 계급을 기준으로 공직을 분류하고 관리하는 제도를 말한다. 예컨대, 일반직공무원을 1급~9급까지 9단계로 분류하거나 경찰공무원을 치안총감~순경의 11단계로 구분하여 관리하는 것이 계급제의 전형적인 형태이다. 계급제는 군인, 경찰, 소방, 교정 등 업무에 있어 지휘·명령체계가 확립되어 있고 제복을 입고 근무하는 공무원 조직에서 그 특성이 뚜렷하게 나타난다. 계급제에서는 전보, 승진, 보수, 상벌 등 모든 인사관리가 공무원이 하는 직무를 중심으로 이루어지기보다는 공무원의 계급을 기준으로 이루어진다.

나. 직위분류제

직위분류제(Position Classification)란 공무원이 수행하는 직무의 종류, 난이도, 책임 등을 기준으로 공직을 분류하고 관리하는 제도를 말한다. 직위분류제에서는 그 사람의 지위나 계급이 아니라 하는 일을 중심으로 인사관리가 이루어지므로 책임이 명확하며 객관적 실적 평가가 가능하다. 예컨대, 사기업에서 활용하고 있는 팀장제도는 계급과 관계없이 어떤 직무를 잘 수행할 수 있는 사람에게 팀장을 맡기고 팀을 책임지게 한다. 이 경우 팀장은 부장이 맡을 수도 있고, 이사가 맡을 수도 있다. 행정부에서도 직위분류제 요소를 대폭 도입하여 과거 1~3급으로 직급으로 분류하던 고위직 공무원을 직급 없이 고위공무원단으로 편입시키고 이 중에서 일의 중요도나 종류에 따라 업무를 맡기는 방식으로 변화되었다.

다. 해양경찰에서 계급제와 직위분류제

해양경찰은 지휘·명령체계가 뚜렷하고 계급장을 부착한 제복을 입고 근무하는 등 제복부서의 특징이 명확한 조직이다. 따라서 해양경찰은 직위분류제적 요소보다는 계급제적 요소가 더욱더 강하게 나타난다. 해양경찰에서 계급제적 요소는 경찰공무원의 계급 분류에서 찾을 수 있다. 「해양경찰법」 제13조는 해양경찰청 소속 경찰공무원의 계급을 치안총감·치안정감·치안감·경무관·총경·경정·경감·경위·경사·경장·순경의 11계급으로 분류하고 있다. 경찰공무원은 계급에 따라 임용되고, 계급의 상위단계로 승진하며, 계급별로 계급정년이 상이하고, 계급별로 직무의 난이도나 책임이 달라지고 보수나 대우도 달라진다.

그러나 해양경찰에서 직위분류제적 요소도 볼 수 있다. 해양경찰에서 직위분류제적 요소로 볼 수 있는 제도는 총경 이하 경찰공무원에 부여되는 경과(警科)에서 볼 수 있다.[7] 경과 제도는 해양경찰 업무를 몇 가지 특성에 따라 분류하고 그 분류에 따라 해양경찰관을 모집하고 그 업무에 종사하게 하는 제도를 말한다.[8] 같은 계급이라 하더라도 직무의 종류나 난이도에 따라 다른 경과를 부여받고 부여받은 경과에 해당하는 업무를 수행한다. 해양경찰청 소속 경찰공무원의 경과별 직무의 종류는 다음과 같다.

1. 해양 경과: 홍보·기획·국제협력·감사·운영지원·경비·선박교통관제·해양안전·수색구조·수상레저·정보·장비 기술·해양오염 방제나 그 밖에 수사경과, 항공 경과, 정보통신 경과 및 특임 경과에 속하지 않은 직무
2. 수사 경과: 범죄 수사에 관한 직무
3. 항공 경과: 경찰 항공기의 운영·관리에 관한 직무
4. 정보통신 경과: 경찰 정보통신·전산의 운영·관리에 관한 직무

---

7) 「경찰공무원법」 제4조, 「해양경찰청과 소속 경찰공무원 임용에 관한 규정」 제3조, 「해양경찰청과 소속 경찰공무원 임용에 관한 규정 시행규칙」 제2조.
8) 김종선, (2020). 「해양경찰학 I」, 문운당: 411.

5. 특임 경과: 특공, 구조 또는 응급구조에 관한 직무

〈표 4-1〉 계급제와 직위분류제 비교

구 분	계급제	직위분류제
개념	사람 중심	직무 중심
필요 역량	일반 행정가	전문 행정가
내부 인사이동	신축적(다른 부서로 이동 용이)	비 신축적(다른 부서로 이동 곤란)
충원 방식	폐쇄형(내부에서 승진)	개방형(외부에서도 충원)
인력계획	장기 발전 가능성 중시	단기 직무 수행 능력 중시
신분보장	강함(직업공무원제 확립 용이)	약함(직업공무원제 확립 곤란)
보수	생활급	직무급
합리성	낮음(정실 개입 가능성 큼)	높음(정실 개입 가능성 작음)
업무협조	부서 간 업무협조가 용이	횡적 협조가 곤란

출처: 노호래, (2022), 「해양경찰학개론」.

2. 인사제도

가. 엽관주의

엽관주의(Spoils System)란 충성심, 당파성, 정치적 견해 등에 따라 공무원을 임용하는 제도를 말한다. 전쟁에서 승리한 자가 전리품[9]을 독식하듯이 선거에서 승리한 당파에서 공직 임명권을 독점하고, 자기 당파 사람들을 임명하는 제도이다. 미국 제3대 대통령인 토머스 제퍼슨이 부분적으로 엽관제를 시행하기 시작하였고, 5대 대통령인 제임스 먼로는 엽관제를 입법화하였다.

엽관주의에서는 강력한 정치적 네트워크를 구축하고, 충성스러운 지지자들에게 보상하고, 정치적 안정을 유지할 수 있는 장점이 있다. 반면, 정권 교체에 따라 공무원이 대폭 교체되어 행정의 안정성을 해치고, 전문성이 부족한 인물이 임명되어 행정의 비능률을 초래하며, 경력직을 중심으로 한 직업공무원제 발전에 저해가 된다.[10]

9) 'Spoils'라는 단어는 전쟁에서 상대방에게서 노획한 전리품을 의미한다. 그러므로 엽관제에서는 '선거'라는 전쟁에서 승리한 정당이 '공직 임명권'이라는 전리품을 독식하여 자기 당파 사람들을 임명하는 것을 말한다.
10) 성영태, (2018), 「행정학개론」, 박영사: 276-277.

나. 실적주의

실적주의(Merit System)란 공무원의 임용이나 승진에서 당파적인 정실(情實)인사를 배제하고 개인의 자격 · 능력 · 실적 등에 따라 공무원을 임용하고 관리하는 제도를 말한다. 엽관주의와 달리 실적주의에서는 당파성, 정치적 견해, 정실을 배제하고 자격과 능력에 따라 임명되게 된다. 미국에서는 1883년 팬들턴법(Pendleton Act)이 제정되면서 실적주의 기초가 수립되었고, 1939년 공직에 대한 정당의 지배와 공무원의 정치활동을 금지하는 해치법(Hatch Act)의 제정으로 제도가 확립되었다. 실적주의에서는 정당의 부당한 지배로부터 공무원의 독립을 보장하고 행정의 안정성을 확보하기 위하여 능력 본위의 공정한 인사행정을 실시할 수 있는 장점이 있다. 반면, 정권에 대한 충성심 부족으로 정책 수립과 집행에서 의욕이 부족하고, 책임성 부족으로 인한 무사안일, 복지부동 등 보신주의가 발생하며, 행정의 소극성, 형식성, 관료주의가 나타날 수 있다.

다. 직업공무원제도

직업공무원제도(Career Civil Service System)란 젊고 유능한 인재들이 공직을 보람 있는 직업으로 선택하여 평생 성실히 근무하도록 설계되고 운영되는 인사제도를 말한다. 직업공무원제는 젊은 인재를 취하위 직급으로 임용하여 장기간에 걸쳐 근무하도록 하면서 단계적으로 승진시킨다. 상위 직급으로 임용은 승진으로 충원되며, 중간단계에서 외부로부터 유입은 허용되지 않는다. 따라서 계급제와 폐쇄형 공무원제, 일반능력가주의를 특징으로 한다.

직업공무원제는 실적주의를 기반으로 운영되고 상호 보완적인 관계로 볼 수 있지만, 실적주의와 동일한 개념은 아니다. 첫째, 실적주의에서는 기회균등, 능력중심의 임용, 공무원의 정치적 중립, 신분보장을 필수적인 요건으로 하지만, 직업공무원제도에서는 이런 요소가 꼭 필요한 것은 아니다. 둘째, 역사적 배경이 상이한데, 유럽에서 직업공무원제도는 유럽에서 절대 군주 시대부터 발달하였으나, 실적주의는 19세기 후반에야 확립되었다. 반면, 미국에서 실적주의가 1880년대 확립되었으나, 직업공무원제도는 1930년대에 논의되기 시작하였다. 셋째, 직업공무원제도는 계급제와 폐쇄형 공무원제도를 기본요소로 하고 있으나, 실적주의에서는 미국의 예처럼 직위분류제와 개방형 공무원제를 채택하고 있다.

제3절 사기관리이론

1. 의 의

사기(Morale)란 조직 내의 구성원으로서 개인 또는 집단이 그 조직의 목표 달성에 기여하겠다는 직무수행 의욕이나 그 심리적 상태라 정의할 수 있다.[11] 사기(Morale)는 도덕(Moral)에서 유래된 말이다. 처음에는 주로 군대에서 사용되어왔던 용어인데 오늘날에는 행정조직이나 일반 기업체에서도 많이 쓰이고 있다.

사기의 개념에는 다음과 같은 내용이 내포되어 있음을 알 수 있다. 첫째, 사기는 단순한 만족감이 아니라 직무수행과 관련된 의욕이다. 따라서 직무와 관련이 없는 단순한 개인의 만족감은 사기와는 거리가 멀다. 둘째, 사기는 개인적인 현상일 뿐만 아니라 집단적인 현상이다. 셋째, 사기는 주관적인 심리상태이다. 같은 조건 아래서 일하여도 사람에 따라 사기가 높아지는 사람도 있고 그렇지 않은 사람도 있어서 객관화할 수 없는 개념이라는 뜻이다. 넷째, 사기는 인간의 욕구로 결정된다. 따라서 욕구가 충족되면 사기가 올라가고 충족되지 못하면 사기가 떨어지게 된다.

2. 사기의 결정요인

사기의 결정요인으로 지적되고 있는 것으로는, 경제적 욕구와 관련이 있는 보수 문제, 직무에 대한 적성 여부, 사회적 욕구라고 할 수 있는 참여감・소속감・개인적 인정감, 직장동료들과의 인간관계, 신분보장 여부, 승진의 기회, 리더십의 스타일, 의사소통, 인사관리의 공정성 등을 들 수 있다.[12] 해양경찰 사기도 해양경찰 조직안에서 근무조건, 신분 및 승진, 보수, 리더십 등 복합적 요인에 의하여 결정된다.

---

11) 하동석・유종해, (2010), 「이해하기 쉽게 쓴 행정학용어사전」.
12) 하동석・유종해, (2010), 「이해하기 쉽게 쓴 행정학용어사전」.

3. 사기관리 방법

해양경찰 사기는 해양경찰 조직 내의 인간관계, 근무조건, 신분 안정, 보수, 승진 등 복합적인 요인에 의해 결정된다. 사기를 높이는 방법으로 다음과 같은 방법이 있다.[13)]

가. 인격적 존중과 자율성 보장

해양경찰이 명령 통일과 복종을 기본요소로 하는 제복조직이라 하더라도 지나친 타율성에 따라 업무를 수행하는 것은 사기에도 좋은 영향을 주지 않는다. 자발적인 근무 의욕과 창의성을 보장하는 문화 속에서 사기가 올라가고 근무 의욕도 생기게 된다. 이를 위해 각급 지휘관의 민주적 리더십 속에서 일상적인 권한을 위임하고 인간적인 대우와 근무조건을 마련해야 한다.

나. 성과 중심의 승진제도 정착

일반적으로 모든 공무원이 가장 관심을 두는 것이 승진과 관련된 것이다. 당해 일정 기간 성과를 내면서 근무하면 다음 계급으로 승진하는 것을 기대하며 승진을 통하여 보람을 느끼고 사회적·금전적 보상받는다. 따라서 승진기준이 실적과 성과 중심의 합리적인 요소로 구성되어 있고 실제 합리적으로 승진이 이루어진다면 사기에 좋은 영향을 미친다. 반대로 승진기준이 자의적이거나 기준이 합리적이라 하더라도 현실적으로 자의적으로 승진을 시행하면 사기에 악영향을 미친다.

다. 교육훈련 프로그램의 강화

업무에 대한 전문성을 바탕으로 한 자신감은 사기에 영향을 미칠 수 있다. 국가와 국민에 대한 봉사 정신은 공무원으로서 근무하는데 기본적 요소이다. 여기에 개개인의 업무에 대한 자신감과 긍지가 갖추어져야 한다. 이렇게 되었을 때 사기를 진작시킬 수 있으며 공무원으로서 보람을 느낄 수 있을 것이다. 그러기 위해서는 전문지식 교육을 강화하고 국민에게 봉사하고 헌신하는 위민정신을 꾸준히 함양함으로써 직업에 대한 자부심을 느끼게 되고 사기도 올라가게 된다.

---

13) 윤성현·박주상·김경락, (2022), 「해양경찰학개론」: 296-297.

라. 해양경찰 위상 및 이미지 제고

국민으로부터 사랑받는 해양경찰의 위상과 이미지는 개개 해양경찰공무원의 사기를 높이고 근무의 욕을 고취한다. 아무리 금전적인 보상이 많은 직업이라 할지라도 사회적 평가가 낮다면 사기나 자부심은 낮아진다. 특히, 국민을 상대로 공익을 추구하는 공무원은 국민의 평가에 따라서 개인이 느끼는 보람과 긍지는 많은 차이가 난다. 그러므로 국민이 평가하는 해양경찰의 위상과 이미지를 높이는 것은 매우 중요한 일이다. 조직의 위상과 이미지 제고로 사기가 높아진 해양경찰공무원은 이제 국민에게 친절하고 질 높은 서비스를 제공함으로써 선순환 관계를 이어갈 수 있다.

제4장

해양경찰 예산 및 법령관리

예산은 조직의 정책 이념이나 사업계획을 구체화하는 실제적 과정이다. 해양경찰이 실제 목표를 달성하고 성과를 내기 위해서는 예산관리가 그만큼 중요하다. 해양경찰은 법치주의 원리상 법령에 근거하여 모든 작용을 실현시킨다. 법령을 제정하거나 개정하는 입법절차를 관리하는 것은 중요한 분야다. 제4장에서는 해양경찰 예산관리 및 법령관리에 대하여 살펴보겠다. 예산의 분류, 예산제도 및 예산절차에 대해 알아보겠다. 법령의 분류, 입법 절차 등을 살펴보겠다.

제1절 예산관리

1. 의 의

가. 예산의 개념

예산(Budget)이란 정부가 한 회계연도 동안 징수할 세입과 공공서비스 제공을 위해 지출할 세출 경비의 내용에 대한 예정적 계획을 말한다.[14] 국가의 주요 정책이나 사업계획은 예산을 통하여 구체화하고, 실제 행동에 옮기게 된다. 그러므로 예산은 국가의 정책 이념이나 사업계획을 구체화하는 일련의 실현 과정이라 할 수 있다. 국가의 재정 활동은 그 규모의 방대성과 기능의 다양성으로 말미암아 국민경제 전체에 대하여 커다란 영향을 미치게 된다. 예산은 항상 국민의 조세부담을 전제로 편성·운영되며 한정된 재원을 가지고 사회 각 부문의 공공욕구를 우선순위에 따라 골고루 배분시켜야 하므로 각 부문의 재정수요에 비하여 재원은 항상 미흡한 상태에 있게 된다. 또한 국민이 낸 세금이 어느 부문에 어떻게

14) 성영태, (2018), 「행정학개론」, 박영사: 319.

쓰이느냐 하는 것은 국민의 큰 관심사가 되고 있어서 국민의 이해와 설득이 필요하게 된다. 예산관리는 국민이 부담하는 조세의 효율적 활용과 낭비의 제거 및 경찰 활동을 뒷받침하는 재원 동원과 경찰 활동에 대한 재정적 지원을 효과적으로 수행하는 활동이다.

나. 예산의 기능

경찰예산은 국민의 세 부담을 전제로 하여 적정 재원을 동원하고 동원된 재원의 배분을 통해 경찰의 범죄예방과 수사 등 경찰 활동을 조장하고 유도하는 역할을 한다. 경찰예산 관리자는 경찰 활동을 위한 재원 확보는 물론이고 배정된 예산의 효율적인 배분과 조정을 통하여 재정지출의 생산성을 최대한 높여야 한다. 나아가 세금을 부담하고 있는 국민으로부터 예산 운용에 있어서 공정하고 능률적이라는 신뢰와 지지를 얻어야 할 것이다.

다. 해양경찰 예산

해양경찰 예산은 기본적으로 세입예산과 세출예산으로 이루어져 있으며, 이는 다시 일반회계와 특별회계 예산으로 분류할 수 있다. 인건비를 비롯한 경비 대부분이 일반회계로 편성되어 있으며, 이러한 일반회계는 인건비, 기본경비, 주요사업비로 구분된다.

일반회계는 중앙정부의 중심 회계로 조세수입 등을 주요 세입으로 하여 국가의 일반적인 세출에 충당하기 위하여 설치하는 회계를 말하며, 해양경찰 예산 대부분은 일반회계에 속한다. 특별회계는 ① 국가에서 특정한 사업을 운영하고자 할 때, ② 특정한 자금을 보유하여 운용하고자 할 때, ③ 특정한 세입으로 특정한 세출에 충당함으로써 일반회계와 구분하여 회계 처리할 필요가 있을 때 법률로써 설치하는 회계를 말한다.

2. 예산의 분류

가. 성립 시기에 따른 분류

예산은 예산 성립의 과정을 중심으로 본예산, 수정예산, 추가경정예산, 준예산으로 분류할 수 있다. 본예산은 회계연도 개시 전에 정상적인 절차에 따라 확정된 기본이 되는 예산으로서 당해연도의 전반적인 경비가 계상된다. 정부는 회계연도마다 예산안을 편성하여 회계연도 90일 전까지 국회에 제출하고, 국회는 회계연도 개시 30일 전까지 이를 의결하여야 한다.

수정예산은 정부가 예산안을 국회에 제출한 후 국회 의결 전에 수정한 예산 즉, 국회에 예산안을 제출한 이후 국제정세나 국내 여건의 급격한 변화 등 부득이한 사정이 있는 경우 가능하다.

추가경정예산은 예산이 성립된 이후에 생긴 사유로 인하여 변경을 가한 예산으로 편성요건은 전쟁이나 대규모 자연재해가 발생한 경우, 경기침체, 대량실업, 남북관계의 변화, 경제협력과 같은 대내·외 여건에 중대한 변화가 발생하였거나 발생할 우려가 있는 경우, 법령에 따라 국가가 지급하여야 하는 지출이 발생하거나 증가하는 때에만 할 수 있다.

준예산은 국회에서 부득이한 사유로 회계연도 개시 전까지 예산안이 의결되지 못한 경우 편성하는 예산이며, 준예산 편성 시 지출할 수 있는 경비는 헌법이나 법률에 따라 설치된 기관 또는 시설의 유지·운영비, 법률상 지출 의무의 이행비, 이미 예산으로 승인된 사업의 계속비는 계속 지출할 수 있다.

나. 예산 불성립 시 분류

잠정예산은 국회가 회계연도가 시작될 때까지 국가 예산안을 의결하지 못했을 때, 새 회계연도가 시작되는 날부터 수 개월분의 일정한 금액의 예산을 정부가 집행하도록 허락하는 제도이다. 우리나라에서는 이러한 제도가 채택된 바 없으나, 영국·미국·캐나다 등 몇 몇 나라에서 그 예를 볼 수 있다.

준예산제도는 국가의 예산이 법정기간 내에 성립하지 못한 경우, 정부가 일정한 범위 안에서 전 회계연도 예산에 따라 집행하는 예산제도를 말한다. 다음 연도 예산은 회계연도 개시 30일 전까지 의결하여야 한다. 그런데 새 회계연도가 개시될 때까지 예산안이 의결되지 못한 때 정부는 예산안이 의결될 때까지, ① 헌법이나 법률에 따라 설치된 기관 또는 시설의 유지·운영비, ② 법률상 지출 의무의 이행을 위한 경비, ③ 이미 예산으로 승인된 사업의 계속비 등을 전년도 예산에 따라 집행할 수 있다.[15)]

가예산 제도는 회계연도가 시작될 때까지 부득이한 사유로 예산이 의결되지

---

15) 「헌법」 제54조 제1항~제3항, 「예산회계법」 제34조 제1항.

못한 때 국회가 1개월 이내에 가예산으로 의결하도록 하는 제도를 말한다. 가예산은 잠정적으로 예산을 편성한다는 점에서는 잠정예산과 유사하나, 사용 기간이 1개월인 점에서 차이가 있다. 현재 영국, 프랑스, 벨기에 등이 이 제도를 채택하고 있다.

3. 예산제도

가. 품목별 예산

품목별 예산 제도(Lineitem Budgeting System)는 예산 계정을 정부의 개별적인 조직, 또는 기능이나 사업에 사용되는 구체적인 지출 품목에 따라 분류하는 제도이다. 예산에 대한 책임의 소재를 분명히 하고, 예산 집행 시의 유용이나 부정을 방지하기 위해 품목별로 예산액을 명시하고 그 집행을 결산으로 확인하는 제도다

품목별 예산의 장점은 자금이 어디에 쓰이는지를 알 수 있게 해주는 동시에 대상별로 지출의 한도를 정해 주게 된다. 그 결과 따라 불필요한 예산의 지출이나 낭비를 방지하게 된다. 이에 반해 품목별 예산의 단점은 예산을 사용하여 실제로 무엇을 하는지에 대한 의미 있는 정보를 제공해 주지 못한다는 점이다. 또한 지출항목이 지나치게 세부적으로 구분될 경우, 상황변화에 대응할 수 있는 탄력성이 부족하다는 문제점에 노출되어있다.

나. 성과주의 예산

성과주의 예산제도(Performance Budgeting System)는 예산을 기능별 · 사업계획별 · 활동별로 분류 · 편성하여 예산의 지출과 그 지출로 나타나는 성과와의 관계를 명백하게 하기 위한 예산제도이다. 성과주의 예산제도는 사업을 중심으로 예산이 편성되므로 예산액의 절약보다는 사업이나 정책의 성과가 더 강조된다. 또 업무 단위의 비용과 업무량을 계산하는 등 정보를 계량화하여 관리의 능률성을 높이는 데 그 목적이 있다. 따라서 정부가 예산을 투입하여 무엇을 구매할 것인가에 초점을 두는 것이 아니라 무엇을 성취하는가에 초점을 맞추는 예산제도이다.

하지만 성과주의 예산은 품목별 예산에 비해 편성과정에서 훨씬 큰 노력이 소요되고, 자칫 지나치게 단순화된 활동 척도가 사용되거나 일부의 활동만이 측정

되면 예산 사용 기관의 활동을 왜곡시킬 우려도 있다. 더 나아가 그러한 활동의 궁극적인 목적이 달성되고 있는지에 대한 정보는 거의 다루지 못한다는 한계점을 지니고 있다.

다. 계획예산

계획예산제도(Planning-Programming-Budgeting System)는 정부가 장기적인 목표를 설정하고 그것을 보다 구체적인 몇 개의 사업계획으로 나누어 그 각각에 자원을 체계적으로 연결·배정하는 예산제도이다. 그 원어의 머리글자를 따서 'PPBS'라고 부르기도 한다.

PPBS는 합리주의를 적용한 예산제도로서 예산 편성 과정이 고위층에서 일어나기 때문에 의사결정 절차를 일원화할 수 있고, 중장기계획을 추진하는 데 유리하다. 과학적인 분석 기법을 통해 합리적인 예산 편성을 꾀할 수 있다. 하지만, 단점으로 예산 편성에 고도의 전문성이 필요한데, 전문가의 확보가 어렵다. 대중적인 이해를 얻기 쉽지 않기 때문에 실현 가능성이 작다. 정책 결정 권한이 있는 위로부터 하향적·집권적으로 예산을 편성하기 때문에, 하위 구성원의 참여가 배제될 수 있다.

라. 영 기준 예산

영 기준 예산제도(Zero-Based Budgeting)는 예산을 편성할 때 전년도 예산에 기초하지 않고, 영(0)을 기준으로 원점에서 재검토한 뒤 예산을 편성하는 방법이다. 영어 명칭의 앞 글자를 따서 'ZBB'라고 일컬어진다.

장점으로 우선순위에 따라서 예산이 편성되므로 예산의 낭비를 막을 수 있고, 예산의 비대화 및 방만화를 방지할 수 있다. 우선순위의 평가에 따라 보다 급한 순위사업에 재원 배정이 가능하므로 탄력적인 재정 운영이 가능하다. 또 계속 사업도 신규사업과 동등한 입장에서 경합적으로 자원배분이 이루어진다. 단점으로 작성해야 할 서류가 많고 적용에 많은 시간이 필요하다. 대체로 기존 사업을 관리하는 데에 주력하기 때문에, 새로운 사업을 개발하는 데는 소홀하기 쉽다.

사업의 빈번한 변경은 오히려 더 큰 비용을 초래할 수 있다. 정치적 요인 등 예산 결정에 작용하는 외부적 요인을 간과할 소지가 있다. 우선순위의 결정은 가치판단이 있어야 하는 것이 많으므로 객관적으로 이루어지기 어렵다. 매년 모든 사업에 대하여 재평가하므로 장기적인 목표가 경시될 수 있다.

4. 예산절차

가. 예산절차의 의의

예산의 절차는 크게 ① 예산의 편성, ② 예산안에 대한 심의, ③ 예산의 집행, ④ 결산 및 회계검사의 4단계로 이루어진다. 예산은 행정부에 의해 편성되고, 입법부에 의하여 심의되며, 다시 행정부에 의하여 집행되고, 마지막으로 입법부나 독립된 회계검사 기관에 의하여 결산 및 회계감사가 이루어진다. 이렇게 예산 과정의 단계들이 시간적 차원에서 반복되는 일정한 주기를 예산 주기라고 하며, 하나의 예산 주기는 통상 3년이 소요된다.

나. 예산의 편성

예산의 편성은 정부가 추구하는 목표와 정책, 사업을 구체화하고 계획하는 과정이다. 예산 편성은 국가 재정의 주무 부처인 기획재정부 주도로 각 부처에서 편성하고 다시 이를 모아서 기획재정부가 국가 전체 예산을 편성하게 된다.

첫 단계는 중기사업계획서 제출이다. 중앙관서의 장은 매년 1월 31일까지 당해 회계연도부터 5회계연도 이상의 기간에 걸쳐 계획하는 신규사업 및 주요 계속사업에 대한 중기사업계획서를 기획재정부장관에게 제출한다. 둘째 단계는 다음 연도 예산안편성지침의 통보이다. 기획재정부장관은 국무회의의 심의를 거쳐 대통령의 승인을 얻어 다음 연도의 예산안 편성지침을 매년 3월 31일까지 각 부처의 장에게 통보한다. 셋째 단계는 예산요구서 제출이다. 각 부처의 장은 기획재정부에서 통보된 예산안 편성지침에 따라 다음 연도의 세입 세출 예산·계속비·명시이월비 및 국고채무부담행위 요구서를 작성하여 매년 5월 31일까지 기획재정부장관에게 제출한다. 넷째 단계는 정부 예산안의 국회 제출이다. 정부는 대통령의 승인을 얻은 예산안을 회계연도 개시 120일 전까지 국회에 제출하여야 한다. 국회에 다음 연도 예산안이 제출되면 정부 차원에서 예산절차는 마무리되며 국회에서 제출된 예산안에 대하여 심의가 이루어진다.

다. 예산안의 심의

예산안의 심의란 행정부가 제출한 예산안을 입법부가 검토·분석·심사하는 정치적 의사결정과정이다. 예산심의는 ① 정부 예산안 제출 → ② 시정연설 → ③ 상임위원회 예비 심사 → ④ 예산결산특별위원회 종합심사 → ⑤ 본회의 심의·의결 순으로 진행된다. 정부 예산안이 국회에 제출되면 본회의 시정연설 후 상임위원회인 농림축산식품해양수산위원회에 넘겨진다. 해양경찰청 예산안도 담당 상임위원회인 농림축산식품해양수산위원회에서 심의가 이루어진다. 상임위원회에서는 상임위 담당 부처에 대한 예산안을 예산안심사소위에 넘기어 세부적인 예산안을 검토한 후 상임위원회 본회의에 넘기어 의결한다. 상임위에서 의결 후 예산결산특별위원회로 이송된 예산안은 종합정책질의, 부처별 질의를 거쳐 의결된다. 이후 예산안은 본회의에 상정되어 최종 심의를 거친 뒤 확정되어 의결하면 모든 예산심의 과정이 종료된다. 정부로부터 제출된 예산안에 대하여 국회는 회계연도 개시 30일 전까지 이를 의결하여야 한다(헌법 제54조 제2항).

라. 예산의 집행

국회에서 의결된 다음 연도 예산은 정부로 이송되어 예산 집행에 들어가게 된다. 예산의 집행이란 확정된 예산에 따라 국가의 재원을 조달하고 지출을 실행·관리하는 모든 행위를 말한다. 예산 집행은 국회에서 의결한 세입·세출 예산을 그대로 실행하는 것이지만, 예산 편성과 심의 때 미처 예견하지 못했던 사태에 대응하기 위한 제반 행위도 포함된다. 예산의 집행과정은 ① 예산 배정요구서의 제출(해양경찰청장 → 기획재정부장관) → ② 예산 배정(기획재정부장관) → ③ 예산 집행지침 통보(기획재정부장관 → 해양경찰청장) → ④ 예산 사용(해양경찰청) 순으로 이루어진다. 예산 집행은 원칙적으로 품목별 체계에 따라 예산에 정한 목적대로 사용하여야 하지만, 사업계획이나 여건 변화에 따른 예산 집행의 탄력성을 확보하기 위한 몇 가지 제도를 인정하고 있다.[16]

16) 예산의 탄력적인 집행 제도로 「국가재정법」에서 인정하는 것은 예산의 전용(같은 법 제46조), 예산의 이용(같은 법 제47조), 예산의 이월(같은 법 제24조), 예비비의 사용(같은 법 제22조) 등이 있다.

마. 결산과 회계감사

예산의 집행이 종료되면 결산과 회계검사를 받아야 한다. 결산은 한 회계연도 동안의 국가의 수입과 지출의 실적을 확정적 계수로서 표시하는 행위를 말한다. 또한 회계검사란 조직의 재정적 활동과 그 수입·지출의 결과에 관한 사실을 확인·검증하고 그 결과를 보고하기 위하여 회계장부 기타의 기록을 제3자가 체계적으로 검사하는 과정을 말한다. 결산 과정은 ① 중앙관서 결산보고서 제출(해양경찰청장 → 기획재정부장관) → ② 국가결산보고서 제출(기획재정부장관 → 감사원) → ③ 감사원 결산 결과 송부(감사원 → 기획재정부장관) → ④ 국가결산보고서 제출(기획재정부 → 국회) 순으로 이루어진다.

제2절 법령관리

1. 법령의 체계

가. 의 의

해양경찰 작용이 공공의 안녕과 질서 유지를 위하여 국민에게 명령·강제하는 작용이라고 할 때 그 근거는 법령에 둔다. 그래서 해양경찰 업무의 많은 부분은 해양에서 법령을 집행하는 작용이다. 해양경찰이 집행하는 법령을 분류하면, 국제법과 국내법으로 나눌 수 있다. 국제법은 주로 조약을 말하며, 헌법에 따라 체결·공포된 조약과 일반적으로 승인된 국제법규는 국내법과 같은 효력을 가지므로(헌법 제6조 제1항), 조약은 국내 법률과 동위의 효력을 가진다. 국내법은 최고규범인 헌법과 헌법 이념을 구현하기 위한 법률 및 법률의 효과적인 시행을 위한 대통령령, 총리령, 부령 등의 행정입법으로 체계화되어 있다. 대한민국 법령은 일정한 위계를 형성하기 때문에, 상위법령의 위임 또는 상위법령의 집행을 위하여 제정되는 하위법령은 상위법령에 저촉되는 내용을 담을 수 없다.

나. 국내 법령의 체계

1) 헌 법

대한민국의 최상위 법규범으로, 국민의 권리와 의무, 정부 구조, 경제질서 및 선거관리 등에 관한 기본적인 사항을 규정한다. 헌법은 대한민국 모든 하위법령의 제정과 개정의 기준과 근거가 된다. 만일 법률이나 대통령령 등이 헌법에 위반될 경우, 헌법재판소는 헌법 규정, 헌법전문 및 헌법의 기본이념에 대한 해석을 통하여 당해 법령의 위헌 여부 등을 결정한다.

2) 법 률

법률은 국회에서 제정되는 성문법을 말한다. 국민의 모든 자유와 권리는 국가안전보장, 질서 유지 또는 공공복리를 위하여 필요한 때에만 법률로써 제한할 수 있으며, 제한할 때도 자유와 권리의 본질적인 내용을 침해할 수 없다.

3) 조 약

조약이란 국가 간의 문서에 의한 합의를 말하고, 일반적으로 승인된 국제법규란 국제사회에서 일반적으로 규범력이 인정된 국제관습을 말한다. 헌법에 따라 체결, 공포된 조약과 일반적으로 승인된 국제법규는 국내법과 같은 효력을 가진다.

4) 대통령령(시행령)

대통령령(시행령)은 법률의 시행을 위해 만들어지는 것으로 시행령이라고도 하며 각 중앙행정기관에서 대통령령안을 마련한다. 국회의 의결을 거치지 않고 행정부 내에서 심의·의결되고 공포·시행되기 때문에 대통령령과 부령을 '행정입법'이라 부른다.

5) 총리령·부령(시행규칙)

총리령과 부령은 법률과 대통령령의 시행을 위해 만들어지는 것으로 시행규칙이라고도 하며 총리 소속기관이 마련하는 것을 총리령, 각 중앙행정기관에서 마련하는 것을 부령이라 한다.

6) 행정규칙

행정규칙은 행정기관 내부에서 직무수행이나 업무처리기준을 제시할 목적으로 제정한다. 그 명칭과 관계없이 법령의 시행 또는 행정사무 처리 등과 관련하여 발령하는 훈령·예규·고시·규정·규칙·지침 등을 '훈령·예규 등'으로 약칭하고 있고, 이를 강학상 '행정규칙'이라 부른다.

2. 법령의 입법 절차

가. 법률의 입법 절차

1) 법률의 입안

어떤 정책을 결정한 후에 그 정책의 시행과 관련하여 입법이 필요하다고 판단되면, 정책의 소관 부처인 중앙행정기관이 그 소관 사항에 대하여 법령안을 입안한다. 일반적으로 정책 결정 과정에서 전문 연구기관에 의한 조사·연구, 정책추진팀 또는 협의체의 구성 등을 통하여 정책의 내용에 관하여 심도 있는 논의를 하게 되는데, 법령안의 작성은 이러한 정책 결정 과정에서 검토·정리한 결과를 객관적인 언어로 구체화·규범화하는 과정이다.

2) 관계기관과의 협의

법령안 주관기관이 법령안을 입안하면 그 법령안에 대하여 발생할 수 있는 이견을 사전에 조정하기 위하여 그 내용과 관련이 있는 관계기관과의 협의 과정을 거친다. 관계기관과 협의 기간은 10일 이상이 되어야 하지만, 법령안을 긴급하게 추진하여야 할 사유가 발생하는 등 특별한 사정이 있는 경우에 10일 미만으로 단축할 수 있다.

3) 사전 영향평가

행정기관이 법령을 제정·개정하려는 경우 법령에 내재하는 부패 유발요인, 성평등에 미칠 영향, 지역인재 고용에 미치는 영향, 개인정보 침해요인, 정책과 제도의 집행·평가에 적합한 통계의 구비 여부, 자치분권 원칙에 대한 적합성 등을 체계적으로 분석·평가하여 그에 대한 개선대책을 마련하는 과정이다.

4) 입법예고

입법예고제도는 모든 법령을 제정·개정 또는 폐지하고자 할 때 법령안의 내용을 국민에게 예고하여 국민의 다양한 의견을 수렴하여 입법에 반영함으로써 입법과정에 대한 국민의 참여기회를 확대하고 입법내용의 민주화를 도모하며 법령의 실효성을 높이기 위한 제도다. 입법예고 기간은 원칙적으로 40일 이상으로 하여야 한다.

5) 규제심사 및 법제처 심사

법령안 주관기관의 장은 규제를 신설 또는 강화하는 내용의 법령을 제정하거나 개정하려는 경우에 규제개혁위원회에 규제심사를 받는다. 이후 법제처에 법령안 심사를 의뢰하게 되는데, 법제처에서는 법령안의 자구·체계 등의 형식적 사항뿐만 아니라 헌법 이념 및 상위법과의 위반 여부, 다른 법령과의 중복·충돌 여부, 입법내용의 적법성 등 실질적인 사항에 대하여도 심사하여 수정·보완하게 된다.

6) 차관회의·국무회의 심사

법률안과 대통령령안에 대한 법제처의 심사가 완료되면 그 법령안은 차관회의 및 국무회의의 심의를 거친다. 차관회의는 국무회의에 상정될 의안의 중요사항을 사전에 심의하는 기능을 수행한다.

7) 국회 제출

대통령의 재가를 받은 법률안은 법제처에서 지체없이 대통령 명의로 국회에 제출한다.

8) 국회 심의·의결

국회에 제출된 정부 제출 법률안은 국회의장이 본회의에 보고한 후 소관 상임위원회에 넘겨진다. 소관 상임위원회에서는 전체 회의 또는 소위원회를 구성하여 법률안을 심사하며, 필요한 경우에는 공청회를 개최하여 이해관계인의 의견을 듣고 심사하기도 한다. 소관 상임위원회 전체 회의의 의결을 거친 법률안은 다시 법률안의 자구와 체계 심사를 위하여 법제사법위원회에 넘겨지고, 최종적으로 본회의에서 심의 · 의결을 거쳐 통과된다.

9) 정부 이송 및 공포

법률안이 정부에 이송되어 오면 국무회의에 상정하고 국무회의의 심의를 마치면 대통령이 최종적으로 재가한다. 법률안은 관보에 게재되어 공포됨으로써 법률로서 성립하게 된다.

나. 대통령령 · 부령 등 입법 절차

대통령령 및 부령 등 행정입법은 행정부 내에서 절차는 같지만, 국회 심의 · 의결과정이 없으므로 국무회의서 확정되면 공포하게 된다.

〈표 4-2〉 법령 입법 절차

절차	소관부서(처)	비고
① 법률안 입안	해양경찰청 소관부서	
② 관계부처 협의(10일 이상)	〃	
③ 사전영향평가	〃	통계, 성별, 부패, 개인정보, 지역인재, 자치분권 등 6개
④ 입법예고(40일 이상)	〃	관보, 언론 게재 등
⑤ 규제심사 · 법제처 심사	규제개혁위원회, 법제처	
⑥ 차관회의 · 국무회의 심사	해양경찰청 소관부서	
⑦ 국회 제출	법제처	
⑧ 국회 심의 · 의결	상임위, 법사위, 본회의	
⑨ 정부 이송 및 공포	법제처	관보 게재 등

제5장

해양경찰 장비관리

해양경찰은 해양에서 임무를 수행하는 특성상 함정, 항공기 등 대형장비를 다수 운용한다. 장비의 성능과 질은 임무 수행에 막대한 영향을 미친다. 장비 도입이나 관리에 많은 예산과 인력이 필요하다. 그러므로 체계적인 장비관리 여부는 해양경찰 목표 달성에 영향을 미치는 중요한 요소이다. 제5장에서 해양경찰 장비관리에 대하여 살펴보겠다. 해양경찰 장비의 종류 및 관리, 함정 정비, 무기 · 탄약 관리에 대하여 알아보겠다.

제1절 장비관리 개관

1. 장비관리의 개념

해양경찰은 바다에서 함정, 항공기 등 대형장비를 다수 운용하고 있으며, 해상과 육상을 연결하는 원거리 통신장비나 무기도 운용하고 있다. 장비 도입이나 관리에는 많은 예산과 인력이 필요하며, 일단 도입된 대형장비는 장기간 사용하게 된다. 바다에서 임무를 수행하는 해양경찰 특성상 장비의 성능과 질은 임무 수행에 막대한 영향을 미치는 요소이다. 장비관리란 해양경찰의 주어진 임무의 수행을 위하여 함정, 항공기, 연안 구조장비, 통신장비, 진압장비 및 무기 등 해양경찰의 장비와 물품을 관계 법령에 따라 취득하여 효율적으로 보관 또는 사용 후에 합리적으로 처분하는 과정을 말한다.

그동안 「국유재산법」이나 「물품관리법」에 근거하여 정부 공통적인 방식에 따라 장비 도입 및 관리를 해왔으나, 해양 특성에 맞는 장비관리에 관한 법적 근거가 부족하고 체계적이고 시스템적인 장비관리가 이루어지지 않았다. 특히, 내구연수가 지나 외국에 무상양여하거나 인도할 경우, 이에 대한 법적 근거가 없어 어려움이 많았다. 2022년 4월 14일부터 「해양경찰 장비 도입 및 관리에 관한 법률」이 시행되면서 장비관리의 새로운 시대를 맞고 있다. 해양경찰 특성에 맞게 장비관리가 이루어질 수 있을 뿐 아니라 외국으로의 함정 무상 양도 등 근거도 마련하게 되었다.

2. 장비관리 부서

해양경찰 장비에 관한 총괄적인 업무를 담당하기 위하여 장비기술국에 국장 1명을 둔다. 국장은 치안감 또는 경무관으로 보한다. 장비기술국에 장비기획과 · 장비관리과 · 항공과와 정보통신과를 두되, 장비기획과장 · 장비관리과장 · 항공과장은 총경으로, 정보통신과장은 서기관 · 기술서기관 또는 총경으로 보한다. 지방해양경찰청에는 기획운영과에서 장비관리를 담당하고 있으며, 해양경찰서에 장비관리과를 두고 있다. 함정의 정비나 수리에 관한 사무를 관장하기 위하여 책임운영기관으로서 해양경찰정비창을 둔다. 해양경찰정비창에 창장 1인을 두되, 창장은 임기제 공무원으로 보한다.

제2절 해양경찰 장비

1. 장비의 종류

가. 함 정

함정이란 해양경찰 업무수행을 위하여 운용되는 선박을 말하는데, 경비함정과 특수함정이 있다. 경비함정이란 해상경비를 및 민생업무 등 해상에서의 전반적인 업무수행을 하는 함정을 말한다. 경비함정 호칭은 250톤 이상 함정을 '함'으로, 250톤 미만 함정을 '정'으로 호칭한다. 특수함정이란 해양경찰 특수목적 수행을 위해 운용되는 함정을 말한다. 특수함정은 500톤 이상을 '함'으로, 500톤 미만은 '정'으로 호칭하며, 형사기동정, 순찰정, 소방정, 방제정 등이 있다.

2022년 현재, 해양경찰은 경비함정(188척)과 특수함정(167척)을 총 355척 보유하고 있다.[17] 그중에서 연안 및 광역구역에서 임무를 수행하는 경비함정 188척 보유하고 있는데, 1,000톤 이상 대형함정(36척), 300~500톤 중형함정(42척), 200톤 이하 소형함정(110척)이 있다. 항 내 예인 및 오염사고 대응 등을 위한 특수함정 167척 보유하고 있다. 연안 구조정 84척, 방제정 41척, 화학 방제함 2척, 소방정 1척, 예인정 7척, 공기부양정 8척, 특수기동정 2척 등이다.

〈표 4-3〉 해양경찰 함정 현황

	경비함정(188)			특수함정(167)			
유형	대형	중형	소형	연안 구조정	형기정	방제정	기타
척수	36	42	110	84	20	41	22
비고	2027년까지 대형함정 41척 보유 목표						

출처: 해양경찰청, (2022), 「주요 통계 분석자료」

나. 항공기

해양경찰 항공기는 고정익 항공기와 회전익 항공기로 나누어지며 항공기가 수행하는 임무는 해상 초계 순찰, 해양오염 감시 및 방제 활동 지원, 응급환자 수송, 수색 및 구조, 야간 조명 지원 등이다. 2022년 현재, 항공기는 비행기 6대와 헬기 18대 등 총 24대를 보유하고 있고, 신조 헬기 2대 도입 추진중이다.[18] 광역해역 초계를 위한 터보펜 방식(챌린저 1대)[19]과 터보프롭 방식(CN-235 4대, C-212 1대)의 비행기 6대를 보유하고 있다. 인명구조 및 환자후송을 위한 대형헬기와 탑재헬기 18대를 보유하고 있다.

〈표 4-4〉 해양경찰 항공기 현황

	비행기(6)			헬기(18)			
유형	챌린저	C-212	CN-235	S-92	AW-139	카모프	기타
대수	1	1	4	1	2	7	8
비고	2025년까지 항공기 33대 보유 목표						

출처: 해양경찰청, (2022), 「주요 통계 분석자료」

17) 해양경찰청, (2022년), 「주요 통계 분석자료」: 10.
18) 해양경찰청, (2022년), 「주요 통계 분석자료」: 13.
19) 챌린저 비행기는 1회 비행 시 동·서·남해 EEZ 초계가 가능하다. 비행기 속력은 챌린저가 450노트(833km), 터보프롭이 213노트(395km) 내외이다. 헬기 속력은 165노트(305km)에서 120노트(220km) 정도이다.

다. 연안 구조장비

연안 구조장비란 해양경찰 파출소 또는 출장소에 배치하여 운용하는 연안 구조정 및 수상 오토바이와 해경구조대에 배치하여 운용하는 고속보트 등을 말한다.[20] 연안 안전관리, 수색구조역량 강화 및 해양 안전 환경변화에 효율적으로 대응하기 위한 구조장비이다. 구형의 순찰정, 고속 제트보트, M정, 공기부양정, RIB 보트, 고무보트를 대체하는 신형 연안 구조정 통합모델이 개발되어 각 파출소에 보급되고 있다. 최근에 보급된 신형 연안 구조정은 해상조건에 따른 내항 성능이 우수하며 선체 전복 시 자체 부력만으로 별도의 장치 없이 본래의 상태로 복원되는 자가 복원 기능이 있다. 전복 시 주기관 통풍구가 자동 폐쇄되어 기관실 해수 유입이 자동 차단되는 기능이 있다.

라. 통신장비

해양경찰청 무선통신망은 해상에서 발생하는 모든 현황을 육상의 상황실에서 모니터링하고, 상황 발생 시 신속한 지휘체계를 확립하는 데 필요하다. 통신망은 해양경찰 내부에서만 통용되는 통신망 이외에도 모든 항해선이 사용하는 통신망이나 군・경이 공용하는 통신망 등 다양한 통신망을 모두 사용한다. 이에 따라 해상 조난 발생 등 유사시 중복적인 통신망을 통하여 무선을 청취함으로써 인명보호에 온 힘을 다하기 위함이다.

해양경찰이 사용하는 통신망으로 LTE 통신망, 위성통신망(KOSNET), 전용통신망 등 해양경찰이 전용으로 사용하는 통신망이 있고, 관공선 망, SSB망, 항무통신망, 군경합동망(J-101망) 등 공용으로 사용하는 통신망도 있으며, 기타 항공기 유도망(J-201 망), 항무용 워키토키, 소형정 통신망이 있다.

---

20) 「해양경찰 함정 정비규칙」 제2조.

〈표 4-5〉 해양경찰 통신망 현황

유 형	내 용
LTE 통신망	동시 상황 보고, 전파 및 지시등을 위한 통신망
위성통신망 (KOSNET)	무궁화 위성을 이용하여 영상, 데이터 통신이 가능한 통신망
전용통신망	해양경찰 기본업무 수행을 위한 전용 아날로그 통신망
군경합동망 (J-101망)	군(해군, 육군, 육경) 세력과 비화 통신망 해군함정 및 해안 레이더기지, 항공기 등 육해공 합동 통신망
관공선 망	해군함정 및 다른 행정기관 선박과의 교신하기 위한 통신망
SSB 통신망	어선이나 상선 등 조난통신 및 어선안전조업국과 정보교환, 특정 · 조업 자제 · 일반해역에서 어선과 통신하는 통신망
항무통신망	조난통신 및 항행업무 수행 시 사용하는 해상이동통신망
항공기 유도망 (J-201망)	함정에 설치되어 항공기와 이 · 착륙 및 유사시 전투기 유도망
항무용 워키토키	근거리 업무 연락 및 조난선 구조를 위한 통신망
소형정 통신망 (모바일 네트워크)	100톤 미만 내부망용 데이터 전용통신망

2. 장비의 도입 및 관리

가. 용어의 정의

「해양경찰 장비 도입 및 관리에 관한 법률」에 규정된 몇 가지 용어 정의를 살펴보도록 하겠다. 해양경찰 장비란 「해양경찰법」 제14조에 따른 해양경찰의 직무를 수행하는 데 필요한 함정 · 항공기 및 탑재 장비를 말한다. 도입이란 해양경찰 장비를 구매하거나 건조 · 제작하여 해양경찰 장비관리자에게 인계하는 것을 말한다. 관리란 해양경찰 장비관리자가 해양경찰 장비를 인수하여 그 본래의 성능을 발휘할 수 있도록 하기 위한 점검 · 정비 · 처분 등의 행위를 말한다. 운용이란 해양경찰 장비를 그 기능 및 목적에 맞도록 안전하게 사용하는 것을 말한다. 처분이란 매각, 양여 등의 방법으로 해양경찰 장비의 소유권이 국가 외의 자에게 이전되거나 다른 기관에 관리권이 이전되는 것을 말한다. 내용연수란 해양경찰 장비의 운용에 지장이 없는 상태에서 해양경찰의 직무를 원활하게 수행할 수 있을 것으로 예측한 해양경찰 장비의 경제적 사용 연수를 말한다. 해양경찰 장비관리자란 해양경찰 장비를 직접 관리·운용하는 해양경찰청 소속 공무원을 말한다.

나. 장비 도입 및 관리의 기본계획 수립

해양경찰청장은 해양경찰의 직무를 효율적으로 수행하기 위하여 해양경찰 장비 도입 및 관리에 관한 기본계획을 5년마다 수립하여 시행하고, 매년 해양경찰 장비 도입 및 관리에 관한 시행계획을 수립하여 시행하여야 한다. 수립된 기본계획 및 시행계획을 국회 소관 상임위원회에 제출하여야 한다(해양경찰장비법 제4조).

다. 연구개발 및 전문인력의 양성

해양경찰청장은 해양경찰 장비의 성능 확보 및 직무 수행 능력 향상 등을 위하여 해양경찰 장비의 연구개발 및 관련 산업의 진흥·육성 등에 필요한 시책을 수립하여 추진할 수 있다. 해양경찰청장은 해양경찰 장비 관련 전문인력의 양성과 기술의 향상에 필요한 시책을 수립하여 추진할 수 있다.

라. 해양경찰 장비 도입의 기본원칙

해양경찰청장은 다음 각호의 원칙을 고려하여 해양경찰 장비를 도입할 수 있다(해양경찰장비법 제9조).

1. 해양경찰 장비 도입 사업의 투명성과 효율성을 확보할 것
2. 최신 기술을 활용한 우수 장비를 도입할 것
3. 장비 간의 호환성 확보를 통한 해양경찰 장비의 운용성을 증진할 것
4. 해양경찰 장비관리자 및 전문가들의 의견을 충분히 수렴할 것

마. 처분 및 무상양여

해양경찰청장은 용도 폐지한 해양경찰 장비를 「국유재산법」 제48조에 따라 매각할 수 있다. 해양경찰 장비를 매각할 때는 해체하여 매각하는 것을 원칙으로 한다. 해양경찰청장은 국제협력 증진을 위하여 용도 폐지한 해양경찰 장비를 「국제개발협력기본법」 제2조 제2호에 따른 개발도상국에 무상으로 양여할 수 있다.

제3절 함정 정비

1. 개 념

350척 이상의 해양경찰 함정은 항상 가동할 수 있도록 정비와 수리를 통하여 성능을 유지하고 출동 태세를 갖추어야 한다. 기본임무를 수행하기 위한 인프라로서 안정적인 함정 정비는 중요하다. 「책임운영기관의 설치 · 운영에 관한 법률」 제10조에 따라 함정 정비를 주 업무로 하는 책임운영기관인 정비창이 설치되어 있으며, 함정 정비에 관한 사항은 「해양경찰청 함정 정비규칙」에서 상세한 사항을 규정하고 있다. 함정정비란 경비함정과 특수함정, 부선 및 부선거의 선체와 장비의 성능 유지 및 수명연장을 위하여 손질, 검사, 수리, 재생, 개조, 개장, 교정하는 등의 일체 행위를 말한다(해양경찰청 함정 정비규칙 제2조 제5호).

2. 함정 정비의 종류

가. 자체 정비

함정을 정상적으로 운용하면서 운전시간에 따라 정기적으로 함정 승조원이 직접 부속품의 교환과 고장방지를 위한 예방적 정비 및 가벼운 수리를 하는 정비이다.

나. 예방정비

PMS에 따라 함정에서 실시하는 정비로서 함정에 설치된 장비의 성능 유지를 위하여 제반 장비에 대한 주기적인 정비계획을 수립 · 시행하는 정비이다.

다. 경찰서 정비

함정 자체 정비의 범위를 초과한 고장 발생으로 해양경찰서 장비관리과에서 함정정비반 또는 민간업체에 의뢰하여 수리하는 정비이다.

라. 계획 정비

함정이 부여된 임무를 신뢰성 있게 수행하기 위해서는 정비 요원이 계획정비 제도에 대한 충분한 지식을 습득하고 지속적이고 계획적으로 정비하여야 한다. 계획정비(PMS, Planned Maintenance System)란 함정의 주기관 등 주요 장비들이 고장 나기 전에 일정한 기간 단위로 점검 주기를 정해서 미리 점검하고 정비하는 제도를 말한다. 함정의 예방정비를 철저히 이행함으로써 전비 태세에 완벽히 하고 함정 가동률을 높일 수 있다. 계획정비를 실시하여 사고를 최소로 감소시킴으로써 함정 운영의 신뢰도를 증가시킨다. 사고 빈도를 감소시켜 많은 예산을 절약시킬 수 있다. 사전계획에 따름으로써 작업계획의 효율과 편의를 촉진하며 정비시간이 줄어들게 되어, 승조원들의 사기 저하를 방지하여 지휘통솔 및 관리 운용이 쉽다.

이처럼 계획정비는 함정 운용 시간 및 수리주기에 맞춰 연간 수리계획에 따라 시행하는 것으로 정기 수리와 상가 수리가 있다. 정기수라는 일정 기간 운영 후 함정 전반에 걸친 검사, 정비사항을 해양경찰정비창, 해군정비창 또는 민간업체에 의뢰하여 실시하는 정비로서 주기관 총 분해수리 및 부품교환 등을 통한 함정의 성능회복을 위한 수리를 말한다. 상가 수리는 수면 하 선체 및 구조물의 검사 수리를 위하여 상가 시설을 갖춘 해양경찰정비창, 해군정비창 또는 민간업체에 의뢰하여 시행하는 정비로서 주기적으로 실시하는 정기상가, 중간상가 및 긴급소요에 의해 실시하는 긴급 상가가 있다.

마. 창 정비

계획정비 이외의 긴급한 수리를 위해 해양경찰정비창 및 해군정비창(수리창)에 의뢰하여 수리하는 정비이다.

3. 함정 정비의 책임

함정이 설계된 성능을 발휘하도록 정비유지에 대한 총괄 책임은 함정장에게 있다. 함정의 부서장은 소관 장비의 정비유지, 보수의 일차적 책임을 진다. 해양경찰서 장비관리과장은 함정의 자체 정비 능력을 초과하는 수리 사항에 대하여 함정장의 요청에 따라 할당된 수리자금 한도 내에서 정비지원을 제공한다.

제4절 무기 · 탄약 관리

1. 의 의

해양경찰은 해상에서 임무를 수행하기 위하여 법령에 근거하여 무기나 공용화기를 사용할 수 있다. 해양경찰관이 무기를 사용할 수 있는 근거는 「해양경비법」 제17조와 「경찰관직무집행법」 제10조의4에 규정되어 있다. 그런데 임무 수행을 위해 사용하는 무기 · 탄약은 인마살상용의 치명적인 장비이므로 평소의 관리가 중요하다. 이에 따라 해양경찰청 및 그 소속기관에서 사용하는 무기 · 탄약의 효율적 유지 관리를 위하여 필요한 사항을 규정하기 위하여 「무기 · 탄약류 등 관리규칙」을 제정하여 운용하고 있다.

2. 무기 · 탄약 용어의 정의

무기란 인명 또는 신체에 위해를 가할 수 있도록 제작된 장비를 말한다. 무기는 개인화기와 공용화기로 분류된다. 개인화기란 해양경찰관서 등 경찰관 개인이 휴대하며 운용할 수 있는 무기를 말한다. 공용화기란 경비함정 등에서 공동 임무를 수행하기 위하여 사용하는 무기를 말한다. 무기고란 해양경찰관서 등에 배정된 개인화기와 공용화기를 보관하기 위하여 설치된 시설을 말한다. 간이무기고란 해양경찰관서 등의 기능별 운용부서에서 효율적 사용을 위하여 무기고로부터 무기 · 탄약 일부를 대여받아 별도로 보관 관리하는 시설을 말한다. 탄약고란 경찰탄약이나 최루탄을 집중하여 보관하기 위하여 다른 용도의 사무실, 무기고 등과 분리 설치된 보관시설을 말한다. 기수탄이란 무기별 지정된 기준 정수량으로 책정된 탄약을 말한다. 전시 비축탄이란 전시에 대비해 보유하고 있는 탄약을 말한다. 교육훈련탄이란 교육훈련 계획에 따라 실시되는 각종 교육훈련에 소요되는 탄약을 말한다. 항공조명탄이란 항공기를 이용하는 해상항공 순찰, 야간 비상착륙, 수색 · 구조활동을 위해 사용되는 탄약을 말한다.

3. 무기 · 탄약의 관리

해양경찰관서 등의 장은 무기고 및 탄약고에 대하여 무기 · 탄약고 주기별 점검자를 지정하고, 보관 중인 무기 · 탄약의 이상 유무를 확인해야 한다. 점검자는 무기 · 탄약에 대한 점검을 시행한 후에 기록한다. 무기 · 탄약이 비치된 해양경찰관서 등의 무기 · 탄약 관리책임자는 다음 각호와 같다.

1. 해양경찰청: 장비관리과장
2. 지방해양경찰청: 경비(안전)과장
3. 해양경찰교육원: 운영지원과장
4. 해양경찰정비창: 정비관리과장
5. 해양경찰서: 장비관리과장
6. 서해5도 특별경비단: 경비지원과장
7. 300톤 이상 함정: 함장
8. 300톤 미만 및 특수함정(방제정, 소방정, 연안 구조정): 정장
9. 파출소 · 출장소: 파출소장
10. 특공대(항공단): 특공대(항공단)장

여기서 무기 · 탄약 관리책임자란 해양경찰관서 등의 장으로부터 무기 · 탄약 관리업무를 위임받아 무기고, 탄약고 및 간이무기고에 보관된 무기 · 탄약을 총괄하여 관리 감독하는 사람을 말한다. 무기 · 탄약 취급담당자란 해당 해양경찰관서 등의 무기 · 탄약의 보관 · 운반 · 수리 · 입출고 등 무기 · 탄약 관리에 종사하는 사람을 말한다.

4. 무기고 및 탄약고 설치

무기고란 해양경찰관서 등에 배정된 개인화기와 공용화기를 보관하기 위하여 설치된 시설을 말한다. 간이무기고란 해양경찰관서 등의 기능별 운용부서에서 효율적 사용을 위하여 무기고로부터 무기 · 탄약 일부를 대여받아 별도로 보관 관리하는 시설을 말한다. 탄약고란 경찰 탄약이나 최루탄을 집중적으로 보관하기 위하여 다른 용도의 사무실, 무기고 등과 분리 설치된 보관시설을 말한다.

무기고와 탄약고는 견고해야 하고, 환기 · 방습장치와 방화시설, 총기를 세워서 진열할 수 있는 시설 등을 갖추어야 한다. 무기고와 탄약고는 본 청사와 격리된 독립 단층 건물로 분리되어야 한다. 탄약고를 무기고와 분리하는 것이 불가능할 때는 탄약을 반드시 별도의 상자에 넣어 잠금장치를 한 후 무기고에 보관해야 한다.

제6장

보안 및 문서관리

해양경찰은 국가안보에 관한 중요한 업무를 수행한다. 해양경찰의 문서, 인원, 시설은 그 자체로 국가의 중요한 안전보장의 대상이 되며 외부로부터 보호하는 것은 중요하다. 보안이란 조직이나 국가의 안전을 위태롭게 하는 외부 활동으로부터 안전을 유지하기 위하여 행하는 활동을 말한다. 제6장에서는 해양경찰 보안 및 문서관리에 대하여 살펴보겠다. 보안관리, 비밀관리 및 문서관리에 대하여 알아보겠다.

제1절 보안관리 개관

1. 보안의 의의

보안(Security)이란 일반적으로 조직이나 국가의 안전을 위태롭게 하는 외부 활동으로부터 안전을 유지하기 위하여 행하는 활동을 지칭한다. 여기에는 국가의 안전보장을 위해 국가가 보호할 필요가 있는 비밀이나 인원, 문서, 자재, 시설 및 지역 등을 보호하는 소극적 예방 활동은 물론, 국가안전보장을 해치고자 하는 간첩, 태업이나 전복으로 국가를 위태롭게 하는 불순분자에 대하여 탐지·조사·체포하는 등의 적극적인 예방 활동도 포함한다. 해양경찰은 군, 경찰, 국가정보원 등 안보 관련 기관과 함께 국가안보에 관련한 중요한 업무를 수행하는 국가기관이다. 해양경찰의 문서, 인원, 시설은 그 자체로 국가의 중요한 안전보장의 대상이 되며 이를 외부로부터 보호하는 것은 국가의 안전과 직결된다.

2. 보안업무의 법적 근거

보안업무의 법적 근거로서 「국가정보원법」, 「정보 및 보안업무기획·조정 규정(대통령령)」, 「보안업무규정(대통령령)」, 「해양경찰청 보안업무 시행세칙(해양경찰청 훈령)」 등이 있다.

3. 보안의 원칙

가. 알 사람만 알아야 하는 원칙

보안의 대상이 되는 사실은 전파할 때 전파가 꼭 필요한가 또는 피 전파자가 반드시 전달받아야 하며 필요한 것인가를 검토하여야 한다.

나. 부분화의 원칙

한 번에 다량의 비밀이나 정보가 유출되지 않도록 하는 원칙이다.

다. 보안과 효율의 조화

보안과 업무효율은 반비례 관계가 있으므로 양자의 적절한 조화를 유지하는 방법을 세워야 한다.

제2절 비밀관리

1. 국가기밀의 의의

국가기밀은 국가의 안전에 대한 중대한 불이익을 피하고자 한정된 인원만이 알 수 있도록 허용되고 다른 국가 또는 집단에 대하여 비밀로 할 사실·물건 또는 지식으로서 국가기밀로 분류된 사항을 말한다(국가정보원법 제4조 제1항 제2호). 비밀이란 국가기밀 중에 보안업무규정에 따라 비밀로 분류된 것을 말한다(보안업무규정 제2조 제1호). 국가기밀에 속하는 문서·자재·시설·지역 및 국가안전보장에 한정된 국가기밀을 취급하는 인원에 대한 보안이 필요한데, 국가 전체의 비밀 관리에 대해서는 국가정보원이 총괄한다(국가정보원법 제4조).

2. 비밀의 구분

비밀로 분류되는 문서, 정보, 자료 등은 외부로 유출되었을 때 국가안보나 사회 안전에 지대한 영향을 미칠 수 있다. 비밀은 중요성과 가치의 정도에 따라 분류하고 외부 유출을 막도록 관리하여야 한다. 비밀은 그 중요성과 가치의 정도에 따라 다음 각호와 같이 구분한다(보안업무규정 제4조).

1. Ⅰ급 비밀: 누설될 경우 대한민국과 외교관계가 단절되고 전쟁을 일으키며, 국가의 방위계획·정보활동 및 국가방위에 꼭 필요한 과학과 기술의 개발을 위태롭게 하는 등의 우려가 있는 비밀
2. Ⅱ급 비밀: 누설될 경우 국가안전보장에 막대한 지장을 끼칠 우려가 있는 비밀
3. Ⅲ급 비밀: 누설될 경우 국가안전보장에 해를 끼칠 우려가 있는 비밀

3. 비밀의 분류

비밀취급 인가를 받은 사람은 인가받은 비밀 및 그 이하 등급 비밀의 분류권을 가진다. 같은 등급 이상의 비밀취급 인가를 받은 사람 중 직속 상급 직위에 있는 사람은 그 하급직위에 있는 사람이 분류한 비밀등급을 조정할 수 있다.

가. 독립분류의 원칙

비밀은 그 자체의 내용과 가치의 정도에 따라 분류하여야 하며, 다른 비밀과 관련하여 분류해서는 아니 된다.

나. 과도·과소 분류 금지의 원칙

비밀은 적절히 보호할 수 있는 최저등급으로 분류하되, 과도하거나 과소하게 분류해서는 아니 된다.

다. 외국비밀 존중의 원칙

외국 정부나 국제기구로부터 접수한 비밀은 그 생산기관이 필요로 하는 정도로 보호할 수 있도록 분류하여야 한다.

4. 비밀의 표시

비밀은 그 취급자 또는 관리자에게 경고하고 비밀취급 인가를 받지 아니한 사람의 접근을 방지하기 위하여 분류와 동시에 등급에 따라 구분된 표시를 하여야 한다. 비밀문서에는 맨 앞면과 맨 뒷면의 표지와 각 면 위·아래의 중앙에 비밀등급표를 등급에 따라 붉은색으로 표시한다.

5. 비밀의 보관 등

비밀은 도난·유출·화재 또는 파괴로부터 보호하고 비밀취급 인가를 받지 아니한 사람의 접근을 방지할 수 있는 적절한 시설에 보관하여야 한다. 각급 기관의 장은 비밀의 작성·분류·접수·발송 및 취급 등에 필요한 모든 관리사항을 기록하기 위하여 비밀관리기록부를 작성하여 갖추어 두어야 한다. 비밀은 일반문서나 암호자재와 혼합하여 보관하여서는 아니 된다. Ⅰ급 비밀은 반드시 금고에 보관하여야 하며, 다른 비밀과 혼합하여 보관하여서는 아니 된다. Ⅱ급 비밀 및 Ⅲ급 비밀은 금고 또는 이중 철제캐비닛 등 잠금장치가 있는 안전한 용기에 보관하여야 하며, 보관책임자가 Ⅱ급 비밀 취급 인가를 받은 때에는 Ⅱ급 비밀과 Ⅲ급 비밀을 같은 용기에 혼합하여 보관할 수 있다.

제3절 문서관리

1. 공문서의 의의

행정기관에서 공무상 작성하거나 시행하는 문서(도면·사진·디스크·테이프·필름·슬라이드·전자문서 등의 특수매체기록을 포함)와 행정기관이 접수한 모든 문서를 의미한다. 문서는 결재권자가 해당 문서에 서명의 방식으로 결재함으로써 성립한다. 문서는 수신자에게 도달됨으로써 효력을 발생한다. 공고문서는 그 문서에서 효력 발생 시기를 구체적으로 밝히고 있지 않으면 그 고시 또는 공고 등이 있은 날부터 5일이 지난 때에 효력이 발생한다(행정업무의 운영 및 혁신에 관한 규정 제6조).

2. 공문서의 종류

공문서의 종류는 다음의 구분에 따른다(행정업무의 운영 및 혁신에 관한 규정 제4조).

1. 법규문서: 헌법 · 법률 · 대통령령 · 총리령 · 부령 · 조례 · 규칙 등에 관한 문서
2. 지시문서: 훈령 · 지시 · 예규 · 일일명령 등 행정기관이 그 하급 기관이나 소속 공무원에 대하여 일정한 사항을 지시하는 문서
3. 공고문서: 고시 · 공고 등 행정기관이 일정한 사항을 일반에게 알리는 문서
4. 비치문서: 행정기관이 일정한 사항을 기록하여 행정기관 내부에 비치하면서 업무에 활용하는 대장, 카드 등의 문서
5. 민원문서: 민원인이 행정기관에 허가, 인가, 그 밖의 처분 등 특정한 행위를 요구하는 문서와 그에 대한 처리문서
6. 일반문서: 제1호부터 제5호까지의 문서에 속하지 아니하는 모든 문서

제 5 편

해양경찰 기능론

제1장 해양경찰 기능 개관
제2장 해양경비론
제3장 수색구조론
제4장 해양안전관리론
제5장 수 사 론
제6장 정보 외사론
제7장 해양오염 방제론

편을 시작하며

일정한 조직이나 기관에 있어서 기능(Function)이란 무엇인가? 기능이란 권한이나 직책, 능력 따위에 따라 일정한 분야에서 하는 역할과 작용을 말한다.* 쉽게 표현하자면, 조직이나 기관에서 주로 하는 일이나 작용이라 볼 수 있다. 이러한 의미는 '맡은 일 또는 맡겨진 일'을 뜻하는 임무(Mission)와도 상통한다고 하겠다. 이렇게 볼 때, 해양경찰의 기능은 '해양경찰이 주어진 분야에서 하는 역할과 작용'이라 정의할 수 있다. 해양경찰은 바다에서 국민의 생명과 재산을 지키고 해양주권을 수호하기 위하여 다양한 기능을 수행한다. 해양경찰 기능은 「정부조직법」 제43조 제2항에 "해양에서의 경찰 및 오염방제에 관한 사무"로 압축하여 표현하고 있고, 「해양경찰법」 제14조에 '직무'라는 단어로 표현하면서 자세하게 규정하고 있다. 이를 바탕으로 「해양경찰청과 그 소속기관 직제」 등 하위법령에서 상세한 기능을 정하고 있다. 제5편 해양경찰 기능론에서는 해양경찰이 하는 일, 임무 또는 직무에 대하여 상세하게 알아보고자 한다. 후술하겠지만, 해양경찰 기능은 육상에서 여타 정부기관 기능과 다른 여러 가지 특성을 가진다. 이러한 특성을 고려하면서 해양경찰 기능을 살펴보겠다.

---

* 표준국어대사전.

제 1 장

해양경찰 기능 개관

해양경찰이 조직을 갖추고 공무원을 운용하고, 행정관리를 하는 것은 궁극적으로 국민을 위한 해양경찰 작용을 위한 것이다. 이러한 해양경찰 작용 혹은 기능은 해양경비, 해양 수색구조, 해양안전 관리, 수사, 정보 외사, 해양오염 방제 등이 있다.
제1장에서는 해양경찰 기능에 대한 원론적인 검토를 하겠다. 해양경찰 기능을 바라보는 시각을 정립하고, 해양경찰 기능만이 가지는 특수성에 대해 살펴보겠다. 또 해양경찰 기능을 여러 측면에서 분류해 보겠다.

제 1 절 해양경찰 기능의 의의

1. 해양경찰 기능의 개념

정부 조직이나 사기업 조직을 막론하고 조직을 분류할 때 흔히 기능을 중심으로 분류한다. 조직을 기능 중심으로 나누고 권한을 부여하는 이유는 이 분류 방식이 가장 합리적이고 능률적이기 때문이다. 우리나라 정부조직도 「정부조직법」에 따라 기능적으로 분류하고 있다. 예컨대, 국방부는 '외국의 침략에 대비 태세를 갖추고 국토를 방위하는 일'을 맡고 있고, 외교부는 '다른 나라와 정치적, 경제적, 문화적 관계를 맺는 일'을 맡고 있으며, 환경부는 '자연환경 및 생활환경의 보전과 환경오염 방지에 관한 사무'를 맡아 처리하는 부처이다.

그런데 주어진 역할과 작용이 비교적 명확한 타 부처와 달리, 해양경찰은 다양하고 이질적인 업무가 동시에 포함되어 있어, 해양경찰 기능에 대하여 전체적으로 일관되게 존재하는 특성을 추출하여 일반화하기는 쉽지 않다. 해양경찰은 바다에서 다양한 분야의 국가 활동을 맡고 있다. 이렇게 해양경찰의 기능은 여러 가지 작용과 활동을 한다는 의미에서 '복합적'이고, 여러 가지 작용과 활동이 동일하거나 유사하지 않다는 면에서 '이질적'이며, 해양에 관한 다양한 작용과 활동을 담당한다는 측면에서 '종합적'인 특성을 가진다.

해양경찰 기능이 복합적이고 이질적이며 종합적인 이유는 자원의 제약과 효율성 때문이다. 정부 기능을 해양에서 구체적으로 분류하여 부처별로 맡겨 개별적으로 집행할 수도 있다. 하지만 이렇게 하기에는 물리적 대상인 바다가 매우 넓고 자원이 지나치게 많이 소요된다. 따라서 대부분 국가에서 정부 조직을 설계하는 데 있어, 해양 집행업무에 관하여 다양한 정부 기능을 한데 묶어 소수 부처에 맡겨 종합적으로 수행할 수 있도록 하는 것이 일반적이다.

이를 다른 시각에서 보면 좀 더 이해하기 쉽다. 육상 집행업무와 달리 해양 집행업무는 집행수단으로서의 선박이 필요하다. 해양 집행업무를 개별 부처에 분담시키는 경우, 선박 운항에 따른 부두 시설, 정비시설, 함정 장비 등을 정부 기관마다 각각 갖추어야 한다. 이뿐만 아니라, 선박 운항은 고도의 전문성과 경험이 필요하므로 개별 부처별로 숙달된 인적 자원을 양성하여야 한다. 반면 바다에서의 행정수요는 육상만큼 많지 않은 특성이 있다. 행정수요의 고객인 국민 중에서 해양 활동을 항시적으로 하는 국민은 그리 많지 않기 때문이다. 이처럼 해양 집행업무에 소요되는 예산, 인력, 수요 대 공급의 경제성 등을 고려할 때 여러 업무를 일부 부처에 전담시키는 경향이 세계적인 추세다. 우리나라도 바다에서 국방, 환경, 소방, 국경관리, 경비, 구조, 안보 등 다양한 기능을 해양경찰에서 종합적으로 수행하거나 타 부처와 공동으로 수행하고 있다.

이런 특성으로 인하여 해양경찰 기능을 일정한 분류 원칙과 기준에 따라 구분하기는 쉽지 않다. 예컨대, 해양경비, 수사, 오염방제는 유사한 특성이 거의 없어 세 기능 간 일관되게 적용되는 원리나 특성을 추출하기는 어렵다. 즉, 해양경비는 광역적이고 국제적이며 대외적이며, 수사는 권력적이고 절차 중심적이고, 오염방제는 환경적이고 서비스적이다. 다만, 이렇게 다양한 해양경찰의 기능이 장소적으로 모두 해양에서 행해지는 공통점이 있을 뿐이다. 이 점을 고려하여 「정부조직법」 제43조 제2항에 해양경찰청 기능을 "해양에서의 경찰 및 오염방제에 관한 사무"로 규정하고 있다. '해양에서의 경찰'이라는 의미는 광범위하여 여러 가지 해석의 여지가 많다고 하겠다. 이와 관련하여 해양경찰 기능에 대하여 몇 가지 측면에서 논의가 필요해 보인다.

2. 해양경찰 기능에 대한 논의

첫째, 해양경찰을 형식적 의미로 볼 것인가, 실질적 의미로 볼 것인가에 따라 해양경찰 기능은 달라질 수 있다. 형식적 의미의 해양경찰은 제도상의 해양경찰을 뜻하는 것으로, 이 경우 해양경찰 기능은 실정법상 해양경찰청이 소관하고 있는 모든 행정작용을 의미한다. 예컨대, 「해양경찰법」 제14조에 해양경찰의 직무로 되어 있는 모든 작용은 형식적 의미의 해양경찰 기능이다. 즉, 수색구조・연안안전관리, 선박교통관제, 경호・경비・대테러작전, 범죄의 예방・진압・수사, 치안 정보의 수집・작성・배포를 포함하여 해양오염 방제 및 예방 활동도 포함된다. 이뿐만 아니라 해양경찰의 목적을 달성하기 위해 인력, 장비, 시설, 예산을 조직화하거나, 조직관리를 위해 전 부처 공통으로 수행하는 업무인 감사, 홍보, 인사, 보안, 통제 등 행정관리 기능도 포함된다. 사인(私人)의 지위에서 민간과 대응하게 맺어지는 사적 계약도 형식적 의미의 해양경찰 기능에 포함된다.

이에 반해 실질적 의미의 해양경찰은 특정한 국가의 실정법 질서나 일정한 행정기관의 소관사항보다는 학문적인 면에서 고찰된 해양경찰의 개념이다. 이때의 해양경찰 기능은 해양경찰청이 행하는 행정작용 중에서 해양경찰 기능이 일반적으로 지니는 공통적인 특성을 추출하여 추상화시킨 개념이다. 이 경우, 실질적 의미의 해양경찰 기능은 '해양에서 공공의 안녕과 질서를 유지하기 위하여 국가의 일반통치권에 기하여 개인에게 명령・강제하는 작용'을 가리킨다.

학문적으로 볼 때, 해양경찰학 개론서에서 다루는 해양경찰 기능은 실질적 의미로 접근하는 것이 바람직하다. 왜냐하면, 실정법에 나타나는 해양경찰 기능은 해양경찰 특성을 나타내는 일관되고 공통적인 특성이 없으며, 해양경찰이 행하는 직무의 나열에 불과하기 때문이다. 해양경찰 기능의 특성을 추출하기 위하여 학문적으로 연구를 통해 일관된 원리나 특성을 찾아내는 것이 해양경찰학의 과제라는 것은 분명해 보인다. 하지만, 해양경찰학을 연구해 온 학문적 역사가 짧고 학자층이 엷은 현실을 고려할 때, 이에 대한 기대는 다소 성급해 보인다. 해양경찰 기능에 대해 일관되고 공통적인 원리나 특성을 학문적으로 정립하는 것은 아직 때 이른 기대라고 생각되며, 향후 해양경찰학의 과제로 남겨 두기로 한다.

둘째, 해양경찰 기능을 이해하는 데 있어, 타 해양경찰 제도와 해양경찰의 기능을 직접 연계시키는 데 따른 혼동이 있다. 즉, 해양경찰의 개념, 법적 토대, 역사, 행정관리 등을 총론이라 칭하고, 해양경찰에서 하는 본질적인 활동, 임무 또는 기능을 각론으로 칭하는 경우가 있다. 하지만 이 책에서는 해양경찰 제도와 해양경찰 기능이 논리적으로 연결되기는 어렵다고 보아 해양경찰학 내에서 병립적으로 존재하는 별개의 분야로 서술할 것이다.

셋째, 해양경찰을 형식적 의미로 보아 실정법에 규정된 해양경찰 기능을 위주로 살펴본다고 하더라도, 모든 기능을 논할 수는 없을 것이다. 이 책에서 어느 범위까지 기능을 논할 것이냐 하는 문제가 남는다. 이 책에서는 해양경찰에서 하는 일, 사무, 기능 중에서 해양경찰의 존재 이유가 되는 본질적이고 대외적인 기능만을 다룬다. 그것은 경비, 수색구조, 안전, 수사, 정보, 해양오염 방제 등이 될 것이다. 따라서 모든 정부 조직에 공통기능으로서의 내부적인 행정관리 기능은 제4편에서 다루었다. 또한 해양경찰이 사인(私人)의 지위에서 행하는 계약 등은 비권력적인 행위로써 민사적인 원리가 적용되기 때문에 이 책에서 다루는 것은 적합하지 않다.

3. 해양경찰 역사와 해양경찰 기능

경찰 및 해양경찰의 개념이나 명칭은 근현대에 들어 비로서 확립되어 점차 확대되었다. 해양경찰청은 1953년 12월 창설되어 경비기능 위주로 운영되어 오다가 점차 업무를 확대하였다. 이렇듯 해양경찰은 근대에 이르러 성립한 제도이므로 전근대 시대의 역사 자료에서 오늘날 해양경찰과 직접적으로 관련된 사료를 찾기는 쉽지 않다. 하지만 오늘날 해양경찰과 동일한 명칭이나 조직이 아니더라도, 현대 해양경찰의 기능 또는 사무와 유사한 활동을 했던 조직이나 사건을 역사적으로 찾기가 불가능한 것은 아니다. 경비나 구조, 안전, 수사 등 해양경찰 핵심 기능이라 볼 수 있는 모습은 오래전부터 역사 속에서 존속해 왔다.

예컨대, 삼국시대 신라가 동해안 방면에 설치한 주(州)나 해상 방어를 위해 설치한 수군진 등은 오늘날 해양경찰의 기능을 수행하였다. 고려시대에 왜적에 신속하게 대처하여 체포하기 위해 포구에 정박하거나 해안을 순시 중인 함선 위에서 근무하였던 왜적 추포사는 오늘날 해양경찰 함정 업무와 유사하였다. 조선시대 일반적인 해양경찰 기능은 수군에서 담당하였다. 오늘날 해양경찰 기능에 가장 가까운 조직으로는 연안 접근 자체를 봉쇄하기 위해 추포선을 타고 황당선을 추격해 잡는 임무를 지닌 추포무사(追捕武士)도 있었다. 이외에도 구한말 감리서

(監理署)나 수상경비소, 그리고 일제강점기의 수상경찰서 등은 오늘날 해양경찰 기능과 유사한 임무를 수행하였다.[1)]

하지만 역사 속의 해양경찰은 오늘날과 동일한 외형으로 존재했던 것은 아니다. 전 근대에는 지방행정과 군대, 군대와 경찰, 경찰과 해경, 해군과 해경이 분화되지 못했다는 점에 유의해야 한다. 한 지방의 우두머리가 그 지역의 행정, 군사, 경찰 기능의 복합적 수장이었으며, 국민과 관련된 대부분 사항을 처리하였다. 따라서 전근대 시대의 해양경찰의 역사를 논할 때는 군사와 경찰, 해군과 해양경찰의 개념적 미분화성과 중복성에 대하여 고려할 필요가 있다.

대표적 기능이나 명칭이 군사·행정적이라 하더라도, 현대 해양경찰 기능을 수행했던 역사적 기록이 남아있고, 오래전부터 존재해 왔다는 사실은 부정할 수 없다. 이와 관련하여 1953년 창설된 현대적 의미의 해양경찰청 이전에 존재했던 해양경찰 기능에 관한 관심과 연구가 필요한 시점이다.

제2절 해양경찰 기능의 특수성

해양경찰의 특수성에 대하여는 제2편 해양경찰 개관에서 이미 서술하였다. 그런데 해양경찰의 특수성은 해양경찰 기능, 즉 하는 임무 또는 일의 특수성에서 기인한다. 해양경찰 임무 또는 일이 특수하다는 것은 다시 해양경찰 임무가 바다에서 이루어지기 때문에 발생하는 특성이다. 해양경찰 기능을 이해하려면 이러한 특수성에 대한 이해가 선행되어야 한다. 그러므로 여기서는 제2편에서 기술한 해양경찰의 특수성 중에서 임무 수행상 특수성에 대해 간략히 언급하기로 하겠다.

1. 광역성

해양경찰 기능의 광역성(廣域性)이란 해양은 광활하여 1인 또는 1척의 함정이 담당하는 관할구역이 매우 넓어지는 특성을 말한다. 우리나라가 주장하는 배타적 경제수역의 면적은 약 447,000㎢ 정도이다. 이에 근거할 때, 해양경찰의 관할구역은 남한 면적의 4.5배에 해당하는 넓이다. 해양경찰의 업무 관할은 우리나라 영

1) 강봉룡 외 4, (2019), 「해양경찰 뿌리 찾기」, 해양경찰 뿌리 찾기 학술 연구용역 보고서.

해와 배타적 경제수역(EEZ) 전체에 해당한다. 배타적 경제수역 내에서 안보 및 경비 활동, 해양안전 및 해상교통, 인명구조 활동, 불법행위 단속 등 해양 치안 활동, 해양오염 방제 활동을 하고 있다. 대형함정을 기준으로 하면 1일 함정 1척이 담당하는 관할해역의 넓이는 경기도 면적에 해당한다.[2] 전국의 해안선과 섬 주변의 치안을 담당하고 있는 해양경찰 파출소 경우도 사정은 비슷하다.

2. 통합성

해양경찰 기능의 통합성(統合性)이란 해양경찰 업무수행에 있어 여러 가지 기능을 통합적으로 수행하게 되는 특성을 말한다. 한 척의 함정이 여러 기능을 통합적으로 수행하는 것을 '1정다역(1艇多役)'으로 표현하기도 한다. 육상에서는 치안, 소방, 안보, 국경관리, 구조 안전, 환경 등의 업무가 분화된 것이 일반적이다. 그러나 유사한 방식으로는 바다에서 막대한 예산과 인력이 소요되어 비효율적이다. 따라서 다양한 업무를 해양경찰로 일원화하여 함정이라는 집행수단을 이용하여 다양한 기능을 통합적으로 수행하고 있다.

3. 자연 제약성

해양경찰 기능의 자연제약성(自然制約性)이란 해양경찰이 기능을 수행할 때, 바다라는 자연 속성에 의해 많은 변수가 발생하고 예측 가능성이 저하되는 특성을 말한다. 함정이나 항공기를 이용한 해양경찰의 업무는 해상 또는 공중 기상에 의해 많은 영향을 받는다. 바다에서 일어나는 태풍, 해일, 쓰나미, 돌풍 등으로 업무수행에 있어 예측이 떨어지기도 한다. 또 육상과 달리 접근성이나 시간적 제약으로 24시간 근접 서비스 제공이 어려운 경우가 대부분이다. 이처럼 해양경찰 기능을 수행하는 것은 자연과 싸움이며 자연에 순응하는 과정이기도 하다.

4. 장비 의존성

해양경찰 임무의 장비의존성(裝備依存性)이란 해양경찰 임무를 수행하기 위한 수단으로서 함정이나 항공기와 같은 장비가 꼭 필요한 특성을 말한다. 국민에게

2) 오정동, (2017), 「해양경찰학 개론」, 서울고시각: 56.

필요한 서비스를 제공하거나 법을 집행하며 해양주권을 지키기 위해서 바다라는 물리적 공간을 이동하고 머물러야 한다. 이를 위해서는 해양경찰 직원이 다수 승선할 수 있는 함정과 항공기가 있어야 한다. 육상업무에 비하여 대형장비를 운용하는 동시에 기본임무 수행이라는 이중적인 지식과 전문성을 가져야 하는 어려움이 있다. 장비의 성능에 따라 임무 수행의 성과가 좌우되는 경우가 많다. 파도, 조류, 바람 등 자연적 제약 속에서 활동하는 해양경찰은 그만큼 장비의 중요성이 크다고 하겠다.

5. 국제성

해양경찰 임무의 국제성(國際性)이란 해양경찰이 수행하는 임무가 세계 각국에 공통으로 적용되는 형태를 띠는 특성을 말한다. 이와 같은 특성은 해양 업무가 근대 이후 국제해양법의 발전에 따라 각국에 확산하면서 적용된 데서 비롯된다. 제3차 유엔해양법 회의의 결과로서 '바다의 헌법'이라고 불리는 「유엔해양법협약」이 1994년 국제적으로 발효되었다. 「유엔해양법협약」을 각국이 채택함에 따라 해양 업무는 세계적으로 표준화되고 공통적인 성질, 즉 국제적인 특성을 가진 법규가 되었다. 우리나라 해사법규는 국제 협약의 내용을 국내에 수용한 형태이며, 세계적으로 통용되는 공통적인 내용이다.

제3절 해양경찰 기능의 분류

1. 대외적 기능과 대내적 기능

해양경찰 대외적 기능은 해양경찰 조직 외부의 국민을 대상으로 하는 기능 또는 임무를 말한다. 해양경찰은 조직의 미션 또는 궁극적인 목표로서 "안전하고 깨끗한 희망의 바다"를 제시하고 있고, 이를 달성하기 위하여 다음과 같은 전략목표를 세우고 있다. ① 전략적 경비로 주권을 수호하고 해양 권익을 확대한다. ② 세계 최고의 구조 안전 역량으로 안전한 바다를 창조한다. ③ 해양 특화된 글로벌 치안 역량을 확보한다. ④ 해양 환경 재난 전문기관으로 도약한다.[3)] 대외적 기능은 해양경찰 미션을 달성하기 위한 중요한 수단이며, 국민에게 봉사하고 국가에 헌신하는 해양경찰이 존재하는 이유다. 그러므로 해양경찰 조직의 존립과 성패는 대외적 기능을 얼마나 잘 수행하느냐에 따라 결정된다고 하겠다. 대외적 기능은 해양경비, 수색구조, 해양안전, 정보, 수사, 해양오염 방제 등 국민을 상대로 하는 모든 기능이 해당한다.

해양경찰 대내적 기능은 해양경찰 조직 내부적인 목표를 이루기 위하여 내부에서 이루어지는 기능 또는 임무를 말한다. 대외적 기능을 수행하기 위해서는 조직 내부적으로 적절한 정책목표를 수립하고, 이에 필요한 인적·물적 자원을 확보하고, 정책목표를 달성할 수 있도록 관리·통제하며, 혁신과 개혁이 필요하다. 이처럼 국민을 상대로 한 기능이 아니라 해양경찰 내부를 대상으로 하는 기능은 기획, 조직관리, 인사관리, 예산관리, 장비관리, 보안관리, 운영지원, 감사 기능 등이 있다.

2. 정책결정 기능과 정책집행 기능

해양경찰 정책은 다른 부처와 마찬가지로 일련의 정책과정을 거쳐 완성된다. 정책과정은 정책의제의 설정에서부터 시작하여 정책형성의 단계를 거쳐 결정된 정책이 집행되고 평가되는 일련의 과정을 말한다. 정책과정은 시간 순서에 따라 정책결정 단계, 정책집행 단계, 정책평가 단계의 세 단계로 이루어진다.

해양경찰 정책이 결정되고 집행되고 평가되는 일련의 과정을 기준으로 구분해 볼 때 해양경찰 기능은 정책결정 기능과 정책집행 기능으로 분류할 수 있다. 정책 결정 기능은 해양경찰 정책을 기획하고 결정하는 기능을 말한다. 여기서는 기획이 중요한데, 기획(Planning)이란 특정 대상에 대해 변화를 가져올 목적을 설정하고 그 목적을 달성하는데 가장 적합한 방법이나 대안을 설계·계획·디자인하는 것을 의미한다.

정책집행 기능은 이미 결정된 정책을 구체적인 사업계획으로 전환하여 이를 실현해 나가는 것을 말한다. 해양경찰 정책은 정책 속에 포함된 수많은 정책 수단과 계획들은 집행 작업을 거쳐 현실화시켜야만 원하는 목표를 달성할 수 있고 정책문제를 해결할 수 있다. 정책집행은 오랜 시간, 여러 장소, 복합적인 상황 속

3) 해양경찰청 홈페이지(2023.7. 검색).

에서 발생하는 일련의 행정적 · 정치적 결정과 활동으로 이루어진다.

3. 행정기능과 사법기능

해양경찰 기능을 수행하는 목적에 따라 행정기능과 사법기능으로 나눌 수 있다. 행정기능은 공공의 안녕과 질서 유지라는 일반법 질서를 유지하기 위한 해양경찰의 기능을 말한다. 해양경비, 수색구조, 해양안전, 정보, 해양오염 방제 등 기능 대부분이 행정기능이다. 반면, 사법기능은 범죄를 수사하여 처벌하는 권력적 작용으로서 행정기능과 엄격히 분리된다. 사법기능은 구체적인 사건에서 기존에 존재하는 법을 해석 · 적용하여 권리 및 의무관계를 확정하는 일인데, 주로 재판형식으로 이루어진다. 해양경찰의 사법기능은 재판을 전제로 하는 수사 기능이 있다. 사법기능은 일반사법 기능과 특별사법 기능으로 구분할 수 있다. 일반사법 기능은 해양에서 모든 범죄에 대한 수사할 수 있는 권한을 가진 경우를 말하며, 특별사법 기능은 해양에서 특별히 정해진 범죄에 대해서만 수사할 수 있는 권한을 가진 경우를 말한다.

4. 강제 기능과 서비스 기능

해양경찰 기능의 성격에 따라 강제 기능과 서비스 기능으로 나눌 수 있다. 해양경찰 기능은 강제 기능과 서비스 기능이 복합적으로 섞여 있다. 해양경찰 기능 중에는 권력이나 폭력으로 국민의 자유의사를 억누르거나 원하지 않는 일을 강제하는 작용을 한다. 경비나 수사 기능이 대표적인 경우이다. 반면, 국민에게 일정한 용역이나 서비스를 제공하는 기능도 있다. 수색구조, 해양 안전, 정보, 해양오염 방제 등이 대표적이다.

제2장

해양경비론

해양경찰 기능 중에서 해양경비 기능이 가장 먼저 발달하였다. 1953년 12월 평화선을 침범하는 외국 어선을 단속하고 어업자원을 보호하기 위하여 해양경찰대를 설치하게 되면서부터였다. 해양경찰 의미로 세계적으로 사용되는 'GUARD'도 '경비'의 의미에 가깝다. 제2장에서는 해양경비의 개념과 역사적 발전과정을 살펴보고, 해양경찰이 수행하는 해양경비 활동의 인프라, 수단, 해역별 활동에 대해서 살펴보겠다. 기타 해양경비 활동으로서 해상작전, 해상 대테러, 해상경호에 대해서도 알아보겠다.

제1절 해양경비 개관

1. 해양경비의 개념

가. 사전적 개념

해양경비의 사전적 의미는 '바다 위에서 일어나는 재난, 침략 따위를 염려하여 사고가 나지 않도록 미리 살피고 지키는 일'을 말한다.[4] 또한, 해양경비(海洋警備)를 한자 뜻대로 풀이해 보면, 바다에서 경계하고(警), 준비 또는 대비하는(備) 행동을 의미한다. 이런 면에서는 경찰이란 용어와 유사한 의미가 있다. 경찰(警察)은 경계하고(警), 살피는(察) 행동을 의미한다. 사전적 의미로 볼 때, 해양경비는 살피고, 순찰하고, 경계하고, 대비하는 행동으로서 사전 예방적 의미가 크다.

4) 표준 국어 대사전.

나. 법률적 개념

1) 해양경비법 제2조

「해양경비법」 제2조에 해양경비에 대하여 정의하고 있다. 동 조항에 따르면, 해양경비란 '해양경찰청장이 경비 수역에서 해양주권의 수호를 목적으로 행하는 해양 안보 및 해양 치안의 확보, 해양자원 및 해양시설의 보호를 위한 경찰권의 행사'를 말한다. 여기서 해양경비의 개념을 몇 가지 측면으로 검토할 수 있다.

첫째, 해양경비의 대상 범위 면에서 볼 때, '경비 수역'에 행하는 활동이다. 여기서 경비 수역이란 대한민국의 법령과 국제법에 따라 대한민국의 권리가 미치는 수역으로서인 내수 · 영해 · 배타적 경제수역 · 대륙붕과 법규에 의해 대한민국의 정부 또는 국민이 개발 · 이용 · 보전에 참여할 수 있는 해역 등을 말한다(해양경비법 제2조 제2호).

둘째, 해양경비의 목적 면에서 볼 때, '해양주권 수호'를 목적으로 행하는 활동이다. 해양주권은 해양에 대한 국가의 주권을 말한다. 여기에는 내수 및 영해의 관할을 포함하여, 배타적 경제수역 · 대륙붕에서 해상 · 해저의 자원을 지배하는 주권적 권리도 포함한다. 이처럼 해양경비는 추상적이긴 하지만, 해양주권 수호라는 목적을 가지고 행하는 목적 추구적 활동을 말한다.

셋째, 해양경비 내용 면에서 볼 때, 해양 안보 및 해양 치안 확보, 또는 해양자원 및 해양시설의 보호를 위한 활동이다.

넷째, 해양경비 특성 면에서 볼 때, 경찰권의 행사 활동이다. 경찰권은 국가의 일반통치권에 기한 강제적 작용이다. 이런 측면에서 단순한 서비스의 제공이나 해양에서 구조활동 등은 해양경비 개념으로 포함시키기 어렵다.

2) 해양경비법 제7조

「해양경비법」 제7조(해양경비 활동의 범위)에는 관할수역에서 해양 안보 및 해양 치안의 확보, 해양자원 및 시설을 보호하기 위해 경찰권의 행사인 해양경비의 범위를 명확히 법조문에 규정함으로써 해양경찰관의 직무 범위를 정하고자 하였다. 해양경비의 범위를 크게 6가지로 규정하고 해당하는 직무수행과 관련한 권한과 의무를 부여함과 동시에 해양경찰의 직무 범위를 명확하게 하여 권한 밖의 행위로 국민에 대한 기본권 침해를 방지하는 역할도 한다.

(1) 해양 관련 범죄에 대한 예방

해양 범죄의 증가추세와 범죄양상이 광역화·기동화·다국적화하는 현상은 선박, 해양시설 등에서의 범죄예방 및 초동 조치 등 해양경찰의 제반 경비 활동의 확대를 요구하고 있다. 특히 오늘날 경찰권 행사는 진압목적의 사후통제보다는 예방목적의 사전예방적 집행을 중요시하고 있기 때문이다.

(2) 해양오염 방제 및 해양자원 보호에 관한 조치

해양 환경 사범의 높은 발생 빈도에 따라 경비업무의 목적으로 해양경찰의 해양 환경 및 자원 보호 활동의 요청이 지속해서 확대됐다. 선박의 좌초, 침몰 등으로 인한 원유 유출 등의 해양오염사고는 오염원 제거에 많은 시간과 비용이 소모되며, 지속할 수 있는 해양 및 국토발전에 큰 위해가 되기 때문에 해양경비 활동의 범위에 포함되었다.

(3) 해상경호·대테러·대간첩작전 수행

남북 분단으로 끊임없이 발생하고 있는 북한의 국지적 도발과 테러 위협으로부터 국민의 생명과 재산을 보호하기 위해 해상에서의 경호, 대테러 및 대간첩작전 등을 경비업무에 포함했다.

(4) 해양시설의 보호에 관한 조치

해양시설은 특성상 경계 및 보호 상태의 취약성 때문에 테러의 손쉬운 대상이 된다. 따라서 바다와 접해 있는 발전소, 가스 유류 저장소, 항만 등의 시설과 같은 임해 중요시설에 대한 해양경찰의 보호 경비가 필요하다.

(5) 해상항행 보호에 관한 조치

해상에서의 집단시위 및 선박 충돌, 좌초, 침몰 등 해상의 각종 사건·사고뿐만 아니라 원활하고 안전한 해상교통질서 확보를 위해 사후 조치보다 예방에 필요한 집행 근거로서 포괄적으로 규정하였다.

(6) 그 밖에 경비 수역에서 해양경비를 위한 공공의 안녕과 질서 유지

'공공의 안녕과 질서 유지'와 같은 포괄적, 추상적 용어를 사용하여 같은 법 제7조 제1호부터 제6호까지의 사유가 아니더라도 해양경비의 목적을 달성하려는 조치가 필요할 경우 해양경찰이 탄력적인 해양경비 업무를 수행할 수 있도록 규

정하였다.

3) 해양경찰청과 그 소속기관 직제 제11조

「해양경찰청과 그 소속기관 직제」 및 동 시행 규칙상 해양경비 부서에서 관장하고 있는 업무는 다음과 같다.

1. 해양경비에 관한 계획의 수립 · 조정 및 지도
2. 경비함정 · 항공기 등의 운용 및 지도 · 감독
3. 동 · 서해 특정해역에서의 조업 경비
4. 해양에서의 경호, 대테러 예방 · 진압
5. 통합방위 및 비상대비 업무의 기획 및 지도 · 감독
6. 해양 상황의 처리와 관련된 주요 업무계획의 수립 · 조정 및 지도
7. 해양 상황의 접수 · 처리 · 전파 및 보고
8. 선박교통관제(VTS) 정책 수립 및 기술개발
9. 선박교통관제센터의 설치 · 운영
10. 선박교통관제센터의 항만 운영 정보제공
11. 선박교통관제 관련 국제교류 · 협력

다. 해양경비 개념의 모호성

위에서 살펴본 것처럼, 해양경비의 개념은 다양한 의미로 받아들여지고 있다. 해양경비의 개념을 명확하게 정의하기가 곤란할 뿐만 아니라 지나치게 확장되어 사용되고 있는 것이 현실이다. 해양경비의 개념은 몇 가지 의미가 혼용되고 있다.

첫째, 해양경비가 곧 해양경찰 작용이라는 인식이 되어 있어, 해양경비의 의미가 다소 확장되게 받아들여진다. 세계적으로 해양경찰기관을 칭할 때 쓰이는 명칭인 'Coast Guard'는 경비의 개념에 가깝다. 이 명칭은 순찰 + 경계의 의미를 내포하여 '바다 또는 연안을 경계하고 살핀다.'라는 의미가 포함되어 있다. 'Coast Guard'를 우리말로 번역할 때, '연안경비대 또는 해안경비대'라고 옮기는 것도 이런 이유 때문이다.

둘째, 해양경비 개념에 여타 해양경찰 작용이 포함되어 사용되는 경우가 흔하다. 함정은 통합적 행정의 수단으로서, 이를 이용하여 경비, 수색구조, 안전관리, 수사, 오염방제 등 대부분의 해양 업무를 수행하고 있다. 이에 따라 함정을 수단

으로 이루어지는 업무는 해양경찰의 여러 부서가 관련된다. 그중에서도 함정 출동계획을 수립하고, 출동 명령을 내리며, 구체적인 사항에 있어 함정장을 직접 지휘하는 부서가 경비기능이다. 수색구조, 안전관리, 수사, 오염방제 등 타 기능은 함정장에게 직접 명령을 내리기보다는 경비기능과 함정장을 통해 업무를 처리한다. 이런 이유로 경비개념에 여타 해양경찰 작용이 포함된 것으로 이해되기도 한다. 「해양경비법」 제7조가 해양경비 활동의 범위를 해양오염 방제 및 공공의 안녕과 질서 유지까지 확장하고 있는 것은 이러한 태도라 하겠다.

셋째, 실무와 법령에 나타나는 해양경비의 개념은 다양하고 이질적 모습을 보인다. 그로부터 특성을 추출하여, 일반적이고 추상적으로 인식할 수 있는 강학상 해양경비의 개념을 수립하기는 극히 어렵다. 법령상 해양경비에 포함되는 영역은 범죄예방, 해양오염 방제, 수산 자원 보호, 함정 운용 및 관리, 해상경호, 대테러 업무, 해양시설 보호, 해상항행 보호 등 이질적이고 다양하다. 따라서 해양경비를 하나의 개념적 카테고리 안에 포함해 파악하기는 불가능해 보인다.

라. 검 토

앞에서 해양경비 개념의 사전적 의미, 법률적 의미를 살펴보고, 동 개념의 모호성에 대해서도 살펴보았다. 그렇다면 이 책에서는 어떻게 해양경비의 개념을 정의하고 사용할 것인가? 이 책에서는 해양경비의 개념을 「해양경비법」상 의미로 사용하려 한다. 그리하여 해양경비를 '해양경찰청장이 경비 수역에서 해양주권의 수호를 목적으로 행하는 해양 안보 및 해양 치안의 확보, 해양자원 및 해양시설의 보호를 위한 경찰권의 행사'로 보겠다. 해양경비 개념에 대하여 아직 학문적인 연구가 깊지 못하여 일반적이고 추상적인 개념 정의가 쉽지 않다. 또한 관련 법령에서 다양한 업무를 포괄하고 있는 경비개념의 현실을 벗어나기 어려운 것도 사실이다. 다만, 실무에서 경비기능 중에서 선박교통관제 기능은 해상교통 기능으로서 안전관리 부분에서 언급하도록 하겠다. 향후 해양경비에 대하여 명확한 개념 규정과 범주화를 통해 카테고리화하는 학문적 노력이 필요하다. 제도적으로 「해양경찰법」과 「해양경비법」의 상호 조화와 균형을 유지할 필요가 있다. 즉, 「해양경찰법」 제14조의 해양경찰 직무와 「해양경비법」 제7조의 해양경비 활동의 범위 간에 차별화를 통해 지나치게 포괄적이고 넓게 규정되어 있는 해양경비 활동의 범위에 대한 검토가 필요하다.[5)]

2. 해양경비의 연혁

가. 해양경비의 탄생

해양경비는 해양경찰의 다양한 기능과 업무 중에서도 연혁적으로 가장 먼저 발달하였다. 우리나라 해양경찰과 경비기능이 탄생하게 된 것은 1953년이었다. 그 배경에는 국내적으로 해방 이후 우리나라 바다의 어업자원에 대한 보호 요구가 거세어지고, 국제적으로 대륙붕이 연안국에 속한다는 주장을 펼친 트루먼 선언이 있었다.

1945년 9월 28일 미국 대통령 트루먼은 주변 대륙붕의 천연자원이 미국에 속한다는 트루먼 선언을 발표하였다. 이에 자극받은 각국은 자국 연안 12~200해리에 걸쳐 주권적 권리를 주장하였다. 한편, 1945년 해방 이후 일본어선은 맥아더라인을 월선하여 서남해 해역의 주요 어장에 대거 침입하여 어자원을 남획하였다. 1950년 한국전쟁 이후에도 일본어선의 월선 조업은 계속되었다. 이에 정부는 트루먼 선언에 영향을 받아 우리 해양의 천연자원 개발과 어업자원을 보존하기 위하여 1952년 1월 18일 「인접 해양의 주권에 대한 대통령 선언」을 내외에 선포하였다. 이에 의한 주권선을 '평화선'이라 불렀다.

그런데 당시 우리나라 해군은 본연의 임무인 군작전과 해양주권선 수호의 이중의 임무를 담당하고 있었다. 이에 해군이 군사적 범위를 벗어나 민간어선을 나포한다는 것은 국제법에 위반된다는 문제가 있어 이승만 대통령은 해양주권선 경비 임무를 경찰이 수행하라는 지시를 내렸다. 이에 따라 1953년 12월 평화선을 침범하는 외국 어선을 단속하고 어업자원을 보호하기 위하여 「어업자원보호법」을 제정하고, 관할수역의 경비를 담당하기 위하여 내무부 치안국 산하에 해양경찰대를 설치하게 되었다.

나. 전통적 의미의 해양경비

초기 해양경비는 평화선을 침범하여 자원을 약탈하는 일본어선을 물리쳐 자원을 보호하고 북한의 침투를 저지하는 안보 기능에 치중하였다. 이후에도 1960~70년대 냉전의 분위기로 인해 해상 대간첩 침투 봉쇄 등 대북 국가안보를 위한

5) 고명석, (2023), "해양경비법 체계의 문제점과 개선방안 고찰", 해양경찰학회보 13(2): 35-36.

활동과 한반도에 위협을 가하는 위해 세력을 차단하기 위해 감시 및 보호 경비를 주로 수행하였다. 이렇게 전통적으로 해양경비는 남북 분단 상황에서 해군의 해상 차단 역할을 보조하며 국가안보 측면에서의 활동으로 인식됐다고 할 수 있다. 1980년대 이후 고도성장기를 맞아 경비기능은 경제성장에 따른 임해 산업시설 보호 등 민생치안 역량을 강화하는 한편 급격히 늘어난 불법 외국어에선 단속에 중점을 두었다. 이에 따라 EEZ 순찰, 접적 해역 불법조업 단속 등에 치중하였다.

다. 현대적 의미의 해양경비

「유엔해양법협약」 발효로 경비구역이 배타적 경제수역까지 확대되면서 현대적 의미의 경비개념이 정립되었다. 전통적 경비개념은 각국의 배타적 경제수역 선포와 주변국과의 어업협정 체결 등 국제 해양 질서의 변화에 따라 전환기를 맞이하게 된다. 이때부터는 기존의 영해 차단선 경비개념에서 벗어나, 200해리 배타적 경제수역으로 경비 범위가 광역화되었으며, 어업협정경계선 주변에서 불법 외국어에선 단속 활동 등을 수행하며 보다 적극적인 임무를 수행하게 되었다.

최근에는 경비개념이 전통적인 안보나 불법 어선 단속 위주에서 해양 공간관리나 해양 영유권 보호 등 새로운 패러다임으로 전환되고 있다. 다만, 한반도의 지정학적 특수성과 배타적 경제수역의 해양 경계 미획정 등을 이유로 해양경찰청의 법 집행 활동에는 많은 제약이 있는 것이 현실이다. 그리고 독도・이어도・중국어선 등 전통적인 경비수요로 인해 실질적인 해양 권익 보호 활동에 해양경비 세력을 투입하고 있지 못한 실정이다.

라. 미래의 해양경비

해양경찰청은 2012년 「해양경비법」을 제정하였고, 2020년 「해양경찰법」을 제정하여 시행하는 등 해양경비의 패러다임을 전환하고자 노력하고 있으며, 급변하는 동북아 해양 질서 속에서 대한민국의 해양 권익 확대를 위해 전략적 경비 활동을 수행하고 있다. 이렇게 영해 및 내수를 비롯하여 배타적 경제수역과 확대되는 대륙붕 등 해양영토를 능동적으로 관리하여, 해양자원의 지속할 수 있는 개발과 해상교통로 확보 등 해양 안보의 중심축으로서 그 역할을 확대해 나갈 것으로 기대된다. 또한 중・장기적으로는 '바다를 경영한다.'라는 해양전략을 기반으로 바다를 통해 창출되는 다양한 해양 권익을 효율적으로 관리하는 임무를 해양경비 개념의 핵심으로 하여 해양 종합 집행기관으로서의 면모를 갖출 것으로 보인다.

3. 해양경비의 범위

해양경비 활동의 범위는 「해양경비법」 제7조에 다음과 같이 규정하고 있다.

1. 해양 관련 범죄에 대한 예방
2. 해양오염 방제 및 해양수산자원 보호에 관한 조치
3. 해상경호, 대(對)테러 및 대간첩작전 수행
4. 해양시설의 보호에 관한 조치
5. 해상항행 보호에 관한 조치
6. 그 밖에 경비 수역에서 해양경비를 위한 공공의 안녕과 질서 유지

제2절 해양경비 인프라

해양경비의 인프라는 해양경비 활동을 수행하는데 기반이 되는 해양경찰의 조직적 · 인적 · 물적 토대를 말한다. 조직적 토대로서 경비 조직, 항공 조직, 종합상황실 등이 있다. 이외에도 지방해양경찰청 특공대, 해양경찰서 파출장소 등도 직간접적으로 해양경비 활동을 지원하는 조직이다. 인적 토대로서 경비나 항공 조직에 근무하면서 경비업무를 담당하는 경찰공무원과 일반직공무원이 있다. 특히 함정장은 해양 현장에서 해양경비 인프라의 중요한 부분을 담당하고 있다. 물적 토대로 함정과 항공기가 있다. 함정과 항공기는 바다라는 특수한 현장에서 해양경찰 업무수행을 위한 가장 중요하고 기본적인 물적 토대이다. 이외에 물적 토대로서 종합상황실이나 함정, 항공기, 통신실에 설치되어 운영되는 경비 · 통신시스템이 있다.

1. 해양경비 조직체계

가. 해양경비 조직

해양경비 조직으로 해양경찰청의 경비국, 지방해양경찰청의 경비(안전)과, 해

양경찰서의 경비구조과가 있다. 경비국장은 우리나라 전체의 해양경비 업무를 총괄하는 직책으로서 지방해양경찰청과 해양경찰서의 경비 조직과 인력을 지휘·관리하고 해양경비 정책을 수립하고 상황을 처리한다. 해양경찰청 경비국장 아래에 경비과장·종합상황실장·해양경비기획단장이 분담되는 경비 관련 업무를 처리하며, 각각 총경으로 보한다.[6)]

각 관할 구역별로 지방해양경찰청에 해양경비 조직을 두고 있다. 해역별 지방해양경찰청의 규모에 따라 경비 조직이 달라지는데, 중부·서해 및 남해지방해양경찰청의 경우 안전총괄부장 밑에 경비과를 두고 있다. 동해 및 제주지방해양경찰청의 경우 지방해양경찰청장 밑에 경비안전과를 두고 있다. 그 기능은 해양경찰청과 유사하다.[7)] 지방해양경찰청장이 관장하는 산하 해양경찰서에도 경비 조직을 두고 있다. 20개 지방해양경찰서별로 경비구조과를 둔다. 그 기능은 해양경찰청 및 지방해양경찰청과 유사하다.

나. 항공·정보통신·특공대

해양경찰청 장비기술국에 항공과 및 정보통신과를 두고 있다. 장비기술국장의 총괄 지휘를 받는 항공과장은 해양경찰 항공 업무 계획을 수립하고 항공기를 관리·운영한다. 항공기 정비·유지는 항공과장이 전담하지만, 항공기 운용은 경비, 구조, 오염방제 기능과 협의하여 해상상황에 따라 결정한다. 현장에서 항공기 운용은 지방해양경찰청장의 지시를 받아 항공단장이 한다. 해양경찰청 정보통신과는 경비 활동 시 각 세력 간 정보교환 및 통신에 관한 업무를 담당하는 정보통신 관련 장비 운용업무를 담당하고 있다.[8)] 지방해양경찰청장 밑에 직할대로서 특공대를 둔다. 특공대는 해상 대테러 활동 및 해상경호 등을 주요 임무로 하고 있다.

다. 종합상황실

해양경찰청 종합상황실장은 각종 해양 상황을 접수하고 처리하고 관리한다. 다만, 종합상황실은 해양경비 상황만을 처리하지 않고 해상에서 발생하는 모든 상황을 처리하므로 수색구조, 오염, 수사, 국제 등 다양한 기능과 관련된다.[9)] 종

---

6) 「해양경찰청과 그 소속기관 직제 시행규칙」 제6조 참조.
7) 「해양경찰청과 그 소속기관 직제 시행규칙」 제22조, 제25조 참조.
8) 「해양경찰청과 그 소속기관 직제 시행규칙」 제10조.
9) 「해양경찰청과 그 소속기관 직제 시행규칙」 제6조.

합상황실장은 해양 상황 등의 초동 조치와 해양 상황 등의 정보수집·분석 및 전파 등을 임무를 수행한다. 관할 구역별로 지방해양경찰청에 종합상황실을 두고 있다. 5개 지방해양경찰청에 지방해양경찰청장 밑에 종합상황실을 두고 있다. 그 기능은 해양경찰청과 유사하다. 지방해양경찰청 밑에 해양경찰서에도 종합상황실을 두고 있다. 지방해양경찰서별로 종합상황실을 둔다. 그 기능은 해양경찰청 및 지방해양경찰청과 유사하다.

2. 경비 세력

해양경찰은 해양주권의 수호를 목적으로 경비 수역에서 해양 안보 및 해양 치안의 확보, 해양수산자원 및 해양시설의 보호를 위한 경찰권을 행사한다. 해양경찰이 경찰권을 행사하기 위해서는 필요한 인력과 장비가 소요된다. 특히, 바다에서 경찰권을 행사하기 위해서는 해상에서 이동하기 위한 선박과 항공기 등 대형 장비가 필수적으로 필요하고 많은 인력이 소요된다. 이렇게 해양경비 활동에 소요되는 인적·물적 자원을 경비 세력이라 한다. 「해양경비법」 제2조에서는 경비 세력을 "해양경찰청장이 해양경비를 목적으로 투입하는 인력, 함정, 항공기 및 전기통신설비 등"으로 정의하고 있다.

가. 함 정

1) 함정의 개념과 분류

(1) 함정의 개념

일반적 의미로 볼 때, 함정이란 강이나 바다에서 전투용으로 이용되는 군사용 배를 통틀어 이르는 말이다.[10] 한자로 '함(艦)'은 싸움배나 큰 배를 의미하고, '정(艇)'은 작은 배를 의미한다. 이렇게 볼 때 함정은 전투에 이용되는 큰 배와 작은 배를 통틀어 일컫는 말이라 하겠다. 이런 의미에서 일반적인 배를 일컫는 선박과는 명확히 구별되는 개념이다. 「선박법」이나 「선박안전법」 등 여러 해사법규에도 선박[11]이라는 용어를 사용하고 있으며, 군이나 경찰용 선박인 함정과 명백히 구분하고 있다. 해양경찰청 소속 함정의 운용·관리 및 근무에 관하여 해양경찰청

10) 표준국어대사전.

11) 선박이란 수상 또는 수중에서 항행용으로 사용하거나 사용할 수 있는 배 종류를 말한다(선박법 제1조의2).

훈령인 「함정 운영관리 규칙」에서 정하고 있다. 동 규칙은 함정을 "해양경찰 업무수행을 위하여 운용되는 선박(부선 및 부선거를 제외한다)"으로 단순하게 정의하고 있다.

(2) 해양경찰 함정의 분류

해양경찰 함정은 총 350척 정도가 있다. 함정이란 명칭에는 해양경찰의 모든 배가 포함되는데, 함(艦)은 250톤 이상 큰 배를 일컫는 명칭이며, 정(艇)은 250톤 미만 작은 배를 일컫는 명칭이다. 특수함정에 대해서는 이것이 500톤 이상과 500톤 미만에 적용된다. 함정은 경비함정과 특수함정으로 분류할 수 있다. 경비함정은 해상경비를 주 임무로 하는 함정을 말한다. 경비함정은 톤수에 따라 다음 각 호와 같이 경비함과 경비정으로 구분한다.

1. 대형 경비함(영문 표기 MPL): 1,000톤급 이상
2. 중형 경비함(영문 표기 MPM): 1,000톤급 미만 250톤 이상
3. 소형 경비정(영문 표기 MPS): 250톤 미만

특수함정이란 해양경찰 특수목적 수행을 위해 운용되는 함정을 말한다. 특수함정은 그 운용 목적에 따라 다양하게 분류할 수 있다.[12)]

1. 형사기동정: 해상범죄의 예방과 단속 활동을 주 임무로 하는 함정
2. 순찰정: 항·포구를 중심으로 해상교통 및 민생치안 업무를 주 임무로 하는 함정
3. 소방정: 해상화재 진압업무를 주 임무로 하는 함정
4. 방제정: 해양오염 예방 활동 및 방제업무를 주 임무로 하는 함정
5. 예인정(영문 표기 T): 예인업무를 주 임무로 하는 함정
6. 수리지원정: 함정 수리 지원업무를 주 임무로 하는 함정
7. 공기부양정(영문 표기 H): 천해, 갯벌, 사주 등 특수해역에서 해난구조와 테러예방 및 진압 임무를 수행하는 함정
8. 훈련함: 해양경찰교육원에서 실시하는 신임·기본·전문교육 및 대형 해양오염 방제업무 등을 수행하는 함정
9. 훈련정: 불법 외국 어선 단속 훈련용으로 사용되는 함정

---

12) 「함정 운영관리 규칙」 제6조 참조.

10. 잠수지원함(영문 표기 D): 해상 수색구조 및 잠수 지원업무를 수행하는 함정
11. 화학 방제함: 해상 화학사고 대비・대응 업무를 주 임무로 하는 함정
12. 특수기동정(영문 표기 S): 불법조업 외국어에선 단속 임무, 해양사고 대응 임무, 해양 테러 및 PSI 상황 대응 임무를 수행하는 함정

2) 함정 배치와 운영

함정은 해양경찰에 관한 제 임무를 수행하기 위하여 운용한다. 다만, 필요한 경우에는 다른 기관의 업무 및 국가방위에 관한 업무를 지원하기 위하여 운용할 수 있다. 「해양경찰 경비 규칙(대외비)」에 함정은 관할구역 내에서 관련 법령에 따라 해양경비, 수색구조, 안전관리, 자원 보호, 통합 방위작전 임무 등을 수행한다고 규정되어 있다. 함정의 최초 배치와 지방해양경찰청 간 이동 배치는 해경청장의 편제 명령에 따르고, 지방해양경찰청 소속 해양경찰관서 간 이동 배치는 지방해양경찰청장의 편제 명령에 따른다.

경비함정 운영과 관련하여 경비구역 및 경비 방법 기타 함정 운용에 필요한 사항은 「해양경찰 경비 규칙」에 정하고 있다. 경비구역은 육지로부터 거리를 기준으로 연안, 내해, 광역구역 3가지 형태로 구분하고, 구역별로 함정 크기에 따라 배치한다. 연안 구역은 소형정을 운용하며, 해상범죄 예방・단속, 임해 산업시설 보호, 다중 이용 선박 안전관리, 해상인명구조 등 임무를 수행한다. 내해 구역은 중형함정을 중심으로 운용하며, 밀입국 차단 및 검거, 외국어선 영해 침범 단속, 해양오염 감시, 불법 어업 단속 등 임무를 수행한다. 광역구역은 대형함정을 중심으로 수색구조 활동, 불법조업 외국어선 단속, EEZ 수역 개발 및 해양과학조사 지원, 해양 환경 보호 등 임무를 수행한다.

함정은 ① 출동 → ② 정비 → ③ 출동대기의 3교대 개념으로 운용한다. 출동이란 함정이 출동 지시서를 받고 임무수행을 위하여 기지를 출항하는 것을 말한다. 정비란 함정의 선체와 장비의 성능 유지 및 수명연장을 위하여 손질, 검사, 수리, 재생, 개조, 개장, 교정하는 등의 일체 행위를 말한다.[13] 그리고 출동대기란 정박 중인 함정의 전반적 안전관리와 긴급출동 등 긴급상황에 대응하기 위해 함정에서 토요일, 공휴일, 휴무일 및 일과시간 후에 근무하는 것을 말한다.

---

13) 「해양경찰청 함정 정비규칙」 제2조.

3) 함정 근무 방법 기타

함정에서 근무 방법은 육상에서 근무 방법과 전혀 다르다. 3교대 근무로서 현업부서에 속한다. 함정이 출동 시에는 함정장의 허가 없이 하선하여서는 아니 된다. 함정이 항해 중에는 항해·기관·통신부서 등 항해 당직을 편성 운용한다. 해경서장, 서특단장은 함정이 출동으로 인하여 연일 근무한 경우에는 출동에 따른 피로를 감안하여 출동 임무를 종료하고 모항에 입항한 후 정박 기간 중에 근무일 및 휴무일을 지정하여 운용한다. 경비함정에 복수승조원제 운영 시 소속 기관장은 승조원 팀별 휴무일을 지정하여 운용할 수 있다. 복수승조원제란 경비함정 출동률을 향상시키기 위해 2개 팀 이상의 승조원이 1척 이상의 함정에서 교대근무를 실시하는 인력 중심의 제도를 말한다.[14]

함정이 정박 중인 경우, 함정장은 일과 시 함정 직원을 지휘 감독하고 각 부서장은 함정장을 보좌하여 소관 업무를 관장 집행하며 제반 사항을 기록·유지하여야 한다. 정박 중인 함정의 전반적 안전관리와 긴급출동 등 긴급상황에 대응하기 위해 토요일, 공휴일, 휴무일 및 정상 근무시간 이후에는 대기 근무를 편성·운용한다.

정박 중인 함정은 대기 근무에 임하여야 한다. 대기 근무란 정박 중인 함정의 각종 기동장비 관리 등 함정의 전반적 안전관리와 긴급출동 등 긴급상황에 대응하기 위해 함정에서 토요일, 공휴일, 휴무일 및 일과시간 후에 근무하는 것을 말한다. 함정장은 토요일, 공휴일, 휴무일 및 정상 근무가 종료된 때부터 다음날 정상 근무나 통합대기 근무가 개시될 때까지 대기 근무를 편성·운용한다. 대기 근무 중에는 함정 내 근무를 원칙으로 한다. 함정장은 대기 근무자를 2조로 편성, 1조씩 대기실 근무를 명한다. 대기실 근무자는 순찰, 출입자 관리, 장비 점검 등 임무를 수행하며, 그 외의 인원은 함정 내에서 자율 복장으로 취침 등 휴식을 취할 수 있다.[15]

---

14) 「경비함정 운영규칙」 제2조.
15) 「경비함정 운영규칙」 제29조.

나. 항공기

1) 의 의

해양경찰 항공기는 고정익 항공기와 회전익항공기로 구분할 수 있다. 고정익 항공기(비행기, Air Plane)란 고정된 날개에 의해 뜰 수 있는 항공기를 말한다. 회전익 항공기(헬기, Helicopter)란 회전되는 날개에 의해 뜰 수 있는 항공기를 말한다.[16] 해양경비 인프라로서 항공기는 해양경비 활동에 다양하게 이용된다. 해양경찰 항공기는 함정과 함께 해·공 입체적으로 업무를 수행할 수 있는 물적 토대가 된다. 항공기는 공중에서 넓은 시야를 통해 다양한 예방·감시활동을 수행한다. 그뿐만 아니라 응급환자 후송이나 인명구조에도 활용된다. 해상사고 발생 시 짧은 시간 안에 현장에 도착하여 상황을 파악하고 초동 조치를 취할 수 있다.

「해양경찰청 항공 운영규칙」 제5조에 항공의 기본임무로 ① 항공 순찰(불법조업 단속, 해양오염 감시 및 방제 지원 등), ② 항공 수색구조(수색, 구조, 응급환자 이송, 구조장비 투하 및 야간조명 지원 등), ③ 해상 대테러작전 지원, ④ 수난구호를 위한 인원 및 화물 수송 등을 규정하고 있다. 해양경찰은 고정익 항공기 6대, 회전익 항공기 18대 등 24대의 항공기를 보유·운영하고 있다. 최근에는 무인비행체인 드론을 다양한 해상업무에 활용하기 시작하였다.

2) 항공기 운영

항공의 업무를 원활히 수행하기 위하여 지방해양경찰청별로 5개 항공단을 운영하고, 항공단별로 고정익·회전익 항공대를 두고 있다. 해양경찰청장은 해역별 치안 수요를 고려하여 신규 도입 항공기의 배치와 운용 중인 항공기의 재배치에 관한 사항을 정한다. 해양경찰청장은 해양경찰청 소속 모든 항공기에 대하여 운용통제 및 지휘를 할 수 있다. 지방해양경찰청장은 소속 항공기에 대한 운용통제 및 지휘하며, 긴급상황 발생 시에는 소속 해양경찰서장에게 그 권한을 위임할 수 있다. 항공기를 운항할 때는 사전에 지방청장의 승인을 받아야 한다.

항공기는 해상순찰과 교육·정비를 각 50%씩 수행하는 개념으로 운용한다. 고정익 항공기 중 광역 임무 항공기는 우리나라 전 해역을 대상으로 영해 침범, 불법어로, 해양오염 등을 감시하고, 기타 고정익 항공기는 중부권과 서남 해권별

16) 「해양경찰청 항공 운영규칙」 제2조.

로 감시활동 및 인명구조를 행한다. 회전익 항공기는 해상이나 도서 지역 응급환자 후송, 수색구조, 해양오염 감시 등 다양한 임무를 수행한다. 특히, 최대 탑승인원 20명 이상인 회전익 항공기는 사고 발생 시 함정 운항이 어려운 악기상에서도 인명구조 활동에 유용하게 쓰이고 있다.

3. 정보통신시스템

해양경비 활동을 수행하기 위해서는 인력과 대형장비가 필요하지만, 경비 현장의 상황을 정확히 파악하여 현장 정보를 보고·전파하고 상황판단과 지시를 현장에 정확하고 신속히 전달할 수 있는 정보통신시스템의 역할이 중요하다. 해양경찰은 사무실과 현장의 정보 흐름을 원활히 하고 상호 통신을 신속히 하기 위하여 종합상황실, 함정, 파출장소를 중심으로 정보통신시스템을 운영하고 있다. 정보통신시스템은 해양경찰청에서 운영하는 것도 있지만, 군, 유관기관, 지자체, 민간 등에서 운영하는 다양한 형태가 있어 이를 공유하기도 한다. 여기서는 편의상 몇 가지 기준에 의해 분류하여 주요한 시스템에 관해서 서술하겠다.

가. 선박 모니터링 시스템

선박 모니터링 시스템은 선박의 위치를 파악하고 선박의 상황을 파악하기 위한 시스템이다. 선박에 설치된 무선 장치, AIS 등 단말기에서 발사된 위치 신호가 원거리에 있는 화면에 표시되는 시스템으로서, 선박－육상 간 쌍방향 데이터 통신을 목적으로 한다. 해양경찰에서 사용하는 대표적인 시스템인 통합선박모니터링시스템(CVMS)은 전자해도에 선박자동식별장치(AIS), 어선 위치 발신 장치(V-Pass), 해경 함정·항공기 위치정보, 항적 등을 통합적으로 표출하는 시스템이다. 선박의 제원이나 운항 정보 등을 무선데이터 통신을 통하여 선박－선박 간, 선박－육상 간 자동으로 송수신하게 되어 운항 중인 선박에 대한 운항 정보를 알 수 있다.

어선출입항시스템(V-Pass)은 어선 출·입항신고 자동화 및 조난어선의 구조 등을 용이하게 하기 위해 어선·함정·파출소에 위치 수·발신 장치를 설치하여 어선의 위치를 모니터링하는 시스템이다. 무동력선, 2톤 미만 상부 구조물이 없는 어선 등을 제외하고 모든 어선에 설치·운영하고 있다.

위성 AIS 시스템은 위성과 연계하고 광역적으로 선박 정보를 수집할 수 있는 시스템으로, 선박 위치정보 탐지범위를 전 세계로 확대하여 우리나라 및 전 세계 국적선에 대한 실효적 안전관리가 가능하다.

초 단파 무선전화 위치 발신 시스템(VHF-DSC)은 수협에서 운영하는 어선 위치 모니터링시스템으로, 2톤 이상 어선을 대상으로 VHF-DSC에 GPS를 연계하여 주기적으로 어선의 위치를 강제 전송하는 시스템이다. 수협에서 관리하며, 해양수산부와 해양경찰에 연결되어 있다. 해양경찰은 이외에도 여객선 센서 정보 모니터링시스템, 원거리 추적감시시스템 등 다양한 시스템을 보유하고 있다.

나. 상황접수 및 전파시스템

위성 조난신호 수신 및 전파시스템(LUT/MCC)은 저궤도를 회전하는 정지궤도 위성에서 발신하는 조난신호를 자동으로 수신하여 전파하는 시스템이다. 전 세계 MCC 네트워크를 통하여 해외에서 발신하는 조난신호를 접수할 수 있어 원거리에서 각종 사고 발생 시 조난신호를 수신할 수 있다.

통합 신고처리시스템은 정부에서 운영하는 긴급번호가 통합됨에 따라 과거 사용하던 해양 긴급번호 122를 119로 통합하여 소방에서 모든 신고를 접수 후 해양 상황인 경우, 즉시 해양경찰에 이첩되는 신고시스템이다. 해양사고인 경우, 신속하게 신고자의 위치를 추적하여 함정 등 현장에 전파한다. 상황정보 문자전송 시스템은 상황 발생 시 해양경찰청 · 지방해양경찰청 · 해양경찰서 · 파출소 · 경비함정 간 정보 사항을 실시간으로 대화창을 통해 교환이 가능한 시스템이다. 상황접수 및 전파시스템은 해양에서 위급한 사고가 발생했거나 발생이 예상되는 경우 신속하고 정확하게 현장 정보를 접수하고 전파하기 위해 운용되는 시스템이다. 해상교통 문자방송(NAVTEX)은 전 세계 해상 조난 및 안전 제도(GMDSS)의 하나로 운영되는 것으로 문자를 통해 운항 중인 선박에 기상, 해상사격, 해상 표류물, 선박 조난 등 다양한 안전 정보를 제공하여 미리 위험을 피할 수 있도록 하는 시스템이다.

다. 영상전송 시스템

영상전송시스템은 해양 현장으로부터 현장의 상황을 영상으로 전송받아 활용하는 시스템을 말한다. 영상 전송시스템은 해양경찰 경비 목적 위성인 코스넷

(KOSNET)을 이용하여 100톤 이상 경비함정에 설치된 ENG 카메라를 통해 현장 상황을 실시간으로 송출하여 볼 수 있는 시스템이다. 모바일 현장 지휘시스템은 파출소에서 LTE망을 이용한 현장 상황을 실시간으로 송출하여 볼 수 있는 시스템이다. 해양 원격 응급의료시스템은 경비함정에서 조난자 구조 및 응급환자 후송 시 광역 위성통신망을 활용하여 실시간으로 신체검진 데이터 및 환자의 상태를 영상으로 전송하여 육상에 있는 의료진의 도움 및 지도를 받을 수 있는 시스템이다.

제3절 해양경비 수단

해양경비 활동은 해양경찰관이 경비 수역에서 행하는 해양 안보 및 해양 치안의 확보, 해양수산자원 및 해양시설의 보호를 위한 경찰권의 행사이다. 해양경비 활동에 사용하는 수단은 권력적 수단과 비권력적 수단이 있을 수 있다. 다만, 국민의 자유와 권리를 제한하고 의무를 부과하는 과정에서 권력적 수단이 문제가 되므로 여기서는 주로 권력적 수단에 대해 논해 보겠다. 특히, 「해양경비법」에서 규정하고 있는 해양경비 수단을 중심으로 살펴보겠다.

1. 일반적 수단

해양경비 활동은 해양경찰관이 행하는 경찰관으로서 행하는 직무수행의 하나로 볼 수 있다. 그러므로 「경찰관직무집행법」에 규정된 경찰관 직무 수단으로서 불심검문, 보호조치, 위험 발생의 방지, 범죄의 예방과 제지, 위험방지를 위한 출입, 사실의 확인, 경찰장비의 사용 등을 수단으로 사용할 수 있다. 이외에도 이미 발생한 범죄에 대하여 해양경비 활동 차원에서 「형사소송법」상 체포 등의 수단을 쓸 수 있다.

2. 해상 검문 검색

가. 의 의

해상검문 검색이란 해양경찰청장이 경비 세력을 사용하여 경비 수역에서 선박 등을 대상으로 정선 요구, 승선, 질문, 사실 확인, 선체 수색이나 그 밖에 필요한 조치를 하는 것을 말한다.[17] 법령이나 조약을 위반한 사실이 의심되는 선박 등에 대하여 주위의 사정을 합리적으로 판단하여 상당한 이유가 있는 경우 해상검문 검색을 할 수 있도록 하고, 해상검문 검색 시에 선장에게 담당 해양경찰청 소속 경찰공무원의 신분과 검문 검색의 목적과 이유를 알리도록 해상검문 검색의 대상, 요건 및 절차를 규정하였다.

나. 내 용

해양경찰관은 해양경비 활동 중 다음 각호의 어느 하나에 해당하는 선박 등에 대하여 주위의 사정을 합리적으로 판단하여 상당한 이유가 있는 경우 해상검문 검색을 할 수 있다. 다만, 외국선박에 대한 해상검문 검색은 대한민국이 체결·비준한 조약 또는 일반적으로 승인된 국제법규에 따라 실시한다.

1. 다른 선박의 항행 안전에 지장을 주거나 진로 등 항행상태가 일정하지 아니하고 정상적인 항법을 일탈하여 운항되는 선박 등
2. 대량파괴무기나 그 밖의 무기류 또는 관련 물자의 수송에 사용되고 있다고 의심되는 선박 등
3. 국내 법령 및 대한민국이 체결·비준한 조약을 위반하거나 위반행위가 발생하려 하고 있다고 의심되는 선박 등

해상검문 검색은 요건, 절차, 객체, 효과 면에서 「경찰관 직무집행법」 제3조 제2항 불심검문과는 상이하다. 요건을 보면 검문 검색이 범죄예방이나 범인 검거 등 기본적으로 치안 목적을 위하여 행해지지만, 해상검문 검색은 국가적·안보적 목적이 강하다. 절차 면에서도 검문 검색은 객체가 거수자인 사람을 대상으로 하지만, 해상검문 검색은 사람이 아니라 선박 등을 대상으로 실시된다. 절차에서도 해상검문 검색은 대상 선박을 멈추도록 요구하는 정선(停船) 요구를 하고, 대상 선박에 경찰관이 승선하며, 필요한 질문, 사실 확인, 선체 수색이나 그 밖에 필요한 조치를 하게 된다. 해상검문 검색은 불심검문과 다르게 선박을 멈추게 하거나 필요한 질문에 그치지 않고 선체 수색이나 그 밖에 필요한 조치도 할 수 있게 규정하였다. 절차가 장시간이 요구되고 강제적인 성격이 짙다. 효과 면에서 불심검

---

17) 「해양경비법」 제2조.

문은 그 의사에 반하여 답변을 강요하지 못하는 임의 절차이지만, 해상검문 검색에 대해서는 정당한 사유 없이 진술을 거부하는 경우 행정질서벌을 부과하는 등 강제적 성격을 분명히 하고 있다.

3. 해상항행 보호조치 등

가. 의 의

선박이 다른 선박의 항행에 지장을 주거나 무리를 지어 위력적인 방법으로 항행 또는 점거하는 등 해상 집단행동에 대해서 경찰권을 행사하도록 한 것이 해상항행 보호조치이다. 기존 「집회 및 시위에 관한 법률」 및 「해사안전법」은 다수의 선박 등이 다른 선박의 항행을 방해하는 등 해상 집단행동을 하면 이를 규제하지 못하는 문제점이 있었다. 즉, 「집회 및 시위에 관한 법률」은 천장이 없거나 사방이 폐쇄되지 아니한 장소에서 여는 집회인 옥외집회와 여러 사람이 공동의 목적을 가지고 도로, 광장, 공원 등 일반인이 자유로이 통행할 수 있는 장소를 행진하거나 위력 또는 기세를 보여, 불특정한 여러 사람의 의견에 영향을 주거나 제압을 가하는 행위인 시위에 관한 규정으로 헌법상 보장된 표현의 자유로서의 집회 및 시위를 육상에서 보장하기 위한 목적으로 제정된 것이어서 해상에서 그대로 적용하기는 무리가 있다.

또한, 「해사안전법」은 술에 취한 상태에 있는 자가 운항하기 위하여 조타기를 조작하거나 조작할 것을 지시하는 행위 또는 「도선법」에 따른 도선을 금지하는 술에 취한 상태에서의 조타기 조작 등에 대한 금지만 규정할 뿐 다수의 선박 등이 다른 선박의 항행이나 입항·출항을 방해하거나 항구·포구 내외의 수역을 점거하는 행위, 임해 중요시설 앞 경비 수역에서 위력적인 방법으로 항해하여 안전사고가 발생할 우려가 큰 행위를 할 때에 관한 규정이 없는 실정이다. 이에 「해양경비법」은 해상항행 보호조치를 위하여 선장에 대하여 경고, 이동·해산 명령 등을 할 수 있는 규정을 만들었다.

나. 내 용

(1) 해상항행 보호조치

해양경찰관은 경비 수역에서 다음 각호의 어느 하나에 해당하는 행위를 하는 선박 등의 선장에 대하여 경고, 이동·해산 명령 등 해상항행 보호조치를 할 수 있다. 다만, 외국선박에 대한 해상항행 보호조치는 연안수역에서만 실시한다.

1. 선박 등이 본래의 목적을 벗어나 다른 선박 등의 항행 또는 입항·출항 등에 현저히 지장을 주는 행위
2. 선박 등이 항구·포구 내외의 수역과 지정된 항로에서 무리를 지어 장시간 점거하거나 항법상 정상적인 횡단 방법을 일탈하여 다른 선박 등의 항행에 지장을 주는 행위
3. 임해 중요시설 경계 바깥쪽으로부터 1킬로미터 이내 경비 수역에서 선박 등이 무리를 지어 위력적인 방법으로 항행 또는 점거함으로써 안전사고가 발생할 우려가 큰 행위

(2) 경고·이동·피난 명령 등 안전조치

해양경찰관은 경비 수역에서 다음 각호의 어느 하나에 해당하는 사유로 선박 등이 좌초·충돌·침몰·파손 등의 위험에 처하여 인명·신체에 대한 위해나 중대한 재산상 손해의 발생 또는 해양오염의 우려가 현저한 경우에는 그 선박 등의 선장에 대하여 경고, 이동·피난 명령 등 안전조치를 할 수 있다. 다만, 외국선박에 대한 안전조치는 연안수역에서만 실시한다.

1. 태풍, 해일 등 천재(天災)
2. 위험물의 폭발 또는 선박의 화재
3. 해상구조물의 파손

해양경찰관은 선박 등의 통신장치 고장 등의 사유로 제2항에 따른 명령을 할 수 없거나 선박 등의 선장이 제2항에 따른 명령에 불응하는 경우로서 인명·신체에 대한 위해, 중대한 재산상 손해 또는 해양오염을 방지하기 위하여 긴급하거나 불가피하다고 인정할 때는 합리적으로 판단하여 필요한 한도에서 다음 각호의 조치를 할 수 있다.

1. 선박 등을 안전한 곳으로 이동시키는 조치
2. 선박 등의 선장, 해원(海員) 또는 승객을 하선하게 하여 안전한 곳으로 피난시키는 조치

3. 그 밖에 대통령령으로 정하는 조치

4. 추적 · 나포

해양경찰관은 다음 각호의 어느 하나에 해당하는 선박 등에 대하여 추적 · 나포(拿捕)할 수 있다. 다만, 외국선박에 대한 추적권의 행사는 「해양법에 관한 국제연합 협약」 제111조에 따른다. 외국선박에 대한 추적권의 행사는 「유엔해양법협약」 제111조를 국내법으로 수용한 형태이다.

1. 제12조에 따른 해상 검문 검색에 따르지 아니하고 도주하는 선박 등
2. 해당 경비 수역에서 적용되는 국내 법령 및 대한민국이 체결 · 비준한 조약을 위반하거나 위반행위가 발생하려 하고 있다고 확실시되는 상당한 이유가 있는 선박 등

5. 무기와 장비의 사용

가. 무기의 사용

해양경찰관은 해양경비 활동 중 다음 각호의 어느 하나에 해당할 때는 무기를 사용할 수 있다. 이 경우 무기사용의 기준은 「경찰관 직무집행법」 제10조의4에 따른다.

1. 선박 등의 나포와 범인을 체포하기 위한 경우
2. 선박 등과 범인의 도주를 방지하기 위한 경우
3. 자기 또는 다른 사람의 생명 · 신체에 대한 위해(危害)를 방지하기 위한 경우
4. 공무집행에 대한 저항을 억제하기 위한 경우

다음 각호의 어느 하나에 해당하는 경우에는 개인화기(個人火器) 외에 공용화기를 사용할 수 있다.

1. 대간첩 · 대테러작전 등 국가안보와 관련되는 작전을 수행하는 경우
2. 제1항 각호의 어느 하나에 해당하는 경우로서 선박 등과 범인이 선체나 무기 · 흉기 등 위험한 물건을 사용하여 경비 세력을 공격하거나 공격하려는

경우
3. 선박 등이 3회 이상 정선 또는 이동명령에 따르지 아니하고 경비 세력에게 집단으로 위해를 끼치거나 끼치려는 경우

무기 사용의 근거 규정인 「경찰관 직무집행법」은 육상을 전제로 하고 있어 선박의 나포, 도주 방지 등 해상에서의 무기 사용에 대한 명확한 법적 근거를 제시하지 못하는 문제점이 있었다. 그러나 경찰의 무기사용은 국민의 헌법상 기본권인 생명, 신체 등에 대한 직접적인 침해를 가할 수 있는 사항이므로 명확한 법 규정의 제정이 요청되었다. 따라서 「해양경비법」은 해양경찰청 소속 경찰공무원의 무기 사용에 대한 명확한 요건을 규정하게 되었으며, 그 결과 해양경찰청 소속 경찰공무원은 경비 활동 중 선박 나포와 범인의 체포, 선박과 범인의 도주 방지 등을 위하여 무기를 사용할 수 있도록 하고, 선박이 선체나 무기·흉기 등 위험한 물건을 사용하여 경비 세력을 공격할 때 개인화기 및 공용화기를 사용할 수 있도록 규정하였다.

나. 장비의 사용

해양경찰관은 「경찰관 직무집행법」 제10조 제2항 및 제10조의2 제2항에 따른 경찰장비 및 경찰 장구 외에 다음 각호의 어느 하나에 따른 경찰장비 및 경찰 장구를 사용할 수 있다.

1. 해상검문 검색 및 추적·나포 시 선박 등을 강제 정선, 차단 또는 검색하는 경우 경비 세력에 부수되어 운용하는 경찰장비 및 경찰 장구
2. 선박 등에 대한 이동·해산 명령 등 해상항행 보호조치에 필요한 경찰장비 및 경찰 장구
3. 제1호 및 제2호에 따른 경찰장비 및 경찰 장구 외에 정당한 직무수행 중 경비세력에 부당하게 저항하거나 위해를 가하려 하는 경우 경비 세력의 자체 방호를 위한 경찰장비 및 경찰 장구

경찰장비 및 장구의 종류와 그 사용기준은 현재 「경찰관 직무집행법」에서 규정하고 있다. 즉, 경찰장비는 "무기, 경찰 장구, 최루제 및 그 발사 장치, 감식기구, 해안감시기구, 통신기기, 차량·선박·항공기 등 경찰의 직무수행을 위하여 필요한 장치와 기구"(제10조 제2항)를 말하며, 경찰 장구는 "현행범인인 경우와 사

형·무기 또는 장기 3년 이상의 징역이나 금고에 해당하는 죄를 범한 범인의 체포·도주의 방지, 자기 또는 타인의 생명·신체에 대한 방호, 공무집행에 대한 항거의 억제를 위하여 필요하다고 인정되는 상당한 이유가 있을 때는 그 사태를 합리적으로 판단하여 필요한 한도 내에서" 사용할 수 있다.

특히, 분사기와 최루탄은 "범인의 체포·도주의 방지 또는 불법집회·시위로 인하여 자기 또는 타인의 생명·신체와 재산 및 공공시설 안전에 대한 현저한 위해의 발생을 억제하기 위하여 부득이한 경우 현장 책임자의 판단으로 필요한 최소한의 범위 안에서" 사용할 수 있게 되어 있다. 그러나 이와 같은 경찰장비 및 장구의 사용 규정은 육상경찰을 중심으로 규정되어 있으므로 해상 검문 검색, 추적·나포, 해상항행 보호조치 등에 필요한 해양경비 장비를 규정하기에는 부적절하며, 이에 따라 해양 장비 및 장구의 사용에 대한 근거 규정을 마련하였다.

제4절 해역별 해양경비 활동

1. 의 의

가. 개 관

해양경비 활동은 드넓은 바다에서 이루어진다. 해양경비 활동의 대상인 해양은 해양이 영토로부터의 떨어진 거리나 해양의 깊이에 따라 법적 의미가 달라진다. 또 해양경비 활동은 내국인 또는 내국 선박뿐만 아니라 외국인 또는 외국선박을 대상으로 이루어진다. 따라서 해양경비 활동이 해양의 어디에서 이루어지고 누구를 대상으로 이루어지느냐는 해양경비 활동의 전제조건이며 중요한 사항이다. 특히, 경비 활동이 무기나 장비를 사용하는 경우가 많고, 외국인을 상대로 권력적 수단을 사용하는 때도 많으므로 더욱 주의할 필요가 있다. 같은 불법행위라 할지라도 영해에서 하느냐, 배타적 경제수역(EEZ)에서 하느냐, 공해에서 하느냐에 따라 적용 법규와 결과는 완전히 달라진다. 또 경비 활동 대상이 국내 선박이냐, 외국선박이냐에 따라서도 결과가 달라진다.

이처럼 해양경비의 활동이 이루어지는 해역에 따라 어떤 법적 특성을 가지는지 파악하는 것은 기본적이고 중요한 선결 조건이다. 해양경비 활동과 관련 국제법은 다양하다. 그중에서도 해양 관할 또는 해양 범위와 관련된 사항은 '바다의 헌법'으로 불리는 「유엔해양법협약」에서 주로 규정하고 있다. 여기서는 「유엔해양법협약」을 중심으로 해양공간 각 부분의 개념과 법적 효과에 대해서 알아보고자 한다.

나. 유엔해양법협약의 성립과 발전

대항해 시대 이후 바다는 주인이 없으며, 누구나 자유롭게 사용할 수 있는 공간으로 인식되었다. 이러한 그로티우스적인 공해 자유론은 1945년 트루먼 선언이 발표되기까지 한동안 지속되었다. 그 이전에도 영해의 법적 지위에 관한 협약을 위한 국제적인 노력은 있었으나, 영해에 대한 논의 정도에 그쳤다. 1945년 9월 28일 미국 정부는 해양 관할권 확장에 관한 트루먼 선언을 발표하였다. 그 내용은 두 가지였는데, 첫째 미 정부는 영해에 인접한 대륙붕의 해저 및 지하의 천연자원을 개발할 배타적 권리를 행사한다는 것, 둘째 미국 영해 바깥 일정 범위 공해상의 어업을 규제하겠다는 것이었다. 동 선언은 각국이 자국의 영해나 대륙붕에 관하여 경쟁적으로 선언을 하게 된 기폭제 역할을 하였다. 곳곳에서 해양 관할권을 둘러싸고 분쟁이 발생하였다. 유엔은 1958년 1차 유엔해양법 회의, 1960년 2차 유엔해양법 회의, 1973년 3차 유엔해양법 회의를 소집하였다. 3차 회의에서 마침내 1982년 본문 320개, 부속서 9개로 구성된 「유엔해양법협약」이 채택되었고, 1994년부터 발효되었다.

「유엔해양법협약」은 150개국이 넘는 당사국이 가입된 바다의 헌법으로서 우리나라는 1996년 협약에 비준하여 발효하게 되었다. 해양경비 활동과 관련된 「유엔해양법협약」 규정은 영해(Territorial Sea), 접속수역(Contiguous Zone), 배타적 경제수역(Exclusive Economic Zone), 대륙붕(Continental Shelf), 공해(High Seas), 섬 제도(Island), 국제 심해저, 해양과학 조사, 해양 환경 보호 및 보전에 관한 규정 등이다.

다. 해역별 경비 활동

해양경비 활동은 활동 중인 경비함정의 해역별 위치에 따라 적용 법규, 법적 효과, 조치사항이 달라지는 특성이 있다. 그러므로 합법적이고 원활한 해양경비 활동을 위해서는 관련 국제법 및 국내법에 대한 이해가 필수적 요건이다. 국제법

중에서 「유엔해양법협약」은 경비 활동과 관련된 많은 내용을 포함하고 있고, 국내법에도 많은 내용이 도입되었다. 예컨대, 「유엔해양법협약」의 영해, 접속수역, 배타적 경제수역, 대륙붕, 해양과학조사, 해양 환경 보호 등에 관한 내용은 대부분 내용 그대로 국내법에 수용되었다. 따라서 해역별 경비 활동을 기술하는 데 있어 「유엔해양법협약」과 국내법이 정하는 분류 방식을 따르도록 하겠다. 즉, 해양경비 활동의 범위를 영토로부터 바다 쪽으로 내수, 영해, 접속수역, 배타적 경제수역과 대륙붕, 공해로 분류하고 각각의 법적 지위를 살펴본 후 그 해역에서의 경비 활동에 대하여 알아보겠다.

2. 내수, 영해, 접속수역

가. 내 수

내수(Internal Waters)란 영해기선으로부터 육지 쪽 수역으로서 항만, 만, 하천, 운하, 호수 등이 이에 해당한다. 내수는 국제법상 국가영토의 일부로 간주하기 때문에 연안국의 영토주권이 작용하는 영역이다. 다시 말해 영토와 동일한 법적 효력을 가진다. 따라서 영해에서 인정되는 외국선박의 무해통항권이 인정되지 않는다. 「정부조직법」 제43조에 의해 해양경찰은 해양에서의 경찰 및 오염방제에 관한 사무를 관장한다. 그런데 내수는 법적 측면에서 해양에 해당하지 않기 때문에 해양경찰이 관할권이 없다. 다시 말해 내수는 해양경찰 해양경비 활동의 범위에 속하지 않고 육상경찰이나 소방의 관할에 속한다. 하지만 현실에서 내수와 영해를 명확하게 구분하여 육상경찰이나 소방과 해양경찰이 업무 범위를 구분하기는 쉽지 않다.

나. 영 해

1) 영해의 개념

영해(Territorial Sea)란 국가의 영토에 접속하고 있는 일정 범위의 수역으로서 연안국의 주권이 미치는 국가영역 일부를 말한다. 전통적으로 해양은 영해와 공해라는 2분법으로 구분했다.[18] 영해는 그 국가의 영역 일부에 속하고 배타적 지배에 놓여있는 폐쇄적 바다지만, 공해는 모든 인류에게 자유로운 이용이 개방된

---

18) 박찬호 외 4인, (2010), 「유엔해양법협약 해설서 Ⅰ」: 24.

자유해양이다. 대항해 시대 이후 식민지를 개척했던 해양 강국은 영해의 폭을 좁게 주장하였고, 약소국은 영해의 폭을 넓게 주장하여 자국의 이익을 지키려 했다. 초기에 영해의 폭에 관하여 영해는 주권이 미치는 국가영역이므로 포탄의 탄착거리에 해당하는 3해리 원칙이 확립되었었다. 하지만 군사 무기 발달로 탄착거리로서 3해리는 의미를 상실하고, 영해 확장 움직임에 따라 20세기 이후 12해리가 주장되었다. 오늘날 모든 국가는 「유엔해양법협약」에 따라 결정된 기선으로부터 12해리를 초과하지 않는 한계까지 영해의 폭을 설정하고 있다.

2) 영해기선

영해기선(Baseline)이란 영해의 폭을 측정하는 기준선이며, 실제로 모든 해양수역 경계선이 출발하는 기준선이다. 영해기선을 기준으로 그 육지 쪽 수역은 내수이고, 바다 쪽으로 12해리까지를 영해로, 24해리까지를 접속수역으로, 200해리까지를 경제수역으로 하는 것이다. 따라서 영해기선을 어떻게 긋느냐에 따라 해양 관할권의 범위가 결정되고, 해양주권에 중대한 영향을 미친다.

영해기선을 긋는 방식으로 해안의 형태나 특성에 따라 두 가지 방식이 적용된다. 첫째, 통상기선(Normal Baseline) 방식이다. 이 방식은 연안국이 공식적으로 인정한 대축척지도(1/50,000)에 표시된 저조선이 통상기선이 되는 것이다. 통상기선을 정하는 방법은 특별한 형식에 의하지 않고, 연안국이 지도에 저조선을 표시함으로써 확정된다. 둘째, 직선기선(Straight Baseline) 방식이다. 해안선 굴곡이 심하거나 많은 섬이 산재해 있는 경우, 최외곽 적당한 지점을 연결하는 직선을 그어 영해 기준으로 삼는 것을 말한다. 이 방식을 사용하려면 통상기선으로 그을 수 없을 정도로 해안선 굴곡이 복잡하고 해안에 인접한 섬들이 계속 이어져 있어야 한다. 또 기선 안의 수역이 내수제도에 편입시킬 만큼 충분히 본토에 가깝게 연결되어야 한다. 우리나라는 동해안에는 통상기선 방식을 사용하고 있으며, 섬이 많고 해안선이 복잡한 서남해안에는 직선기선 방식을 사용하고 있다.

3) 영해의 법적 지위

우리나라 영해의 폭은 「영해 및 접속수역법」 제1조에 근거하여 12해리로 정하고 있다. 다만, 우리나라와 일본 사이의 대한해협은 폭이 좁으므로 협약에 따라 양국이 3해리를 선포하였다.[19] 영해는 영토와 유사한 법적 지위를 가지므로 연안

19) 「영해 및 접속수역법 시행령」 제3조.

국의 주권이 행사되며, 그 범위는 상공 및 해저에까지 미친다. 이에 따라 연안국은 영해에서 영토권에 준하는 경찰권, 어업 및 자원개발권, 연안 무역권, 독점적 상공 이용권, 해양 환경 보전권, 해양 과학조사권 등을 행사할 수 있다.[20] 다만, 영해에서 외국선박은 대한민국의 평화와 공공질서 또는 안전보장을 해하지 않는 한 무해통항권을 주장할 수 있다. 하지만 통항 시 무력 행사, 군사훈련, 어로 활동 및 조사 활동 등 연안국에 유해한 활동을 할 때는 무해통항권이 보장되지 않는다.

4) 영해에서의 주요 경비 활동

(1) 독도 · 가거도 등 외곽 도서 경비

오늘날 섬은 연안국의 권한이 미치는 해역을 결정하는 능력을 갖춘 중요한 기점이 되고 있다. 즉, 섬은 영해 및 접속수역, 배타적 경제수역, 대륙붕을 창설하고, 해양 경계 획정에 있어 경계의 역할을 하는 등 중요성이 점점 증가하고 있다. 이에 따라 세계 곳곳에서 섬을 둘러싸고 영유권 분쟁이 벌어지고 있다. 동아시아에서도 우리나라와 일본 사이의 독도 분쟁, 일본과 러시아 사이의 쿠릴열도 분쟁, 일본과 중국 · 대만과 센카쿠열도 분쟁이 진행되고 있다. 섬(Island)이란 바닷물로 둘러싸여 있으며, 밀물일 때에도 수면 위에 있는, 자연적으로 형성된 육지 지역을 말한다(유엔해양법협약 제121조). 섬은 자체적으로 영해와 접속수역, 배타적 경제수역과 대륙붕을 갖는다. 반면, 인간이 거주할 수 없거나 독자적인 경제활동을 유지할 수 없는 암석(Rocks)은 배타적 경제수역이나 대륙붕을 가지지 않는다

독도는 행정구역상 경상북도 울릉군 울릉읍 독도안용복길 3에 있는 섬이다. 거리는 울릉도로부터 약 87km, 일본 오키섬으로부터 158km에 있으며, 한일어업협정에 의한 중간수역에 있다. 독도는 대한민국 영토로서 역사적 기록이 다양하게 있으나, 일본은 시마네현 고시로 2월 22일을 '다케시마의 날'로 지정하여 매년 행사를 개최하면서 지속해서 영유권을 주장하고 있다. 일본은 해상보안청 순시선을 독도와 그 주변 해역에 평균 3일 1회 정도 보내 순찰하며, 그곳을 분쟁지역으로 만들려고 노력하고 있다.

독도에 대한 경비 활동은 크게 두 가지 형태로 이루어지고 있다. 첫째는 일본 관공선이 독도 영해 12해리 안으로 진입하는 때를 대비한 활동이다. 이에 대하여

---

20) 박찬호 외 4인, 「유엔해양법협약」 해설서 1: 31.

해양경찰 대형함정이 영해선을 중심으로 24시간 감시하고 있다. 일본 관공선이 출현하면, 통신 검색, 동행 감시, 경고 방송을 통해 영해 진입을 저지하고 있다. 둘째는 일본 우익세력 등이 독도 인근에서 갑자기 해상시위를 한다거나 무단으로 상륙하는 때를 대비한 계획이다. 이 같은 독도 우발사태에 관하여 범정부 차원에서 「독도 우발사태 위기 대응 매뉴얼」에 따라 대응하게 된다. 우익세력 등이 독도로 접근하기 시작하면 사전에 접속수역, 영해에서 차단한다. 이 과정에서 경고 방송, 강제 정선, 선박 나포 등 물리력을 행사한다. 최종적으로 독도 상륙 과정에서 불순세력을 체포하게 된다.

(2) 원거리 도서 관리

원거리 해양경비 활동은 육지에서 멀리 떨어진 원거리 도서에 대한 관리를 포함한다. 우리나라는 해안선 굴곡이 심하고 많은 섬이 흩어져 있는 특성이 있다. 반면 관공선을 가지고 해양에서 집행하는 정부기관은 적은 편이다. 이에 따라 섬에 대한 보전과 관리가 쉽지 않은 것이 현실이다. 특히, 영해의 기점이 되는 최외곽 영해기점 무인도서에 대한 관리가 중요하다. 영해기점 무인도서란 통상의 기선 또는 직선의 기선으로 인정되는 무인도서와 국제법에 따라 영해의 폭을 측정하는 기선으로 인정되는 간조노출지를 말한다(무인도서의 보전 및 관리에 관한 법률 제2조 제4호).

원거리 도서 관리에 대한 근거법으로 「무인도서의 보전 및 관리에 관한 법률」이 있다. 같은 법을 위반하는 행위는 해양경비 활동 차원에서 단속의 대상이 된다. 누구든지 보전이 필요한 무인도서에서 건축행위, 토석의 채취, 벌채 또는 훼손, 자연적 생성물을 반출하는 행위 등을 하지 못한다. 또 절대 보전이 필요한 무인도서에는 출입이 제한된다. 나아가 해양경비 활동 차원에서 법에 따라 주기적으로 무인도서의 점검하고 훼손 상태 등을 통보한다.

(3) 긴급피난 선박 관리

영해에서 해양경비 활동에는 긴급피난 외국선박을 관리하는 업무가 포함된다. 기상악화 또는 긴급사태로 인하여 우리나라 영해 내에 긴급피난 하는 외국선박에 대한 적절한 보호와 감시로써 피난 선박의 안전과 편익을 도모하기 위한 것이 그 목적이다. 이에 대한 근거 규정으로 해양경찰청 훈령인 「긴급피난 선박 관리 규칙」이 있다. 선박의 긴급피난이란 선박이 불가항력 또는 조난으로 외국의 영해 또는 내수로 들어가는 것을 말한다(규칙 제2조 제1항). 이 경우 선박은 무해통항으로 인정되어 피난국의 관할권으로부터 면제되지만, 긴급피난 중 피난국의 법령을 위반했을 경우는 피난국의 관할권으로부터 면제가 인정되지 않는다.

긴급피난의 인정되는 요건으로 ① 선체 및 기관의 중대한 손상 등의 사고에 의하여 선박에 급박한 위험이 있는 경우, ② 태풍 등의 황천 때문에 선박에 급박한 위험이 있는 경우, ③ 연료, 청수 또는 식료품 등이 불의의 사태로 결핍되어 선박의 안전 또는 승무원의 생명에 급박한 위험이 있는 경우, ④ 해적 및 폭동 등의 위험으로부터 피난할 경우, ⑤ 선박 내에 있는 사람이 중상 또는 위급한 병에 걸려 신속히 전문의의 치료를 필요로 하는 경우가 있다(규칙 제3조).

긴급피난에 대한 해양경비 차원에서 조치는 다음과 같다(규칙 제8조). 첫째, 해양경찰서장은 주변 감시 세력에 통보하고, 경비함정을 지정하여 감시경비를 수행한다. 단, 해상감시가 여의치 못한 경우에는 관할경찰서장 및 인근 군부대에 통보하여 육상 감시 조치한다. 둘째, 긴급피난 선박 감시 함정 등은 가능한 해당 선박을 임검하여야 한다. 임검할 때는 사전에 해당 선박의 선장 또는 관계 직원에게 신분증을 제시하고 용무를 알린 후 필요한 사항을 확인하고 피난 중 준수하여야 할 사항 등을 고지한다. 셋째, 긴급피난 선박이 범법행위를 한 때에는 관련 법령에 따라 의법 조치한다.

(4) 임해 산업 보호 및 대테러 활동

영해 경비는 연안수역으로서 해양 관련 국내 법령을 위반한 선박 등의 단속 등 민생치안 확보 및 임해 중요시설의 보호 경비에 중점을 두어야한다.[21] 또한 취약 해역을 중심으로 밀출·입국, 밀수 등 각종 해상범죄 예방·단속과 유조선의 안전항로 운항 준수, 해양오염 방지를 위한 거점·전략 경비와 필요시 순항·표류경비를 실시하여야 한다.

다. 접속수역

1) 개 념

접속수역(Contiguous Zone)이란 영해 기준선에서 24해리가 넘지 않는 범위 내에서 관세, 재정, 위생, 출입국 위반을 예방하거나 처벌하는 데 필요한 국가 관할

21) 「해양경비법」 제11조 제2항 제1호.

권을 행사하는 수역을 말한다. 우리나라는 「영해 및 접속수역법」에 따라 접속수역 범위는 영해기선으로부터 24해리의 선에 이르는 수역에서 영해를 제외한 수역으로 설정하고 있다.

2) 법적 지위

접속수역의 기원은 바다를 영해와 공해로 2분하여 관리하던 시기에서 비롯되었다. 당시 영해 바깥은 외국선박이 자유롭게 항해할 수 있는 수역이므로 영해 밖을 배회하면서 수시로 영해를 침범하여 밀수행위를 하는 선박으로 골머리를 앓고 있었다. 이에 영국에서 영해 바깥 일정 구역을 설정하여 밀수행위를 단속하기 시작하였다. 미국에서도 독립 초기 밀수 및 노예무역을 억제하기 위해 일정 구역 설정하면서 접속수역 제도가 시작되었다. 접속수역에서 연안국은 법령에서 정하는 바에 따라 관세 · 재정 · 출입국관리 또는 보건 · 위생에 관한 직무권한을 행사할 수 있다.

3) 접속수역에서 경비 활동

접속수역에서는 관세, 재정, 출입국, 보건위생에 관한 사항에 대하여 연안국의 관할권 행사가 가능하다. 따라서 접속수역에서 경비 활동은 이들을 위주로 전개된다.

3. 배타적 경제수역

가. 배타적 경제수역의 의의

1) 개 념

배타적 경제수역(Exclusive Economic Zone)은 영해기선으로부터 200해리 범위까지의 해역으로서 연안국의 경제적 목적을 위한 주권적 권리와 관할권이 인정되는 바다를 말한다. 배타적 경제수역은 영해를 넘어서 그에 인접한 200해리 이내에서 자원의 탐사, 개발, 보전 및 관리에 관해 연안국의 주권적 권리가 인정되는 수역이다. 우리나라 배타적 경제수역 범위는 영해기선으로부터 바깥쪽 200해리의 선까지에 이르는 수역이지만, 인접국 간 배타적 경제수역 경계가 미 획정된 상태이다. 어업자원 포획과 관련된 한 · 일 간, 한 · 중 간 어업협정이 각각 맺어진 상태로서 이에 따라 외국 어선의 불법조업을 단속하고 있다.

2) 연 혁

트루먼 선언에서 시작된 배타적 어업수역은 이미 1970년대 말 미국, 소련, 일본 등 여러 국가에서 200해리 어업수역을 선포하였고, 이러한 수역은 이후 배타적 경제수역으로 전환되었다. 1970년대 들어 미국의 트루먼 선언에 자극받아, 지리적으로 대륙붕을 거의 갖지 않는 칠레, 페루, 에콰도르 등 중남미 몬테비데오 선언, 리마 선언을 통해 200해리 관할권을 주장하였고, 카리브해 국가들은 산토도밍고선언을 통해 세습 수역 개념을 주장하였다. 아시아, 아프리카에서도 움직임이 있었다. 1972년 케냐는 '배타적 경제수역' 이라는 보고서를 통해 공해 제도를 주장하는 선진국과 200해래 영해를 주장하는 개도국의 입장을 절충하여 최초로 배타적 경제수역 개념을 최초로 제안하였다. 이후 아프리카 각국은 연안국이 생물자원을 관리, 개발하기 위한 경제수역을 설정할 권리를 갖는다고 주장하였고, 제3세계 국가에 전폭적인 지지를 받았다. 이러한 과정을 거쳐 1973년 3차 유엔해양법 회의에서 「유엔해양법협약」이 채택되면서 배타적 경제수역이 제도화되었다.

나. 배타적 경제수역의 법적 지위

배타적 경제수역에서 연안국이 갖는 주권적 권리는 ① 상부 수역, 해저, 지하에 있는 천연자원에 대한 주권적 권리, ② 해수, 해류, 해풍으로부터 에너지 생산 등 경제적 탐사, 개발을 위한 주권적 권리, ③ 시설, 구조물 설치 이용, 해양과학 조사, 해양 환경 보호 등에 대한 주권적 권리 등이다.

다. 배타적 경제수역에서 경비 활동

1) 외국 어선 불법 어업 단속

외국 어선이 우리나라 배타적 경제수역에서 조업하려면 허가받아야 하고 여러 가지 제한조건을 지키면서 조업하여야 한다. 이에 위반하는 불법행위는 단속의 대상이 된다. 「배타적 경제수역법」에 따라 권리를 침해하거나 그 배타적 경제수역에 적용되는 대한민국의 법령을 위반한 혐의가 있다고 인정되는 자에 대하여 관계기관은 협약 제111조에 따른 추적권의 행사, 정선 · 승선 · 검색 · 나포 및 사법절차를 포함하여 필요한 조치를 할 수 있다.[22] 또 「경제수역어업주권법」에 따

22) 「배타적 경제수역 및 대륙붕에 관한 법률」 제5조.

라 법령을 위반한 선박 또는 그 선박의 선장이나 그 밖의 위반자에 대하여 정선, 승선, 검색, 나포 등 필요한 조치를 할 수 있다.[23)]

2001년 「한 · 중 어업협정」이 발효되기 전까지 중국어선의 불법조업이 빈번히 이루어졌다. 양국 간 어업을 규율하는 국제규범이 없는 상태에서 중국어선은 우리 영해는 물론, 영해 범위가 불분명한 NLL 인근 수역 황금어장에서 자유롭게 조업하였다. 「한 · 중 어업협정」이 발효된 이후부터 상대국 배타적 경제수역에서 합법적 조업이 보장되지만, 무질서하게 자행되던 불법조업에 대하여 본격적인 단속도 시작되었다. 해역별로 볼 때, 목포와 제주해역에는 대부분 산둥성에 근거지를 두고 최신 장비를 갖춘 어선이 출현하며, 배타적 경제수역 경계에 인접하여 조업하다가 기상이 불량하거나 경비가 소홀한 틈을 타서 우리 측 배타적 경제수역으로 진출하여 불법조업을 한다. 반면, NLL 인근 수역에서는 랴오닝성에 근거지로 한 낡고 작은 어선이 북한수역에 머무르다 야간이나 기상 불량 시 NLL을 넘어 불법으로 조업한다. 동 해역은 전체가 외국어에선 조업이 금지된 해역이므로 중국어선은 처음부터 불법조업을 목적으로 쇠창살 등 등선 방해물을 설치하고 진입한다.[24)]

2) 해양과학조사 지원 및 해양 환경 관리 · 보전

「해양과학조사법」상 외국인 등이 허가나 동의를 받지 아니하고 해양과학조사를 수행한다는 혐의가 있는 때에는 관계기관의 장은 정선 · 검색 · 나포 기타 필요한 명령이나 조치를 할 수 있다.[25)] 「해양환경관리법」상 선박이 이 법의 규정을 위반한 혐의가 있다고 인정될 때 해양경찰청장은 정선 · 검색 · 나포 · 입출항금지 그 밖에 필요한 명령이나 조치를 할 수 있다.[26)]

3) 특정해역 조업 보호 활동

「어선안전조업법」은 어선의 안전한 조업과 항행을 위하여 필요한 사항을 정하고 있다. 북한과 대치 상황에서 동서해의 NLL 인근 해역은 북한의 도발 사태나 우발 사태 등이 우려되며 이에 따라 특정해역을 설정하여 어선 안전을 도모하고 있다. 특정해역이란 동해 및 서해의 조업한계선 이남 해역 중 어선의 조업과 항

23) 「배타적 경제수역에서의 외국인어업 등에 대한 주권적 권리의 행사에 관한 법률」 제23조.
24) 고명석, (2016), "불법조업 중국어선 단속에 대한 고찰", 해양경찰학회보 제6권 제3호: 4-6.
25) 「해양과학조사법」 제13조.
26) 「해양환경관리법」 제117조.

행이 제한된 해역을 말한다. 어선은 조업한계선 또는 조업자제선을 넘어 조업 또는 항행하여서는 아니 된다. 특정해역 또는 조업자제해역에서 조업하려는 어선의 소유자 또는 선장은 신고기관에 출어등록을 하여야 한다. 특정해역 또는 조업자제해역에서 조업하려는 어선은 선단을 편성하여 출항하고 조업하여야 한다. 해양경찰청장은 특정해역의 조업 보호에 관한 조업 보호를 위한 경비 및 단속, 어선의 출입항 및 출어등록의 현황 파악과 출어선의 동태 파악 사무를 처리하기 위하여 해양경찰관서에 조업보호본부를 설치・운영할 수 있다.[27] 속초해양경찰서 및 인천해양경찰서에 각각 동해조업보호본부 및 서해 조업 보호 본부를 설치하여 운영하고 있다.

4) 경계획정 지원 활동

한・중간, 한・일 간에 배타적 경제수역 경계 협정이 이루어지지 않았다. 이에 따라 우리나라와 중국이 자국의 배타적 경제수역이라고 주장하는 수역은 차이가 있다.[28] 우리나라가 주장하는 중국이 주장하는 배타적 경제수역 간 불일치 부분은 경계 미획정 수역이다. 경계 미획정 수역은 향후 양국 어느 쪽으로도 속할 수 있는 수역이다. 이어도는 섬이 아닌 수중 암초로서, 마라도로부터 서남방 149km에 있으며, 한・중 잠정조치수역 하단에 있어 한・중 어선 모두 조업이 가능한 해역이다. 이어도 종합해양과학기지는 과학구조물이다. 「유엔해양법협약」상 연안국은 배타적 경제수역에 구조물을 설치하여 운영하는 경우 이를 보호하기 위하여 500미터 범위 내 안전수역을 설치할 수 있다.

4. 공 해

공해는 공공의(公) 바다(海)라는 뜻으로 영유권이나 배타권이 특정 국가에 속하지 않는 바다를 말한다. 기선으로부터 200해리 밖의 바다는 특정 국가의 영유권이나 배타적 권리가 존재하지 않는다. 공해자유의 원칙은 공해가 어떤 나라의 영역에도 들어가지 않는다는 것과 모든 나라의 국민이 타국의 간섭을 받지 않고 공해를 자유로이 사용할 수 있다는 것을 뜻한다. 그 대표적인 것으로 항해의 자

27) 「어선안전조업법」 제18조.
28) 양희철・박성욱・권문상, (2004), "해양경계획정 제도에 대한 중국의 입장과 통킹만 사례 고찰", Ocean and Polar Research 제26권 제4호: 672.

유, 어업의 자유, 해저 전선 부설의 자유, 공해 상공 비행의 자유 등이 있다.

공해상을 항행하는 선박에 대해서는 선박의 국적국인 기국만이 배타적인 관할권을 행사할 수 있다. 이러한 공해자유의 원칙으로 인하여 공해상에서 불법행위를 하는 선박이 나타날 경우, 타국은 이 배를 나포할 수 없게 된다. 다만 인류의 보편적 이익을 침해하는 행위에 속하는 해적행위, 노예 수송, 무허가방송 등에 대해서 군함 또는 경찰함정이 이들 혐의가 있는 선박을 조사하고 나포할 수 있는 권한을 예외적으로 허용하고 있다.[29] 그러므로 공해에서 발생하는 이러한 행위에 대해 대한민국 해양경찰이 관할권을 가지고 있다.

5. 외국 파견

해양경찰청장은 국제협력을 위한 국가 간 합동훈련 및 구호 활동을 위하여 대통령령으로 정하는 바에 따라 경비 세력의 일부를 외국에 파견할 수 있다.

제5절 기타 해양경비 활동

해양경비 활동은 바다 위에서 사고가 나지 않도록 미리 살피고 지키는 일이며, 바다에서 경계하고(警), 준비 또는 대비하는(備) 행동이다. 「해양경비법」상 정의에서도 '경비 수역에서 행하는 해양 안보 및 해양 치안의 확보, 해양자원 및 해양시설의 보호를 위한 경찰권의 행사'로 규정하고 있다. 이처럼 해양경비 활동은 다양하고 광범위하다.

앞 절에서는 「해양경비법」을 중심으로 일반적인 해양경비에 대해 알아보았다. 본 절에서는 해양경비 활동 중에서 개별법에 규정되어 있고 개념적으로 독자적인 특성을 가진 해양경비 활동을 살펴보겠다. 「통합방위법」 등에 근거한 해양경찰 작전, 「국민 보호와 공공안전을 위한 테러방지법」에 근거한 해상 대테러, 「대통령 등의 경호에 관한 법률」에 근거한 해상경호 등의 내용을 알아보겠다.

---

29) 「유엔해양법협약」 제110조.

1. 해양경찰 작전

가. 의 의

1) 해양경찰 작전의 개념

작전은 특정 목적을 위하여 일정 기간 조직적으로 움직이는 군사행동을 말한다. 통상 작전을 유효 적절하게 수행하기 위해서는 작전계획이 수립되고, 그 계획에 따른 구체적 행동으로 작전을 전개하게 된다. 해양경찰 작전이란 평시 및 무력 충돌이 임박하거나 임박할 우려가 예상될 경우, 해양경찰의 특별한 임무 수행을 유효·적절하게 수행하기 위해 계획을 수립하고, 그 계획에 따른 구체적 행동으로서 작전을 전개하는 행위를 말한다.

2) 해양경찰 작전의 유형

해양경찰 작전은 평시 작전과 비상시 작전이 있다. 평시 작전은 동서해의 NLL 인근 해역은 북한의 도발 사태나 우발 사태 등이 우려되며 이에 따라 특정해역을 설정하여 어선 안전을 도모하는 특정해역 조업 보호, 북한 상선이나 탈북 선박 관리 등의 대북한 작전, 해상에서 운항 중인 선박에 대한 동향 및 선박 입·출항 통제, 의아선박 발견 시 현장 확인 등을 임무로 하는 해안 경계 작전 등이 있다. 비상시 작전에는 통합방위 작전, 비상대비 작전 등이 있다.

나. 통합방위 작전

1) 개 념

통합방위란 적의 침투·도발이나 그 위협에 대응하기 위하여 각종 국가방위요소를 통합하고 지휘체계를 일원화하여 국가를 방위하는 것을 말한다. 통합방위 작전이란 통합방위사태가 선포된 지역에서 그 사태의 구분에 따라 통합방위본부장·지역군사령관 등 작전지휘관이 국가방위요소를 통합하여 지휘·통제하는 방위작전을 말한다.[30]

---

30) 「통합방위법」 제2조.

2) 통합방위 사태 구분

적의 침투・도발이나 그 위협에 대응하여 선포하는 단계별 사태인 통합방위 사태는 3단계로 구분된다. 갑종사태는 일정한 조직체계를 갖춘 적의 대규모 병력 침투 또는 대량살상무기 공격 등의 도발로 인한 비상사태로서 통합방위본부장 또는 지역군사령관의 지휘・통제하에 통합방위 작전을 수행하여야 할 사태를 말하고, 을종사태는 일부 또는 여러 곳에서 적의 침투・도발로 인하여 단기간 내에 치안 회복이 어려워 지역군사령관의 지휘・통제하에 통합방위 작전을 수행하여야 할 사태를 말한다. 병종사태는 적의 침투・도발 위협이 예상되거나 소규모의 적이 침투한 때에 지방경찰청장・지역군사령관 또는 함대사령관의 지휘・통제하에 통합방위 작전을 수행하여 단기간 내에 치안이 회복될 수 있는 사태를 말한다.

갑종사태에 해당하는 상황이 발생하였을 때는 국방부장관 건의에 따라 대통령이 선포한다. 을종사태나 병종사태에 해당하는 상황이 발생한 때에는 시・도 경찰청장, 지역군사령관 또는 함대사령관의 건의에 따라 시・도지사가 선포한다.

3) 통합방위 작전 수행

시・도 경찰청장, 지역군사령관 또는 함대사령관은 통합방위사태가 선포된 때에는 즉시 다음 각호의 구분에 따라 통합방위 작전을 신속하게 수행하여야 한다.

1. 경찰관할지역: 시도경찰청장
2. 특정 경비 지역 및 군관할지역: 지역군사령관
3. 특정 경비해역 및 일반경비해역: 함대사령관
4. 비행금지공역 및 일반공역: 공군작전사령관

통합방위 작전과 관련하여 해양경찰은 역할은 ① 접적 해역 어로 보호 및 운항 선박 안전 유도, ② 군사 작전 지원(통합방위사태 선포 시 해군함대사에서 작전통제), ③ 책임 항만 방어 및 밀입국 차단・검거, ④ 후방해역 해안 경계 작전 시 외해 → 내해 접근 의아선박 검문 검색 등이 있다.

다. 비상대비 작전

국가안전보장에 중대한 영향을 미칠 수 있는 비상사태로 과거에는 전쟁, 내란 등 주로 정치·외교·군사 분야에 국한하였으나, 최근에는 자연재해, 대형 재난, 감염병, 테러 및 경제위기 등 그 범위가 경제, 사회, 문화, 환경 분야까지 확대되어 가는 추세이다. 통합방위 사태, 충무사태, 방어준비태세(DEFCON, Defense Readiness Condition), 재난 사태 등이 있다. 충무사태는 전시·사변 또는 이에 준하는 비상시에 각급 기관의 행동 기준과 필요한 사전 조치를 마련하기 위하여 비상 상황 수준별로 구분 선포하는 사태이다. 방어준비태세는 긴급사태가 발생했을 때 그 정도에 따라 단계적으로 발령하는 미군의 긴급 경계 태세. 데프콘Ⅰ에서 데프콘Ⅴ까지 있다. 재난 사태는 재난유형별로 다양한 긴급상황이 있다.

라. 작전에 따른 비상근무 체계

1) 의 의

해양주권·안보·안전·치안·오염과 관련하여 중요상황이 발생하거나 발생할 우려가 있어 다수의 경력을 동원할 필요가 있는 때 「해양경찰 비상 소집 및 근무규칙」에 따라 비상 소집한다. 비상근무의 종류는 경비 비상, 구조 비상, 정보수사 비상, 방제 비상이 있고, 비상근무의 등급은 갑호비상, 을호비상, 병호비상, 해상경계강화가 있다. 비상근무 발령권자는 전국 또는 2개 이상 지방해양경찰청 관할구역은 해양경찰청장이, 지방해양경찰청 또는 2개 이상 해양경찰서 관할구역은 관할 지방해양경찰청장이, 해양경찰서 관할구역은 관할 해양경찰서장이 된다.

2) 근무요령

각급 지휘관은 지휘통제 선상에 위치하여 근무기강 확립 및 취약 분야에 대한 지휘 감독을 하고, 상황 발생 시 보고·지휘체계를 확립한다. 지휘통제 선상 위치란 지휘관이 유사시 통신으로 즉시 상황지휘가 가능하고 1시간 내 상황지휘 및 상황 근무가 가능한 위치에서 대기하는 것을 말한다. 비상근무 발령권자는 다음 각호에 따라 인력을 동원하여 비상근무를 실시한다.

1. 갑호비상: 가용인력의 100%까지 동원할 수 있다.
2. 을호비상: 가용인력의 50%까지 동원할 수 있다.
3. 병호비상: 가용인력의 30%까지 동원할 수 있다.
4. 해상경계강화: 별도의 경력 동원 없이 비상대기 태세를 유지하되 필요에 따라 적정수준의 가용인력을 동원할 수 있다.

3) 비상 소집

비상 소집은 비상 상황이 발생하거나 발생할 우려가 있어 현행 근무 인력으로 상황 조치가 어려운 경우 소속 공무원을 해당 소집장소로 집결하게 하는 것을 말한다. 비상 소집은 비상근무 발령권자의 지시에 따라 종합상황실장이 실시하며, 상황 대응에 필요한 인원의 전부 또는 일부를 지역별, 계급별, 기능별로 구분하여 비상 소집한다.

비상 소집 시 필수 요원은 1시간 이내, 일반요원은 2시간 이내 응소함을 원칙으로 한다. 응소는 시간 내 응소(해당 시간 내 응소), 시간 외 응소(해당 시간 경과 후 1시간 내 응소), 미응소(해당 시간 경과 후 1시간 초과 응소)로 구분한다.

2. 해양 대테러

가. 해양 테러의 의의

테러(Terror)라는 용어는 테러리즘(Terrorism)과 같은 용어로 사용되고 있는데, 전통적으로 어떤 정치적 목적을 위하여 폭력을 사용하거나 위협을 가하는 것으로써 암살, 각종 납치 및 공중시설 등에 위해를 가하여 사람들에게 공포를 일으키게 하는 행위를 의미하였다. 이처럼 전통적 테러의 개념은 다분히 정치적 또는 종교적 목적성을 강조하지만 실제로 해상테러는 이념적인 가치 이외에도 단순범죄 행위와 경제적 약탈 등 다양한 목적들을 포함한 개념으로 발전하였다.

해양 테러는 해양에서 발생하는 테러로서 최근 들어 해양 테러리즘을 해상안전이나 해상보안에 대한 폭력적 위해행위라는 관점에서 파악하여 광의의 개념으로 이해하는 것이 일반적인 추세이다. 이에 따라, 해양 테러를 '해상항해의 안전에 반하는 불법적 행위' 혹은 '해상안전에 대한 위협'이라는 관점에서 접근하여 선박에 대한 테러 행위는 물론 선박 또는 적재화물을 이용한 항구 등 항만시설에 대한 테러 행위까지 그 범위를 확대하거나 해상에서 발생하는 모든 형태의 테러를 의미하는 용어로 확대되었다. 즉, 발생 원인과 관계없이 극히 불안한 심리적 상태를 일으키는 심리적인 현상을 말하는 테러와 어떤 정치적 목적을 위하여 폭력을 사용하거나 위협을 가하는 것으로써 암살, 각종 납치 및 공중시설 등에 위해를 가하여 사람들에게 공포를 일으키게 하는 행위를 의미하는 테러리즘이라는 용어를 모두 포괄하는 개념으로 정의하고 해상테러도 해상에서 발생하는 모든 테러 행위와 유사 테러 행위를 포괄하는 광의의 개념으로 사용하기도 한다.

나. 해양 테러의 유형

1) 선박 폭파

바다와 인접한 대부분 국가의 주요 항만은 대도시에 인접해 있거나 다양한 물자와 많은 사람의 왕래, 주변은 석유나 가스비축기지 등 존재함으로 테러를 받으면 엄청난 재해가 발생할 뿐만 아니라 항만의 기능이 마비됨으로서 지역 경제에 심각한 타격을 입을 수 있다. 선박은 협소한 수로를 거쳐 입·출항하는 경우가 많으므로 테러의 표적이 되기 쉽다.

2) 선박 납치

테러 집단이 이익이 될 수 있는 선박을 대상으로 납치, 무기 이동 선박, 전략물자 운반선 등을 납치 및 승객으로 위장하여 승선한 후 선박을 장악하는 유형이다.

3) 선박 충돌 및 시설에 대한 공격

운항 혹은 정박 중인 선박에 대해 테러범이 폭발물을 적재한 선박이나 빠른 소형 고속보트로 공격하는 유형이다.

4) 선박에 대한 무장 공격

테러 대상국을 운항 중이거나 정박 중인 선박, 군함, 경비함정 등에 접근하여 자동화기를 난사하거나 로켓포 등을 이용하여 무차별적인 무장 공격하는 유형이다.

다. 해양 대테러 관련 법령

대테러 활동은 테러 관련 정보의 수집, 테러 위험인물의 관리, 테러에 이용될 수 있는 위험물질 등 테러 수단의 안전관리, 인원·시설·장비의 보호, 국제행사의 안전 확보, 테러 위협에의 대응 및 무력 진압 등 테러 예방과 대응에 관한 제반 활동을 말한다. 해양 대테러와 관련된 국내외 법령으로 다음과 같은 것이 있다.

1) 국제법

(1) 항행 안전에 대한 불법행위 억제를 위한 협약(SUA)

SUA[31]는 국제사회가 해상에서 발생하는 테러 행위 및 기타 불법행위에 대응하기 위해 채택되었다. SUA 협약은 1988년에 채택되었으며, 2005년에 암묵적 변경안이 채택되었다. 협약이 추구하는 것은 첫째, 국제적인 항행 안전 유지이다. 선박과 해운업체, 항구시설 등에 대한 테러와 관련된 위협을 최소화하고 안전한 항행 환경을 조성하려는 것이다. 둘째, 범죄 수사 협력 강화이다. 협약은 국가 간의 범죄 수사 협력을 강화하여 정보교환 및 수사 협력을 중요시한다. 셋째, 국제 협조와 협력이다. 테러 행위나 기타 불법행위에 대한 공동 조처를 하고, 국제기구와의 협력을 강화하여 항행 안전과 관련된 위협에 대응하는 것이다.

(2) 대량살상무기 확산 방지 구상(PSI)

대량살상무기는 핵무기, 생물학적 무기, 화학무기 등을 포함하며, 인류에 대한 엄청난 위험을 초래할 수 있다. 대량살상무기의 이러한 위협을 최소화하기 위해 국제사회는 다양한 수단을 동원하여 대량살상무기 확산을 방지하고, 이를 통해 세계적인 안보와 안전을 유지하려는 노력이 대량살상무기 확산 방지 구상(PSI)이다.[32] PSI는 대량살상무기와 관련 물자가 확산되는 것을 막으려는 목적으로 도입되었다. 관련 물자 이동 의혹이 제기될 경우, 적극적 군사행동이 포함된 차단을 중요한 수단으로 활용하고 있다. 우리나라는 2009년부터 참여하고 있다.

2) 국내법

(1) 국민 보호와 공공안전을 위한 테러방지법

「테러방지법」은 국가에서 테러리즘 행위를 예방하고 대응하기 위해 제정된 테러에 관한 기본법이다. 이 법률은 테러리즘에 대한 정의, 테러 전담 조직의 설치, 테러 행위의 예방, 조사, 테러 행위의 처벌, 피해자 보호 등 다양한 측면을 다루고 있다.

---

31) SUA 협약의 정식명칭은 Convention for the Suppression of Unlawful Acts against the Safety of Maritime Navigation이다.

32) PSI 정식명칭은 Proliferation Security Initiative이다.

(2) 선박 및 해상구조물에 대한 위해행위의 처벌 등에 관한 법률

「선박위해처벌법」은 운항 중인 선박 및 해상구조물에 대한 위해행위를 방지함으로써 선박의 안전한 운항과 해상구조물의 안전을 보호함을 목적으로 제정되었다. 같은 법은 운항 중인 선박 또는 해상구조물의 안전을 위험하게 할 목적으로 그 선박 또는 해상구조물에 있는 사람을 살해하거나, 선박 또는 해상구조물 자체에 손상을 주거나 화물을 위험하게 할 만한 손상을 입히는 등의 행위를 처벌한다.

라. 해양경찰 대테러 활동

해양경찰의 대테러 활동은 국가대테러대책위원회나 국무총리 소속 대테러센터와 유기적인 협조하에 수행한다. 해양경찰청장은 해양 테러사건 대책본부의 본부장이 되고, 해당 지방해양경찰청장은 현장 지휘 본부장이 된다. 현장 지휘 본부는 초동 조치팀, 협상팀, 지원팀, 특공대로 구성하며, 세부 사항은 「해양 테러 위기 대응 실무매뉴얼」에 따른다. 대테러 임무를 수행하는 특공대는 지방청별로 둔다. 해양경찰 대테러 활동의 주요 내용은 다음과 같다.

〈표 5-1〉 해양경찰 대테러 활동

구 분	주요 활동
해양경찰청	예방대책의 수립 · 시행 및 관련 업무 종사자의 대응능력 배양 해양 테러사건 대책본부의 설치 · 운영 및 관련 상황의 종합처리 대테러특공대 및 폭발물 처리팀의 편성 · 운영 협상 실무 요원 · 전문 요원 및 통역요원의 양성 · 확보 해양 대테러 전술에 관한 연구개발 및 필요 장비 · 시설의 확보 국제조약의 체결, 국제기구에의 가입 등에 관한 업무의 지원 국제 경찰기구 등과의 해양 대테러 협력체제의 유지
지방 해양경찰청	해양 테러사건 현장 지휘 본부 설치 · 운영 및 관련 상황의 종합처리 대테러특공대 및 폭발물 처리팀 운영 협상 실무 요원 · 통역요원의 양성 · 확보 해양 대테러 전술에 관한 연구개발

3. 해상경호

가. 개 념

경호란 경호대상자의 생명과 재산을 보호하기 위하여 가하여지는 위해를 방지 또는 제거하고 특정한 지역을 경계·순찰 및 방비하는 등의 모든 안전 활동을 말한다.[33] 경호는 「대통령 등의 경호에 관한 법률」에 근거하여 이루어진다. 해상경호란 경호대상자가 선박으로 이동 시 또는 해상 관련 행사 및 해상과 인접한 육상에서의 행사 시 요인의 안전을 확보하기 위하여 해상에서 경비함정 등을 이용하여 행하는 경호 활동을 말한다.

나. 경호 구분

1) 행사 성격에 의한 구분

경호는 행사 성격에 따라 다음과 같이 구분된다.

1. 완전 공식행사 경호: 대규모 국가적인 행사로 사전에 언론 등을 통해 완전히 공개된 행사에 대한 경호
2. 공식행사 경호: 연례적이고 통상적으로 실시하는 공개된 행사에 대한 경호
3. 비공식행사 경호: 보안 유지가 요구되는 비공개 행사에 대한 경호
4. 완전 비공식행사 경호: 정무 또는 사적인 행사로서 관계기관에 사전 통보나 통상적인 경호업무 수행 절차가 일부 생략된 경호

2) 장소에 의한 구분

경호는 장소에 따라 다음과 같이 구분된다.

1. 해상경호: 해상행사장 및 주변 해역, 해상 이동항로, 선박, 수중, 해안선 경호
2. 육상경호: 행사장, 숙소, 연도, 철도, 공항 경호
3. 공중경호: 행사장 반경 2∼5 NM·고도 무한대의 공역, 경호대상자의 비행경로를 중심으로 한 일정 공역

---

33) 「대통령 등의 경호에 관한 법률」 제2조.

3) 근무 형태에 의한 구분

경호는 근무 형태에 따라 다음과 같이 구분된다.

1. 노출 경호: 경호 수단과 방법을 노출시켜 강력한 경호 의지를 나타냄으로써 위해 기도자가 심적 부담을 느껴 위해 기도를 포기하게 만드는 경호
2. 비노출 경호: 경호 수단과 방법을 노출시키지 않는 유연하고 은밀한 경호 활동으로 경호근무자가 주변 인물과 유사한 복장 및 행동으로 주변 환경과 조화를 이루는 경호 활동

다. 경호 대상

경호의 대상은 다음과 같다.

1. 대통령과 그 가족
2. 대통령 당선인과 그 가족
3. 본인의 의사에 반하지 아니하는 경우에 한정하여 퇴임 후 10년 이내의 전직 대통령과 그 배우자
4. 대통령권한대행과 그 배우자
5. 대한민국을 방문하는 외국의 국가 원수 또는 행정수반(行政首班)과 그 배우자
6. 그 밖에 처장이 경호가 필요하다고 인정하는 국내외 요인(要人)

라. 해상경호 임무

해상경호는 해상에서 이루어지거나 해상과 관련된 행사 등에 있어서 경호대상자를 경호하기 위한 것이다. 해양경찰 경호는 해상에 배치되는 경비함정과 육상에 배치되는 경호경찰관이 주어진 임무에 따라 수행한다.

1) 경비함정의 중요 임무 사항

해상에서 경호 임무를 수행하는 경비함정은 다음의 요소에 유의하여 경호 활동을 하여야 한다.

1. 행사 방해 세력 및 위해 기도 세력 행사장 인근 해상 진입 차단·제지

2. 낚시어선, 고속 선외기 보트 등 무허가 선박의 해상 안전 구역 진입 통제 및 감시
3. 행사장 인근 해상을 통과하는 유・도선 및 여객선 등에 대한 감시강화
4. 양식장, 해양 시설물 등 행사장 인근 취약 해역에 대한 감시・순찰 강화
5. 해군 등 유관기관 배치 세력과 통신망 구성, 상황 교환체계 유지

2) 육상 배치 경호경찰관의 주요 임무 사항

파출소・출장소를 포함하여 육상에서 경호 임무를 수행하는 경호경찰관은 다음의 요소에 유의하여 경호 활동을 하여야 한다.

1. 인근 지역의 범죄 전력자 및 선박 등 동향 감시 강화
2. 출・입항 선박에 대한 임장 임검 철저
3. 행사 관련 어민의 여론 등 정・첩보 수집 활동 강화
4. 행사장 주변 해안가 안전 활동 및 취약지역에 대한 특별 순찰 활동 강화

제3장

수색구조론

수색구조는 해양 사고 시 위험에 처한 사람 또는 선박을 구출하고 필요한 조치를 취하는 활동을 말한다. 수색구조는 해양경찰 기능 중에서 생명을 최우선으로 하여 국민의 생명과 재산을 보호하는 활동이다. 명령 · 강제하는 작용이 아니라 국민에게 서비스를 제공하는 비권력적 작용이다. 수색구조는 특히 국제적 성격이 강하다.
제3장에서는 해양에서 생명과 재산을 보호하는 역할로서 수색구조의 중요성과 국제적 경향을 알아본다. 수색구조에 필요한 인적 · 물적 인프라와 수색구조 절차에 대해 살펴보겠다.

제1절 수색구조 개관

1. 수색구조의 의의

바다라는 공간에서 해상 운송 수단인 선박이 상용화되면서 인류에게 많은 편익과 번영을 가져다주었다. 하지만 악천후 등 해양 기상의 위험요인과 선박을 운용하는 인간의 실수 등이 결합되어 발생하는 해양사고가 늘어나면서 바다에서의 안전이 위협받게 되었다. 해양은 육지와 다르게 조류, 바람, 파도, 해류, 조석 등 물리적 환경에 의해 영향을 많이 받으며, 항상 위험이 도사리고 있는 공간이다. 선박 운항 과정에서 침몰, 좌초, 충돌, 화재, 폭발 등 사고가 발생할 뿐만 아니라 어업 활동이나 해양레저 활동 등 다양한 사고가 발생할 수 있다. 해양에서 사고는 보통 규모가 크고 수색구조에 있어 시간상으로 급박하여 대규모 인명 및 재산 피해를 가져올 수 있다.

수색구조(Search and Rescue)는 이러한 해양 사고에 대응하여 해상에서 조난당한 사람 또는 선박을 구출하고 필요한 조치를 행하는 활동을 말한다. 수색구조는 해양경찰의 여러 기능 중에서도 사람의 생명을 최우선으로 하여 국민의 생명과 재산을 보호하는 활동이다. 국민의 권리와 자유를 제한하는 권력적이고 명령적 성격이 없고 국민에게 서비스를 제공하는 비권력적 작용에 속한다. 그러므로 수색구조에 있어 어떠한 해난 상황에서도 신속한 구조가 필요한 생존자가 있다고 보아 구조에 착수하는 것이 필요하다.

2. 수색구조의 연혁

해양에서 인명 안전에 대한 국제적인 관심은 1912년 발생한 타이타닉호 사고에서 비롯되었다. 당시 최첨단 초호화 여객선이 빙산과 충돌하여 발생한 사고는 전 세계적으로 해양에서의 선박 안전에 관한 관심을 증폭시켰다. 이를 계기로 「해상인명안전협약(SOLAS 74)」[34]이 채택되었고, 선박 안전의 국제기준이 마련되기 시작하였다. 동 협약은 선박의 구조, 선박의 설비나 선박의 인적 요소를 규제함으로써 안전을 확보하고자 하였고, 해양사고 예방에 초점이 맞추어져 있었다. 하지만 예방을 철저히 하더라도 해양사고는 지속해서 발생하였고, 해양사고 발생에 대한 대비와 대응이 중요하였다. 이에 국제해사기구는 예방을 철저히 하더라도 실제 사고가 일어날 수 있다는 것을 전제로 1979년 「수색구조협약(SAR 79)」[35]을 「해상인명안전협약(SOLAS 74)」에서 별도로 분리하여 채택하였다.

「수색구조협약(SAR 79)」은 해양사고를 모두 예방하기에는 한계가 있음을 인식하고, 해양사고 발생에 대비하여 국가별로 수색구조 책임 조직과 구역을 지정·운영하고, 해양 사고의 국제성 등을 고려하여 국가 간에 수색구조 협력을 증진하는 데 초점을 맞추고 있다. 이후 국제해사기구에서는 국가별로 수색구조 조직구성과 운영에 필요한 사항들을 매뉴얼화하는 작업을 진행하였다. 1998년 국제해사기구(IMO)와 국제민간항공기구(ICAO)[36]와 공동으로 「IAMSAR 매뉴얼」[37]을 개발

34) 해상인명안전협약은 1914년에 런던 국제회의에서 처음 채택되어 모든 상선의 항해 안전 문제, 여객선에 대한 수밀 구획 및 방화 격벽, 구명 설비, 소화 설비에 관한 사항을 규정하고 있다. 원어 명칭은 "The International Convention for the Safety of Life At Sea, 1974"이다.

35) 국제적인 해상수색 및 구조체제를 확립함으로써 수색 및 구조작업에 참여하는 전 세계의 수색 및 구조기구 사이의 협력을 촉진하기 위하여, 국제해사기구의 주도 아래 1979년 4월 27일에 성립하여 1985년 6월 22일에 발효된 국제 협약을 말한다. 원어 명칭은 "International Convention on Maritime Search And Rescue, 1979"이다.

36) 세계 민간항공의 건전한 발전을 도모하기 위하여 1947년에 발족한 국제기구이다. 원어 명칭은

하여 각 국가의 수색구조 체계 구축 및 활동 방향을 제시하였다.

3. 수색구조의 국제성

해양경찰은 다양한 기능을 수행하고 있지만, 수색구조는 타 업무보다도 좀 더 국제적인 성격을 띠고 있다. 선박은 사람과 물자를 운송하기 위하여 바다를 통행로로 하여 국가와 국가 사이를 운항한다. 선박이 기국을 떠나 먼바다를 운항하다가 조난사고를 당하는 경우, 기국에서 수색구조 세력을 보내 구난활동을 하는 것은 극히 어렵다. 기국에서 사고해역까지 수색구조 세력을 보낼 수 있다 하더라도 생명과 재산의 위급성에 비추어 볼 때 비효율적이다. 사고를 당한 선박에 가장 가까운 연안국 정부나 가장 가까이 운항하던 선박이 구난활동을 하는 것이 효과적이다. 특히, 대규모 해양사고가 발생하면 광활한 바다에서 한 국가의 수색구조 활동만으로 인명과 재산을 신속히 구하는 것은 쉬운 일이 아니다. 이에 따라 해양사고 발생 시 사고 선박에 가장 근접한 국가나 선박의 적극적인 협력을 토대로 국제사회가 공동으로 대응하는 노력을 기울이고 있다. 이를 위해서 수색구조 협력을 위한 국제 협약을 맺고, 각 국가가 담당해야 할 수색구조 구역을 지정하여 정하고 국가별로 갖추어야 할 수색구조 조직을 정하고 있다. 또 지구적인 차원의 조난통신을 운영하고 조난신호 체계의 통일성을 기하여 수색구조 활동을 원활히 할 수 있는 기반을 마련하였다.

우리나라 선박이 외국 수역을 운항하다가 해양사고가 발생하여 국제적 협력으로 도움을 받거나, 반대로 우리나라 연안에서 외국선박에 대한 구난활동으로 소중한 생명과 재산을 지켜낸 사례는 많다. 우리나라는 수색구조에 관한 국제 협약인 「해상인명안전협약(SOLAS 74)」이나 「수색구조협약(SAR 79)」에 가입하여 국제적인 구난활동에 적극적으로 참여하고 있다. 지역적으로는 동북아 해역의 해양사고에 공동 대응하기 위하여 중국, 일본, 러시아 등 인접국과 매년 수색구조 훈련을 하고 있다.

"International Civil Aviation Organization"이다.

37) 국제해사기구(IMO)와 국제민간항공기구(ICAO)가 공동으로 개발한 수색구조 매뉴얼로서 수색구조에 관한 조직, 절차, 방법 등을 규정하고 있다. 원어 명칭은 "International Aeronautical and Maritime Search and Rescue Manual"이다.

제2절 수색구조의 법적 근거

1. 국제법

가. 해상인명안전협약(SOLAS 74)

1912년 빙산과 충돌하여 발생한 타이타닉호 사고를 계기로 1914년 최초로 「해상인명안전협약(SOLAS 74)」이 채택되었다. 동 협약은 해상에서의 인명 안전 증진과 선박의 안전을 위한 선박의 구조, 설비 및 운항에 관한 최저 기준의 설정을 목적으로 체결된 국제협약이다. 1929년에 런던 국제회의에서 해상 충돌 예방에 관한 규칙이 추가되고, 1948년에는 적용 선박을 확대하고 세분하여 총톤수 500톤 이상의 화물선에 대하여 화물 안전 설비 증서를 비치하도록 규정하였다. 1960년에 한 차례 개정이 있었고, 1974년에 국제해사기구(IMO)는 협약 개정과 발효 절차를 단순화하여 그때까지의 개정사항을 포함하는 완전한 새로운 협약을 채택하였다. 이 협약이 1974년 11월 1일 채택되었고, 1980년 5월 25일 발효된 조약으로 오늘날 「해상인명안전협약(SOLAS 74)」으로 불리는 조약이다. 동 협약은 국제해사기구(IMO)의 협약 중에서 해상안전과 해양 환경 보호를 위한 예방적 규제 규범의 가장 대표적인 것이라 할 수 있다.

협약은 설계와 건조, 구획 및 복원성, 핵심 추진설비와 전기설비 및 조종설비를 포함한 선박의 구조와 선박의 설비 및 선박의 인적 요소를 규제함으로 해양안전과 해양 환경 보호를 확보하는 데 그 목적이 있다.[38] 협약 내용은 일반 의무규정, 개정 절차 그리고 12장의 부록으로 이루어져 있다. 그중에서 수색구조와 관련된 조항은 제3장~제5장에 많다. 제3장은 구명 설비에 관한 규정으로서 모든 구명 설비는 국제 구명 설비 코드(LSA 코드)에 적합하여야 하도록 하고 있다. 제4장은 무선통신에 관한 규정이다. 이장은 1988년 세계에 국제 해상 조난 및 안전 제도(GMDSS)[39]를 도입하면서 완전하게 개정되었다. 또 국제항해에 종사하는 모든

---

38) 국제해사기구(IMO) Korea 홈페이지.

39) 국제 해상 조난 및 안전 제도(Global Maritime Distress and Safety System)는 전 세계 해상 조난 안전 시스템으로서 해상에서 조난사고 예방과 사고 발생 시 신속한 수색·구조 활동을 위한 체계로 위성통신, 디지털 통신 등 새로운 통신 기술을 선박의 조난 및 안전통신 업무에 접목한 제도이다.

여객선과 300톤 이상의 모든 화물선은 조난자를 쉽게 구조할 수 있도록 비상 위치 무선표지 설비(EPIRB),[40] SART,[41] INMARSAT[42] 같은 새로운 설비를 갖추도록 하였다. 제5장은 항해 안전에 관한 규정이다. 여기에는 당사국 정부가 항해 안전에 필요한 사항, 즉 빙산 순찰, 통항 분리, 수색구조 활동 등을 제공하도록 하고 있다. 또 이장은 일정 선박에 항해 기록 저장장치(VDRs)[43]와 선박자동식별장치(AIS)[44]를 탑재하도록 하고 있고, 비상 상황 시 선장의 일반적 의무에 대한 사항을 포함하고 있다.

나. 해상수색구조협약(SAR 79)

위에서 설명한 「해상인명안전협약(SOLAS 74)」 중에서 1979년에 수색구조에 관한 부분을 별도의 조약으로 성립시킨 것이 「해상수색구조협약(SAR 79)」이다. 1979년 4월에 체결되었고, 1985년 6월에 발효되었다. 우리나라에서 1995년 발효되었고, 해양경찰청이 대한민국에서 「해상수색구조협약(SAR 79)」 이행기관으로 지정되어 있다. 이 조약은 국제적인 수색 및 구조체제를 확립함으로써 수중 및 수상에서의 안전 관련 조정 활동을 개발 촉진하고, 수색구조 작업에 참여하는 전세계 수색 및 구조 기관과 참여자 간의 협력을 촉진함을 목적으로 한다. 즉, 동 협약은 해양사고를 모두 예방하기에는 한계가 있음을 인식하고, 해양사고 발생에 대비하여 국가별로 수색구조 책임조직과 구역을 지정・운영하고, 해양 사고의 국제성 등을 고려하여 국가 간 수색구조 협력을 증진하는 데 초점을 맞추고 있다.

---

40) 비상 위치 무선표지 설비(Emergency Position Indication Radio Beacon)는 선박이나 항공기가 조난상태에 있을 때, 생존자의 위치결정을 용이하게 하도록 선박으로부터 무선 표지신호를 발신하는 무선설비이다.

41) 수색구조 레이다 응답기(Search and Rescue Radar Transponder)는 조난신호기의 일종으로 조난상황에서 수색에 도움이 되도록 하는 장비 중 하나이다. 처음부터 작동하지 않지만, 본격적으로 조난사실을 알고 수색구조 세력 측에서 수색을 시작하여 수색 세력의 레이더 신호가 감지되면 작동하기 시작한다.

42) 국제해사위성(International Maritime Satellite)은 육상과 항행 중인 선박 사이 또는 선박 간의 통신을 제공하는 위성 체계이다. 세계 유일한 기관으로서 세계적인 규모로 주로 선박에 대해 전화, 텔렉스 및 데이터 통신의 서비스를 시행하고 있다. 이를 관리하는 국제기구로 국제해사위성기구(International Maritime Satellite Organization)가 있다.

43) 항해 기록 저장장치(Voyage Data Recorder)는 일종의 선박용 블랙박스로 선박의 위치, 속도, 선박 간 통신 내용 등의 항해 기록을 저장한다. 선박이 침몰하면 해수면 위로 떠 오르기 때문에 회수해 사고 원인을 추정하는 데 활용한다.

44) 자동 선박식별 장치(Automatic Identification System)는 해상교통 관제 시 선박을 식별하고 그 위치를 파악하기 위해, 운항 중인 배의 이름, 위치, 항로, 속력, 목적지 등의 데이터가 자동으로 전송되고, 전송된 데이터를 전자해도나 레이더 화면에 표시하는 시스템이다.

본문 8개 조문과 6개 부속서 및 10개 결의서가 있다.

다. IAMSAR 매뉴얼

1998년 국제해사기구(IMO)와 국제민간항공기구(ICAO)는 해상에서 조난당할 수 있는 선박과 항공기에 대한 수색구조 매뉴얼을 공동으로 개발하였다. 선박에서 조난상황만을 전제로 만들었던 이전의 규정을 좀 더 현실화한 것인데, 이것이 「IAMSAR 매뉴얼」이다. 이전의 「국제해사기구 수색 및 구조 매뉴얼(IMO SAR Manual)」과 「상선 수색 및 구조 매뉴얼(MER SAR)」을 통합하여 이들을 대체하는 매뉴얼이다.

「IAMSAR 매뉴얼」은 총 3권으로 구성되어 있다. 제1권에는 세계 수색구조 시스템의 개념과 구성, 국가 간이나 지역 간 수색구조 시스템 개선 그리고 국가 간 협력에 관해 규정하고 있다. 제2권에는 수색구조 시스템의 실제 상황에서 적용과 모의훈련에 관한 가이드라인을 제공하고 있으며, 제3권에는 실제 수색구조 상황에서 구조임무를 수행할 때 참고하거나 긴급상황에 참고하기 위한 내용을 규정하고 있다.

2. 국내법

가. 재난 및 안전관리 기본법

수색구조의 전제가 되는 조난의 개념을 일반적 상황으로 확장하면 재난이 될 수 있다. 우리나라에서 재난관리에 관하여 기본이 되는 법이 「재난 및 안전관리 기본법」이다. 같은 법은 육·해상의 각종 재난으로부터 국토를 보전하고 국민의 생명·신체 및 재산을 보호하기 위하여 국가와 지방자치단체의 재난 및 안전관리 체제를 확립하고, 재난의 예방·대비·대응·복구에 필요한 사항을 규정하기 위하여 제정되었다(같은 법 제1조). 같은 법 제8조는 재난 및 안전관리에 관하여 다른 법률을 제정하거나 개정할 때는 이 법의 목적과 기본이념에 맞도록 하여야 한다고 규정하여, 모든 재난에 관한 기본법임을 명시하고 있다.

재난에 관하여 같은 법은 국민의 생명·신체·재산과 국가에 피해를 주거나 줄 수 있는 것으로 정의하고, 자연 재난과 사회재난으로 구분하고 있다.[45] 재난관

45) 자연 재난: 태풍, 홍수, 호우(豪雨), 강풍, 풍랑, 해일(海溢), 대설, 한파, 낙뢰, 가뭄, 폭염, 지

리의 기본적 단계는 예방, 대비, 대응, 복구의 4단계로 규정하고 있고, 단계별로 각 기관에서 담당하는 재난관리 임무와 대응 방법을 규정하고 있다. 해상에서 발생한 조난은 자연 재난과 사회재난이 혼재하는 경우가 많지만, 일반적으로 사회재난(교통사고)에 해당한다고 볼 수 있다. 이러한 해상에서 발생한 재난에 대해서 긴급구조기관으로 해양경찰청, 지방해양경찰청 및 해양경찰서를 지정하고 있다(같은 법 제3조). 수상에서 재난관리에 관하여 구조와 구난의 개념, 수난 대비, 수색구조의 절차 등 상세한 사항은 「수상에서의 수색구조 등에 관한 법률」에 정하고 있다.

나. 수상구조법

1) 의 의

「수상에서의 수색구조 등에 관한 법률(약칭: 수상구조법)」은 수상에서 조난된 사람, 선박, 항공기, 수상레저기구 등의 수색·구조·구난 및 보호에 필요한 사항을 규정하기 위하여 제정되었다. 국제적인 수색 및 구조체제를 규정하고 있는 「수색구조협약(SAR 79)」을 국내에 수용하고 있는 법률이다. 같은 법은 해상에서 수색구조에 관하여 크게 세 부분으로 나누어져 있다. 제2장(수난 대비)은 수난에 대비하여 수난구호 조직, 체계, 훈련 등에 관하여 규정하고 있고, 제3장(수난구호)은 실제 수난 상황 발생 시 구조·구난활동에 관해 규정하고 있으며, 제4장(한국해양구조협회)과 5장(민간구조활동의 지원 등)은 구조협력에 관해 규정하고 있다.

2) 개념의 구분

「수상구조법」에 의하면 수색은 인원 및 장비를 사용하여 조난당한 사람 또는 사람이 탑승하였을 것으로 추정되는 선박 등을 찾는 활동을 말한다. 구조는 조난을 당한 사람을 구출하여 응급조치 또는 그 밖의 필요한 것을 제공하고 안전한 장소로 인도하기 위한 활동을 말하며, 구난은 조난을 당한 선박 등 또는 그 밖의

진, 황사(黃砂), 조류(藻類) 대발생, 조수(潮水), 화산활동, 소행성·유성체 등 자연 우주물체의 추락·충돌, 그 밖에 이에 준하는 자연현상으로 인하여 발생하는 재해.

사회재난: 화재·붕괴·폭발·교통사고(항공사고 및 해상사고를 포함한다)·화생방사고·환경오염사고 등으로 인하여 발생하는 대통령령으로 정하는 규모 이상의 피해와 국가 핵심 기반의 마비, 「감염병의 예방 및 관리에 관한 법률」에 따른 감염병 또는 「가축전염병예방법」에 따른 가축전염병의 확산, 「미세먼지 저감 및 관리에 관한 특별법」에 따른 미세먼지 등으로 인한 피해.

다른 재산에 관한 원조를 위하여 행하여지는 행위 또는 활동을 의미한다. 여기서 구조는 살아있는 사람을 구출하는 데 초점이 있지만, 구난은 선박 등 물건을 회수하는 데 초점이 맞추어져 있다.

수난구호란 해수면 또는 내수면에서 조난된 사람 및 선박, 항공기, 수상레저기구 등의 수색·구조·구난과 구조된 사람·선박 등 및 물건의 보고·관리·사후처리에 관한 업무를 말한다. 이 개념은 수색구조의 전 과정을 포괄하는 광의의 개념으로서 ① 수색 → ② 구조 → ③ 구난 → ④ 사후 처리(수습)로 세분화할 수 있다. 따라서 조난을 당한 사람, 선박 등을 수색하여 이들을 구조하거나 이들이 필요한 사항을 제공하는 일련의 활동인 수색구조보다는 수난구호가 더 넓은 의미가 있다.

3) 수난 대비

해양경찰청장은 해수면에서 자연적·인위적 원인으로 발생하는 조난사고로부터 사람의 생명과 신체 및 재산을 보호하고 효율적인 수난구호를 위하여 수난 대비 기본계획을 5년 단위로 수립하여야 한다. 해수면에서의 수난구호에 관한 사항의 총괄·조정하기 위하여 해양경찰청에 중앙구조본부를, 지방해양경찰청에 광역구조본부를, 해양경찰서에 지역구조본부를 각각 둔다. 구조본부의 장은 매년 수난대비 기본 훈련을 하여야 하며, 수난구호를 효율적으로 수행하기 위하여 구조대를 편성·운영한다. 국제항해에 취항하는 여객선은 여객선 비상 수색구조계획서를 작성하여 관할 해양경찰서장에게 신고하고 확인받아 비치하여야 한다. 구조본부의 장은 일정한 선박의 경우에는 해양수산부령으로 정하는 바에 따라 해당 선박의 이동 및 대피를 명할 수 있다.

4) 수난구호

해수면에서의 수난구호는 구조본부의 장이 수행하고, 내수면에서의 수난구호는 소방관서의 장이 수행한다. 조난현장에서의 수난구호 활동의 지휘는 지역구조본부의 장 또는 소방서장이 행한다. 조난현장의 부근에 있는 선박 등의 선장·기장 등은 조난된 선박 등이나 구조본부의 장 또는 소방관서의 장으로부터 구조요청을 받은 때에는 가능한 한 조난된 사람을 신속히 구조할 수 있도록 최대한 지원을 제공하여야 한다. 구조본부의 장은 다음 각호의 어느 하나에 해당하는 경우에는 구조활동을 종료 또는 중지할 수 있다. ① 구조활동을 완료한 경우, ② 생

존자를 구조할 모든 가능성이 사라지는 등 더 이상 구조활동을 계속할 필요가 없다고 인정되는 경우

5) 구조협력

해수면에서의 수색구조·구난활동 지원, 수색구조·구난에 관한 기술·제도·문화 등의 연구·개발·홍보 및 교육훈련, 행정기관이 위탁하는 업무의 수행과 해양 구조·구난 업계의 건전한 발전 및 해양 구조·구난 관계 종사자의 기술향상을 위하여 한국해양구조협회를 설립한다. 구조본부의 장 및 소방관서의 장은 수난구호를 위하여 부득이하다고 인정할 때에는 필요한 범위에서 사람 또는 단체를 수난구호 업무에 종사하게 하거나 선박, 자동차, 항공기, 다른 사람의 토지·건물 또는 그 밖의 물건 등을 일시적으로 사용할 수 있다. 수난 구호업무에의 종사 명령을 받은 자는 구조본부의 장 및 소방관서의 장의 지휘를 받아 수난구호 업무에 종사하여야 한다. 해양경찰청장은 수상에서 조난된 사람을 구조하기 위한 전문적인 능력을 갖추었다고 인정되는 사람에게 수상구조사 자격을 부여할 수 있다.

제3절 수색구조 인프라

수색구조 인프라는 조난상황이 발생했을 경우, 실제 수색구조를 실행하는 조직, 세력, 장비 등을 통틀어 지칭하는 것이다. 국제협약에 명시된 수색구조 조직은 「IAMSAR 매뉴얼」에 따라 구조조정본부(RCC), 구조조정지부(RSC)를 중심으로, 상황관리와 지휘를 하는 수색구조 조정관(SC), 수색구조 임무 조정관(SMC)이 있고, 현장 지휘를 하는 현장조정관(OSC) 및 항공조정관(ACO)이 있다. 해양경찰 수색구조 세력에는 실제 수색구조 현장에 투입되어 종사하는 함정, 구조대, 중앙특수구조단, 구조거점 파출소 등이 있다. 조난상황이 발생하였을 때 민간수색구조 세력도 투입될 수 있지만, 여기서는 논하지 않겠다. 수색구조 장비는 수색구조에 활용되는 수색구조함정, 항공기, 민간선박, 통신기기 등이 있다.

1. 수색구조 조직

가. 국제협약상 수색구조 조직

1979년 「수색구조협약(SAR 79)」과 1998년 「IAMSAR 매뉴얼」에 수색구조 조직에 대한 규정을 마련하여 각국에 시행토록 하고 있다. 해상수색구조 업무는 수색구조 세력이 사용하는 용어나 절차의 세계적인 통일과 조난상황 발생 시 국제적인 협조가 중요하므로 각국은 국제 협약의 규정을 수용하되, 국가별 실정에 맞게 수색구조 조직을 운영하고 있다. 우리나라도 국제 협약의 내용을 수용하여 「수상구조법」 등에서 규정하고 있다. 위 협약에 따른 주요한 조직은 다음과 같다.

구조조정본부(RCC, Rescue Co-ordination Center)는 해상에서의 수색구조 서비스의 효율적인 조직화와 수색구조구역 내에서 수색구조작업의 수행을 조정하는데 책임이 있는 기관이다. 구조지부(RSC, Rescue Sub-Center)는 책임 있는 당국의 특정한 규정에 따라서 구조조정본부를 보완하기 위하여 설립된 기관이다. 구조지부는 구조조정본부가 수색구조 조정업무를 수행하기 곤란한 원격지에 설치하는 것이 보통이다. 구조조정본부와는 상하 관계가 아닌 동일한 업무를 수행하는 기관이며, 양 조직의 수색구조구역은 중첩되지 않고 개별적으로 운영하고 있다.

수색구조 조정관(SC, SAR Coordinator)은 최고위급의 수색구조 관리자이며, 각 국가는 통상적으로 1인 이상의 인원 또는 기관을 두고 있다. 수색구조 임무 조정관(SMC, SAR Mission Coordinator)은 특정한 수색구조 사건 동안만 존재하는 기능으로, 보통 구조조정본부나 구조지부의 장 또는 별도의 지명자에 의해 수행된다. 구조가 완료되거나 외관상으로 추가적인 노력이 소용이 없게 될 때까지 수색구조 임무 조정관은 수색구조 업무를 지도하고 지휘한다. 현장조정관(OSC, On-Scene Coordinator)은 2척 이상의 함정 또는 항공기 등 구조 세력이 수색구조 활동을 수행하는 경우, 현장의 수색구조 상황을 지도, 관리, 통제, 지휘하는 임무를 맡는다. 수색구조 임무 조정관이 현장조정관을 임명할 수 없는 경우, 참여한 함정 또는 항공기 간의 협의로 현장조정관을 지명할 수 있다. 현장조정관의 임명은 실행 가능한 한 빨리, 도착하기 전에 이루어져야 하며, 현장조정관이 임명되기 전에 사고현장에 최초로 도착한 함・정장 또는 항공기 기장은 현장조정관 임무를 수행해야 한다. 항공조정관(ACO, Aircraft Coordinator)은 다수의 항공기가 수색구조 작업을 수행할 경우, 수색구조 임무 조정관은 항공조정관을 지정할 수 있다.

나. 우리나라 수색구조 조직

1) 기본 체계

수색구조 조직으로 해양경찰청의 구조안전국과 수색구조과, 지방해양경찰청의 구조안전과, 해양경찰서의 경비구조과가 있다. 구조안전국장은 우리나라 전체의 해양 수색구조 업무를 총괄하는 직책으로서 지방해양경찰청과 해양경찰서의 수색구조 조직과 인력을 지휘·관리하고 해양 수색구조 정책을 수립하고 상황을 처리한다. 해양경찰청 구조안전국장 아래 수색구조과장은 수색구조 관련 업무를 처리하며 총경으로 보한다.

각 관할 구역별로 지방해양경찰청에 수색구조 조직을 두고 있다. 해역별 지방해양경찰청의 규모에 따라 수색구조 조직이 달라지는데, 중부·서해 및 남해지방해양경찰청의 경우 안전총괄부장 밑에 구조안전과를 두고 있다. 동해 및 제주지방해양경찰청의 경우 지방해양경찰청장 밑에 경비안전과를 두고 있다. 그 기능은 해양경찰청과 유사하다. 지방해양경찰청장이 관장하는 산하 해양경찰서에도 수색구조 조직을 두고 있다. 20개 지방해양경찰서별로 경비구조과를 둔다. 그 기능은 해양경찰청 및 지방해양경찰청과 유사하다.

2) 수색구조협약(SAR 79)에 따른 조직

우리나라는 1995년 「수색구조협약(SAR 79)」에 가입하여 이에 따르고 있는데, 수색구조 책임기관을 해양경찰청으로 지정하여 운영하고 있다. 대부분 국가가 구조조정본부(RCC)를 별도의 기관으로 운영하는 것과는 달리, 우리나라는 기존의 해양경찰 조직체계 속에 수색구조 조직을 수용함에 따라 국제기준과는 다소 상이한 조직체계를 운영하고 있다. 국제적인 기준에 맞추어 「수상구조법」에 의거, 해양경찰청을 중앙구조본부로, 지방해양경찰청을 광역구조본부로, 해양경찰서를 지역구조본부로 운영하고 있다.

「수색구조협약(SAR 79)」 등에 따라 국제적으로는 구조조정본부와 구조지부를 지정하여 운영해야 하므로, 광역구조본부를 구조조정본부(RCC)로, 지역구조본부를 구조지부(RSC)로 지정하고 있으나, 실제로는 지역구조본부가 국제기준에 따라서는 구조조정본부(RCC) 임무를 수행하고 있다고 생각하면 된다. 따라서 국제기준을 이행하는 데 있어서 구조조정본부, 구조지부 등의 조직체계는 지역구조본부를 지칭하는 것이며, 일부 대규모 수난사고에 대해서만 광역 및 중앙구조본부에서 수색구조 지원 및 재난 대응 업무를 수행하고, 필요시 현장 지휘를 할 수 있는 체계이다.

광역·지역 구조본부의 광역조정관 및 지역조정관은 별도의 지정이 없더라도 해당 과장이 수행한다. 지역구조본부의 장은 최초 도착한 함정 또는 항공기의 지휘 능력 등을 종합 검토하여 신속하게 현장조정관(OSC)을 지정하여야 하며, 2대 이상의 항공기가 투입되면 항공조정관(ACO)을 지정할 수 있다

2. 현장 수색구조 세력

가. 함정과 항공기

해양경찰은 파출소에 배속되어 주로 인명구조에 활용되는 연안구조정에서 독도 경비에 활용되는 5,000톤급까지, 다양한 크기와 형태의 함정을 운영하고 있다. 함정은 운용 목적에 따라 경비함정과 특수함정으로 구분할 수 있는데, 조난상황 발생 시 즉시 수난구호 활동에 투입된다. 함정은 경비·순찰, 수색구조, 수사, 국경관리, 오염방제 등 다양한 임무를 수행한다. 그중에서도 수색구조 임무는 사람의 생명과 관련된 가장 중요한 임무에 속한다. 함정에는 대규모 인명구조 장비를 비롯한 다양한 형태의 인명구조 장비가 갖추어져 있어 수색구조 활동 시 사용된다. 함정은 조난된 사람을 찾는 수색 활동뿐만 아니라 조난자 발견 시 직접 구조 활동을 수행하는 최일선의 수색구조 세력이다. 해양경찰은 고정익 비행기와 회전익 헬기를 보유하고 있다. 고정익 비행기는 조난상황 발생 시 광활한 해역을 신속하게 순찰하여 사고지점을 특정하고 조난자를 수색하는 임무를 수행한다. 반면 헬기는 비행기에 비해 속도는 느리지만 조난자 수색 활동은 물론, 사고지점에 접근하여 조난자를 직접 구조하는 임무를 수행한다. 특히, 원거리 사고 발생 시 함정이 사고지점에 도착하기까지 장시간이 소요되므로 헬기의 신속한 출동과 수색구조 활동이 점점 중요해지고 있다.

나. 중앙특수구조단

세월호 사고 이후인 2014년 12월 해양경찰청은 대형사고 및 특수사고에 대응하기 위하여 특수구조 임무를 수행하는 중앙특수구조단을 창설하였다. 중앙특수

구조단은 해양경찰청 본청의 직속 기관으로서 대형·특수 해양 사고의 구조, 수중수색 및 현장 지휘에 관한 사항이나 중·대형 해양오염사고 발생 또는 우려 시 특수방제 조치에 관한 사항을 관장하고 있다. 중앙특수구조단은 부산에 위치하여 남해와 제주지역의 특수구조를 담당하고 있으며, 그 아래 동해와 서해 수역에 동해특수구조대와 서해특수구조대를 두고 있다. 해양사고 발생 시 잠수 및 수중탐색 지원업무를 수행하는 잠수지원함을 보유하고 있다. 중앙특수구조단의 설치와 운영에 관하여 「중앙특수구조단 운영규칙」이 있다.

다. 해양경찰 구조대

해양경찰은 해양사고 발생 시 필요한 수색 및 구조와 응급처치 임무를 수행하는 조직으로 해양경찰서별로 해양경찰 구조대를 운용하고 있다. 구조대는 소속 해양경찰서 관할해역에서 활동하는데, 구조대장과 구조요원, 구급요원, 운항 요원으로 구성한다. 구조요원은 해양사고 발생 시 조난자를 조난상황으로부터 구조하는 임무를 수행하며, 구급요원은 응급환자에 대한 응급처치를 하고, 함정 등을 이용하여 응급의료기관 등에 이송하거나 응급의료종사자에게 인계하는 임무를 수행한다. 해양경찰 구조대의 설치와 운영에 관하여 「해양경찰 구조대 운영규칙」이 있다.

라. 구조거점 파출소

해양경찰은 전국 해안과 도서 지역을 중심으로 해양경찰서장의 소관 사무를 분장하기 위하여 파출소를 운영하고 있다. 파출소 중에서 해양경찰서 구조대와 원거리에 위치하고 해양사고 빈발해역을 관할하는 파출소의 현장 대응 역량 강화를 위하여 구조거점파출소를 운영할 수 있다. 구조거점파출소에는 잠수구조 요원을 배치·운영할 수 있다. 구조거점파출소는 해양경찰 구조대가 접근하는데 장시간이 소요되는 파출소에 잠수구조요원과 잠수장비를 갖추고 각종 해양사고 예방 및 초동 조치에 초점을 맞추어 설치한 조직이다. 해양사고 발생 시 육상에서 가장 근접한 곳에서 신속히 출동하기 위한 수색구조 세력이다. 구조거점파출소에 대해서는 「파출소 및 출장소 운영규칙」 제11조에 규정되어 있다.

마. 민간 구조 세력

해양사고 발생 시 조난현장의 부근에 있는 선박 등의 선장·기장 등은 조난된 선박 등이나 구조본부의 장 또는 소방관서의 장으로부터 구조요청을 받은 때에는 가능한 한 조난된 사람을 신속히 구조할 수 있도록 최대한 지원을 제공하여야 한다(수상구조법 제18조). 이처럼 조난현장의 부근에 있는 어떤 선박이라고 구조 당국의 구조요청을 받거나 자발적으로 수색구조에 종사할 수 있다.

해양사고를 예방하고 해양사고 발생 시 민간 구조 세력의 원활한 협력과 지원을 받기 위하여 민간 구조 세력을 조직화하여 운영하는 제도가 있다. 한국해양구조협회는 해수면에서의 수색구조·구난활동 지원, 수색구조·구난에 관한 기술·제도·문화 등의 연구·개발·홍보 및 교육훈련, 행정기관이 위탁하는 업무의 수행과 해양 구조·구난 업계의 건전한 발전 및 해양 구조·구난 관계 종사자의 기술 향상을 위하여 운영하고 있다. 「수상구조법」 제26조에 근거하고 있다.

민간해양구조대는 수난구호 참여자 중에서 구조본부의 장으로부터 요청받아 수난구호에 참여한 자를 말한다. 민간해양구조대원이 해상구조 및 조난사고 예방·대응 활동을 지원한 때에는 수당 및 실비를 지급할 수 있다. 구조본부의 장은 민간해양구조대원의 구조활동에 필요한 장비를 무상으로 대여할 수 있다. 구조본부의 장은 민간해양구조대원에 대한 교육·훈련을 하여야 한다. 민간해양구조대 운영에 대해서는 「수상구조법」 제30조에 규정하고 있다.

이외에도 「연안사고 예방에 관한 법률」 제17조에 따라 지역주민으로서 연안해역의 특성을 잘 아는 사람 등을 연안 안전지킴이로 위촉하여 연안사고 예방을 위한 순찰·지도업무를 보조하게 할 수 있다. 연안 안전지킴이는 연안해역 인근에 거주하는 주민으로서 연안사고 예방에 관한 지식과 경험이 풍부한 사람, 해양사고 예방과 관련 있는 단체나 비영리법인의 임직원 또는 구성원, 연안사고 예방활동에 참여하려는 사람을 위촉할 수 있다. 연안 안전지킴이는 연안순찰대원 임무의 보조·지원, 연안체험활동이 이루어지는 장소나 출입통제 장소 등에서의 순찰·지도, 위험표지판 등 안전관리 시설물에 대한 점검 등을 통하여 연안사고 예방 활동을 지원한다.

3. 정보통신시스템

해상 조난상황이 발생하였을 때 현장의 상황을 보고·전파하고 정확한 상황판단과 신속한 수색·구조가 이루어지기 위해서는 정보통신시스템의 역할이 중요하다. 해양경찰은 사고 발생 시 현장과 지휘체제 간의 상호 통신을 신속히 하기 위하여 종합상황실을 중심으로 정보통신시스템을 운영하고 있다. 수색구조와 관련된 정보통신시스템 위주로 설명하겠다.

가. 선박 모니터링 시스템

선박 모니터링 시스템은 선박의 위치와 상황을 파악하여 수색구조에 대비하기 위한 시스템이다. CVMS는 전자해도에 AIS, V－Pass, 해경 세력 위치정보 등을 통합적으로 표출하는 시스템이다. 선박의 제원이나 운항 정보 등을 송수신하게 되어 운항 중인 선박에 대한 운항 정보를 알 수 있다. 어선출입항시스템(V-Pass)은 어선·함정·파출소에 위치 수·발신 장치를 설치하여 어선의 위치를 모니터링하는 시스템이다. AIS 시스템은 위성과 연계하고 선박 위치정보 탐지범위를 전세계로 확대하여 우리나라 및 전 세계 국적선박에 대한 실효적 안전관리가 가능하다. 이외에도 수협에서 운영하는 VHF－DSC도 주기적으로 어선의 위치를 강제 전송하는 시스템이다.

나. 상황접수 및 전파시스템

LUT/MCC는 저궤도를 회전하는 정지궤도 위성에서 발신하는 조난신호를 자동으로 수신하여 전파하는 시스템이다. 전 세계에서 발신하는 조난신호를 접수할 수 있어 원거리 사고 발생 시 조난신호를 수신할 수 있다. 통합 신고처리시스템은 정부에서 운영하는 긴급번호가 통합됨에 따라 119 번호로 소방에서 접수된 신고가 해양 상황이면 즉시 해양경찰에 이첩되는 신고시스템이다. 해양사고인 경우, 신속하게 신고자의 위치를 추적하여 함정 등을 현장에 전파한다. 상황접수 및 전파시스템은 해양에서 위급한 사고가 발생했거나 발생이 예상되는 경우 신속하고 정확하게 현장 정보를 접수하고 전파하기 위해 운용되는 시스템이다. 해상교통문자방송(NAVTEX)은 전 세계 해상 조난 및 안전 제도(GMDSS)의 하나로 운영되는 것으로 문자를 통해 운항 중인 선박에 기상, 해상사격, 해상 표류물, 선박 조

상의 영향을 많이 받는다. 특히, 조난자는 물속에 신체 일부가 잠겨있거나 의식을 잃고 있는 경우도 많으므로 발견하기가 쉽지 않다. 생명이 촌각을 다투는 상황에서 해양 수색은 신속성이 매우 중요하다. 수색 패턴은 사람의 시각을 이용하는 시각 수색과 선박이나 조난자에게서 발신되는 전자신호를 찾아 수색하는 전자수색이 있다. 주간 시각 수색, 야간 시각 수색, 전자수색, 특수목적 수색의 4가지로 구분된다.

1) 주간 시각 수색

주간에 항공기나 함정에 탑승한 사람이 시각에 의지하여 수색하는 방법이다. 기상이 불량하거거나 시야를 방해하는 요소가 있는 경우 제한이 많다.

(1) 부채꼴 수색

부채꼴 수색(Sector Search)은 찾으려고 하는 조난선박이나 조난자의 위치가 정확하고 수색 구역이 좁은 경우에 효과적이다. 기준점을 중심으로 하나의 원 구역을 집중적으로 수색한다. 수색 구역이 좁으므로 비슷한 고도에서 다수의 항공기를 운항하거나 다수의 함정이 동시에 운항해서는 위험할 수 있다.

(2) 확대 사각 수색

확대 사각 수색(Expanding Square Search)은 조난선박이나 조난자 위치가 정확하지는 않지만, 비교적 가까운 거리 내에 있다고 추정되는 경우 효과적인 방법이다. 추정위치로부터 바깥쪽으로 사각형 모양으로 수색하며 범위를 넓혀간다. 최초로 조난현장에 도착하는 선박이 실시하는 수색 방법이며, 수색 개시지점은 기준위치이다. 수색 구역이 좁으므로 다수의 항공기나 다수의 함정이 동시에 운항해서는 위험할 수 있다. 해류나 풍압류가 없을 때 적합하다.

(3) 항적선 수색

항적선 수색(Track Line Search)은 조난 초기 조난된 위치가 정확하지 않을 때 사용한다. 조난 예상지점을 따라 일직선으로 수색하는 방법이다. 의도된 선을 따라 수색하면서 수색한 선을 따라 되돌아오는 회항 방식과 되돌아오지 않는 불 회항 방식이 있다.

(4) 평행선 수색

평행선 수색(Parallel Sweep Search)은 조난선박이나 조난자 위치가 불명확하고 광범위한 해역을 수색할 때 사용하는 수색 방법이다. 조난 예상지점을 따라 일직선으로 수색하고 그 옆을 따라 일직선으로 되돌아오며, 'ㄹ'자 형태로 수색한다.

(5) 지그재그 수색

크리핑라인수색(Creeping Line Search)이라고도 하며 기본적으로 평행수색과 같은 방식을 취하지만, 'ㄹ'자를 세운 형태로 진행한다. 수색의 범위가 길고 좁은 해역의 수색에 사용한다. 조난선박이나 조난자가 통상항로를 크게 벗어나서 표류할 것으로 추정될 때 사용한다.

(6) 해·공 합동 수색

해·공 합동 수색(Creeping Line Search, Co-ordinated)은 공중과 해상에서 입체적으로 하는 수색 방법이다. 항공기는 공중에서 크리핑라인 수색을 하고, 선박은 해상에서 수색 구역의 중심축을 따라서 수색하게 된다. 항공기에서 조난자를 발견하면 선박에서 구조한다.

2) 야간 시각 수색

야간에는 시야가 어두우므로 육안으로 조난선박이나 조난자를 발견하기가 어렵다. 야간 시각 수색(Night Visual Search)은 야간에 시각을 이용하는 경우 시야를 확보할 수 있는 보조적인 장비나 기구를 사용하게 된다. 공중에 낙하산조명탄(Parachute Flare)을 터트려 일정 시간 동안 시야를 확보하거나 적외선 장치가 부착된 야간투시경(Night Vision Goggle)을 착용하고 수색하는 방법 등이 있다.

3) 전자수색

전자수색(Electronic Search)은 조난자가 ELT(비상 위치 송신기), PLB(개인용 위치 발신 장치), EPIRB(비상위치지시용 무선표지설비) 등의 전자기기를 이용하여 조난위치를 발신할 것으로 예상될 때 전자장비를 이용하여 수색하는 방법이다.

4) 레이더 수색

레이더 수색(Radar Search)은 몇 척의 선박이 수색활동에 참여할 때 효과적이다. 특히 조난위치가 불분명하거나 항공기 동원이 불가능할 때 유용하게 활용되는 방법이다.

[그림 5-1] 수색 패턴 예시

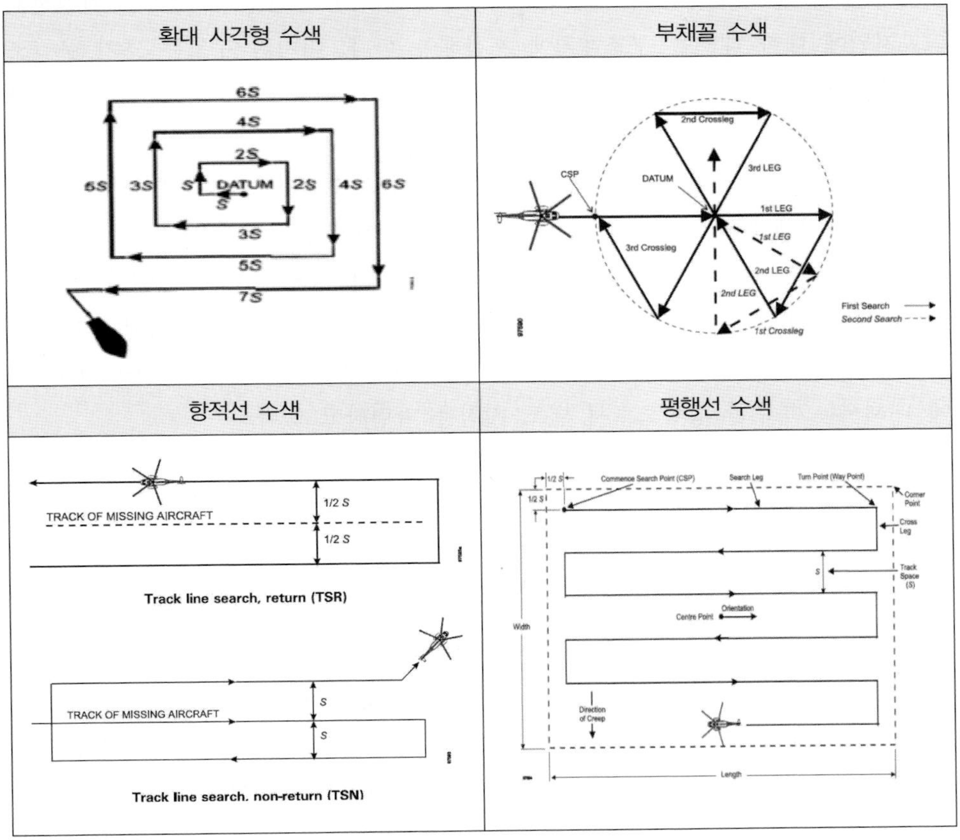

4. 구조단계

수색을 통해 조난선박이나 생존자를 찾았거나, 처음부터 조난위치가 특정되어 수색이 필요 없는 상황에서는 곧바로 구조단계가 시작된다. 일반적으로 구조를 조난자를 구출하는 활동으로 좁게 해석하는 경우가 많으나, 「수상구조법」에 "조난을 당한 사람을 구출하여 응급조치 또는 그 밖의 필요한 것을 제공하고 안전한 장소로 인도하기 위한 활동"으로 정의하거나, 「수색구조협약(SAR 79)」상 "조난 중인 사람을 구하고, 초기 의료지원 또는 기타 필요한 것을 제공하고 안전한 장소까지 후송하는 활동"으로 정의되어 있다. 구조활동의 범위를 좁게 해석할 경우, 구조계획 수립단계에서 응급조치 및 후송 등을 간과하여 필요한 조치를 제대로 이행하지 않을 수 있으므로, 수색구조 임무조정관(SMC) 및 현장조정관(OSC)은 구조계획 수립 및 구조활동 수행에 있어 상시 부상자가 발생할 수 있다고 가정하고 의료지원에 대한 대책을 구조계획에 포함해야 한다. 이처럼 구조는 초기 응급조치, 지원제공 및 안전 후송까지 포괄하는 개념이다. 장소별로 구분할 때 수상 구조와 수중구조를 포함한다.

수색은 계획을 수립하여 수색 구역을 지정하고 수색구조 세력의 규모를 정하여 수색 패턴에 따라 체계적으로 수색 활동을 수행하지만, 구조의 경우 수색활동에 수반되는 활동으로 인식하고 구조계획 수립까지 필요가 없다고 여겨왔다. 실제로 「IAMSAR 매뉴얼」에서도 수색에 비해 구조에 대한 기술적인 사항에 대해서는 전문정보가 다소 부족한 것이 현실이다. 다만, 대규모 인명구조 활동(MRO)[49]에 대해서는 특수한 상황으로서 별도 지침을 마련하고 있다.

5. 사후 처리 단계

가. 수색구조의 종료

수색구조 활동은 생존자 구조에 대한 모든 합리적인 희망이 사라질 때까지 계속된다. 하지만, 구조본부의 장은 다음 각호의 어느 하나에 해당하는 경우에는 구조활동을 종료 또는 중지할 수 있다. ① 구조활동을 완료한 경우, ② 생존자를 구조할 모든 가능성이 사라지는 등 더 이상 구조활동을 계속할 필요가 없다고 인정되는 경우(수상구조법 제24조). 「해상수색구조협약(SAR 79)」에서도 수색구조의 종료에 대하여 유사하게 규정하고 있다.[50]

---

49) 대규모 인명구조 활동(Mass Rescue Operation)은 선박에서 다수의 인명사고가 발생한 경우, 군, 소방, 경찰, 민간 등 여러 국가기관과 민간이 총체적으로 대응하는 인명구조 활동을 말한다.

50) 수색구조의 종료와 관련하여 국제 협약은 다음과 같이 규정하고 있다.

① 수색구조협약(SAR 79)

- 수색 및 구조활동은 실행 가능한 한, 생존자 구조에 대한 모든 합리적인 희망이 사라질 때까지 계속된다.
- 책임 있는 관계 구조조정본부 또는 지부는 일반적으로 수색 및 구조활동의 중단 시기를 결정한다. 수색 및 구조활동에 관계되는 구조조정본부 또는 지부가 없는 경우, 현장조정관이 이러한 결정을 할 수 있다.

② IAMSAR 매뉴얼(IAMSAR 79 Manual)

- 현장조정관은 생존자를 구조하는 모든 합당한 희망이 사라질 때까지 수색을 계속해야 한다.

나. 사후 조치

수색 및 구조가 종료된 이후에는 구난 활동을 진행하여야 한다. 즉 조난당한 선박, 화물 또는 그 밖의 다른 재산에 관한 원조를 진행하여야 한다(수상구조법 제2조). 구난 업무는 특별한 경우를 제외하고 선주 또는 가입된 보험사가 수행한다. 해양경찰은 구난작업 현장에서 발생할 수 있는 안전사고 및 해양오염에 대비해 방제정 등 가용세력을 배치하고, 필요한 경우 구난작업 관계자에게 인력 및 장비의 보강, 인근 선박의 항행 안전을 위한 조치 등을 명할 수 있다(수상구조법 제19조의2).

구조본부의 장 또는 소방관서의 장은 구조된 사람이나 사망자에 대하여는 그 신원을 확인하고 보호자 또는 유족이 있는 경우에는 보호자 또는 유족에게 인계하여야 하며, 구조된 선박 등이나 물건에 대하여는 소유자가 확인된 경우에는 소유자에게 인계할 수 있다. 구조된 사람이나 사망자의 신원이 확인되지 아니하거나 인계받을 보호자 또는 유족이 없는 경우 및 구조된 선박 등이나 물건의 소유자가 확인되지 아니한 경우에는 구조된 사람, 사망자, 구조된 선박 등 및 물건을 특별자치도지사 또는 시장·군수·구청장에게 인계한다. 구조된 사람 등을 인계받은 특별자치도지사 또는 시장·군수·구청장은 구조된 사람에게 신속히 숙소·급식·의류의 제공과 치료 등 필요한 보호조치를 취하여야 하며, 사망자에 대하여는 영안실에 안치하는 등 적절한 조처를 하여야 한다.

표류물 등을 습득한 자는 지체없이 이를 특별자치도지사 또는 시장·군수·구청장에게 인도하여야 한다. 구조된 선박 등 또는 물건을 인계받거나 습득한 표류물 등을 인도받은 특별자치도지사 또는 시장·군수·구청장은 이를 안전하게 보관하여야 한다.

- 현장조정관은 수색이 실패하였을 경우, 수색을 종결할 것인가를 결정할 필요가 있을 경우, 다음 요소를 고려하여야 한다.
  - 만약 생존해 있다면 생존자가 수색지역 내에 존재할 가능성
  - 수색 목표물이 수색된 지역 내에 있다면 그것을 탐지할 가능성
  - 생존자가 아직 생존해 있을 가능성

제5절 수색구조와 협력

바다에서 조난당한 경우, 신속한 수색과 구조 여부가 생명의 안전보장과 실패를 좌우한다. 그런데 해양은 광활할 뿐만 아니라 기상 여건이나 장소적 접근성에 따라 많은 제약요인이 상존한다. 조난당한 선박에 가까이 있는 다른 선박이나 다른 국가에서 협력하여 도와준다면 귀중한 생명을 구할 수 있다. 이런 요인 때문에 국제적으로나 국내적으로 수색구조에 있어 협력이 필수적이다. 해상 조난은 누구에게나 언제나 발생할 수 있는 개연성이 있으므로 선박 간에, 국가 간에, 국가와 민간 간에 적극적인 협력이 중요하다.

1. 국제적 구조협력

수색구조 업무의 특성상 「해상수색구조협약(SAR 79)」에도 국가 간 수색구조 협력을 명시하고 있으며, 우리나라도 인접국과 수색구조협정을 체결하고 수색구조 합동훈련을 빈번하게 실시하고 있다. 국내 법령에도 수색구조에 있어 국제적 협력을 명시적으로 규정하고 있다. 해외에서 우리나라 국민과 선박 등의 수난과 다른 나라 국민과 선박 등의 수난에 대해 수색구조가 필요한 경우 중앙구조본부장은 구조대 파견이 가능하다(수상구조법 제23조). 외국의 구조대가 수난구호 활동을 위하여 우리나라와 체결한 조약에 따라 우리나라 영해 · 영토 또는 상공에 진입 허가를 요청하는 때는 중앙구조본부장은 허가 후 관계기관에 통보한다(수상구조법 제22조). 해외에서 우리나라 선박이나 국민이 해양 사고로 수색구조 활동이 필요하여 사고 연안국의 협조가 필요한 경우, 선적지 관할 구조본부장이 해당 연안국 구조본부장에게 협조 요청한다.

2. 국내적 구조협력

국내적으로 구조협력 조직이 갖추어져 있다. 어선 등 민간과의 구조협력을 통한 신속한 구조체계 구축하여 운용해오고 있다. 해양경찰청은 다양한 이름으로 존재하던 단체를 민간자율구조대로 통합하였고, 2012년에 수난구호법(現, 수상에서의 수색 · 구조 등에 관한 법률)을 개정하여 민간해양구조대원을 정식으로 명문화하여 현재에 이르고 있다.

이에 따라 예측 불가능한 해양 사고에 신속히 대응할 수 있었으며 다양한 상황에 적합한 민간구조 세력이 정부의 공공기능을 보조하고 지원함으로써 해양 사고의 사각지대를 해소할 수 있었다. 전체 해양사고 대비 민간구조 세력에 의한 구조 비율은 매년 증가하는 추세이며 이에 따라 민간해양구조대원을 더욱 체계화하고 대원 복리후생 등 각종 지원을 확대하고 있다. 민간해양구조대원은 해양경찰의 해상구조 및 조난사고 예방·대응 활동을 지원할 수 있으며 이 경우 대원에게는 수당이 지급된다. 또한 자신의 선박을 이용하여 활동에 참여한 경우에는 유류비도 지원된다.

또 다른 해양 구조 민간협력 조직은 한국해양구조협회다. 한국해양구조협회는 2013년 설립된 이래로 꾸준한 발전을 거쳐 2020년 현재 1만 7천여 명의 개인·단체 회원이 활동 중이며, 3개의 본부, 19개의 지부를 두고 전국적인 조직으로 활동하고 있다. 주요 업무는 해양안전 교육, 해양 환경 정화 활동, 해양 구조를 수행하고 있다. 한국해양구조협회는 법정법인임에도 불구하고 정부의 지원 없이 임원 출자금과 회비, 인명구조 교육사업, 해수욕장 안전 부표 사업 등으로 운영하고 있어 이에 대한 정부예산의 지원이 필요한 실정이다.[51)]

---

51) 윤병두, (2020), "우리나라의 민간 해양 구조 활성화 방안 연구:: 해양경찰의 역할 중심으로", 해양경찰학회보 제10권 제3호: 80-85.

제4장

해양안전관리론

해양안전 관리는 바다에서 발생하는 재난이나 그 밖의 각종 사고로부터 생명과 재산의 안전을 확보하기 위한 활동이다. 해양경찰의 다양한 기능 중에서도 해양안전 관리는 대상이 다양하고 분야가 광범위하다. 바다나 연안에서 이루어지는 대부분의 해양경찰 활동은 안전관리와 연관이 있다. 제4장에서는 다양하고 넓은 영역으로서 해양안전 관리에 대하여 알아본다. 해양안전 관리 분야로 연안해역 안전관리, 해양 교통 안전관리, 다중 이용 선박 안전관리, 수상레저 안전관리 등이 포함된다.

제1절 해양안전관리 개관

1. 해양안전관리의 의의

가. 해양안전의 개념

해양경찰의 다양한 기능 중에서도 해양안전 관리 분야만큼 범위를 정하기 어렵고 광범위한 분야도 없다. 바다에서 주로 함정을 수단으로 하여 행해지는 대부분의 해양경찰 활동을 해양안전 관리 범주에 포함시켜도 될 것이다. 특히, 해양경찰에서 수행하는 기능 중에서 해양경비, 수색구조, 해양오염 방제 기능은 해양안전의 개념에 포함되거나 긴밀하게 연관되어 있다고 할 수 있다.

'안전(安全)'이라는 말은 사전적 의미에서 '위험이 생기거나 사고가 날 염려가 없음 또는 그런 상태'를 말한다. 그러므로 '해양안전(海洋安全)'을 사전적으로 볼 때 '바다에서 위험이 생기거나 사고가 날 염려가 없음 또는 그런 상태'를 말한다. 해양안전의 의미는 해양안전의 대상이나 범위 측면에서 다양하고 광범위하여 한 마디로 정의하기는 힘든 것이 사실이다.[52] 이처럼 해양안전이라는 개념은 학문적으로나 실무적으로 다양한 의미로 사용되고 있어 통일된 개념을 제시하기 어렵다. 더구나 해양안전의 의미는 포괄적이어서 해양과 관련된 대부분 활동에 대하여 사용되고 있다. 다만, 제도에서나 실무에서 해양안전이라는 개념을 '해양에서 위험이나 사고가 없는 상태'라는 의미로 공통으로 사용하고 있다.

해양안전의 대상을 선박으로 볼 경우, 어선, 화물선, 여객선, 유·도선 등 선박의 충돌, 좌초, 침몰, 화재 등 사고와 관련된다. 해양안전의 대상을 연안해역으로 볼 경우, 갯벌, 방파제, 해수욕장 등에서 사고와 관련된다. 해양안전의 대상을 시설로 볼 경우, 바다와 인접한 항만시설, 산업시설, 해양시설과 관련된다. 또한, 해양안전 대상은 바다를 중심으로 이루어지는 다양한 유형의 해양 활동이나 수상레저 활동 등과도 밀접히 연관되어 있다.

나. 해양안전 관리의 개념과 대상

앞에서 해양안전의 개념을 살펴보았다. 그렇다면 '해양에서 위험이나 사고가 없는 상태'를 추구하는 해양안전 관리의 개념은 무엇인가? 우리나라 재난 및 안전관리에 관한 기본법인 「재난 및 안전관리 기본법」 제2조에는 안전관리를 '재난이나 그 밖의 각종 사고로부터 사람의 생명·신체 및 재산의 안전을 확보하기 위하여 하는 모든 활동'이라 정의하고 있다. 이러한 정의는 앞에서 살펴본 사전적 의미와 크게 다르지 않다. 이를 종합하면 해양안전 관리란 '바다에서 발생하는 재난이나 그 밖의 각종 사고로부터 생명과 재산의 안전을 확보하기 위한 활동'이라 정의할 수 있다.

이렇게 볼 때 해양안전 관리의 개념은 광범위하고 포괄적인 의미를 지닌다. 해양안전 관리는 그 대상을 중심으로 살펴보면 의미가 분명해진다. 해양안전 관리의 대상은 인적 대상인 사람의 생명·신체와 물적 대상인 재산으로 나누어 볼 수 있다.[53] 해양안전 관리의 인적 대상은 바다에서 활동하는 사람 그 자체가 된다. 국가는 사람의 생명과 신체를 안전하게 보호하고 지켜야 할 의무가 있다. 안전관리의 인적 대상으로 ① 선박을 직접 이용하는 선원, 어민, 해상교통 이용객 등, ② 유·도선업, 연안 수송업, 수상레저 사업자 등 해양산업 종사자, ③ 수상레저 활동자, 갯벌 및 해수욕장 이용자 등 해양레저활동자 등이 있다.

52) 김종선, (2020), 「해양경찰학Ⅱ」, 문운당: 392.
53) 김종선, (2020), 「해양경찰학Ⅱ」, 문운당: 393.

해양안전 관리의 물적 대상은 사람이 바다에서 활동할 때 이용하는 물적 기반 또는 활동 무대라 할 수 있다. ① 어선, 화물선, 여객선, 유·도선 등 다양한 선박 및 수상레저기구, ② 항만, 임해 산업시설, 해양시설, 양식장 등 산업시설, ③ 해수욕장, 갯벌 등 레저활동지가 포함된다.

다. 해양안전 관리의 분야

해양안전 관리 개념이 다양하고 해양안전 관리 대상이 광범위하므로 해양안전 관리 범위를 어디까지 포함할 것인가의 문제도 쉽게 단정하기 힘들다. 교재나 법령에 따라서 해양안전 관리의 의미를 각자 다르게 사용하고 있는 게 현실이다. 따라서 해양경찰이 다루는 해양안전 관리로 한정할 필요가 있는데, 이 책에서 해양안전 관리 분야를 다음과 같이 구분하여 서술하고자 한다.

첫째, 연안해역 안전관리에 관한 분야이다. 여기서는 「연안사고 예방에 관한 법률」에 따라 이루어지는 연안해역에서 연안 체험활동에 대한 안전관리를 통해 연안사고를 방지에 관한 사항이다.

둘째, 해양 교통 안전관리에 관한 분야는 선박이나 기구를 이용한 통항에 따른 교통안전과 관련된다. 이 분야는 「어선안전조업법」 등에 따라 파출장소에서 이루어지는 선박 출입항 관리, 「선박교통관제에 관한 법률」에 따라 이루어지는 선박교통관제(VTS, Vessel Traffic Service), 음주 운항 단속 등에 관한 사항이다.

셋째, 다중 이용 선박 안전관리에 관한 분야이다. 다중 이용 선박이란 불특정 많은 사람이 이용하는 선박으로서 많은 이용객이 승선하는 것을 특징으로 한다. 대표적인 선박이 여객선과 화객선, 유선 및 도선, 낚시어선 등이다. 다중 이용 선박과 관련된 안전관리 분야로 유·도선, 낚시어선, 여객선의 안전관리가 포함된다.

넷째, 수상레저 안전관리에 관한 분야이다. 이 분야는 수상레저기구를 이용하여 레저활동을 하는 레저활동자에 대한 안전관리가 포함된다. 이 분야는 주로 사업자가 제공하는 선박에 승선하는 다중 이용 선박과 달리, 레저활동자 개인이 수상레저기구를 이용하여 능동적으로 활동하는 특성상 별도로 다루고자 한다.

2. 해양안전관리 조직

가. 상위 조직

다양한 인적 대상과 물적 대상에 대한 안전을 관리하는 해양안전 관리업무는 해양경찰의 여러 조직에서 직·간접적으로 담당하고 있다. 해양안전 관리를 위한 본청 조직으로 구조안전국에 파출소 업무, 연안해역 안전관리, 해상교통관리 등을 위한 해양안전과는 두고 있고, 수상레저 안전관리를 위한 수상레저과를 두고 있다. 경비국에 선박교통관제 업무를 담당하는 선박교통관제과를 두고 있다. 지방해양경찰청에는 경비(구조)안전과를, 해양경찰서에 해양안전과를 각각 두고 있다.

나. 파출소 및 출장소

현장을 중심으로 살펴보면, 해양경찰에서 해양안전 관리의 중추적 역할을 하는 조직은 파출소와 출장소이다. 파출소와 출장소는 전국 해안가를 따라 다수 설치되어 현장에서 국민에게 서비스를 제공하고 안전관리를 하는 지역 밀착형 조직이다. 해안가를 따라 육상에서 발생할 수 있는 사고를 예방하기 위해 순찰 활동을 하고, 갯벌 및 방파제 등 대중적인 레저활동이 많은 연안의 안전관리를 담당하고 있다. 소형 연안구조정을 이용하여 육지와 가까운 연안해역에서 선박 및 레저활동 안전관리를 담당한다. 그뿐만 아니라 어선 및 다중 이용 선박 출입항 관리와 수상에서 수상레저 안전관리를 담당하고 있다. 파출소와 출장소에 관한 내용에 대해서는 제2절에서 상세하게 기술하겠다.

다. 기타 조직

현장에서 해양안전 관리와 밀접히 관련된 조직으로서 해양경찰 함정과 항공기가 있다. 함정은 바다에서 예방 순찰 활동을 통하여 해양안전을 확보한다. 특히, 국민의 해양 활동이 빈번한 연안에서 해양사고 예방과 사고 대응을 위해서 100톤 이하 소형함정이 임무를 수행하고 있다. 항공기도 주기적인 비행을 통하여 해양안전을 확보하고 불법행위를 감시한다. 고정익은 남한 전체를 비행하며 감시활동을 수행하고, 헬기는 연안 위주로 불법행위 감시 및 구조활동에 투입된다. 그 밖의 해양경찰 안전관리 조직으로서 사고 발생 시 구조활동에 투입되는 해양경찰 구조대, 특공대 등이 있다. 해양안전 관리와 관련된 민간 민간협력체로는 한국해양구조협회, 민간자율구조대 등이 있다.

3. 해양안전관리의 법적 근거

해양안전관리를 담당하는 현장 조직인 파출소와 출장소에 대한 임무나 근무 방법을 규정하고 있는 「해양경찰 파출소 및 출장소 운영규칙」 있다. 분야별 해양 안전 관리에 대한 근거법으로서 연안해역 안전관리 분야에 대한 근거로 「연안사고예방법」, 「수상구조법」 등이 있다. 해양 교통 안전관리에 대한 근거로서 「해사안전법」, 「어선안전조업법」, 「선박교통관제에 관한 법률」 등이 있다. 다중 이용 선박 안전관리에 대한 근거로서 「유선 및 도선사업법」, 「낚시관리 및 육성법」, 「해운법」, 「해사안전법」 등이 있다. 수상레저 안전관리 근거로서 「수상레저안전법」과 「수상레저기구의 등록 및 검사에 관한 법률」이 있다.

제2절 파출장소 운영

1. 의 의

가. 개 념

파출소와 출장소는 해양경찰 업무를 최일선 현장에서 집행하기 위하여 해안가를 따라 설치한 조직이다. 파출소란 해양경찰서장의 소관 업무를 분담하기 위하여 해양경찰서장 소속하에 설치하는 지방 관서이며, 해양경찰서장의 소관 업무를 분담하기 파출소장 소속하에 출장소를 설치한다(파출소 및 출장소 운영규칙 제2조).

파출소는 항·포구 범죄예방, 선박 출·입항 업무, 해상범죄나 해난사고 초동조치, 연안해역 안전관리, 기초질서 위반 단속, 지역민 봉사활동 등 지역과 밀착된 경찰 활동을 수행한다. 지역 경찰 활동이란 지역사회의 주민과 기관·단체 등과 협력을 통해 범죄와 안전사고를 예방하고 민원 사항이나 지역주민의 의견을 청취하여 치안 활동에 반영하며 해양경찰 활동에 지역주민의 이해와 참여를 끌어내 함께하는 해양경찰 활동을 말한다. 파출소에는 지역 내 활동을 위해 연안 구조장비나 순찰차 등을 배치하여 운용하고 있다.

나. 연 혁

해양경찰 파출소와 출장소 운영은 1972년으로 거슬러 올라간다. 1972년 5월 해양경찰 지구대 아래 그 사무의 일부를 처리하게 하도록 지대를 둘 수 있게 하였다. 1986년부터 1989년까지 3차에 걸쳐 육상경찰로부터 선박 출입항 통제업무를 인수하면서부터 해양경찰 파출소 업무와 파출소 수가 증가하였다. 경찰청이 내무부로부터 독립한 1991년 7월에 해양경찰 지서 6개, 선박 출입항 신고기관 368개, 해양검문소 1개가 설치되어 있었다. 같은 해 해양경찰서 아래 있던 해양경찰 '지대'를 '지서'로 개칭하였다. 2022년 7월에 해양경찰서 아래 '지서'를 '파출소'로 '신고소'를 '출장소'로 개칭하여 오늘에 이르고 있다.[54)]

2. 파출장소 조직

지방해양경찰청장은 치안 수요 및 지리적 여건 등을 고려하여 해양경찰서의 관할구역을 나누고, 해양경찰청장의 승인을 얻어 파출소 또는 출장소를 설치, 폐지하며 출장소는 파출소 소속하에 설치하고 출장소의 관할구역은 파출소 관할구역의 일부로 하되 해양경찰서장이 지정한다.

파·출장소는 전국 주요 항·포구 및 연안해역에 설치·운용하고 있는데, 2022년 기준으로 전국에 파출소 94개소, 출장소 235개소를 운용하고 있다.[55)] 해양경찰 구조대와 멀리 떨어진 연안에서 해양사고 발생 시 파출소에서 잠수구조를 시행하기 위하여 2018년부터 구조거점 파출소를 신설·운용하고 있다. 구조거점 파출소는 구조대와의 떨어진 거리, 사고 발생 빈도, 선박 통항량, 다중 이용 선박 등 치안 여건을 종합적으로 고려하여 잠수구조 전문인력을 배치하고 있다.

파출소의 관할구역을 나누어 출장소를 설치·운영하며, 안전관리 등 치안 수요 및 인력 여건 등을 고려하여 탄력 근무형 출장소, 순찰형 출장소를 운영할 수 있다. 탄력 근무형 출장소는 상주 근무자를 두지 않고, 관할 파출소에서 경찰관이 출장소에 일정 시간 근무하다가, 파출소로 귀소하는 방법으로 운영한다. 순찰형 출장소는 상주 근무자를 두지 않고, 관할 파출소에서 수시로 왕래하면서 탄력적으로 치안 업무를 수행한다. 파출소장은 치안 및 안전 수요를 고려하여 구체적으

54) 노호래, 2022년, 「해양경찰학개론」, 박영사: 592－593.
55) 해양경찰청, 2022년, 「주요 통계 분석자료」: 31.

로 순찰 활동을 지시하여야 하며, 어촌계장 등 민간인에게 선박 출입항 업무를 대행시키는 대행신고소를 병행하여 운영할 수 있다.

3. 주요 임무

가. 파출소

파출소의 임무는 다음 각호와 같다(파출소 및 출장소 운영 규칙 제6조).

1. 범죄의 예방, 단속 및 치안·안전 정보의 수집
2. 다중 이용 선박 및 수상레저활동 안전관리
3. 선박 출입항신고 접수 및 통제
4. 연안해역 안전관리
5. 각종 해양사고 예방 및 초동 조치
6. 민원, 주민협력체계 구축 등 지역 경찰 활동
7. 국가기관, 지방자치단체 등의 공익을 위한 행정지원
8. 그 밖에 해양경찰서장이 지시하는 업무처리 등

파출소장의 직무는 관내 해양 치안·분석 및 대책 수립, 파출소 및 관할 출장소의 시설, 예산, 무기·탄약 및 장비의 관리, 해양안전·치안에 대한 대민홍보 및 협력 활동, 관내 순시 및 상황 처리 지휘, 관내 대행신고소에 대한 지도 및 교육, 소속 경찰관과 의경의 근무 지정, 순찰 지시 등 근무와 관련된 제반 사항에 대한 지휘 및 감독, 그 밖의 해양경찰서장 지시사항 업무처리 등이다.

순찰구조팀장의 직무는 근무교대 시 주요 취급사항, 무기·탄약 및 순찰차·연안 구조정 구조장비 등의 인계인수, 순찰 구조팀원에 대한 일일 근무 편성 및 지휘·감독, 관내 사건·사고 발생 시 초동 조치 및 현장 상황처리, 연안 구조정, 순찰차 등 보유 장비 관리, 관내 안전관리, 순찰 등 지역 경찰 활동, 파출소장 부재 시 업무 대행, 그 밖에 파출소장 지시사항 처리 등이다. 순찰 구조팀원의 직무는 관내 안전관리, 순찰 및 지역 경찰 활동, 각종 사건 사고 초동 조치 및 상황전파, 연안 구조정, 순찰차 등 보유 장비 관리, 그 밖에 파출소장 지시사항 처리 등이다.

나. 출장소

출장소의 임무는 다음 각호와 같다(파출소 및 출장소 운영 규칙 제7조).

1. 선박 출입항 신고 접수 및 통제
2. 각종 해양사고 초동 조치
3. 민원, 주민협력체계 구축 등 지역 경찰 활동
4. 그 밖에 파출소장이 지시하는 업무처리 등

출장소장의 직무는 선박 출입항 시고 접수 및 통제, 각종 해양사고 초동 조치, 출장소 시설과 장비의 관리, 민원 및 주민협력체계 구축 등 지역 경찰 활동, 관내 대행신고소에 대한 지도 및 교육, 무기·탄약 및 장비 관리와 인계인수, 소속 경찰관 및 의경의 근무 지정, 순찰 지시 등 근무와 관련된 제반 사항에 대한 지휘 및 감독, 그 밖의 파출소장이 지시한 업무처리 등이다.

4. 업무처리

가. 선박 출입항 업무

선박 출입항에 관한 업무는 「선박안전조업법」 및 「어선 출입항신고 관리 규칙」 등 관련 규정에 따르며 선박 출입항 신고 접수 시에는 신속하게 선박 출입항 관리 종합정보시스템에 입력하고 대행신고소의 선박출입항신고 자료는 30일 이내에 입력하여야 한다(파출소 및 출장소 운영 규칙 제28조).

나. 민원 접수 및 처리

파출소 및 출장소에서는 고소, 고발, 진정 및 탄원과 범죄 또는 피해 신고에 관한 민원 등을 접수하였을 때는 신속하게 해양경찰서에 이송한다. 다만, 출장소에서 접수하였을 때 파출소장을 경유하여야 한다. 파출소 및 출장소에서 발급할 수 있는 민원 서류는 선원 승선신고 사실 확인서, 선박 출·입항신고 사실 확인서가 있다. 민원 서류를 발급할 때는 신청인에게 발급신청서를 작성하게 하고, 주민등록증·여권·자동차 운전면허증 등 신청인의 신분증을 확인한 후 발급하여야 하며 작성된 발급신청서의 보존기간은 3년으로 하고, 파출소 및 출장소에서 2년

간 보관한 다음 소속 해양경찰서로 이관한다(파출소 및 출장소 운영 규칙 제30조).

다. 사건 · 사고의 처리

사건 · 사고처리 및 수사는 먼저, 범죄 현장의 보존, 증거의 수집, 피해 현황과 범죄 실황 조사 등 범죄 현장을 중심으로 필요한 초동 조치와 수사를 한다. 둘째, 해양경찰서의 수사 전문경찰관이 현장에 도착하면 이를 인계하고 사건 조사에 협조하여야 한다. 셋째, 해양사고 또는 해양오염 사고의 신고를 받았거나, 사고 발생 사항을 인지하였을 때는 다음에 정하는 바에 따른다. ① 해양경찰서장에게 즉시 보고와 동시에 현장에 임하여 인명과 재산피해의 확대 방지와 필요한 초동 조치를 하여야 한다. ② 사고 현장을 보존하고 조사하여야 한다. ③ 해양경찰서 구조담당자 또는 해양오염 방제 담당자 등이 현장에 도착하면 상황을 인계하고, 사고처리에 협조하여야 한다. ④ 경미한 사건 · 사고에 대하여는 파출소장이 직접 처리할 수 있으며, 이 경우에는 조사 또는 처리사항을 해양경찰서장에게 보고하여야 한다. 넷째, 변사사건이 발생하였을 때는 변사체의 발견 연월일시, 변사자의 인적 사항, 변사체 발견 장소와 그 상황, 변사체 발견자의 성명, 그 밖의 참고사항을 조사하여 보고하여야 한다(파출소 및 출장소 운영규칙 제31조).

5. 근 무

가. 근무 형태

파출소장은 일근(日勤)을 원칙으로 한다. 다만, 도서 지역 파출소장의 근무는 교대근무로 운영할 수 있다(파출소 및 출장소 운영규칙 제19조). 파출소의 순찰구조팀 및 출장소의 근무는 3교대 근무를 원칙으로 한다. 교대근무란 근무조를 나누어 일정한 계획에 의한 반복 주기에 따라 교대로 업무를 수행하는 근무 형태를 말한다. 해양경찰서장은 파출소 및 출장소의 근무 방법을 치안 · 안전 수요와 인력 운영 여건 등을 고려하여 지역별 취약 시간에 인력을 집중할 수 있도록 운영하여야 한다. 다만, 도서 지역 파출소 및 출장소 교대근무제는 지역별 실정에 맞게 해양경찰서장이 정할 수 있다.

나. 근무의 종류

파출소 및 출장소의 근무는 행정 근무, 상황 근무, 순찰 근무, 대기 근무 및 그 밖에 근무로 구분한다(파출소 및 출장소 운영규칙 제20조). 행정 근무는 소 내에서 문서의 접수 및 처리, 시설 · 장비의 관리 및 예산의 집행, 각종 현황, 통계, 자료 등 관리, 그 밖에 파출소장이 지시한 업무 등 행정업무 등을 수행한다. 상황 근무는 민간구조 세력 등 관내 안전관리 및 치안 상황 파악 · 전파, 중요 사건 · 사고 및 수배 사항 전파, 민원 및 사건의 접수, 조사, 처리, 순찰 근무자와의 무전 상황 유지 및 자체 경비, 그 밖에 파출소장이 지시한 업무 등을 수행한다. 순찰 근무는 파출소장 및 출장소장의 지시에 따라 파출소 또는 출장소의 관내를 순회하는 근무를 말하며, 해상순찰과 해안순찰로 구분하되 주로 해상순찰 중심으로 하여야 한다. 대기 근무는 각종 사건 · 사고 또는 신고에 따른 출동 등 안전 · 치안 상황에 대응하기 위하여 일정 시간 지정된 장소에서 근무 태세를 갖추고 있는 형태를 말한다. 기타 근무는 안전관리 및 치안 상황에 효과적으로 대응하기 위하여 위에 해당하지 않는 근무 형태를 말하며, 근무내용 및 방법 등은 파출소장이 정한다.

다. 복장 및 장비 휴대

파출소 및 출장소 근무자는 「해양경찰청 소속 경찰공무원 복제에 관한 규칙」 제14조에 규정된 근무복장을 단정하게 착용하여야 한다. 또한, 파출소 및 출장소 근무 경찰관은 ① 경찰장비: 권총 및 가스총 등 무기와 경찰봉, 수갑, 포승 등의 경찰 장구, ② 인명구조 장비: 구명조끼, 구명줄 및 구조 튜브 등, ③ 통신장비: LTE 통신기, 모바일오피스 등을 연안 구조정에 비치하거나 개인 휴대하여야 한다.

라. 휴게 및 휴무

휴게란 교대근무자 또는 연일 근무자 등을 대상으로 근무 중 청사 내에서 자유롭게 쉬는 시간을 말하며, 휴무란 근무일에 해당하지만 누적된 피로 해소 등 건강 유지를 위하여 근무에서 벗어나 자유롭게 쉬는 것을 말한다. 비번이란 교대근무자가 다음 근무시작 전까지 자유롭게 쉬는 것을 말한다. 근무자의 업무효율과 건강관리를 위하여 치안 수요 등을 고려하여 휴게를 시행한다. 파출소장은 지정된 휴게시간이라 할지라도 업무수행상 부득이한 경우 휴게시간을 주지 아니하거나 근무를 조정할 수 있으며, 2교대제 근무자에 대하여 별도로 매월 정기적으로 휴무일을 지정할 수 있다. 지방해양경찰청장 또는 해양경찰서장은 해상 집단행동 및 다중 범죄 진압 등과 같이 특히, 필요하다고 인정되는 때에만 파출소 및 출장소의 기본근무에 지장을 초래하지 않는 범위 내에서 근무자를 다른 근무에 동원할 수 있다.

제3절 연안해역 안전관리

1. 의 의

가. 연안해역

일반적으로 연안(沿岸)이란 육지와 바다를 연결하고 있는 곳을 말한다. '연안'이라는 용어에는 육지와 바다를 포함하는 의미가 있으며, 이 경계에서 발생하는 여러 작용으로 영향을 받는 넓은 지역을 일컫는다. 이런 의미는 연안과 관련된 여러 법령에도 반영되어 있다. 「연안관리법」 제2조에 의하면 '연안'이라 함은 연안해역과 연안 육지구역을 말하며, 연안해역은 바닷가[56]와 만조수위선으로부터 영해의 바깥쪽 한계까지의 바다를 말한다. 또한, 「연안사고예방법」 제2조는 「연안관리법」 제2조에 규정된 연안의 개념을 그대로 사용하고 있다.

연안해역의 개념을 알기 쉽게 말하면, 가까운 바다(12해리) + 바다와 인접한 일정한 육지(해수욕장처럼 등기부에 등록되지 않은 해안가 땅)를 합친 개념이다. 얕은 바다, 갯벌, 해수욕장, 갯바위, 모래나 자갈, 방파제, 등대, 갈대밭 등이 포함된다. 연안해역은 지적공부에 등록되지 않은 국가 소유로서 개인소유가 허용되지 않는다.

바다에서 활동하는 국민은 육지와 멀리 떨어진 원거리 해상에서 활동하기보다 육지와 가까운 바다에서 활동하는 경우가 많다. 어업에 종사하거나 바다에서 경

56) 법적인 의미에서 바닷가란 해안선으로부터 지적공부에 등록된 지역 사이의 땅을 의미한다(연안사고 예방에 관한 법률 제2조 제2호). 해수욕장이 대표적인 장소이다.

제활동 또는 레저활동을 하거나 이동을 위해 선박을 승선할 때 육지와 가까운 바다를 이용하는 것이 보통이다. 안전관리라는 측면에서 볼 때, 원거리 해상보다 육지와 가까운 연안에 대한 관리가 중요하다는 것을 알 수 있다. 연안해역 안전관리는 바닷가 또는 바닷가와 연결되는 해역에서 발생하는 사고를 예방하고 방지하기 위한 활동을 말한다. 연안해역 안전관리에 대해서는 「연안사고 예방법」과 「연안사고 안전관리 규정(해양경찰청 훈령)」에 근거하여 다양한 안전관리가 이루어진다. 본 절에서는 위 법령을 중심으로 연안해역 안전관리에 대해서 살펴보고자 한다.

나. 연안사고

연안사고란 연안해역에서 발생하는 인명에 위해를 끼치는 사고를 말하며, 구체적으로는 갯벌·갯바위·방파제·연륙교·선착장·무인도서 등에서 바다에 빠지거나 추락·고립 등으로 발생한 사고와 연안 체험활동 중에 발생한 사고이며, 「해양사고의 조사 및 심판에 관한 법률」 제2조 제1호에 따른 해양사고는 제외한다(연안사고 예방에 관한 법률 제2조 제2호). 「해양사고의 조사 및 심판에 관한 법률」 제2조 제1호에 따른 해양사고는 선박과 관련된 사고를 말하므로, 연안사고란 연안해역에서 발생한 사고 중에서도 선박과 관련된 사고를 제외한 다양한 사고를 말한다고 하겠다.

다. 연안해역 안전관리

연안해역 안전관리는 연안에서 발생하는 재난이나 그 밖의 각종 사고로부터 생명과 재산의 안전을 확보하기 위한 활동을 말한다. 연안해역에서 발생하는 연안사고의 예방에 관하여는 「연안사고예방법」에서 규정하고 있다.

2. 연안사고 안전관리 체계

가. 연안사고 예방체계

1) 연안사고 예방계획

해양경찰청장은 연안사고 예방을 위하여 5년마다 연안사고 예방 기본계획을 수립·추진하여야 하고, 기본계획에 따라 매년 연안사고 예방 시행계획을 수립·

시행하여야 한다. 기본계획을 수립하려는 경우 미리 소방청장, 광역시장·도지사·특별자치도지사 및 특별시·광역시·특별자치시·도·특별자치도 교육감의 의견을 들어야 한다(법 제5조, 제7조). 기본계획에는 ① 연안사고 예방에 관한 정책의 기본방향, ② 연안사고 예방에 필요한 안전 체계 구축에 관한 사항, ③ 연안해역의 특성을 고려한 연안사고 예방 방안에 관한 사항, ④ 연안사고 예방을 위한 전문인력의 양성 및 운영에 관한 사항, ⑤ 연안사고 예방에 필요한 재원의 조달방안에 관한 사항, ⑥ 그 밖에 연안사고 예방에 필요한 사항이 포함되어야 한다(법 제6조).

2) 연안사고 예방협의회

연안사고 예방에 관하여 필요한 사항을 협의하기 위하여 해양경찰청장 소속으로 중앙 연안사고 예방협의회를 두고, 지방해양경찰청 및 해양경찰서에 각각 광역 연안사고 예방협의회 및 지역 연안사고 예방협의회를 둔다(법 제8조).

나. 연안사고 예방을 위한 조치

1) 연안사고 안전관리 규정 시행

연안사고 예방을 위하여 해양경찰청장은 「연안사고 안전관리 규정」을 운영하고 있다. 동 규정은 연안해역에서 사고를 예방하기 위한 다양한 조치를 규정하고 있다.

2) 안전사고 위험성 조사 및 위험도 평가

위험성 조사란 연안해역 중 인명에 위해를 끼치는 사고가 발생한 장소 및 발생할 우려가 큰 장소를 조사하는 것을 말한다. 해양경찰서장은 인명사고가 자주 발생하는 관할 연안해역에 대하여 연간 1회 이상 위험성 조사를 시행하여야 한다. 조사 장소는 연안해역에서 인명에 위해를 끼치는 사고가 발생한 장소 및 발생할 우려가 큰 다음 장소를 대상으로 한다(연안사고 안전관리 규정 제4조).

1. 연안 체험활동 운영시설
2. 갯벌: 갯골이 깊고 조류의 흐름이 빠른 지역
3. 갯바위: 육상에 근접한 바위로 간조 시 건너갔다가 만조 시 육상으로 퇴출이 어렵거나 다수의 물이끼 형성으로 낙상 및 추락 위험이 있는 지역

4. 간출암: 간조 시 드러났다가 만조 시 해수에 잠기는 바위
5. 방파제: 너울성 파도가 잦고 다수의 물이끼가 형성되어 낙상 및 해상추락의 위험이 큰 장소
6. 연륙교: 육지와 섬을 이어주는 다리로 안전시설이 설치되어 있지 않거나 불량하여 해상추락 가능성이 큰 다리
7. 선착장: 선박이 계류하는 장소로 안전시설이 설치되어 있지 않거나 물이끼 등으로 미끄러운 선착장
8. 무인도서: 안전 기반이 확보되지 않은 무인도서에서 「연안사고 예방에 관한 법률 시행규칙」 제2조의 연안체험활동이 이루어지는 장소

3) 위험구역 및 출입통제구역 지정관리

위험구역이란 연안사고로 인해 직접적으로 인명피해가 발생했거나 발생할 우려가 있는 지점을 말하며, 위험구역 평가란 위험성 조사 결과를 바탕으로 위험도를 평가·분류하는 것을 말한다(연안사고 안전관리 규정 제2조). 해양경찰서장 및 지방자치단체의 장은 위험성 조사 결과를 바탕으로 위험한 장소에 대하여 인명사고 위험구역으로 지정·관리할 수 있으며, 해양경찰서장은 지방자치단체의 장, 소방서장, 지방해양수산청장의 의견을 들어 관할 연안해역 중 인명사고가 자주 발생하거나 발생 우려가 큰 위험구역을 출입통제 장소로 지정 운용할 수 있다(연안사고 안전관리 규정 제7조, 제8조).

4) 안전사고 위험예보제

위험예보제란 연안해역에서의 안전사고가 반복·지속해서 발생할 우려가 있거나 발생하였을 때 그 위험성을 “관심”, “주의보”, “경보”로 구분하여 국민에게 알리는 것을 말한다. 해양경찰서장은 연안해역의 위험한 장소 또는 위험구역에서 특정 시기에 기상악화 또는 자연 재난 등으로 인하여 같은 유형의 안전사고가 반복·지속적으로 발생할 우려가 있거나 발생하는 경우 그 위험성을 국민에게 미리 알리는 안전사고 위험 예보제를 운용하여야 한다. 안전사고 위험예보는 “관심”, “주의보”, “경보”로 하며 다음 각호에 따라 발령한다(연안사고 안전관리 규정 제10조).

1. 안전사고 “관심”: 연안해역에 안전사고가 과거 특정 시기에 집중·반복적으로 발생하여 사전에 대비가 필요한 경우에 발하는 위험예보

2. 안전사고 “주의보”: 연안해역에 안전사고가 발생할 우려가 크거나 발생하고 있어 피해확산이 우려될 때 발하는 위험예보
3. 안전사고 “경보”: 안전사고 “주의보”를 발령했음에도 안전사고가 확산할 때에 피해 상황과 전망, 및 예방요령을 반복적으로 알릴 때 발하는 위험예보

5) 안전관리 시설물의 설치 · 관리

안전관리 시설물이란 위험한 장소에 대하여 안전사고 위험성을 국민이 인식하여 사전에 위험에 대비할 수 있도록 설치하는 위험표지판, 위험알림판 등을 말하며, 인명구조 장비함이란 연안사고 발생 시 신속한 인명구조를 목적으로 누구나 사용할 수 있도록 연안해역 위험한 장소에 설치하는 장비 보관함을 말한다. 지방자치단체의 장 및 지방해양수산청장은 연안해역 위험구역에서의 위험을 방지하고 체계적인 안전관리를 위하여 위험표지판, 위험알림판, 인명구조 장비함 등을 설치 · 관리하여야 한다(연안사고 안전관리 규정 제16조). 위험 표지는 다음 각호와 같이 구분한다(연안사고 안전관리 규정 제17조).

1. 주의표지: 제7조에서 위험구역으로 지정된 장소에 대해 위험 상황을 표시하여 위험에 주의할 수 있도록 알리는 표지
2. 규제표지: 법 제10조의 인명사고가 자주 발생하거나 발생 우려가 큰 장소에 법 제10조에 따라 출입통제 등의 규제를 하는 경우에 알리는 표지
3. 보조표지: 주의표지, 규제표지의 주 기능을 보충하여 알리는 표지

[그림 5-2] 위험표지판 예시

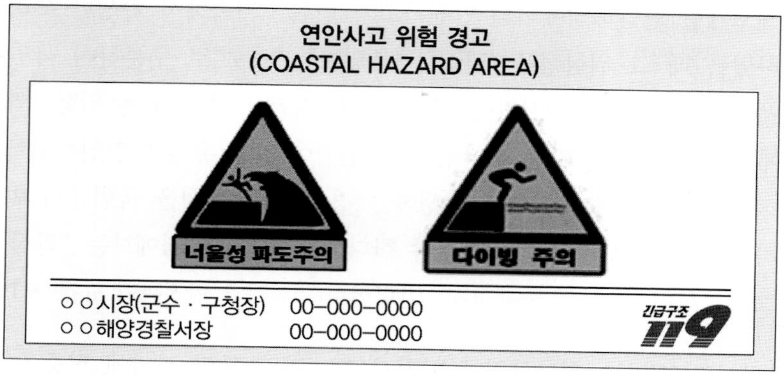

위험알림판은 다음 각호와 같이 구분한다(연안사고 안전관리 규정 제18조).

1. 주의 알림판: 주의표지와 안내하는 글을 함께 표시하여 특별한 위험 상황을 주의할 수 있도록 알리는 표지
2. 규제알림판: 규제표지와 법 제10조에 따라 출입통제 사유 등을 함께 표시하여 알리는 표지

[그림 5-3] 위험표지판과 위험알림판을 혼용하는 경우 예시

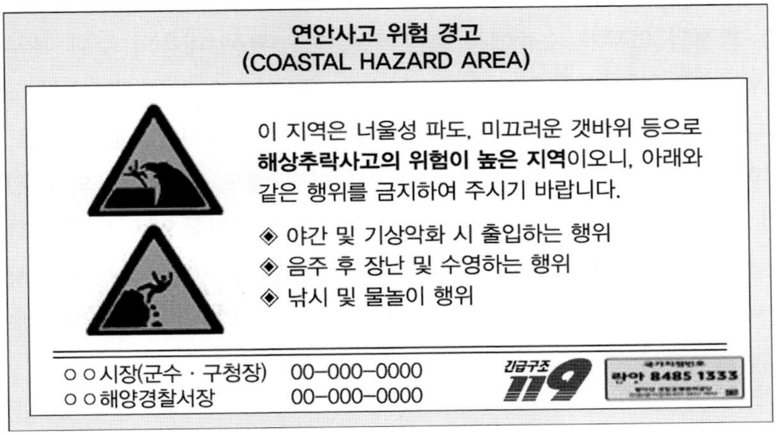

인명구조 장비함에는 위험한 상황에 처했을 경우 인명을 구조하는데 필요한 장비를 비치해야 한다. 비치해야 할 인명구조 장비는 다음과 같다.

〈표 5-2〉 인명구조장비 비치 기준

구명조끼		1개 이상
구명환		1개 이상
구명줄	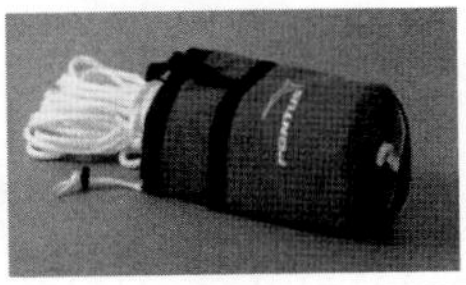	지름 10mm 이상 길이 30m 이상 1개 이상

3. 연안 체험활동 안전관리

가. 연안 체험활동의 의의

연안체험활동이란 연안해역에서 이루어지는 체험활동으로서 해양수산부령으로 정하는 활동이며 수상형 · 수중형 · 일반형이 있다. 수상(水上)형 체험활동이란 선박 · 기구 등을 이용하지 아니하고 수상에서 이루어지는 체험활동을 말한다. 다만, 체험활동 과정의 일부가 수중에서 이루어질 때도 활동 내용의 주된 부분이 수상에서 이루어지는 체험활동은 전체를 수상형 체험활동으로 본다. 수영, 스노클링 등이 있다. 수중(水中)형 체험활동이란 수중에서 이루어지는 체험활동을 말한다. 다만, 체험활동 과정의 일부가 수상에서 이루어질 때도 활동 내용의 주된 부분이 수중에서 이루어지는 체험활동은 전체를 수중형 체험활동으로 본다. 프리다이빙(Free Diving), 시워킹(Sea Walking) 등이 있다. 일반형 체험활동이란 수상형 또는 수중형 체험활동 외에 연안해역에서 이루어지는 체험활동을 말한다. 갯벌 체험, 무인도체험, 극기 훈련 등이 있다.

나. 연안 체험활동의 신고

연안 체험활동 운영자는 해양경찰서장에게 연안 체험활동 안전관리 계획서를 작성하여 신고하여야 한다. 다만, 다른 법률에서 지도 · 감독 등을 받는 법인 또는 단체가 운영하는 경우, 연안 체험활동 참가자 수가 해양수산부령으로 정하는 규모 이하인 경우는 제외한다(연안사고예방법 제12조). 연안 체험활동 계획서에 포함되어야 하는 사항으로는 연안 체험활동의 기간과 장소 및 유형, 안전 수칙 준수에 관한 사항, 보험의 가입 사실, 그리고 연안 체험활동 중 사고 발생 시 연안 체험활동 운영자의 관계기관에 대한 신고 의무 부과 등 대처계획에 관한 사항이다. 연안 체험활동 운영자는 계획서의 신고가 수리되기 전에는 연안 체험활동 참가자의 모집을 하여서는 안 되며, 해양경찰서장은 신고받은 날부터 7일 이내에 신고수리 여부를 신고인에게 통지하여야 한다(연안사고예방법 제12조).

다. 연안 체험활동 안전교육, 안전 점검 등

연안 체험활동 운영자 및 안전관리 요원은 연안 체험활동의 안전에 관하여 해양수산부령으로 정하는 바에 따라 해양경찰청장이 실시하는 안전교육을 받아야 한다. 관할 해양경찰서장은 소속 경찰공무원으로 하여금 연안사고 예방을 위하여 연안 체험활동 장소에 출입하여 안전 수칙 준수 여부, 연안 체험활동 상황, 그밖에 해양수산부령으로 정하는 사항에 대해 안전 점검을 하게 할 수 있다.

라. 연안 체험활동의 제한

관할 해양경찰서장은 다음 각호의 어느 하나에 해당하는 경우로서 연안체험활동이 곤란하거나 연안 체험활동 참가자의 안전에 위해를 끼칠 우려가 있다고 인정하는 때에는 연안 체험활동의 전부 또는 일부를 금지하거나 제한할 수 있다(연안사고예방법 제14조).

1. 자연재해의 예보 · 경보 등이 발령된 경우
2. 유류오염 · 적조 · 부유물질 · 유해 생물이 발생하거나 출현하는 경우
3. 어망 등 해상장애물이 많은 경우
4. 그 밖에 연안사고 예방을 위하여 대통령령으로 정하는 경우[57]

제4절 해양 교통 안전관리

1. 해양 교통의 의의

가. 해양 교통의 의미

교통의 사전적 의미는 '자동차 · 기차 · 배 · 비행기 따위를 이용하여 사람이 오고 가거나, 짐을 실어 나르는 일'을 말한다.[58] 여기서 수단은 자동차 · 기차 · 배 · 비행기 따위이며, 행위의 객체는 사람과 물건이고, 주된 행위는 실어 나르는 일이

57) 법 제14조 제4호의 대통령령이 정하는 경우란 다음과 같다(연안사고예방법 시행령 제7조).
1. 연안 체험활동 중 사망자나 실종자가 발생한 경우,
2. 연안체험활동이 이루어지는 연안해역의 인근 해상에서 조난사고 또는 해양사고가 발생하여 이를 수습하기 위하여 필요한 경우
3. 연안체험활동이 이루어지는 연안해역에 해상교통량이 많은 경우
4. 그 밖에 해양경찰서장이 연안사고 예방을 위하여 연안체험활동을 제한할 필요가 있다고 인정하는 경우

58) 표준국어대사전.

다. 이런 의미를 적용하여 해양 교통을 정의하면 ‘바다에서 배 등을 이용하여 사람이나 화물을 운송하는 활동’ 정도가 될 것이다. 오늘날 해양 교통이 대규모 사람과 화물을 운송하는 수단이 되었기 때문에 중요한 안전관리 대상이 되었다. 예컨대, 과거 서해 훼리호 사고나 세월호 사고처럼 대규모 인명사고는 해양 교통 안전관리의 중요성을 일깨워 주고 있다. 세계적으로도 대형 선박사고가 주기적으로 발생하여 대규모 인명피해와 해양 환경 오염이 반복되었다. 이에 국제 협약을 통하여 해양 교통에 대한 규제를 강화하여 해양사고를 줄이고자 하는 노력을 계속하고 있다.

나. 해양 교통수단

해양 교통은 선박을 매개로 이루어진다. 유형이나 용도와 관계없이 선박이란 수상 또는 수중에서 항행용으로 사용하거나 사용할 수 있는 배 종류를 말한다(선박법 제1조의2). 선박의 종류에는 ① 기관(機關)을 사용하여 추진하는 선박인 기선, ② 돛을 사용하여 추진하는 선박인 범선, ③ 자력 항행 능력이 없어 다른 선박에 의하여 끌리거나 밀려서 항행되는 선박인 부선이 있다.

한편, 선박이라 하더라도 운항 목적, 운항 형태, 적용되는 법령 유형에 따라서 다양한 형태로 나누어진다. 「해운법」에 근거한 해양 교통수단으로 여객선, 화물선이 있다. 여객선은 해상이나 내륙수로에서 여객만을 운송하는 선박과 여객 외에 화물을 함께 운송할 수 있는 선박을 말한다(해운법 시행규칙 제1조의2). 화물선은 해상이나 내륙수로에서 화물을 운송하는 선박을 말한다. 기타 화객선은 사람과 화물을 동시에 운반하는 선박을 말한다. 「유선 및 도선사업법」에 의한 해양 교통수단으로 유선과 도선이 있다. 유선은 수상에서 고기잡이, 관광, 그 밖의 유락(遊樂)을 위하여 운항하는 선박을 말하며, 도선은 내수면 또는 바닷목의 일정한 구간에서 사람을 운송하거나 사람과 물건을 운송하는 선박을 말한다. 「낚시관리 및 육성법」에 근거한 해양 교통수단으로 낚시어선은 「어선법」에 따라 등록된 어선으로서 낚시인을 승선시켜 낚시터로 안내하거나 그 어선에서 낚시를 할 수 있도록 하는 배를 말한다. 「어선법」에 의한 어선은 수산업 및 수산업 관련 업무에 종사하는 선박을 말한다. 수상레저기구는 「수상레저안전법」에 따라 수상(水上)에서 취미·오락·체육·교육 등을 목적으로 이용되는 선박이나 기구를 말한다.

다. 해양 교통 안전관리

해양 교통 안전관리는 여러 측면에서 검토할 수 있다. 해양 교통을 안전하게 관리하기 위해서는 선박을 운항하는 사람에 대한 부분(인적 측면)과 선박 자체에 대한 부분(물적 측면)을 모두 고려하여야 한다. 또 선박의 운항에 대한 시간적 순서로 볼 때, 운항자에 대한 면허, 선박에 대한 안전 검사, 선박 출입항 통제, 선박 사고 발생에 대한 대응이 포함된다.[59] 크게 보면 해양안전 전체가 되는 이 모든 측면을 본 장에서 언급하기 어려우며, 여기서는 주로 해양경찰청에서 관장하는 해양 교통 안전관리 측면에 관해서만 기술하도록 하겠다.

해양경찰청에서 주로 행하는 해양 교통 안전관리 대상이 되는 선박은 경제적 사업의 수단이 되는 다중 이용 선박이 대부분이다. 다중 이용 선박은 사업적 목적을 가지고 많은 사람과 화물을 운송하는 것이 일반적이며, 해당 법규에 따라 면허, 허가, 승인 등 행정관청의 행정처분을 득해야 운항할 수 있다. 여객선은 「해운법」에 따라 해양수산부장관으로부터 해상여객운송사업을 면허를 받아 운항하고, 유선과 도선은 「유선 및 도선사업법」에 따라 해양경찰청 또는 지자체로부터 면허나 허가받아 운항한다. 낚시어선은 「낚시관리 및 육성법」에 따라 지자체에 신고하여야 하며, 수상레저기구는 「수상레저안전법」에 따라 면허증을 받은 후 운항이 가능하고, 수상레저 사업을 하기 위해서는 해양경찰청 또는 지자체에 등록하여야 한다.

제4절과 제5절은 다중 이용 선박이라는 교통수단을 대상으로 서술된다. 제4절에서는 선박 입출항 관리, 선박교통관제, 음주 운항 단속 등 다중이용선박에 전반적으로 적용되는 해양경찰의 해상교통관리를 중심으로 서술하고, 제5절에서는 다중이용선박에 대한 사업 면허나 허가에 부가되는 안전관리를 중심으로 서술하고자 한다. 안전관리 측면에서 볼 때, 레저활동 등 개인적인 목적을 위하여 사용하는 소형선박이나 수상레저기구는 다수의 인명이나 재산과 관련되지 않기 때문에 별도로 기술하기로 한다.

59) 오정동, (2017), 「해양경찰학개론」, 서울고시각: 000.

2. 선박 입출항 관리

가. 입출항 신고제도

선박은 대규모 인원과 화물을 운송하기 때문에 사고 발생 시 대규모 피해가 발생한다. 더구나 선박은 원거리 바다에서 운항하기 때문에 사고 발생 시 즉각적인 구조가 어렵고 인명피해가 늘어나기 쉽다. 이에 따라 바다를 운항하는 선박에 대한 상황을 상시 모니터링하고 운항 현황을 알 필요가 있으며, 이를 위한 제도가 선박 입출항이라 하겠다. 선박 입출항 신고제도는 선박의 유형이나 용도에 따라 다양하다.

여객선은 「해운법」과 법에 근거한 「운항 관리 규정」에 따라 해양수산부의 운항관리자가 담당한다(해운법 제22조). 유선 및 도선은 「유선 및 도선사업법」에 따라 운항 거리가 2해리 이상이거나 운항 시간이 1시간을 초과하는 선박에 대해서 지방자치단체나 해양경찰청에서 입출항을 관리한다(유선 및 도선사업법 제25조). 낚시어선은 승객을 승선하게 하여 항구·포구 등에 출입항을 하려는 경우에 「낚시 관리 및 육성법」에 따라 출입항신고기관의 장에게 신고하여야 한다. 항·포구에 출입항하려는 어선의 소유자 또는 선장은 「어선안전조업법」에 따라 신고기관에 신고하여야 한다(어선안전조업법 제8조). 출발항으로부터 10해리 이상 떨어진 곳에서 수상레저활동을 하려는 자는 해양경찰관서나 경찰관서에 신고하여야 한다(수상레저안전법 제19조). 무역항의 수상 구역 등에 출입하려는 선박의 선장은 대통령령으로 정하는 바에 따라 관리청에 신고하여야 한다(선박입출항법 제4조).

나. 어선 입출항 제도의 변천

어선 입출항 제도는 북한과의 관계를 고려한 안보적 측면에서 유래하였다. 1960년대 이후 북한은 우리 어선을 납치하여 억류하거나 간첩선을 침투시키는 일이 빈번히 발생하였다. 북한과 인접한 접적 해역에서 출어하는 어선은 국가안보 측면에서 취약성이 있었다. 이에 따라 1969년부터 동해와 서해에 어로보호본부를 설치하였으며, 1972년에 「선박안전조업규칙」을 제정하여 어선 입출항을 관리하였다. 이후 2020년 「선박안전조업법」을 제정하여 어선 입출항 관리업무의 근거를 명확히 하였다.

항·포구를 출항이나 입항 시 출입항 신고기관에 직접 방문하여 신고하였다.

이때에는 우리 어선 출입을 쉽게 알 수 있는 황색 도색이나 선박식별 신호 포판을 어선에 비치하고 필요시 제시하여 어선 입출항을 관리하였다. 이후 어선 위치 발신 장치를 갖추게 되면서 방문 신고 대신 자동으로 입출항 신고를 하게 되었으며, 2010년부터 전화나 통신을 이용한 신고로 간소화하였다.[60)]

다. 입출항 신고, 위치통지

어선 출입항과 관련되어 해역을 두 가지로 구분할 수 있다. 일반해역은 특정해역 및 조업 자제해역을 제외한 모든 해역을 말한다. 특정해역은 동해 및 서해의 조업한계선 이남 해역 중 어선의 조업과 항행이 제한된 해역으로서 대통령령으로 정하는 범위의 해역을 말한다. 항·포구에 출입항하려는 어선의 소유자 또는 선장은 신고기관에 신고하여야 한다. 어선은 신고기관이 설치되지 아니한 항·포구에는 출입항 하여서는 아니 된다(어선안전조업법 제8조, 제9조). 신고기관이란 어선의 출입항 신고업무를 담당하는 해양경찰서 소속 파출소, 출장소 및 해양경찰서장이 민간인으로 하여금 출입항 신고업무를 대행하게 하는 대행신고소를 말한다(어선안전조업법 제2조). 신고기관의 장은 해상에 대하여 기상특보가 발효된 때에는 어선의 출항 및 조업을 제한할 수 있다.

위치통지의 횟수는 ① 특정해역에 출어하는 어선: 1일 3회, ② 조업 자제해역에 출어하는 어선: 1일 2회, ③ 일반해역에 출어하는 어선: 1일 1회 실시한다. 기상특보가 발효된 경우에는 이외에 추가로 위치통지를 해야 한다. 이 경우 ① 풍랑특보 발효 시: 매 12시간 간격, ② 태풍 특보 발효 시: 매 4시간 간격이 되었을 때 최초 통지를 해야 한다(어선안전조업법 시행령 제12조).

라. 특정해역에서 조업 제한

특정해역이란 동해나 서해의 조업한계선 이남 해역 중 어선의 조업과 항행이 제한된 해역으로서 대통령령으로 정하는 범위의 해역을 말한다. 해양경찰청장은 특정해역의 조업 보호에 관한 업무를 수행하는데, ① 조업 보호를 위한 경비 및 단속, ② 어선의 출입항 및 출어등록의 현황 파악과 출어선(出漁船)의 동태 파악, ③ 해양사고 구조, ④ 조업을 하는 자의 위법행위의 적발·처리 및 관계기관 통보, ⑤ 특정해역에 출입하는 어획물 운반선의 통제 사무를 처리하기 위하여 해양

60) 노호래, 2022, 「해양경찰학개론」, 박영사: 633.

경찰관서에 조업 보호 본부를 설치 · 운영할 수 있다(어선안전조업법 제18조). 속초해양경찰서 및 인천해양경찰서에 각각 동해조업보호본부 및 서해 조업 보호 본부를 설치한다(어선안전조업법 시행령 제11조).

어선은 조업한계선 또는 조업자제선을 넘어 조업 또는 항행하여서는 아니 된다. 특정해역 또는 조업 자제해역에서 조업하려는 어선의 소유자 또는 선장은 신고기관에 출어등록을 하여야 한다(어선안전조업법 제11조, 제12조). 특정해역 또는 조업 자제해역에서 조업하려는 어선은 선단을 편성하여 출항하고 조업하여야 한다. 조업한계선이란 조업을 할 수 있는 동해 및 서해의 북쪽 한계선으로서 대통령령으로 정하는 선을 말한다. 조업자제선이란 조업자제해역의 동해 및 서해의 북쪽 한계선으로서 대통령령으로 정하는 선을 말한다. 서해 북방한계선과 잇닿아 있는 접경 해역 중 대통령령으로 정하는 어장에 대한 출입항은 신고기관의 협조를 받아 그 지역 관할 군부대장이 통제할 수 있다.

3. 선박교통관제

가. 의 의

선박교통관제(VTS: Vessel Traffic Service)란 선박교통의 안전을 증진하고 해양환경과 해양시설을 보호하기 위하여 선박의 위치를 탐지하고 선박과 통신할 수 있는 설비를 설치 · 운영함으로써 선박의 동정을 관찰하며 선박에 대하여 안전에 관한 정보 및 항만의 효율적 운영에 필요한 항만 운영정보를 제공하는 것을 말한다.

우리나라 최초 통신에 관한 기록은 고려 중기인 1149년 설치한 서울 목면산 봉수대에 관한 것이었다. 현대적 개념의 선박교통관제(VTS)는 1948년 영국의 리버풀 및 네덜란드 로테르담에서 소형 레이더를 설치 · 운영하였으며, 1972년 도버해협에서 항해 정보서비스를 시작하여 연안항로에 대한 선박교통관제가 보편화되었다.[61] 현재는 전 세계 170여 개국에서 선박교통관제(VTS)가 운영되고 있다. 우리나라는 1993년 포항항에 선박교통관제(VTS)를 최초로 도입하였다. 2022년 현재 부산항 등 15개 항만 VTS와 여수 연안 등 5개 연안 VTS 등 총 20개소를 설치하여 운영하고 있다.

61) 윤성현 · 박주상 · 김경락, 2022, 「해양경찰학개론」, 박영사: 469.

나. 법적 근거

국제적으로 선박교통관제(VTS)에 관한 근거는 「해상인명안전협약(SOLAS 74)」 제5장(항해의 안전) 제12규칙(선박교통관제)에 규정하고 있다. 국내에서 선박교통관제에 관한 근거는 「해사안전법」, 「선박입출항법」에 각각 최소 사항만 근거를 두고 세부 사항은 하위법령에 위임하여 운영했다. 2007년 허베이스피리트호 사고를 계기로 육상의 선박교통관제(VTS)와 해상의 함정 세력을 연계하여 해양 사고에 대응의 일원화 논의가 있었으나 실현되지 못하였다. 2014년 세월호 사고 이후 항만과 연안으로 나누어져 있던 담당 기관을 해양경찰청으로 일원화하였다. 2019년 분산된 선박교통관제(VTS) 규정을 전문화된 법률로 통합하여 국민의 편의성과 이해를 증진하고, 관제 대상 선박의 관제 절차 준수 의무 및 법적 책임을 명확히 하기 위하여 「선박교통관제에 관한 법률」을 제정하였다. 같은 법률은 선박교통관제에 필요한 사항을 규정함으로써 선박교통의 안전 및 항만 운영의 효율성을 높이고 해양 환경을 보호하는 데 이바지함을 목적으로 한다.

다. 선박교통관제의 기능

선박교통관제(VTS)는 선박교통의 안전 및 효율성을 높이고 해양 환경을 보호하기 위하여 다양한 업무를 수행한다. ① 선박의 존재를 확인하고, VHF 교신을 통하여 기본정보를 식별, ② 선박 충돌 및 항로 이탈 방지 등 해양사고 예방을 위한 정보제공, 조언 및 지시, ③ 조류, 조석, 기상, 공사 현장, 어장, 훈련 및 사고 등 항행 안전 정보제공, ④ 효율적인 항만 운영을 위한 입출항 우선순위 조정, 선석, 도선 등 항만정보제공, ⑤ 해양사고 및 긴급상황 발생 시 신속한 초동 조치, 상황전파 및 지원 등이다.

라. 관제 대상 선박

해상에서 운항하는 선박들의 선박교통의 안전을 도모하기 위하여 선박교통관제가 시행되고 있으며, 법령에 따라 정해진 선박을 대상으로 선박교통관제를 실시한다. 관제 대상으로 정하여진 선박 이외의 모든 선박을 관제한다는 것은 비효율적이며 불가능하기 때문이다. 법령에 따라 선박교통관제 대상 선박은 다음과 같으며, 관제 대상 선박의 선장은 선박교통관제에 따라야 한다(선박교통관제에 법률 제13조).

1. 국제항해에 취항하는 선박
2. 총톤수 300톤 이상의 선박(다만, 「어선법」 제2조 제1호에 따른 어선 중 국내항 사이만을 항행하는 내항어선은 제외한다)
3. 「해사안전법」 제2조 제6호에 따른 위험화물운반선
4. 그 밖에 관할 선박교통관제 구역에서 이동하는 선박의 특성 등에 따라 해양경찰청장이 고시하는 선박

마. 선장의 의무

관제 대상 선박의 선장은 관제에 따라야 하는 여러 가지 의무가 있다(선박교통관제법 제14조). 관제 대상 선박의 선장은 선박교통관제에 따라야 한다. 다만, 선박교통관제에 따르면 선박을 안전하게 운항할 수 없는 명백한 사유가 있는 경우에는 선박교통관제에 따르지 아니할 수 있다. 선장은 선박교통관제사의 관제에도 불구하고 그 선박의 안전 운항에 대한 책임을 면제받지 아니한다. 선장은 선박교통관제 구역을 출입하려는 때에는 해당 선박교통관제 구역을 관할하는 선박교통관제 관서에 신고하여야 하며, 선박교통관제 구역을 출입·이동하는 경우 무선설비와 관제 통신 주파수를 갖추고 관제 통신을 항상 청취·응답하여야 한다. 선박교통관제 구역 내에서 항행 중인 관제 대상 선박의 선장은 항로상의 장애물이나 해양사고 발생 등으로 선박교통의 안전을 해치거나 해칠 우려가 있다고 인지하였을 때 지체 없이 이를 선박교통관제 관서에 신고하여야 한다.

바. 관제 절차

선박교통관제사는 선박교통관제 구역에서 운항하는 선박의 효율적인 관제업무 수행을 위해 단계별 절차대로 관제업무를 수행한다. 법령에 따라 정해진 관제 절차는 ① 관찰·확인, ② 정보제공, ③ 조언·권고, ④ 지시의 단계별로 구분된다(선박교통관제법 시행규칙 제8조).

1. 1단계(관찰·확인): 선박교통관제 구역 내에서 관제 대상 선박이 해양사고 위험이 있는지 관찰·확인
2. 2단계(정보제공): 선박교통관제사가 필요하다고 인정하거나 관제 대상 선박

에서 요구하는 경우 선박교통의 안전을 위해 필요한 정보를 제공

3. 3단계(조언 · 권고): 관제 대상 선박에 선박교통의 안전을 위한 조치에 관한 조언 · 권고
4. 4단계(지시): 관제 대상 선박이 명백한 해양사고 위험에 처할 우려가 있는 경우 시정 또는 안전조치를 지시

사. 선박교통관제 시설

선박교통관제(VTS)에 필요한 레이더 영상, VHF 교신 음성, AIS 및 기상 등의 정보가 각 레이더 사이트(Radar Site) 등에서 수집되어 마이크로웨이브(M/W)가 설치된 중계소를 통해 선박교통관제센터로 전송되면, 관제센터에서는 재생장치, 기록장치 및 정보 통합 처리장치 등을 통해 해당 정보를 가공 · 처리하여 VTS 운영 콘솔(VOC, VTS Operator Console)에 실시간으로 자료 등을 전시한다.

4. 음주 운항 단속

가. 음주 운항의 개념

음주 운항은 술에 취한 상태에서 선박을 운항하기 위하여 선박의 조타기를 조작하거나 지시하는 모든 행위를 말한다. 음주 운항으로 처벌받는 경우는 혈중알코올농도 0.03퍼센트 이상인 상태에서 조타기를 조작하거나 지시하는 행위이다. 음주 운항에 대한 처벌 규정은 여러 법령에 근거가 있는데, 그중에서 「해사안전법」 제41조 규정이 대표적인 근거가 된다.

나. 단속 근거

1) 해사안전법

술에 취한 상태에 있는 사람은 운항을 하기 위하여 선박의 조타기를 조작하거나 조작할 것을 지시하는 행위 또는 도선을 하여서는 아니 된다(해사안전법 제41조). 해양경찰청 소속 경찰공무원은 조타기를 조작하거나 조작할 것을 지시하는 사람 또는 도선을 하는 사람이 술에 취하였는지 측정할 수 있으며, 해당 운항자 또는 도선사는 해양경찰청 소속 경찰공무원의 측정 요구에 따라야 한다. 술에 취한 상태의 기준은 혈중알코올농도 0.03퍼센트 이상으로 한다. 「유선 및 도선사업

법」, 「낚시관리 및 육성법」, 「수상레저안전법」 등 타 법률에서도 「해사안전법」 제41조의 기준에 맞추어 혈중알코올농도 0.03퍼센트 이상을 처벌기준으로 하고 있다.

음주 운항 처벌기준은 선박의 크기에 따라 5톤 미만과 5톤 이상으로 구분하여 처벌 규정을 달리하고 있다. 5톤 이상의 경우 최소 1년 이하의 징역 또는 1천만 원 이하의 벌금이다. 5톤 미만의 경우 500만 원 이하의 벌금이다.

2) 유선 및 도선사업법

유선사업자와 도선사업자 및 선원은 음주, 약물중독, 그 밖의 사유로 정상적인 조종을 할 수 없는 우려가 있는 경우에는 유선을 조종하여서는 아니 된다(유선 및 도선사업법 제12조, 제16조). 벌칙은 1년 이하의 징역 또는 1천만 원 이하의 벌금이다.

3) 낚시관리 및 육성법

낚시어선업자 및 선원은 술에 취한 상태에서 낚시어선을 조종하거나 술에 취한 상태에 있는 낚시어선업자 또는 선원에게 낚시어선을 조종하게 하여서는 아니 된다. 벌칙은 6개월 이하의 징역 또는 500만 원 이하의 벌금이다.

4) 수상레저안전법

누구든지 술에 취한 상태에서 동력수상레저기구를 조종하여서는 아니 된다. 관계공무원은 동력수상레저기구를 조종한 사람이 상당한 이유가 있는 경우에는 술에 취하였는지를 측정할 수 있다(수상레저안전법 제22조). 벌칙은 1년 이하의 징역 또는 1천만 원 이하의 벌금에 처한다.

다. 음주 운항에 대한 행정처분

음주 운항을 한 자에 대하여 벌칙 외에 해기사면허·조종면허나 사업 면허를 취소하거나 정지하는 행정처분을 아울러 매길 수 있다. 다만 해기사면허에 대해서는 해양경찰청장은 해양수산부장관에게 해기사면허를 취소하거나 효력을 정지할 것을 요청할 수 있다(해사안전법 제42조). 해양수산부장관은 해양경찰청장의 요청을 받은 경우에 기준에 맞게 처분하여야 한다(선박직원법 제9조). 수상레저 조종면허에 대해서도 해양경찰청장은 면허를 취소하거나 정지할 수 있다(수상레저안전법 제13조). 유선 및 도선사업, 수상레저 사업, 낚시어선업에 대해서 사업 면허나 허가를 취소하거나 정지할 수 있다(유선 및 도선사업법 시행규칙 별표 2, 낚시관리 및 육성법 시행규칙 별표 2).

제5절 다중 이용 선박 안전관리

1. 의 의

가. 다중 이용 선박의 의미

다중 이용 선박은 '불특정의 많은 사람이 이용하는 선박'을 말한다. 불특정 일반 국민은 바다에서 생업에 종사하지 않고 바다에 대한 지식이 없는 비전문가이므로 다중 이용 선박의 침몰, 전복, 화재 등 재난 발생 시 생명·신체·재산상의 피해가 발생할 우려가 크다. 따라서 다중 이용 선박에 대한 특별한 관리와 관심이 요구된다. 육상에서도 다중이용시설에 대해서는 「다중이용업소의 안전관리에 관한 특별법」 등 특별법을 제정하여 안전관리를 하고 있다. 해상에서 운항하는 선박 중에서 주로 불특정 사람을 다수 운송하는 여객선, 유선, 도선, 낚시어선이 대표적인 다중 이용 선박이라고 할 수 있다. 화물선이나 어선은 자격을 가지고 훈련받은 선원이 운항하며 불특정 다수가 승선하는 경우가 드물어서 다중 이용 선박으로 보기는 힘들다.

나. 다중 이용 선박 유형

대형사고 방지를 위한 안전관리 측면에서 다중 이용 선박으로 분류할 수 있는 형태는 다양하다. 「해운법」에 근거한 여객선이나 화객선, 「유선 및 도선사업법」에 의한 유선과 도선, 「낚시관리 및 육성법」에 근거한 낚시어선, 「수상레저안전법」에 근거한 수상레저기구 등은 불특정 다수가 이용하는 다중 이용 선박으로 볼 수 있다. 이 중에서 수상레저기구는 개인 위주의 활동 특성으로 인하여 제6절에서 별도로 기술하고자 한다.

다. 다중 이용 선박 안전관리 중요성

그동안 대표적인 대형 해양사고는 다중 이용 선박을 중심으로 발생하였다. 역대 막대한 인명피해를 가져왔던 해양사고는 1970년 12월 남영호 침몰사고(326명 사망/실종), 1993년 10월 서해 훼리호 침몰사고(292명 사망), 2014년 4월 세월호 침몰사고(304명 사망/실종) 등이었다. 사고 선박은 모두 불특정 많은 사람이 승선했던 다중 이용 선박인 여객선이었다. 다중 이용 선박을 이용하는 불특정 승객은 선원이 아닌 일반인으로서 해양이나 구조에 대한 전문지식도 없고 경험이 거의 없다. 따라서 개인의 힘으로서는 선박 침몰사고에서 대응하기가 한계가 있으며, 체계적인 행동 요령도 익숙지 않다.

결국, 다중 이용 선박 운항과 관련하여는 사고 발생 이후에 대규모 인명사고를 방지하는 것은 현실적인 한계가 있으며, 사고를 예방하기 위한 안전관리에 철저히 해야한다. 다중 이용 선박에 관한 사업 허가, 운항자에 대한 운항 면허, 대상 선박에 대한 사전 안전 검사, 기상에 따른 선박 출입항 통제 등 다양한 안전관리 수단을 통하여 사고를 예방할 필요가 있다.

2. 유 · 도선 안전관리

가. 의 의

유선사업이란 유선 및 유선장을 갖추고 수상에서 고기잡이, 관광, 그 밖의 유락을 위하여 선박을 대여하거나 유락하는 사람을 승선시키는 것을 영업으로 하는 것을 말한다. 우리가 주위에서 흔히 볼 수 있는 유람선이 유선사업에 속한다. 도선사업이란 도선 및 도선장을 갖추고 내수면 또는 바닷목에서 사람을 운송하거나 사람과 물건을 운송하는 것을 영업으로 하는 것을 말한다. 유선사업은 그 내용면에서 유락을 목적으로 한다는 면에서 낚시어선업 혹은 수상레저사업과 유사하며, 도선사업은 사람은 운송하는 것을 목적으로 한다는 면에서 여객선 사업과 유사하다. 유선사업과 도선사업은 「해운법」의 적용받지 않는 것을 말한다.

나. 유 · 도선 사업 면허

면허 및 신고 관할관청은 영업 구역이 바다일 때 해당 유 · 도선을 주로 매어

두는 장소를 관할하는 해양경찰서장이며, 영업 구역이 하천이나 호소인 경우는 특별자치도지사, 시장·군수·구청장이다. 다만, 영업 구역이 2 이상의 특별자치도·시·군·구의 관할구역에 걸쳐 있고 운항 거리가 5해리 이상이면 시·도지사, 운항 거리가 5해리 미만이면 유·도선을 주로 매어두는 장소를 관할하는 시장·군수·구청장이다(유선 및 도선사업법 제3조).

면허 대상 유·도선은 총톤수가 5톤 이상인 선박, 총톤수가 5톤 미만인 선박 중 승객 정원이 13인 이상인 선박, 유·도선사업의 영업 구역이 2해리 이상인 경우이다(같은 법 시행령 제3조). 신고대상 유·도선은 위 사항에 해당하지 않는 경우이다. 면허·신고의 유효기간은 유선사업의 경우 연중 상시적으로 영업하는 경우 10년이며, 연중 한시적으로 영업하는 경우 당해연도이다. 도선사업의 경우는 영구적이며, 연중 한시적으로 영업하는 경우 5년이다(법 제5조). 영업 구역은 「선박안전법」의 적용받는 유·도선은 선박검사 시 정해진 항행구역 내에서 시·도지사 또는 해양경찰서장이 지정한 구역 또는 거리 이내이며, 「선박안전법」의 적용을 받지 아니하는 유·도선은 안전 검사 시 정하여진 구역 또는 거리 이내다(같은 법 시행령 제7조).

영업시간은 해뜨기 전 30분부터 해진 후 30분까지가 원칙이다. 다만, 응급환자 발생 시와 공공 목적으로 운항이 필요한 경우 그리고 야간운항에 필요한 조명시설 등 안전 운항 시설과 장비를 갖추었으면 해뜨기 전 30분 이전 또는 해진 후 30분 이후에도 영업을 할 수 있다. 야간운항에 필요한 안전 운항 시설이나 장비는 별도로 정하고 있다(같은 법 시행령 제8조 참조).

다. 안전 운항을 위한 의무 등

1) 유선 안전 운항을 위한 의무

유선사업자와 선원은 선박의 안전을 점검하고 기상 상태를 확인하는 등 안전 운항에 필요한 조치를 하여야 하며, 승객에게 위해가 없도록 수면의 상황에 따라 안전하게 유선을 조종하도록 하여야 한다. 출항하기 전에 승객에게 안전한 승선·하선 방법, 선내 위험구역 출입 금지에 관한 사항, 인명구조 장비 사용법, 유사시 대처요령 등 안전에 관한 사항을 영상물 상영 또는 방송 등을 통하여 안내하여야 하고 음주, 약물중독, 그 밖의 사유로 정상적인 조종을 할 수 없는 우려가 있는 경우에는 유선을 조종하여서는 아니 된다. 안전 운항을 위하여 필요한 경우 및 대통령령으로 정하는 소형 유선의 경우에는 승객 등 승선자 전원에게 구명조끼를 착용하도록 하여야 한다. 정원을 초과하여 승선하게 하는 행위, 요금 외의 금품을 요구하는 행위 등을 해서는 안 된다(법 제12조). 유선의 승객은 안전 수칙을 준수하고, 운항 질서의 유지 및 위해 방지를 위한 주의를 다하여야 한다. 또 정원을 초과하여 승선을 요구하는 행위 등을 해서는 안 된다(법 제13조).

2) 도선 안전 운항을 위한 의무

도선사업자와 선원은 선박의 안전을 점검하고 기상 상태를 확인하는 등 안전 운항에 필요한 조치를 하여야 하며, 승객과 적재물에 위해가 없도록 수면의 상황에 따라 안전하게 도선을 조종하도록 하여야 한다. 도선사업자와 선원은 안전한 승선·하선의 방법, 선내 위험구역 출입 금지에 관한 사항 등 안전에 관한 사항을 매뉴얼로 작성하여 도선장 및 도선의 선실이나 통로에 비치하고 출항하기 전에 승객에게 영상물 상영 또는 방송 등을 통하여 안내하여야 한다(법 제16조). 도선사업자와 선원은 음주, 약물중독, 그 밖의 사유로 정상적인 조종을 할 수 없는 우려가 있는 경우에는 도선을 조종하여서는 아니 된다.

3) 사고 발생 시 조치

유·도선사업자와 선원은 선박이 전복·충돌하거나 그 밖에 영업 구역에서 사고가 발생한 때에는 인명구조에 필요한 조치를 하여야 한다. 유·도선사업자와 선원은 다음 각호의 어느 하나에 해당하는 경우에는 지체 없이 인접 시장·군수·구청장과 경찰서장 또는 해양경찰서장에게 그 사실을 보고하여야 한다(법 제29조).

1. 승객이 사망하거나 실종되거나 중상자가 발생한 때 및 승객 중에 감염병으로 인정되는 환자가 있는 경우
2. 충돌, 좌초, 그 밖의 사고로 인하여 선체가 심하게 손상되는 등 선박 운항에 장애가 생긴 경우
3. 교량, 수리시설, 수표(水標), 입표(立標), 호안(護岸), 그 밖에 수면에 설치된 인공구조물을 파손한 경우

4) 운항 규칙 준수 등

유·도선은 「해사안전법」 제6장 선박의 항법에 따라 운항한다. 다만, 「해사안전법」을 적용받지 아니하는 유·도선의 운항 규칙에 관하여 필요한 사항은 대통령령으로 정한다(같은 법 시행령 제25조).

라. 기상특보 발효 시 운항 기준

유·도선은 기상특보 발효 시 원칙적으로 운항할 수 없으나, 평수구역에서 운항하는 유·도선은 일정한 기준에 따라 운항할 수 있다(같은 법 제8조). 기상특보 발효 시 실제 기상 상황을 종합 판단하여 운항을 허용하되, 시정이 1km 미만이면 허용할 수 없다(같은 법 시행규칙 별표 1). 기상 특보별 세부 기준은 별표에서 상세하게 정하고 있다. 운항을 허용할 때도 기상 상태 판단(현장 확인), 운항 통제나 허용 여부 통보, 운항 통제 이행 여부 확인, 운항 통제 해제 등 절차를 거친다.

3. 낚시어선 안전관리

가. 의 의

낚시란 낚싯대와 낚싯줄·낚싯바늘 등 도구를 이용하여 어류·패류·갑각류, 그 밖에 대통령령으로 정하는 수산동물을 낚는 행위를 말한다. 낚시어선업이란 낚시인을 낚시어선에 승선시켜 낚시터로 안내하거나 그 어선에서 낚시를 할 수 있도록 하는 영업을 말하고, 낚시어선이란 「어선법」에 따라 등록된 어선으로서 낚시어선업에 쓰이는 어선을 말한다(낚시 관리 및 육성법 제2조).

나. 신 고

낚시어선업을 하려는 자는 낚시어선의 대상·규모·선령 및 설비와 어선번호, 어선의 명칭 등을 작성하여 낚시어선의 선적항을 관할하는 시장. 군수. 구청장에게 신고하며, 신고한 사항을 변경하고자 할 때도 같다. 낚시어선업의 신고요건은 물적 요건과 인적 요건을 갖추어야 한다(같은 법 시행령 제16조).

1. 낚시어선이 「수산업법」 또는 「내수면어업법」에 따라 어업허가를 받은 어선으로서 총톤수 10톤 미만의 동력어선일 것

2. 낚시어선이 선령(船齡) 20년 이하인 목선이거나 선령 25년 이하인 강선·합성수지선·알루미늄선일 것
3. 낚시어선에 별표 4에 따른 설비를 갖출 것
4. 법 제25조의2 제1항 본문에 따른 낚시어선의 안전성 검사를 받았을 것
5. 낚시어선의 선장은 다음 각 목에 따른 요건을 모두 갖출 것
   가. 「선박직원법」 제4조 제2항 제6호에 따른 소형선박 조종사 면허 또는 그 상위등급의 해기사면허를 받았을 것
   나. 「선박직원법」 제2조 제6호에 따른 승무 경력이 2년 이상이거나 120일 이상의 선박 출입항 기록을 보유할 것
6. 법 제47조 제2항에 따른 전문교육을 이수할 것(최초로 낚시어선업을 신고하는 경우로 한정한다)

다. 안전 운항 의무 등

낚시어선업자 및 선원은 영업 중 낚시하는 행위를 하거나 낚시보호자를 동반하지 아니한 14세 미만의 사람, 정신질환자 등을 승선하게 해서는 안 된다. 안전운항을 위하여 낚시어선에 승선한 승객 등 승선자 전원에게 구명조끼를 착용하도록 하여야 한다. 이 경우 승객이 구명조끼를 착용하지 아니하면 승선을 거부할 수 있다. 낚시어선업자 및 선원은 약물중독 및 혈중알코올농도 0.03퍼센트 이상의 음주 상태에서 낚시어선을 조종하거나 약물중독 또는 음주 상태에 있는 낚시어선업자 또는 선원에게 낚시어선을 조종하게 해서는 안 된다(법 제29조, 제30조).

라. 출입항 및 제한

낚시어선업자는 승객을 승선시켜 출항이나 입항하려는 경우에는 해양수산부령으로 정하는 바에 따라 어선의 출입항신고에 관한 업무를 담당하는 기관의 장에게 신고하여야 한다. 출항 신고하려는 낚시어선업자는 승선하는 승객에게 승선자명부를 작성하도록 하여야 한다. 이 경우 낚시어선업자는 승객에게 신분증을 요구하여 승선자명부 내용을 확인하여야 한다. 낚시어선업자는 승객이 정당한 사유 없이 승선자명부를 작성하지 아니하거나 신분증 제시 요구에 따르지 아니할 때는 승선을 거부하여야 하여야 한다(같은 법 제33조).

출입항신고기관의 장은 시간, 기상 및 해상상황에 관한 정보 등을 고려하여

낚시어선업자 · 선원 · 승객의 안전을 위하여 필요하다고 인정할 때는 낚시어선의 출항을 제한할 수 있다(법 제34조). 낚시어선의 출항 제한은 다음 각호의 경우에 할 수 있다(같은 법 시행령 제19조).

1. 「기상법 시행령」에 따라 초당 풍속 12미터 이상 또는 파고 2미터 이상으로 예보가 발표된 경우
2. 「기상법 시행령」 규정에 따른 호우 · 대설 · 폭풍해일 · 태풍 · 강풍 · 풍랑 주의보 또는 경보가 발표된 경우
3. 기상청장이 제2호에 따른 주의보 또는 경보를 발표하기 전에 이를 사전에 알리기 위한 정보를 발표한 경우
4. 안개 등으로 인하여 해상에서의 시계가 1킬로미터 이내인 경우
5. 일출 전 또는 일몰 후. 다만, 별표 4 제1호 카목 및 타목에 따른 설비를 갖추고 법 제35조 제1항 제1호에 따라 시장 · 군수 · 구청장이 영업을 제한하지 않는 시간대에 영업하는 경우는 제외한다.
6. 그 밖에 출입항신고기관의 장이 해상상황의 급작스러운 악화 등으로 인하여 낚시어선의 출항이 어렵다고 판단하는 경우

4. 여객선 안전관리

가. 여객선의 의의

일반적으로 여객선이란 여객(기차, 비행기, 배 따위로 여행하는 사람)을 운송하는 선박을 말한다. 여객선에는 사람만을 운송하는 선박 외에도 사람과 화물을 같이 운송하는 선박도 있다. 여객선에 관한 사항은 「해운법」에서 규정하고 있다. 「해운법」 제2조 제1호의2 및 「해운법 시행규칙」 제1조의2에 여객선의 종류를 규정하고 있다. 동 규정에는 여객선을 ① 여객 전용 여객선(여객만을 운송하는 선박), ② 여객 및 화물 겸용 여객선(여객 외에 화물을 함께 운송할 수 있는 선박)으로서 구분하고 있다. 여객 및 화물 겸용 여객선은 다시 다음과 같이 구분된다.

〈표 5-3〉 여객선의 종류

유 형	세부 종류	
여객 전용 여객선	여객만을 운송하는 선박	
여객 및 화물 겸용 여객선	일반카페리 여객선	폐위(閉圍)된 차량 구역에 차량을 육상교통 등에 이용되는 상태로 적재·운송할 수 있는 선박으로서 시속 25노트 미만으로 항행하는 여객선
	쾌속카페리 여객선	폐위된 차량 구역에 차량을 육상교통 등에 이용되는 상태로 적재·운송할 수 있는 선박으로서 시속 25노트 이상으로 항행하는 여객선
	차도선형 여객선	차량을 육상교통 등에 이용되는 상태로 적재·운송할 수 있는 선박으로 차량 구역이 폐위되지 아니한 여객선

나. 해상여객운송사업 면허

해상여객운송사업을 경영하려는 자는 사업의 종류별로 항로마다 해양수산부장관의 면허를 받아야 한다. 내항 정기여객 운송사업자는 면허받은 항로에 투입된 선박을 1년 이상 운항하여야 한다. 해양수산부장관은 일정한 기간을 정하여 여객운송사업자에게 여객선의 운항을 명할 수 있다(해운법 제16조).

다. 여객선 안전관리

내항여객운송사업자는 여객선 등의 안전을 확보하기 위하여 해양수산부령으로 정하는 바에 따라 운항 관리 규정을 작성하여 해양수산부장관에게 제출하여야 한다. 해양수산부장관은 내항여객운송사업자가 운항 관리 규정을 계속해서 준수하고 있는지를 정기 또는 수시로 점검하여야 한다. 해양수산부장관은 내항 여객선의 안전 운항에 위험을 초래할 수 있는 사항이 있는 경우 출항 정지, 시정 명령 등을 할 수 있다(해운법 제21조).

해양수산부장관은 내항 여객선의 안전 운항에 관한 시책을 수립하고 시행하여야 한다. 내항여객운송사업자는 「한국해양교통안전공단법」에 따라 설립된 한국해양교통안전공단이 해양수산부령으로 정하는 자격을 갖춘 사람 중에서 선임한 선박 운항관리자로부터 안전 운항에 필요한 지도·감독을 받아야 한다. 운항관리자는 여객선 등의 안전 운항을 위하여 필요하면 해양수산부령으로 정하는 바에 따라 해양수산부장관에게 다음 각호의 사항 등을 요청할 수 있다. 다만, 여객선 등의 안전 확보를 위하여 긴급히 조치하여야 할 사유가 있는 경우에는 내항여객운송사업자 또는 선장에게 출항 정지를 명할 수 있으며, 운항관리자는 그 사실을 지체없이 해양수산부장관에게 보고하여야 한다(해운법 제22조).

1. 여객선 등의 운항 횟수를 늘리는 것
2. 출항의 정지
3. 사업계획에 따른 운항의 변경
4. 내항여객운송사업자의 운항 관리 규정 위반에 대한 조치 요구

제6절 수상레저 안전관리

1. 의 의

가. 수상레저활동

수상레저활동이란 수상에서 수상레저기구를 이용하여 취미 · 오락 · 체육 · 교육 등을 목적으로 이루어지는 활동을 말한다(수상레저안전법 제2조 제1호). 수상레저활동은 「수상레저안전법」 제2조 제3호에 규정된 수상레저기구를 이용한 활동만을 의미하므로 해수욕장이나 갯벌 등에서 맨몸으로 또는 물놀이 기구를 이용하여 하는 활동은 포함되지 않는다. 또한, 수상레저활동은 그 목적이 취미, 오락, 체육, 교육이어야 하므로 수상레저기구를 이용하였다 하더라도 그 목적이 어업 활동, 단순 이동이나 작업, 구조활동 등을 목적으로 하는 경우는 수상레저활동에 포함되지 않는다. 수상레저활동에는 취미, 오락 등 개인적인 활동은 물론 사업목적으로 운용하는 수상레저사업에 의한 활동도 포함된다.

수상레저활동이 이루어지는 수상(水上)의 개념에는 해수면과 내수면을 포함한다. 해수면은 바다의 수류나 수면이고, 내수면은 하천 · 댐 · 호수 · 늪 · 저수지 그 밖에 인공으로 조성된 담수나 기수의 수류 또는 수면을 말한다. 쉽게 말하면, 수상에는 바다와 내수면 모두를 포함한다. 여기서 주의할 것은 수상(水上)이라는 표현이 글자 그대로 보면 물 표면의 위쪽만을 의미하는 것처럼 보이나, '수류'는 물

표면과 물속까지 모두 포함하는 개념이다. 따라서 수상레저기구를 이용하여 물속에서 활동하더라도 수상레저활동에 포함된다고 하겠다.

나. 수상레저기구

수상레저기구란 수상레저활동에 이용되는 선박이나 기구로서 대통령령으로 정하는 것을 말한다. 이중 동력수상레저기구란 추진기관이 부착되어 있거나 추진기관을 부착하거나 분리하는 것이 수시로 가능한 수상레저기구로서 대통령령으로 정하는 것을 말한다.[62] 동력수상레저기구를 조종하려는 자는 해양경찰청장이 발급하는 조종면허를 받아야 한다. 또 무동력 수상레저기구란 동력수상레저기구 외의 수상레저기구로서 대통령령이 정하는 것을 말한다.[63]

수상레저기구를 법령에 일정한 범위로 정하였지만, 발전하는 기술과 트랜드로

---

62) 대통령령이 정하는 동력수상레저기구의 종류는 다음과 같다(같은 법 시행령 제2조 제1항).
1. 수상오토바이
2. 모터보트
3. 고무보트
4. 세일링 요트(돛과 기관이 설치된 것을 말한다. 이하 같다)
5. 스쿠터
6. 공기부양정(호버크라프트)
7. 수륙양용기구
8. 그 밖에 제1호부터 제7호까지의 규정에 따른 수상레저기구와 비슷한 구조·형태·추진기관 또는 운전방식을 가진 것으로서 해양경찰청장이 정하여 고시하는 수상레저기구

63) 대통령이 정하는 무동력 수상레저기구의 종류는 다음과 같다(같은 법 시행령 제2조 제2항).
1. 수상스키(케이블 수상스키를 포함한다. 이하 같다)
2. 파라세일
3. 조정
4. 카약
5. 카누
6. 워터슬레이드
7. 수상자전거
8. 서프보드
9. 노보트
10. 무동력 요트
11. 윈드서핑
12. 웨이크보드(케이블 웨이크보드를 포함한다)
13. 카이트보드
14. 공기 주입형 고정식 튜브
15. 플라이보드
16. 패들보드
17. 그 밖에 제1호부터 제16호까지의 규정에 따른 수상레저기구와 비슷한 구조·형태 또는 운전방식을 가진 것으로서 해양경찰청장이 정하여 고시하는 수상레저기구

인하여 다양하고 새로운 레저기구가 수시로 출현하고 있다. 이에 따라 새롭게 나타나는 레저기구들은 「수상레저안전법」상 규율을 받는 수상레저기구로 볼 것인지에 대하여 자주 다툼이 있으며, 이들의 안전관리에도 어려움을 겪고 있는 것이 현실이다.

다. 수상레저 안전관리

수상레저 안전관리란 수상레저활동에 대한 안전관리를 말한다. 「수상레저안전법」의 목적은 수상레저활동의 안전과 질서를 확보하고 수상레저사업의 건전한 발전을 도모하는 데 있다. 이를 위하여 일반 수상레저 활동자 및 수상레저 사업자에 대하여 필요한 안전관리를 한다.

2. 동력수상레저기구 조종면허

가. 조종면허의 종류

동력을 가진 동력수상레저기구는 고속으로 운항할 뿐만 아니라 기구에 부착된 스크루 등으로 인해 수상에서 있는 다른 사람을 다치게 할 수 있다. 수상레저 활동자 중에서 일정한 자격과 조종 능력을 갖춘 자에 한하여 조종면허를 받은 후 동력수상레저기구를 조종하도록 하고 있다. 조종면허의 대상이 되는 것은 최대출력 5마력 이상의 동력수상레저기구이며, 조종면허의 종류는 일반조종면허와 요트조종면허로 구분된다(수상레저안전법 시행령 제4조).

일반조종면허는 제1급과 제2급으로 구분된다. 제1급 조종면허는 수상레저사업의 종사자, 일반조종면허 시험 대행 기관의 시험관이 취득해야 하며, 제2급 조종면허는 요트를 제외한 동력수상레저기구를 조종하려는 사람이 취득하여야 한다. 요트 조종면허는 세일링 요트를 조종하려는 사람이 취득하여야 한다. 일반조종면허의 경우, 제2급 조종면허를 취득한 자가 제1급 조종면허를 취득한 때에는 제2급 조종면허의 효력은 상실된다. 또, 일반조종면허를 가진 자가 요트를 조종할 때 요트 조종면허가 필요하며, 「선박직원법」의 적용을 받는 선박인 수상레저기구를 조종할 경우, 수상레저 조종면허 외에 승무 기준에 적합한 해기사면허를 취득해야 한다.

나. 조종면허 발급

면허증 발급 사유로 면허시험에 합격하여 면허증을 발급하거나 재발급하는 경우, 조종면허를 갱신하는 경우, 면허증을 잃어버렸거나 면허증이 헐어 못쓰게 된 경우이며, 합격자(재발급 신청자, 갱신 신청자)에게 합격일로부터 14일 이내 동력수상레저기구 조종면허증을 발급하며 조종면허의 효력은 면허증을 본인이나 그 대리인에게 발급한 때부터 발생한다.

갱신 기간은 면허 발급일로부터 기산하여 7년이 되는 날부터 6개월 이내이며, 갱신 연기는 1회 연기할 수 있으며 사유가 없어진 날부터 3개월 이내 갱신하여야 한다. 갱신 기간 이내에 면허를 갱신받지 않은 경우, 갱신 기간 만료일 다음 날부터 조종면허의 효력 정지되며 효력이 정지된 후 면허증을 갱신하였으면 갱신한 날부터 면허증의 효력이 다시 발생한다. 조종면허를 받으려는 사람은 수상 안전교육을 받아야 하며 교육 시기는 최초교육은 면허시험 응시원서를 접수한 후, 갱신 교육은 갱신 기간 이내에 받아야 한다.

해양경찰청장은 안전교육에 관한 사무의 전부 또는 일부를 해양경찰청장이 지정하는 기관이나 단체에 위탁하여 실시할 수 있으며 안전교육 위탁기관에 두는 안전교육 강사는 해양경찰청장이 시행하는 교육을 이수하여야 하고 안전교육 위탁기관으로 지정받으려는 기관 또는 단체의 장은 안전교육 위탁기관 지정신청서에 교육장 시설 명세서와 안전교육 강사의 자격을 증명하는 서류 첨부 해양경찰청장에게 제출하여야 한다.

3. 수상레저 안전관리

가. 안전 장비의 착용

수상레저 활동자가 활동 중 착용해야 하는 안전 장비로는 먼저 구명조끼가 있는데, 구명조끼 대신 구명 슈트 착용도 가능하며 서프보드를 이용한 수상레저 활동의 경우에는 보드 리쉬(Board Leash)만 착용하여도 된다. 추가 안전 장비로는 수상레저활동 형태, 수상레저기구의 종류, 기상 등을 고려하여 구명조끼・구명복, 헬멧 등 다른 인명 안전 장비를 추가하여 착용하도록 조정할 수 있으며 래프팅 및 워터슬레드를 할 때는 구명조끼와 함께 안전모를 착용하여야 한다.

나. 수상레저기구 운항 규칙

주위의 상황 및 다른 수상레저기구와의 충돌의 위험을 충분히 판단할 수 있도록 시각, 청각 및 그 밖에 당시의 상황에 적합하게 이용할 수 있는 모든 수단에 의하여 항상 적절한 경계를 하여야 하며, 등록 대상 동력수상레저기구의 경우에는 안전검사증에 지정된 항해구역을 준수하여야 한다. 위험 발생 요소가 많은 다이빙대, 계류장 및 교량으로부터 20미터 이내의 구역이나, 해양경찰서장 또는 시장·군수·구청장이 위험 발생 요소가 많은 구역이라고 판단하여 고시하는 구역에서는 10노트 이하의 속력으로 운항하여야 하며 안개 등으로 인하여 시정이 0.5킬로미터 이내로 제한될 때는 수상레저기구를 운항해서는 아니 된다.

다른 수상레저기구와 정면으로 충돌할 위험이 있는 때에는 음성신호, 수신호 등 적당한 방법으로 상대에게 이를 알리고 우현 쪽으로 진로를 피하여야 한다. 다른 수상레저기구의 진로를 횡단할 때 충돌의 위험이 있는 때에는 다른 수상레저기구를 오른쪽에 두고 있는 수상레저기구가 진로를 피하여야 하며 다른 수상레저기구와 같은 방향으로 운항할 때는 2미터 이내로 근접하여 운항하여서는 아니 된다.

다른 수상레저기구를 추월하고자 할 때는 추월당하는 수상레저기구를 완전히 추월하거나 그 수상레저기구에서 충분히 멀어질 때까지 그 수상레저기구의 진로를 방해하여서는 아니 되며 사람 또는 다른 수상레저기구의 안전을 위협하거나 레저기구의 소음기를 임의로 제거하거나 굉음을 발생시켜 놀라게 하는 행위를 해서는 아니 된다.

다. 원거리 수상레저 활동의 신고

출발항으로부터 10해리 이상 떨어진 곳에서 수상레저 활동을 하고자 하는 자는 이를 신고하여야 한다. 신고대상 기관은 해양경찰관서 또는 경찰관서이며 신고 방법은 신고서 방문 제출, 인터넷, 팩스 모두 가능하다.

라. 사고의 신고

수상레저활동 중 사망자 또는 중상자가 발생하였을 때 해양경찰관서나 경찰관서 또는 소방관서 등 관계 행정기관의 장에게 지체없이 신고하여야 하며 신고받은 관계 행정기관의 장은 인명구조 활동, 사고 수습 등을 위하여 필요한 조치를 하여야 한다.

마. 시정 명령 등

해양경찰서장 또는 시장 · 군수 · 구청장은 수상레저활동의 안전을 위하여 필요하다고 인정하면 수상레저 활동자에게 수상레저기구의 탑승 인원의 제한 또는 조종자의 교체, 수상레저활동의 일시 정지, 수상레저기구의 개선 및 교체를 명할 수 있다. 관계 공무원은 수상레저기구를 타고 있는 자가 이 법 또는 이 법에 따른 명령을 위반하였다고 인정하는 경우 수상레저기구를 멈추게 하고 확인 또는 활동자 면허증이나 신분증 제시 요구할 수 있으며 관계 공무원은 권한을 표시하는 증표를 지니고 관계인에게 제시하여야 한다.

바. 야간 수상레저 활동의 금지

해진 후 30분부터 해뜨기 전 30분까지는 수상레저 활동이 금지된다. 다만, 야간운항 장비(항해등, 나침반, 야간 조난신호장비, 통신기기, 전등, 구명튜브, 소화기, 자기점화등, 위성항법장치, 등이 부착된 구명조끼)를 갖춘 기구를 이용할 경우에는 예외로 한다. 관할 시장 · 군수 · 구청장이 수면의 넓이 · 물의 세기 · 깊이 등을 고려하여 야간운항을 하는데 위험성이 없다고 인정되는 경우 운항 장비 중 일부(나침판, 구명튜브, 소화기, 자기점화등, 위성항법장치 등)를 갖추지 아니하게 할 수 있다.

사. 무면허 조종금지의 예외

1급 조종면허를 가진 자와 함께 타고 조종하거나 감독하에 수상레저활동을 하는 경우는 무면허 조종금지의 예외가 인정되며 대신 조종면허를 가진 자는 주취 또는 약물복용 상태가 아니어야 한다. 1급 조종면허를 가진 자의 감독하에 수상레저활동을 하는 경우는 동시 감독하는 수상레저기구가 3대 이하인 경우, 해당 수상레저기구가 다른 수상레저기구를 견인하고 있지 아니하는 경우이어야 하며 수상레저 사업장 안에서 탑승정원이 4인 이하인 수상레저기구를 조종하는 경우와 면허시험과 관련하여 수상레저기구를 조종하는 경우, 초 · 중등교육법 및 고등교육법에 따른 학교에서 실시하는 교육 · 훈련과 관련하여 수상레저기구를 조종하는 경우, 수상레저활동 관련 단체 중 해양경찰청장이 정하여 고시하는 단체가 실시하는 비영리 목적의 교육·훈련과 관련하여 수상레저기구 조종할 때 가능하다.

아. 기상특보 발효 시 운항 금지

태풍·풍랑·해일·호우·대설·강풍과 관련된 주의보 이상의 기상특보가 발효된 구역에서는 수상레저기구 운항이 불가하나 해양경찰서장 또는 시장·군수·구청장이 해당 구역의 기상 상태를 고려하여 그 운항을 허용하였을 때 예외가 인정되며 기상특보 중 주의보가 발효된 구역에서 윈드서핑 등과 같이 파도 또는 바람만을 이용하여 활동이 가능한 수상레저기구를 운항하려고 관할 해양경찰관서에 그 운항 신고를 한 경우 그리고 기상특보 중 경보가 발효된 구역에서 파도 또는 바람만을 이용하여 활동이 가능한 수상레저기구를 운항하려고 관할 해양경찰관서에 그 운항 신고를 하여 해양경찰서장이 허용한 경우는 가능하다.

자. 주취 조종, 약물복용 등의 상태에서 조종금지

수상레저 활동자는 술에 취한 상태(혈중알코올농도 0.03퍼센트 이상), 마약류관리에 관한 법률 제2조의 규정에 따른 마약·향정신성의약품·대마의 영향, 화학물질 관리법 제22조에 따른 환각물질의 영향, 그 밖의 사유로 인하여 정상적으로 조종하지 못할 우려가 있는 상태에서 동력수상레저기구 조종이 금지된다.

제5장

수사론

해양경찰의 경찰관은 모든 범죄를 수사할 수 있는 일반사법권을 가진다. 범죄의 수사는 재판을 위한 사전절차로서 엄격한 형사소송절차에 따라야 한다. 검경수사권 조정 이후 경찰관의 수사에 대한 권한이 증대되었으며, 수사과정에서 검사와 대등한 협력관계로 전환되었다. 제5장에서는 해양경찰 수사에 대하여 알아보겠다. 해양범죄의 특징 및 수사기관을 알아보고, 수사의 단서, 수사원칙과 절차, 수사 방법 등 급변하는 수사환경 속에서 변화를 맞이한 해양경찰 수사에 대해 살펴보겠다.

제1절 수사 개관

1. 범죄와 수사

수사란 범죄혐의가 있다고 판단되는 때에 이의 유무를 명백히 밝혀서 공소의 제기·유지 여부를 결정하기 위하여 범인을 검거하고 증거를 수집·보전하는 수사기관의 활동을 말한다. 수사 활동은 범죄를 예방하기 위한 활동이 아니고, 이미 발생한 범죄를 조사하여 처벌하기 위한 사법절차이다. 범죄의 수사와 공소의 제기는 궁극적으로 재판을 위한 사전절차로서 「형사소송법」에 근거하여 모든 사법경찰기관이 동일한 형사소송절차에 의한다. 해양경찰관은 「형사소송법」에 따른 일반사법경찰관리로서 주로 해양에서 발생한 범죄나 해양 관련 범죄를 수사한다.[64] 사법경찰기관이 수사한 결과 범죄의 혐의가 있다고 판단되고 증거가 확보되면 수사 결과를 검찰로 송치한다. 검사는 송치된 수사 결과에 대하여 공소 여부를 판단하여 재판에 회부 또는 불기소한다.

64) 「형사소송법」 제197조.

2. 해양 범죄의 특징

가. 해양 범죄의 의의

해양경찰은 모든 범죄를 수사할 권한을 가진 일반사법기관이지만 관할 상 해양 범죄를 주로 수사한다. 해양 범죄는 학문적으로 정립된 개념이라기보다는 실무에서 관행적으로 사용하는 용어이며, '해양과 관련된 법질서 위반행위'를 말한다. 해양 범죄는 ① 공간적으로 해양에서 발생한 범죄, ② 해양에서 발생하여 육상으로 또는 육상에서 발생하여 해양으로 이어지는 범죄, ③ 해양에 영향을 미치는 범죄를 모두 포함한다고 하겠다.[65)]

「경찰청－해양경찰청 간 업무협력 양해각서」에 의하면 해양 관련 범죄는 해양경찰청이 우선하여 관할한다. 여기서 '해양 관련 범죄'는 해양에서 발생한 범죄, 해양에서 발생하여 육상으로 이어지는 범죄, 육상에서 발생하여 해양으로 이어지는 범죄 중 해양 관련성이 높거나 해양에 중대한 영향을 미치는 범죄, 어민 등 해양 관련 종사자의 해양 관련 범죄, 선박, 조선소, 물양장 등 해양과 관련된 장소에서의 해양 관련 범죄를 말한다.[66)] 일본 해상보안청 「범죄 수사 규범」 제2조에 해상범죄를 '해상에 있어서 행해지는 또는 시작되는 또는 해상에 영향을 미치는 범죄'로 규정하고 있다.

나. 해양 범죄의 특징

1) 국제성

해양 범죄는 범죄 자체나 범죄자 또는 범죄피해자가 여러 국가에 관련된 경우가 많다. 이는 해양 범죄가 일반적으로 선박에서 발생하고 선박은 여러 국가와 관련되기 때문에 나타나는 특성이다. 즉, 하나의 선박에서 선박의 선적, 선박의 소유주, 선원의 국적, 화주의 국적이 다른 경우가 허다하다. 이에 따라 선박에서 범죄가 발생하면 수사나 재판관할이 복잡하게 얽힌다. 밀수, 밀입국, 해적행위 등 국제성 범죄는 물론이고 외국 어선의 불법조업, 외국선박의 오염물질 배출 등은 범죄가 이루어진 장소, 선적, 관련자 국적 등에 따라 범죄의 성격이 복잡해지고

---

65) 노호래, (2011), "해양 범죄의 유형분석과 대응 방안", 한국공안행정학회보 제42권: 15-16.
66) 최지훈・이기수, (2023), "해양경찰의 수사관할에 관한 연구:입법론적 해결방안을 중심으로", 해양경찰학회보 제13권 제1호: 71-72.

처벌이 달라진다.[67)]

2) 고립성

해양 범죄는 육지와 떨어진 해양이나 선박에서 발생한다. 이처럼 고립된 환경에서 발생하기 때문에 범죄 현장을 보존하기 어렵고 범죄 증거를 확보하기 힘들다. 더구나 장기간 동일 공간에서 생활하는 범죄자와 피해자의 특수한 관계 속에서 범죄가 반복적으로 발생하며 증거인멸의 가능성이 있다. 고립성의 특징을 볼 수 있는 전형적인 사례로 1996년 8월 발생했던 페스카마호 선상 살인사건을 들 수 있다.[68)]

3) 광역성

해양 범죄를 검거하는 해양경찰의 수사 활동은 주로 해양에서 이루어지게 된다. 해양은 육상과 비교하여 그 면적이 광활하고, 바다라는 접근이 쉽지 않은 환경적 특징을 가지고 있다. 이러한 환경적 특징은 해양경찰이 범죄장소까지 신속하게 접근하기 어렵고 장시간이 걸리는 점이 있다. 이처럼 해양 범죄가 발생하는 장소적 고립성으로 인하여 범인을 검거하고 증거를 확보하는 과정은 육상과 비교하여 제약이 많을 수밖에 없다.

4) 대형화

해양에서 선박의 충돌, 좌초, 화재 등 사고로 인한 범죄가 발생하는 경우, 선박의 대형화로 인하여 사고 규모가 커지고 피해 범위가 방대해진다. 특히, 유조선 기름유출 사고는 피해 해역이 넓고 피해자가 다수이며 피해 기간이 장기간 지속되어 영향이 막대하다. 사고로 인한 해양오염의 심각성을 보여주는 사례로 엑손 발데스호 사건이 있고, 우리나라의 해양오염 사고로 시프린스호 사고와 허베이 스피리트 원유 유출 사고가 있다.[69)]

---

67) 김석균, (2022), 「신해양경찰학개론」, 박영사: 218.

68) 페스카마호(PESCAMAR) 사건은 1996년 8월 3일경 남태평양에서 조업 중이던 파나마 국적의 참치잡이 원양어선 페스카마호에서 선상 반란이 일어나 한국인 선원 7명을 포함한 11명의 선원이 살해된 사건이다.

69) 노호래, (2011), "해양 범죄의 유형분석과 대응 방안", 한국공안행정학회보 42: 19.

5) 증거확보의 곤란성

바다라는 넓은 공간에서 행한 범죄는 육상과 비교하여 증거를 인멸하거나 은닉하기 쉬운 환경에 놓여 있다. 넓은 바다에서 범죄와 관련된 증거물을 인멸하거나 은닉한 경우, 그것을 찾기란 거의 불가능하다고 할 수 있다. 이처럼 해양경찰의 수사 활동은 증거를 수집·보전하는 데 있어서 큰 제약이 있다.

6) 높은 행정법 범 비중

해양 범죄는 육상범죄에 비하여 형법범보다 행정법 범의 비중이 높다. 2021년 범죄 발생 총 47,097건 중에서 형법범이 3,091건 특별법범이 44,008건으로 형법범의 비중이 작고 특별범법 비중이 높다.[70)]

3. 수사의 법적 근거

가. 헌법과 법률

「대한민국 헌법」 제12조는 누구든지 법률에 의하지 아니하고는 체포·구속·압수·수색 또는 심문을 받지 아니하며, 체포·구속·압수 또는 수색을 할 때는 적법한 절차에 따라 검사의 신청에 의하여 법관이 발부한 영장을 제시하도록 규정되어 있다. 해양에서의 경찰에 관한 사무를 관장하는 해양경찰의 수사와 관련된 근거 법률로 형사소송에 관한 일반적 절차를 규정한 「형사소송법」과 「정부조직법」, 「경찰관직무집행법」, 「해양경찰법」 등이 있다.

나. 명령과 훈령

수사에 관하여 검사, 일반사법경찰관리, 특별사법경찰관리 등에 모두 적용되는 대통령령인 「검사와 사법경찰관의 상호협력과 일반적 수사 준칙에 관한 규정」이 있다. 동 규정은 「형사소송법」 제195조 '검사와 사법경찰관은 수사, 공소제기 및 공소 유지에 관하여 서로 협력하여야 한다'라는 근거에 의하여 2020년 10월 제정되어 시행 중이다. 해양경찰청 훈령 및 예규로는 「해양경찰 수사 규칙」, 「해양경찰청 범죄 수사 규칙」, 「해양경찰청 수사 긴급 배치규칙」, 「해양경찰청 수사본부

---

70) 해양경찰청, (2022), 「2021 해양경찰백서」: 372.

운영규칙」, 「수사심의에 관한 규칙」, 「수사 전담 요원 관리 운영규칙」, 「해양경찰청 수사 첩보 수집 및 처리규칙」, 「해양경찰 수사자료 조회 규칙」, 「해양경찰청 수중 과학수사 운영에 관한 규칙」, 「해양경찰청 종합수사 지휘 본부 운영규칙」, 「해양경찰청 피의자 유치 및 호송규칙」 등이 있다.

제2절 수사기관

수사기관이란 법률상 수사의 권한을 가지고 있는 국가기관을 말한다. 수사기관에는 검사와 사법경찰관리가 있다.

1. 검 사

검사는 공익의 대표자로서 범죄를 수사하고 기소를 제기하여 처벌하는 국가기관을 말한다. 검사는 일정한 유형의 범죄 수사로부터 재판의 집행에 이르기까지 형사절차의 모든 단계에 관여하여 형사사법의 정의를 실현하는 국가기관이다.

과거 수사의 주재자로서 모든 수사절차에서 사법경찰관리를 지휘·감독하였으나, 수사권 조정 이후 일부 범죄에 대해서만 수사권을 가지며, 대부분 범죄의 1차 수사권은 사법경찰관리에 있다. 사법경찰관리와의 관계에서 검사와 사법경찰관은 수사, 공소제기 및 공소 유지에 관하여 서로 협력하여야 한다.[71] 사법경찰관리가 송치한 수사 결과에 대하여, 검사는 ① 송치사건의 공소제기 여부 결정 또는 공소의 유지에 관하여 필요한 경우, ② 사법경찰관이 신청한 영장의 청구 여부 결정에 관하여 필요한 경우에 사법경찰관에게 보완 수사를 요구할 수 있다.[72] 검사는 사법경찰관과 동일한 범죄사실을 수사하게 된 때에는 사법경찰관에게 사건을 송치할 것을 요구할 수 있다. 요구받은 사법경찰관은 지체없이 검사에게 사건을 송치하여야 한다.[73]

검사는 공소제기 여부에 대해 독점적으로 결정하고, 공익의 대변자로서 공판에서 피고인에 대립하는 당사자로서 법원에 관하여 법령의 정당한 적용을 청구한

71) 「형사소송법」 제195조.
72) 「형사소송법」 제197조의2.
73) 「형사소송법」 제197조의4.

다. 재판이 확정된 때에는 형의 집행을 지휘・감독한다.

2. 사법경찰관리

가. 일반사법경찰관리

일반사법경찰관리는 원칙적으로 모든 범죄를 수사하여 처리할 수 있는 기관을 말한다. 경찰청과 해양경찰청 소속 경찰공무원이 이에 속한다. 경무관, 총경, 경정, 경감, 경위는 사법경찰관으로서 범죄의 혐의가 있다고 사료하는 때에는 범인, 범죄사실과 증거를 수사한다. 경사, 경장, 순경은 사법경찰리로서 수사의 보조를 하여야 한다.[74)]

2020년까지는 검사가 수사・기소・영장 청구 권한을 모두 독점하고 있었다. 2020년 1월 13일 검경 수사권 조정안 관련「형사소송법」과「검찰청법」개정안이 국회를 통과한 데 이어 2021년 1월 1일부터 시행되면서 검경 수사권 조정이 이뤄졌다. 이에 따라 검사가 독점하던 수사권을 경찰과 나누었으며, 사법경찰관리가 독자적으로 시작과 종결을 할 수 있는 일차적 수사권과 수사종결권을 부여하였다. 검사와 사법경찰관의 상호협력과 일반적 수사 준칙에 관한 사항을 규정하고 있는 것이「검사와 사법경찰관의 상호협력과 일반적 수사 준칙에 관한 규정」이다. 이를 통하여 수사 과정에서 국민의 인권을 보호하고, 수사절차의 투명성과 수사의 효율성을 보장하고자 한다.

나. 특별사법경찰관리

법률로 정해진 일정한 범죄에 대해서만 수사할 수 있는 권한을 일정한 국가기관에 부여하고 있는데, 이를 특별사법경찰관리라 한다. 특별사법경찰권을 가지는 분야는 매우 방대한데, 교도, 삼림, 식품 안전, 문화재, 환경, 특허, 위생, 관세, 해사, 전매, 세무, 군 수사기관 등 다양하다. 이에 대해서는「사법경찰관리의 직무를 수행할 자와 그 직무범위에 관한 법률」에 상세하게 규정되어 있다. 특별사법경찰관은 모든 수사 사항에 관하여 검사의 지휘를 받는다.[75)] 해양 분야에서 특별사법경찰관리는 선장과 해원, 어업감독공무원, 해군함정의 장교, 선원근로감독관, 등대

---

74)「형사소송법」 제197조.
75)「형사소송법」 제245조의10.

공무원, 기타 해양 환경 단속공무원 등이 있다.

3. 검사와 사법경찰관리의 관계

가. 검 · 경 수사권 조정 이전

1) 검사의 수사 지휘 및 명령–복종 관계

검 · 경 수사권 조정 이전에 검사는 수사 전반에 대한 통제, 종결권 등 모든 권한을 가졌었다. 또한, 소추권자로서 기소편의주의에 따른 소추 판단 권한이 있어, 형사사건에 있어 모든 사건의 종결을 할 수 있는 권한을 가졌었다. 이에 따라 검사는 사법경찰관리의 수사를 전반적으로 지휘하는 지위에 있었고, 수사에 관하여 검사는 사법경찰경찰관리에게 명령하고 사법경찰관리는 검사에게 복종하는 관계에 있었다.

2) 검사의 수사 개시 · 종결권

수사가 진행되면 종국에는 기소되어 재판으로 가거나, 불기소처분 등 종결처분을 하게 된다. 수사권 조정 이전에 사법경찰관리에게는 이런 권한이 없었고, 검사에게 어떤 식으로 종결할지 의견을 제시할 수 있었다. 이를 송치의견이라고 한다. 따라서 사법경찰관리는 검사의 지시에 따라 피동적으로 수사를 진행하고 검사는 수사 종결 여부를 독단적으로 결정하였다.

3) 검사의 경찰 수사 통제

사법경찰관리는 범죄 수사와 관련하여 소관 검사가 직무상 내린 명령에 복종하도록 되어 있었다. 수사 실무상에서 수사하는 주체는 경찰인데도 불구하고 「형사소송법상」 수사의 주체는 검사로 표기되어 있었다. 검사는 경찰이 진행하는 수사절차에 얼마든지 개입할 수 있었고, 경찰이 수사 중인 사건을 검찰로 이첩할 것을 명령할 수도 있었다. 결국 사법경찰관리는 단지 검찰의 지휘를 받아 수사를 할 수 있을 뿐이었다.

나. 수사권 조정 이후의 관계

검경 수사권 조정은 검찰과 경찰의 수사구조 문제를 비롯하여 인사, 인력, 자치, 수사 등에 관한 대한민국 수사구조 문제, 즉 검찰과 경찰 권한을 어떻게 적절하게 분배하는지에 관한 문제이다. 검찰과 경찰이 지휘·감독의 수직적 관계에서 벗어나 수사 권한의 분산과 상호 견제를 통해 수사권이 국민의 인권을 지키면서 민주적이고 효율적으로 행사되도록 하려는데 목적이 있다.

검·경수사권 조정은 2018년 6월 21일 법무부 장관과 행정안전부 장관의 '검·경수사권 조정 합의문'과 이를 바탕으로 국회 사법개혁 특별위원회 논의를 거쳐 마련된 「형사소송법」과 「검찰청법」 개정안이 2020년 1월 13일 국회 본회의를 통과하면서 확정되었고, 2021년 1월부터 시행되었다.

1) 검사·경찰의 협력 보완관계

검찰과 경찰의 관계를 명령-복종적 관계에서 협력관계로 개선해 수사 권한을 분산하고, 상호 견제하면서 수사권이 국민을 위해 민주적이고 효율적으로 행사되도록 하였다. 검사와 사법경찰관은 수사와 공소제기, 공소 유지의 원활한 수행을 위하여 서로 협력하여야 한다. 경찰에 일차적 수사권 부여, 검사의 송치 전 수사 지휘 폐지, 영장 신청 기각에 대한 이의제기 절차 마련 등 경찰 수사의 주체성과 자율성을 제고하였다.

2) 경찰의 일차적 수사권

경찰에 일차적 수사종결권을 부여해 경찰 수사의 책임성과 완결성을 강화하였다. 반면 검사는 부패범죄 등 중요범죄에 한해 직접 수사할 수 있도록 하되, 경찰과 중복 수사 시 경찰이 영장에 의한 강제처분에 착수하지 않으면 검찰에 우선 수사권을 부여해 검찰이 중요범죄에 집중해 효과적으로 대응할 수 있도록 하였다.

3) 경찰 수사에 대한 단계별 통제장치

검사의 송치 전 수사 지휘 폐지로 인한 문제를 해결하기 위해, 검사가 경찰에 보완 수사를 요구할 수 있도록 하고 그 요구 불이행 시 담당 경찰의 직무배제, 징계 요구 등 보완 수사 요구의 실효성이 확보되도록 하였다. 검사의 수사지휘권이 없어졌지만, 검사의 독점적 영장 청구권은 남아있다. 따라서 경찰은 검사를 통하여 영장을 청구하여야 하며 직접 청구하지 못한다.

4) 경찰 수사기구의 독립

수사에 관한 적정한 권한 분배와 견제와 균형과 함께 검찰이나 경찰의 인사권 독립이 더욱 중요하다. 수사와 재판에서 공정성을 달성하기 위해서는 인사권의 독립이 절실하며, 검찰개혁의 가장 중요한 요소가 된다.[76] 경찰 수사권의 공정성 확보를 위하여 국가수사본부가 설립되었다. 국가수사본부는 수사 경찰과 치안경찰을 분리하여 경찰 수사의 독립성과 수사역량 제고를 위해 경찰청 산하에 설치한 조직이다. 국가수사본부장은 수사사무에 대해서만 시도경찰청장 및 경찰서장을 지휘·감독할 수 있다. 수사의 독립성을 위하여 대한민국 경찰업무를 총괄하는 최상급자인 경찰청장도 국가수사본부의 수사사무에 대하여 구체적으로 지휘·감독할 수 없다.

4. 해양경찰의 수사조직

가. 해양경찰청

해양경찰청의 수사 활동은 해양경찰청의 수사국에서 담당한다. 해양경찰청장은 해양경찰의 수사에 관한 사무의 경우에는 개별사건의 수사에 대하여 구체적으로 지휘·감독할 수 없다(해양경찰법 제11조 제5항). 따라서 수사국장은 「형사소송법」에 따른 해양경찰의 수사에 관하여 각 지방해양경찰청장과 해양경찰서장 및 수사부서 소속 공무원을 지휘·감독한다. 수사국에 국장 1명(치안감 또는 경무관)을 두고, 그 업무[77]는 다음과 같다.

1. 수사업무 및 범죄 첩보에 관한 기획·지도 및 조정
2. 범죄통계 및 수사자료의 분석
3. 해양과학 수사업무에 관한 기획·지도 및 조정

수사국 소속 부서로 수사기획과·수사심사과·형사과·과학수사팀을 두되, 수사기획과장·수사심사과장·형사과장은 총경으로, 과학수사팀장은 경정으로 보한다.[78]

---

76) 이창현, (2019), "검·경 수사권 조정 관련 법률안에 대한 검토와 대안", 형사소송의 이론과 실무 제11권 제2호: 20.
77) 해양경찰청과 그 소속기관 직제 제13조.

나. 지방해양경찰청

지방해양경찰청의 수사 활동은 수사과에서 담당한다. 수사과장은 총경으로 보하고, 다음의 업무를 분장한다.

1. 범죄 수사의 지도
2. 수사에 관한 민원의 처리
3. 범죄통계 및 수사자료의 분석
4. 유치장 관리의 지도 및 감독
5. 형사업무와 관련된 사항
6. 광역수사업무와 그 지도 및 조정
7. 형사기동정의 운영에 관한 사항
8. 소속 해양경찰서의 수사 업무에 관한 사항

다. 해양경찰서

해양경찰서의 수사 활동은 수사과에서 담당한다. 수사과장은 경정 또는 경감으로 보하고, 그 분장 사무는 해양경찰청장이 정하는 기준에 따라 지방해양경찰청장이 정한다.

제3절 수사의 단서

수사기관은 범죄의 혐의가 있다고 사료된 때에는 언제든지 수사를 개사할 수 있다(형사소송법 제195조). 수사는 수사기관의 주관적 혐의에 의하여 개시되는데, 범죄혐의가 있다고 사료될 만한 근거나 자료가 수사의 단서라고 할 수 있으며, 이는 수사 개시의 원인이 된다. 수사의 단서란 수사기관이 수사를 개시하게 되는 계기이자 수사를 개시할 수 있게 하는 자료를 말한다. 수사의 단서에는 고소, 고발, 자수, 변사자 검시 등 법률에 규정되어 있는 것뿐만 아니라 수사관의 활동을 통한 범죄 첩보 등 법률에 규정되어 있지 않은 형태도 다양하다. 수사의 단서는

---

78) 해양경찰청과 그 소속기관 직제 시행규칙 제8조.

인지 주체에 따라 범죄 첩보, 불심검문, 변사자 검시 등 수사관이 직접적으로 인지하는 경우와 신고, 고소·고발 등 타인의 체험을 통해 간접적으로 인지하는 경우로 구분할 수 있다. 특히, 수사의 단서는 수사관이 직접적으로 인지할 때 중요한 역할을 한다. 이는 수사관의 역량에 따라 수사의 개시 여부가 결정되기 때문이다.

〈표 5-4〉 수사의 단서

수사기관의 체험에 의한 단서	타인 체험에 의한 단서
범죄 첩보	고소
현행범인의 체포	고발
변사자의 검시	자수
불심검문	피해자의 신고나 익명의 신고
타 사건 수사 중에 범죄발견	밀고, 투서
신문, 출판물, 소문 등	진정, 탄원 등
자동차 검문	
해상검문 검색	

출처: 노호래, (2022), 「해양경찰학개론」, 박영사: 701.

1. 범죄 첩보

가. 의 의

범죄 첩보란 범죄 수사에 참고가 될 만한 모든 자료를 의미한다. 범죄 첩보에 의해 내사하거나 수사하여야 한다. 수사의 단서로서의 범죄 첩보는 범죄 수사를 개시할 수 있을 정도의 자료, 즉 범죄로 이행된다고 예상되는 사항이나 이미 발생한 범죄에 관한 사항으로 한정된다. 범죄를 수사하는 데 수사의 단서를 수동적으로만 입수하기에는 한계가 따르고 수사기관의 신속하고 전략적인 범죄 첩보 수집 활동이 요구된다.

나. 특 징

1) 시한성

범죄 첩보는 시간이 지남에 따라 가치가 감소하므로 수집 시기 및 내사 착수

시기를 정하는 것이 중요하다.

2) 결합성

범죄 첩보는 여러 첩보가 서로 결합하여 구체적인 범죄 첩보가 된다.

3) 가치 변화성

범죄 첩보는 일반인에게는 불필요한 내용이라 하더라도 수사기관의 필요성에 따라 가치가 달라지므로 중요한 내용이 될 수도 있다.

4) 결과 지향성

범죄 첩보는 수사에 착수하여 사건으로서 현출되는 결과가 있어야 한다.

5) 혼합성

범죄 첩보는 단순한 사실의 나열이 아니라 그 속에 하나의 원인과 결과를 내포하고 있다.

2. 불심검문

불심검문이란 경찰관이 범죄의 예방 및 범인 검거를 목적으로 거동 수상자를 정지시키고, 그 권한에 의하여 직접 질문하여 조사하는 것을 말한다. 불심검문에 대해서는 「경찰관직무집행법」에서 규율하고 있다. 많은 경우 불심검문을 통하여 범죄행위를 예방하거나 발생한 범죄의 범인을 검거한다. 불심검문은 정지와 질문, 소지품 검사, 임의동행 요구 등을 모두 포함한다. 불심검문은 경찰권 발동의 표준조치로서 범죄예방을 위하여 가장 효율적이면서 중요한 수단이며, 동시에 수사개시를 위한 중요한 단서이기도 하다. 이에 대해서는 제3편 해양경찰 제도론에서 자세하게 기술하였다.

3. 변사자 검시

가. 의 의

변사자란 자연사가 아니고 부자연스러운 사망이 사인이 불명하여, 범죄에 기인한 가능성이 있는 사체를 말한다. 검시란 사람의 사망이 범죄로 인한 것인지를 판단하기 위하여 수사기관이 오관의 작용에 따라 변사자의 상황을 조사하는 것을 말한다. 사법경찰관은 검시 또는 검증 결과 사망의 원인이 범죄로 인한 것으로 판단할 때는 신속하게 수사를 개시해야 한다.

나. 변사자 검시

사법경찰관은 변사자 또는 변사한 것으로 의심되는 사체가 있으면 변사사건 발생사실을 검사에게 통보해야 한다. 검사는 검시했을 때는 검시조서를, 검증영장이나 검증했을 때는 검증조서를 각각 작성하여 사법경찰관에게 보내야 한다. 사법경찰관은 검시했을 때는 검시조서를, 검증영장이나 검증했을 때는 검증조서를 각각 작성하여 검사에게 송부해야 한다(검사와 사법경찰관의 상호협력과 일반적 수사준칙에 관한 규정 제17조).

사법경찰관은 검시를 할 때는 의사를 참여시켜야 하며, 그 의사로 하여금 검안서를 작성하게 해야 한다. 이 경우 사법경찰관은 검시 조사관을 참여시킬 수 있다(해양경찰 수사 규칙 제27조). 사법경찰관리는 검시에 특별한 지장이 없다고 인정하면 변사자의 가족·친족, 이웃 사람·친구, 시·군·구·읍·면·동의 공무원이나 그 밖에 필요하다고 인정하는 사람을 검시에 참여시켜야 한다(해양경찰 수사 규칙 제30조).

다. 검시 후 절차

사법경찰관은 변사자에 대한 검시 또는 검증이 종료된 때에는 사체를 소지품 등과 함께 신속히 유족 등에게 인도한다. 다만, 사체를 인수할 사람이 없거나 변사자의 신원이 판명되지 않은 경우에는 사체가 현존하는 지역의 특별자치시장·특별자치도지사·시장·군수 또는 자치구의 구청장에게 인도해야 한다(해양경찰 수사 규칙 제31조).

4. 고 소

고소란 피해자 또는 그 대리인이 수사기관에 대하여 범죄사실을 신고하여 범인의 소추를 구하는 의사표시이다(형사소송법 제223조, 제225조). 피해자가 사망한 때에는 그 배우자, 직계친족 또는 형제자매는 고소할 수 있다. 고소 또는 고발은 서면 또는 구술로써 검사 또는 사법경찰관에게 하여야 한다. 검사 또는 사법경찰관이 구술에 의한 고소 또는 고발을 받은 때에는 조서를 작성하여야 한다. 사법경찰관이 고소 또는 고발을 받은 때에는 신속히 조사하여 관계 서류와 증거물을 검사에게 송부하여야 한다. 고소는 일정한 제한이 있는데 자기 또는 배우자의 직계존속을 고소하지 못한다. 또 고소가 있어야 논하는 범죄인 친고죄에 대하여는 범인을 알게 된 날로부터 6월을 경과하면 고소하지 못한다. 사법경찰관리는 고소·고발을 수리한 날부터 3개월 이내에 수사를 마치도록 하고 있다(해양경찰 수사 규칙 제24조).

5. 고 발

고발은 범인이나 고소권자 이외의 제3자가 범죄사실을 수사기관에 신고하여 범인의 소추를 구하는 의사표시이다. 따라서 고발하는 데 고발인이 표시되어야 하므로 익명의 투서 또는 밀고는 고발이 아니다. 누구든지 범죄사실이 있다고 사료될 때는 고발할 수 있으며, 공무원은 직무를 수행함에 있어서 범죄가 있다고 사료한 때에는 고발할 의무가 있다(형사소송법 제234조 제2항). 여기서 '공무원'에는 수사공무원은 제외된다. 고소 또는 고발은 서면 또는 구술로서 검사 또는 사법경찰관에게 하여야 한다. 검사 또는 사법경찰관이 구술에 의한 고소 또는 고발을 받은 때에는 조서를 작성하여야 한다.

6. 자 수

자수란 범인이 수사기관에 대하여 자발적으로 자기의 범죄사실을 신고하여 소추를 구하는 의사표시를 말한다. 자수의 방식에 대하여는 고소·고발의 방식에 준용하고 있으므로 자수는 수사기관에 서면 또는 구술로서 하여야 한다. 사법경찰관이 자수를 받은 때에는 신속히 조사하여 관계 서류와 증거물을 검사에게 송부하여야 한다.

7. 피해 신고

피해 신고란 범죄에 의한 피해자 또는 이해관계자가 경찰관에게 피해당한 사실을 신고함을 말한다. 피해 신고는 범인의 소추를 구하는 의사표시가 없다는 점에서 고소·고발과 구별된다. 피해 신고가 있을 때 그 신고에 관한 사건이 관할 구역 내의 사건 여부를 불문하고 즉시 접수하여야 한다. 피해신고서에 기재하는 사항은 신고한 피해자의 인적 사항과 피해일시 및 장소는 구체적으로 특정하여 기재하고, 피해 금품이 있을 때는 피해품의 품목, 수량, 시가 및 소유자 등도 기재하며, 피해 상황과 기타 참고사항까지 기재한다.

제4절 수사의 원칙과 절차

1. 수사의 원칙

가. 범죄 수사상의 준수원칙[79)]

1) 선증후보의 원칙

사건을 먼저 조사하여 증거를 확보한 후 범인을 체포하여야 한다.

2) 법령준수의 원칙

범죄 수사에 있어서 관련 법규를 숙지하고 철저하게 준수하여야 한다.

3) 민사관계 불간섭의 원칙

범죄 수사는 형사 관계에 한하여 진행하여야 하며, 민사관계에 수사권을 발동하여서는 안 된다.

4) 종합수사의 원칙

모든 사건자료를 종합하여 상황을 파악하고, 활용할 수 있는 기술과 지식을 총동원하여 체계적이고 종합적으로 수사하여야 한다.

---

79) 노호래, (2022), 「해양경찰학개론」, 박영사: 691-692.

나. 수사실행의 5대 원칙[80)]

1) 수사자료 완전 수집의 원칙

수사의 기본방법 중 제1조건은 문제해결의 관건이 되는 자료를 누락시키거나 없어지는 일이 없도록 전력을 다하여 자료를 수집하는 수사자료 완전 수집의 원칙이 필수적이다.

2) 수사자료 감식 · 검토의 원칙

수사는 단순한 수사관의 상식적 검토나 판단에만 그칠 것이 아니라 감식과학이나 과학적 지식 또는 그 시설 장비를 유용하게 최대한 이용해야 한다.

3) 적절한 추리의 원칙

추측 시에 수집된 자료를 기초로 합리적인 판단을 하고, 추측은 가상적인 판단이므로 그 진실성이 확인될 때까지는 추측을 진실이라고 주장하거나 확신해서는 안 된다.

4) 검증적 수사의 원칙

여러 가지 추측 중에서 과연 어느 추측이 정당한 것인가를 가리기 위해서는 하나하나의 추측을 모든 각도에서 검토해야 한다. 즉 수사 사항의 결정 → 수사방법의 결정 → 수사실행이라는 순서에 따라 검토한다.

5) 사실 판단 증명의 원칙

수사관 판단의 진실성이 증명되기 위해서는 누구에게나 진위가 확인될 수 있어야 하며, 판단이 언어나 문자로 표현되고 판단의 근거를 제시해서 객관화하여야 한다. 즉 수사관의 판단이 진실이라는 이유 또는 객관적 증거를 제시하여 증명하여야 한다.

2. 수사의 절차

범죄의 수사는 다양한 단서에 의해 시작된다. 풍문이나 뉴스, 진정 등에 의해

---

80) 윤성현 · 박주상 · 김경락, (2022), 「해양경찰학개론」, 박영사: 507-508.

서도 범죄 수사가 개시될 수 있다. 수사가 범죄사실을 조사하고 범인과 증거를 발견하고 수집하는 활동이라고 볼 때, 수사의 절차를 어디서부터 볼 것인가가 명확지 않다. 일반적으로 범죄의 조사는 ① 입건 전 조사 → ② 수사 개시(입건) → ③ 수사 진행 → ④ 사건송치 ⑤ 송치 후 보완 수사 → ⑥ 수사 종결 순으로 진행된다. 이러한 절차 중에서 수사절차의 시작은 입건을 말하며, 입건 전 조사는 수사단계가 아니라 수사 이전의 단계로 본다.

가. 입건 전 조사

1) 의 의

입건 전 조사는 아직 범죄혐의가 확인되지 않은 단계에서 수사기관이 범죄혐의를 확인하기 위하여 입건 전의 단계에서 수행하는 조사 활동을 말하며, 수사가 아니라 수사의 전 단계에서 해당한다(해양경찰 수사 규칙 제19조). 과거 오랫동안 '내사'라고 명명하였다. 입건 전 조사를 받는 자는 수사 개시 절차인 입건으로 피의자로 전환된다. 범죄에 관한 신문 등 출판물의 기사, 익명의 신고나 진정·탄원서의 접수 또는 떠도는 소문, 첩보의 입수 등이 입건 전 조사의 단서가 될 수 있다.

2) 입건 전 조사의 종류

(1) 진정 조사

진정·탄원·투서 등 서면으로 접수된 신고에 대한 입건 전 조사로 접수된 서면에 대하여 소속 해양경찰서의 수사부서의 장의 지휘를 받아 조사에 착수한다.

(2) 신고 조사

진정 조사를 제외한 전화신고·방문 신고 등 각종 신고에 대한 입건 전 조사로 접수 즉시 신속히 조사에 착수하여야 하고, 신고로 작성된 서류에 대하여 소속 해양경찰서의 수사부서의 장의 지휘를 받아야 한다.

(3) 첩보 조사

경찰관이 서면으로 작성한 범죄 첩보에 대한 조사로 해당 범죄 첩보의 사본을 첨부하고 조사할 대상 및 내용, 조사가 필요한 이유 등을 기재한 입건 전 조사 착수보고서를 작성하여 소속 해양경찰서의 수사부서의 장에게 보고하고 지휘를 받아 조사에 착수한다(입건 전 조사 사건 처리에 관한 규칙 제5조).

(4) 비신고 조사

그 밖의 범죄에 관한 정보·풍문 등 진상을 확인할 가치가 있는 사안에 대한 조사를 말한다. 조사가 필요하다고 판단될 때는 조사할 대상 및 내용, 조사가 필요한 이유 등을 기재한 입건 전 조사 진행상황보고서에 의하여 수사부서의 장에 보고하고 그 지휘를 받아 입건 전 조사에 착수하거나 수사부서의 장이 입건 전 조사착수 지휘서에 의하여 소속 경찰관에게 조사할 것을 지휘할 수도 있다.

3) 입건 전 조사의 종결

경찰관은 입건 전 조사 과정에서 구체적인 사실에 근거를 둔 범죄의 혐의를 인식한 때에는 지체 없이 범죄인지서를 작성하여 소속 수사부서의 장의 지휘를 받아 수사를 개시해야 한다(입건 전 조사사건 처리에 관한 규칙 제8조). 수사부서의 장은 입건 전 조사에 착수한 날부터 6개월 이내에 수사절차로 전환하지 않은 사건에 대하여 불입건 결정 지휘를 해야 한다.

나. 수사 개시

수사의 개시는 수사기관의 범죄인지를 통해서 개시된다. 절차적으로는 범죄인지서를 작성하고 형사사법정보시스템에 입력하여야 한다. 실무적으로는 범죄인지서를 결재권자가 결재하고 사건번호가 부여되는 시점부터 수사가 개시된다(해양경찰 수사 규칙 제18조). 범죄인지서에는 피의자의 성명, 주민등록번호, 직업, 주거, 범죄경력, 죄명, 범죄사실의 요지, 적용법조 및 수사의 단서와 범죄 인지 경위를 기재하여야 한다. 이렇게 범죄인지를 통해 범죄인지서를 작성하여 대상자를 형사피의자로 공식화하여야 정식 수사절차가 개시되며, 실무에서는 이것을 입건이라 한다. 입건 이후에 범죄를 저질렀다고 의심되는 용의자 또는 혐의자는 피의자로 신분이 전환된다.

다. 수사 진행

수사기관에서 입건이 이루어지면 본격적인 수사절차가 진행된다. 수사절차는 범죄의 증거를 찾고 실체적 진실을 밝혀 공소를 제기하기 위한 다양한 방법으로 진행된다. 수사에 관하여는 그 목적을 달성하는 데 필요한 조사를 할 수 있다. 피의자나 참고인을 불러 범죄에 관한 신문을 한다거나 범죄 현장을 조사하고 증거물을 찾아 분석한다거나 전문가에게 증거물의 감정을 의뢰하기도 한다. 피의자가 도주나 증거인멸의 우려가 있는 경우는 영장을 발부받아 체포·구속하기도 한다.

수사는 수사 강제력 여부에 따라 임의수사와 강제수사로 분류할 수 있다. 임의수사란 강제력을 행사하지 아니하고 상대방의 동의나 승낙을 얻어서 하는 수사방법을 말하며, 출석요구, 피의자신문, 참고인조사 등이 있다. 강제수사는 상대방의 의사를 불문하고 강제로 수사하는 방법을 말하며, 체포, 구속, 압수·수색 등이 대표적인 방법이다. 이에 대해 상세한 것은 후술하겠다.

헌법에서는 체포·구속·압수·수색 등의 강제수사는 법관이 발부하는 영장을 제시하여야 한다는 강제수사 영장주의 원칙을 채택하고 있다.[81] 「형사소송법」은 임의수사를 원칙으로 하고 있으며, 강제수사는 이 법률에 특별한 규정이 있는 경우에 한하며, 필요한 최소한도의 범위 안에서만 하여야 한다고 규정하여 강제수사 법정주의 원칙을 밝히고 있다.[82]

라. 사건송치

사법경찰관은 범죄 사건에 대하여 실체적 진실이 밝혀지고 적용할 법리가 정해져서 더 이상 조사할 사항이 없다고 판단되면 조사를 마무리해야 한다. 사법경찰관이 사건을 수사한 경우에는 다음 각호의 구분에 따라 결정해야 한다.[83]

1. 법원송치
2. 검찰송치
3. 불송치
4. 수사 중지
5. 이송

대부분 사건은 검찰로 송치하게 되는데, 관계 서류와 증거물 일체를 검사에게 이송해야 한다. 사법경찰관은 관계 법령에 따라 검사에게 사건을 송치할 때는 송치의 이유와 범위를 적은 송치 결정서와 압수물 총목록, 기록목록, 범죄경력 조회 회보서, 수사경력 조회 회보서 등 관계 서류와 증거물을 함께 송부해야 한다.[84]

---

81) 「대한민국 헌법」 제12조 제3항.
82) 「형사소송법」 제199조 제1항 단서 후단.
83) 「검사와 사법경찰관의 상호협력과 일반적 수사 준칙에 관한 규정」 제51조.

검사는 사법경찰관과 동일한 범죄사실을 수사하게 된 때에는 사법경찰관에게 사건을 송치할 것을 요구할 수 있고, 요구받은 사법경찰관은 지체 없이 검사에게 사건을 송치하여야 한다.[85]

마. 송치 후 보완 수사

검사는 다음 어느 하나에 해당하는 경우에 사법경찰관에게 보완 수사를 요구할 수 있다.[86]

1. 송치사건의 공소제기 여부 결정 또는 공소의 유지에 관하여 필요한 경우
2. 사법경찰관이 신청한 영장의 청구 여부 결정에 관하여 필요한 경우

검사는 보완 수사를 요구할 때는 그 이유와 내용 등을 구체적으로 적은 서면과 관계 서류 및 증거물을 사법경찰관에게 함께 송부해야 한다. 사법경찰관은 검사의 요구가 있는 때에는 정당한 이유가 없는 한 지체없이 이를 이행하고, 그 결과를 검사에게 통보하여야 한다. 검사는 사법경찰관리의 수사 과정에서 법령위반, 인권침해 또는 현저한 수사권 남용이 의심되는 사실의 신고가 있거나 그러한 사실을 인식하게 된 경우에는 사법경찰관에게 사건기록 등본의 송부를 요구할 수 있다. 송부받은 검사는 필요하다고 인정될 때는 사법경찰관에게 시정조치를 요구할 수 있다.

바. 수사 종결

수사의 종결이란 수사기관이 수사를 개시하여 수사의 목적을 달성하였거나 더 이상 수사를 유지할 필요가 없을 때 수사를 종결하는 것으로 사건에 대한 기소·불기소의 결정 권한은 검사에게 부여되어 있으며, 사법경찰은 범죄 수사를 행하였을 경우 당해 사건을 검사에게 송치하는 것으로 수사를 종결한다. 수사의 종결은 사법경찰관의 수사 종결과 검사의 수사 종결이 있다.

1) 사법경찰관의 수사 종결

사법경찰관은 사건을 수사하여 모든 수사절차를 마무리한 경우에는 다음 각호

---

84) 「검사와 사법경찰관의 상호협력과 일반적 수사 준칙에 관한 규정」 제58조.
85) 「형사소송법」 제197조의4.
86) 「형사소송법」 제197조의2.

의 구분에 따라 결정해야 한다.[87)]

1. 법원송치
2. 검찰송치
3. 불송치
   가. 혐의없음(① 범죄 인정 안 됨, ② 증거불충분)
   나. 죄가 안 됨
   다. 공소권 없음
   라. 각하
4. 수사 중지
   가. 피의자 중지
   나. 참고인중지
5. 이송

이 중에서 해양경찰 사법경찰관이 자체 종결을 결정하는 불송치에 대해서 「해양경찰 수사 규칙」 제110조에 상세하게 규정되어 있다.[88)]

2) 검사의 수사 종결

검사는 사법경찰관으로부터 사건을 송치받거나 직접 수사한 경우에는 다음 각 호의 구분에 따라 결정해야 한다(수사준칙 규정 제52조).

1. 공소제기
2. 불기소
   가. 기소유예
   나. 혐의없음
      1) 범죄 인정 안 됨
      2) 증거불충분
   다. 죄가 안 됨
   라. 공소권 없음
   마. 각하

---

87) 「검사와 사법경찰관의 상호협력과 일반적 수사 준칙에 관한 규정」 제51조.
88) 「해양경찰 수사 규칙」 제110조.

3. 기소중지
4. 참고인중지
5. 보완 수사 요구
6. 공소보류
7. 이송
8. 소년보호사건 송치
9. 가정보호사건 송치
10. 성매매 보호사건 송치
11. 아동보호 사건송치

제5절 수사의 방법

수사의 방법은 수사 강제력 여부에 따라 임의수사와 강제수사로 분류할 수 있다. 임의수사란 강제력을 행사하지 아니하고 상대방의 동의나 승낙을 얻어서 하는 수사 방법을 말한다. 임의수사에는 출석요구, 피의자신문, 참고인조사, 통역·번역·감정의 위촉, 실황 조사, 사실조사, 촉탁 등이 있다. 강제수사는 상대방의 의사를 불문하고 강제로 수사하는 방법을 말한다. 강제수사에는 체포, 구속, 압수·수색, 통신제한조치, 감정유치, 증거보전 등이 대표적인 방법이다.

1. 임의수사

임의수사가 강제적인 방법이 아니라 할지라도 형사절차인 이상 적정절차의 원리에 의한 법적 규제를 받아야 하며, 수사의 필요성과 상당성 등 수사의 조건 충족을 전제로 수행되어야 한다.

가. 출석요구

검사 또는 사법경찰관은 수사에 필요한 때에 피의자나 참고인에 대해서는 진술을 듣기 위하여 출석을 요구할 수 있다.[89] 검사 또는 사법경찰관이 출석요구를

89) 「형사소송법」 제200조.

하려는 경우 피의사실의 요지 등 출석요구의 취지를 구체적으로 적은 출석요구서를 발송해야 한다. 다만, 신속한 출석요구가 필요한 경우 등 부득이한 사정이 있는 경우에는 전화, 문자메시지, 그 밖의 상당한 방법으로 출석요구를 할 수 있다. 상대방은 출석을 거부할 수 있으며, 출석을 요구하는 장소가 반드시 수사 관서일 필요는 없다.

나. 피의자신문

피의자에 대하여는 원칙적으로 피의자신문을 하여야 한다. 피의자신문 시에는 진술거부권을 알려야 하며, 변호인의 참여권이 인정된다. 피의자신문을 할 때 피의자신문조서를 작성하여야 한다.[90] 조서는 피의자에게 열람하게 하거나 읽어서 들려주어야 하며, 진술한 대로 기재되지 아니하였거나 사실과 다른 부분의 유무를 물어 피의자가 증감 또는 변경의 청구 등 이의를 제기하거나 의견을 진술한 때에는 이를 조서에 추가로 기재하여야 한다. 피의자신문은 임의수사로 피의자가 언제든지 중단할 수 있다.

다. 참고인조사

수사기관은 수사에 필요한 경우 피의자가 아닌 자의 출석을 요구하여 진술을 들을 수 있다.[91] 여기서 피의자 아닌 제삼자를 참고인이라 하고, 참고인의 진술을 듣는 것을 참고인조사라 한다.

라. 감정 · 통역 · 번역

수사기관은 수사에 필요한 때에는 감정 · 통역 또는 번역을 위촉할 수 있다.[92] 감정위촉이란 특별한 학식 · 경험이 있는 제삼자에게 그 학식 · 경험을 토대로 한 실험법칙의 결과나 구체적 사실에 관한 판단의 결과를 알려주도록 요청하는 수사방법이다. 감정 후에 감정서의 기재 내용을 명백히 밝히기 위하여 감정인을 참고인으로 조사할 수 있다.

90) 「형사소송법」 제244조.
91) 「형사소송법」 제221조.
92) 「형사소송법」 제221조의3.

마. 임의 제출물의 압수

검사 또는 사법경찰관은 피의자, 기타인의 유류된 물건이나 소유자·소지자·보관자가 임의로 제출한 물건을 영장 없이 압수할 수 있다.[93] 실무상 대부분의 압수는 임의제출물의 형식에 의하여 행해진다. 압수 시에는 압수조서와 압수목록을 작성하고 압수증명서를 제출자에게 교부하여야 하며, 임의로 제출한 물건일지라도 일단 압수되면 그 효과에 있어서는 영장에 의한 압수와 같다.

바. 실황 조사[94]

수사기관이 강제력을 사용하지 않고 범죄 현장 기타 범죄 관련 장소·물건·신체 등의 존재 상태를 오관의 작용으로 실험·경험·인식한 사실을 명확히 하는 수사 활동이다. 실황 조사를 한 때에는 실황조사서를 작성하여야 한다. 실황 조사는 실무상 검증과 내용에 있어서는 다를 바가 없으나 강제력이 따르지 않기 때문에 영장이 필요 없고, 검사의 지휘를 받지 않는다는 점에서 차이가 있다.

사. 사실조회

수사상 필요한 때에는 공무소 기타 공사단체에 범죄경력·신원 등 필요한 특정 사항을 조회하여 그 회답을 요구할 수 있다. 조회를 받은 사항이 법령에 따라 비밀로 된 때에는 그 사유를 제시하여 거부할 수 있다.

아. 촉 탁

촉탁이란 타 수사기관에 일정한 사실의 수사를 의뢰하는 것으로 일종의 공조수사이다. 촉탁 사항에는 제한이 없으나 수사의 성질상 직접 수사하여야 할 필요가 있을 때는 출장 수사하여야 한다.

자. 임의동행

임의동행이란 수사기관이 피의자 또는 피내사자의 동의를 얻어 수사 관서에까지 동행하는 것을 말한다. 검사 또는 사법경찰관은 임의동행을 요구하는 경우 상

93) 「형사소송법」 제218조의○.
94) 「해양경찰 수사 규칙」 제41조.

대방에게 동행을 거부할 수 있다는 것과 동행할 때도 언제든지 자유롭게 동행 과정에서 이탈하거나 동행 장소에서 퇴거할 수 있다는 것을 알려야 한다.[95]

2. 강제수사

강제수사는 수사기관의 강제처분 즉, 상대방의 의사를 불문하고 강제로 수사하는 방법의 하나로, 강제수사는 강제수사 법정주의 원칙에 따라 법률에 특별한 규정이 있는 경우에만 예외적으로 허용된다.[96] 강제수사의 경우에는 영장주의 원칙에 따라 일부 법정된 예외를 제외하고는 법관이 발부한 영장이 반드시 요구된다. 강제수사에는 대상의 성질에 따라 체포·구속 등 대인적 강제수사와 압수·수색·통신제한조치 등 대물적 강제수사가 있다.

가. 대인적 강제수사

1) 영장에 의한 체포[97]

영장에 의한 체포는 체포 요건에 해당하는 자에 대하여 사전에 검사의 청구로 판사가 발부한 영장으로 체포하는 것을 말한다. 체포 제도의 원형으로 통상 체포로 칭해지기도 한다. 피의자가 죄를 범하였다고 의심할 만한 상당한 이유가 있고, 정당한 이유 없이 출석요구에 응하지 아니하거나 응하지 아니할 우려가 있는 때에는 검사는 관할 지방법원 판사에게 청구하여 체포영장을 발부받아 피의자를 체포할 수 있다. 사법경찰관은 검사에게 신청하여 검사의 청구로 관할 지방법원 판사의 체포영장을 발부받아 피의자를 체포할 수 있다. 다만, 다액 50만 원 이하의 벌금, 구류 또는 과료에 해당하는 사건에 관하여는 피의자가 일정한 주거가 없는 경우 또는 정당한 이유 없이 출석요구에 응하지 아니한 경우에 한한다.[98]

체포한 피의자를 구속하고자 할 때는 체포한 때부터 48시간 이내에 구속영장을 청구하여야 하고, 그 기간 내에 구속영장을 청구하지 아니하는 때에는 피의자를 즉시 석방하여야 한다.

---

95) 「검사와 사법경찰관의 상호협력과 일반적 수사준칙에 관한 규정」 제20조.
96) 「형사소송법」 제199조 제1항 단서.
97) 「형사소송법」 제200조의2.
98) 「형사소송법」 제200조의2.

2) 긴급체포[99)]

긴급체포란 중대한 죄를 범하였다고 의심할 만한 상당한 이유가 있는 피의자를 수사기관이 법관의 체포영장을 발부받지 않고 체포하는 것을 말한다. 현행범인 체포와 함께 체포에 있어서 영장주의의 예외가 인정되는 경우이다.

검사 또는 사법경찰관은 피의자가 사형·무기 또는 장기 3년 이상의 징역이나 금고에 해당하는 죄를 범하였다고 의심할 만한 상당한 이유가 있고, 일정한 어느 하나에 해당하는 사유가 있는 경우에 긴급을 요하여 지방법원 판사의 체포영장을 받을 수 없는 때에는 그 사유를 알리고 영장 없이 피의자를 체포할 수 있다. 이 경우 긴급을 요한다 함은 피의자를 우연히 발견한 경우 등과 같이 체포영장을 받을 시간적 여유가 없는 때를 말한다.

검사 또는 사법경찰관이 피의자를 체포한 경우 피의자를 구속하고자 할 때는 지체없이 검사는 관할 지방법원 판사에게 구속영장을 청구하여야 하고, 사법경찰관은 검사에게 신청하여 검사의 청구로 관할 지방법원 판사에게 구속영장을 청구하여야 한다. 이 경우 구속영장은 피의자를 체포한 때부터 48시간 이내에 청구하여야 한다. 구속영장을 청구하지 아니하거나 발부받지 못한 때에는 피의자를 즉시 석방하여야 한다. 석방된 자는 영장 없이는 동일한 범죄사실에 관하여 체포하지 못한다.

3) 현행범인의 체포

현행범인은 누구든지 영장 없이 체포할 수 있다.[100)] 즉, 수사기관뿐만 아니라 사인도 체포할 수 있다는 것을 의미한다. 긴급체포와 함께 영장주의의 예외이다. 현행범인이 되기 위해서는 범죄를 실행 중이거나 실행 직후이어야 하고, 체포 시에 특정범죄의 범인임이 명백하여야 하며, 도망하거나 도망할 염려가 있을 때 또는 증거를 인멸할 염려가 있어야 한다. 현행범인으로 보는 자를 준현행범인이라 한다.[101)] 준현행범인은 ① 범인으로 호칭되어 추적되고 있는 자, ② 장물이나 범죄에 사용되었다고 인정함에 충분한 흉기 기타의 물건을 소지하고 있는 자, ③ 신체 또는 의복류에 현저한 증적이 있는 자, ④ 누구임을 물음에 도망하는 자가

---

99) 「형사소송법」 제200조의3.
100) 「형사소송법」 제212조.
101) 「형사소송법」 제211조.

이에 해당한다.

4) 구 속[102)]

수사기관이 판사가 발부한 구속영장에 의하여 피의자를 비교적 장기간 구인·구금[103)]하는 것을 말하며, 체포와 달리 구속에 있어서는 영장주의의 예외가 인정되지 아니한다. 따라서 어떠한 경우라도 피의자를 구속한 후 구속영장을 발부받을 수는 없다.

피의자가 죄를 범하였다고 의심할 만한 상당한 이유가 있고 구속 사유에 해당하는 사유가 있을 때는 검사는 관할 지방법원 판사에게 청구하여 구속영장을 받아 피의자를 구속할 수 있고 사법경찰관은 검사에게 신청하여 검사의 청구로 관할 지방법원 판사의 구속영장을 받아 피의자를 구속할 수 있다. 다만, 다액 50만원 이하의 벌금, 구류 또는 과료에 해당하는 범죄에 관하여는 피의자가 일정한 주거가 없는 경우에 한한다. 구속 사유는 피고인이 죄를 범하였다고 의심할 만한 상당한 이유가 있고 다음 각호의 1에 해당하는 사유가 있는 경우이다.[104)]

1. 피고인이 일정한 주거가 없는 때
2. 피고인이 증거를 인멸할 염려가 있는 때
3. 피고인이 도망하거나 도망할 염려가 있는 때

나. 대물적 강제수사

1) 압수·수색·검증[105)]

압수란 증거물 또는 몰수할 것으로 예상되는 물건의 점유를 취득하는 강제처분을 말하며, 수색이란 증거물 또는 몰수할 물건을 발견하기 위해 신체, 물건 또는 주거 기타 장소에 강제력을 행사하는 것이다. 검사는 범죄 수사에 필요한 때에는 피의자가 죄를 범하였다고 의심할 만한 정황이 있고 해당 사건과 관계가 있다고 인정할 수 있는 것에 한정하여 지방법원 판사에게 청구하여 발부받은 영장에 의하여 압수, 수색 또는 검증을 할 수 있다. 사법경찰관이 범죄 수사에 필요한

---

102) 「형사소송법」 제201조.
103) '구인'은 일정한 장소에 실력 행사하여 인신을 강제 연행하는 것을 말하며, '구금'은 유치장, 구치소, 교도소에 인신을 가두는 것을 말한다.
104) 「형사소송법」 제70조.
105) 「형사소송법」 제215조.

때에는 피의자가 죄를 범하였다고 의심할 만한 정황이 있고 해당 사건과 관계가 있다고 인정할 수 있는 것에 한정하여 검사에게 신청하여 검사의 청구로 지방법원 판사가 발부한 영장에 의하여 압수, 수색 또는 검증을 할 수 있다.

2) 통신제한조치

통신제한조치는 다음 각호의 범죄를 계획 또는 실행하고 있거나 실행하였다고 의심할만한 충분한 이유가 있고 다른 방법으로는 그 범죄의 실행을 저지하거나 범인의 체포 또는 증거의 수집이 어려운 경우에 한하여 허가할 수 있다.[106] 검사는 요건이 구비된 경우에는 법원에 대하여 피의자별 또는 피내사자별로 통신제한조치를 허가하여 줄 것을 청구할 수 있다. 사법경찰관은 요건이 구비된 경우에는 검사에 대하여 피의자별 또는 피내사자별로 통신제한조치에 대한 허가를 신청하고, 검사는 법원에 대하여 그 허가를 청구할 수 있다.

제6절 해양경찰 수사 실무

1. 긴급 배치

가. 의 의

긴급 배치란 중요 사건이 발생하였을 때, 적시성이 있다고 판단되는 경우, 신속한 경찰력 배치, 범인의 도주로 차단, 검문 검색을 통하여 범인을 체포하고 현장을 보존하는 등의 초동 조치로 범죄 수사자료를 수집하는 수사 활동을 말한다(수사 긴급 배치규칙 제2조).

나. 발령권자

긴급 배치의 발령권자는 범위에 따라 구분된다. 사건발생지 관할 해양경찰서 또는 인접 해양경찰서에 시행할 경우는 발생지 관할 해양경찰서장이 발령한다. 사건발생지 지방해양경찰청의 전 해양경찰서 또는 인접 지방해양경찰청에 시행할 경우는 발생지 지방해양경찰청장이 발령한다. 전국적인 긴급 배치는 해양경찰청

106) 「통신비밀보호법」 제5조.

장이 발령한다(수사 긴급 배치규칙 제4조).

다. 긴급 배치 유형 및 사건 범위

긴급 배치는 사건의 긴급성 및 중요도에 따라 갑호, 을호로 구분 운용하며, 긴급 배치 종별, 사건 범위는 다음과 같다.

〈표 5-5〉 긴급 배치 종별 사건 범위

갑 호	을 호
1. 살인, 강도, 간간, 약취유인, 방화 사건	1. 중요 상해치사
2. 그 밖에 중요 사건	2. 5,000만 원 이상 다액절도, 관공서 및 국가 중요시설 절도, 국보급 문화재 절도
3. 인사사고를 동반한 선박 충돌 도주 사건, 총기, 탄약 및 폭발물 절도, 구인 또는 구속 피의자 도주	3. 그 밖에 해양경찰관서장이 중요하다고 판단하여 긴급 배치가 필요하다고 인정하는 사건

라. 유형별 경력 동원 기준

긴급 배치 종별에 따른 경력 동원 기준은 다음과 같다(수사 긴급 배치규칙 제7조).

1. 갑호 배치: 형사(수사) 요원, 형사기동정 요원, 해양파출소 요원은 가동경력 100%
2. 을호 배치: 형사(수사) 요원, 형사기동정 요원은 가동경력 100%, 해양파출소 요원은 가동경력 50%

발령권자는 긴급 배치 실시상 필요하다고 인정할 때는 전항의 규정에도 불구하고 추가로 경력을 동원 배치할 수 있다.

2. 수 배

수배 제도는 도주하는 범죄피의자를 조기에 효율적으로 체포하기 위하여 운영되는 수사기법이다. 수사단계에 들어가면 수사기관은 피의자를 신문하여 피의자신문조서를 작성하는데, 이 과정에서 피의자가 출석을 거부하거나 연락이 닿지 않아 출석요구를 전달하지 못할 수 있다. 이런 경우 수사기관은 임의수사를 원칙으로 하므로, 영장이 발부되기 전까지는 계속해서 출석요구를 하고 피의자가 연락이 닿지 않는다면 소재 수사 등을 통해 피의자를 찾기 위한 활동을 한다.

가. 지명 수배

지명 수배는 용의자를 특정했지만, 소재를 파악하지 못해 검거하지 못하는 경우, 그 사람을 지명하여 전국 또는 일정 지역의 수사기관에 의뢰해 잡도록 하는 일을 말한다. 피의자가 발견되었음에도 출석하지 않는다면 이제는 출석 의사가 없는 것으로 간주하여 수사기관은 검사에게 체포영장 발부를 신청하고, 법관이 체포영장을 발부하면 수배 종별이 지명 수배(A)로 변경된다. 사법경찰관리는 다음 각호의 어느 하나에 해당하는 사람의 소재를 알 수 없을 때는 지명 수배를 할 수 있다(해양경찰 수사 규칙 제45조).

1. 법정형이 사형, 무기 또는 장기 3년 이상의 징역이나 금고에 해당하는 죄를 범했다고 의심할 만한 상당한 이유가 있어 체포영장 또는 구속영장이 발부된 사람
2. 지명 통보의 대상인 사람 중 지명 수배를 할 필요가 있어 체포영장 또는 구속영장이 발부된 사람

지명수배자를 발견한 때에는 체포영장 또는 구속영장을 제시하고, 권리 등을 고지한 후 체포 또는 구속한다.

나. 지명 통보

수사기관의 출석요구 등에 응하지 않는 상황에서 대상자가 수사기관 등에 방문할 때를 알려주는 제도이다. 출석요구나 전화 연락 등에도 불구하고 피의자의 소재가 끝까지 파악되지 않았다면, 수사기관은 검찰에 기소중지 의견으로 송치하고 지명 통보(C) 조치한다. 이 조치는 해당 피의자의 소재가 파악되지 않으니 발견하면 해당 수사기관에 통보하여 달라고 요청하는 것으로, 지명 통보된 피의자가 발견되면 수사기관은 피의자의 소재를 통지받아 다시 연락을 취해 수사 과정을 진행하게 된다. 지명 수배와 지명 통보가 다른 점은 지명 통보는 아직 체포영장이 발부되지 않았기 때문에 수사기관이 피의자를 체포할 수 없어 지명 통보 사

실만 안내하고 석방하는 것이고, 지명 수배는 법관이 발부한 체포영장을 수사기관이 가지고 있으므로 체포하여 수사하는 것이다. 사법경찰관리는 다음 각호의 어느 하나에 해당하는 사람의 소재를 알 수 없을 때는 지명 통보를 할 수 있다(해양경찰 수사 규칙 제47조).

1. 법정형이 장기 3년 미만의 징역 또는 금고, 벌금에 해당하는 죄를 범했다고 의심할 만한 상당한 이유가 있고, 출석요구에 응하지 않은 사람
2. 법정형이 장기 3년 이상의 징역이나 금고에 해당하는 죄를 범했다고 의심되더라도 사안이 경미하고, 출석요구에 응하지 않은 사람

사법경찰관리는 지명통보자를 발견한 때에는 지명통보자에게 지명 통보된 사실, 범죄사실의 요지 및 지명 통보한 해양경찰관서를 고지하고, 발견된 날부터 1개월 이내에 통보 관서에 출석해야 한다는 내용과 정당한 사유 없이 출석하지 않으면 지명수배되어 체포될 수 있다는 내용을 통지해야 한다.

다. 공개 수배

지방해양경찰청장은 지명 수배를 한 후, 6개월이 경과하여도 검거하지 못한 피의자 중 다음 각호의 어느 하나에 해당하는 중요지명피의자를 선정하여 수사국장에게 보고해야 한다. 수사국장은 공개수배위원회를 개최하여 중요지명피의자 종합 공개 수배 대상자를 선정하고, 공개 수배 할 수 있다(해양경찰청 범죄 수사 규칙 제98조).

1. 강력범(살인 · 강도 · 성폭력 · 마약 · 방화 · 폭력 · 절도범을 말한다)
2. 다액 · 다수피해 경제사범, 부정부패 사범
3. 그 밖에 신속한 검거를 위해 전국적 공개 수배가 필요하다고 판단되는 사람

해양경찰관서의 장은 법정형이 사형 · 무기 또는 장기 3년 이상 징역이나 금고에 해당하는 죄를 범하였다고 의심할만한 타당한 이유가 있고, 범죄의 상습성, 사회적 관심, 공익에 대한 위험 등을 고려할 때 신속한 검거가 필요한 사람에 대해 긴급 공개 수배를 할 수 있다(해양경찰청 범죄 수사 규칙 제98조).

라. 사건 수배

경찰관은 범죄 수사와 관련하여 사건의 용의자와 수사자료, 그 밖의 참고사항을 다른 경찰관 및 해양경찰관서에 요구를 하거나 긴급 배치 등 긴급한 조치를 의뢰할 수 있다(해양경찰청 범죄 수사 규칙 제85조).

마. 장물 수배

장물 수배란 수사 중인 사건의 장물을 다른 경찰관서에 그 발견을 요청하는 수배하는 것을 말한다(해양경찰청 범죄 수사 규칙 제105조). 경찰관이 장물 수배할 때는 발견해야 할 장물의 명칭, 모양, 상표, 품질, 품종 그 밖의 특징 등을 명백히 밝혀야 하며 사진, 도면, 동일한 견본 · 조각을 첨부하는 등 필요한 조치를 해야 한다.

3. 피의자 유치 및 호송

가. 피의자 유치

1) 의 의

경찰관은 유치 중인 피의자의 인권을 존중하고 보호해야 한다. 피의자를 유치할 때는 유치장을 사용해야 한다. 해양경찰서장은 피의자의 유치 및 유치장 관리에 대한 전반적인 지휘 · 감독을 해야 하며, 그 책임을 져야 한다. 유치인 보호 주무자[107]는 유치인 보호관을 지휘 · 감독하고 피의자의 유치 및 유치장의 관리에 관한 책임을 진다. 피의자를 유치장에 입감시키거나 출감시킬 때에는 유치인 보호 주무자[108]가 발부하는 피의자 입감 · 출감 지휘서에 따라야 하며, 동시에 3명 이상의 피의자를 입감시킬 때는 경위 이상 경찰관이 입회하여 순차적으로 입감시켜야 한다.

---

107) 유치인 보호 주무자란 해양경찰서 수사과장을 말한다.

108) 유치인 보호관이란 해양경찰서장을 보좌하여 유치인 보호 및 유치장 관리를 담당하는 경찰관을 말한다.

2) 분리 유치

여성은 남성과 분리하여 유치해야 한다. 공범자 또는 그 밖의 사건과 관련된 피의자들을 유치할 때는 유치실 시설의 허용범위에서 분리하여 유치하는 등 서로 통모하지 않도록 유의해야 한다. 다음 각호에 해당하는 사람은 유치장이 허용하는 범위에서 분리하여 유치해야 한다(해양경찰청 피의자 유치 및 호송규칙 제8조).

1. 형사범과 구류 처분을 받은 자
2. 19세 이상의 사람과 19세 미만의 사람
3. 신체장애인
4. 사건 관련 공범자 등

3) 신체 등의 검사

유치인 보호관은 피의자를 유치하는 과정에서 피의자의 생명, 신체에 대한 위해를 방지하고, 유치장 내의 안전과 질서를 유지하기 위하여 필요하다고 인정될 때는 유치인의 신체 등 및 유치실을 검사할 수 있다. 신체 등의 검사는 동성(同性)의 유치인 보호관이 실시해야 한다(해양경찰청 피의자 유치 및 호송규칙 제9조).

4) 위험물 등의 취급

유치인 보호 주무자는 피의자를 유치하는 과정에 그 피의자가 수사상 또는 유치장의 보안상 지장이 있다고 인정되는 위험물을 소지하고 있을 때는 그 물건을 유치기간 중 보관해야 한다(해양경찰청 피의자 유치 및 호송규칙 제10조).

5) 가족 등에게 통지

사법경찰관은 피의자를 구속하였을 때 지체 없이 그 가족이나 피의자가 지정하는 사람에게 서면으로 「형사소송법」 제87조에 따른 구속통지를 해야한다.

6) 접 견

변호인과 유치인의 접견 또는 서류 그밖에 물건의 접수에 있어서 유치인 보호 주무자는 육안으로 관찰이 가능한 거리에서 관찰할 경찰관을 지정해야 하며, 서류 그 밖에 물건의 접수를 방해해서는 안 된다. 접견은 접견실 등 유치장 이외의 지정된 장소에서 실시해야 한다. 유치인이 변호인이 아닌 자와 접견할 경우에는 유치인 보호 주무자가 지정한 경찰관이 입회한다.

나. 피의자 호송

1) 의 의

호송이란 피의자 등을 다른 수용장소나 검찰, 법원, 교도소 등 국가기관에 인계하기 위하여 이동하면서 관리하는 것을 말한다. 호소의 종류는 4가지가 있다. 이감 호송이란 피호송자의 수용장소를 다른 곳으로 이동하거나 특정 관서에 인계하기 위한 호송을 말한다. 왕복 호송이란 피호송자를 특정 장소에 호송하여 필요한 용무를 마치고 다시 발송 관서 또는 호송 관서로 호송하는 것을 말한다. 집단 호송이란 한 번에 다수의 피호송자를 호송하는 것을 말한다. 비상 호송이란 전시, 사변 또는 이에 준하는 국가 비상사태나 천재지변으로 피호송자를 다른 곳에 수용하기 위한 호송을 말한다(해양경찰청 피의자 유치 및 호송규칙 제47조).

2) 호송의 절차와 수단

호송관은 반드시 호송 주무관의 지휘에 따라 포박하기 전에 피호송자에 대하여 안전 호송에 필요한 신체 검색을 해야한다. 호송관은 호송 관서를 출발하기 전에 반드시 피호송자에게 수갑을 채우고 포승으로 포박해야 한다. 호송관은 피호송자가 2명 이상일 때에는 피호송자별로 수갑을 채우고 포승으로 포박한 후 호송 수단을 고려하여 상호 연결해 포박해야 한다. 호송 수단은 경찰 차량에 의함을 원칙으로 한다. 다만, 경찰 차량을 사용할 수 없거나 그 밖에 특별한 사유가 있는 때에는 도보나 경비함·정, 경찰 항공기 또는 일반 교통수단을 이용할 수 있다.

3) 사고 발생 시의 조치

호송관은 호송 중 피호송자가 도주, 사망, 질병 또는 그 밖에 사고가 발생한 경우 다음의 구분에 따라 신속하게 조치해야 한다.

(1) 피호송자가 도망하였을 경우

즉시 사고발생지 관할 해양경찰관서에 신고하고 도주 피의자 수배 및 수사에 필요한 사항을 알려주어야 하며, 소속 해양경찰관서의 장에게 전화, 전보 그 밖에 신속한 방법으로 보고하여 그 지휘를 받아야 한다. 이 경우에 즉시 보고할 수 없는 때에는 신고 관서에 보고를 의뢰할 수 있다. 호송 관서의 장은 보고받은 즉시 상급 감독 관서에 보고 및 관할 검찰청에 통보하는 동시에 인수관서에 통지하고 도주 피의자의 수사에 착수해야 하며, 사고발생지 관할 해양경찰서장에게 수사를 의뢰해야 한다.

(2) 피호송자가 사망하였을 경우

즉시 사망지 관할 해양경찰관서에 신고하고 시체와 서류 및 영치금품은 신고 관서에 인도해야 한다. 다만, 부득이한 경우에는 다른 도착지의 관할 해양경찰관서에 인도할 수 있다. 인도받은 해양경찰관서는 즉시 호송 관서와 인수관서에 사망일시, 원인 등을 통지하고, 서류와 금품은 호송 관서에 송부한다. 호송 관서의 장은 통지받은 즉시 상급 감독관서 및 관할 검찰청에 통보하는 동시에 사망자의 유족 또는 연고자에게 이를 통지해야 한다.

(3) 피호송자가 병에 걸렸을 경우

경증으로 호송에 큰 지장이 없고 당일로 호송을 마칠 수 있을 경우에는 호송관이 적절한 응급조치를 취하고 호송을 계속해야 한다. 중증으로 호송을 계속하는 것이 곤란하다고 인정될 경우에는 피호송자 및 그 서류와 금품을 발병지에서 가까운 해양경찰관서에 인도해야 한다.

4. 과학수사

가. 과학수사 개념 및 내용

1) 과학수사의 개념

과학수사란 범인을 발견하고 증거를 수집하여 사인의 진상을 밝히는 수사 활동에 과학적 지식·기술과 감식시설·장비·기자재 등을 접목한 체계적·합리적 수사 활동을 말한다.[109] 범인을 발견하고 증거를 수집하기 위하여 경험·육감에 기초한 주관적 판단이나 근거 없는 추리에 의하는 것이 아니라, 현대의 발전된 과학적 지식·기술, 조직적인 자료와 시설을 이용하여 합리적인 판단과 객관적인 증거에 의하는 수사 활동이다.

109) 노호래, (2022), 「해양경찰학개론」, 박영사: 731.

2) 과학수사의 내용

(1) 과학을 이용하는 수사

과학수사는 수사에 있어 다양한 과학적 학문을 활용하게 된다. 생물학·화학·물리학·생화학·독물학·혈청학 등 자연과학뿐만 아니라, 범죄학·사회학·철학·논리학·법의학 등 사회과학도 활용한다.

(2) 수사 방법에 있어 과학적으로 수행하는 수사

과학수사는 수집된 자료를 토대로 추리하고 검증하는 방법으로 행해진다. 과학수사의 절차는 자료수집 → 자료검토 → 범인 추정 → 수사방침의 수립 → 검증 순으로 진행한다.

(3) 수사 법칙에 따른 수사

범죄 사건과 범죄 현장의 여러 가지 상황을 종합적으로 판단함으로써 공통되는 점을 찾아내어 수사 법칙에 따라 수사를 진행하여야 한다.

(4) 합리성·타당성 있는 수사

수사는 개인의 기본적 인권보장의 이념 아래 합법적으로 신속·정확하게 진행되어야 하며, 그 결과에 대하여 국민이 이해하고 이해할 수 있는 합리성과 타당성이 있어야 한다.

나. 현장 감식 및 증거물 관리

1) 현장 감식의 개념

범죄가 발생한 장소나 범죄 발생의 의심이 있는 장소에 임장하여 현장 상황과 유류되어 있는 여러 가지 자료를 합리적으로 채취·수집하여 범죄를 증명함에 충분한 증거자료로써 활용할 수 있도록 하는 현장에서의 수사 활동을 말한다(해양경찰청 과학수사 기본규칙 제2조).

2) 현장 감식의 일반적 순서

현장 감식은 다음 각호의 순서에 따라 하는 것을 원칙으로 한다(해양경찰청 과학수사 기본규칙 제11조).

1. 사건 현장 보존 및 임장
2. 현장 관찰 및 기록
3. 증거물 수집 · 채취
4. 현장감식결과보고서 작성

3) 증거물의 수집 · 채취

과학수사관이 사건 현장에서 수집 · 채취해야 하는 증거물은 다음 각호와 같다(해양경찰청 과학수사 기본규칙 제19조).

1. 지문, 혈액, 타액, 정액, 모발 등 개인 식별을 위한 생물학적 증거물
2. 유리, 페인트 조각, 토양, 고무, 섬유 등 미세증거물
3. 족적(足跡), 윤적(輪跡), 공구흔 등 물리학적 증거물
4. 시체의 현상 · 손상 등 법의학적 증거물
5. 그 밖의 사건과 관련된 증거물

모든 증거물은 가능한 한 전량을 수집 또는 채취해서 충분한 시료를 감정의뢰해야 한다. 증거물의 표식은 모든 증거물마다 따로 지정하고 채취일시, 장소 등을 기록해야 하며, 감정을 필요로 하는 사항을 상세히 기록하여야 한다. 채취 · 수집한 증거물은 오염 및 부패를 막기 위하여 맨손으로 만지거나 더럽히지 말아야 하며, 햇빛을 피해 서늘하고 건조한 장소에 보존하였다가 즉시 감정의뢰 하여야 한다.[110] 증거물은 파손 또는 오염되지 않도록 증거물마다 개별 포장해야 하며 운송 중 파손되지 않도록 견고하게 전체 포장을 해야한다.

4) 증거물의 관리

채취된 증거물은 멸실, 파손 등이 발생하지 않도록 별도의 보관실에 입고한다. 입고된 증거물이 생물학적 감정물이면 냉동 · 냉장실에 보관하고 기타의 것은 별도의 지정 장소에 보관한다. 감정물은 국과수 등 감정기관에 보낼 때는 증거물의 객관성, 투명성을 유지토록 채취자, 대출자, 입고자, 날짜 등을 정확히 한다.

---

110) 혈액, 타액, 정액과 같은 인체 분비물 감정 시료를 장기간 보존해야 할 때는 깨끗한 흰 천에 묻혀 그늘에서 건조해 보관하면 부패를 방지할 수 있다.

5) 증거물 객관성 확보

(1) 사진과 비디오 활용 증거물의 현장 유류 상황 채증

증거물이 유류된 위치를 알 수 있도록 넓게 촬영하고, 이때 증거물에 번호표를 놓아 위치를 표시하여, 유류된 증거물의 형상을 알 수 있도록 근접 촬영한다.

(2) 증거물의 채취일시, 장소, 채취자 등의 입증 조치

증거물 채취표를 작성하며 번호표를 증거물과 함께 근접촬영 한다.

(3) 채취 후 지정된 증거물 보관창고에 보관 후 출고 시 기록유지

증거물 채취부터 출고・재입고 및 송치까지 증거물의 보관 이동 경로를 작성하여 투명성 확보한다.

(4) 증거물의 개인 서랍 보관 등 금지

미제사건 압수물 등은 규정된 장소, 기간 동안 투명하게 보관・관리한다.

(5) 감정의뢰

감정의뢰서 작성 시 채취 방법 등을 상세히 기재하여 감정기관에 의뢰한다. 국과수 등 감정기관에 송부된 감정 대상 증거물은 감정 후 남은 시료 또는 감정서(사본)를 환부 받아 보관한다.

다. 지문 감식

1) 지문의 특성

지문은 손가락 끝마디의 안쪽에 피부가 융기한 선이나 점으로 형성된 무늬를 말한다. 지문은 사람마다 다르며, 변하지 않는 특성이 있다. 지구상에 지문이 같은 사람은 없다. 그러므로 지문의 특성을 이용하여 범죄를 수사하고 범인을 특정하는 데 빈번히 활용되고 있다.

2) 지문의 종류 및 특성

(1) 현장 지문

현장 지문은 범죄 현장에 남겨진 지문을 말한다. 현장 지문은 다시 현재 지문과 잠재 지문으로 분류할 수 있다. 현재 지문은 가공하지 않고 육안으로 식별되

는 지문을 말한다. 잠재 지문은 육안으로는 식별되지 않고 이화학적 가공을 거친 후 육안으로 식별되는 지문을 말한다.

(2) 준 현장 지문

준 현장 지문은 범죄 현장 이외의 장소에서 채취한 지문을 말한다. 예컨대, 범죄 현장에 침입하거나 도주하는 장소에 채취한 지문이나 범죄 예비장소에서 채취한 지문 등을 말한다.

(3) 관계자 지문

관계자 지문은 현장 지문과 준 현장 지문 중에서 범인 이외의 자가 남긴 지문을 말한다. 예컨대, 피해자의 지문이나 제삼자의 지문을 말한다.

(4) 유류 지문

유류 지문은 현장 지문과 준 현장 지문 중에서 관계자 지문을 제외하고 범인 지문으로 추정되는 지문을 말한다.

3) 지문의 채취

(1) 지문채취 순서

지문은 지문의 융선과 삼각도가 완전히 드러나도록 회전하여 채취해야 한다. 채취의 방법은 오른손 첫째 손가락의 지문을 채취하고 절단, 손상, 그 밖의 사유로 지문을 채취할 수 없는 경우에는 다음 각호에 정한 순서에 의하여 지문을 채취한다(해양경찰청 지문 및 수사자료표 등에 관한 규칙 제11조).

1. 왼손 첫째 손가락
2. 오른손 둘째 · 셋째 · 넷째 · 다섯째 손가락
3. 왼손 둘째 · 셋째 · 넷째 · 다섯째 손가락

(2) 잠재 지문 채취 방법

현장에서 육안으로 식별되지 않는 잠재 지문을 채취하는 방법으로 고체법, 액체법, 기체법, 기타 방법이 있다. 고체법은 분말법이라고도 하며, 미세한 분말을 지문이 있다고 생각되는 물체에 발라 잠재 지문을 검출하는 방법이다. 표면이 매끄럽고 편편하거나 딱딱한 물체에 있는 지문을 채취하기 쉽다. 액체법은 범인의 손가락 분비물에 함유된 염분이나 단백질 등에 용액을 분무하여 화학적 반응을 일으켜 지문을 검출하는 방법이다. 기체법은 지문 속에 함유된 염분이나 지방분 및 아미노산 등에 기체를 가하여 화학적 반응을 일으켜 지문을 검출하는 방법이다.

라. 시체 현상

1) 시체 현상

사람이 죽으면 생전의 생리작용이 일어나지 않고 시체에만 나타나는 변화 또는 현상이 나타나는데, 이를 시체 현상이라 한다. 시체 현상은 사후 48시간 이전에 나타나는 초기 현장과 사후 48시간 이후에 나타나는 후기현상으로 나누어 볼 수 있다.

2) 시체의 초기 현상

(1) 체온 하강

사망 이후에는 체열이 방출되고 시간이 경과하면서 주위 온도와 시체 온도가 같아진다. 주변 습도가 낮을수록, 통풍이 잘 될수록 체온 하강이 급격히 이루어진다.

(2) 각막 혼탁

각막은 사후 12시간 이후부터 흐려지기 시작한다. 24시간이 되면 현저하게 흐려지고, 48시간이 되면 불투명해진다.

(3) 시체얼룩

사망으로 혈액순환이 정지되면 중력에 의해 혈액이 시체 아래쪽으로 몰리면서 암적갈색으로 변화한다.

(4) 시체굳음

사망 후 일정 시간이 경과하면 근육이 경직되고 관절이 고정되어 시체가 뻣뻣해지는 현상이 나타난다. 사망 후 2~3시간부터 시작되어 12시간이 경과하면 전신이 경직된다. 턱 → 어깨 → 손목 · 발목 → 손가락 · 발가락 순으로 굳어진다.

3) 시체의 후기현상

(1) 자가용해

체내에 있는 각종 분해효소가 작용하여 단백질, 지방질, 탄수화물 등이 분해되고 장기 등의 조직이 분해된다.

(2) 부 패

부패는 부패균의 작용으로 시체가 산화되는 과정이다. 부패의 정도는 공기 순환, 온도, 습도에 따라 달라진다. 대기 중에서 1일 걸리는 부패는 물속에서 2일, 땅속에서는 8일이 소요된다(Casper의 법칙).

(3) 미라화

시체가 분해되거나 부패하지 않고 수분을 상실하여 건조한 상태가 되는 현상을 말한다. 고온·건조한 기후에서 시체의 분해나 부패보다 건조가 빠르게 진행될 때 발생한다.

(4) 밀 랍

시체가 화학적 분해 때문에 고체 형태로 변화한 현상이다. 수중이나 수분이 많은 땅속에서 형성된다.

(5) 백골화

시체의 부드러운 생체조직이 부패 또는 건조되어 뼈가 드러나게 되는 현상이다. 부패가 시작되면 생체조직은 땅속으로 녹아 들어가 점점 사라진다. 최후로 백골화가 완료되면 모든 생체조직은 사라지고 뼈만 남게 된다.

제6장

정보 외사론

정보활동은 해양경찰 활동을 지원하기 위해 사전에 정보를 수집하고 이를 분석하여 필요한 곳에 배포하는 활동이다. 보안 활동은 국가안전보장을 위태롭게 하는 반국가적 세력에 대하여 정보를 수집하고 수사하는 활동이다. 외사 활동과 국제협력 활동은 외국인을 대상으로 하거나 외국과의 관계를 대상으로 하는 활동이다. 제6장에서 해양경찰 정보활동, 보안 활동, 외사 활동에 대하여 알아보겠다. 정보의 분류, 정보의 순환과정을 알아보고, 보안 활동으로서 방첩 활동, 보안수사 등을 살펴보고, 외국인을 대상으로 한 외사활동을 살펴보겠다.

제1절 정보 외사 개관

1. 의 의

해양경찰은 해양에서 국민의 생명과 재산을 보호하고 공공의 안녕과 질서를 유지하기 위해 다양한 활동을 하고 있다. 그중에서 다른 업무에 비하여 상대적으로 예방적 · 사전적 · 탄력적 · 비공개적 성향이 강한 업무가 본 장에서 소개하는 정보 · 보안 · 외사 관련 업무다. 정보활동은 다양한 해양경찰 활동을 돕거나 뒷받침하기 위하여 사전에 정보를 수집하고 이를 분석하여 필요한 곳에 배포하는 활동이다. 보안 활동은 국가안전보장을 위태롭게 하는 반국가적 세력에 대하여 정보를 수집하고 이에 따른 수사를 하는 활동이다. 다른 업무가 주로 우리나라 국민을 대상으로 행해지는 활동이지만 외사 활동과 국제협력 활동은 외국인을 대상으로 하거나 외국과의 관계를 대상으로 하는 활동이다. 외사 활동은 외국 및 외국인과 관련된 정보활동과 외국인 범죄에 대한 수사 활동까지 포함하는 개념이다.

2. 정보 · 외사 · 국제협력 조직

해양경찰청에 국제정보국을 두고, 국제정보국에 국장 1명을 둔다. 국장은 치안감 또는 경무관으로 보한다. 국제정보국에 정보과 · 외사과 · 보안과 및 국제협력과를 두며, 정보과장 · 외사과장 · 보안과장 및 국제협력과장은 총경으로 보한다. 과거 수사 기능과 정보기능이 합쳐 수사정보국을 오랫동안 운용했으나, 2021년 검 · 경 수사권 조정 이후 수사 기능의 독립적 지위를 보장하면서 분리되었다.

지방해양경찰청은 중부 · 서해 및 남해지방해양경찰청에서 안전총괄부 아래 정보 외사과를 둔다. 동해 및 제주지방해양경찰청에서 청장 아래 정보 외사과를 둔다. 정보 외사과장은 총경으로 보한다. 해양경찰서에는 정보 외사과를 둔다.

제2절 해양경찰 정보

1. 의 의

가. 정보의 개념

정보(Intelligence)란 국가의 정책 결정을 위하여 수집한 자료를 실제 문제에 도움이 될 수 있도록 정리한 지식 또는 자료를 말한다. 정보라는 개념 속에는 비밀스럽게 취급되고 가공되어 국가의 목표나 정책, 특히 국가안보에 이바지할 수 있는 분야에 활용되는 의미가 내포되어 있다. 원래 정보라는 용어는 군에서 사용하던 전문용어로서 '적국의 동정에 관하여 알림'이라는 의미가 있다. 군사적으로 사용되던 정보라는 개념은 사회가 발전하면서 일반적으로 통용되는 일상용어로 확대되어 쓰이고 있다. 해양경찰은 평온한 해상치안 유지를 위한 범죄의 예방과 진압뿐만 아니라 남북대치 상황에서 국가안보 임무도 맡고 있다. 그뿐만 아니라 인접국 간 해양영토를 둘러싼 분쟁이 심화하여 가는 현실에서 해상에서 정보활동은 점점 중요성이 증대되고 있다.

해양경찰청에서 이루어지는 정보활동은 해상을 중심으로 이루어진다. 해상 정보활동은 "해상에서 국가안보나 국가이익, 국가정책 결정을 위해 사용자에게 제공할 목적으로 수집 · 분석한 결과물 또는 그러한 활동"이라고 정의할 수 있다.

해상 정보활동에는 해상에서 발생할 수 있는 공공질서 위반행위에 대한 정보활동과 이를 예방하기 위한 정보활동도 포함된다. 즉, 법률 위반이나 공공질서 위반행위에 대한 정보활동은 물론 이를 예방하기 위한 정보활동까지를 포함한다고 보아야 한다.[111]

나. 구별 개념

종종 정보의 의미에 대해 혼란을 가져오는 경우가 많다. 그 근본적인 이유는 영문으로 표시되는 'Information'과 'Intelligence'라는 용어를 혼용하면서 함께 '정보'라는 통칭으로 사용하기 때문이다. 따라서 정보의 개념을 정리하기 위해서 우선 정보를 구성하게 되는 기초 개념으로 데이터 또는 자료(Data), 첩보(Information), 정보(Intelligence)의 개념을 명확히 이해하여야 한다.

자료(Data)란 특정한 목적에 의해 평가되지 않고 나열된 단순한 여러 사실이나 기호를 말한다. 첩보(Information)는 목적성을 가지고 의도적으로 수집한 자료를 말한다. 즉, 그 의미의 타당성이 검증되지는 않았지만, 분석 및 평가과정을 거치면 목적에 맞게 이용될 수 있을 것으로 믿고 수집된 자료이다. 정보(Intelligence)라는 특정 목적을 달성하기 위해 첩보를 수집·평가·분석한 후 그 타당성을 검증한 것을 말한다. 따라서 정보는 정제된 자료로서 국가정책이나 안전보장을 위하여 사용할 수 있는 완성된 형태이다. 정보를 생산하는 과정은 시간 흐름에 따라 자료를 수집하고, 수집된 자료를 분석·평가하며, 이에 대한 타당성을 검증하는 순서로 이루어진다.

다. 법적 근거

정보활동에 대한 법적 근거는 「해양경찰법」 제14조 제3항에 "해양경찰은 해양에서 공공안녕에 대한 위험의 예방과 대응을 위한 정보의 수집·작성·배포에 관한 직무를 수행한다."라는 내용과 「경찰관직무집행법」 제8조의2에 "경찰관은 범죄·재난·공공갈등 등 공공안녕에 대한 위험의 예방과 대응을 위한 정보의 수집·작성·배포와 이에 수반되는 사실의 확인을 할 수 있다." 등이다. 정보활동의 구체적인 내용을 정하고 있는 규정으로 「경찰관의 정보수집 및 처리 등에 관한

111) 최정호, (2016), "해양경찰 정보활동의 법적 근거와 범위에 관한 고찰", 한국해양경찰학회보 제6권 제2호: 138.

규정」, 「해양경찰청 정보경찰 활동규칙」 등이 있다.

2. 정보의 요건과 분류

가. 정보의 요건

국가의 정책 결정 또는 의사결정과정에서 생산된 모든 정보가 가치 있게 활용되는 것은 아니다. 정보가 일정한 가치를 가지고 의사결정과정에 의미 있게 활용되려면 일정한 요건을 갖추어야 한다.

1) 적시성

적시성은 정책 결정을 할 때, 즉 사용자에게 정보가 필요할 때 제공되어야 한다는 원칙이다. 아무리 가치 있는 정보라도 필요한 시기를 지나 제공된다면 가치가 저하되고 의사결정에 활용되지 못한다. 따라서 완전한 내용으로 보고서를 작성하는 것보다도 때를 놓치지 않고 사용자에게 제공하는 것이 훨씬 중요하다.

2) 정확성

적시성과 배치되는 면이 있지만, 정보는 시간의 제약범위 내에서 최대한 정확성이 확보되어야 한다. 즉, 사실과 정보의 내용이 일치하여야 한다는 것이다. 사실관계가 정확지 않은 정보를 제공할 경우 사용자는 잘못된 정책 결정을 할 수 있다. 특히 사회적 파장이 큰 정보에 있어서는 정보의 정확성과 완전성이 더욱더 강하게 요구된다. 하지만 지나치게 정보의 정확성을 추구하다 보면 정보의 적시성을 잃을 수도 있으므로 양자의 조화가 중요하다.

3) 적실성

적실성은 정보가 이슈화된 현안문제와 얼마나 밀접하게 관련되어 있고, 사용자의 사용 목적에 초점이 맞추어져 있느냐의 문제이다. 적실성은 처음부터 현안과 밀접히 연관된 정보를 위하여 정보의 요구단계와 첩보수집 단계부터 고려되어야 할 특성이다. 현안문제와 관련성 여부를 검토하지 않고 생산한 정보는 문제해결에 도움이 되지 않으므로 인력과 시간만 낭비하는 결과를 초래한다. 정보보고서 내용이 장황하고 초점이 없다거나 사용 목적과 무관하다면 이것은 바로 적실성을 충족하지 못했다는 의미이다.

4) 완전성

정보는 시간이 허용하는 한 최대한 완전한 형태로 제공되어야 한다. 사용 목적과 관련된 모든 내용을 망라하여 추가적인 정보가 필요하지 않은 상태로 제공되어야 한다. 완전성은 하나의 정보가 독립적이고 정책 결정의 투입 요소로서의 가치를 가지는가를 평가하는 기준이 된다. 따라서 정보보고서를 작성할 때는 사용자가 궁금한 사항이 없도록 육하원칙에 따라 작성하여 완성도를 높여야 하고, 부분적이거나 단편적인 내용만을 작성해서는 안 된다.

5) 객관성

객관성은 정보가 주관적인 의도나 선호에 따라 왜곡되지 않도록 중립성을 견지하여야 한다는 것이다. 따라서 국가이익 또는 국가안보를 위한 객관적 입장에서 작성되고 제공되어야 한다. 오늘날에는 정보의 객관성이 중요하다는 인식이 널리 퍼져 있고 당연한 것으로 받아들여지고 있다.

6) 명료성

명료성은 결론을 분명하게 제시해야 한다는 것이다. 정보판단은 상황 파악 또는 미래 예측의 한계 때문에 어느 정도 불확실성 표현을 내포하게 된다. 이러한 경우에도 정보판단의 전제가 되는 가정이나 조건을 분명하게 제시하고 확실성의 정도를 표시하는 용어를 사용하는 것이 바람직하다.

나. 정보의 분류

정보는 다양한 기준에 따라 여러 가지로 분류할 수 있다. 여기서는 몇 가지 기준에 의한 분류를 살펴보도록 하겠다.

1) 사용 목적에 따른 분류

(1) 정책정보(Policy Intelligence)

정책정보는 국가이익의 증대와 국가안전보장을 위한 정책의 수립과 집행을 지원하는 정보를 말한다. 국가의 외교, 국방, 경제, 과학, 환경, 보건복지 등 국정 전반에 걸쳐 정책 결정과 집행에 지원되는 정보로서 정책정보의 생산은 국가정보기관의 중요한 기능이라 할 수 있다.

(2) 보안정보(Security Intelligence)

보안정보는 소극정보라고도 하는데, 국가의 안전보장에 위해가 되는 간첩, 기타 반국가활동 세력과 그 추종 세력의 행위에 대한 정보로서 국가경찰 기능을 위한 정보이다.

2) 대상 지역에 따른 분류

(1) 국내 정보(Domestic Intelligence)

국내 정보는 국내보안정보와 국내 정책정보로 구분된다. 국내 보안정보는 국내에 침투한 간첩이나 반국가 세력의 안보 위협으로부터 국가의 안전을 유지하는 데 필요한 정보를 의미하며, 국내 정책정보는 국내 경제, 사회, 과학기술 등 국가 내부의 정책 결정에 필요한 정보를 의미한다.

(2) 국외정보(Foreign Intelligence)

국외정보는 해외정보라고도 하는데, 외국의 사항을 대상으로 하는 정보이다. 국외정보도 국외 보안정보와 국외 정책정보로 분류한다. 국외 보안정보는 자국의 안전에 위협을 초래하는 대상국의 간첩, 테러, 선동 활동에 관한 정보뿐만 아니라 상대국 정보기관의 조직, 활동 방법, 활동 목표 등을 탐지하는 것도 포함된다. 국외 정책정보는 타국의 정치, 경제, 사회, 군사, 과학 등에 관한 정보를 의미한다.

3) 분석 형태에 따른 분류

(1) 기본정보(Basic-Descriptive Intelligence)

정보 대상에 대한 틀을 형성하는 구조적이며 기초적인 내용에 대한 정보로서 정적인 상태를 정리해 놓은 정보이다. 각국의 지역 특성, 정치제도, 군사력이나 경제력과 같이 비교적 변화가 적은 고정적인 상황에 관한 내용을 포함한다.

(2) 현용정보(Current-Reportorial Intelligence)

기본정보를 바탕으로 하여 동태적으로 변화한 사실과 그 변화된 사실이 가지는 현재적인 의미를 분석한 정보를 말한다. 최근에 무슨 일이 일어났고 현재 어떤 일이 진행되고 있는가에 관한 내용을 포함하는 것으로서 대부분의 정보분석보고서가 여기에 속한다.

(3) 판단정보(Speculative-Evaluative Intelligence)

판단정보는 정보 대상에 대한 과거와 현재 상황과 그 정보를 포함한 제반 판단자료를 자세히 분석하여 미래의 전개 상황에 대한 추세를 판단하거나 예측하는 정보를 말한다. 대체로 사용자에게 제공된 첩보 자료의 의미를 평가해주고, 장래 발생할 일에 관한 판단을 제시하는 내용을 포함하고 있다.

4) 수집 방법에 의한 분류

(1) 인간정보(HUMINT: Human Intelligence)

인간정보는 공작원, 협조자, 망명자, 여행자 등 사람으로부터 획득한 정보를 말한다.

(2) 기술정보(TECHINT: Technical Intelligence)

기술정보는 항공기, 인공위성, 도청 장치, 레이더, 레이저 등 과학기술 장비를 동원하여 수집한 정보를 말한다.

(3) 공개 출처 정보(OSINT: Open Source Intelligence)

공개 출처 정보는 신문, 방송, 인터넷, 학술지, 국제회의내용 등 공개된 출처로부터 수집된 정보를 말한다.

3. 정보의 순환과정

정보의 순환(Intelligence Cycle)은 최종적인 사용자의 요구에 따라 첩보를 수집하여 분석하고 정보를 생산하여 사용자에게 제공하는 일련의 절차를 말한다. 정보의 순환과정은 ① 정보 요구 → ② 첩보 수집 → ③ 정보분석 및 생산 → ④ 정보 배포의 4단계를 거치며 순환된다.

가. 정보의 요구단계

1) 의 의

정보의 요구단계에서는 사용자의 요구에 맞추어 첩보 수집 부서를 결정하고 정확한 시기에 정보가 제공될 수 있도록 전체적인 정보 생산계획을 수립하고 지도하는 단계이다. 이 단계에서는 첩보 기본 요소 결정, 첩보수집 계획서의 작성,

명령 및 하달, 수집 활동에 대한 조정 및 감독을 한다. 이와 관련하여 우리나라 국가정보에 관한 총괄적인 기획·조정 기능은 「국가정보원법」, 「정보 및 보안업무 기획·조정규정」에 따라 국가정보원에서 주관하고 있다.

2) 정보 요구의 방법

(1) 국가정보 우선순위(PNIO, Priority of National Intelligence Objectives)

국가적으로 볼 때 정보활동은 정부에서 기획된 국가안전보장이나 연간 기본정책을 집행하는데 필요한 자료를 수집하는 것이다. 이처럼 국가 전체적인 정책 방향과 관련된 국가 정보목표의 순위를 국가정보 우선순위(PNIO)라고 한다.

(2) 첩보 기본요소(EEI, Essential Elements of Information)

국가 전체 차원에서 국가정보 우선순위(PNIO)가 결정되면 부처별로 세부적인 수집 임무가 부여되며, 각 부처 정보기관에서 첩보 기본요소(EEI)를 작성하여 이에 따라 정보수집을 한다. 해당 부서의 정보활동을 위한 일반적인 지침으로서 계속적·반복적으로 수집할 사항을 요구하는 방법이다. 정보관이 일상적으로 정보를 수집하는 기본적인 사항이다.

(3) 특별첩보요구(SRI, Special Requirement for Information)

국가정보기관의 국가정보 우선순위(PNIO)나 부처의 첩보 기본요소(EEI)에 따라 정보를 수집하지만, 이것만으로 미래의 정보 수요를 완벽히 예측하여 정보를 수집·생산하기는 어렵다. 이런 경우 특정 지역이나 특정한 돌발상황에 대한 단기적 해결을 위하여 임시직이고 단편적인 첩보를 요구하는데, 이를 특별첩보요구(SRI)라고 한다. SRI로 요청되는 첩보는 다른 첩보에 비하여 가장 우선하여 수집되어야 할 필요성이 있다.

(4) 기타 정보 요구(OIR, Other Intelligence Requirement)

국가정보 우선순위(PNIO) 결정에 참여하는 과정에서 각 부처가 미래에 발생할 모든 정보 수요를 예측한다는 것은 불가능하다. 기타 정보 요구(OIR)는 국가정보 우선순위(PNIO)에 포함되지 않았거나 포함되어 있더라도 후순위 요소로 취급되고 있어서 그 우선순위의 상향조정이 필요한 경우의 정보 요구 방법이다. 따라서 기타 정보 요구(OIR)는 국가정보 우선순위(PNIO)에 우선하여 작성되어야 하는 정보목표다. 기타 정보 요구(OIR)는 전 국가적이며, 장기적인 정보목표라는 측면에서 일시적이고 국지적인 성격을 나타내는 특별첩보요구(SRI)와 구별된다.

나. 첩보의 수집단계

첩보 수집은 첩보 수집기관이 다양한 활동을 통하여 필요한 첩보를 입수하여 정보작성 기관에 전달하기는 과정을 말한다. 첩보수집을 위해서는 수집체계와 수집 방법을 선택해야 하며, 수집의 우선순위를 결정하고, 수집 출처와 수집 방법 보호 방안을 검토하는 등의 준비가 필요하다.

첩보를 수집하는 출처는 신문, 방송, 인터넷 등 공개적인 출처일 수도 있다. 정보관, 외국 주재관, 공작원, 협조자 등 비밀 출처일 수도 있다. 사람으로부터 첩보를 수집할 경우는 출처에 대하여 비밀을 보장하여 출처를 보호하여야 한다. 위성, 항공사진, 전화나 공중파 등 기술적인 출처일 수도 있다.

다. 정보의 분석 및 생산단계

정보분석이란 국가적 현안 해결을 위해 수집된 첩보를 분석하여 사실관계를 파악하고 향후 전망과 파급영향을 예측하며 필요한 대응 방안을 마련하는 활동을 말한다. 국가정보에 있어 정보분석은 국가의 현안문제와 관련하여 정책결정자의 의사결정에 활용할 수 있는 지식을 제공하는 것을 목적으로 한다.

정보를 보고하는 수단은 구두보고, 영상자료 등에 의한 특수매체 보고도 있으나 서면으로 보고하는 정보보고서가 일반적이다. 정보보고서는 알기 쉽게, 그리고 정보요구자의 궁금한 점을 충족시킬 수 있도록 최대한 맞춤형으로 전달되어야 한다. 분량도 정보요구자가 소화할 수 있을 만큼 압축되어야 한다. 완성된 보고서는 소요 기한을 넘기지 말고 적시에 전달되어야만 빛을 볼 수 있다.

라. 정보의 배포단계

정보의 배포란 생산된 정보를 필요로 하는 사용자에게 적합한 형태를 갖추어 적시에 전달하는 과정을 말한다. 정보 배포의 주된 목적은 사용자가 정보를 바탕으로 건전한 의사결정을 하도록 하는 데 있다. 이러한 목적을 효과적으로 달성하기 위해서는 적시성, 보안성, 계속성을 고려하는 것이 바람직하다. 정보 배포의 수단으로는 대화, 브리핑, 메모, 문자메시지, 일일정보보고, 간행물, 전화, 특별보고서 등 다양한 방법이 있다.

4. 정보활동의 실제

가. 첩보수집과 작성

공공안녕에 대한 위험의 예방과 대응을 위한 정보의 수집·작성·배포와 이에 수반되는 사실의 확인을 위해 경찰관이 수행하는 활동은 국민의 자유와 권리를 보호하는 것을 목적으로 해야 하며, 필요 최소한의 범위에 그쳐야 한다.[112] 경찰관은 정보를 수집하거나 정보의 수집·작성·배포에 수반되는 사실을 확인하려는 경우에는 상대방에게 자신의 신분을 밝히고 정보수집 또는 사실 확인의 목적을 설명해야 한다. 이 경우 강제적인 방법을 사용해서는 안 된다.[113] 경찰관은 다음 각호의 장소에 상시적으로 출입해서는 안 되며, 정보활동을 위해 필요한 경우에 한정하여 일시적으로만 출입해야 한다.

1. 언론·교육·종교·시민사회 단체 등 민간단체
2. 민간기업
3. 정당의 사무소

나. 정보보고서의 종류

1) 견문보고서

경찰관이 공·사 생활을 통하여 보고들은 국내외의 정치·경제·사회·문화제 분야에 관한 기초 보고를 말한다. 경정 이하 모든 경찰관은 견문을 수집하여 보고할 의무가 있다.

2) 정보 상황보고서

사회에서 현재 일어나는 사회갈등이나 집단시위, 특별한 이슈에 관하여 진행되는 일시적 상황에 대해 전파하고 보고하는 보고서를 말한다. 필요시 해양경찰 외부에도 전파하여 활용하게 한다.

---

112) 「경찰관의 정보수집 및 처리 등에 관한 규정」 제2조.
113) 「경찰관의 정보수집 및 처리 등에 관한 규정」 제4조.

3) 정보판단서

특정한 사안이나 사건에 대하여 지휘관에게 경력 동원 등 조치를 건의하는 보고서를 말한다.

4) 정책정보보고서

정부 정책, 법령, 제도 등의 문제점을 파악하고 개선대책을 제시하는 보고서를 말한다.

다. 정책 결정과 정보 보고

정보 보고는 국가정책 결정자에게 정책문제의 채택과 집행 그리고 집행된 정책의 실효성을 평가하는 데 매우 유용하게 사용될 수 있다. 정보를 생산하고 보고하는 궁극적인 목적도 정책 과정에서 정책결정자의 실수를 줄이고 올바른 판단을 하는 데 도움을 주고자 하는 것이다. 이에 따라 정보 보고는 정책 수립, 정책결정, 정책집행, 정책평가의 모든 순환과정에서 유용하며 판단의 기초자료가 될 수 있다.

정책 수립 과정에서 파생될 수 있는 장단기 국가안보나 국익과 직결되는 요소를 사전에 감지하고 보고하면 이를 기초로 정책을 추진할 것인지를 판단하는 합리적이고 객관적인 근거가 된다. 정책집행 단계에서도 정책이 의도대로 집행되고 있는지는 정책담당자의 관심 사항이다. 정보기관은 정책집행이 정책담당자의 의도대로 이루어지고 목표를 달성하도록 효율적인 전술과 행동에 필요한 정보를 제공해야 한다. 정보는 정책평가에서도 유용하다. 정책의 실패와 정책의 비효율적인 결과는 국민의 비판과 저항을 불러일으킬 수 있기에 이에 대한 냉정한 평가가 요구되는 것이다. 정책평가는 비용, 효과, 부작용, 국민 여론 등을 종합해야 하는 정보를 바탕으로 이루어진다.

제3절 해양경찰 보안

1. 의 의

가. 개 념

보안경찰이란 국가안전보장을 위태롭게 하는 간첩 활동과 모든 반국가 활동 세력 등에 대한 첩보를 수집·분석하여 보안 사범을 수사하고, 북한 이탈 주민의 신변 보호를 비롯한 국가안보와 관련된 업무를 담당하는 경찰을 말한다. 주요 업무는 공항·항만 보안 활동, 북한 이탈 주민 관리, 간첩 등 보안 사범에 대한 수사, 대공 상황 처리, 납북교류 및 CIQ 관련 업무, 사이버상 보안첩보 수집, 분석 및 수사 등이다.

보안 활동은 일차적인 목적이 국가의 안전보장에 있으며 사전적·예방적 특성이 있다. 보안업무의 특성상 활동에 있어 비공개성과 비노출성을 특징으로 한다.

나. 보안업무의 근거와 조직

해양경찰 보안업무의 법적 근거로 「해양경찰법」, 「경찰관직무집행법」, 「국가보안법」, 「형법」 제98조, 「국가정보원법」, 「정보 및 보안업무기획·조정규정」, 「방첩업무규정」 등이다.

해양경찰청 보안 활동은 국제정보국에서 담당하고 있다. 국제정보국에 국장 1명을 둔다. 국장은 치안감 또는 경무관으로 보하고, 보안경찰 업무의 기획·지도 및 조정을 담당한다. 국제정보국에 보안과를 두며 총경으로 보한다. 지방해양경찰청 보안 활동은 정보 외사과에서 담당한다. 지방해양경찰청에 정보 외사과를 둔다. 과장은 총경 또는 경정으로 보한다. 해양경찰서 보안 활동은 정보 외사과에서 담당한다. 정보 외사과장은 경정 또는 경감으로 보한다.

2. 방첩 활동

가. 개 념

방첩(Anti-espionage)의 일반적인 개념은 적의 정보활동에 대비하여 자기편을 보호하는 노력으로서 우리 측에 대한 간첩, 전복, 태업행위 등을 적발하고 미리 방지하기 위한 조직된 활동을 말한다.[114] 방첩은 간첩의 존재를 전제로 이루어진다. 간첩(間諜)은 한 국가나 단체의 비밀이나 상황을 몰래 알아내어 경쟁 또는 대립 관계에 있는 국가나 단체에 제공하는 사람이다. 구체적으로는 국가안보와 국익에 반하는 북한, 외국 및 외국인·외국단체·초 국가행위자 또는 이와 연계된 내국인의 정보활동을 찾아내고 그 정보활동을 확인·견제·차단하기 위하여 하는 정보의 수집·작성 및 배포 등을 포함한 모든 대응 활동을 말한다.[115]

나. 방첩 기관

방첩에 관한 업무를 수행하는 방첩 기관은 국가정보원, 법무부, 관세청, 경찰청, 해양경찰청, 국군 방첩사령부의 6개 기관이 있다. 국가정보원장은 방첩 업무에 관한 정책을 기획하고, 방첩 업무를 통합적으로 수행하는 데 필요한 경우 법령으로 정한 범위에서 방첩 기관 등의 방첩 업무를 합리적으로 조정한다.

다. 방첩의 기본원칙과 수단

1) 방첩의 기본원칙

(1) 완전 협조의 원칙

완전한 방첩을 위해서는 전문기관인 방첩 기관과 보조기관뿐만 아니라 일반 국민 등의 협조가 필요하다.

(2) 치밀성의 원칙

간첩 활동은 치밀한 계획하에 오랜 준비기간에 걸쳐 이루어지므로 이에 대한 방첩 활동도 치밀한 계획과 준비가 필요하다.

(3) 계속 접촉의 원칙

간첩 용의자를 발견한 경우, 즉시 검거하지 않고 계속하여 용의자의 행동을 탐지하고 주시하면서 그 용의자를 이용하여 간첩 조직 전체를 검거할 때까지 계속 접촉을 유지하여야 한다.

---

114) 네이버, 경찰학 사전.
115)「방첩업무규정」 제2조.

2) 방첩의 수단

(1) 적극적 수단

적극적 방첩 활동이란 적대세력의 정보활동에 대응하는 능동적인 방첩 활동을 의미하는 것으로서 자국을 겨냥한 적대세력에 대해 정보수집을 하고, 적대세력의 간첩 활동을 견제하거나 색출하며, 상대 정보기구에 침투 및 허위 정보를 제공하여 대상 기관의 정보활동을 교란하는 공격적 활동을 포함한다.

① 방첩 첩보의 수집

자국의 정보 유출을 방지하는 가장 직접적인 방법은 적대 국가의 정보기구가 자국에 대해 수행하고 있는 정보활동에 관한 첩보를 수집하는 것이다. 이 수집된 방첩 첩보는 적의 침투를 차단하기 위한 방첩 활동에 중요한 실마리를 제공해 주며, 침투에 대응한 적절한 방책을 미리 마련할 수 있게 함으로써 방첩 능력을 제고시킬 수 있는 것이다.

② 견제 및 색출 활동

견제 및 색출 활동은 외국의 정보기구 요원이 자국에 침투하여 행하는 정보수집 또는 비밀공작 등을 견제하고 색출하여 차단하는 것으로서 감시활동을 주요 수단으로 하여 추방, 체포 등을 통하여 이루어진다. 감시는 미행, 현장 채증, 사이버 검색, 대화 감청 수단을 이용하여 정보를 파악하는 것이다.

③ 공격적 방첩 활동

공격적 방첩 활동은 상대국가의 정보활동을 역이용하여 상대국 정보기구에 혼란을 초래하고 손상을 가함으로써 자국에 유리한 상황을 조성하는 활동으로서 역용 공작, 기만, 침투 공작 등을 활용한다. 역용 공작은 이중스파이 또는 외국 정보기구에 근무하는 공작관이나 그 기관에 고용된 공작원을 전향시켜 자국의 공작원으로 다시 활용하는 것이다. 기만(Deception)은 상대국 정보기구에 의도적으로 허위 무선통신, 허위문서, 위장물 등의 허위증거물을 만들어 유포함으로써 상대 정보기구가 오인하도록 만드는 것이다. 역기만(Counter-Deception) 상대 세력의 기만공작을 알아차리고, 그에 대응하는 대책을 통해 피해를 최소화하는 동시에 기만공작을 오히려 역이용하여 자국에 유리한 상황을 만드는 것을 말한다.

(2) 소극적 수단

① 소극적 수단(보안)의 의의

보안이란 일반적으로 개인, 단체, 또는 국가가 자신의 생존과 이익증진을 위해 꼭 필요한 요소를 찾아 그것을 보호하는 것을 말한다. 「국가정보원법」 제3조에는 보안업무의 범위를 문서, 자재, 시설, 지역으로 규정하고 있다. 보안을 소극적 방첩 활동이라고 부르는 이유는 적대세력의 정보활동에 대하여 다양한 제도와 장치를 통해 접근을 통제하는 등 방어에 치중할 뿐 방어를 넘어서는 어떤 대책도 포함하지 않기 때문이다.

② 보안의 종류

보안에는 인원보안, 문서보안, 시설보안, 사이버보안, 통신보안 등이 있다. 인원보안은 인원을 관리하는 임무를 맡은 인사업무담당자나 인원을 거느리고 있는 직속상관 또는 기관장 등이 수행하여야 할 기본적인 업무로서, 그 대상 인원의 자질과 능력, 성실성, 충성심, 성품, 성향 그리고 주위 환경까지 파악하여 적재적소에 배치하고 국가를 위해 최선을 다할 수 있게 관리하는 것이다. 문서보안이란 국가나 기업 또는 연구소 등에서 비밀로 여기는 문서에 대해 외부인이 접촉하지 못하도록 보관하고 관리하는 것을 말한다.

시설보안이란 국가안보 기능을 수행하는 시설들을 각종 위해행위로부터 보호하기 위한 제반 대책을 말한다. 시설보안의 대상은 기본적으로 국가안보에 이바지하는 모든 시설이 해당한다. 사이버보안(Cyber Security)이란 사이버공간(Cyber-space)에서 발생하는 공격으로부터 정보, 정보시스템 및 정보통신망을 보호하는 것을 말한다. 통신보안이란 집약된 통신수단인 전령통신, 우편통신, 음향통신, 전기통신 등의 매개체를 통하여 소통되는 언어 또는 문서의 비밀 내용을 상호 간의 전달 과정으로부터 불안전상태에서 안전상태로 유지하여 주는 것을 말한다.

(3) 기만적 수단

기만적 수단은 적이 오인하도록 허위 정보의 유포, 유언비어의 유포 등 적을 속이는 기만적 수단을 이용하는 것이다.

라. 공 작

1) 의 의

공작이란 정보기관이 어떠한 목적하에 주어진 목표에 대하여 계획적으로 수행하는 비밀활동을 말하며, 가장술, 비밀통신, 사전정찰, 미행 감시 등이 사용된다. 현재는 공작이라는 명칭보다는 통상적인 보안 사범의 내사 활동에 대한 보안사업이라는 용어를 사용한다.

2) 공작의 4대 요소

(1) 주관자

공작의 책임자로서 상관으로부터 하달된 지령을 계획하고 수행하는 공작의 책임자로서 공작관이 된다.

(2) 공작 목표

목표는 공작상황에 따라 결정되며, 공작 진행에 따라 구체화·세분화되는 것이 특징이다.

(3) 공작원

비밀조직의 최일선에서 철저한 가장과 통제하에 공작 목표에 대하여 공작관을 대행하며 비밀을 탐지하거나 기타 부여받은 임무를 수행하는 사람을 말한다. 주공작원, 행동 공작원, 지원 공작원으로 구성된다.

(4) 공작금

비공개 활동이므로 막대한 공작금이 필요하다.

3. 보안 수사

가. 의 의

정보 사범 등이란 「형법」 제2편 제1장 및 제2장의 죄, 「군형법」 제2편 제1장 및 제2장의 죄, 같은 법 제80조 및 제81조의 죄, 「국가보안법」과 「군사기밀보호법」에 규정된 죄를 범한 자와 그 혐의를 받는 자를 말한다. 이러한 정보 사범에 대한 수사를 보안 수사라 한다.

나. 국가보안법상 주요 정보 사범

1) 반국가단체 구성(법 제3조)

반국가단체란 정부를 참칭하거나 국가를 변란할 것을 목적으로 하는 국내외의 결사 또는 집단으로서 지휘통솔체제를 갖춘 단체를 말한다. 반국가단체를 구성하거나 이에 가입한 자, 타인에게 반국가단체에 가입할 것을 권유한 자는 처벌한다. 이에 대한 미수범, 예비 또는 음모한 자도 처벌한다.

2) 목적수행(법 제4조)

반국가단체의 구성원 또는 그 지령을 받은 자가 그 목적수행을 위한 행위를 했을 때에는 처벌한다. 이에 대한 미수범, 예비 또는 음모한 자도 처벌한다.

3) 자진 지원 · 금품수수(법 제5조)

반국가단체나 그 구성원 또는 그 지령을 받은 자를 지원할 목적으로 자진하여 「국가보안법」 제4조 제1항 각호에 규정된 행위를 한 자는 처벌한다. 국가의 존립 · 안전이나 자유민주적 기본질서를 위태롭게 한다는 정을 알면서 반국가단체의 구성원 또는 그 지령을 받은 자로부터 금품을 수수한 자는 처벌한다. 이에 대한 미수범, 예비 또는 음모한 자도 처벌한다.

4) 잠입 · 탈출(법 제6조)

국가의 존립 · 안전이나 자유민주적 기본질서를 위태롭게 한다는 정을 알면서 반국가단체의 지배하에 있는 지역으로부터 잠입하거나 그 지역으로 탈출한 자는 처벌한다. 반국가단체나 그 구성원의 지령을 받거나 받기 위하여 또는 그 목적수행을 협의하거나 협의하기 위하여 잠입하거나 탈출한 자는 처벌한다. 이에 대한 미수범, 예비 또는 음모한 자도 처벌한다.

5) 찬양 · 고무(법 제7조)

국가의 존립 · 안전이나 자유민주적 기본질서를 위태롭게 한다는 정을 알면서 반국가단체나 그 구성원 또는 그 지령을 받은 자의 활동을 찬양 · 고무 · 선전 또는 이에 동조하거나 국가변란을 선전 · 선동한 자는 처벌한다. 이 행위를 목적으로 하는 단체를 구성하거나 이에 가입한 자는 처벌한다. 단체의 구성원으로서 사회질서의 혼란을 조성할 우려가 있는 사항에 관하여 허위사실을 날조하거나 유포한 자는 처벌한다. 각 행위를 할 목적으로 문서·도화 기타의 표현물을 제작·수입·복사·소지·운반·반포·판매 또는 취득한 자는 그 각항에 정한 형에 처한다.

6) 회합·통신(법 제8조)

국가의 존립·안전이나 자유민주적 기본질서를 위태롭게 한다는 정을 알면서 반국가단체의 구성원 또는 그 지령을 받은 자와 회합·통신 기타의 방법으로 연락을 한 자는 처벌한다.

7) 편의 제공(법 제9조)

정보 사범의 죄를 범한 죄를 범하거나 범하려는 자라는 정을 알면서 총포·탄약·화약 기타 무기를 제공한 자, 금품 기타 재산상의 이익을 제공하거나 잠복·회합·통신·연락을 위한 장소를 제공하거나 기타의 방법으로 편의를 제공한 자는 처벌한다.

8) 불고지(법 제10조)

정보 사범의 죄를 범한 자라는 정을 알면서 수사기관 또는 정보기관에 고지하지 아니한 자는 5년 이하의 징역 또는 200만 원 이하의 벌금에 처한다.

9) 무고·날조(법 제12조)

타인으로 하여금 형사처분을 받게 할 목적으로 이 법의 죄에 대하여 무고 또는 위증을 하거나, 증거를 날조·인멸·은닉한 자는 그 각 조에 정한 형에 처한다. 범죄 수사 또는 정보의 직무에 종사하는 공무원이나 이를 보조하는 자 또는 이를 지휘하는 자가 직권을 남용하여 그 행위를 한때에도 처벌한다.

4. 대공 상황 분석·판단

가. 의 의

대공 상황이란 국가안보와 관련된 새로운 제반 사태 중 보안경찰의 업무영역에 해당하는 상황을 말한다. 관련 법규로는 「대통령 훈령 제28호(통합방위지침)」,

「정보센터 및 합동정보신문조 운영지침」 등이 있다.

나. 대공 상황의 종류

대공 상황의 종류로는 ① 간첩(무장공비) 및 거동 수상자 출현, ② 간첩선 출현 및 수상한 선박 발견, ③ 간첩 장비 및 적성 물품 발견 · 습득, ④ 경찰관 및 주민 등 피랍 · 납북 사건, ⑤ 월북자 및 귀순자 발생, ⑥ 적기 · 적함 출현 및 적정 발생, ⑦ 불온 태업 · 파업 및 국가 전복 기도, ⑧ 이적표현물 및 북한 선전물 발생, ⑨ 월선 조업 어선 발생, ⑩ 폭발물, 탄약, 무기 등 피탈 및 도난 사건 등이 있다.

다. 대공 상황 발생 시 조치요령

1) 신속한 출동

신고 접수 시 신속한 출동이 필요하며, 출동 조치와 동시에 군 · 보안부대 등 유관기관에 통보한다. 작전지도, 취약지 분석자료, 채증 장비, 손전등, 무기, 수갑, 통신장비 등 각종 장비를 휴대해야 한다.

2) 목격자 조사

목격자가 흥분하거나 당황한 경우가 많으므로 조사자는 냉정하고 침착한 자세를 유지해야 한다. 내용은 가식 없이 사실대로 상세하게 기록해야 한다. 상황판단 시까지 목격자 신병 또는 연락처를 확보한다.

3) 현장 조사

현장 상황과 주변 일대에 대한 다각적이고 세밀한 관찰 · 수색을 시행한다. 현장을 잘 보존하고 사진 촬영을 시행하는 등 증거물 확보에 주력한다.

4) 보고 및 전파

신속성, 적시성, 정확성, 간결성, 보안성 등이 유지되어야 한다. 발생부터 종결 시까지 상황 전개에 따라 발생보고(1보), 상황추보(2보), 판단보고(3보), 종합보고(4보) 등으로 계속 보고해야 한다.

제4절 해양경찰 외사

1. 의 의

가. 외사경찰의 개념

외사경찰이란 대한민국의 안전과 사회공공의 안녕 및 질서 보호를 목적으로 외국인, 외국과 관련된 기관, 단체 등 외사 활동 대상에 대하여 이들의 동정을 관찰하고 이들과 관련된 범죄를 예방·단속하는 것을 주된 임무로 하는 경찰 활동을 말한다.

나. 외사 활동의 특성

외사경찰은 외국인 또는 외국 관련 기관·단체를 주요 대상으로 하고, 외국인과 관련 있는 범법행위 및 내국인의 외국 관련 범죄를 주 단속 대상으로 한다는 점에서 내국인과 관련된 범죄를 주 업무로 하는 일반경찰 활동과 구별된다. 외사 활동의 대상 법률도 「형법」 위반 사건보다도, 「출입국관리법」, 「여권법」, 「경제수역어업주권법」, 「밀항단속법」 등 외국인 관련 법률이 주를 이룬다. 또한 외사경찰은 외교사절도 그 대상으로 하고 있으며, 외교사절은 일반체류 외국인과 달리 특별한 지위를 누리므로 업무 취급상 특별히 주의해야 한다.

다. 주요 외사 활동

1) 외사 정보 및 보안 활동

외국인, 외국기관·단체 등에 대한 동향이나 이들과 직·간접으로 관계있는 내국인 등을 대상으로 해상치안 질서 또는 국가안보상 위해요소 등과 관련된 첩보를 수집·판단·분석하여 정책 수립에 반영하는 활동이다.

2) 외사 수사 활동

국제조약 등에서 규정하고 있는 범죄와 국내에서 발생한 범죄가 인적·장소적으로 2개국 이상 관련되거나 조직화하여 행해지는 국제성 범죄를 수사한다. 적용되는 법률은 「출입국관리법」, 「여권법」, 「영해법」, 「배타적 경제수역법」, 「경제수역어업주권법」, 「밀항단속법」, 「범죄인인도법」, 「국제형사사법공조법」 등이다.

3) 국가적 경찰 공조 활동

외사 수사의 활동 범위는 해외 도피 사범의 강제송환을 위한 국가 간 경찰 공조, 인터폴을 통한 각국 수배 등 활동 범위가 전 세계에 이르고 있다.

4) 국제협력 활동

외사경찰의 국제공조 업무는 수사 분야 외에 해상치안 기관 간의 이해증진을 위한 상호 교류, 국제회의 참석, 정보기관과의 범죄정보 교환, 경찰관의 공무 국외여행 등 고유한 업무수행을 말한다.

라. 외사 활동 조직

해양경찰 외사 활동을 위한 조직으로서 해양경찰청에 국제정보국을 두고 국장 1명을 둔다. 국장은 치안감 또는 경무관으로 보한다(해양경찰청과 그 소속기관의 직제 시행규칙 제8조의2). 지방해양경찰청 외사 활동 조직으로서 중부·서해 및 남해 지방해양경찰청에 안전총괄부를 두고 안전총괄부에 정보 외사과를 둔다. 동해 및 제주지방해양경찰청에 정보 외사과를 둔다(해양경찰청과 그 소속기관의 직제 시행규칙 제20조).

2. 외사 활동의 대상

가. 외국인

외국인이란 대한민국의 국적을 가지지 아니한 사람을 말한다(출입국관리법 제2조 제2호). 외국인은 국민과 외국인을 구별하지 않고 개인으로서 누릴 수 있는 권리를 누린다. 헌법상 보장된 인간의 존엄성과 자유, 행복추구권, 생명권, 양심의 자유, 종규의 자유 등이다. 하지만 대한민국 국민의 자격으로서만 누릴 수 있는 권리는 누릴 수 없다. 공무원이 되거나 선거에 나오지 못한다. 한편, 외국인은 대한민국 영토 안에 체류하게 되면 대한민국 통치권에 복종하게 되므로 우리나라 재판권, 경찰권, 납세권에 복종해야 한다. 외국인은 해양경찰 외사 활동의 대상이 된다. 하지만 외국인에 대한 외사 활동은 외국 정부와의 관계, 외교사절 등 불가침, 언어상 장벽 등 고려해야 할 사항이 많으므로 신중하게 접근해야 한다.

나. 외교사절

1) 외교사절의 개념

외교사절이란 외교교섭 및 기타 직무를 수행하기 위하여 외국에 파견되는 국가기관을 말한다. 국가기관 일부는 자국을 대표할 수 있는 권한이 부여되어 있으며, 국가 간의 일상적인 외교활동은 외교사절을 통하여 이루어진다. 1961년 「외교관계에 관한 비엔나 협약」이 채택되어 세계적으로 통용되고 있다. 외교사절의 장을 파견하기 전에 관례적으로 상대국의 수락 여부를 문의하고, 동의가 있어야 외교사절을 공식적으로 임명한다. 이 사전동의를 아그레망(Agrement)이라 한다. 아그레망의 거부는 국가 사이의 비우호적인 행위가 아니며, 거부 이유를 제시할 의무도 없다.[116)]

2) 외교사절의 특권과 면제

(1) 신체의 불가침

외교사절은 어떠한 형태의 체포 또는 구금당하지 아니하며, 접수국은 외교사절이 신체·자유·품위가 침해되지 않도록 적절한 조처를 해야한다. 그러나 공공의 이익이나 외교사절 본인의 보호를 위하여 일시적으로 신체의 자유를 제한할 수 있다.

(2) 공관의 불가침

접수국은 공관 지역을 어떠한 침입이나 손해로부터 보호해야 하며, 공관의 안녕과 품위의 손상을 방지하기 위해 적절히 조처할 의무가 있다. 공관 지역이란 공관장의 주거를 포함해 공관의 목적으로 사용하는 건물과 부속 토지를 말한다. 아무리 긴급사태라 할지라도, 공관장의 동의 없이 공관 지역에 들어가지 못한다.

(3) 문서 등의 불가침

공관의 서류와 문서는 언제든지 불가침이다. 양국 간 외교관계가 단절되거나 무력 충돌이 발생한 때도 공관의 재산과 문서는 보호되어야 한다. 공관의 통신이나 본국과 오가는 외교행낭도 불가침이다.

---

116) 정인섭, (2020), 「신국제법입문」, 박영사: 111.

(4) 사저 · 개인재산 등 불가침

외교사절 개인의 주거는 공관과 동일한 불가침과 보호를 누린다. 외교사절의 개인적 서류, 통신문, 개인재산도 동일한 불가침을 누린다.

(5) 재판관할권으로부터 면제

외교사절은 직무수행 기간 중 현지 사법절차로부터 면제된다. 즉, 접수국의 형사, 민사, 행정재판 등 모든 재판관할권으로부터 면제된다. 외교사절은 증인으로 증언할 의무를 지지 않는다.[117] 또한 접수국의 경찰권으로부터 면제되며, 과세권으로부터 면제된다.

다. 영 사

1) 영사의 의의

영사는 외교사절과 달리 본국을 대표하지 않는다. 영사는 접수국에서 자국의 경제적 이익을 보호하고, 자국민을 보호하고, 여권과 사증을 처리하며, 혼인 · 상속 등 사법상의 업무를 처리한다. 영사는 비정치적이고 상업적 업무를 담당하는 파견국의 국가기관이다.[118] 1963년 「영사 관계에 관한 비엔나 협약」이 채택되어 통용되고 있다.

2) 영사의 특권과 면제

접수국은 영사관을 어떠한 침입이나 손해로부터 보호해야 하며, 영사관의 평온과 존엄을 보호할 의무가 있다. 영사관장의 동의 없이 영사관에 진입할 수 없다. 다만, 화재 등 재난이 발생한 경우, 외교공관과 달리 진입에 동의가 있는 것으로 보아 진입이 가능하다. 영사관원의 신체는 불가침권을 누린다. 다만, 중대한 범죄의 경우 접수국 사법부의 결정에 따라 체포 또는 구속될 수 있다. 외교사절이 비하여 불가침권 인정 범위가 좁다. 영사관원의 문서, 통신은 불가침권을 누린다. 하지만 영사관원의 사저에 대해서는 불가침이 인정되지 않는다.

---

117) 정인섭, (2020), 「신국제법입문」, 박영사: 115.
118) 정인섭, (2020), 「신국제법입문」, 박영사: 118.

3. 외사 활동의 유형

가. 불법조업 외국 어선 수사

1) 적용 법규

외국 어선의 불법행위에 대해서는 불법행위를 행하는 해역이나 행위의 형태에 따라서 적용 법규가 달라진다. 「영해법」, 「배타적 경제수역법」, 「경제수역어업주권법」, 「유엔해양법협약」, 「한·중 어업협정」, 「한·일 어업협정」 등이 적용된다.

2) 처벌 유형

(1) 영해 및 접속수역에서 불법조업

외국선박은 대한민국의 평화·공공질서 또는 안전보장을 해치지 아니하는 범위에서 대한민국의 영해를 무해통항(無害通航)할 수 있다. 외국선박이 영해에서 어로행위 등 「영해법」 제5조를 위반한 혐의가 있다고 인정될 때는 관계 당국은 정선·검색·나포, 그 밖에 필요한 명령이나 조치를 할 수 있다. 영해에서 불법조업을 할 경우, 외국선박의 승무원이나 그 밖의 승선자는 5년 이하의 징역 또는 3억 원 이하의 벌금에 처하고, 정상을 고려하여 필요할 때는 해당 선박, 기재, 채포물 또는 그 밖의 위반물품을 몰수할 수 있다(영해법 제8조).

(2) 배타적 경제수역에서 불법조업

외국인은 대한민국의 배타적 경제수역과 대륙붕에서 항행 또는 상공 비행의 자유, 해저 전선 또는 관선 부설의 자유 및 그 자유와 관련되는 것으로서 국제적으로 적법한 그 밖의 해양 이용에 관한 자유를 누린다. 그러나 배타적 경제수역에서 외국인의 어업 행위는 대한민국의 허가를 받아야만 가능하다. 대한민국의 배타적 경제수역에서 대한민국의 권리를 침해하거나 그 배타적 경제수역에 적용되는 대한민국의 법령을 위반한 혐의가 있다고 인정되는 자에 대하여 관계기관은 「유엔해양법협약」 제111조에 따른 추적권의 행사, 정선·승선·검색·나포 및 사법절차를 포함하여 필요한 조치를 할 수 있다(배타적 경제수역법 제5조).

외국인이 배타적 경제수역에서 어업 활동을 할 때는 「수산업법」, 「양식산업발전법」 및 「수산자원관리법」에도 불구하고 「경제수역어업주권법」을 적용한다. 외국인은 배타적 경제수역 중 어업자원의 보호 또는 어업조정을 위하여 정하는 구역인 특정금지 구역에서 어업 활동을 하여서는 아니 된다(경제수역어업주권법 제4조). 외국인은 특정금지구역이 아닌 배타적 경제수역에서 어업 활동을 하려면 선박마다 해양수산부장관의 허가를 받아야 한다. 사법경찰관은 배타적 경제수역에서 불법 어업 활동 혐의가 있는 외국선박에 정선 명령을 할 수 있다. 이 경우 그 선박은 명령에 따라야 한다. 사법경찰관은 이 법, 이 법에 따른 명령 또는 제한이나 조건을 위반한 선박 또는 그 선박의 선장이나 그 밖의 위반자에 대하여 정선, 승선, 검색, 나포 등 필요한 조치를 할 수 있다.

나. 출입국 사범 수사

1) 외국인의 입국과 상륙

대한민국 지역 밖에서 대한민국 지역으로 들어오는 것을 입국이라 한다. 외국인이 입국할 때는 유효한 여권과 법무부장관이 발급한 사증(査證)을 가지고 있어야 한다(출입국관리법 제7조). 외국인의 입국은 원칙적으로 사증이 있어야 가능하지만, 일정한 경우 사증 없이 출입국관리 공무원의 허가를 받아 상륙할 수 있다. 외국인 상륙은 승무원 상륙[119], 관광 상륙[120], 긴급상륙[121], 재난 상륙[122], 난민 임시상륙[123] 등이 있다(출입국관리법 제14조-16조의2).

2) 외국인의 출국

외국인이 출국할 때는 유효한 여권을 가지고 출국하는 출입국 항에서 출입국관리 공무원의 출국심사를 받아야 한다(출입국관리법 제28조). 대한민국의 이익이나 공공의 안전 또는 경제질서를 해칠 우려가 있어 그 출국이 적당하지 아니하다고 인정되는 외국인에 대하여는 출국을 정지할 수 있다(출입국관리법 제29조).

---

119) 승무원 상륙은 외국인 승무원이 승선 중인 선박 등이 대한민국의 출입국 항에 정박하고 있는 동안 휴양 등의 목적으로 상륙하거나, 대한민국의 출입국 항에 입항할 예정이거나 정박 중인 선박 등으로 옮겨 타려는 경우를 말한다.

120) 관광 상륙은 관광을 목적으로 대한민국과 외국 해상을 국제적으로 순회하여 운항하는 선박에 승선한 외국인 승객이 임시로 상륙하는 것을 말한다.

121) 긴급상륙은 선박 등에 타고 있는 외국인(승무원을 포함한다)이 질병이나 그 밖의 사고로 긴급히 상륙할 필요가 있다고 인정될 때 하는 것을 말한다.

122) 재난 상륙은 조난을 한 선박 등에 타고 있는 외국인(승무원을 포함한다)을 긴급히 구조할 필요가 있다고 인정될 때 하는 것을 말한다.

123) 난민 임시상륙은 선박 등에 타고 있는 외국인이 「난민법」 제2조 제1호에 규정된 이유나 그 밖에 이에 준하는 이유로 그 생명·신체 또는 신체의 자유를 침해받을 공포가 있는 영역에서 도피하여 곧바로 대한민국에 비호를 신청하는 경우 인정되는 것을 말한다.

3) 출입국 사법의 처리

(1) 고 발

출입국 사범에 관한 사건은 지방 출입국·외국인 관서의 장의 고발이 없으면 공소(公訴)를 제기할 수 없다. 해양경찰이 출입국 사범을 검거하였을 경우 즉시 지방 출입국·외국인 관서의 장에게 인계하여야 한다.

(2) 통고처분

지방 출입국·외국인 관서의 장은 출입국 사범에 대한 조사 결과 범죄의 확증을 얻었을 때는 그 이유를 명확하게 적어 서면으로 벌금에 상당하는 금액을 지정한 곳에 낼 것을 통고할 수 있다. 지방 출입국·외국인 관서의 장은 조사 결과 범죄의 정상이 금고 이상의 형에 해당할 것으로 인정되면 즉시 고발하여야 한다.

(3) 강제퇴거

지방 출입국·외국인 관서의 장은 이 장에 규정된 절차에 따라 일정한 사유의 하나에 해당하는 외국인을 대한민국 밖으로 강제 퇴거시킬 수 있다(출입국관리법 제46조). 강제퇴거명령서는 출입국관리 공무원이 집행한다.

(4) 출국 권고 및 출국 명령

지방 출입국·외국인 관서의 장은 대한민국에 체류하는 외국인이 일정한 사유에 해당하면 그 외국인에게 자진하여 출국할 것을 권고하거나 출국 명령을 할 수 있다(출입국관리법 제76조, 제68조).

다. 밀항 사범 수사

대한민국 국민이 적법한 절차를 밟지 아니하고 대한민국 외의 지역으로 도항(渡航)하는 것을 방지하기 위하여 「밀항단속법」을 제정하였다. 밀항(密航)이란 관계기관에서 발행한 여권, 선원수첩, 그 밖에 출국에 필요한 유효한 증명 없이 대한민국 외의 지역으로 도항하거나 국경을 넘는 것을 말한다. 이선(離船)·이기(離機)란 대한민국 외의 지역에서 승선한 선박이나 탑승한 항공기로부터 무단으로 이탈하거나 선장 또는 기장, 그 밖의 책임자가 지정한 시간 내에 귀환하지 아니하는 것을 말한다. 밀항 또는 이선·이기한 사람은 3년 이하의 징역 또는 3천만원 이하의 벌금에 처한다.

라. 외국 군함 · 선박 내 사건 수사

영해와 달리 우리나라 내수에 있는 외국선박 내에서 발생한 사건에 대해서 대한민국에 관할권이 있다. 그러나 군함이나 관공선과 같이 국제법적으로 주권면제의 법리가 적용되는 선박은 우리나라 내수에 있다 하더라도 관할권이 없다. 국가가 타국 법원의 관할로부터 면제를 누리는 것을 주권면제라 하며, 군함이나 관공선도 국가 자체로 보기 때문이다. 내수에 있는 일반 선박에 대해서는 대한민국 관할권이 있다. 그러나 항만국은 자국의 이해가 관련되지 않는 한 선박 내부의 사항에 대하여 관할권을 행사하지 않는 것이 국제관례로 통용되고 있다.

이와 관련된 규정으로 「해양경찰청 범죄 수사 규칙」이 있다. 경찰관은 외국 군함에 관하여는 해당 군함 함장의 청구가 있는 때 외에는 그 군함에 출입해서는 안 된다. 경찰관은 중대한 범죄를 범한 사람이 도주하여 대한민국의 영해에 있는 외국 군함으로 들어갔을 때는 신속히 수사국장에게 보고하여 그 지시를 받아야 한다(해양경찰청 범죄 수사 규칙 제185조). 경찰관은 대한민국의 영해에 있는 외국 선박 내에서 발생한 범죄로써 다음 각호의 어느 하나에 해당할 때는 수사를 해야 한다(해양경찰청 범죄 수사 규칙 제188조).

1. 대한민국 육상이나 항내의 안전을 해할 때
2. 승무원 이외의 사람이나 대한민국의 국민에 관계가 있을 때
3. 중대한 범죄가 발생하였을 때

4. 국제형사사법 공조

가. 일반적 국제형사사법 공조

1) 국제형사사법 공조 개념

국제형사사법 공조란 형사사건에서의 수사 · 기소 · 재판절차와 관련하여 어느 한 국가의 요청에 따라 다른 국가가 행사하는 형사사법상 협조를 말한다. 국가간 실시할 수 있는 국제형사사법 공조의 형태는 매우 다양하고 점차 확대되어 가는 추세이다. 우리나라는 1988년 「범죄인인도법」, 1991년 「국제형사사법공조법」을 제정하였고 외국과의 형사사법공조조약 체결을 넓혀가고 있다.

2) 국제형사사법 공조의 기본원칙

(1) 상호주의

공조조약이 체결되어있지 아니한 경우에도 동일 또는 유사한 사항에 관하여 공조 요청에 응한다는 요청국 및 피요청국 상호 간 보증이 있는 경우에는 이 법을 적용한다. 즉, 외국이 사법 공조를 해 주는 만큼 자국도 동일하거나 유사한 범위 내에서 공조 요청에 응하여야 한다는 원칙이다.

(2) 쌍방 가벌성의 원칙

국제형사사법 공조의 대상이 되는 범죄는 피요청국과 요청국 모두 처벌이 가능한 범죄이어야 한다는 원칙이다.

(3) 특정성의 원칙

요청국이 공조에 따라 취득한 증거를 공조 요청의 대상이 된 범죄 이외의 수사나 재판에 사용하여서는 안 된다. 그리고 피요청국의 증인 등이 공조 요청에 따라 요청국에 출두한 경우, 피요청국을 출발하기 이전 행위로 인하여 구금 또는 소추를 비롯한 어떠한 자유도 제한받지 않는다는 것을 의미한다.

(4) 일사부재리의 원칙

형사사법공조조약 대부분은 일사부재리의 원칙을 임의적 거절 사유로 적용하도록 하고 있다. 즉, 개개의 경우에 형사 정의의 실현과 관련인의 인권보장이라는 두 가지 측면을 판단하도록 하고 있다.

3) 공조의 범위 및 제한

(1) 공조의 범위

공조의 범위는 다음 각호와 같다(국제형사사법 공조법 제5조).

1. 사람 또는 물건의 소재에 대한 수사
2. 서류·기록의 제공
3. 서류 등의 송달
4. 증거 수집, 압수·수색 또는 검증
5. 증거물 등 물건의 인도

6. 진술 청취, 그 밖에 요청국에서 증언하게 하거나 수사에 협조하게 하는 조치

(2) 공조의 제한

국제형사사법 공조는 기본적으로 피요청국의 주권 일부를 침해하는 것이므로 제한적인 범위에서 할 수 있다. 공조는 다음 각호의 어느 하나에 해당할 때에는 공조하지 아니할 수 있다(국제형사사법 공조법 제6조).

1. 대한민국의 주권, 국가안전보장, 안녕질서 또는 미풍양속을 해칠 우려가 있는 경우
2. 인종, 국적, 성별, 종교, 사회적 신분 또는 특정 사회단체에 속한다는 사실이나 정치적 견해를 달리한다는 이유로 처벌되거나 형사상 불리한 처분을 받을 우려가 있다고 인정되는 경우
3. 공조범죄가 정치적 성격을 지닌 범죄이거나, 공조 요청이 정치적 성격을 지닌 다른 범죄에 대한 수사 또는 재판을 할 목적으로 한 것이라고 인정되는 경우
4. 공조범죄가 대한민국의 법률에 의하여는 범죄를 구성하지 아니하거나 공소를 제기할 수 없는 범죄인 경우
5. 이 법에 요청국이 보증하도록 규정되어 있음에도 불구하고 요청국의 보증이 없는 경우

4) 공조 절차

법무부장관은 형사사법공조와 범죄인인도에 관한 중요사항 결정기관이며, 실무는 법무부 검찰청에서 담당하고 있다. 형사사법공조법 상 공조요청서의 작성 주체는 검사이며 사법경찰관은 검사에게 신청하여 공조요청서를 받아 대검찰청을 거쳐 법무부 장관에게 공조요청서를 송부한다. 법무부장관은 공조 요청 여부를 결정한 후 요청이 상당하다고 인정되면 외교통상부장관에게 이를 송부한다. 외교통상부장관은 외교 경로를 통하여 피요청국에 공조를 요청한다. 그리고 공조 결과의 송부 방법은 이의 역순으로 이루어진다.

나. 인터폴을 통한 공조

1) 인터폴의 개념

국제범죄의 예방과 진압을 위해 인터폴의 헌장과 일반규정 및 각 회원국의 국내법의 범위 내에서 범죄정보의 교환, 범죄자의 체포와 인도 등에 관하여 상호 협력하는 정부 간의 국제기구를 말한다. 기구 자체가 범죄 수사권을 가진 국제경찰을 의미하는 것이 아니므로 범죄인의 체포, 압수, 수색 등 수사권을 행사할 수 없다. 단지 그러한 권한은 인터폴 사무총국이나 국가 중앙사무국으로부터 공조수사 의뢰받은 회원국이 자국의 법령이 인정하는 한도 내에서 행사할 수 있을 뿐이다. Interpol이라는 명칭은 'International Criminal Police Organization(국제형사경찰기구)'의 약칭이며, 1956년부터 'ICPO－Inerpol'을 공식 이름으로 사용하고 있다.

2) 주요 사무

인터폴을 통한 공조는 외교 경로를 통할 필요가 없이 인터폴 회원국들이 24시간 운영하는 인터폴 국제통신망을 이용하여 세계 구석구석까지 광범위하고 신속한 공조가 가능하다는 점에서 다른 어떤 경로를 통한 국제공조보다 효과적이다. 인터폴을 통한 형사사건의 국가 간 수사 협조 및 요청에 관해서는 「국제형사사법공조법」 제38조에 규정되어 있다. 인터폴로부터 외국 형사사건의 수사에 대하여 협력을 요청받거나 인터폴에 협력을 요청할 때는 국제성 범죄의 정보 및 자료의 교환, 국제성 범죄의 동일 증명 및 자료조회, 국제성 범죄에 관한 사실의 확인 및 그 조사 등 필요한 취할 수 있다.

3) 인터폴의 국제수배

(1) 국제수배의 의의

주요 국외 도피 사범, 우범자, 실종자, 변사자, 장물 등 인적 물적 수배 대상에 대하여 상세한 정보를 담은 수배서로 인터폴 사무총국에서 발행하여 배포하는 수배를 말한다. 여기에는 일반적으로 수배서에 대한 인적 사항, 신체 특징, 사진, 지문 등 개인신상정보와 죄명, 형량 등이 기재되고 적색수배서 경우에는 영장 번호 등 수사정보가 명시되어있으며 모두 8가지가 있다.

(2) 수배서의 종류

① **적색수배서**

수배서 중 가장 중요한 것은 수배서 오른쪽 위 모서리에 적색 4각 마크가 표시되어 있다. 회원국 사법당국이 발부한 체포 및 구속영장을 근거로 하여 범죄인 인도를 목적으로 하는 경우 발행한다.

② **청색 수배서**

국제정보조회 수배서로서 오른쪽 위에 청색 4각 마크가 표시되어 있다. 수배자의 신원 및 전과 확인 또는 일반형법 위반자로서 범죄인인도 청구의 가능성이 있는 범죄자의 소재 확인 요청 등 추가적인 범죄 관련 정보수집을 위해 발행한다.

③ **녹색 수배서**

여러 국가에서 상습적으로 범죄를 하였거나, 또는 그런 위험성이 크고 중요한 국제범죄자의 동향을 파악하여 범죄를 사전에 방지할 목적으로 발행하는 수배서로서 수배서의 오른쪽 위에 황색 4각 마크가 표시되어 있다.

④ **황색 수배서**

가출인의 소재 확인 및 심신상실자의 신원확인을 목적으로 발행하는 수배서로서 수배서 오른쪽 위에 황색 4각 마크가 표시되어 있다.

⑤ **흑색 수배서**

사망자의 신원을 확인할 목적으로 발행하는 수배서로서 사체의 사진, 지문, 치아 상태 등 특징과 소지품의 상표 등 사망자의 신원 파악에 도움이 되는 자료에 관한 내용이 수록되어있다. 흑색 4각 마크가 표시되어 있다.

⑥ **오렌지 수배서 및 기타수배서**

회원국과 다른 국제기구 폭발물 등 위험물질이나 테러 관련 위협 등에 대하여 경고할 목적으로 발행하는 것으로써 2004년 2월부터 발행하기 시작하였다. 또한 도난이나 불법 취득한 물건, 문화재 등에 대한 수배서인 장물 수배서가 있으며, 새로운 범죄 수법을 배포하기 위한 범죄 수법 수배서가 있다.

다. 범죄인인도

1) 의 의

범죄인인도는 해외에서 죄를 범한 자가 자국 영역으로 도피해 온 경우, 외국의 청구에 따라 해당자를 청구국으로 인도하는 제도를 말한다. 국가는 외국의 범죄인인도 요청에 응할 국제법상 의무는 없으며, 오직 사전에 체결된 범죄인인도 조약에 의해서만 인도 의무가 발생한다. 범죄인인도는 상대국의 사법제도에 대한 상호 신뢰를 바탕으로 이루어지므로 주로 양자조약의 형태로 발달하였다.[124)]

2) 원 칙

(1) 조약 우선의 원칙

범죄인인도에 관하여 인도조약에 이 법과 다른 규정이 있는 경우에는 그 규정에 따른다.

(2) 상호주의 원칙

인도조약이 체결되어 있지 아니한 경우에도 범죄인의 인도를 청구하는 국가가 같은 종류 또는 유사한 인도범죄에 대한 대한민국의 범죄인인도 청구에 응한다는 보증을 할 때는 이 법을 적용한다.

(3) 쌍방 가벌성의 원칙

대한민국과 청구국의 법률에 따라 인도범죄가 사형, 무기징역, 무기금고, 장기 1년 이상의 징역 또는 금고에 해당하는 경우에만 범죄인을 인도할 수 있다.

(4) 특정성의 원칙

인도된 범죄인이 다음 각호의 어느 하나에 해당하는 경우를 제외하고는 인도가 허용된 범죄 외의 범죄로 처벌받지 아니하고 제3국에 인도되지 아니한다는 청구국의 보증이 없는 경우에는 범죄인을 인도하여서는 아니 된다.

1. 인도가 허용된 범죄사실의 범위에서 유죄로 인정될 수 있는 범죄 또는 인도된 후에 범한 범죄로 범죄인을 처벌하는 경우
2. 범죄인이 인도된 후 청구국의 영역을 떠났다가 자발적으로 청구국에 재입국한 경우
3. 범죄인이 자유롭게 청구국을 떠날 수 있게 된 후 45일 이내에 청구국의 영역을 떠나지 아니한 경우
4. 대한민국이 동의하는 경우

124) 정인섭, (2020), 「신국제법입문」, 박영사: 120-121.

3) 인도 제한 사유

(1) 절대적 거절 사유

다음 각호의 어느 하나에 해당할 때는 범죄인을 인도하여서는 아니 된다(범죄인인도법 제7조).

1. 대한민국 또는 청구국의 법률에 따라 인도범죄에 관한 공소시효 또는 형의 시효가 완성된 경우
2. 인도범죄에 관하여 대한민국 법원에서 재판이 계속 중이거나 재판이 확정된 경우
3. 범죄인이 인도범죄를 범하였다고 의심할 만한 상당한 이유가 없는 경우. 다만, 인도범죄에 관하여 청구국에서 유죄의 재판이 있는 경우는 제외한다.
4. 범죄인이 인종, 종교, 국적, 성별, 정치적 신념 또는 특정 사회단체에 속한 것 등을 이유로 처벌되거나 그 밖의 불리한 처분을 받을 염려가 있다고 인정되는 경우

(2) 임의적 거절 사유

다음 각호의 어느 하나에 해당할 때는 범죄인을 인도하지 아니할 수 있다(범죄인인도법 제9조).

1. 범죄인이 대한민국 국민인 경우
2. 인도범죄의 전부 또는 일부가 대한민국 영역에서 범한 것인 경우
3. 범죄인의 인도범죄 외의 범죄에 관하여 대한민국 법원에 재판이 계속 중인 경우 또는 범죄인이 형을 선고받고 그 집행이 끝나지 아니하거나 면제되지 아니한 경우
4. 범죄인이 인도범죄에 관하여 제3국에서 재판을 받고 처벌되었거나 처벌받지 아니하기로 확정된 경우
5. 인도범죄의 성격과 범죄인이 처한 환경 등에 비추어 범죄인을 인도하는 것이 비인도적이라고 인정되는 경우

(3) 정치범 등 인도 거절

인도범죄가 정치적 성격을 지닌 범죄이거나 그와 관련된 범죄인 경우에는 범

죄인을 인도하여서는 아니 된다. 다만, 인도범죄가 다음 각호의 어느 하나에 해당할 때에는 그러하지 아니하다(범죄인인도법 제8조).

1. 국가원수 · 정부 수반 또는 그 가족의 생명 · 신체를 침해하거나 위협하는 범죄
2. 다자간 조약에 따라 대한민국이 범죄인에 대하여 재판권을 행사하거나 범죄인을 인도할 의무를 부담하고 있는 범죄
3. 여러 사람의 생명 · 신체를 침해 · 위협하거나 이에 대한 위험을 발생시키는 범죄

제7장

해양오염 방제론

오늘날 해양오염 문제는 세계적으로 심각한 상태이다. 해양오염은 다양한 오염물질에 의해 이루어지고 다양한 원인에 의해 유발된다. 우리나라 대표적인 해양오염 사고는 1995년 씨린스호 사고나 2007년 허베이스피리트호 사고 등이 있다. 해양오염 방제는 해양오염을 미리 예방하거나 이미 발생한 해양오염을 없애는 활동이다.
제7장에서 해양경찰의 대표적인 서비스 기능으로서 해양오염 방제에 대하여 알아보겠다. 해양오염 원인과 오염물질을 알아보고, 해양에서 재난이라는 관점에서 해양오염에 대한 예방–대비–대응–복구 순으로 살펴보겠다.

제1절 해양오염 방제 개관

1. 해양오염 개념

해양오염이란 해양에 유입되거나 해양에서 발생하는 물질 또는 에너지로 인하여 해양 환경에 해로운 결과를 미치거나 미칠 우려가 있는 상태를 말한다(해양환경 보전 및 활용에 관한 법률 제2조 제3호). 해양오염은 다양한 오염물질에 의해 이루어지고 다양한 원인에 의해 유발되므로 광범위하고 추상적인 개념이다. 넓은 의미에서 해양오염은 하천을 통한 육상으로부터 오염, 선박으로부터의 오염, 바다 자체 물질로부터 오염, 대기로부터 오염 등 다양한 오염원을 포함하는 개념이다. 오염물질도 하수 오물, 산업폐기물 등 육상으로부터 오는 물질, 기름, 그물류, 유해액체물질 등 선박으로부터 오는 물질, 선박 방사능폐기물, 석유탐사 유출물 등 바다 자체로부터 오는 물질, 대기로부터 오는 물질 등 다양하다.

여기서 해양오염 방제라는 측면에서 해양오염을 논하는 것이기 때문에 해양오염과 해양오염 방제의 개념을 법적 개념에 한정하고자 한다. 즉, 해양오염이란 해양에 유입되거나 해양에서 발생하는 물질 또는 에너지로 인하여 해양 환경에 해로운 결과를 미치거나, 미칠 우려가 있는 상태를 말한다(해양환경보전법 제2조). 오염물질이란 해양에 유입 또는 해양으로 배출되어 해양 환경에 해로운 결과를 미치거나 미칠 우려가 있는 폐기물·기름·유해액체물질 및 포장유해물질을 말한다(해양환경관리법 제2조). 이를 참조하여 해양오염 방제 개념을 살펴보면 '해양오염을 미리 예방하거나 이미 발생한 해양오염을 없애는 활동'으로 정의할 수 있다. 그리고 해양오염 방제는 해양에 유출되는 폐기물·기름·유해액체물질 및 포장유해물질에 대한 예방·대비·대응을 중심으로 살펴보겠다.

2. 해양오염사고 현황

우리나라 대표적인 해양오염 사고는 1995년 7월 전남 여수시에서 발생했던 씨프린스호 사고, 같은 해 9월 부산에서 발생했던 제1유일호 사고, 2007년 12월 태안에서 발생했던 허베이스피리트호 사고 등이 있다. 최근의 우리나라 해양오염 사고 현황을 살펴보면, 2017년~2021년까지 5년간 연평균 271건 발생하여 342kℓ 유출되었다. 원인별로 부주의에 의한 사고가 연평균 97건(36%)으로 가장 많이 차지하고 있고, 그 다음으로 해난(84건, 31%), 파손(67건, 25%), 기타(23건, 8%) 순이다. 유출량 기준으로 보면, 해난에 의한 사고가 전체 유출량의 79%를 차지하고 있으며, 파손(41kℓ, 12%), 부주의(25kℓ, 7%), 기타(7kℓ, 2%) 순이다.

〈표 5-6〉 해양오염사고 현황

구 분	계	'17년	'18년	'19년	'20년	'21년	'22.7월
건수	1,356	271	288	296	254	247	121
유출량(kℓ)	1,712	229.9	250.9	147.9	770.3	312.8	100.8

3. 해양오염 방제조직

가. 연 혁

해양오염 방제업무는 1978년 8월 해양오염에 대한 감시 및 방제업무를 해양경찰대가 맡고 이를 위해 해양오염관리관 직제를 신설함으로써 시작되었다. 본부에 해양오염관리관(감시 담당, 방제 담당, 시험연구 담당)을 두었고, 전국 9개 지구 해양경찰대에 해상공해과를 두었다. 1990년 7월 해양오염관리관을 해양오염관리부로 개편하고 감시과, 방제과, 시험연구과를 두었다. 1995년 7월 유조선 씨프린스 사고가 발생하였고, 그 이후 해양경찰청을 해양오염 방제업무 총괄기관으로 일원화하였다. 1996년 8월 해양경찰청이 외청으로 독립함에 따라 해양오염방제국을 두고, 청장 직속 기구인 기동방제관을 두었으며, 시험연구과를 분석과로 개칭하였다. 2005년 12월 시험연구과를 확대 개편하여 해양경찰연구개발센터를 신설하였고, 2007년 3월 정식 직제화하였다.

나. 해양경찰청 조직

해양오염방제국에 국장 1명을 둔다. 국장은 고위공무원단에 속하는 일반직공무원으로 보한다. 해양오염방제국에 해양오염방제국 사무를 분장하기 위하여 방제기획과 · 기동방제과 및 해양오염예방과를 두며, 방제기획과장은 부이사관 또는 기술서기관으로, 기동방제과장 및 해양오염예방과장은 기술서기관으로 보한다. 해양오염방제국 업무는 해양오염 방제 대비, 해양오염 방제 조치뿐만 아니라 해양오염 방지를 위한 예방 활동 및 지도 · 점검도 포함한다. 중부 · 서해 및 남해지방해양경찰청에 안전총괄부를 두고 그 아래 해양오염방제과를 둔다. 동해 및 제주지방해양경찰청에 청장 아래 해양오염방제과를 둔다. 해양경찰서에 해양오염방제과를 둔다.

다. 해양환경공단

해양 환경의 보전 · 관리 · 개선을 위한 사업, 해양오염 방제사업, 해양 환경 · 해양오염 관련 기술개발 및 교육훈련을 위한 사업 등을 행하는 공공기관으로서 해양환경공단이 있다(해양환경관리법 제96조). 해양환경공단은 해양오염 방제에 필요한 사업으로서 ① 해양오염 방제업무 및 방제선 등의 배치 · 설치, ② 해양오염 방제에 필요한 자재 · 약제의 비치 및 보관시설의 설치 등을 행한다.

4. 해양오염 방제 근거 법령

가. 국내법

1) 해양 환경 보전 및 활용에 관한 법률

이 법은 해양 환경 보전 및 활용에 관한 정책의 기본방향과 그 수립 및 추진 체계에 관한 사항을 규정함으로써 해양을 체계적이며 지속 가능하게 관리하고자 함을 목적으로 한다(해양환경보전법 제1조). 국가는 해양오염 및 해양생태계 훼손을 예방하고 해양 환경을 적정하게 보전·관리·활용하는 데 필요한 계획과 시책을 수립하여 시행할 책무를 진다(같은 법 제3조). 모든 국민은 일상생활에서 해양오염 및 해양생태계 훼손이 발생하지 아니하도록 노력하여야 하며, 국가 및 지방자치단체의 해양 환경 보전 및 활용 시책에 협력하여야 한다(같은 법 제4조). 해양을 이용·개발하는 행위로 해양오염 또는 해양생태계 훼손을 발생시킨 자는 그 오염·훼손을 방지하고, 오염·훼손된 해양 환경을 복원할 책임을 지며, 해양 환경의 복원 및 오염·훼손으로 인한 피해의 구제에 소요되는 비용을 부담함을 원칙으로 한다(같은 법 제8조).

2) 해양환경관리법

이 법은 선박, 해양시설, 해양공간 등 해양오염 물질을 발생시키는 발생원을 관리하고, 기름 및 유해액체물질 등 해양오염 물질의 배출을 규제하는 등 해양오염을 예방, 개선, 대응, 복원하는 데 필요한 사항을 정하는 것을 목적으로 한다(해양환경관리법 제1조). 이 법은 「영해 및 접속수역법」에 따른 영해, 「배타적 경제수역법」에 따른 배타적 경제수역, 「해양환경관리법」 제15조의 규정에 따른 환경관리 해역, 「해저광물자원 개발법」에 따라 지정된 해저 광구의 해역·수역·구역 및 선박·해양시설 등에서의 해양 환경관리에 관하여 적용한다. 또 공해에서 「선박법」 제2조의 규정에 따른 대한민국 선박에 의하여 행하여진 해양오염의 방지에 관하여도 적용한다.

나. 국제법규

1) 해양오염방지협약(MARPOL 73/78)

해양오염방지협약(MARPOL 73/78, 선박으로부터의 해양오염 방지에 관한 국제협약)은 선박으로부터 배출될 수 있는 기름에 의한 해양오염을 규제하기 위한 협약이다. 선박으로부터 기름 배출에 대한 규제 조치로서는 1954년 5월 12일에 채택된 1954년 유류에 의한 「해양오염 방지 협약(OILPOL)」이 있었으나, 1973년 10월 8일부터 개최된 해양오염에 관한 국제회의에서 기름 이외의 선박으로부터 배출될 수 있는 각종 오염물질의 배출도 규제하기 위하여 1973년 「해양오염방지협약(MARPOL)」이 채택되었다.

이 협약은 1978년 2월 17일 1978년 의정서에 의하여 수정되었고, 1980년 11월 4일 그 명칭을 「이 협약에 관한 1978년 의정서에 의하여 수정된 1973년 선박으로부터의 오염방지를 위한 국제협약(The International Convention for the Prevention of Pollution from Ships 1973, as Modified by The Protocol of 1978 relating thereto)」으로 통일하였다. 1978년 2월 17일 채택되었고, 1983년 10월 2일 발효되었다.

2) 런던 협약(London Convention 72)

육지 폐기물 기타 물질의 투기에 의한 해양오염 방지를 위한 협약이다. 런던협약은 국내수역(Internal Waters) 밖의 모든 해양 지역에 각종 폐기물을 투기하는 것을 방지함으로써 해양오염을 방지하기 위한 목적에서 채택되었다. 이 협약은 지역협정과 달리 해양투기 문제를 전 지구적 차원에서 규율하는 다자 협약이라는 데에 의의가 있으며, 많은 국가로부터 광범위한 지지를 받고 있다. 이 협약은 협약 당사국에 각 국가로 하여금 폐기물의 해양투기 방지의무를 부과하고 있고, 특히 선박, 항공기, 선착장, 바다 위의 인공구조물 등으로부터 폐기물을 해양에 투기하지 못하도록 필요한 조처하도록 요구하고 있다. 1972년 12월 29일 채택되었고, 1975년 8월 30일 발효되었다. 2021년 현재, 미국, 프랑스, 독일, 영국, 러시아, 우리나라 등 80여 개국이 가입하고 있는 국제협약이다.

3) 유류오염 대비, 대응 및 협력 조약(OPRC 90)

협약의 목적은 대형 유류오염 사고에 대비하고 대응하기 위한 국제협력과 상호원조 체제를 구축하고, 각국이 유류오염 긴급상황에 대처할 수 있는 능력을 확보하고 유지하게 하는 데 있다. 협약에는 각 당사국이 유류오염 사고에 즉각적이고 효과적으로 대처할 수 있도록 국가적인 방제체제를 구축하도록 요구하고 있다. 그리고 각국은 유류오염의 대비 및 대응을 위한 국가 긴급계획(National Contingency Plan)을 준비해야 하며, 중대한 오염사고가 발생했을 경우 이를 처리하기 위해 국제기구나 주변국에 지원을 요청할 수 있게 된다. 협약 원명은 'International Convention on Oil Pollution Preparedness, Response and Co-operation, 1990'이며 1990년 11월 국제해사기구(IMO) 총회에서 협약문이 채택되었고, 1995년 5월 13일 국제적으로 발효되었다.

제2절 해양오염 원인과 오염물질

1. 해양오염 방제의 개념

해양오염 물질에 의한 해양오염으로부터 해양 환경을 보전하고 피해를 막는 것이 중요하다. 해양오염 방제 개념은 방제의무자가 배출된 오염물질에 대하여 ① 오염물질의 배출 방지, ② 배출된 오염물질의 확산 방지 및 제거, ③ 배출된 오염물질의 수거 및 처리를 하는 것을 말한다(해양환경관리법 제64조). 해양오염 방제 개념에는 해양오염 발생 이전의 예방 및 대비와 해양오염 발생 이후의 대응 및 사후 처리를 포함한다.[125] 방제 조치는 다음 각호의 조치로서 오염물질의 배출 방지와 배출된 오염물질의 확산 방지 및 제거를 위한 응급조치를 한 후 현장에서 할 수 있는 최대한의 유효적절한 조치여야 한다(해양환경관리법 시행령 제48조).

1. 오염물질의 확산 방지 울타리의 설치 및 그 밖에 확산 방지를 위하여 필요한 조치
2. 선박 또는 시설의 손상 부위의 긴급 수리, 선체의 예인·인양 조치 등 오

125) 김석균, (2022), 「신해양경찰학개론」, 박영사: 241.

염물질의 배출 방지 조치

3. 해당 선박 또는 시설에 적재된 오염물질을 다른 선박 · 시설 또는 화물창으로 옮겨 싣는 조치
4. 배출된 오염물질의 회수 조치
5. 해양오염 방제를 위한 자재 및 약제의 사용에 따른 오염물질의 제거 조치
6. 수거된 오염물질로 인한 2차 오염 방지 조치
7. 수거된 오염물질과 방제를 위하여 사용된 자재 및 약제 중 재사용이 불가능한 물질의 안전처리 조치

2. 해양오염 발생원인

해양오염이 이미 인류에게 문제가 되고 있지만, 이에 대한 심각성을 자각하기 힘들다. 해양의 크기가 지구 표면의 71%에 이를 만큼 광대하고 해양오염이 진행되고 있다 하더라도 인류가 이를 직접적으로 느끼기 힘들기 때문이다. 해양오염은 '해양에 유입되거나 해양에서 발생하는 물질 또는 에너지로 인하여 해양 환경에 해로운 결과를 미치거나 미칠 우려가 있는 상태'를 말하는데, 해양오염은 육상, 공중, 바다로부터 발생하는 다양한 물질로 인하여 발생한다.

해양오염을 발생시키는 원인은 대부분 인간의 활동에서 기인한다. 인간이 자연을 적극적으로 개발하거나 다양한 경제활동을 영위하는 과정에서 부수적으로 발생한다. 그중에서 급격하고 대량의 피해가 발생하는 해양오염은 해양 사고에 의한 것이 대부분이다. 대형선박의 침몰, 충돌, 좌초나 원유 개발 과정에서 사고 등이 있다. 여기서는 「유엔해양법협약」 제207조~제212조 규정에 따른 분류 방법에 따라 해양오염을 일으키는 오염원별로 살펴보도록 하겠다.

가. 육상 기인 오염

해양오염 대부분을 차지하는 근원으로서 육지로부터 산업활동과 농업 활동의 부산물이 하천을 통하여 유입되거나 연안 또는 항구 시설물에서 그대로 바다로 유입되는 오염을 말한다. 생활오수, 산업폐수, 농약, 비료, 축산 분뇨, 발전소 온배수 등 오염물질의 유형은 다양하다. 산업화 · 도시화가 급격하게 진행되고 인구가 증가하면 바다로 유입되는 육상 기인 오염물질도 증가하게 된다. 산업폐수에

함유된 중금속은 해산물을 오염시켜 인간에게도 영향을 주기고 하고, 썩지 않는 플라스틱 사용량이 늘어나 바다로 흘러 들어가 해양 환경 및 인간에게 다양한 영향을 미치기도 한다.

나. 선박 기인 오염

선박 기인 오염은 선박으로부터 고의 또는 사고에 의해 기름과 유해액체물질 등이 바다로 흘러 들어가는 것을 말한다. 선박 운항에 따른 유출은 선박 운항 중에 해양으로 유출되는 유성 혼합물과 유창 청소에 따른 혼합물 배출이나, 선저폐수, 연료 슬러지 배출이 있고, 해수 밸브로부터 기름유출, 기름 적하 시 유출 등 다양한 형태로 이루어진다. 해양 사고에 의한 해양오염은 선박의 충돌, 좌초, 침몰, 전복, 화재 등 사고에 의하여 발생하는 오염이다.

다. 폐기물 투기

산업폐기물, 고체 폐기물, 산업활동에 기인한 폐기물, 핵폐기물 등과 준설물, 오수 슬러지, 음식쓰레기, 농축산 분뇨 등 인간활동에 따른 처치 곤란한 폐기물을 선박이나 항공기를 이용하여 바다에 투기하는 것을 말한다. 「유엔해양법협약」 제1조에 투기를 '선박 · 항공기 · 플랫폼 또는 그 밖의 인공 해양구조물로부터 폐기물이나 그 밖의 물질을 고의로 버리는 행위와 선박 · 항공기 · 플랫폼 또는 그 밖의 인공 해양구조물을 고의로 버리는 행위'로 정의하고 있다. 폐기물의 해양투기에 대해서는 1972년 「런던협약」 등에서 규제하고 있다.

라. 해저탐사 및 개발

해저에 부존된 자원을 탐사 또는 개발하는 과정에서 발생하는 오염을 말한다. 해저 석유개발 과정에서 발생하는 기름유출이 대표적이 예이다. 2010년 멕시코만 원유유출사고로 멕시코만에 대량의 오염이 발생한 적이 있었다.

마. 대기기인 오염

육상에서 발생하는 오염물질이 대기를 타고 바다로 유입되어 발생하는 오염을 말한다. 육상에서 공장이나 산업체서 발생한 중금속이나 화석연료 연소 중에 발생하는 오염물질이 대기를 통하여 해양으로 흘러들게 된다. 대기 기인 오염은 육상오염의 한 형태로 보고 있어 연구가 부족한 상태다.

3. 해양오염 물질

가. 기 름

1) 개 념

일반적 개념으로서 기름은 석유나 석유를 증류하여 얻게 되는 휘발유, 등유, 경유, 중유 따위의 공업용, 난방용 연료를 통틀어 이르는 말이다. 기름은 불에 타기 쉽고 물에 쉽게 용해되지 않으며, 물보다 가벼워서 수면에 엷은 층을 이루어 퍼지며 약간 끈끈하고 미끈미끈한 성질을 가진다. 하지만 이런 개념으로는 해상에 유출된 방제 대상으로서의 기름을 인식하기 어렵다. 법률적 측면에서 바라보면 의미가 명확해진다. 「해양환경관리법」 제2조에 기름을 '원유 및 석유제품(석유가스는 제외)과 이들을 함유하는 액체 상태의 유성 혼합물과 폐유'로 정의하고 있다. 「유류오염손해배상 보장법」 제2조에는 유류를 '선박에 화물로서 운송되거나 선용유(船用油)로서 사용되는 원유, 중유와 윤활유 등 지속성 탄화수소 광물성 유로서 대통령령으로 정하는 것'으로 정의하고 있다. 이에 근거하여 「유류오염손해배상 보장법 시행령」 제2조에 유류(油類)의 종류를 구체적으로 정하고 있다.

1. 원유
2. 중유
3. 선용 연료유
4. 윤활유
5. 제1호부터 제4호까지의 유류 외에 「산업표준화법」 제12조에 따른 한국산업표준의 석유제품 증류시험 방법에 따라 시험하였을 때 섭씨 340도 이하에서는 그 부피의 50퍼센트를 초과하는 양이 유출되지 아니하는 탄화수소유

2) 종 류

(1) 원유(Crude Oil)

원유는 땅속에서 추출하여 정제하기 전의 천연 그대로 석유를 말한다. 적갈색 또는 흑갈색을 띠며, 점도가 높은 유상(油狀) 물질이다. 탄화수소를 주성분으로 하여 황, 질소, 산소 화합물 따위가 섞인 혼합물이다. 원유를 열분해 처리함으로

써 다양한 석유제품을 생산할 수 있어 석유화학공업의 주원료로 이용된다. 원유는 비중에 따라 경질유(輕質油), 중질유(中質油), 중질유(重質油)로 구분되며, 화학적 조성에 따라 파라핀기 원유, 나프텐기 원유, 중간기 원유로 구분된다. 황 함유율에 따라 저유황, 고유황 원유로 분류된다.

(2) 휘발유(Gasoline)

휘발유는 원유(原油)를 분별 증류해서 얻어지는 석유의 일종으로, 석유의 휘발 성분을 이루는 무색의 투명한 액체다. 끓는점이 낮아 휘발성이 높다. 자동차 연료나 항공기 연료로 사용된다.

(3) 등유(Kerosene)

원유(原油)를 분별 증류해서 얻어지는 석유의 일종으로 가솔린, 나프타 다음에 나오는 물질로 상온에서는 액체이다. 휘발유보다는 무겁고 경유보다는 가벼운 기름으로 주로 가정의 난방유로 사용한다.

(4) 경유(Diesel)

원유(原油)를 분별 증류해서 얻어지는 석유의 일종으로 원유로부터 등유 다음으로 분리되는 물질이다. 경유라는 표현은 중유에 비해 밀도가 낮다는 데에서 붙여진 이름이며, 가솔린 및 등유보다는 밀도가 높다. 주로 소형선박 등의 연료유로 사용되며, 유출되면 휘발성이 높아 해면에서 증발한다.

(5) 윤활유(Lubricant)

윤활유(潤滑油)는 기계요소 사이에 마찰을 줄이기 위해 바르는 기름을 총칭한다. 선박 기관의 마모, 마찰 방지 등 엔진 윤활제로 사용하는 기름으로 광물성과 지방성인 것이 있다.

(6) 중유(Heavy oil)

액체 형태로 얻어지는 석유제품 중 가장 밀도가 높은 것이 중유(重油)에 속한다. 기름 종류 가운데 밀도가 높다는 뜻이므로, 실제로 물보다는 저밀도인 게 많다. 기름 점도에 따라 벙커 A, 벙커 B, 벙커 C로 구분하고 유출될 경우, 지속성이 있어 해상에 오래 남아있다. 대형선박의 연료유로 많이 사용한다.

다. HNS

1) 의 의

HNS(Hazardous and Noxious Substances)는 위험 · 유해 물질을 말하는데, 유출될 경우, 인간과 해양 생명체에 중대한 위해를 미치거나 장애를 일으키는 물질을 총칭하는 개념이다. 국제 협약마다 조금씩 다르게 정의하고 있다. 「해양환경관리법」 제2조에는 유해액체물질을 '해양 환경에 해로운 결과를 미치거나 미칠 우려가 있는 액체물질(기름을 제외한다)과 그 물질이 함유된 혼합 액체물질로서 해양수산부령이 정하는 것'으로 정의하고 있다. 쉽게 말하면 선박에 적재하여 해상으로 이동하는 물질 중에서 유출되면 치명적인 물질을 별도로 지정하고 관리하고자 하는 것이다.

HNS 화물은 산적 액체 화학품, 산적 고체 위험물, 가스류 및 포장 위험물 등 4가지 방법으로 해상운송 될 수 있으며, 이에 따른 HNS의 주요 해상운송 수단은 다음과 같다.

1. 산적화물 운반선: 산적 고체 화물(철광 · 인광석, 석탄, 시멘트, 곡물)
2. 케미컬 또는 제품유 탱커: 액체화물(벤젠, 스티렌 등 화학물질, 경유, 등유 등 유류)
3. 가스 운반선: LNG, LPG 등의 액화 가스
4. 컨테이너 운반선: 통합 컨테이너에 포장된 물질
5. 일반화물선: 파레트, 나무상자, 박스, 드럼통 등 사용하여 운반하는 작은 화물
6. 자동차 운반선: 트레일러나 철도화물 차량으로 운반하는 컨테이너, 액체, 고체산적화물

2) HNS 관련 법규

HNS와 관련된 국제협약으로 「2010년 위험 · 유해 물질의 해상운송과 관련한 손해 배상과 책임에 대한 국제협약(2010 HNS 협약)[126]」이 있다. 동 협약의 목적

126) Protocol of 2010 the International Convention on Liability and Compensation for Damage interconnection with the Carriage of Hazardous and Noxious Substances by sea.

은 HNS의 해상운송으로 인해 발생하는 인명, 재산 및 환경에 대한 손실 또는 피해에 대해 적절하고 신속하며 효과적인 보상을 제공하는 것을 두고 있다. 국내법으로 「해양환경관리법」이 있다. 같은 법에서는 HNS 유형 분류와 함께 선박이나 해양시설에서 HNS 관리하고 오염방지를 위한 규정을 두고 있다.

3) 분 류

HNS는 국제협약에 따라 다양하게 분류하고 있는데, 국내 법령에 규정된 종류만 545종으로서 구체적인 종류는 「선박에서의 오염방지에 관한 규칙」 별표 1에서 정하고 있다.

① X류 물질: 해양에 배출되는 경우 해양자원 또는 인간의 건강에 심각한 위해를 끼치는 것으로서 해양배출을 금지하는 유해액체물질
② Y류 물질: 해양에 배출되는 경우 해양자원 또는 인간의 건강에 위해를 끼치거나 해양의 쾌적성 또는 해양의 적합한 이용에 위해를 끼치는 것으로서 해양 배출을 제한하여야 하는 유해액체물질
③ Z류 물질: 해양에 배출되는 경우 해양자원 또는 인간의 건강에 경미한 위해를 끼치는 것으로서 해양배출을 일부 제한하여야 하는 유해액체물질
④ 기타 물질: 「위험화학품 산적운송선박의 구조 및 설비를 위한 국제 코드」 제18장의 오염분류에서 기타 물질로 표시된 물질로서 탱크 세정수 배출작업으로 해양에 배출될 경우 현재는 해양자원, 인간의 건강, 해양의 쾌적성 그 밖에 적법한 이용에 위해가 없다고 간주되어 제1호부터 제3호까지의 규정에 따른 범주에 해당되지 아니하는 것으로 알려진 물질
⑤ 잠정평가물질: 제1호부터 제4호까지의 규정에 따라 분류되어 있지 아니한 액체물질로서 산적(散積) 운송하기 위한 신청이 있는 경우 해양수산부장관이 「산적된 유해액체물질에 의한 오염규제를 위한 규칙」 부록 1에 정하여진 유해액체물질의 분류를 위한 지침에 따라 잠정적으로 제1호부터 제4호까지의 어느 하나에 해당하는 것으로 평가한 물질

제3절 해양오염 예방

1. 의 의

가. 해양오염 예방의 개념

해양오염사고는 일단 발생하면 해양 환경에 막대한 피해를 줄 뿐만 아니라 복구하는데 시간과 비용이 많이 소요된다. 특히, 유조선으로부터 기인하는 해양오염사고는 한 번 발생하면 막대한 해양 환경 피해로 이어질 위험성이 높다. 따라서 해양오염 사고가 발생하기 전에 사고가 발생하지 않게 예방적 조치가 중요하다. 이처럼 사고가 발생하기 전에 해양오염사고를 일으킬 수 있는 다양한 원인을 찾아내서 없애거나 감소시키는 활동이 해양오염 예방 활동이다.

최근 들어 해양 환경은 인간 생활과 밀접하게 연관된 친수공간으로 인식되어 가고 있어 해양 환경 보전에 대한 국민의 관심도 높아져 가고 있다. 또한, 해양 플라스틱 쓰레기 문제의 심각성도 대두되면서 해양오염 피해 저감을 위한 예방 활동 노력이 가속화되어 가고 있다. 선박사고로 인한 기름유출, 육상 기인 해양쓰레기 등 각종 오염물질 배출을 최소화하고 적법 처리를 위한 사전 해양오염 예방 활동은 반드시 선행되어야 한다.

나. 해양오염 예방 사무

「해양경찰법」 제14조에서 해양경찰은 해양오염 방제 및 예방 활동에 관한 직무를 수행한다고 되어 있다. 「해양환경관리법」상 해양오염 예방에 관한 업무는 해양오염 방지를 위한 예방 활동, 선박·해양시설의 출입 검사 등 지도·점검, 오염물질 해양배출 행위 조사, 오염물질의 감식·분석, 해양오염 비상계획서 검인 및 이행 관리, 선박 해체 신고 등 관리, 해양오염방제업 및 유창청소업의 등록 및 관리, 해양환경감시원의 임명 및 운영, 방제자재·약제 형식승인에 관한 사항, 해양오염 예방 관리시스템을 구축하여 운영하는 사무 등이 있다. 해양 환경에 대한 국민의 기대치가 높아짐에 따라, 해양경찰은 기존 기름 오염사고의 예방 중심에서 다양한 오염사고 예방으로 개선하여 항만 대기오염물질 관리 강화, 해양쓰레기 줄이기 운동, 국민과 함께하는 해양 환경 보전 프로그램 등을 운영하고 있다.

2. 일반적 예방 활동

가. 육·해상 예방 순찰

해양경찰 파출장소에서 항만, 부두, 해수욕장 등 도보 순찰을 통하여 해양오염 물질 유출을 감시하고 불법적인 배출을 적발하고 있다. 해양환경감시원, 자율방제대 등 민간협력을 통하여 이루어지기도 한다. 해상에서는 경비함정에서 해양오염 물질 불법 배출이나 기름유출을 감시하고, 헬기나 비행기를 이용하여 정기적인 예방 순찰을 하기도 한다.

나. 방제선 배치

방제선은 해양오염 예방 활동 및 방제업무를 주 임무로 하는 함정을 말한다. 특수한 방제선으로서 화학 방제함은 해상 화학사고 대비·대응 업무를 주 임무로 하는 함정을 말한다. 전국의 방제사고 취약지역 중심으로 방제선을 배치하여 순찰하고 해양오염사고 발생 시 즉시 대응하도록 하고 있다.

다. 방제자재·약제 비치

해양오염사고 발생 시 즉각적으로 대응하기 위해서 방제자재·약제를 해양시설 및 선박에 미리 비치하도록 하고 있다. 항만관리청 및 선박·해양시설의 소유자는 오염물질의 방제·방지에 사용되는 자재 및 약제를 보관시설 또는 해당 선박 및 해양시설에 비치·보관하여야 한다. 이에 따른 자재 및 약제의 비치 적용 대상은 다음과 같다.[127] 적용 대상은 해양시설의 경우, ① 오염물질 300kℓ 이상 저장시설, ②총톤수 100톤 이상 유조선 계류시설, 선박의 경우, ① 총톤수 100톤 이상 유조선 ②1만 톤 이상 일반 선박이다.

해양경찰은 경비함정에 유흡착재나 유처리제 등을 적재하고 경비 활동에 임하고 있으며, 대규모 해양오염 사고에 대비한 원활한 방제자재·약제 수급에 대비하여 주요 원유비축기지가 있는 대산·울산·광양 3개소에 방제 비축기지를 별도로 운영하고 있다. 2021년 현재 해양경찰이 보유하는 자재·약제는 유회수기 92대, 오일펜스 45㎞, 유흡착재 192톤, 유처리제 118kℓ가 있고, 해안방제 장비로 세

127) 「해양환경관리법」 제66조, 「같은 법 시행규칙」 제32조, 「선박오염방지규칙」 제53조.

척기, 비치 클리너 등 6종 221대가 있다.[128)]

라. 해양환경감시원 등

해양시설에 출입하여 확인·점검하거나 관계 서류나 시설·장비를 검사하는 직무를 수행하게 하기 위하여 해양경찰청 소속 공무원을 해양환경감시원으로 지정할 수 있다. 해양오염 예방 활동은 민간협력을 통하여 이루어지기도 하는데, 명예 해양환경감시원 제도는 해양오염 물질의 불법적인 배출을 감시하고 해안가 또는 해역에 방치된 폐기물의 수거 등 효율적인 해양 환경 관리를 위해 국민이 참여시켜 운영하는 제도이다. 명예 해양환경감시원은 일정한 자격을 갖춘 자를 위촉하여야 한다.[129)]

3. 지도점검

가. 해양오염 예방을 위한 선박·해양시설 출입 검사

해양환경감시원이 선박과 해양시설을 대상으로 해양오염비상계획서의 비치·이행, 오염물질 배출지도 및 방지설비·시설의 적정 운영, 오염물질 수거처리 등 해양오염 예방을 위한 사항을 점검하는 것을 말한다.[130)] 출입 검사의 대상은 다음과 같다.[131)]

1. 국내 항해에 운항하는 대한민국 선박
2. 국제항해에 운항하는 대한민국 선박으로서 최근 1년 이내에 지방해양수산청장이 출입 검사를 하지 않은 선박
3. 「해양환경관리법」 제115조 제4항에 따른 긴급한 상황이 발생한 선박
4. 「해양환경관리법」 시행규칙 별표 1 제1호의 해양시설
5. 「해양환경관리법」 제70조 제1항 제2호 및 제3호의 방제·유창청소업 등록업체 점검내용은 다음과 같다.

---

128) 해양경찰청, (2022), 「주요 통계 분석자료」.
129) 「해양환경관리법 시행령」 제90조.
130) 「해양환경관리법」 제115조, 제116조, 「같은 법 시행령」 제94조, 「해양오염 지도점검 규칙」.
131) 「해양오염 지도점검 규칙」 제3조.

〈표 5-7〉 선박 및 해양시설 점검 사항

대상	선박	해양시설
점검 내용	– 해양오염 비상계획서 이행 및 적정성 – 해양오염 방지설비 적정 운영 – 하역 중 유출 가능 개소 밸브 폐쇄 여부 – 유출 사고에 대비한 긴급 보고체제 – 유출유 신속한 제거를 위한 사전 준비 등	– 해양시설오염비상계획서 이행 및 적정성 – 방제선 등의 배치 및 자재·약제 비치 – 해양시설 오염물질 기록부 비치 – 해양오염방지관리인 임명·교육 이수

나. 오염물질 해양배출 행위 조사

해양경찰청장은 선박에서 해양오염과 관련된 다음의 상황이 발생하였을 때 소속 공무원에게 그 선박에 출입하여 확인·점검하거나 관계 서류나 시설·장비를 검사하게 할 수 있다.

1. 선박에서 해양오염이 발생한 경우
2. 선박사고로 인하여 해양오염이 발생할 우려가 있는 경우
3. 원인을 알 수 없는 해양오염이 발생하여 원인을 확인하기 위한 경우

해양경찰서장은 조사 활동을 위해 필요하다고 판단되는 경우 수사과 및 해양오염 방제과 직원을 합동으로 오염조사반을 편성 운영할 수 있다. 행위자 색출을 위한 현장 조사에서 해상유출유 및 오염혐의 대상 시료 채취나 사고 시간대 통항 선박 등 조사 대상 선박 출입 검사를 할 수 있다. 색출 활동 중 위법 사항을 발견 또는 인지하였을 때 행위자에게 위반내용을 정확하게 고지하고 시인서[132] 발부 및 사본을 교부하여야 한다.

다. 해양오염 비상계획서 관리

선박·해양시설의 기름 및 유해액체물질 해양오염 사고에 대비하여 선박·해양시설 자체 방제계획을 규정하여, 사고 발생 시 신속하게 대응하기 위하여 기름 및 유해액체물질의 해양오염 비상 계획서를 비치하도록 하고 있다. 계획서는 해양경찰청장의 검인을 받은 후 이를 그 선박에 비치하고, 선박해양오염비상계획서

132) 「해양오염 지도점검 규칙」 별지 10호 또는 별지 12호 서식.

에 따른 조치 등을 이행하여야 한다.[133] 대상 선박 및 해양시설은 다음과 같다(선박오염방지규칙 제25조).

1. 총톤수 150톤 이상 유조선
2. 총톤수 400톤 이상 유조선 외 선박(군함, 경찰용 선박 등 제외)
3. 시추선 및 플랫폼

라. 선박 해체 해양오염 방지작업계획 신고

선박을 해체하고자 하는 자는 선박의 해체작업 과정에서 오염물질이 배출되지 아니하도록 작업계획을 수립하여 작업 개시 7일 전까지 해양경찰청장에게 신고하여야 한다(해양환경관리법 제111조). 선박 해체 시 오염물질 사전 제거 및 유출 사고 대비·대응계획을 마련하여 해양오염사고 예방 및 방제에 효율적으로 대처하기 위함이다.

마. 해양오염방제업 및 유창청소업의 등록 및 관리

해양오염방제업과 유창청소업(油艙淸掃業)을 영위하려는 자는 해양경찰청장에게 등록하여야 한다. 해양오염방제업은 오염물질의 방제에 필요한 설비 및 장비를 갖추고 해양에 배출되거나 배출될 우려가 있는 오염물질을 방제하는 사업을 말하고, 유창청소업은 선박의 유창을 청소하거나 선박 또는 해양시설에서 발생하는 해양수산부령으로 정하는 오염물질의 수거에 필요한 설비 및 장비를 갖추고 그 오염물질을 수거하는 사업을 말한다.

4. 방제자재·약제 형식승인

형식승인이란 각종 공산품의 안전성과 사용의 편리성을 확보하기 위해, 국가가 인정한 시험기관의 승인을 받아야만 판매할 수 있도록 하는 제도를 말한다. 법령에서 정한 제품들은 정부의 형식승인을 받지 못하면 제품을 생산해도 일반인들에게 판매할 수 없다. 정부는 각 관련 부처에서 공인 시험기관의 시험을 거쳐 관련 공산품에 대한 형식승인을 내주도록 하고 있다. 방제 자제·약제의 형식승인은 「해양환경관리법」에서 정하고 있다. 오염물질의 방제·방지에 사용하는 자

133) 「해양환경관리법」 제31조, 제35조.

재·약제를 제작·제조하거나 수입하려는 자는 해양수산부령으로 정하는 바에 따라 해양경찰청장의 형식승인을 받아야 한다. 형식승인을 받고자 하는 자는 미리 해양경찰청장으로부터 방제자재·약제에 대한 성능시험을 받아야 한다.[134] 형식승인을 받아야 하는 자재·약제의 종류는 다음과 같다(해양환경관리법 시행규칙 제66조).

1. 해양 유류 오염확산 차단 장치(오일펜스, Oil Fence)
2. 유처리제
3. 유흡착재
4. 유 겔화제
5. 생물정화제제(生物淨化製劑)

제4절 해양오염 대비

1. 해양오염 방제체계

해양오염사고 발생 시 효과적으로 오염방제 계획을 수립하고, 방제조직을 구성하고 방제 인력과 장비를 동원하여 신속한 대응이 이루어지기 위해서 미리 준비가 필요하다. 해양오염 방제체계는 만일에 있을 해양오염 사고에 대비하여 필요한 계획, 자원을 갖추어 놓는 것이다. 「기름오염 대비, 대응 및 협력 조약(OPRC)」에는 각 당사국이 유류오염 사고에 즉각적이고 효과적으로 대처할 수 있도록 국가적인 방제체제를 구축하도록 요구하고 있다. 각국은 기름오염의 대비 및 대응을 위한 국가긴급방제계획(National Contingency Plan)을 준비해야 하며, 중대한 오염사고가 발생했을 경우 협약에 가입한 국가는 국제기구나 주변국에 지원을 요청할 수 있도록 하고 있다. 각국은 관계 행정기관이 협조하는 범국가적 대응 체제를 구축하기 위해 사고 대비부터 방제 조치, 피해조사, 복구까지 오염사고 처리 절차를 마련하도록 하고 있다.

134) 「해양환경관리법」 제110조.

가. 국가 긴급방제계획

1) 개 념

국가긴급방제계획(NCP: National Contingency Plan)은 정부 차원의 방제체계, 관계기관의 임무와 역할 및 방제 실행 등을 규정한 해양오염사고 대비·대응 및 협력에 관한 법정 계획이다. 「기름오염 대비, 대응 및 협력 조약(OPRC)」, 「해양환경관리법」 제61조에 근거를 두고 있다. 1995년 씨프린스호 사고 후 해양오염사고에 대비하기 위하여 국가긴급방제계획을 최초로 수립하였고, 2007년 허베이 스피리트호 사고 수습과정에서 지휘체계 및 임무를 명확히 하기 위하여 개정하였다.

2) 내 용

국가 긴급방제계획은 해양에서 발생하는 기름 또는 위험·유해 물질 해양오염사고에 관계기관이 신속하고 효율적으로 상호 협조하는 범국가적 대응 체제를 구축하고, 사고 대비에서 방제 조치, 피해조사 및 복구까지 오염사고 처리와 관련된 업무를 체계화함으로써 해양오염 사고로 인한 피해를 최소화하고 국민의 건강과 재산을 보호하는 데 목적이 있다. 국가 긴급방제계획에 포함되는 주요 내용은 다음과 같다(해양환경관리법 시행령 제44조).

1. 오염물질의 배출에 대비한 사전 예방계획
   가. 국가 방제체제 및 대응조직의 구성과 운영
   나. 해양오염 대비·대응을 위한 관계기관 등의 임무와 역할
   다. 방제장비, 자재 및 약제의 확보
   라. 해양오염 대비·대응을 위한 교육과 훈련
   마. 인접 국가 간 방제 지원·협력체제의 구성과 운영
   바. 방제 기술 전문가의 자문 및 지원
   사. 해양오염 방제를 위한 조사·연구 및 기술개발 등
2. 오염물질 배출 시 방제 조치 계획
   가. 국가가 행하는 긴급 방제 조치의 범위
   나. 오염 현장 상황조사, 방제 방법 결정, 사고해역 지휘·통제 등 방제 실행
   다. 방제장비, 자재 및 약제의 긴급 동원 및 지원

라. 해상안전의 확보와 위험방지 조치
마. 해양오염사고 영향과 피해조사 등 사후관리
바. 방제 평가 및 방제 종료의 기준 등 방제 조치와 관련하여 필요한 사항

해양경찰청장은 해양오염 사고에 대한 방제업무를 총괄·지휘하며, 방제의무자의 방제 조치만으로는 대규모 확산을 방지하기 곤란하거나 긴급방제가 필요하다고 인정할 때는 직접 방제 조치를 하여야 한다. 해양수산부장관은 대규모 해양오염 사고가 발생 시 해양생태계 복원·복구 및 피해보상 등에 관한 업무를 수행하여야 한다. 광역시장·도지사, 시장·군수·구청장 또는 시설관리 행정기관의 장은 해안에 달라붙은 기름에 대하여 방제 조치를 하여야 한다. 이 경우 해양경찰청장은 방제조치에 필요한 자재·약제, 방제장비, 인력 및 기술 등을 지원하여야 한다. 해양환경공단 이사장은 해양경찰청장의 지휘 또는 방제의무자와의 해양오염 방제 대행계약에 따라 해양오염 방제를 직접 수행하고 복구 등을 지원한다.

3) 지역 긴급방제 실행계획

해양경찰청장은 국가긴급방제계획을 원활하게 시행하기 위하여 지역별 실정에 맞는 지역 긴급방제 실행계획을 수립·시행할 수 있다(해양환경관리법 시행령 제44조). 지역 긴급방제 실행계획에는 다음 각호의 사항이 포함되어야 한다.

1. 오염물질별 사고위험평가 및 대응 전략
2. 방제조직의 운영 및 사고유형별 방제 조치 계획
3. 방제장비, 자재, 약제 등의 동원 및 보급·지원 계획
4. 해양오염 방지 및 방제에 관한 교육·훈련의 실시
5. 방제 관련 해역 특성 정보 및 자료

나. 방제대책본부

1) 설치 근거

대형 해양오염사고 발생 시 방제 현장의 지휘·통제체계를 확립하여 신속하고 효율적인 방제 조치를 실시하기 위하여 「해양환경관리법」 제62조 및 「방제대책본부 운영규칙」에 근거하여 방제대책본부를 설치·운영한다.

2) 설치 기준

해양오염 사고 발생 시 해양경찰청장은 다음 각호의 어느 하나에 해당할 때는 방제대책본부를 설치해야 한다(방제대책본부 운영규칙 제4조).

1. 지속성기름이 10kℓ 이상이 유출되거나 유출될 우려가 있는 경우
2. 비지속성기름 또는 위험·유해 물질이 100kℓ 이상이 유출되거나 유출될 우려가 있는 경우
3. 제1호 및 제2호에서 규정한 사고 이외의 경우라도 국민의 재산이나 해양환경에 현저한 피해를 미치거나 미칠 우려가 있어 해양경찰청장이 방제대책본부의 설치가 필요하다고 인정하는 경우

3) 운영 방법

해양경찰청장은 방제대책본부의 설치 방법은 오염물질의 유출 규모를 고려하여 방제대책본부를 구분하여 운영할 수 있다(방제대책본부 운영규칙 제5조).

1. 중앙방제 대책본부
   가. 지속성기름이 500kℓ 이상 유출되거나 유출될 우려가 있는 경우
   나. 중앙재난안전대책본부 또는 중앙사고수습본부가 설치된 경우
2. 광역방제 대책본부: 지속성기름이 50kℓ 이상(비지속성기름 또는 위험·유해 물질은 300kℓ 이상) 유출되거나 유출될 우려가 있는 경우
3. 지역방제 대책본부: 지속성기름이 10kℓ 이상(비지속성기름 또는 위험·유해 물질은 100kℓ 이상) 유출되거나 유출될 우려가 있는 경우

다. 기타 조직

오염방제 시 지원조직으로는 해양 환경 보전과 과학적인 방제에 필요한 기술적인 지원 및 자문을 위한 기구 유출을 막고 기유출된 기름오염을 막기 위한 기술 검토를 위하여 방제 기술 지원협의회를 둘 수 있다(해양환경관리법 시행령 제45조). 오염지역에서 원활한 방제협력과 지원 등을 위하여 해양경찰서장으로 하여금 해당 지역을 관할하는 관계기관의 소속 공무원, 유관 단체·업체의 임직원 및 주민대표 등으로 지역방제 대책협의회를 운영하게 할 수 있다.

2. 해양오염 방제장비

가. 방제정

해양에 유출된 기름의 확산을 방지하거나, 확산한 기름을 포집하여 수거하는 등 해양오염 방제에 전용으로 사용되는 함정을 방제정이라 한다. 방제정은 사용목적에 따라 일반방제정과 화학 방제정으로 구분할 수 있다. 형태에 따라서 단동선과 쌍동선으로 구분할 수 있다. 방제정에는 해양오염 방제와 관련된 오일펜스, 유흡착제, 유회수기, 유처리제 등 다양한 장비가 실려있어 유사시 사용이 가능하다.

2021년 현재 해양경찰은 500톤급 2척, 150~300톤급 23척, 10톤급 소형방제정 18척을 보유하고 있으며, 중형방제정(150~500톤)은 해경서별 해양오염 위험도에 따라 1~3척 배치하고 있다.[135]

나. 오일펜스

1) 개 념

오일펜스(Oil Fence)는 해양에 유출된 오염물질의 확산을 방지하거나 오염물질로부터 피해를 예방하기 위하여 사용되는 장비로서, 크기 및 구조, 용도에 따라서 다양하게 제작・사용되고 있다. 오일펜스의 용도로 ① 해상에 유출된 오염물질의 확산 방지, ② 해양 환경 민감 해역 보호, ③ 확산한 오염물질을 포집 등에 사용된다.

2) 오일펜스의 구조

오일펜스의 형태는 다양하지만, 기본구조는 접속부, 부력체, 밸러스트, 장력체를 포함한다. 오일펜스의 기본구조와 기능을 다음과 같다.

135) 해양경찰청, (2022), 「주요 통계 분석자료」.

〈표 5-8〉 오일펜스의 구조

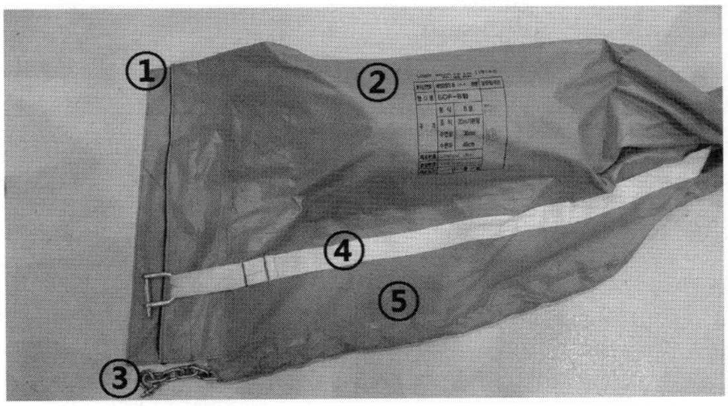

① 접속부	오일펜스 끝단을 상호 연결하는 부분으로 견인에 대해 충분하게 강도를 유지하고, 기름이 새지 않아야 함
② 부력체	오일펜스의 부력 형성을 위해 공기나 부력물질이 채워짐
③ 밸러스트	오일펜스 아랫부분에 체인을 달아 물밑에서 부력체와 스커트를 수직으로 균형 유지
④ 장력체	오일펜스가 외부 장력(바람 · 파도 · 조류)에 견딜 수 있도록 하는 길이 방향의 보강재(체인, 로프, 벨트)
⑤ 스커트	기름이 오일펜스 밑으로 빠져나가는 것을 방지하기 위해 부력체 아랫부분에 위치한 차단막

3) 오일펜스의 종류

(1) 기본구조에 따른 분류

오일펜스는 기본구조에 따라 스커트가 유연한 재질로 구성된 커튼형, 스커트가 고정이거나 패널로 구성된 펜스형, 기타 특수목적형으로 분류된다. 커튼형은 다시 고형식(발포성 부력체 내장), 기체 주입식(부력체에 공기를 강제로 주입하여 팽창), 자동팽창식(팽창용 스프링이 내장되어 자동 팽창)으로 분류된다.

〈표 5-9〉 기본구조에 따른 오일펜스의 분류

종 류	구조 및 장단점	사용 시기 및 장소
고형식	‣ 발포성 부력체 내장 ‣ 부피가 크므로 공간을 많이 차지 ‣ 파손 저항이 우수	‣ 사고선 주위 및 사고 위험해역에 장기간 설치 시 ‣ 연안 · 항만에서 사용

기체 주입식	• 부력체에 기체를 강제 주입 • 설치 속도가 느림 • 부력체 파공 시 침강 우려 • 부피가 작아 보관과 운송에 유리	• 초동 조치를 위한 긴급 설치 시 • 중 · 대형으로 조류와 파도가 있는 해역에서 사용 가능
용수철 팽창식	• 팽창용 스프링 내장 • 외피 파공 시 침강 우려 • 자동 팽창으로 신속 설치	• 초동 조치를 위한 긴급 설치 시 • 중 · 대형으로 조류와 파도가 있는 해역에서 운용
펜스형	• 방유벽 양쪽에 고형부력체 부착 • 부피가 커 보관 공간을 많이 차지 • 포집 성능이 우수하나 유연성이 떨어져 조류와 파도에 취약	• 사고위험 해역에 영구적으로 오일펜스를 설치 시 • 해양시설, 취수구 주변에 설치

(2) 해양오염 방제자재 · 약제의 성능시험 기준에 따른 분류

성능시험 기준에 따른 분류는 오일펜스의 크기에 따른 분류이다.

〈표 5-10〉 성능시험 기준에 따른 오일펜스의 분류

형식	본체부(cm)		접속부(cm)
	수면상 높이	물밑 깊이	
A형	20 이상~30 미만	30 이상~40 미만	60 이상~80 미만
B형	30 이상~60 미만	40 이상~90 미만	80 이상~150 미만
C형	60 이상	90 이상	150 이상

다. 유회수기

1) 개 념

유회수기(Oil Skimmer)는 해상 또는 해안에 유출된 기름의 물리적, 화학적 특성을 변화시키지 않고 유출유를 회수할 수 있도록 고안된 기계장치를 말한다. 회수 원리는 물과 기름의 비중 차, 기름의 점성 및 유동하는 특성을 이용한다.

2) 유회수기 구성 부분

유회수기는 기본적으로 동력부 · 회수부 · 이송부(펌프와 호스)로 구성되어 있으며, 회수유 저장장치, 유출유 포집 장치, 원격조종장치, 저항 장치, 호스 릴 등을 추가 설치하여 유회수기의 성능을 개선하고 취급을 쉽게 하고 있다. 동력부는

유회수기를 구동할 수 있는 동력을 발생하는 부분이며, 디젤엔진, 유압펌프, 시동용 배터리, 유압조정 밸브, 유압유 탱크, 연료유 탱크 등으로 구성된다. 회수부는 기름을 회수하는 부분으로, 유회수기의 종류를 구분하는 기준이 된다. 회수부는 해상에서 뜰 수 있는 충분한 부력체를 갖추어야 한다. 디스크(Disc) 방식, 브러시(Brush) 방식, 몹(Mop) 방식, 벨트(Belt) 방식, 위어(Weir) 방식, 진공 흡입(Vacuum)방식 등이 있다. 이송부는 회수부에서 회수한 기름을 저장탱크로 이송하는 부분으로서 펌프와 호스 및 커플링으로 구성되며, 일반적으로 펌프는 동력부에 설치하고 연결부분은 퀵커플링을 사용한다.

[그림 5-4] 유회수기 구성 부분

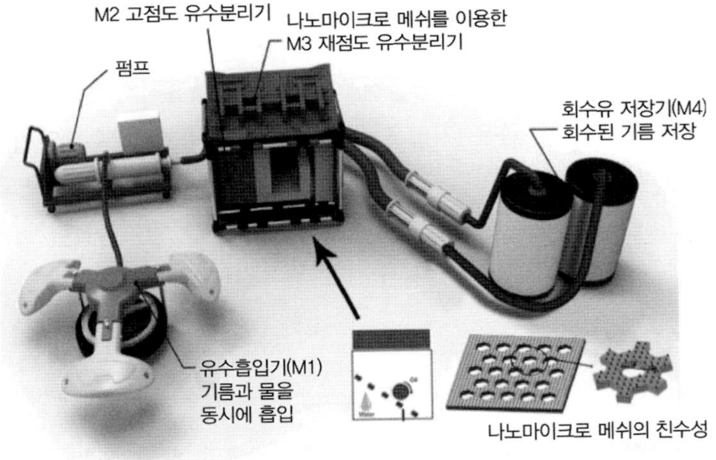

3) 유 형

(1) 흡착식 스키머

기름의 점성을 이용한다. 흡착성 소재인 디스크, 브러시, 드럼을 회전시키면 유출유가 친유성 소재에 달라붙게 되면 긁어내거나 짜내어 저장탱크에 저장한다. 소형 회수기이며 이동이 편리하고 연안 및 부두에 주로 사용하여 회수율이 높다.

(2) 위어식 스키머

물과 기름의 비중 차를 이용한다. 기름이 물에 뜨는 성질을 이용해 기름만 회수하여 수집통으로 흘러가도록 유도하여 저장 용기로 이송하는 방식이다.

(3) 진공식 스키머

진공청소기 원리를 이용한다. 진공 탱크에 유출유가 유입되도록 유도하여 회수하고 회수된 기름을 저장탱크로 이송한다. 소형 회수기이며 이동이 편리하고 연안 및 부두에 주로 사용하여 회수율이 높다.

(4) 원심력식 스키머

물과 기름의 비중 차를 이용한다. 물과 기름을 함께 흡입하여 원심력을 이용하여 분리한 후 기름을 이송펌프로 이송하여 저장탱크에 이송한다.

라. 유흡착제

1) 개 념

유흡착재는 해상에 유출된 오염물질을 흡수 또는 흡착하여 회수하는 물질을 말한다. 유출량이 적거나 좁은 지역으로 회수기를 이용한 회수작업이 곤란한 경우와 유회수기 사용 후 안벽이나 자갈 등에 묻은 기름을 닦아내는 용도로 사용한다. 표면에 기름을 묻히는 것과 흡수하는 것 두 종류가 있다. 흡착제를 대량으로 살포하면 많은 폐기물이 발생하므로 주의할 필요가 있다

2) 종류 및 특성

(1) 매트형

일정한 사각형의 시트 모양의 흡착제이다. 폐쇄된 해역 또는 좁은 해역에서 소량의 회수작업에 이용한다. 포집된 오염물질 위에 직접 투하하여 흡착한다.

(2) 롤 형

폭 0.5~1m의 흡착제를 길이 약 50m 정도 감아놓은 롤(Roll) 형태이다. 해안선, 해양, 좁은 해역에 대량으로 오염물질이 유입될 시 사용한다. 비교적 오염물질이 많은 경우나 선박의 갑판이나 작업구역의 오염방지 및 미끄럼 방지 등에 사용한다. 매트형과 사용 방법은 같으나 적당한 길이로 잘라 사용한다.

(3) 쿠션형

가로, 세로가 사각형 모양으로 베개처럼 두께가 있어 흡착제를 많이 내장한 형태이다. 점도가 높은 기름이나 두꺼운 기름층이 있을 때 유용하다. 서로 연결하

여 사용하면 효과적이며, 이때 한쪽을 육지에 고정해 사용한다.

(4) 펜스형

3~10m 펜스 모양으로 연결한 형태이다. 오일펜스 대체용으로 설치하거나 오일펜스 내부에 설치하여 포집된 오염물질을 흡착한다. 오일펜스 설치가 곤란한 하수구나 좁은 하천오염 시 설치한다.

마. 유처리제

유처리제는 해상에 유출된 기름을 미립자화하여 해수와 섞이기 쉬운 상태를 만들어 자연적인 정화작용을 촉진하는 약품을 말한다. 즉 박테리아에 의한 미생물 분해, 일조에 의한 증발·산화작용 등을 촉진하여 기름을 소멸시키는 것으로 유처리제 자체가 기름을 소멸시키거나 중화하여 다른 것으로 변화시키는 것은 아니다. 유출유의 물리적인 수거가 불가능한 경우, 피해를 사전에 대응하기 위하여 유처리제 사용 여부를 결정하여야 한다. 유처리제는 일반형과 농축형이 있는데, 일반형은 살포 전 해수에 미리 희석하지 않고 사용한다. 농축형(Concentrated)은 해수와 희석하여 사용하며, 파도의 영향이 적어 분산이 잘된다.

유처리제의 사용은 대단히 민감한 문제이므로 살포 방법 및 해양 환경 조건에 특히 유의하여 사용해야 한다. 유처리제의 사용 결정은 환경영향 평가를 수행한 후 지역적 특성에 따라 해상에서의 분산 처리 효과를 고려하여 최적 살포 시간을 선택하여 사용해야 한다. 방제작업 시 유처리제를 사용할 경우, 관할 방제 책임기관의 현장 방제책임자는 광역 또는 지역 긴급방제 실행 계획상의 유처리제 사용 지침을 준수해야 한다.

3. 해양오염 대비사항

가. 실행계획 수립

오염사고에 대비해 국가긴급방제계획을 원활하게 시행하기 위하여 지역 실정에 맞는 지역방제 실행계획을 수립 시행해야 한다. 해안에 붙은 기름은 시군구에서, 항만시설에 대해서 관할관청이 조치계획을 세워야 한다.

나. 관련 정보 공유

해양경찰청장은 관계 행정기관, 지자체가 보유하는 방제 전문가, 기자재 정보를 수집하여 미리 배포하여야 한다. 관련 정보에는 어장, 양식장, 취수시설, 해수욕장, 갯벌, 포유동물의 서식지, 유적지 등 민감하고 중요한 정보가 포함되어야 한다.

다. 방제정보지도 작성

방제정보지도는 해안선의 형태, 야생 동식물 등 생물자원, 양식장·해수욕장 등 민감 자원의 분포와 방제 기관과 방제 기자재 배치현황 등 해양오염사고 방제와 관련된 정보를 정해진 색상의 기호로 지도에 표시에 놓은 것을 말한다. 따라서 사고 발생 시 방제 정보지도를 이용하여 신속하고 정확한 결정이 가능하다. 기름오염에 민감한 요소를 판단하고, 방제 방법 및 보호 우선순위를 결정하는 데 활용한다.

라. 방제장비 확보 및 동원 태세 유지

해양경찰청장은 방제에 필요한 방제정, 방제장비, 기자재 등을 미리 확보한다. 해양수산청장, 지방자치단체장은 해안방제에 필요한 장비 및 기자재를 미리 확보한다. 해양환경공단은 방제선 및 방제 기자재를 확보하고, 선박 소유자, 해양시설 설치자는 유출된 기름 방제에 필요한 기자재를 확보한다.

마. 방제 교육훈련 등

해양경찰청장은 오염 규모, 기상 상황, 기름의 특성 등 다양한 조건을 설정하여 관계기관이나 업체와 합동 방제 훈련을 정기적으로 실시하고, 지방자치단체나 공단 등은 이에 적극적으로 참여하여 방제 능력을 향상한다.

바. 국제협력체제 구축

국제협력이 필요한 대형오염사고에 대비하기 위해 외교부장관은 해양수산부와 해양경찰청에서 추진하는 국제협력이 원활히 이루어질 수 있도록 협조하여야 한다. 법무부장관, 보건복지부장관, 관세청장은 유사시 외국에서 지원되는 인력과 방제장비가 신속하게 투입될 수 있도록 출입국, 검역, 통관에 대해 지원하여야 한다.

제5절 해양오염 대응

1. 의 의

해양오염 대응 단계는 해양오염 사고가 발생한 이후 이미 배출된 오염물질을 제거하여 원상을 회복시키는 제반 활동을 말한다. 해양오염 대응 활동은 이전 단계인 대비단계에서 준비해놓은 인력, 물자를 최대한 활용하여 사고 현장에서 오염물질의 확산을 막고 신속하게 제거하는 과정이다. 신고가 접수되면 긴급히 초동 조치하고, 방제전략을 수립하고, 이에 따라 긴급방제계획을 실행하고 유출유 확산을 막는다. 유출유를 회수하거나 분산시키는 방제 조치는 해상방제와 해안방제로 나누어진다. 최종적으로 회수된 기름이나 폐기물 처리하는 과정을 거친다.

2. 초동 조치

가. 의 의

초동 조치란 해양오염사고 접수 시 빠른 시간 내 필요한 응급조치를 취하는 것을 말한다. 해양오염 발생 시 방제전략을 수립하고 본격적인 방제작업을 시작하려면 상황을 전파하고 필요한 방제자원을 동원하고 방제전략을 수립하고 나서야 비로소 가능하다. 그 전에 일정한 응급조치가 필요한데, 현장 상황조사, 오염사고 발생 보고 및 전파, 응급조치 등이 이에 해당한다.

나. 현장 상황조사

해양오염사고 신고 접수 시 즉시 종합상황실에 전파하고, 항공기 및 사고해역과 가장 가까운 곳의 함정, 방제정 및 파출소 요원을 출동시켜 현장 상황을 파악하고 파악한 내용을 신속하게 보고한다. 파악하는 내용은 사고 선박과 시설의 상태·제원, 해상유출유 종류, 기름 적재량, 유출량, 오염범위·색깔·유출상태, 이동상태 등 확산상태, 응급조치 사항, 수심, 기상, 지형 특성, 피해대상물, 위험 요소, 방제작업 여건 등이다.

다. 해양오염 발생보고 및 전파

해양오염사고 신고를 접수하거나 직접 발견한 경우, 종합상황실로 보고하게 되고 종합상황실에서는 필요한 곳으로 상황을 전파한다. 보고 대상으로 ① 해양사고에 의한 해양오염사고 발생 및 우려 시, ② 지속성기름 200ℓ 이상 오염사고, ③ 기름 200ℓ 미만 오염사고일 때 유조선에 의한 오염사고, 피해 발생 및 사회적 물의가 예상되는 오염사고가 보고 대상이다.

보고 방법은 종합상황실을 통하여 초기 상황 보고 후 진행 상황을 지속해서 보고한다. 보고 내용은 해양오염 사고 개요, 사고선 선체·오염상태, 조치사항, 기상 및 해역 특성 등 오염사고와 관련된 모든 내용이다. 보고받은 상황은 지방해양수산청, 지방자치단체, 군부대, 경찰, 해양환경공단 등 유관기관 및 단체 등에 전파한다.

라. 응급조치

해양오염 발생보고 및 전파와 동시에 항공기 및 방제정, 경비함정을 출동시키고 필요시 해양환경공단에 출동을 요청한다. 해양오염사고 처리 필수 부서부터 비상 소집을 시행한다. 응급조치 시 중요한 것은 오염원으로부터의 지속적인 유출을 방지하기 위한 신속한 조치를 하는 것이다. 응급조치 내용으로 ① 선체 상태 파악 및 안전조치 방안(관계기관 협조), ② 기름 등 오염물질 유출구 봉쇄, ③ 탱크 내의 기름 등을 다른 탱크 또는 다른 선박에 이적 조치 등이다.

3. 방제전략 결정 및 시행

초동 조치 이후 방제전략 결정을 결정하고 시행하게 된다. 방제대책본부장은 사고 현장 조사, 유출유 확산상황 파악, 유출유 확산예측 결과, 방제정보지도 등을 참조하여 사고 현황과 유출상황을 종합적으로 평가한다. 이를 토대로 방제대책본부장은 방제 대책 회의를 개최하여 최적의 방제전략을 결정하고 이에 따른 방제계획을 수립한다. 최선의 방제전략이 결정되면 방제 조치를 시행한다. 방제전략의 주요항목은 다음과 같다.

1. 사고 선박으로부터 기름의 계속 유출 방지대책
2. 유출유 확산 방지 및 민감 해역 보호 대책
3. 유출유 회수·수거 방법
4. 유처리제 살포 여부, 위험방지·안전 및 보건에 관한 사항
5. 해안부착유의 방제 방법
6. 회수·수거된 기름의 보관 및 최종 처리
7. 방제 세력 동원 범위
8. 보급지원 및 지휘·통신망 구축
9. 해상 선박 통제 및 육상교통 통제 여부 판단

4. 해상방제 조치

가. 유출유 확산상황 파악

유출유 확산을 방지하기 위하여 해양오염사고 해상조건에 맞는 적절한 오일펜스 선택 등 확산 방지 전략을 수립하여 시행하여야 한다. 유출유 확산을 예측하기 위하여 항공기, 함정 등 동원할 수 있는 세력을 이용하여 유출유의 이동 및 확산범위를 주기적으로 일관되게 탐색한다. 유출유가 어떻게 확산할지 예측하는데 유출유 확산예측 시스템을 활용하는데, 이는 해양오염 발생 초기 유출량 정보와 실시간 해양 환경 정보를 활용하여 기름의 이동 경로를 예측하는 도구이다. 시스템에 등록된 양식장, 해수욕장 등 민감정보를 파악하여 유류오염 피해를 최소화하는 데 활용된다.

나. 민감해안 보호 및 우선순위 결정

기름오염으로 인한 영향을 받을 수 있는 민감해안 및 양식장 등 자원에 대한 정보를 파악하여 보호 방법과 우선순위를 결정하고 해양 환경 민감도가 높은 해역부터 우선하여 보호조치를 취하여야 한다. 지방해양수산청장과 유역환경청장 및 지방자치단체장은 해양에 배출된 기름에 의하여 양식장 등이 오염되거나 오염될 우려가 있으면, 해양생태계, 어장·양식장 등의 보호와 회복을 위한 적절한 조치를 마련하여야 한다.

다. 유출유 회수

해상조건과 유출유 상태에 따라 방제선을 이용하거나, 오일펜스와 유회수기를 연계하여 포집·회수할 수 있도록 방제팀을 구성, 운용하여 기름을 회수하여야 한다. 회수작업 계획을 수립할 때 다음의 조건을 검토하여야 한다.

1. 유출된 기름의 종류와 점도, 유출량
2. 파도 높이, 조류 속도, 풍속 등 해상조건
3. 유출된 기름에 부유 쓰레기 혼합 여부
4. 유회수기 운용 선박, 회수유 저장 용기, 포집용 오일펜스 동원 여부 등

유출유는 유흡착재를 사용하여 회수하기도 한다. 유흡착재의 수거 방법이 강구되지 않은 상태에서는 유흡착재를 사용해서는 안 되며, 개방되고 조류가 빠른 해역, 유처리제 살포 해역, 고점도유 및 유회수기 작업 중에는 사용을 금지하여야 한다. 사용된 유흡착재는 신속하게 전량 수거를 하여 2차 오염을 방지해야 한다.

라. 유처리제에 의한 분산 처리

유처리제 사용은 환경에 미치는 영향이 크므로 신중하게 고려해야 한다. 유처리제 사용 여부를 판단할 때, 방제정보지도 등 활용하여 해양 환경 민감 해역을 파악한 후 해양 환경 민감 인자, 유출유 피해 회복 속도, 경제적 이익 등을 고려하여 경제적 환경이득 분석을 실시한 후 결정하여야 한다. 유처리제를 사용할 때도 유출유의 종류 및 점도, 확산범위 등을 참작하여 지역 긴급방제 실행계획 부속서 유처리제 사용지침에 의거 유처리제를 사용하여야 한다.

마. 회수된 기름 및 폐기물 처리

기름 또는 위험·유해 물질 및 폐기물을 수거한 자는 「폐기물관리법」에 따라 적법하게 처리해야 한다. 유역환경청장은 수거한 폐유, 폐기물의 저장, 운반, 처리에 관한 지도·감독을 실시하여야 한다. 지방자치단체장은 수거한 폐기물의 임시 저장에 필요한 장소의 제공과 추가 오염이 발생하지 않도록 필요한 대책을 마련해야 한다.

바. 기타 보급지원 및 자원봉사자 관리

방제대책본부와 관계기관에서는 현장 보급소를 설치하여 방제 조치를 위한 방제 기자재 및 동원된 인원의 음식, 피복, 의료 등을 제공해야 한다. 해양경찰서장은 방제 조치 시 자원봉사자 활용 계획을 수립하고, 그 소요를 파악하여 행정안전부 및 지방자치단체에 지원을 요청하며, 참여한 자원봉사자에게 방제 기술 등을 지도하여야 한다.

5. 해안방제 조치

가. 해안방제 목표설정

해안방제는 해안가 모래사장, 갯바위, 자갈, 펄 등에 부착된 유출유를 제거하는 과정이며, 대부분 수작업이므로 인력, 장비, 시간이 많이 소요된다. 유출유 회수작업을 실시하기 전에 방제 우선순위를 결정하고 양식장, 해수욕장, 관광지 등 경제적 민간지역과 서식지, 철새 도래지 등 환경 민감 등급이 높은 해역부터 방제를 실시한다. 해안 방제계획의 수립 및 시행 책임자는 지방자치단체의 장 또는 행정기관의 장이다. 해안의 자갈·모래 등에 달라붙은 기름에 대하여는 해당 지방자치단체의 장 또는 행정기관의 장이 방제 조치를 하여야 한다.[136]

나. 해안방제의 목표 및 단계

해안방제는 어떠한 정도까지 유출유를 회수할 것인가에 따라 목표를 설정한다. 방제작업 시 생태계 피해가 커지거나 해양의 가치가 작을 때는 방제가 불필요한 때도 있다. 주변 민감해안으로 퍼질 우려가 있는 경우는 최소한 수준의 방제를 목표로 할 수 있다. 국가 지정공원, 수산양식 어장, 임해 음식점 등 민감해안 등은 사고 전 수준까지 상태를 방제를 목표로 할 수 있다. 해안방제의 단계는 1단계로 유회수기, 펌프, 진공 트럭, 삽 등 기계적 장비를 이용하여 두꺼운 유층을 회수하는 단계이다. 2단계는 해안에 부착된 잔존기름과 기름 묻은 쓰레기를 수거하는 단계이다. 3단계는 방제 종료에 관하여 이해관계자와 논의하여 방제를 마무리하는 단계이다.

136) 「해양환경관리법」 제68조 제2항.

다. 해안방제의 방법

해안에 부착된 기름을 제거하는 방법은 여러 가지가 있다.

1. 갯바위 닦기
2. 파도 세척
3. 고온 고압 세척
4. 저압 세척
5. 모래 갈기
6. 수거
7. 통 세척

6. 방제 종료

방제가 어느 정도 이루어지면 방제 종료 여부를 결정해야 한다. 방제 종료 절차로 먼저 해양경찰청, 지방자치단체, 오염행위자, 보험사, 환경단체, 지역주민 등 이해관계자를 포함하여 오염평가팀을 구성한다. 팀에서 방제 종료 시기에 대한 기술적인 검토하고, 오염된 해안 전체를 조사하여 방제작업 상태를 주기적으로 평가한다. 평가 결과에 따라 방제대책본부에 방제작업 종료를 권고하고, 방제대책본부는 권고안을 검토하여 최종적으로 방제 종료 여부를 결정한다.

방제 종료 여부의 판단기준은 ① 방제를 계속 진행하여도 환경적, 경제적 영향이 없는지, ② 환경 민감 해역 등에 피해를 줄 만한 오염물질이 남아있는지, ③ 경제활동을 방해하거나 중단시킬 위험은 있는지, ④ 해안의 여가 활동에 시각적 쾌적성을 방해하는지 등이다. 방제가 종료된 후에도 지속적인 사후관리 및 평가가 필요하다. 해양경찰서장, 지방자치단체 또는 시설관리 행정기관의 장은 방제 종료 후 지속적인 모니터링을 하고 필요한 경우 잔류 오염물질 제거 등의 조치를 하여야 한다.

제 6 편

해양경찰 통제론

제1장 통제론 개관
제2장 부 패 론
제3장 윤 리 론
제4장 통 제 론

편을 시작하며

제6편 해양경찰 통제론에서 해양경찰 직무수행과 관련하여 발생할 수 있는 경찰부패, 자발적 윤리의식을 통해 경찰부패를 예방하기 위한 윤리론, 국민에 대한 책임성을 확보하기 위한 경찰 통제에 관하여 차례로 살펴보겠다. 해양경찰은 업무와 관련하여 공무원이 사적인 이익 추구나 부패행위를 방지하기 위하여 통제가 필요하다. 민주주의 원리가 작동하는 제도적인 장치와 공무원의 윤리만으로 해양경찰 행정의 책임성을 확보하기는 쉽지 않다. 이에 따라 해양경찰 직무를 수행하는 과정에서 사전적, 절차적, 사후적인 제어장치가 요구되고, 다양한 방법으로 통제가 필요하다. 통제론에서는 경찰공무원 개인이 윤리의식을 기반으로 작동하는 내부적인 통제장치부터 외부적 통제 수단까지 다양한 통제제도에 관하여 살펴보겠다.

제1장

통제론 개관

해양경찰공무원이 직무를 수행할 때 국민의 기대와 요구에 맞게 책임 있게 행동하여야 한다. 하지만 개인적 차원에서 이를 기대하기는 쉽지 않으며, 책임성을 확보하기 위한 다양한 제어장치와 통제방법이 필요하다. 제1장에서는 부패, 윤리, 통제로 이어지는 메커니즘에 대하여 살펴보겠다. 부패를 예방하기 위한 윤리적이고 내면적 통제장치가 윤리이며, 사후적이고 외부적 통제장치가 통제제도이다.

제1절 책임과 통제의 원리

모든 정부 기관과 마찬가지로 해양경찰은 직무를 수행하는 데 주권자인 국민의 기대와 요구에 맞게 책임 있게 행동하여야 할 책임과 의무를 진다. 해양경찰의 민주성을 확보하고 국민을 위한 행정 목적을 달성하기 위하여 법치행정의 원리를 제도적으로 보장하고 있다. 하지만 민주주의 원리가 작동하는 제도적인 장치만으로 해양경찰의 민주적 운영, 정치적 중립성 확보, 법치주의 확립 등 행정의 책임성을 확보하기는 쉽지 않다. 이에 따라 해양경찰 직무를 수행하는 과정에서 사전적, 절차적, 사후적인 제어장치가 요구되고 다양한 방법의 통제가 필요하다.

제2절 부패, 윤리, 통제의 메커니즘

해양경찰은 업무와 관련하여 대국민 권력적 행정작용이 많으므로 사적인 이익 추구를 위하여 부패행위에 연루될 가능성이 있다. 특히, 수사 활동, 각종 인·

허가, 단속 활동 등 다양한 분야에서 부패 가능성이 있는 것이 사실이다. 부패 가능성이 남아있는 경찰 활동에 있어 부패방지를 개인적인 청렴 의식과 윤리에 맡겨두고 부패행위를 처벌하는 데 중점을 두기보다는 사전 예방과 자발적 청렴 의식을 내면화하는 것이 중요하다. 이처럼 해양경찰의 목표 및 역할과 관련하여 올바른 방향으로 행위를 인도하는 당위적 행동규범이 해양경찰 윤리이다. 해양경찰 윤리는 해양경찰 헌장이나 공무원 윤리강령의 내면화를 통하여 부패행위를 사전에 예방하려는 노력이다.

경찰공무원 개인은 윤리의식을 내면화하여 스스로 내부적인 통제장치를 작동시켜야 하겠지만, 이에 의한 부패 방지를 완벽하게 기대하기는 힘들어서 경찰작용에 대한 제도적인 통제 수단도 마련해야 한다. 따라서 절차적이고 외부적인 통제도 필요하므로 다양한 통제의 수단도 마련되어 있다.

제3절 부패 방지를 위한 제도

공무원 부패의 발생을 예방하며 부패행위를 효율적으로 규제하게 하도록 국무총리 소속으로 국민권익위원회를 두고 있다(부패 방지 및 국민권익위원회의 설치와 운영에 관한 법률 제11조). 부패 방지를 위하여 공직자가 준수하여야 할 행동강령을 내부규정으로 두도록 하고 있고(법 8조), 이에 따라 「공무원 행동강령」, 「해양경찰청 공무원 행동강령」을 제정하여 시행 중이다. 이뿐만 아니라 다양한 형태의 행정기관 외부 통제를 통하여 공무원의 부패를 예방하거나 발생한 비리 행위를 감시하고 처벌하고 있다.

제2장

부 패 론

공무원의 부패는 사적 이익을 취하기 위해 공적 권력을 남용하는 것을 의미한다. 특히, 국민의 권익을 지키고 질서를 유지하는 임무를 가진 경찰의 부패는 심각한 영향을 끼칠 수 있다. 제2장에서는 해양경찰 부패에 대하여 살펴보겠다. 다양한 부패의 원인, 부패의 유형, 부패행위의 처리에 대하여 차례로 알아보겠다.

제1절 부패의 의의

부패(Corruption)란 일반적으로는 사적 이익을 취하기 위해 공적 권력을 남용하는 것을 의미한다. 그중에서 경찰부패란 공직에 종사하는 자가 자신의 직무와 직·접적으로 관련된 법규에 반해 주어진 권력을 불법·부당하게 행사하여 사익을 추구하거나 공익을 침해하는 행위를 말한다.[1] 부패행위는 대부분 법률의 위반을 포함하는데, 특히 불법적인 금전적 이득과 연관된 경제적 영역에서의 법률 위반행위를 중심으로 논의가 이루어진다. 사회 각 분야 어디서든 부패행위가 발생할 수 있지만, 국민의 권익을 지키고 질서를 유지하는 임무를 가진 경찰의 부패는 심각한 영향을 끼칠 수 있다. 부패의 발생을 예방하며 부패행위를 효율적으로 규제할 목적으로 만들어진 「부패방지 및 국민권익위원회의 설치와 운영에 관한 법률(약칭: 부패방지권익위법)」에 부패행위에 대하여 정의하고 있다. 같은 법 제2조에 부패행위란 다음 각 목의 어느 하나에 해당하는 행위를 말한다.

가. 공직자가 직무와 관련하여 그 지위 또는 권한을 남용하거나 법령을 위반하여 자기 또는 제삼자의 이익을 도모하는 행위

---

1) 성영태, (2018), 「행정학개론」, 박영사: 158.

나. 공공기관의 예산 사용, 공공기관 재산의 취득・관리・처분 또는 공공기관을 당사자로 하는 계약의 체결 및 그 이행에 있어서 법령을 위반하여 공공기관에 대하여 재산상 손해를 가하는 행위

다. 가목과 나목에 따른 행위나 그 은폐를 강요, 권고, 제의, 유인하는 행위

제2절 부패의 원인

흔히 경찰부패의 원인을 분석하는 데 있어서 전체사회가설, 구조원인 가설, 썩은 사과 가설, 미끄러지기 쉬운 경사로 이론 등이 범죄연구 분야에서 대표적이다.

1. 전체사회가설

미국의 경찰학 연구에 많은 이바지한 윌슨에 의해 전체사회가설이 등장했는데, 그 내용은 우리의 전체사회가 경찰관의 부패에 영향을 미치는데, 사회 전체가 경찰관의 부패를 묵인하거나 용인할 때 경찰관은 자기도 모르게 부패행위에 빠져들게 된다는 것이다.[2] 작은 부패행위로부터 발전되어 결국에는 이것이 길들게 되고 마침내 걷잡을 수 없는 부패의 수렁에 빠지게 된다는 가설이다. 이 가설은 셔먼의 미끄러운 경사로 이론과 매우 흡사한 이론이라고 볼 수 있다.

2. 미끄러지기 쉬운 경사로 이론

셔먼이 주장한 이 이론은 전체사회가설과 유사한 논리이다. 부패는 실제로 부패로 보기 어려운 작은 호의로부터 시작해 점차 큰 부패로 이어진다는 것이다. 작은 호의를 수용하는 것은 경사로 위에 경찰관을 올려놓는 것과 같이 점점 깊게 빠져 헤어 나오지 못한다는 것이다. 공짜 커피, 작은 선물 등 사소한 호의라도 습관화되면 미끄러운 경사로를 타고 내려오듯이 큰 부패로 연결된다는 것이다.

2) 임창호・정세종・함혜현・라광현, (2022), 「최신 경찰학」: 258.

3. 구조원인 가설

이 이론은 니더호퍼, 로벅, 바커 등이 주창한 가설로서, 예를 들어 A라는 신임 순경이 경찰학교에서 교육훈련 중에 오직 국가를 위해 충성하고 정의의 사회를 세우는데 기여하겠다는 일념으로 일선 경찰기관에 배치된 후 경찰 구조로 인해 부패에 빠진다는 가설이다. 즉 선임 경찰관들이 이전부터 관행적으로 부패행위를 저지르게 되는 것을 학습하게 된다는 것이다. 선임 경찰관들의 관행은 신임 경찰관에게 일종의 침묵 규범이 되어 돈까지도 갈취하는 요령을 터득하면서 부패의 수렁에 빠진다는 가설이다.

4. 썩은 사과 가설

이 이론은 사과 상자 속에 어느 한 개의 사과가 썩어 있는 경우 옆에 있는 사과까지도 자연스레 썩어 들어갈 수밖에 없다는 가설을 의미한다. 예를 들어 경찰관을 모집하는 경우 어느 A라는 잠재적 부패 경찰관을 걸러내지 못한 경우 그로부터 정의로운 경찰관들까지도 부패하게 된다는 가설인데, 이는 이미 개인적 성격이 부패하여 있어 썩을 수밖에 없다는 점을 분석한 가설이다. 이미 나쁘게 성격이 형성된 사람이므로 구제가 불능인 경우를 의미한다. 또한 이는 경찰관 모집에서 문제가 있는 경찰관을 걸러내야 하는 것이 얼마나 중요한가를 잘 보여주는 대목이다.

제3절 부패의 유형

경찰부패의 원인은 여러 기준에 따라 다음과 같이 분류할 수 있다.[3)]

1. 개인부패와 조직부패

부패의 발생 수준에 따른 분류이다. 개인 부패는 개인 수준에서 발생하는 것

3) 성영태, (2018), 「행정학개론」, 박영사: 161-162.

을 말한다. 조직부패는 여러 구성원이 집단으로 또는 조직적으로 관련되어 발생하는 것이다. 개인 부패보다 규모와 정도가 크며, 외부에 잘 알려지지 않는다.

2. 일탈적 부패와 제도적 부패

부패의 제도화 정도에 따른 분류이다. 일탈적 부패는 공무원 개인의 윤리적 일탈 때문에 발생하는 것을 말한다. 반면 제도적 부패는 '구조화된 부패'라고 불리며, 정부의 업무 관행이나 구조적 요인에 의해 공직부패가 제도적으로 발생하는 것을 말한다.

3. 백색부패와 흑색부패

부패의 목적에 따른 분류이다. 공익을 추구하기 위하여 어쩔 수 없이 발생하는 부패를 백색부패라 한다. 반면 개인의 사적 이익을 추구하기 위하여 나타나는 부패를 흑색부패라 한다. 하지만 이를 구분하기는 현실적으로 쉽지 않다.

4. 생계형 부패와 권력형 부패

부패의 원인에 따른 분류이다. 공무원이 소득을 보충하여 생계를 유지하기 위하여 관습적으로 이루어지는 부패가 생계형 부패이다. 반면 정치인이나 고위 공무원이 자신의 권력을 유지하거나 권력을 남용하여 사적 이익을 추구하는 것이다.

5. 거래형 부패와 일방형 부패

거래의 여부에 따른 분류이다. 가장 전형적인 공직부패는 뇌물 수수다. 부패의 당사자 간에 뇌물을 통해 금전적 이익을 보고 제공자도 이를 대가로 특혜를 받는 경우가 거래형 부패이다. 반면 공금 횡령, 사기 등 양방 간 거래가 아닌 공무원 개인이 일방적으로 저지르는 경우가 일방형 부패이다.

제4절 부패행위의 신고와 처리

1. 부패행위 신고

누구든지 부패행위를 알게 된 때에는 이를 위원회에 신고할 수 있다. 공직자는 그 직무를 행함에 있어 다른 공직자가 부패행위를 한 사실을 알게 되었거나 부패행위를 강요 또는 제의받았을 때 지체없이 이를 수사기관·감사원 또는 위원회에 신고하여야 한다. 신고를 하려는 자는 본인의 인적 사항과 신고 취지 및 이유를 기재한 기명의 문서로써 하여야 하며, 신고 대상과 부패행위의 증거 등을 함께 제시하여야 한다.

2. 신고사항의 처리

신고가 접수된 부패행위는 국민권익위원회에서 처리한다. 위원회는 접수된 신고사항을 그 접수일부터 60일 이내에 처리하여야 한다. 다만, 위원회는 접수된 신고사항에 대하여 감사·수사 또는 조사가 필요한 경우 이를 감사원, 수사기관 또는 해당 공공기관의 감독기관에 이첩하여야 한다. 위원회에 신고가 접수된 당해 부패행위의 혐의대상자가 고위공직자로서 부패 혐의의 내용이 형사처벌을 위한 수사 및 공소제기의 필요성이 있는 경우에는 위원회의 명의로 검찰, 공위공직자 수사처, 경찰 등 관할 수사기관에 고발하여야 한다.

제3장

윤리론

부패행위를 예방하기 위해서는 공무원에게 규범이나 가치를 내면화시켜 공무원 스스로 부패행위에 연루되지 않도록 하는 것이 바람직하다. 해양경찰 윤리는 부패행위 방지를 내면화할 수 있게 만들어진 규범을 말한다. 제3장에서는 해양경찰 윤리규범으로서 「해양경찰 헌장」과 「공무원 윤리강령」, 「해양경찰공무원 행동강령」에 대하여 살펴보겠다.

제1절 윤리론 개관

1. 필요성

해양경찰 윤리는 해양경찰의 목표 및 역할과 관련하여 준수해야 할 당위적 행동규범이다. 해양경찰 윤리는 전체 공직자가 지켜야 할 행동규범으로서 공직 윤리의 일부분을 구성한다. 다만, 해양경찰 업무의 특수성으로 인해 독자적인 영역을 구성하고 있다. 해양경찰 윤리는 해양경찰공무원에서 내면적인 가치나 신념을 형성하여 부패나 비리를 예방하는 효과가 있다. 부패행위에 대한 강제적・외부적 통제를 통한 처벌보다, 규범이나 가치의 내면화를 통하여 공무원 스스로 사전적・예방적으로 해결하는 것이 바람직할 것이다. 해양경찰 윤리는 내면화하는 규범으로 「해양경찰 헌장」과 「해양경찰공무원 행동강령」이 있다.

2. 해양경찰에 요구되는 윤리

가. 자 율

해양경찰 활동은 광범위한 재량이 인정되고 현장에서의 신속한 판단과 대응이 요구된다. 해양경찰공무원 개개인은 업무에 대한 법률 지식 등 전문지식과 직업윤리를 바탕으로 합리적인 판단 능력을 배양하도록 노력해야 한다.

나. 책 임

해양경찰은 직업인으로서 자율에 바탕을 둔 임무 수행이 요구되지만, 해양경찰공무원이 이에 따르지 아니할 때 책임을 묻게 된다. 책임에는 위법이나 비위에 대한 민사·형사·행정적 책임도 있으나 여기서 강조하는 것은 직업인으로서의 자발적인 책임감을 의미한다.

다. 창 의

여러 가지 사안에 대하여 기존의 틀에 구속되지 않고 새롭게 독창적으로 사고하는 것을 의미한다. 해양경찰의 목표를 달성하기 위해서는 다양한 방법을 개발하고 그중에서 가장 생산성이 높으면서도 국민의 지지를 받는 방법을 선택하는 등 창의적인 자세가 요구된다.

라. 양 심

해양경찰공무원에서 요구되는 기본적인 마음가짐으로써 정직, 책임 의식, 사명감 등을 포함한다. 해양경찰 헌장은 해양경찰이 오직 양심에 따라 올바르게 법을 집행하는 의로운 해양경찰을 천명하고 있다.

제2절 해양경찰 헌장

1. 의 의

「해양경찰 헌장」은 해양경찰청 독립 외청 발족 직후인 1998년 제정되었다. 해양경찰청이 21세기 신해양 시대에 부응하는 해양경찰의 독자적 위상을 제고하고, 해양경찰 고유의 정신 함양, 사명감 고취 및 정통성 확립 등을 통해 새로운 해양경찰상을 정립하기 위하여 제정되었다.

「해양경찰 헌장」은 해양경찰의 독자적 특성을 반영해 '바다의 수호자', '정의의 실현자', '국민의 봉사자', '해양의 전문가'로서 해양경찰 구성원이 지켜야 할 4가지 실천 목표를 제시하였다. 국가에 헌신하고 국민에게 봉사하는 해양경찰인으로서 무엇을 어떻게 해야 하는지에 대한 실천 목표도 함께 갖추고 있다.

2. 내 용

「해양경찰 헌장」전문은 아래와 같다.

"우리는 해양 민족의 기상과 전통을 계승하여 우리의 바다를 지키는 자랑스런 대한민국 해양경찰이다. 우리는 국민의 자유와 권익을 보호하고 국가의 안정과 번영을 추구하며 나아가 인류 평화에 이바지하는 역사적 사명을 지고 있다. 이에 우리는 맡은 바 책임을 완수할 것을 다짐하여 우리의 나아갈 길을 밝히고자 한다.

1. 우리는 해양 치안의 주역으로서 어떠한 고난에도 굴하지 않고 헌신하는 충성스런 해양경찰이다.
1. 우리는 법과 정의의 상징으로서 오직 양심에 따라 올바르게 법을 집행하는 의로운 해양경찰이다.
1. 우리는 국제 해양 질서를 유지하고 인류 공동의 자산인 해양을 보전하는 세계적인 해양경찰이다.
1. 우리는 창의적 자세로 지식과 능력을 개발하여 미래를 지향하는 발전적인 해양경찰이다. "

제3절 공무원 윤리강령

1. 공무원 행동강령

가. 의의

「공무원 행동강령」은 「부패방지 및 국민권익위원회의 설치와 운영에 관한 법률」에 근거하여 대통령령으로 제정하여, 법적 구속력을 갖춘 공무원 윤리 규범을 말한다. 2003년 2월 18일 대통령령으로 공포되었고, 2003년 5월 19일부터 모든 국가기관에서 본격 시행되었다.

「공무원 행동강령」은 국무총리 지시사항인 「공직자 10대 준수사항」 등 기존 윤리규정과는 달리 법률에 근거하여 대통령령으로 제정, 최초로 법적 구속력을 갖춘 종합적이고 구체적인 공무원 윤리 규범이다. 이에 따라 각 기관은 자체 특성을 반영한 기관별 행동강령을 제정하였다. 이에 따라 각급 기관 공무원은 공무원 행동강령과 소속기관이 제정한 공무원 행동강령을 준수해야 한다.

나. 공무원 행동강령 주요 내용

1) 공정한 직무수행

공무원은 상급자가 자기 또는 타인의 부당한 이익을 위하여 공정한 직무수행을 현저하게 해치는 지시를 하였을 때는 그 사유를 그 상급자에게 소명하고 지시에 따르지 아니하거나 제23조에 따라 지정된 공무원 행동강령에 관한 업무를 담당하는 공무원과 상담할 수 있다. 공무원은 직무를 수행할 때 지연·혈연·학연·종교 등을 이유로 특정인에게 특혜를 주거나 특정인을 차별하여서는 아니 된다. 공무원은 여비, 업무추진비 등 공무 활동을 위한 예산을 목적 외의 용도로 사용하여 소속기관에 재산상 손해를 입혀서는 아니 된다. 공무원은 정치인이나 정당 등으로부터 부당한 직무수행을 강요받거나 청탁받았을 때 소속기관의 장에게 보고하거나 행동강령책임관과 상담한 후 처리하여야 한다.

공무원은 자신의 임용·승진·전보 등 인사에 부당한 영향을 미치기 위하여 타인이 인사업무 담당자에게 청탁하도록 해서는 아니 된다. 공무원은 직위를 이용하여 다른 공무원의 임용·승진·전보 등 인사에 부당하게 개입해서는 아니 된다.

2) 부당이득의 수수 금지

공무원은 자신의 직위를 직접 이용하여 부당한 이익을 얻거나 타인이 부당한 이익을 얻도록 해서는 아니 된다. 공무원은 자기 또는 타인의 부당한 이익을 위하여 다른 공직자의 공정한 직무수행을 해치는 알선·청탁 등을 해서는 아니 된다. 공무원은 직무수행과 관련하여 자기 또는 타인의 부당한 이익을 위하여 직무관련자를 다른 직무관련자나 공직자에게 소개해서는 아니 된다. 공무원은 자신의 직무권한을 행사하거나 지위·직책 등에서 유래하는 사실상 영향력을 행사하여 부당한 행위를 해서는 안 된다. 공무원은 직무 관련 여부 및 기부·후원·증여 등 그 명목과 관계없이 동일인으로부터 1회에 100만 원 또는 매 회계연도에 300

만 원을 초과하는 금품 등을 받거나 요구 또는 약속해서는 아니 된다. 감독・감사・조사・평가하는 기관에 소속된 공무원은 자신이 소속된 기관의 출장・행사・연수 등과 관련하여 감독・감사・조사・평가받는 기관에 부당한 요구를 해서는 안 된다.

3) 건전한 공직 풍토의 조성

공무원은 자신의 직무와 관련되거나 그 지위・직책 등에서 유래하는 사실상의 영향력을 통하여 요청받은 교육・홍보・토론회・세미나・공청회 또는 그 밖의 회의 등에서 한 강의・강연・기고 등의 대가로서 중앙행정기관의 장 등이 정하는 금액을 초과하는 사례금을 받아서는 아니 된다. 공무원은 직무관련자나 직무 관련 공무원에게 경조사를 알려서는 아니 된다.

다. 공무원 행동강령 이행 관리

행동강령의 이행 관리를 위하여 기관장이 4급 이상 공무원인 모든 행정기관에 행동강령책임관을 지정하여 소속 공무원에 대한 교육과 직무수행에 있어서 강령 위반 여부가 분명하지 아니한 사항의 상담, 위반사례의 신고 접수 처리 등을 맡게 하고 있다. 또한 행동강령을 위반하였을 경우 소속기관의 장과 차관급 이상 공무원의 경우에는 국민권익위원회에 신고할 수 있으며, 국민권익위원회는 사실 확인 후 언론공개, 인사자료 활동 등 적극적으로 대처하게 된다. 이와 함께 수수가 금지된 금품은 즉시 반환을 원칙으로 한다.

2. 해양경찰공무원 행동강령

해양경찰청은 「부패방지 및 국민권익위원회의 설치와 운영에 관한 법률」 제8조 및 「공무원 행동강령」 제24조에 따라 해양경찰청 소속 공무원이 지켜야 할 행동 기준을 규정하기 위하여 「해양경찰청 공무원 행동강령」을 제정하여 운용하고 있다. 동 강령은 2018년 4월 20일 해양경찰청 훈령 제25호로 제정되어 시행되고 있다.

그 내용은 「공무원 행동강령」과 동일한 체계를 해양경찰청 실정에 맞게 적용한 것이다. 제1장 총칙, 제2장 공정한 직무수행, 제3장 부당이득의 수수 금지, 제4장 건전한 공직 풍토의 조성 등으로 이루어져 있다.

제4장

통제론

해양경찰의 부패행위나 부당행위를 예방하지 못하는 경우, 외부적 · 강제적 방법으로 차단해야 한다. 이를 효과적으로 통제하는 방안으로 생겨난 것이 행정통제다. 제4장에서는 행정통제에 대하여 살펴보겠다. 다양한 통제의 유형을 알아보고, 최근 강조되고 있는 사전적 통제절차도 알아보겠다.

제1절 통제론 개관

1. 해양경찰 통제의 개념

해양경찰 통제란 해양경찰 정책의 실효성과 책임을 담보하기 위하여 사전・사후로 조직의 일탈행위를 억제하고 시정하는 제도나 활동을 말한다. 통제는 책임을 전제로 하여 목표 달성을 위해 미리 설정한 계획과 기준에 일치되도록 보장하는 기능이며, 행위나 실적이 계획이나 기준과 차이가 났을 때, 그 원인 규명과 시정조치를 의미하는 관리적, 견제적 활동이라고 할 수 있다.

현대 국가에서 정부 관료제는 거대한 행정체계로서 막강한 권한과 임무를 수행하게 되었고, 자체 내의 모순과 병리에 의하여 역기능이 나타났다. 그 결과 행정권한의 위법・부당・무능을 효과적으로 통제하는 방안으로 행정통제가 생겨났다. 종래의 행정통제는 주로 정책이나 계획을 집행한 후의 시정조치에 초점을 두는 사후적 통제였으나, 최근에는 사전에 통제하는 사전적 통제에 초점을 두고 있다.

2. 해양경찰 부패, 윤리강령과 통제와의 관계

해양경찰 통제는 해양경찰 책임을 전제로 이루어진다. 해양경찰 책임은 해양경찰이 직무를 수행할 때, 주권자인 국민의 기대와 요구에 부응하여 공익 등 일정한 기준에 따라 행동하여야 할 의무를 말한다.[4] 해양경찰 책임을 다해야 할 공무원이 책임을 저버리는 대표적인 행위가 부패행위이다.

부패행위를 사전에 자발적으로 예방하기 위한 내재적 방법의 하나로서 공무원에게 윤리의식을 내면화하여 스스로 부패하지 않도록 공무원윤리강령을 제정·실천하는 것이 중요한 방법으로 떠오르고 있다. 하지만, 윤리강령이 충분히 작동하지 않아 부패행위가 이루어진다면 내부적·외부적 통제를 통하여 부패를 방지해야 한다. 결국 경찰책임을 확보하고 부패를 방지하기 위하여 윤리강령과 통제는 밀접한 연관성이 있다.

제2절 통제의 필요성

1. 해양경찰의 민주적 운용

해양경찰의 민주적 운용이란 전체 국민의 복리를 위해 국민의 의사를 행정에 충실히 반영하는 한편 국민을 위해 봉사하고 또 국민에 대해 책임을 지는 행정을 말한다. 국민과의 관계에서 국민의 요구를 수렴해 행정에 반영시키는 대응성(Responsiveness)의 확보 및 책임행정의 구현을 의미한다. 조직 내부적으로는 하의상달(下意上達)·분권화·자아 실현 욕구의 충족을 위한 조직의 관리가 이루어질 것이 요구된다. 이에 해양경찰의 독단을 방지하고 민주적 운용을 위해서 해양경찰에 대한 통제가 필요하다.

2. 정치적 중립성 확보

정치적 중립은 어느 정당이 집권하든 공무원은 성실하게 봉사해야 한다는 당

4) 임창호·정세종·함혜현·라광현, (2022), 「최신 경찰학」: 279.

파적 중립성을 의미한다. 즉 공무원이 부당하게 정파적 특수이익과 결탁해 공평성을 상실하거나 정쟁에 개입하지 않는 비 당파성을 말한다. 해양경찰은 국민 전체에 대한 봉사자이며, 국민에 대하여 책임을 진다. 공무원의 신분과 정치적 중립성은 법률이 정하는 바에 의하여 보장된다.[5] 해양경찰의 정치적 중립을 확보하기 위해서 통제가 필요하다.

3. 법치주의 확립

해양경찰권의 행사는 법치주의 원칙에 의하여 법령이 부여한 범위 내에서 법령이 부여한 내용대로 집행되어야 한다. 법치주의 원칙에 위반된 해양경찰권의 오남용을 방지하기 위해서 통제가 필요하다.

4. 인권침해 방지

형사절차 등 사법절차나 단속행위, 무기의 사용 등 해양경찰권의 행사 과정에서 강제력을 사용하게 된다. 이러한 해양경찰공무원에 의한 집무집행 과정에서 인권침해를 방지하기 위해서 통제가 필요하다.

5. 조직의 건강성

계급조직의 특성상 실현하기가 어려운 조직 내 하의상달・분권화・자아 실현 욕구의 충족을 위해서 통제가 필요하다. 또한 해양경찰공무원에 의해 있을 수 있는 다양한 형태의 부패와 비리를 방지하기 위해서도 대내외부적 통제가 필요하다. 이를 통해 조직의 건강성을 확보할 수 있다.

---

5)「대한민국 헌법」제7조.

제3절 통제의 유형

1. 민주적 통제와 사법적 통제

민주적 통제는 해양경찰 조직의 부패나 일탈행위를 억제하기 위하여 주권자인 국민 관점에서 외부적이고 사전적으로 통제하는 것이다. 대표적인 방법으로 행정절차에 의한 통제, 해양경찰위원회에 의한 통제, 국민의 감사 청구 등이 있다. 사법적 통제는 해양경찰 기관이 위법한 행위를 한 경우 법원이 사법심사를 통하여 통제하는 것이다. 대표적인 방법으로 해양경찰 기관이나 공권력으로부터 위법한 처분을 받았을 때 행정소송을 통해 구제받을 수 있다. 경찰공무원으로부터 손해를 입은 국민은 국가를 상대로 손해 배상을 청구할 수 있다.

2. 사전적 통제와 사후적 통제

사전통제는 해양경찰 기관의 행정작용 이전에 행하는 사전적 통제 수단으로 행정절차나 입법기관인 국회가 통제하는 것을 말한다. 「행정절차법」에 의한 청문, 입법예고 등과 국회의 입법권과 예산심의권 등이 있다. 사후통제는 행정작용이 이루어진 이후에 행하는 통제로서, 사법심사에 의한 통제, 행정부의 징계책임, 상급 기관의 하급 기관에 대한 감독권, 행정심판을 통한 통제가 가능하다. 국회는 행정에 대한 예산의결권, 국정감사, 조사권 등을 통해 통제를 가할 수 있다.

3. 내부 통제와 외부 통제

가. 내부 통제

내부 통제는 해양경찰 내부에서 자체적으로 통제하는 것을 말한다. ① 청문감사관 제도, ② 상급 기관의 하급 기관에 대한 훈령·직무명령권, ③ 경찰윤리 규범을 통한 통제가 있다.

나. 외부 통제

외부 통제는 해양경찰 내부가 아닌 조직 외부에서 통제하는 모든 것을 말한다.

1) 입법부에 의한 통제

국민의 직접적인 대표기관인 국회는 해양경찰을 직접적으로 통제할 수 있는 핵심 기관이다. 국회는 입법권과 예산심의권, 국정조사권, 국정감사권을 가지고 있어서 이러한 권한을 통해 경찰행정을 통제해 나갈 수 있다.

2) 행정부에 의한 통제

대통령은 국가원수로서 해양경찰청장 임명권, 해양경찰위원회 위원의 임명권이나 정책 결정을 통해 해양경찰 기관을 직접적으로 통제해 나갈 수 있다. 해양수산부 장관은 해양경찰청장과 해양경찰위원회 위원의 임명제청권을 통해 통제한다. 해양경찰 불법·부당한 행위에 대해서는 국민권익위원회에 의한 통제가 가능하다. 국무총리소속하에 국민권익위원회가 설치 및 운영되고 있다. 이외 인사혁신처 소청심사위원회에 의한 통제가 있다.

3) 사법부에 의한 통제

사법심사를 통해 위법한 경찰을 통제할 수 있고 손해 배상을 통해 민사 및 형사상의 책임도 물을 수 있다.

4) 기타 헌법기관에 의한 통제

감사원은 예산상 세입 및 세출의 결산권을 가지고 있고, 경찰공무원의 직무에 대한 감찰권을 가지고 통제가 가능하다. 국가인권위원회는 인권과 관련된 사항에 대해 유치장이나 시설에 대해 방문 조사권이 있고, 인권 관련 법령 제정 및 개정에 대해 통제역할을 한다. 국가정보원에 의해 경찰의 정보와 보안업무는 조정 및 통제받고 있다.

5) 시민에 의한 통제

시민 관점에서는 정당, 주민참여, 여론, 시민단체 활동 등을 통해 해양경찰 작용을 통제한다.

제4절 사전통제로서의 행정절차

1. 의 의

사전통제의 하나로서 행정부의 모든 행정절차에 관한 공통으로 적용되는 절차가 「행정절차법」에 규정된 절차이다. 이 절차는 행정기관이 처분할 때 사전절차를 지키게 함으로써 행정기관과 국민 양측에 권익을 보장하는 측면이 있다. 즉, 행정기관으로서는 국민 국민의 행정 참여를 도모함으로써 행정의 공정성·투명성 및 신뢰성을 사전에 확보할 수 있고, 국민으로서는 권익과 관련된 행정절차에 참여하여 의견을 제출함으로써 권익을 보호하는 효과가 있다. 주요한 절차 위주로 살펴보겠다.

2. 행정절차 제도

가. 처분기준의 설정·처분의 사전통지 등

행정청은 필요한 처분기준을 해당 처분의 성질에 비추어 되도록 구체적으로 정하여 공표하여야 한다. 행정청은 당사자에게 의무를 부과하거나 권익을 제한하는 처분을 할 때는 당사자 등에게 통지하여야 한다. 청문을 하려면 청문이 시작되는 날부터 10일 전까지 당사자 등에게 통지하여야 한다.

나. 의견 청취

의견 청취는 행정청이 어떠한 행정작용을 하기 전에 당사자 등의 의견을 듣는 절차로서 청문과 공청회가 있다. 청문이란 행정청이 어떠한 처분을 하기 전에 당사자 등의 의견을 직접 듣고 증거를 조사하는 절차를 말한다. 행정청이 처분할 때 다음 각호의 어느 하나에 해당할 때는 청문을 한다.

1. 다른 법령 등에서 청문을 하도록 규정하고 있는 경우
2. 행정청이 필요하다고 인정하는 경우
3. 다음 각 목의 처분을 하는 경우
   가. 인허가 등의 취소

나. 신분 · 자격의 박탈
다. 법인이나 조합 등의 설립 허가의 취소

공청회란 행정청이 공개적인 토론을 통하여 어떠한 행정작용에 대하여 당사자 등, 전문지식과 경험을 가진 사람, 그 밖의 일반인으로부터 의견을 널리 수렴하는 절차를 말한다. 행정청이 처분할 때 다음 각호의 어느 하나에 해당할 때는 공청회를 개최한다.

1. 다른 법령 등에서 공청회를 개최하도록 규정하고 있는 경우
2. 해당 처분의 영향이 광범위하여 널리 의견을 수렴할 필요가 있다고 행정청이 인정하는 경우
3. 국민 생활에 큰 영향을 미치는 처분으로서 대통령령으로 정하는 처분에 대하여 대통령령으로 정하는 수 이상의 당사자 등이 공청회 개최를 요구하는 경우

다. 의견제출

의견제출이란 행정청이 어떠한 행정작용을 하기 전에 당사자 등이 의견을 제시하는 절차로서 청문이나 공청회에 해당하지 아니하는 절차를 말한다. 행정청이 당사자에게 의무를 부과하거나 권익을 제한하는 처분을 할 때 청문과 공청회를 개최하는 때 외에는 당사자 등에게 의견제출의 기회를 주어야 한다. 의견제출에 필요한 기간을 10일 이상으로 고려하여 정하여야 한다.

라. 처분의 이유제시

행정청은 처분을 할 때는 다음 각호의 어느 하나에 해당하는 경우를 제외하고는 당사자에게 그 근거와 이유를 제시하여야 한다.

1. 신청 내용을 모두 그대로 인정하는 처분인 경우
2. 단순 · 반복적인 처분 또는 경미한 처분으로서 당사자가 그 이유를 명백히 알 수 있는 경우
3. 긴급히 처분할 필요가 있는 경우

마. 입법예고와 행정예고

입법예고(立法豫告)란 국민의 권리, 의무 또는 일상생활과 밀접한 관련이 있는 법령 등을 제정, 개정 또는 폐지하고자 할 때는 당해 입법안을 마련한 행정청이 이를 예고하는 것을 말한다. 법령 등을 제정·개정 또는 폐지하려는 경우에는 해당 입법안을 마련한 행정청은 이를 예고하여야 한다. 행정청은 입법안의 취지, 주요 내용 또는 전문(全文)을 관보 및 법제처장이 구축·제공하는 정보시스템을 통하여 공고한다. 특별한 사정이 없으면 40일 이상으로 한다.

행정예고(行政豫告)란 국민 생활에 큰 영향을 주거나 많은 국민의 이해가 상충하는 사항 또는 국민에게 불편이나 부담을 주는 정책, 제도, 계획의 수립·시행에 앞서 미리 알리는 일을 말한다. 행정청은 정책, 제도 및 계획을 수립·시행하거나 변경하려는 경우에는 이를 예고하여야 한다. 행정예고 기간은 20일 이상으로 한다.

제 7 편

비교해양 경찰론

제1장 해양경찰 제도 구분
제2장 각국의 해양경찰 제도

편을 시작하며

세계적으로 해양경찰 기능은 현대 국가의 필수적인 기능으로 자리 잡고 있다. 바다에서 치안 질서를 유지하고, 해양 관련 법령을 집행하며, 안전 관련 다양한 기능을 수행하는 등 해양경찰은 국가를 유지하는데 불가결하기 때문이다. 그래서 세계 각국은 예외 없이 해양경찰 제도를 운용하고 있는데, 해양에서 종합 집행기관의 성격을 띤다. 세계 각국이 해양경찰 제도를 운용하더라도 국가마다 다른 역사적·문화적 배경에 따라 제도적인 형태는 조금씩 다르다. 제7편에서는 앞에서 살펴보았던 우리나라 해양경찰 제도를 바탕으로 세계 각국에서 운용하는 해양경찰 제도에 대해서 알아보겠다.

제 1 장

해양경찰 제도 구분

세계 대부분 국가는 해양경찰제도를 운용하고 있다. 각국 해양경찰 제도는 유사한 제도를 운용하는 반면, 역사와 문화에 따라 차이점도 있다. 제1장에서는 현대 국가에서 해양경찰 기능이 필요한 이유를 살펴보고, 각국 해양경찰 제도의 유사점과 차이점을 가져오는 이유를 알아보겠다. 해양경찰 제도를 유형별 분류하여 군사 조직 형태, 경찰조직 형태, 일반직 국가공무원 형태로 범주화하여 비교해 보겠다.

제 1 절 개 관

1. 의 의

현대 사회에서 세계 국가 대부분은 해양경찰 제도를 운용하고 있다. 많은 국가가 바다와 인접해 있으며, 해양에서 기본적인 국가기능을 유지하기 위하여 국가의 해양 집행기관은 필요하기 때문이다. 각국의 해양경찰 제도는 문화적 역사적 배경에 따라 제도 형태나 명칭을 달리하고 있다. 이와 관련하여 각국의 해양경찰 제도를 비교하기 전에 해양경찰 제도에 관련되어 쓰이고 있는 용어를 정리할 필요가 있다.

첫째, 해양경찰을 지칭하는데 세계적으로 가장 많이 쓰이고 있는 용어인 'Coast Guard'를 우리나라 단어로 번역할 때, 여러 가지 단어로 번역하고 있다. '코스트가드', '해안경비대', '연안경비대', '해양경비대', '해양경찰' 등 여러 용어로 번역하여 사용하고 있다. 둘째, '해양경찰(Coast Guard)'과 '해양경찰청(Coast Guard Agency)' 개념을 구분하지 않고 사용하고 있다. '해양경찰(Coast Guard)' 개념은 하는 일, 임무, 기능에 초점을 맞추어 사용하는 추상적인 용어지만, '해양경찰청(Coast Guard Agency)' 개념은 특정 국가에 현실적으로 존재하는 국가조직을 가리킬 때 사용하는 용어다. 구체적으로는 '대한민국 해양경찰청', '미국 해안경비대', '일본 해상보안청' 식으로 사용되는 용어이다.

외국 해양경찰 제도는 현실적으로 군대형, 경찰형, 일반행정기관형 등 다양한 형태가 존재한다. 하지만 이를 고려하여 별도의 용어로 번역하기 어렵기 때문에 일반적인 해양경찰 기능의 의미로 사용하고자 할 때는 개별적인 제도적 특성을 고려하지 않고 'Coast Guard'를 '해양경찰'로 번역하고자 한다. 하지만 현실에서 운용하는 국가조직을 지칭할 때는 '해안경비대'로 번역한다. 결국 'Coast Guard'라는 용어는 해양경찰과 해안경비대로 혼용하고자 한다. 다만, 일본 해상보안청(Japan Coast Guard)은 한자 번역의 특성상 '해안경비대'가 아닌 '해상보안청'으로 표기하고자 한다.

2. 해양경찰 기능의 필요성

최초의 현대적인 해양경찰로 볼 수 있는 미국 해안경비대(U.S. Coast Guard)가 1915년에 창설되었지만, 그 이전 미국 독립 시기인 1789년에 해양경찰 기능은 이미 시작되었다. 2차 세계대전이 끝난 후 유럽 열강의 식민지 지배가 끝나면서 시기적으로 차이는 있지만, 세계 여러 국가의 해양경찰 기능도 대부분 시작되었다. 현대 국가에서 해양경찰 기능은 국가를 운영하는 데 필수적인 기능으로 자리 잡았고, 제도 형태는 조금씩 상이하지만, 세계 각국은 대부분 해양경찰 제도를 운용하고 있다. 해양경찰은 해양에서 법 집행, 인명구조, 교통관리, 국경관리, 국가안보, 해양 환경 보호 등 다양한 기능을 수행하고 있으며, 이러한 기능은 각국에서 공통적이고 필수적인 기능이다. 따라서 어떠한 형태이든 세계 각국은 해양경찰 기능을 운영하고 있으며, 어떤 형태의 제도를 운용할 것인지의 문제는 각국의 정책 결정에 달려 있다.

바다라는 공간을 공유하는 해양 집행 세력으로서 해군이 있지만, 해군과 해양경찰은 기본적인 성격에서 상이하다. 해군은 바다로 침입하는 적으로부터 국가를 방위하는 군사 조직이다. 따라서 집행이나 작용의 대상이 국가안보를 위태롭게 할 수 있는 가상의 적국이지 내국인이 아니다. 집행이나 작용의 시기도 해군은 전쟁이 없는 평시보다는 전시에 대비하는 것이 중요하다. 이에 반해 해양경찰은 평시에 해양에서 법 집행을 통해 국내적인 치안 질서를 유지하는 기능이 중요하며, 치안 질서 유지의 대상은 주로 내국인이 된다.

오늘날 해양을 둘러싼 국가 간 경쟁이 치열해지고 해양을 둘러싼 갈등이 자주 발생한다. 이러한 상황에서 어느 국가가 해양에서 치안 질서 유지를 해군에 맡겨 운용하는 것은 다른 나라와의 관계에서 갈등을 초래할 가능성이 크다. 결국, 각국은 평시 해양 치안을 위한 조직으로서 해군과 별도로 조직된 해양경찰 제도를 운용할 수밖에 없으며, 이에 따라 해양경찰의 중요성이 점점 증가하는 추세에 있다.

3. 해양경찰 제도의 유사점과 차이점

해양이라는 동일한 환경 속에서 행해지는 해양 관련 업무는 세계적으로 통일적인 기준과 프로세스가 적용된다. 해양에서 선박 항행의 안전과 보안, 인명구조, 해양 환경 보호 등 해양 업무는 국가와 무관하게 세계적인 표준이 필요하며 국제 협력이 필요한 분야이다. 이에 따라 유엔 전문기관인 국제해사기구(IMO)에서 세계적으로 통일된 기준과 표준절차를 만들어 관리하고 있다. 해양에서 세계적으로 통일적인 기준이 갖추어져 있는 것처럼 해양경찰 분야에서도 세계적으로 공통적인 기능과 임무를 수행하고 있다. 이에 따라 제도적으로도 각국의 해양경찰 제도는 많은 유사점을 가지고 있다. 이런 경향은 최근에 세계 각국이 해양의 중요성을 인식하게 되면서 해양주권 수호나 해양 안보와 같은 국가적 책임뿐 아니라 해양 교통관리, 어족자원 보호, 환경 보호 등 분야에서도 더욱 두드러지고 있다.

한편, 세계 각국은 국가마다 다른 역사적 · 문화적 배경을 가지고 있다. 해양경찰 기능이 세계적 표준을 따르고 있다 하더라도, 해양경찰 제도는 국가마다 형태를 달리한다. 각국이 가진 다양한 역사적 · 문화적 배경 때문에 나라마다 해양경찰 제도의 연혁, 조직, 임무, 운영형태 등이 독특한 형태로 정착되었다.

제2절 해양경찰 제도 분류

국가마다 다른 해양경찰 제도를 분석하는데, 몇 가지 카테고리로 분류하고자 한다. 해양경찰 조직 형태와 구성원의 신분을 중심으로 분류하여 각국의 해양경찰 제도를 군사조직형, 경찰조직형, 일반직 국가공무원형으로 나누어 보겠다.

1. 군사조직형

해양경찰 조직이 일반적인 군사 조직의 일부로 조직되어 있는 형태이다. 해양경찰 조직은 국방부에 속하거나 별도의 부처에 속할 수 있다. 조직구성이나 지휘체계가 해군 조직 내에 속하여 해군의 지휘를 받는 예도 있고, 별도의 조직으로 구성되어 소속 장관으로부터 지휘를 받을 수도 있다. 일반적으로 구성원의 신분은 군인 신분으로서 해군과 동일한 계급체계와 복무체계를 유지한다. 이에 따라 군복을 착용하고 무기를 휴대하며 전쟁에 참여하기도 한다. 임무는 평시와 전시로 나누어 볼 수 있는데, 평시에 해양경찰이 공통으로 수행하는 법 집행, 인명구조, 교통관리, 국경관리, 해양 환경 보호 등 임무를 수행한다. 전시에 군대에 소속되어 해군 지휘하에 전시 작전을 수행한다. 군사조직형 해양경찰은 전형적으로 해양경찰 임무를 수행하지만, 본질적으로 방위조직으로 볼 수 있다.[1]

대표적인 사례로 미국 해안경비대(U.S. Coast Guard)를 들 수 있다. 미국 해안경비대는 국토안보부(United States Department of Homeland Security)에 소속되어 있으며, 평시에 해상법 집행, 해양안전, 해양 보안, 해양오염 방제, 국경관리, 선박 안전 허가 등 포괄적인 집행 임무를 수행한다. 전시에는 해군의 지휘를 받아 전시 작전에 참여하는데, 제2차 세계대전, 한국전쟁, 이라크전쟁 등 다양한 전투에 참여한 예가 있다. 유럽에서 이탈리아, 러시아가 이 형태에 속한다고 볼 수 있다.[2] 동남아 지역에서 인도, 인도네시아, 베트남 등이 이에 속한다.

2. 경찰조직형

해양경찰 조직이 국가경찰의 하부조직으로 소속되어 있거나 별도의 경찰기관으로 설치되어 있는 형태이다. 일반적으로 육상경찰청 내 국 단위 또는 과 단위 하부조직에서 해양경찰 기능을 수행하거나 별도의 조직을 구성하고 있다. 구성원 신분은 경찰공무원으로서 육상경찰과 동일한 계급체계를 가지고 유사하거나 동일한 제복을 착용한다. 육상경찰과 해양경찰이 연혁적으로 한 조직에 뿌리를 두고 있어 육상경찰과 인사교류가 가능한 경우가 많다. 임무는 해상에서 경찰 임무를 수행한다. 즉, 육상경찰과 동일한 일반사법권을 가지고 해양에서 치안 질서를 유

1) 김석균, (2022), 「신해양경찰학개론」, 박영사: 350.
2) 김석균, (2022), 「신해양경찰학개론」, 박영사: 350-351.

지하는 것을 주요 임무로 한다.

우리나라를 비롯해 대만, 싱가포르 해양경찰(Singapore Police Coast Guard), 말레이시아 해양경찰(Royal Malaysia Maritime Police) 등 아시아 국가에서 전형적으로 볼 수 있는 형태이다.

3. 일반행정조직형

해양경찰 조직이 일반적인 다른 국가조직과 동일한 일반행정조직 형태로 설치되어 있는 경우이다. 조직의 구성원은 일반직 국가공무원 신분이며, 군인이나 경찰처럼 제복 공무원이 아니다. 조직의 수장이 국토교통부, 교통부 등 해양경찰이 소속되어 있는 일반행정부처에서 임명되는 경우가 많다. 별도의 계급체계 없이 일반직공무원 직급체계에 따라 승진하거나 특별법에 따라 별도의 계급체계를 갖기도 한다. 현장 부서인 함정, 항공기에 근무하는 직원은 통일된 제복을 입지만, 사무실에 근무할 때 제복을 입지 않는다. 일본의 해상보안청(Japan Coast Guard)이나 캐나다 해안경비대(Canadian Coast Guard)가 이에 속한다.

제2장

각국의 해양경찰 제도

각국이 갖는 해양경찰제도의 특징을 살펴 우리나라와 비교해 보는 것은 의미있는 작업이 될 수 있다. 제2장에서는 주요국의 해양경찰 제도를 살펴보겠다. 미국, 일본, 캐나다, 중국 등 주요국을 살펴보고, 우리나라와 활발한 교류를 하는 동남아 국가도 살펴보도록 하겠다. 각국의 해양경찰 제도를 비교하기 위한 기준으로 각국 해양경찰의 연혁, 조직, 임무, 주요 장비, 주요 특성을 추출하여 보겠다.

제1절 미국 해안경비대

1. 연 혁

세계 최대의 해양경찰 조직인 미국 해안경비대(United States Coast Guard, 약칭: USCG)는 미국이 영국으로부터 독립하던 시기부터 기능이 탄생하였다. 독립 이후 재정난에 허덕이던 미국은 1790년 재무장관이던 알렉산더 해밀턴의 제안으로 세관 감시기구(The Revenue Cutter Service)를 창설하였다. 재무부에 설치된 이 기구는 해안을 통해 이루어지는 밀수와 탈세 행위를 막아 재정을 튼튼히 하기 위하여 10척의 선박으로 시작하였다.

서부 개척으로 영토가 확장되고 해외무역이 확대되면서 점점 해양안전과 해양안보에 대한 필요성이 증가하였다. 이에 따라 1915년 세관 감시기구(The Revenue Cutter Service)와 인명구조 기구(The Life-Saving Service)를 통합하여 미국 해안경비대(USCG)가 창설되었다. 탄생 직후인 1917년 해안경비대는 해군에 배속되어 제1차 세계대전에 참전하였고, 이후에도 제2차 세계대전, 한국전쟁, 베트남전쟁, 이라크전쟁 등 여러 전쟁에 참전하였다.

1939년에 미국 등대국(U.S. Lighthouse Service)을 해안경비대에 흡수하여 항로 표지 업무를 수행하였다. 1942년 2월에 증기선 검사 기구(Steamboat Inspection Service)를 통합하였으며, 선박 건조 및 수리 허가, 선박직원 면허 교부 등 해양안전 업무를 이관받았다. 1967년 미국 교통부가 신설되었으며, 이때 해안경비대는 재무성에서 교통부로 이관되었다. 이후 항행국(Bereau of Navigation)을 흡수하였으며, 결국 5개 해양행정기관이 통합된 형태인 오늘날의 종합행정기관으로 변모하였다.

2001년 세계무역센터에 대한 테러가 발생하였고, 이에 따라 테러에 대응하기 위한 부처로 국토안보부(Department of Homeland Security)가 새롭게 탄생하였다. 2003년 3월 미국 해안경비대는 신설된 국토안보부로 이관되어 현재에 이르고 있다. 평시에는 국토안보부장관의 지휘・감독을 받으며, 전시에는 대통령의 명령을 받아 해군의 지휘를 받는다.

2. 조직 및 인력

미국 해안경비대 설립의 근거는 미국 연방법 제14편이다. 이에 근거하여 육・해・공군, 해병대와 함께 미합중국군(軍)의 일부를 구성한다.[3)4)] 육・해・공군은 원칙적으로 법 집행 권한을 갖지 않는 것에 반해서 해안경비대는 법의 집행, 즉 해상경찰권을 행사할 수 있다. 해안경비대는 육군・해군・공군, 해병대에 이어 제5군으로 인정받고 있다.

미국 해안경비대 조직은 본부가 워싱턴 D.C.에 있고, 대서양과 태평양의 2개 지역사령부 아래 9개 관구(District)와 35개 구역(Sector)이 있다. 본부에 사령관, 부사령관이 있고 산하에 작전사령관, 지원 사령관, 대서양 사령관, 태평양 사령관으로 구성되어 있다. 작전사령부에는 예방정책국, 대응정책국, 정보국, 역량국이 있으며, 지원사령부에는 공학병참국, 정보통신국, 작전실행국, 준비태세국, 인적자원국, 장비도입국이 있다.

지방조직으로 대서양 사령부 산하에 1관구(Boston), 5관구(Portsmouth), 7관구(Miami), 8관구(New Orleans), 9관구(Cleveland) 사령부가 있고, 태평양 사령부 산

3) 14 U.S.C. § 1, 10 U.S.C. § 101.
4) 임하늘, (2022), "미국 해안경비대와 한국 해양경찰의 조직과 기능 비교 연구", 한국해양경찰학회보 제12권 제2호: 107.

하에 11관구(Alameda), 13관구(Seattle), 14관구(Honolulu), 17관구(Alaska) 사령부가 있다.

본부 직속 기관으로 해양경찰 사관학교(U.S. Coast Guard Academy), 훈련센터(U.S. Coast Guard Training Center), 정비창 등이 있다. 민간인으로 구성된 보조대(U.S. Coast Guard Auxiliary)를 설치하고 있으며, 해상구조, 법률, 소방 등 해안경비대의 명령에 따라 임무를 수행하고 경비를 지원받는다. 또 보조대와 별도로 현역을 지원하기 위하여 예비군(U.S. Coast Guard Reserve)을 운영하고 있다.

인력은 현역, 민간인, 예비역, 보조대로 구성되어 있다. 2022년 기준 총 인력은 84,000여 명이며, 현역 군인 41,000여 명, 민간인 10,000여 명, 예비역 7,000여 명, 보조대 26,000여 명으로 구성되어 있다.

장교는 사관학교, 간부후보생 등 다양한 임관계획에 따라 양성하고 있으며, 코네티컷에 있는 4년제 해양경찰 사관학교를 통해 매년 200여 명이 소위로 임관하여 5년간의 의무복무를 수행한다. 대학을 졸업한 자가 해양경찰 장교가 되고자 하는 경우 17주 과정의 장교후보생학교(OCS)를 졸업하여 임관하기도 한다. 또한 변호사, 공병 기술자, 정보장교, 군용기 조종사 등 타 군에서 임관된 장교들을 직접 장교임관제도(DOC)를 통해 5주간의 교육을 거쳐 임관시킨다.

비 장교 직원은 뉴저지의 케이프 메이에 위치한 해안경비대 훈련센터에서 제식훈련, 사격, 체력단련, 해양 전투 수영 및 생존법을 포함한 8주 과정의 훈련이 이루어지며 훈련소를 수료하고 기술학교로 이동하여 관련 교육을 수료한 후 주특기를 부여받아 근무를 시작한다.

예비역은 미국만의 독특한 제도로, 군 경력 있는 자가 일정 근무에 따른 보수를 받으며 1달에 2일, 1년에 약 2주를 현역과 함께 훈련받는다. 민간보조대는 일종의 자원봉사제도로서 급여가 없으며 근무시간 또한 자유롭게 자신들이 정한다. 민간보조대는 주로 안전, 홍보, 교육, 검사 업무 등에 종사하고 해안경비대와 같은 복장과 계급을 하고 있으나, 견장의 색이 현역은 금색으로, 민간보조대는 흰색으로 표시된다.

3. 임 무

미국 해안경비대 임무는 「미국 연방법(U.S. Code)」 제14장에 기본적인 사항이 규정되어 있다. 국토안보법(Homeland Security Act of 2002)에는 국가안보 관련된 미국 해안경비대의 임무를 상세하게 규정하고 있다.[5] 미국 해안경비대는 임무 수행에 있어 'Semper Paratus(Always Ready)'를 신조로 한다.[6] 임무는 해양법 집행, 해양 대응, 해양 예방, 해양 교통 시스템 관리, 해양 보안, 방위작전의 6가지로 분류된다.[7] 임무를 다시 11가지 임무로 재분류하여 살펴보면 다음과 같다.[8]

가. 해양법 집행(Maritime Law Enforcement)

마약밀수 감시활동(Drug Interdiction)은 세관 및 마약관리국과 공조하여 불법 마약류의 밀수입을 단속한다. 불법 이민자 감시활동(Migrant Interdiction)은 해상 경로를 통한 불법 이민자들의 입국을 막기 위하여 해상감시 및 순찰 활동하고 있다. 기타 법 집행 활동은 해양에서 연방법을 집행할 권한을 부여받고 있으며, 관할수역에서 미국법 위반에 대해서 심문, 조사, 검사, 체포할 수 있다. 해양자원 보호 활동(Living Marine Resource)은 광범한 수역의 미국 영해와 배타적 경제수역에서 다양한 해양자원을 보호하고 수호하기 위한 경비 활동을 수행한다.

나. 해양 대응(Maritime Response)

수색 및 인명구조 활동(Search and Rescue)은 해양에서의 인명과 재산을 보호하기 위한 오래된 활동이다. 미국 해안경비대의 수색구조 활동은 해양에만 국한되지 않으며, 내륙의 강, 운하, 하천 등까지 적용된다. 대응 측면의 해양 환경 보호 활동(Marine Environmental Protection: Response Activities)은 해양오염 방제, 해양폐기물 규제 등을 수행한다.

다. 해양 예방(Maritime Prevention)

예방 측면의 항구, 수로 및 해안경비 활동(Port, Waterways and Coastal Security Prevention Activities)은 해안 수송체계를 보호하고 대테러를 예방하기 위한 해상 보안체계를 갖추는 데 있다. 해양안전 활동(Marine Safety)은 선박 표준설계, 선박검사와 등록, 선원면허 발급, 수상레저 관리, 항만국 통제 등 선박의 안전에

---

5) 임하늘, (2022), "미국 해안경비대와 한국 해양경찰의 조직과 기능 비교 연구", 한국해양경찰학회보 제12권 제2호: 110-111.
6) 'Semper Paratus'는 라틴어로서 "항상 준비되어 있는" 이라는 의미이다.
7) 미국 해안경비대 홈페이지.
8) 미국 해안경비대 홈페이지.

관련된 폭넓은 업무를 담당하고 있다. 예방 측면의 해양 환경 보호 활동(Marine Environmental Protection: Prevention Activities)은 해양포유류 보호 등 해양 환경을 보호하고 보전하기 위한 예방 활동이다.

라. 해양 교통 시스템 관리(Maritime Transportation System Management)

항로표지 관리(Aids to Navigation)는 등대 및 부의를 설치하고 관리하며, 선박교통관제 서비스를 제공하는 등 선박의 안전 항행을 위한 다양한 서비스를 제공한다. 쇄빙 업무(Ice Operations)는 북대서양 지역, 오대호 지역 등에서 쇄빙작업을 통하여 선박 항행을 촉진하고 조난자를 구조하거나 물자를 구호하는 활동을 수행한다.

마. 해양 보안 작전(Maritime Security Operations)

대응 측면의 항구, 수로 및 해안경비 활동(Port, Waterways and Coastal Security Response Activities)은 항구, 수로에서 불법행위, 테러 행위나 보안 저해 행위에 대응하고 재난 구호 활동을 한다.

바. 방위작전(Defense Operations)

이에 속하는 활동은 방어 준비 태세(Defense Readiness)이다. 전시 또는 대통령의 명령 시 미 해군 소속으로 임무를 수행하게 된다. 유사시 즉각 해군을 도와 방어 임무를 수행할 수 있도록 작전과 훈련을 지속해서 실시하고 있다.

4. 장 비

미국 해안경비대 선박은 2023년 현재 총 1,861척을 보유하고 있다.[9] 함정(Cutters)은 20미터 이상 선박으로 259척이 있는데, 경비함정(Cutters) 79척, 쇄빙선(Icebreakers) 4척, 부표 관리선·건설선 65척, 기타함정 111척 등이다. 보트(Boats)는 20미터 이하의 선박으로 1,602척을 보유하고 있다. 항공기는 200대를 보유하고 있는데, 고정익 57대와 회전익 143대이다.

---

9) 미국 해안경비대 홈페이지.

제2절 일본 해상보안청

1. 연 혁

제2차 세계대전에서 패전하기 전 일본의 해양경찰 기능은 해군에서 담당하였다. 1945년 제2차 세계대전 패전 후 미군정 하에서 이전에 일본의 해상안전과 치안 유지를 담당했던 해군이 해산되었다. 그러한 시기에 일본 주변 해상에서는 해난사고, 밀수 · 밀항, 해적까지 출몰하였고 전쟁 중 부설한 기뢰의 위협, 우수한 선박과 선원의 소실, 등대 등 항행 안전시설의 훼손으로 해상의 안전과 치안 유지가 어려운 상황이었다.

당시 해양 분야 행정기관인 수상경찰, 세관, 해운국, 검역소 등이 각 기관의 입장에서 개별적으로 인적, 물적 시설을 보유하고 독립적으로 해상치안 유지 업무를 담당하고 있었다. 이에 미군정에서 해양 분야 행정기관을 통합하고 행정 체제 일원화하여 해양에서 질서 유지를 위한 해상보안청 창설을 준비하였다. 1946년 7월 미군정의 승인을 받아 구 일본군 해군함정 28척을 인수하여 운수성에 불법입국 선박 감시본부를 설치하여 해양 분야 행정 체제 일원화가 추진되었다. 1948년 4월 27일 법률 제28호 「해상보안청법」이 일본 국회를 통과하여 해상보안청이 창설되었다. 미국 해안경비대(USCG)를 모델로 하여 운수성의 외청으로 설립되게 되었다. 이후 2001년 운수성에서 국토교통성 외청으로 이관되었다.

2. 조직 및 인력

해상보안청은 일본의 국토교통성 외청으로서 도쿄에 있는 본청과 11개 지역별 관구 해상보안본부 등을 두어 일원적 조직으로 운영하고 있다. 본청은 해상보안청 장관 아래 총무부, 장비기술부, 경비구난부, 해양정보부, 교통부 등 5개 부가 있다.

총무부에는 정무과, 정책평가홍보실, 예산집행관리관, 비서과, 인사과, 정보통신과, 교육훈련관리관, 주계관리관, 국제전략관, 위기관리관, 해상보안 시험연구센터가 있다. 장비기술부에는 관리과, 시설보급과, 선박과, 항공기과가 있다. 경비구난부에는 관리과, 형사과, 국제형사과, 경비과, 경비정보과, 구난과, 환경방제과가 있다. 우리나라 해양경찰의 경비국, 구조안전국, 수사국, 국제정보국, 해양오염방제국의 역할을 해상보안청의 경비구난부에서 담당하고 있다. 해양정보부에는 기획과, 기술·국제과, 해안조사과, 대양조사과, 정보관리과, 정보이용추진과가 있다. 교통부에는 기획과, 항행안전과, 안전대책과, 정비과가 있다.

본청 관할의 해상보안대학교, 해상보안학교, 해상보안학교 모지 분교, 해상보안학교 미야기 분교가 있다. 해상보안대학교는 장래 해상보안청의 간부 직원을 양성하는 교육기관이다. 교육 기간은 본과 4년, 전공과 6개월 및 국제업무 과정 3개월을 포함해 총 4년 9개월간이다. 커리큘럼은 일본 학교 교육법에 근거 대학 설치 기준에 준하고 있으며, 졸업 시에는 학사 학위가 수여된다.

해상보안학교는 해상보안청 각 분야의 전문 직원을 양성하는 교육기관이다. 교육과정은 5개 과정이 있으며,[10] 선박 운항 교육기관은 1~2년이다. 해상보안관으로서 필요한 지식 등 공통과목과 항해, 기관, 항공, 통신, 관제, 해양정보 등 전문과목을 교육받는다. 졸업 후 업무 경험 및 선발시험에 의해 해상보안대학교에서 연수를 거쳐 간부로 등용되는 길도 열려있다.

지방조직으로 일본 전역에 걸쳐 11개 전담 수역을 설정하고 11개 관구 해상보안본부를 두고 있다. 관구 해상보안본부 아래 해양경찰서에 해당하는 71개 해상보안부, 그보다 규모가 작은 61개 해상보안서가 있다. 이외에 12개의 항공기지, 7개의 해상교통센터, 특수구난 기지, 기동방제 기지 등이 있어 순시선정과 항공기 등을 이용해 일본의 해상치안과 인명구조 등의 현장 업무를 담당하고 있다.

해상보안청 직원 수는 2021년 현재 14,000여 명이다. 직원은 「해상보안청법」에 의하여 공안직 신분이며, 사법경찰권을 가지고 해양 관련 법령을 집행한다. 계급체계는 해상보안청 장관, 차관 및 경비구난감을 제외하고 4계층으로 구분하여 해상보안감(1등, 2등, 3등), 해상보안정(1등, 2등, 3등), 해상보안사(1등, 2등, 3등), 해상보안사보(1등, 2등, 3등)로 총 12계급 체계를 가지고 있다. 3등 해상보안정 계급이 CL형 순시정의 선장으로서 근무할 수 있으므로 우리나라의 경위 계급에 해당한다고 볼 수 있다.

---

10) 해상보안학교 홈페이지: 선박운항시스템과정(1년), 항공 과정(1년), 정보시스템 과정(2년), 관제과정(2년), 해양과학 과정(1년).

3. 임 무

일본의 영해는 43만㎢이며, 일본이 주장하는 배타적 경제수역은 447만㎢로서 일본 국토의 12배에 해당한다.

1) 해상치안 확보

일본 해상보안청은 해상 치안 확보를 위해 일본 국내 어선 및 외국 어선에 불법조업에 대한 대책, 밀수·밀항에 대한 대책, 해상분쟁 경비, 테러에 대한 대책, 해적 대책, 의아 선박·공작 선박 대응이 있다. 특히 소말리아 주변 해역에 있어서 해적을 체포하거나 수사하기 위해 호송 활동을 담당하는 일본 해상자위대 호위함에 해상보안관을 파견하고 있다. 그리고 동남아시아 해역 등의 연안국가 해양경찰 기관을 대상으로 법 집행 능력 향상을 지원하고 있다.

2) 영해 및 배타적 경제수역 경비

일본이 주장하는 영해 및 배타적 경제수역은 일본 영토 면적의 약 12배 약 447만㎢이다. 해상보안청에서는 11관구 관할 센카쿠열도에서 중국 관공선 및 중국어선이 활동을 경비 및 감시하기 위해서 헬기 탑재형 순시선 2척을 포함 대형 순시선 14척을 배치하는 등 경비 세력을 크게 증가시켰다.

3) 해난구조

해상보안청은 해난사고 긴급 신고 전화 118을 운용하고 있으며, 신고 시 음성과 위치정보를 수신할 수 있는 긴급 신고 위치정보 시스템을 운용하고 있다. 20해리 미만의 연안에서 해난의 90%가 발생하는 것에 주목하여 다양한 대책을 마련하고 있고, 해난구조를 위하여 9개 항공기지에 헬기 강하 구조가 가능한 기동구난사를 배치하고 있다. 원양에서 발생하는 해난은 한국, 미국, 중국, 러시아와 협력해 합동으로 수색·구조하고 미국 선위통보제도(AMVER)와 연계해 일본 선위통보제도(JASREP)를 운용 해난구조를 위해 노력하고 있다.

4) 해양 환경 보전

해양오염 방지를 위해 순시선정과 항공기를 이용 감시 단속하고 있으며, 일본 법령을 적용할 수 없는 공해상 외국 국적 선박의 해양오염에 대해서는 기국 통보

제도를 적용 통보 및 방제 조치를 요구하고 있다. 한편 일본 근해에서 해수와 해저 퇴적물을 채취 인공 방사성 물질 조사도 해상보안청에서 실시하고 있다.

5) 재해 대비

대규모 기름 및 유해 화학 물질의 유출을 대비한 표류 예측 시스템이나 이리듐 표류 해양 단파 레이더를 이용 해류정보를 실시간 수집함으로써 표류 예측 정밀도 향상에 노력하고 있다. 해양 재난 발생 시 선박의 안전과 피난계획 수립 등 방제 대책에 활용하기 위해 방제 관련 정보를 제공하고 해저 지각 변동 관측도 하고 있다.

6) 해양조사

해상보안청은 측량선과 항공기를 이용하여 해저지형을 조사하고 있으며, 자율형 해양관측 장치를 이용하여 실시간 해상 기상정보를 관측하고 있다. 이러한 정보를 기초로 하여 선박 안전 운항을 위한 해도와 항해용 전자해도, 조석표, 수로서지 등을 제작 간행하고 있다. 항해용 전자해도는 일본 연안해역뿐만 아니라 태평양 해역이나 말라카 해협에 대해서도 제작하고 있다. 항행 안전 정보, 항해 위험 경고 정보 제공, 재해대비를 위한 정보를 제공하며, 관할해역에 대한 정보를 관리한다.

7) 해양 교통안전

해상보안청 교통부에서는 선박교통관제센터 7개소, 연안 선박교통관제센터 7개소를 운영하여 각종 항행 안전 정보를 제공하고 있다. 등대 등 각종 항로표지를 설치・관리하는 업무도 해상보안청에서 담당하고 있다.

8) 국제관계

국제적인 협력을 위해 세계 각국과 교류하고 국제기구에 협력한다.

4. 장 비

일본 해상보안청은 2022년 기준으로 다양한 목적의 함정 474척을 보유하고 있다.[11] 함정은 용도에 따라 경비 구난용 함정, 해양 정보용 함정, 항로표지 업무용 함정, 교육업무용 함정으로 구분된다. 순시함 145척, 순시선 238척, 특수경비 함정 67척, 측량선 15척, 등대순찰선 6척, 교육업무용 함정 3척이 있다. 2022년 기준으로 항공기는 90대를 보유 중인데, 고정익 35대, 헬기 55대이다.[12] 순시선은 5,000톤 이상으로서 헬기 탑재가 가능한 PLH형, 3,500톤~1,000톤급의 PL형, 500톤급 PM형, 180톤급 PS형 등이 있으며, 소형급인 순시정은 30톤급 PC형, 20톤급 CL형이 있다. 이 중에서 PLH형이 19척, PL형이 51척으로서 대형함정이 많은 부분을 차지하고 있다.

제3절 캐나다 해안경비대

1. 연 혁

캐나다 해안경비대(Canadian Coast Guard)가 생기기 훨씬 전인 1700년대 대서양 연안의 항행 안전을 위하여 구명보트와 등대가 설립되었고, 1800년대에 오대호 및 대서양 연안에 어선과 상선 통제를 위해 순찰함정을 운영하였다. 1867년 캐나다 연방이 결성되면서 해운수산부가 창설되고, 정부 함정 운영, 항로표지 업무, 인명구조대 운영, 운하 및 수로 업무, 해양 규제 업무, 해안시설 지원업무를 수행하기 시작하면서 기능적인 면에서는 실제적인 해안경비대 업무가 시작되었다. 1962년 운수부 산하에 캐나다 해안경비대가 정식으로 창설되었고, 1995년 수산해양부(DFO, Department of Fisheries and Oceans)에 흡수 통합되었다. 2005년 독자적 정부 기관으로서 수산해양부의 외청으로 독립하였다.

2. 조 직

캐나다 해안경비대는 오타와에 본청을 두고 있으며, 본청에는 운영(Operations)과 조함・보급(Shipbuilding and Materiel) 분야에 2명의 차장이 있다. 그 아래 5개 국(Operations, Integrated Technical Services, National Strategies, Integrated Business Management Services)이 있다.

---

11) 2022년 해상보안청 팜플렛(해상보안청 홈페이지).
12) 2022년 해상보안청 팜플렛(해상보안청 홈페이지).

지방조직으로 북극(Arctic), 대서양(Atlantic), 중앙(Central), 태평양(Western)의 4개 지방청을 두고 있다. 지방청은 본청에서 결정한 정책을 집행하는 기능을 수행한다. 지방청에는 사업 운영(IBMS), 해양 서비스(Maritime Service), 기술지원(ITS), 수로 유지(WM) 등과 현장 집행기능인 함정(Fleet), 수색구조(SAR) 기능으로 구성되어 있다. 지방에는 지방청(Region Office), 기지(Base), 선박교통관제센터(MCTS), 인명구조 출장소(SAR Station), 합동 구조조정본부(JRCC), 각종 통신기지 등이 있다.

그 외 소속기관으로 사관 및 직원교육을 위한 해안경비대학(CCG College), 수색구조 업무 지원을 위한 민간자원봉사 조직인 해안경비대 보조대(CCG Auxiliary) 등 관련 조직이 있다.

조직체계 면에서 캐나다 해안경비대는 기능 우선의 조직 형태와 배치가 적용되어 본청(Headquarter) – 지방청(Regional Office) – 기지(Base), 출장소(Station) 조직이 수직적 · 일률적 기준에 의해서만 배열되지 않고 기능적으로 분산되어 있다.

3. 임 무

캐나다 해양경찰의 임무는 해양법(Oceans Act)과 해운법(Canada Shipping Act)에 명시되어 있다.[13] 이를 종합하여 정리하면 다음과 같다.[14]

항로표지(Aids to Navigation) 기능은 해양을 항해하는 선박에 시각표지, 청각표지, 레이다 표지와 같은 소 범위 표지와 GPS와 같은 대범위 표지를 제공하여 항행 안전을 도모하는 기능이다. 주요 업무로 각종 항로표지 시스템 운영, 전국적인 항로표지 기준 적용, 안전 항행 정보제공 등이다. 캐나다 전체적으로는 약 17,000여 개의 항로표지가 있다.

수로 관리(Waterways Management) 기능은 캐나다의 항행 가능한 운하에서 수심 유지 및 바닥 상태를 유지하여 항행위험으로부터 선박을 보호하는 기능이다. 이 기능은 수심 측정과 바닥 상태 및 위험물 정보를 조사하여 제공하는 기능, 세인트로렌스 수로 등 내수면에 있는 상업 운하에서 수심 예보, 특정 수역 준설 관리, 해양구조물 관리유지, 운하설계 및 이용에 대한 기준 제공 · 분석, 캔소 운하

13) 캐나다 해양경찰 홈페이지.
14) 고명석, (2017), "캐나다 코스트가드와 우리나라 해양경찰 비교 연구", 해양경찰학회보 제7권 제2호: 5-8.

운영 등이다. 캐나다 수로에는 매년 100,000척 이상이 통항하며, 이 중에서 36,000척이 여객선이나 화물선이다.

해양 교통관제(Maritime Communication and Traffic Service) 기능은 항행 선박에 정확한 항행 정보를 제공하여 선박 교통을 관리하고, 조난통신 및 조난상황 조정, 위험 선박 영해 진입 방지를 위한 선박 스크린, 해양 보안 운영센터 및 타 기관에 선박 보안에 관한 정보제공 등이다. 캐나다 해안경비대는 운영 예산을 절감하기 위해 2012년 22개에 이르던 해양 교통관제센터(MCTS)를 12개로 통합하여 운영하고 있다.

쇄빙 업무(Icebreaking Services)는 캐나다에서 겨울철 대서양과 오대호 그리고 여름철 북극해 등 얼음으로 덮인 바다를 안전하고 신속하게 항해하는 데 불가결한 기능이다. 또한 항구기능을 년 중 유지하고 세인트로렌스 수로의 범람을 예방하는 데도 필수적 기능이다. 캐나다 해안경비대는 쇄빙선 17척과 공기부양정 2척을 쇄빙 업무에 이용하고 있다.

수색구조(Search and Rescue Services) 기능은 5.3백만 ㎢의 SAR 구역을 보유한 캐나다 해안경비대에서 가장 중요한 기능의 하나이다. 캐나다에서 수색구조 주무 기관은 국방부(DND, Department of National Defense)이며 해안경비대는 해안경비대 보조대와 함께 해양 분야 수색구조업무를 주로 담당하고 있다. 년 중 약 8,300건의 수색구조 상황이 발생하며, 해안경비대는 일일 평균 13명의 인명을 구조한다.

모든 해상 구난 상황은 3개 합동 구조조정본부(JRCC, Joint Rescue Coordination Center)와 1개 구조지부(MRSC, Maritime Rescue Sub-Center)를 통하여 모두 접수되고 24시간 처리된다. 해안경비대 보조대(CCG Auxiliary)는 수상레저 활동자, 어업종사자, 각종 해양 관련 클럽 등 민간 자원봉사자들로 구성되어 있고 4,000여 명의 대원과 1,100여 척의 선박이 있으며, 매년 1천여 명의 인명을 구조하고 있다.

해양오염 방제(Environmental Response Services) 기능은 선박 기인 또는 불상의 오염사고에 대비하여 피해를 최소화하는 것이 목적이다. 주요 업무로 오염사고에 대비하여 전국적으로 적합한 준비상태 및 대응 서비스 수준을 유지하고, 모든 해양오염사고 모니터, 조사 및 대응, 해양오염 정책 및 집행과 관련된 교통부, 환경부, 지방정부 등과 원활한 협조체제 유지, 오염사고에 대비한 각종 교육훈련 등이다.

해양 보안(Maritime Security) 기능과 관련하여, 캐나다 해안경비대는 해양 보안에 대한 주무 부서는 아니지만, 함정 및 항행시스템을 이용한 해양 보안에 기여하고 있다. 즉, 해양 보안의 책임기관인 국방부, 경찰, 교통부 등에 함정과 직원을 지원하고 최신 선박식별 및 추적정보를 타 연방 부처에 제공한다. 또한, 수산해양부, 수로국, 과학부 등과 해양 안보 그룹(Maritime Security group)을 형성하여 간접적으로 해양 보안에 기여하고 있다.

제4절 중국 해경

1. 연 혁

2013년 이전 중국의 해상 법집행기능은 국토자원부 국가해양국이 지휘 관리하는 해감총대(海監), 공안부 변방관리국 아래 변방 해경총대(海警), 교통운수부 직속 기관인 해사국(海巡), 농업부 아래 어정국(漁政), 해관총서 밀수 단속 경찰(海関)이라는 5개 기관으로 분산되어 있었다.[15] 이러한 해양 집행기능 분산에 대해서는 비효율, 낭비, 관료제의 폐해 등을 가져온다는 비판이 있었으며, 인접국 해양 상황의 변화에 따라 해양 집행기능 강화가 요구되었다. 2013년 중국을 해양 강국으로 변모시키기 위해서 해양 집행기능을 개혁하겠다는 계획과 맞물려 국가해양국이 출범하였다. 2012년 3월 5개 해상 법집행기관을 통합하여 국가해양국 소속으로 중국해경국(China Coast Guard)이 단일 행정기관으로 창설되었다.

이후 2018년 3월 개최된 중국공산당 제19기 중앙위원회 제3회 전체 회의에서 '당과 국가기구의 개혁 심화 방안'을 채택하였고, 이에 따라 같은 해 7월 중국해경은 무장해경총대로 개편되어 인민해방군 최고 의사결정 기관인 중앙군사위원회의 지도·지휘를 받는 중앙인민무장경찰부대(中国人民武装警察部队, 무경)의 예하로 편입되었다. 해경의 무장 경찰부대로의 편입은 해경의 무장을 강화하고 해경과 해군의 긴밀한 협력 강화를 가능하게 함으로써 중국의 해상 영향력 확장을 꾀하고 있다.[16]

---

15) 한국법제연구원, (2021), 「해양경찰 소관 법령 제정 및 입법 소요 연구용역」: 38-40.

중국은 2021년 1월 개최된 제13기 전국인민대표대회상무위원회 제25차 회의에서 「중화인민공화국해경법(중국해경법)」을 제정하여 중국 해경국에 대한 무장총대로의 조직 개편의 법적 근거를 마련하였다. 「중국해경법」은 중국 해경국의 중화인민공화국의 관할해역 및 그 상공에서의 해상권익 옹호의 법 집행 활동에 적용된다.[17] 중국해경국은 국가의 주권, 주권적 권리 및 관할권이 해상에서 외국의 조직, 개인의 불법한 침해를 받고 있거나 불법한 침해의 절박한 위험에 직면해 있는 경우, 「중국해경법」 및 그 밖의 관련 법률, 법규에 따라 무기의 사용을 포함한 필요한 모든 조치를 강구하고 그 자리에서 침해를 저지하며 위험을 배제할 권한을 행사한다.[18]

2. 조직 · 인력

중국해경국은 중앙조직(해경총대)과 지방조직(해구분국)으로 나누어 운영하고 있다. 지방조직인 해구분국에는 직속국, 성급 해경국, 시급 해경국 및 해경 업무 관서가 포함된다.

중국 해경국 본부조직은 해경사령부가 법 집행 제도 운용, 법 집행 절차 규정, 해경 업무 지휘, 해경 주요 업무계획 수립, 훈련 등을 담당한다. 인사사는 인사제도, 인재 개발, 간부급 인사정책 수립 및 심사, 사상 및 정치 지도 등을 담당한다. 재무장비사는 해경의 예산과 기본시설 관리, 장비 및 후생 관리, 물자 조달 등을 담당한다. 그리고 중국 해경 본부 직속의 해경지대가 전국적으로 6개가 있다. 한편, 2018년 조직 개편 후 해군 출신자가 해경부대의 주요 자리에 보직되었고, 해군의 퇴역 구축함, 소형구축함이 해경에 인도되는 등 조직, 인사, 장비 등에서 군과 해경의 협력을 강화하고 있다.[19]

중국 해경 지방조직은 북해, 동해 및 남해 분국 등 3개 분국이 있다. 북해분국은 서해를 관할하며 청도에 있다. 산하에 랴오닝 지대, 텐진지대, 허베이지대, 산동지대가 있다. 동해분국은 중국의 동중국해를 관할하며 상하이에 있다. 산하에 장쑤지대, 상하이지대, 저장지대, 푸젠지대가 있다. 남해분국은 남중국해를 관할하

16) 한국법제연구원, (2021), 「해양경찰 소관 법령 제정 및 입법 소요 연구용역」: 39.
17) 「중국해경법」 제3조.
18) 「중국해경법」 제22조.
19) 한국법제연구원, (2021), 「해양경찰 소관 법령 제정 및 입법 소요 연구용역」: 39.

며 광저우에 있다. 산하에 광저우 지대, 광시지대, 하이난지대가 있다.

3. 임 무

중국 해경국은 「중국해경법」 제12조에 따라 다음과 같은 직무를 수행한다.[20)]

1. 중국 관할해역에서 순시, 경계 수행, 주요 섬과 암초 수호, 해상경계선 관리 보호, 국가 주권, 안전과 해약권익의 위해행위 예방 · 억제
2. 해상 중요목표와 중대 활동에 대한 안전 보호, 주요 섬과 암초 및 배타적 경제수역과 대륙붕의 인공도서, 시설과 구조의 안전을 지키기 위해 필요한 조치
3. 해상치안 관리, 해상치안 관리 위반행위 조사, 출입국관리 위반행위 조사 · 처벌, 방범 및 해상 테러활동 대처, 해상보안 질서 유지
4. 해상 밀수 혐의 운반 도구, 화물, 물품, 인원에 대한 검사, 해상 밀입국 위법행위에 대하여 조사 · 처벌
5. 직무 범위 내에서 해역 사용, 섬 보호 및 무인도서 개발 · 이용, 해양 지하자원탐사 · 개발, 해저케이블 및 설비 보호, 해양조사 및 측량, 해양 기초측량, 대외 해양 과학연구 등 활동을 감독 · 검사하고 위법행위에 대한 조사 · 처벌
6. 직무 범위 내에서 해양공사 건설사업, 해양오염 피해에 대한 해양폐기물, 자연보호지 해안선 보호 이용 등 활동에 대하여 감독 · 검사 실시 및 위법행위 조사 · 처벌, 규정과 권한에 따라 해양 환경 오염사고의 응급처치 및 조사 · 처리
7. 저인망 트롤 조업 금지구역 바깥쪽 해역과 특정 어장 어업생산작업, 해양야생동물보호 등 활동에 대한 감독 · 검사, 위법행위 조사처벌, 법에 따라 해상어업생산 안전사고 및 어업생산 분쟁 조사처리에 참여 또는 조직
8. 해상범죄 활동에 대한 예방, 제지 및 수사
9. 국가 관련 직무 분장에 따라 해상 비상사태 처리
10. 법률, 법규 및 중국이 체결, 가입한 국제조약에 따라 중국 관할해역 이외

---

20) 김주형, (2021), “중국 해경법의 국제법적 쟁점에 관한 소고”, 해사 법 연구 제33권 제3호: 183-184.

의 구역에서 관련 법 집행 임무 수행
11. 법률, 법규 규정의 기타 직무

같은 법 제20조는 중국 해경기관의 권한에 관해 규정하고 있다. 중국 관할 당국의 승인이 없이 외국기관과 개인이 중국 관할수역 및 섬과 암초에 건축물, 구조물을 건설하거나 다양한 고정 혹은 부유 장치를 설치하는 경우 중국 해경기관은 위법행위의 중지 또는 철거명령을 할 수 있는 권한이 있다. 만약 외국 조직과 개인이 위법행위를 중지하지 않거나 정해진 기간까지 철거하지 않으면 해경기관은 이를 제지하거나 강제 철거할 수 있다. 동조는 중국과 도서 영유권 분쟁 또는 해양 경계 갈등이 있는 상대국이 해당 도서 등을 실효적으로 지배하는 것을 사전에 억지하겠다는 뜻으로 해석될 수 있어 이를 우려하는 견해가 있다.[21)]

제5절 동남아시아 해양경찰 제도

동남아시아 국가에서 해양경찰의 유형은 크게 두 가지로 분류할 수 있다. 첫째 유형은 해양경찰이 국가경찰 조직의 일부로서 구성되어 있고 구성원의 신분도 경찰공무원인 경우이다. 경찰청에 해양 치안을 담당하는 본부 또는 국(局) 단위 조직을 두고 해양에서의 경비순찰, 치안, 해양안전, 수색구조, 해양오염 방제, 마약 및 밀수 단속 등 업무를 관장하게 하고 있다. 해양경찰 업무는 경찰청장의 지휘를 받으며 구성원의 신분도 경찰공무원이다. 둘째 유형은 해양경찰이 군 조직의 일부로서 구성되고 신분도 군인 신분을 가지고 있는 경우이다. 국방부 또는 교통부에 해양 치안을 담당하는 부서를 두고 해양경찰 업무를 담당하게 한다.

1. 싱가포르

싱가포르 해양경찰(Singapore Police Coast Guard)은 1819년 창설되었으며 싱가포르 경찰청 소속으로 두고 있다. 조직은 경찰청 안에 해양경찰 본부를 두고 있으며, 본부에는 작전보안과, 기획과, 훈련개발과, 운영과, 정보과, 인력개발과,

21) 정민정, (2021), “중국「해경법」제정의 내용과 시사점”, 외국 입법·정책 분석: 4.

수사과, 병참부 등이 있다. 교육훈련기관으로 싱가포르 경찰훈련센터(Singapore Police Training Center)가 있다. 지방조직은 4개 지역에 지방기지를 두고 있다. 인력으로 경찰공무원 1,300여 명이 있고, 주요 장비로 대형함정은 없으며 소형함정 100척 이상을 두고 있다.[22] 주요 임무는 해상경비순찰, 해상 운항 질서 유지, 해난구조, 밀입국 방지, 해양 범죄 수사 등이 있으나, 수사권은 해양 범죄로 국한되며, 마약, 테러, 밀수 등에 대해서는 제한적으로만 단속할 수 있다. 말레이시아와 강을 사이에 국경을 두고 있고 국토 면적이 좁은 도시국가이기 때문에 관할해역이 넓지 않다. 반면 말라카 해협을 끼고 있어 해상물동량이 많고 밀수나 밀입국 가능성이 많은 편이다.

2. 말레이시아

말레이시아 해양경찰(Royal Malaysia Maritime Police)은 1807년 3월 25일 창설되었으며 말레이시아 경찰청 소속으로 두고 있다. 조직은 경찰청 안에 해양경찰국을 두고 있으며, 부국장이 행정 · 기술 · 기획 업무를 관장하고 있다. 교육훈련기관으로 왕립 말레이시아 경찰훈련센터(Royal Malaysia Police Training Center)가 있다. 지방조직은 전국에 총경급이 지휘하는 6개의 지역본부를 두고 있다. 인력으로 경찰공무원 1,800여 명이 있다. 주요 장비로 대형함정은 없으며 소형함정 379척을 두고 있다. 주요 임무는 말레이시아 해역 일대 법 집행 기관으로서 임무수행, 말레이시아 해역 연안 1마일 권내 수색구조 및 법 집행, 내수면을 이용한 밀수 · 밀입국 제지 및 어민 보호 등이다.

3. 인도네시아

인도네시아 해양경찰(Indonesian Marine Police)은 1950년 12월 1일 창설되었으며 인도네시아 경찰청 소속으로 두고 있다. 조직은 경찰청 안에 해양경찰 본부를 두고 있으며, 교육훈련기관으로 인도네시아 경찰학교(Indonesian National Police Academy)가 있다. 지방조직은 경찰청 소속으로 31개 해양경찰서를 두고 있다. 인력으로 경찰공무원 7,005명이 있다. 주요 장비로 중대형 함정 48척, 소형 함정 751척, 특수정 19척을 두고 있다. 주요 임무는 해상경비 및 해상법령 집행,

22) 해양경찰청, (2020), 「세계 해양경찰기관 정보지」: 86.

해적 단속, 밀수 · 마약 · 밀항 단속, 기타 영해 등 국가 국경경비 등이 있다. 해상 교통, 선박 관리, 구난 업무는 운수성 소속 해운총국에서 담당하고 있다.

4. 베트남

베트남 해양경찰(Vietnam Coast Guard)은 1998년 3월 28일 베트남 의회에서 해군 소속으로 창설이 승인되었으며, 2008년 3월 1일 해군으로부터 독립하여 국방부 소속의 독립관청으로 발전하였다. 조직은 본부와 대령급을 사령관으로 하는 4개 지역본부를 두고 있다. 지휘부를 이루는 장교 양성은 해군 사관학교에서 5년 수학 후 소위로 임관하여 근무하게 된다. 2013년 11월 6일 영문 명칭을 'Vietnam Marine Police'에서 'Vietnam Coast Guard'로 변경하였다. 지방조직은 베트남 전역에 지역본부 4개를 두고 있다. 인력은 군인 신분인 직원 약 4,000명이 있다. 주요 장비로 대형함정 2척, 중형함정 8척, 소형정 40척이 있다. 주요 임무는 영해, EEZ, 대륙붕에서의 해상안전 및 해상 치안 질서 유지, 어업지도 단속, 출입국 관리, 기타 해양 치안에 관한 업무를 담당하고 있다.

5. 필리핀

필리핀 해양경찰(Philippine Coast Guard)은 1901년 10월 7일 국방부 소속으로 창설되었으며, 1998년 해군으로부터 독립하여 필리핀 교통통신부 소속으로 이관되었다. 조직은 교통통신부 안에 해양경찰 본부를 두고 있으며, 10개 지방본부, 55개 경찰서, 120개 신고소를 보유하고 있다. 교육훈련기관으로 필리핀 해양경찰 훈련센터(Philippine Coast Guard Training Center)가 있다. 인력은 전체 4,300명으로 이 중 군인이 2,500명이고 민간인 자원봉사자가 1,800명이다. 주요 장비로 대형함정 1척, 중형함정 5척, 소형함정 28척과 항공기 4대를 보유하고 있다. 주요 임무는 항만과 도서를 포함한 필리핀 수역 경찰 활동, 해상수색구조, 해상 안전관리, 불법조업 단속, 해양 환경 및 자원 보호 · 관리, 해양오염 예방 단속 등이다.

6. 인 도

인도 해양경찰(Indian Coast Guard)은 1978년 8월 18일 창설되었으며, 인도 국방부 소속으로 두고 있다. 조직은 국방부 안에 해양경찰 본부를 두고 있으며, 지방조직은 해양경찰 본부 아래 42개 지방본부를 두고 있다. 교육훈련기관으로 인도 해양경찰학교(Indian Coast Guard Academy)가 있다. 인력은 군인 신분의 직원 14,000명이 있으며, 주요 장비로 함정 149척으로 대형함정 19척, 중형함정 42척, 소형함정 88척을 보유하고 있다.[23] 항공기는 38대를 보유하고 있으며, 이 중에 고정익 21대, 회전익 17대이다. 주요 임무는 해상 수색구조, 해양 환경 보호, 어로 보호 및 주요 임해 시설 보호, 해상에서의 인명·재산 보호 및 밀수·밀입국 단속 등 해상법 집행 등이다.

---

23) 해양경찰청, (2020), 「세계 해양경찰기관 정보지」: 110.

참고문헌

[단행본]
김석균, (2022), 「신해양경찰학개론」, 박영사.
김종선, (2020), 「해양경찰학Ⅰ」, 문운당.
김현수, (2010), 「해양법총론」, 청목출판사.
노호래, (2022), 「해양경찰학개론」, 박영사.
미야자키 마사카츠, 이수열 외 2인 번역, (2017), 「바다의 세계사」, 선인문화사.
박경호, (2016), 「재미있는 행정학(제3판)」, ㈜윌비스.
박찬호·김채형·김현수·이석용·이창위, (2010), 「유엔해양법 해설서Ⅰ」, 지인북스.
박찬호·김채형·김한택·김현수·이석용, (2010), 「유엔해양법 해설서Ⅱ」, 지인북스.
박찬호·김채형·김한택·김기순·김현수·이석용·이창위·정진석, (2010), 「유엔해양법 해설서Ⅲ」, 지인북스.
성영태, (2018), 「행정학개론」, 박영사.
오석홍·손태원·이창길, (2019), 「조직학의 주요이론」, 법문사.
오정동, (2017), 「해양경찰학개론」, 서울고시각.
윤성현·박주상·김경락, (2022), 「해양경찰학개론」, 박영사.
이황우, (2014), 「경찰행정학(제5판)」, 법문사.
임창호·정세종·함혜현·라광현, (2022), 「최신 경찰학(제2판)」, 법문사.
전국 9개 대학 해양경찰학과 교수·해양경비안전교육원, (2016), 「해양경찰학개론」, 문두사.
정인섭, (2020), 「신국제법입문」, 박영사.
정형근, (2013), 「행정법」, 피앤씨미디어.
주경철, (2022), 「바다 인류」, 휴머니스트 출판그룹.
허경미, (2020), 「경찰학개론」, 박영사.
홍성찬, (2016), 「법학원론」, 박영사.
Jennifer Hoffman, 김민정 옮김, (2010), 「해양학」, 이지사이언스.
Tom Garrison, 이상룡 외 5인 옮김, (2011), 「해양의 이해」, 센게이지러닝코리아(주).

[논문]
고명석, (2017), "캐나다 코스트가드와 우리나라 해양경찰 비교 연구", 해양경찰학회보 제7권 제2호: 1-25.
고명석, (2023), "해양경비법 체계의 문제점 고찰", 해양경찰학회보 제13권 제2호: 25-49.
고명석, (2019), "해양경찰법 제정 필요성과 주요 쟁점", 해양경찰학회보(21): 1-28.
고명석·박주상, (2022), "해상에서 경찰관직무집행법 적용의 한계에 관한 고찰", 한국치안행정논집 제19권 제4호: 1-26.
김주형, (2012), "중국 해경법의 국제법적 쟁점에 관한 소고", 해사법연구 제33권 제3호:

178-203.
김한권, (2017), "중국의 해양전략Ⅰ: 해양전략의 제도적 변화과정", 「IFANS 주요국제문제분석 2017-21」, 국립외교원 외교안보연구소: 1-22.
노호래, (2011), "해양범죄의 유형분석과 대응방안", 한국공안행정학회보 제42권: 9-46.
양희철・박성욱・권문상, (2004), "해양경계 획정제도에 대한 중국의 입장과 통킹만 사례 고찰", Ocean and Polar Research 제26권 제4호: 669-678.
윤병두, (2020), "우라나라의 민간 해양구조 활성화 방안 연구: 해양경찰의 역할 중심으로", 해양경찰학회보 제10권 제3호: 67-90.
이창현, (2019), "검・경 수사권 조정 관련 법률안에 대한 검토와 대안", 형사소송의 이론과 실무 제11권 제2호: 1-28.
임하늘, (2022), "미구 해안경비대와 한국 해양경찰의 조직과 기능 비교 연구", 한국해양경찰학회보 제12권 제2호: 105-130.
정민정, (2021), "중국 해경법 제정의 내용과 시사점", 외국 입법・정책분석(국회입법조사처).
최정호, (2016), "해양경찰 정보활동의 법적 근거와 범위에 관한 고찰", 한국해양경찰학회보 제6권 제2호: 133-162.
최지훈・이기수, (2023), "해양경찰의 수사 관할에 관한 연구: 입법론적 해결방안을 중심으로", 해양경찰학회보 제13권 제1호: 65-84.

[간행물]
강봉룡 외, (2019), 「해양경찰 뿌리 찾기」, 목포대학교 도서 문화 연구원, 해양경찰 뿌리 찾기 학술 연구용역 보고서.
한국법제연구원, (2021), 「해양경찰 소관 법령 제정 및 입법 소요 연구용역」.
해양경찰청, (2020),「세계 해양경찰기관 정보지」.
해양경찰 60년사 편찬위원회, (2013), 「해양경찰 60년사, 1953~2013」, 해양경찰청.
해양경찰청, (2022), 「주요 통계 분석자료」, 해양경찰청.
해양경찰청, (2022), 「2021 해양경찰 백서」, 해양경찰청.
해상보안청, (2022), 「해상보안청 팜플렛」.

[홈페이지]
대한민국 해군 홈페이지(2023. 7. 조회): https://www.navy.mil.kr/
미국 해안경비대 홈페이지(2023. 7. 조회): https://www.uscg.mil/
영국 해안경비대 홈페이지(2023. 7. 조회): https://www.gov.uk/government/organisations/maritime-and-coastguard-agency
일본 해상보안청 홈페이지(2023. 7. 조회): https://www.kaiho.mlit.go.jp/
캐나다 해안경비대 홈페이지(2023. 7. 조회): https://www.coast-guard.gc.ca/
해양수산부 홈페이지(2023. 7. 조회): http://www.mof.go.kr/

사항색인

ㄱ

가예산 제도 233
감리서(監理署) 110
강제수사 400
개인화기(個人火器) 290
경계 미획정 수역 302
경력직 공무원 155
경무서(警務署) 109
경비함정 244
경유 466
경징계 174
경찰 공공의 원칙 186
경찰 소극 목적의 원칙 186
경찰 장구 201
경찰강제 189
경찰국가 61
경찰면제 189
경찰벌 192
경찰비례의 원칙 186
경찰상 강제집행 190
경찰상 즉시강제 191
경찰서 정비 249
경찰장비 200
경찰조직형 517
경찰책임의 원칙 186
경찰하명 187
경찰허가 188
계급제(Rank Classification) 224
계층제의 원리 215
계획예산 235
계획 정비 250
고발 395
고소 394
고정익 항공기 283
고충처리제도 178
공개 수배 412
공개 출처 정보 429
공기부양정 280
공도정책 33
공무원 행동강령 502
공식화(Formalization) 213
공용화기 290
공작 438
공해 302
공해의 자유 46
공해자유의 원칙 302
과학수사 416
관료제(Bureaucracy) 217
광역구조본부 321
광역성(廣域性) 83, 265
교대근무 348
구속 408
구조거점파출소 326
구조원인 가설 497
구조조정본부(RCC) 322
구조조정지부(RSC) 322
구조협력 322
국가긴급방제계획 474
국가정보 우선순위 430
국민안전처 121
국제민간항공기구(ICAO) 315
국제법 존중주의 73
국제성(國際性) 87, 267
국제수배 452
국제해사기구(IMO) 73, 315
국제해상충돌예방규칙(COLREG 72) 203
국제형사사법 공조 449

권한의 대리 139
권한의 위임 139
근속 승진 163
기술정보 429
기타 정보 요구 430
긴급 배치 409
긴급체포 407
긴급피난 297

ㄴ

낚시어선업 371
남중국해 분쟁 49
내부 통제 508
내수(Internal Waters) 39, 294

ㄷ

다우선(Dhow) 24
다중 이용 선박 367
다중 이용 선박 안전관리 342
당연퇴직 167
대공 상황 440
대기 근무 349
대량살상무기 309
대륙붕(Continental Shelf) 10
대륙사면(Continental Slope) 11
대물적 강제수사 408
대양저(Ocean Floor) 11
대인적 강제수사 406
도선 358
도선사업 368
동기부여이론 220
동력수상레저기구 376
등유 466

ㄹ

런던 협약(London Convention 72) 461
리마선언 36

ㅁ

맥아더 라인(MacArthur Line) 111
먹이사슬(Food Chain) 16
면직(免職) 168
명령통일의 원리 216
몬순(Monsoon) 14
몬테비데오 선언 36
무광층(無光層) 12
무해통항권 39, 91, 296
미끄러지기 쉬운 경사로 이론 496
민간해양구조대 327
민주적 통제 508
민주주의 72

ㅂ

바이킹 시대(Viking Age) 23
박광층(薄光層) 12
방제대책본부 476
방제자재·약제 470
방제자재·약제 형식승인 473
방제전략 486
방제정 280
방제정보지도 484
방첩(Anti-espionage) 434
배타적 경제수역 35
범죄의 예방과 제지 198
범죄인인도 453
범죄 첩보 392
법률우위(法律優位)의 원칙 128
법률유보(法律留保)의 원칙 128
법률의 법규창조력(法規創造力) 128
법원(法源) 96
법치주의(法治主義) 72, 127
변사자 검시 392
별정직공무원 156
보안해양경찰 70
보조기관 135

보좌기관 136
보호조치 196
복수승조원제 282
복잡성(Complexity) 214
복직 166
본예산 232
부속기관 136, 149
분권(Decentralization) 214
분업의 원리 216
불문법(不文法) 96
불심검문(不審檢問) 194
비상근무 306
비상대비 작전 305
비상 소집 307
비상 위치 무선표지 설비(EPIRB) 318
비상해양경찰 69

ㅅ

사건송치 400
사건 수배 413
사기(Morale) 228
사략 활동(Privateering) 27
사법경찰관리 386
사법적 통제 508
사법해양경찰 69
사실행위(事實行爲) 187
사전적 통제 508
사후적 통제 508
상황 근무 349
생물정화제제 474
선박 출입항신고 346
선박교통관제(VTS) 123, 362
선박자동식별장치(AIS) 284, 318
선부(船府) 106
성과주의 예산 234
성문법(成文法) 96
세계 해상 조난 및 안전 제도(GMDSS) 285
센카쿠 열도 분쟁 49
소방정 280
소청심사위원회 177
속지주의(屬地主義) 89
수난 대비 기본계획 321
수난구호 321
수리지원정 280
수배 410
수사의 종결 401
수상경찰서(水上警察署) 110
수상레저 안전관리 342
수상레저기구 375
수상레저활동 375
수상(水上)형 체험활동 356
수색구조 314
수색구조 임무 조정관(SMC) 322
수색구조 조정관(SC) 322
수색구조협약(SAR 79) 315
수정예산 232
수중(水中)형 체험활동 356
수토제 109
순찰 근무 349
순찰정 280
시보임용(試補任用) 160
시체 현상 421
시험승진 163
실적주의 227
심사승진 162
심해저 35
썩은 사과 가설 497

ㅇ

아그레망 444
IAMSAR 매뉴얼 315
INMARSAT 318
안전관리 시설물 354
안전사고 위험예보제 353
압수 · 수색 · 검증 408

야간 수상레저 활동 380
어로보호본부 116
어선 위치 발신 장치 284
어선출입항시스템(V-Pass) 284
SART 318
HNS 467
여객선 358, 373
여객선 비상 수색구조계획서 321
연안국 91
연안사고 351
연안사고 예방협의회 352
연안체험활동 356
연안해역 350
연안해역 안전관리 342
엽관주의 226
영 기준 예산 235
영사 445
영상전송시스템 285
영해 35
영해(Territorial Sea) 294
영해기선(Baseline) 39, 91, 295
예방정비 249
예방해양경찰 69
예인정 280
오일펜스 474
왜적 추포사 107
외교사절 444
외부 통제 508
요트 조종면허 377
욕구 계층이론 219
운항관리자 374
원거리 수상레저 활동 379
원유 465
위성 조난신호 수신 및 전파시스템(LUT/MCC) 285
위험 발생의 방지 197
위험·유해 물질 467
위험방지를 위한 출입 198
유 겔화제 474
유광층(有光層) 12
유류오염 대비, 대응 및 협력 조약(OPRC 90) 204, 462
유선 358
유선사업 368
유엔해양법협약 37, 73, 202
유엔해양법 회의 36
유창청소업 473
유처리제 470, 474, 483, 488
유회수기(Oil Skimmer) 480
유흡착재 470, 474, 482
윤활유 466
음주 운항 365
의결기관 136
이동·피난 명령 289
인간정보 429
인권 존중주의 74
인사행정 222
인접 해양주권에 관한 대통령 선언 47
인터폴 452
일반사법경찰권 78
일반조종면허 377
일반직공무원 155
일반직 국가공무원형 517
일반통치권 68
일반해역 361
일반형 체험활동 356
1정다역(1艇多役) 84
임용(任用) 160
임의동행 405
임의수사 400
입건 전 조사 398

ㅈ

자료(Data) 425
자수 395
자연제약성(自然制約性) 85, 266
자체 정비 249

잠수지원함 281
장물 수배 413
장비의존성(裝備依存性) 86, 266
전과(轉科) 164
전보 165
접속수역(Contiguous Zone) 35, 298
정년퇴직 167
정무직공무원 156
정보(Intelligence) 425
정보 사범 438
정치적 중립주의 74
정크선(Junk) 24
조석(Tide) 12
조선해안경비대 112
조업보호본부 302
조업자제선 362
조업한계선 302, 362
조정의 원리 216
준예산 232
준예산제도 233
중앙구조본부 321
중유 466
중징계 174
지명 수배 411
지명 통보 411
지역 긴급방제 실행계획 476
지역구조본부 321
직선기선(Straight Baseline) 방식 39, 91, 295
직업공무원제도 227
직위분류제(Position Classification) 224
직위해제 166
진압해양경찰 69
집권(Centralization) 213
집행기관 136

ㅊ

참고인조사 404
첩보(Information) 425
첩보 기본요소 430
청해진 106
추가경정예산 232
추적·나포 290
추포무사(追捕武士) 108
출장소 344

ㅋ

쿠릴열도 분쟁 48
클라크라인 113

ㅌ

타이타닉호 사고 315
토르데시야스 조약(Treaty of Tordesillas) 25
통상기선(Normal Baseline) 방식 39, 91, 295
통솔범위의 원리 215
통합방위 304
통합방위 사태 305
통합선박모니터링시스템 284
통합 신고처리시스템 285
통합성(統合性) 84, 266
트루먼 선언 35
특별사법경찰권 78
특별승진 163
특별첩보요구 430
특수경력직공무원 155
특수함정 244
특정직공무원 155
특정해역 301, 361

ㅍ

파도(Wave) 12
파출소 344
페니키아인(Phoenicians) 22

평시해양경찰 69
평화선 113
폴리네시아인 21
표류 예측 시스템 332
품목별 예산 234
플랑크톤(Plankton) 17
피의자신문 404
피의자 유치 413
피의자 호송 415
피해 신고 395

ㅎ

한·일 어업협정 205
한·중 어업협정 205
한국해양구조협회 327
항공조정관(ACO) 322
항해 기록 저장장치(VDRs) 318
항해조례(Navigation Act) 28
해관(海關) 110
해구(Trench) 11
해금정책 33
해류(Current) 13
해무청(海務廳) 114
해방병단(海防兵團) 112
해산(Sea Mount) 11
해상검문 검색 286
해상경호 311
해상교통 문자방송(NAVTEX) 285
해상보안청(Japan Coast Guard) 66
해상수색구조협약(SAR 79) 204
해상여객운송사업 374
해상인명안전협약(SOLAS 74) 203, 315
해상항행 보호조치 288
해안경비대(U.S. Coast Guard) 66
해양 교통 안전관리 342
해양 범죄 383
해양 조류(鳥類) 17
해양 테러 307
해양경비(海洋警備) 270
해양경비안전본부 121
해양경비 활동 292
해양경찰기관 134
해양경찰 작전 304
해양경찰 행정관리 209
해양경찰학 5
해양생물 16
해양생태계(Marine Ecosystem) 16
해양시설 470
해양안전 관리 341
해양오염 457
해양오염 방제 457
해양오염방제업 473
해양오염방지협약(MARPOL 73/78) 204, 461
해양오염 비상 계획서 472
해양오염 예방 469
해양파충류 17
해양학 4
해양환경감시원 471
해저산맥(Oceanic Ridge) 11
행정 근무 349
행정관청(行政官廳) 135
행정관청의 권한 137
행정해양경찰 69
행정행위(行政行爲) 187
현장 감식 417
현장조정관(OSC) 322
현행범인의 체포 407
혈중알코올농도 365
협의의 해양경찰 70
형사기동정 280
화물선 358
화학 방제함 281
회전익 항공기 283
휘발유 466
휴직(休職) 165

저자약력

■ **고 명 석**

충북 보은 출생
청주고등학교 졸업
서울시립대학교 행정학과 학사
미국 인디애나대학교 로스쿨 법학 석사
인하대학교 대학원 행정학 박사

제38회 행정고등고시(일반행정) 합격
특허청(사무관)
해양경찰청 혁신단장(총경)
속초해양경찰서장
대통령 치안비서관실 행정관
캐나다 코스트가드 파견연구관
장비기술국장(경무관)
국민안전처 대변인
서해지방해양경찰청장(치안감)
해양경찰교육원장(제11대)
현 부경대학교 해양생산시스템관리학부 교수
해양경찰청 자체규제심사위, 적극행정위 위원
국무총리 경찰제도발전위 위원
해양경찰청 채용시험 출제위원
한국해양경찰학회 부회장

››› 저서 및 논문

바다, 저자와의 대화Ⅰ(공저)(법문사, 2021)
당신만 몰랐던 매혹적인 바다이야기 27(청미디어, 2020)
불법조업 중국어선 단속에 대한 고찰(한국해양경찰학회보, 2016) 외 다수

해양경찰학개론

2024년 1월 15일 초판 인쇄
2024년 1월 20일 초판 1쇄 발행

저 자 고 명 석

발행인 배 효 선

발행처 도서출판 法 文 社

주 소 10881 경기도 파주시 회동길 37-29
등 록 1957년 12월 12일/제2-76호(윤)
전 화 (031)955-6500~6 FAX (031)955-6525
E-mail (영업) bms@bobmunsa.co.kr
(편집) edit66@bobmunsa.co.kr
홈페이지 http://www.bobmunsa.co.kr
조 판 법 문 사 전 산 실

정가 32,000원 ISBN 978-89-18-91451-0